KB042207

문화정책과 경영

김민주 · 윤성식 저

박영사

머리말

　오늘날 많은 사람들이 융합을 이야기하지만 문화정책, 문화행정, 문화경제학, 문화경영은 학문의 융합을 기다리고 있는 또 하나의 중요한 분야이다. 한민족은 유전적으로나 역사적으로 문화민족의 역량과 기질을 타고 났으며 대한민국의 미래에 문화는 즐거움만이 아니라 경제적 혜택도 제공할 수 있는 분야이다. 이 책은 문화정책, 문화행정, 문화경제학, 문화경영 분야를 하나로 엮어서 학문의 융합적 시각에서 문화를 꿰뚫은 책이다. 문화정책, 문화행정, 문화경제학, 문화경영은 예술인이나 문화인이 연구하기에는 사회과학적 전문지식이 필요한 영역이기에 사회과학자인 저자들은 감히 문화를 사회과학적 시각에서 융합하여 문화 분야에서 활동하는 모든 사람들에게 도움이 되는 길잡이를 내기로 결심하였다.

　융합적 사회과학 시각에 기초해서 문화를 바라보고 이해하는 것은 문화가 결코 사회와 분리될 수 없는 대상이라는 점에서 상당히 현실적인 접근방법이기도 하다. 실재로서 문화는 문화정책의 대상으로 현실 속에서 하나의 산물로 존재하면서 문화행정과 문화경영의 관리 대상이자 문화경제학의 분석 사례가 된다. 그래서 더더욱 정책학, 행정학, 경제학, 경영학은 문화를 이해할 때 함께 어우러져야 할 지적 도구들이자 지적 배경이 된다. 문화를 단순히 예술 영역에만 한정 지어서 이해하면 사회 속에서 실재로서 살아 움직이고 있는 문화를 반쪽만 바라보게 된다.

　이제는 문화의 시대라는 말이 구시대적인 구호가 될 만큼 우리 일상에서 문화의 중요성은 자연스럽게 강조되고 있다. 창의력과 상상력과 관찰력에 기여하는 문화를 제대로 이해해야 할 필요성이 바로 여기에 있다. 문화가 일상의 삶 속에 배여서 우리에게 자연스럽지만 큰 영향을 주고 있기 때문이다. 그런 만큼 문화에 대한 반쪽짜리 이해가 아니라 온전한 이해를 해야 한다. 이때 필요한 것은 풍부한 정보와 함의를 이끌어 낼 수 있는 일정한 틀이다. 여기에 이 책이 기여할 것이라고 감히 예상한다.

　이 책은 특히 예술현장에서 일하는 예술인과 예술경영인, 중앙정부와 지방자치단체와 같은 정부현장에서 일하는 공직자, 학계의 학자와 전공 대학생 및 대학원생, 연구현장의 연구자, 그리고 교양 목적을 위한 일반 대중들에게 유익한 정보를 제공할 것으로 기대된다. 이들에게 이 책이 곁에 두고 필요할 때마다 수시로 참고할 수 있는 길잡이가 되었으면 한다.

2016년 8월 25일
저자 김민주, 윤성식

차 례

제 2 부   문화정책

제 4 부   문화행정학

제 5 부　문화경영학

제11장　문화경영　410

제1부

서 론

제1장 문화의 이해

제1장

문화의 이해

제1장
문화의 이해

1. 문화와 인간 그리고 사회

　인간의 행위는 모순된 충동의 합성물(a compound of contradictory impulses)이다. 그래서 인간의 행위를 이해하거나 설명하는 것이 쉽지 않다. 하지만 포괄적으로 볼 때 인간의 행위는 유전적 요인과 환경적 요인에 의해 이해될 수 있다. 함수관계로 간단히 나타내면, '인간행위 = f(유전요인, 환경요인)'가 된다.

　유전요인이 선천적인 요인이라면, 환경요인은 후천적인 요인이다. 유전적 요인은 선천적인 요인이므로 현재의 우리가 바꿀 수 있는 여지가 많지 않다. 대신, 과학기술의 발달로 인해 많은 유전적 정보들이 밝혀지고 있기 때문에 인간 행위에 대한 설명력의 정도는 높아지고 있다. 이와는 달리 정치·경제·사회·문화적 환경 등이 포함되는 환경적 요인은 그 반대이다. 우리가 바꿀 수 있는 여지는 많아지고 있지만, 과학기술이 발달한다고 해서 그 과학기술이 인간 행위에 대하여 설명을 더 잘 해주지는 못한다. 오히려 계속 발달되는 과학기술을 손쉽게 이용할 수 있는 환경이 됨으로써 인간의 행위는 더 복잡해지고 있다. 그래서 인간의 행위를 이해하기 위해서 설명력이 높아지고 있는 유전적 요인에 발맞추어서 환경적 요인에 대한 설명력도 함께 높이는 것이 오늘날의 중요한 과제 중 하나이다.

그 과제를 해결하기 위한 것이 '문화(culture)'에 대한 관심이다. 다양한 환경적 요인 중에서도 문화는 인간 행위에 광범위한 영향을 미치는 것 중 하나이다. 특히 문화는 다른 요인들과 상호작용하는 과정에서 중추적인 역할을 한다는 점에서 더욱 주목할 만하다. 그것은 문화적 규범이 인간의 기본적인 본성인 이기심(경쟁)과 이타심(협력)을 강화하는 데 중요한 역할을 할 뿐만 아니라, 우리의 중추신경계는 상당한 부분에서 문화와 상호작용을 통해 성장하기 때문에 유의미한 상징체계가 제공하는 지침 없이는 행동 방향을 잡거나 경험을 조직화할 수 없다는 점에서 더욱 그러하다.[1] 나아가 문화는 인간의 행위 뿐 아니라 관념, 사상, 가치 그리고 감정에도 영향을 미치고 있다. 따라서 인간의 행동에 대한 이해와 더불어 인간에 대한 전반적인 이해를 위해서도 문화에 대한 이해는 필수적이다. 이것은 '인간'으로서 우리가 '문화'에 대한 이해와 관심을 가져야할 중요한 이유가 된다.

문화에 대한 이해와 관심이 필요한 이유는 인간을 이해하기 위한 데서 더 나아가 사회를 이해하기 위해서이기도 하다. 즉, 인류와 사회에서 작동되고 있는 문화의 역할을 고려한다면 문화에 대한 이해는 중요하고 또 필요하다. 실제로 많은 사람들은 인류의 발전과 퇴보의 원인을 문화적 가치와 태도에서 찾고 있다. Alexis de Tocqueville은 오늘의 미국을 만든 것은 민주주의에 잘 부합되는 문화기반 덕분이라고 하였고, Max Weber는 자본주의의 발전은 종교적 기초 위에서 다져진 문화적 현상이라고 하였다. 그리고 Edward Banfield는 남부 이탈리아의 권위주의와 빈곤문제를 문화에서 찾고 있으며, Guy Sorman은 한국의 1997년 경제 위기의 원인을 문화적 이미지의 부재로 인한 한국 상품의 국가경쟁력 약화에서 비롯되었다고 진단하였다. 또한 David Landes는 <The Wealth and Poverty of Nations>이라는 책에서 "문화가 모든 차이를 만들어낸다"라고 주장하였고, David Throsby와 Michael Porter도 문화가 경제발전과 경쟁력에 영향을 미친다고 주장하며 문화를 강조하였다. 이처럼 경제 및 사회발전과 인류 진보를 위한 새로운 문화 중심의 패러다임이 강조되고 있다.[2] 따라서, 문화에 대한 관심과 이해는 인간과 사회를

---

1) Geertz, Clifford(1973), pp.49-51.
2) 서정교(2003), pp.3-4.

이해하고 그것을 바탕으로 한 더 나은 인류 발전을 위해 필요하다. 그래서 그동안 문화에 대한 연구는 거의 모든 학문에서 이루어져왔다. 행정학과 정책학 분야에서도 마찬가지였는데 그 중 하나가 문화정책학이다.

2. 다양한 문화 개념

인간행위와 사회에 큰 영향을 미치는 문화는 오래전부터 연구되어 왔다. 그 과정에서 문화의 개념에 대해서도 많은 학자들이 정의하려고 노력해 왔다. 그러나 학문영역에서 어떠한 개념이 가변적 규정의 상태를 벗어나서 최종적인 규정의 상태에 도달한 경우는 매우 드물다. 문화에 대한 개념 규정도 최종적인 규정에 도달하지 못하였다. 많은 학자들과 연구자들이 시도하였지만 그 어떤 용어보다도 가장 많이 사용되는 용어임에도 불구하고 단일한 정의로 결론나지는 않았다. 그동안 문화에 대한 보편타당한 개념 규정이 이루어지지 못했던 것은 개념을 파악할 때 사용된 방법의 불충분함에서 기인한 것이라기보다는 문화 자체의 복잡성 때문이었다.[3] 따라서 문화개념의 정의가 쉽지 않다는 것은 그 만큼 문화 자체의 복잡성을 보여주는 하나의 현상이라 할 수 있다. 그렇기 때문에 어쩌면 문화에 대한 명확한 개념 규정에 지나치게 얽매이다 보면 문화의 복잡성을 확인하게 되는 결과만을 낳게 될지도 모른다. 그럼에도 불구하고 문화정책의 주요 대상이 문화이므로 적어도 개념적 공감대는 마련될 필요가 있다. 정책대상으로서 어느 정도의 가시성이 확보되어야 정책 실현이 가능하기 때문이다. 그것은 개념에 대한 단일하고 명확한 규정이 아닌 어느 정도의 공감대 형성으로도 가능한 것이다.

그래서 그동안 제시된 여러 문화개념을 살펴보면서 여러 개념들 속에서 공감대를 찾는 일이 우선 필요하다. 비록 문화개념이 하나로 통일되거나 최종적인 규정 혹은 보편적 정의로 자리 잡지는 못했지만, 그동안 여러 학자들의 노력 덕분에 문화 개념을 몇 가지 측면으로 구분해서 살펴보는 일은 가능하다. 여기서는 시·공간적 차원에서 문화 개념의 역사적 변천 과정을 논의 한 후 종합적인 개념 정의를 시도한 Raymond Williams(1983)와 Chris Jenks(2005)의 논의를 중심으로 살펴본

---

3) Konersmann, Ralf(2006), p.14.

다. 이 둘은 비슷한 논리로 문화 개념을 정의하고 있지만 문화 개념의 유형화 수에서는 차이를 보인다. 그 외 많은 연구자들이 개별적으로 문화개념을 규정하고 제시하고 있지만 이 두 사람의 개념 분류 중 어느 하나에서 크게 벗어나지 않는다. 이는 많은 연구자들이 이 둘의 개념 정의를 참고해서(특히 Raymond Williams가 정리한 문화개념) 재규정했기 때문이다.

1) Raymond Williams가 정의한 문화 개념

Raymond Williams는 과거부터 현재까지 통용되고 있는 문화 개념은 크게 세 가지로 구분될 수 있다고 하였다.[4] 첫째, 지적이며 정신적이고 미적인 발달의 전체 과정을 표현하는 독립추상명사로서의 문화이다. 이는 과정과 발전으로서의 문화에 초점을 둔 개념이다. 중세 후기에 처음 문화라는 단어가 사용되었을 때, 문화는 작물 경작과 동물 사육과 같은 농업을 의미하였다. 이후 정신의 계발을 묘사하는 단어로 변화하였고, 그렇게 되자 개인의 능력 계발 전반까지 문화에 포함되었다. 나아가 이제는 사회적·역사적 과정 전반을 포함하는 의미로까지 확대된 것이다. 따라서 개인이나 집단의 지적·정신적인 발전 상태를 나타내는 것이 문화인 것이다.

둘째, 일반적인 경우이건 특수한 경우이건 어떤 국민이나 시대 그리고 집단이나 인간 전체의 삶의 방식을 표현하는 독립명사로서의 문화이다. 여기서의 문화는 특정한 민족이나 사회 집단에서 사회구성원이 획득하게 되는 삶의 방식의 전체 모습에서 확인된다. 그래서 문화는 사회생활이나 삶의 곳곳에 퍼져있고, 함께 살아가는 사람들의 산물인 동시에 학습을 통해 발현되는 것이다. 생활양식으로서 문화는 어떠한 사회와 사회집단을 특징짓는 핵심적인 요인이 되기도 한다.

셋째, 지적이고 특히 예술 활동의 실천과 작품을 표현하는 독립추상명사로서의 문화이다. 이 세 번째 유형의 문화 개념은 오늘날 대중에게 널리 사용되고 있다. 여기에는 음악, 문학, 미술과 조각, 연극과 영화 등이 해당된다. 여기서 문화는 인간의 생각과 경험을 구체적으로 표현하는 지적이며 상징적인 의미의 생산 활동과 그것을 공유하는 과정을 말한다. 그래서 문화 활동은 다양한 상징적 의미 체계나 기제를 생산 및 공유하도록 하여 상호작용을 이끌어내는 매개체로서의 역할을

---

4) Williams, Raymond(1983), pp.87-93.

하기도 한다.

그러나 Raymond Williams도 언급하고 있듯이 이 세 가지 유형이 완전히 독립적이고 배타적인 경계를 지니고 있다고는 할 수 없다. 예컨대 세 번째 유형의 문화는 첫 번째 유형에서 말하는 문화의 응용 형태라 볼 수 있는데, 즉 지적이고 정신적이고 미적인 발전의 전체적인 과정에서의 아이디어가 예술 활동과 작품으로 효과적으로 전이된 것이라 할 수 있기 때문이다. 그 외에도 예술 활동 및 작품이 삶의 방식과 서로 상호 작용되는 경우도 관찰된다. 그래서 오히려 한 가지 문화 현상에서 다양한 의미의 문화를 동시에 확인할 수 있다. 예컨대 셰익스피어(Shakespeare)의 연극은 문학 작품으로서 예술에 포함될 수 있으며(세 번째 의미), 동시에 영국 사회에 형성되어 있는 삶의 방식의 산물이기도 하며(두 번째 의미), 그리고 문화 발전의 특정 단계를 나타내기도 한다(첫 번째 의미). 마찬가지로 로큰롤 음악을 통해서도 공연자의 예술적 기술(skill)이 검토되는가 하면(세 번째 의미), 1950년대 후반과 1960년대 초반의 청년 문화와 관련해서 살펴볼 수도 있으며(두 번째 의미), 그리고 로큰롤 형식의 기원을 다른 형식의 음악에서 찾는다거나 로큰롤 음악이 다음 세대의 음악 형식에 미치는 영향을 살펴볼 수도 있다(첫 번째 의미).[5] 이처럼 어떠한 문화 현상에 대해 특정한 문화 개념만이 적용된다고는 볼 수 없다. 그럼에도 불구하고 Raymond Williams가 제시한 문화 개념은 문화의 핵심적인 측면을 세 가지로 나누어서 볼 수 있는 유용한 틀을 제공해주고 있다는 것은 분명하다.

2) Chris Jenks가 정의한 문화개념

Chris Jenks도 시·공간의 역사적 고찰을 통해 문화의 핵심적 측면을 구분해서 문화 개념을 규정하고 있다.[6] 크게 네 가지이다. 첫째, 이지적이거나 인지적인 범주로서의 문화이다. 여기서 문화는 마음의 일반적인 상태로 이해될 수 있다. 특히 이때의 문화 개념은 개인적인 인간 성취와 해방 그리고 완성과 같은 관념이 내포된 것을 말한다. 그래서 한 수준에서는 고도의 개인주의적 철학을 반영하기도 하고, 또 다른 수준에서는 인간의 우월의식이나 선민의식 등과 같은 특수성과 차이를 강조하는 것에 부합되기도 한다. 낭만주의적인 문학과 문화 비평에서 주로

---

5) Baldwin, Elaine et al.(1998), p.7.
6) Jenks, Chris(2005), pp.6-12.

볼 수 있는 이 정의는 문화라는 말을 아무 곳에나 붙여서는 안 되며 인간 정신의 완성을 이룬 걸작이나 현상에만 붙여야 한다는 것이다.

둘째, 보다 내재적이고 집합적인 범주로서의 문화이다. 여기서 문화는 사회의 지적이고 도덕적인 발달 상태를 의미한다. 앞의 첫 번째 정의와는 달리 이때의 문화 개념은 개인적 의식보다는 집합적인 삶의 영역에 초점을 두고 있다. 그래서 문명화의 개념이나 퇴보와 진보 등의 진화론적 의미와 19세기 제국주의 관념 등에 부합되기도 한다.

셋째, 서술적이고 구체적인 범주로서의 문화이다. 여기서 문화는 어떠한 한 사회 내에서 지적 작업이나 예술들의 총체로 간주된다. 이는 생산되어 침적된 상징 영역으로서 확고하게 정립된 문화의 개념을 나타내는 것이다. 앞의 문화 개념과는 달리 상대적으로 유·무형의 산물로서 어느 정도 가시성을 지닌 것으로 구현된다.

넷째, 사회적 범주로서 문화이다. 문화는 어떠한 사람들의 삶의 전체적인 방식을 의미한다. 이 개념은 사회학, 인류학 그리고 더 지역적인 의미에서 문화 연구의 관심 영역이 되었던 다원주의적이고 잠재적으로는 민주적인 측면에서의 의미가 강조된 것이다. 총체적인 삶의 방식의 옳고 그름을 판단하는 것이 아니라 문화 그 자체의 현상이 중요하기 때문이다.

Chris Jenks가 정리한 문화에 대한 개념 정의 역시 문화의 다양한 측면을 네 가지로 정리해서 핵심적인 사항들을 보여준다. Raymond Williams보다 한 가지 더 추가된 것을 볼 수 있는데, 그것은 인간의 개인적인 지적·정신적 발달 과정에 초점을 둔 의미가 별도로 강조되었기 때문이다. 그래서 문화 개념의 다양한 측면을 보다 세부적으로 보여주고 있다. 하지만 큰 틀에서 보면 Raymond Williams의 첫 번째 문화 개념 정의에 Chris Jenks의 첫 번째와 두 번째 정의가 포함된다고 볼 수 있다. 그리고 두 사람이 제시한 나머지 두 가지 정의들도 서로 유사한 맥락에서 의견을 같이 하고 있다고 볼 수 있다.

3) 종 합

따라서 문화 개념은 크게 세 가지 측면으로 정의될 수 있다. 첫째, 문화는 개인적이고 집단적인 지적 및 정신적 발달과 과정을 의미한다. 둘째, 문화는 다양한 범위와 형태에 속한 사람들의 삶의 방식(양식)을 의미한다. 셋째, 문화는 예술 활동이나 정신 및 지적 작업을 표현하는 과정이나 그 결과물을 창출하여 공유하는 것을 말한다. 이 세 가지 문화의 개념에 따라 문화의 의미는 다양하게 사용되고 있다. 문화정책에서 문화 개념도 이 세 가지 문화 개념과 각각 관련지어 정의된다. 이에 대한 구체적인 논의는 이 절의 3에서 이루어진다.

4) 기 타

Raymond Williams와 Chris Jenks 이외에도 많은 사람들에 의해 문화 개념은 정의되었다.[7] Edward B. Tylor는 "지식, 신념, 예술, 도덕, 법률, 관습, 풍속 등 사회의 일원으로서 인간이 취득한 모든 능력과 습관을 포함한 총체", UNESCO는 "문화적 유산, 인쇄물 및 문예, 음악·공연예술, 조형예술, 영화 및 사진, 방송, 사회문화활동, 체육 및 오락, 자연과 환경보호에 관련된 활동", Clyde Kluckhohn는 "한 민족의 생활 방식의 총체, 개개인의 성원이 그 집단으로부터 취득한 사회적 유산" 혹은 "환경 가운데서 인류의 손에 의해 만들어진 부분", Robert Lynd는 "동일한 지역에 사는 사람들의 공동체가 하는 일, 행동 방식, 사고방식, 감정, 사용하는 도구, 가치, 상징의 총체", Clark Wissler는 "넓은 의미에서의 모든 사회적 활동", Roger M. Keesing는 "사회적으로 전수된 습득의 태도", Peter Burke는 "표현되거나 구체화된 의미와 태도와 가치, 그리고 상징적인 형식의 공유시스템", 홍건식은 "한 사회, 또는 사회집단을 특징짓는 고유의 정신적·물질적·지적 그리고 정서적인 특성들의 총체", 손봉호는 "사회의 구성원으로서의 인간이 생물학적 본능에 의하지 않고 행하는 모든 의식적인 행위와 그 결과의 총체", Matthew Arnold는 "인간의 사고와 표현으로 최선의 것을 창조하고, 이러한 것을 이해하기 위한 수단임과 동시에, 이러한 것의 지식 체계이며, 그 지식을 정신과 영혼의 내적 상태에 적용 시킨 것", Franz Boas는 "문화는 개인의 행동을 결정하는 강력한 통합체제로서 관습과 전통을 규정한다", 그리고 모택동은 "예술은 사람들의 생활, 사고, 감성의 표현이고 국가의 관습과 언어에 매우 밀접하게 관련되어 있다"고 하였다.

그 외에도 문화는 아름답고 빛나게 꾸미는 것이라는 견해도 있다. 문(文)이란

---

7) 김정수(2010), p.34 ; 이대희(2001) ; 정철현(2005), p.22 ; 한국문화경제학회(2001), p.28 ; Miller, Toby and George Yudice(2002).

뜻이 문채(文彩)나고 아름답고 멋진 것이라면, 화(化)는 그렇게 만드는 작업이다. 이 때의 문화란 뭔가 기분 좋고 더 나은 상태로 전환해 가고자 하는 사람들의 욕구와 관련이 있다. 따라서 문화란 사람들의 삶을 의미 있고 아름답게 꾸미는 행위와 그 결과물이라는 것이다. 또 문화는 감정과 관습을 통해 인간 행동을 형성하며, 그 결과 반복되는 행동은 습관이 되면서 무의식적으로 진행되며, 이로 인해 사상과 행동, 의사 결정 등은 항상 문화의 산물이 된다는 견해도 있다.

여기까지만 보더라도 문화의 정의는 상당히 다양하다는 것을 알 수 있다. 하지만 이 이외에도 더 많은 사람들의 다양한 정의가 존재하는 것이 현실이다. 심지어는 인류학자인 A. L. Kroeber와 Clyde Kluckhohn는 문화에 대한 175 종류의 다양한 정의를 발견하고 그들 나름대로 새로운 종합적인 정의를 시도하였지만, 결국 그들의 정의 역시 문화에 대한 176번째 정의로 간주되고 있다.[8] 그리고 문화의 정의가 300개가 넘는다는 연구결과도 있다.[9]

이처럼 많은 사람들이 문화에 대한 개념을 정의하였지만 Raymond Williams 와 Chris Jenks가 정의한 문화 개념들에서 크게 벗어나지 않는다. 예컨대 Clyde Kluckhohn와 Robert Lynd 등이 규정한 문화는 Raymond Williams의 두 번째 문화 개념이나 Jenks의 네 번째 문화 개념과 유사하다. Edward B. Tylor 역시 이에 속하지만 동시에 일부는 Raymond Williams와 Chris Jenks의 세 번째 의미도 포함하고 있다. UNESCO의 문화 개념도 Raymond Williams와 Chris Jenks의 세 번째 의미에 많이 해당된다. 그리고 Matthew Arnold의 정의는 Chris Jenks의 첫 번째 의미에 가깝다고 볼 수 있다. 그 외 다른 사람들의 정의 역시 정도와 다소(多少)의 관점 차이는 있겠지만 결국 Raymond Williams와 Chris Jenks의 정의 중 어느 하나에 속한다고 볼 수 있다.

3. 문화정책에서 문화 개념

세 가지 핵심적인 측면을 중심으로 정의한 문화 개념은 문화 자체가 지니고 있는 복잡성과 다의성(多義性)에서 비롯되는 혼란함과 막연함을 어느 정도 극복하

---

8) 김복수 외(2003), pp.190-191.
9) Baldwin, John R. et al.(eds)(2006).

게 해준다. 핵심이 무엇인가를 중심으로 문화를 정의하고 인식할 수 있게 해주기 때문이다.

이러한 문화 개념은 구체적으로 문화정책에서 말하는 '문화'의 개념에도 적용될 수 있다. 그러나 정책적으로 접근할 때 문화는 정책의 맥락에 따라 각 측면별로 서로 다른 의미를 내포하고 있다. 세 가지 문화 개념이 정책과 만나서 각각의 의미를 규정지으면서 위치하고 있는 것이다.

문화정책에서 문화의 개념을 세 가지로 나누어서 살펴보는 것은 문화가 정책을 통해 구현될 때 필요한 문화에 대한 개념 규정과정에서 그 범위를 설정하는 일에 유용함을 준다. 즉, 문화정책에서 문화를 매우 넓은 범위로 정의하게 되면 거의 모든 것이 문화정책과 관련된 것이 되어버린다. 그러면 문화정책이라는 것이 있을 수가 없고, 설사 있다고 하더라도 정책과정에서 관리될 수가 없다. 그러나 그렇다고 해서 좁은 의미로만 규정하는 것도 충분하지 못하다. 그래서 그 중간 접점에서 정책과 문화 개념의 위치 정립이 필요한데, 그것이 바로 문화 개념의 세 가지 측면을 정책 상황에 맞게 규정하는 것이다. 이는 곧 문화 개념의 각 측면별로 문화정책에서의 문화의 의미를 다르게 규정하는 것이다. 이렇게 하면 문화정책에서 문화개념의 범위 설정의 적절성 문제를 해결하면서, 동시에 정책공간에서 문화의 의미를 비교적 체계적이고 가시적으로 인식할 수 있게 해준다. [표 1-1]은 일반적인 문화 개념의 정의(세 가지 측면)와 그에 따른 문화정책에서 문화의 의미를 나타낸 것이다.

표 1-1 일반적인 문화의 의미와 문화정책에서 문화의 의미

일반적인 문화의 의미		문화정책에서 문화의 의미
개인적이고 집단적인 지적·정신적 발달과 과정으로서 문화	……	문화정책의 궁극적 결과로서 문화
다양한 범위와 형태에 속한 사람들의 삶의 방식으로서 문화	……	문화정책 대상의 원천(토대)으로서 문화
예술 활동이나 정신 및 지적 작업을 표현하는 과정이나 그 결과물을 창출하여 공유하는 것으로서 문화	……	문화정책의 구체적인 대상으로서 문화

첫째, 개인적이고 집단적인 지적·정신적 발달과 과정을 의미하는 문화는 문화정책에서 '문화정책의 궁극적 결과로서 문화'를 의미한다고 볼 수 있다. 문화정책을 통해 궁극적으로는 사회전반의 지적이고 정신적인 발달을 이룰 수 있을 것이다. 이 발달을 다른 말로 문화 발전이라고 한다면, 이것이 문화정책에서 최종적으로 이루고자 하는 문화의 발전이 되는 것이다.

둘째, 다양한 범위와 형태에 속한 사람들의 삶의 방식을 의미하는 문화는 문화정책에서 '문화정책 대상의 원천(토대)으로서 문화'를 의미한다. 문화정책은 직접적인 정책 대상에 대한 지원과 간섭 등을 주로 하지만, 동시에 문화정책의 대상이 영향을 받고 있는 그 토대나 원천에도 관심을 갖는다. 그 이유는 문화가 사회의 정체성의 저장고이며 정치와 행위의 정당성을 입증하는 대리인이므로, 구체적인 문화정책의 대상물들은 곧 사람들의 삶의 방식이나 생활양식에서 비롯되었다고 볼 수 있기 때문이다.10) 즉 예술창작활동이나 문화산업 활동 등의 중요한 원천이 되는 것은 사람들의 삶의 양식에서 비롯된 문화 현장인 것이다. 그래서 그때의 문화에 대한 정책적 관심은 당연하다고 볼 수 있다. 국가와 민족의 정체성이나 공유된 신념 등과 관련된 정책 등에서 의미하는 문화가 바로 그것들이 될 수 있다.

셋째, 예술 활동이나 정신 및 지적 작업을 표현하는 과정이나 그 결과물을 창출하여 공유하는 것으로서 문화는 문화정책에서 '문화정책의 구체적인 대상으로서 문화'를 의미한다. Raymond Williams도 문화 개념을 구분하면서 문화부 (Ministry of Culture)는 음악, 문학, 미술과 조각, 연극과 영화 등과 같은 예술 활동 및 작품과 철학, 학문, 역사를 포함한 대상들에 대한 구체적인 활동을 하는 곳이라고 하였다.11) 여기서는 문화가 예술과 거의 동일시되는 것으로 인식되어 그것들을 정책적 대상으로 여긴다. 오늘날 대부분 문화정책의 '문화'라고 하면 이를 의미한다. 그래서 이때의 문화는 문화정책과 관련된 법이나 제도 및 계획 등에서 비교적 명확히 표현되고 있다.

예컨대 우리나라의 <문화예술진흥법>에서 밝히고 있는 문화예술은 문학, 미술(응용미술 포함), 음악, 무용, 연극, 영화, 연예(演藝), 국악, 사진, 건축, 어문(語文) 및

---

10) Mundy, Simon(2000).
11) Williams, Raymond(1983), p.90.

출판을 말한다.[12] 스웨덴에서도 문화정책은 문화 활동, 예술가에 대한 지원, 극장, 음악, 미술관과 박물관, 문화유산의 보호, 문학, 도서관, 라디오와 텔레비전, 영화, 신문, 평생교육 등을 포함한다.[13] 그리고 문화와 예술을 동일시하거나 문화에 예술을 당연히 포함시키고 있는 미국에서도 예술이란 용어에 음악, 무용, 연극, 민속예술, 문학 작품, 건축, 회화, 조소, 사진, 공예와 그래픽 예술, 산업 디자인, 의상 및 패션 디자인, 영화, 텔레비전, 라디오, 녹음과 녹화 및 위와 같은 주요 예술 형식의 발표, 전시, 공연, 제작과 관련되는 예술 그리고 인간 환경에 예술을 적용하고 연구하는 것을 포함하고 있다.[14] 이와 같이 문화의 일반적 의미의 세 번째에 해당하는 문화의 의미는 문화정책에서 주로 예술 활동에 초점을 맞춘 정책 대상들을 의미한다. 문화정책은 결국 구체적인 정책대상들을 다루는 것이기 때문에 문화정책에서 문화의 의미는 주로 이와 관련된다. 그래서 이 책에서도 '문화'라고 하면 문화개념의 세 번째 의미를 주로 지칭하고 있다.

4. 문화정책에서 '문화'와 '문화예술' 용어의 혼용

문화정책에서 구체적인 대상에 해당되는 문화의 의미를 규정하였지만 여기에 덧붙여 한 가지 언급해 둘 것이 있다. 그것은 용어에 관한 것이다. 문화정책의 대상들을 포괄적으로 지칭할 때 '문화'로 지칭하는 경우가 있는가 하면 '문화예술(혹은 문화와 예술)'로 지칭하는 경우도 있다. 실제로 문화정책을 논의하는 여러 저서나 논문들 뿐 아니라 정부정책이나 방송과 신문 등에서도 '문화'와 '문화예술'이라는 용어는 혼용되고 있다. 이는 문화와 예술의 관계를 어떻게 정의하고 인식하는가에 따라 선택된 결과라 볼 수 있다. 하지만 많은 나라에서는 문화에 예술이 포함되는 것으로 여기기 때문에 문화와 예술을 동일하게 보는 경우가 많다. 그래서 국제 비교를 위한 실무적인 용도에서나 연구를 위한 학문적인 사용에서도 문화에 예술이 포함되는 것으로 전제하는 경우가 많다. 그런 점에서 일각에서는 특별한 목적이 없는 한 '문화'와 구분하여 '문화예술'이나 '문화·예술' 또는 '문화와 예술' 이라고

---

12) 〈문화예술진흥법〉 제2조 제1항.
13) 後藤和子(2004), pp.22-23.
14) 구광모(1999), pp.38-39.

표현할 필요가 없다는 주장도 한다.[15]

　그러나 우리나라에서는 법률적, 행정적, 역사적, 현실적 특수성 때문에 '문화'라는 용어 뿐 아니라 '문화와 예술(혹은 문화예술)'을 함께 사용하고 있다. 둘을 구분지어서 동시에 표현하고자 하는 의도인 것이다. 이렇게 문화예술을 함께 표현해서 사용하게 된 것은 우리나라의 역사적 배경과 관련해서 설명되기도 한다. 과거 우리나라의 문화정책은 일제 침략 때부터 해방 후 군사 정권에 이르기까지 침략 세력과 집권 세력의 정치적인 목적 달성을 위해 가치관과 정신적 유형에 편향되어 있었던 역사적인 산물이기도 했다.[16] 그래서 상대적으로 문화가 정신적 유형과 경제적·사회적 조건 등을 의미하는 경우가 많았던 것이다. 그러나 문화에는 그것만 포함되는 것이 아니라 작품 활동으로서 예술 영역의 대상들도 포함되기 때문에 점차 이를 고려해서 둘을 동시에 표현하게 된 것이다. 다시 말해, 역사적 경험과 과거 흔적으로 인해 문화라고 하면 정치적 목적으로 활용된 것들을 주로 의미하게 되어서, 그 이외의 예술에 대한 것들을 별도로 표현해주었던 것이다. 그리고 같은 맥락에서 주로 문화재나 정신문화에 치중되어 왔던 문화정책에서 벗어나서 작품으로서 예술에 좀 더 초점을 두고 예술 진흥을 강조하기 위해서 '문화예술'이라는 용어를 사용하게 된 것으로도 볼 수 있다.

　문화예술이라는 용어가 문화와 혼용되는 또 다른 이유는 일본에서 문화예술이라는 용어가 사용되는 이유에서도 찾을 수 있다. 일본에서도 문화예술이라는 용어가 사용되고 있는데, 그 이유는 문화 속에 예술이 포함되기는 하지만 오늘날에 새롭게 등장하여 기존 예술에 수렴되지 못했던 준(準) 예술까지 포함될 수 있도록 하기 위한 개념 확장 차원에서 비롯된 것이라는 점이다.[17] 실제로 독일에서 실시한 설문조사에 의하면 문화개념에 속하는 것들에 대한 사람들의 인식이 변하고 있음을 알 수 있다. 예컨대 1981년에는 요리, 의상, 텔레비전 등이 문화개념에 속한다고 인식한 정도가 각각 14%, 21%, 19%였지만, 10년 뒤인 1991년 조사에서는 각각 33%, 37%, 26%로 증가하였다.[18] 문화개념이 확대되고 있는 것이다. 그 이외에도 새로운 예술 장르가 실험되고 있고 계속 탄생되고 있다. 따라서 이러한 현상

---

15) 구광모(1999), pp.37-40.
16) 구광모(1999), pp.38-40.
17) 伊藤裕夫 외(2002), pp.35-37.
18) Heinrichs, Werner(2003), pp.24-26.

들을 아우르기 위한 한 방편으로 개념 확장 차원에서 문화예술이라는 용어를 사용하는 것으로도 볼 수 있다. 문화로만 표현할 때보다는 구체적인 작품으로서 예술이라는 용어를 함께 표현해 둠으로써(즉, 문화예술로 표현함으로써) 새로운 장르의 독특한 신생 예술을 포괄하기가 더 쉽기 때문이다.

이와 더불어 문화정책에서 문화의 의미를 앞서(이 절의 3) 논의한 바와 같이 이 책에서와 같이 구분해 볼 때도 문화와 문화예술이라는 용어의 혼용 이유를 설명할 수 있다. 정신적 발달이나 생활방식을 강조하는 첫 번째와 두 번째의 좀 더 포괄적인 문화의 의미와, 예술에 초점을 맞춘 세 번째 문화의 의미를 동시에 표현하고자 하는 의도에서 함께 사용했을 수도 있다는 설명이다. 이 책에서는 예술에 주로 초점을 둔 세 번째 의미의 문화를 문화정책의 대상으로 다루지만, 실제로 민족성 고양이나 국가 정체성 확립 그리고 인간계발과 국민정신문화 육성 등에 해당되는 정책들도 문화정책부서에서 간여하고 있다. 그래서 문화정책이 예술에 초점을 둔 문화 뿐 아니라 더 포괄적인 의미의 문화도 함께 포함한다는 것을 표현하기 위해 문화예술이라는 용어가 사용되는 것으로 볼 수도 있다.

이러한 이유들로 인해 문화정책에서 '문화'라는 용어와 '문화예술'이라는 용어가 혼용되고 있는 것이 현실이다. 이런 배경을 이해하고 이 책에서 규정한 문화정책에서의 문화의 의미를 명확히 구분해서 인지한다면, 굳이 이 두 용어 중 하나를 선택해서 그것만 사용해야 한다고 고집할 필요는 없다고 본다. 따라서 이 책에서도 문맥에 따라 혼용하기로 한다.

제 2 절 문화의 가치와 실천 현황

1. 문화의 가치

문화의 가치는 다양한 영역에서 연구하는 문화 연구자들에 의해 입증되어왔다. 미학적인 측면에서 제시되기도 했고, 사회학적인 측면 그리고 경제학적인 측면에서 제시되기도 했다. 그만큼 문화 가치는 다양하고 특정한 영역에만 속해서 그 가치를 발현하는 것도 아니다. 그리고 그 가치는 복합적이기도 하고 가변적이기도 하다.[19] 대표적인 문화의 가치들로는 미학적 가치, 사회적 가치, 경제적 가치, 교육적 가치, 역사적 가치, 심리적 가치, 존재가치, 위상가치, 인격 형성의 기능, 삶의 질 향상, 국가 간 가교 역할, 융합적 사고력 향상 등이 해당된다.

1) 미학적 가치(aesthetic value)

미학적 가치는 문화예술을 통해 아름다움과 조화 그리고 문화양식과 기타 미학적 특성들에서 느끼는 희열감과 정신적인 풍요로움을 의미한다. 이는 비단 어려운 미학적 개념들을 몰라도 느낄 수 있는 아름다움에 대한 즐거움을 말한다.[20] 우리는 종종 예술작품으로부터 미적인 감수성을 자극받아서 감흥을 느끼고 즐거운 기분과 황홀경을 경험하기도 한다. 이는 미적 아름다움을 지닌 문화예술이 인간에게 주는 일종의 예술 감정이다. 아름다움을 느끼고 즐거워하는 한 가지 방법이 바로 문화를 경험하고 체험하는 것이다.

때로는 지나치게 예민한 미적인 감수성은 예술작품이 주는 아름다움과 강렬한 인상으로 인해 순간적으로 가슴이 뛰거나 격렬하게 흥분하거나 정신적인 일체감 등을 겪는 스탕달 신드롬(Stendhal syndrome)을 일으키기도 한다. 극한 상황에 이르게 되면 스탕달 신드롬은 우울증이나 전신마비와 같은 증상으로 나타나기도 한다. 이것은 문화의 미학적 가치 발현의 극단적인 상태이다. 이런 현상이 있을 정도로 문화는 인간에게 미적 감흥을 불러일으키고 있다. 물론, 대체로 문화가 우리에게 주는 미학적 가치는 극단적인 상태라기보다는 문화로부터 아름다움과 정신적인 풍요로움과 서정적인 감성을 자극하고 느낄 수 있게 해주는 보통의 미적 체험이다.

2) 사회적 가치(social value)

사람들이 소통하는 매개는 다양하다. 그 중 많은 사람들은 같은 문화를 공유하고 전달함으로써 사회적 연대감을 느끼고 사람들과 소통한다. 즉, 사람들은 공통된 문화를 경험하고 같은 예술을 체험하면서 공감 능력과 소통하는 능력을 배양

---

19) Throsby, David(2001), p.28.
20) Throsby, David(2001), p.28.

한다. 이런 소통은 공통된 문화를 공유하는 데서 생기는 것이기도 하지만, 서로 다른 다양한 문화에 대한 이해에서 비롯되기도 한다.

그리고 문화와 예술은 특히 문화 생산자와 향유자 간의 매개 역할을 함으로써 둘 사이에 소통이 이루어지도록 한다. 또 문화는 생산자 간 혹은 향유자 간에 교류의 기회를 제공해 주기도 한다. 그래서 서로의 존재를 이해하게 하고 다양한 관점의 존재도 알 수 있게 해줌으로써 사회적 소통과 관계 형성에 기여한다.[21]

이와 함께 문화행사나 문화이벤트는 공동체의식을 높이고 집단 정체성을 고양하는 데 기여하기도 한다. 실제로 개별 행위보다는 집단 행위로 이루어지는 문화행사의 경우 집단 속에서 사람들 간의 질서의식과 일체감과 협동심을 기르는 데 도움을 준다. 예컨대 각 지역의 축제행사나 민족의 문화공연 등을 통해 사람들 간의 관계 속에서 배울 수 있는 사회적 가치를 학습할 수 있다.

3) 경제적 가치(economic value)

문화도 하나의 산업으로서 막대한 부를 창출한다. 그래서 문화'산업'으로 불린다. 특히 하나의 문화상품이 기술변화를 거쳐 여러 가지 다른 형태의 매체를 통해 확산되면서 연쇄적으로 부가가치를 창출하는 창구효과(window effect)는 문화의 경제적 효과가 미치는 파급력을 잘 보여준다.

예컨대 우리나라 드라마 <대장금>은 다시 애니메이션인 <장금이의 꿈>으로 만들어 졌고, 그리고 다시 뮤지컬 <대장금>으로 재탄생하였다. 그 뿐 아니라 장금이 캐릭터 상품도 만들어져서 또 다른 영역에서 부가가치를 창출하였다. 소설가 신경숙의 <엄마를 부탁해>라는 소설도 연극과 뮤지컬로 다시 만들어지기도 하였다. 그 이외에도 많은 사례에서 한 장르의 문화상품이 소설, 드라마, 연극, 뮤지컬, 영화, 만화 장르 등으로 다양하게 변화되면서 재창조되고 있다. 이처럼 일반 상품은 한번 생산되고 유통 및 소비되어 그 영역에서 수명을 다하게 되지만, 문화상품은 다른 영역에서 재창조되어 부가적인 가치를 창출하는 경우가 많다. 따라서 문화산업은 다른 산업에 비해 산업 연관효과가 더 크기 때문에 경제적 가치가 크고 또 가치 창출의 지속 기간이 비교적 긴 속성을 지니고 있다.

그리고 문화는 긍정적 외부효과(externalities)로 인해서도 경제적 효과를 낳는

---

21) 池上惇(1996), p.203 ; Throsby, David(2001), p.28.

다. 문화에서 외부효과란 문화자체가 주는 효과 이외에도 문화와 직접적인 관련이 없는 곳에서 또 다른 효과가 발생하는 것을 말한다.[22] 문화상품 자체가 주는 경제적 이득 이외에서도 또 다른 경제적 효과가 발생되는 것이다. 예컨대 어떤 도시에서 문화행사나 축제가 개최되면 그 도시의 숙박, 교통, 식당 등에도 경제적 이익을 낳게 하고 도시 브랜드도 높아진다. 국내 각 지역의 문화 행사는 물론이고 국제적 규모의 문화 행사를 유치하려는 노력도 이 때문이다.

4) 교육가치(education value)

문화는 교육적 가치도 발현한다. 무엇보다도 문화는 창의력을 향상시키는 데 큰 기여를 한다. 창의력은 새로운 자극을 통해 길러지고 감성과 직관을 통해 발휘된다. 그런 점에서 문화는 새로운 경험을 제공하는 역할을 하고, 또 종종 비현실적이고 이상적인 모습을 보여주기도 한다. 이것들은 모두 새로운 자극이 될 수 있다. 그리고 문화는 미적 감흥을 유발시켜서 감성을 고양시킨다는 점에서도 역시 창의력 향상에 도움을 준다. 감성은 상상력을 높여서 새로운 시각을 갖게 해주기 때문이다. 문화 경험과 체험에서 길러지는 직관 역시 통찰력을 높여서 창의성 향상에 기여한다. 이와 더불어 문화를 접하게 되면 아름다움을 선호하는 인간의 본성을 계발할 수 있는 기회를 주고, 동시에 그 본성에 대한 이해를 할 수 있는 학습 기회를 주기도 한다.

문화의 교육적 가치의 중요성은 일찍이 제도권 교육에서 예술을 가르치고 있다는 점에서 이미 일반적으로 인지되고 있는 사실이다. 특히 예술을 배우는 과정을 통해 관찰과 상상 능력과 표현 능력 등을 기를 수 있다. 그리고 영화나 연극 등을 통해 간접 경험의 학습을 할 수 있고, 또 심리적 성장 과정을 경험적으로 배울 수도 있다. 문화는 향유 활동 그 자체가 사회화 학습이 되기도 한다. 함께 향유하고 있는 문화를 통해 소통하고 상징을 공유하는 것은 곧 해당 사회의 일원으로서 성장해나가는 과정이 되는 것이다. 사회 속에서 한 인간의 성장을 위한 교육적 수단의 하나로서 문화가 그 역할을 한다. 그리고 문화는 기본적으로 학습을 통해 이루어지는 것이므로, 학습이 어떤 것인가에 대해 직접 경험할 수 있게 해주는 최초의 학습 실천의 수단이 되기도 한다.

---

22) 외부효과에 대해서는 제2장에서 보다 구체적으로 논의된다.

5) 역사적 가치(historical value)

문화는 역사성을 함께 지니고 있다. 문화는 현재 뿐 아니라 과거에 형성된 것을 학습을 통해서 전하고 서로 공유하고 또 향유하기 때문이다. 그래서 축적된 결과로 구현되는 것이 문화라는 점에서 문화를 역사적 산물이라고도 한다. 한 개인의 예술 작품도 긴 시간 동안 스스로의 역량을 축적한 결과이다. 그래서 문화에는 역사적 가치가 내재해있다. 예컨대 문화재는 단순히 숭고미와 아름다움을 주는 것이 아니라 그 문화재가 지니고 있는 역사성도 함께 전해준다.

따라서 문화를 학습한다는 것은 그 문화가 지니고 있는 역사적 의미를 함께 학습하는 것이 된다. 우리는 실제로 예술 작품에서 심미적 기쁨을 느끼기도 하지만 그 예술작품이 지니고 있는 당대의 역사에 대한 교훈도 함께 얻고 있다. 따라서 한편으로 문화와 예술은 현 세대로부터 다음 세대로의 역사와 연결되어 역사와 전통을 계승하는 역할을 하는 중요한 임무를 지니고 있다.[23]

6) 심리적 가치(psychological value)

문화는 심리적인 면에서도 유용한 가치를 지닌 대상이다. 우선 문화예술 활동은 자아실현(self realization)과 카타르시스(catharsis)를 느낄 수 있도록 해준다. 물질적으로 주어지는 대가나 보상과는 달리 문화 생산자들은 예술 활동이나 작품을 통해 예술적 잠재력을 발휘하면서 자아실현을 경험한다. 이 과정에서 환희와 희열감과 카타르시스를 느끼는 문화생산자와 그것을 공감하고 감흥을 느끼는 향유자는 심리적이고 정신적인 안정과 치유를 얻게 된다.[24]

그래서 보다 직접적으로 예술은 심리치료의 수단으로도 활용된다. 통상 이를 예술치료라고 한다. 예술치료는 원래 정신지체나 자폐증이나 치매 등의 장애를 가진 사람들의 치료방법으로 이용되었다. 그러나 최근에는 현대인들의 스트레스를 해소하는 방법으로도 자리매김하고 있다. 미국, 유럽 등 선진국에서는 이미 100년 전부터 예술치료에 많은 관심을 가져왔다. 최근에는 국내에서도 현대인들의 스트레스를 해소하는 방법 중 하나로 예술치료를 활용하는 사례가 늘고 있다. 예술 분

---

23) 김정수(2010), p.69 ; Throsby, David(2001), p.29.
24) Belfiore, Eleonora and Oliver Bennett(2007), p.143.

야별로 음악치료, 미술치료, 무용치료, 연극치료 등으로 확대 되고 있다.[25] 힐링과 융복합 등의 산업이 급성장하고 있는 요즘 추세로 보면 앞으로 예술을 활용한 치유 산업은 더 증가할 것으로 예상된다.

7) 존재가치(existence value)

문화의 존재가치는 문화나 문화 활동이나 문화상품이 존재하는 그 자체에서 오는 가치이다. 어떤 문화나 문화유산 등이 유용성을 발휘하기 위해 특별한 활동(사용)을 하는 것은 아니지만, 그것이 존재하는 그 자체에서 일종의 이득이 발생하는 것이다. 이는 역사적인 건물이 존재하는 것 등이 해당될 수 있다.[26] 숭례문 화재가 그 자체로 큰 충격이 된다는 점과, 화재 후 많은 예산을 들여 다시 복원을 하는 이유는 바로 숭례문이 지닌 존재가치 때문이다. 시장 논리로 본다면 비용이 많이 소요되는 숭례문을 굳이 복원할 이유가 없지만, 숭례문이 존재하는 데서 비롯되는 편익이 많이 발생하기 때문에 복원하는 것이다. 존재가치는 시간이 흐르고 지속된 의미부여 행위를 통해 의미가 축적되고 또 축성(祝聖)이 계속 될수록 더 높아진다.

8) 위상가치(prestige value)

문화는 위상을 높이는 역할을 한다. 실제로 문화적 매력은 그 국가, 도시, 지역의 매력을 증대시킨다. 뛰어난 문화 혹은 예술가는 그 나라의 자랑이고 세계 사회에서 그 국민 전체의 위상을 높인다. 문화 선진국이나 문화 도시들의 명성(名聲)이 이를 말해준다. 이 위상가치는 예술에 대하여 전혀 관심이 없고 예술을 소비하지 않는 사람에게도 적용된다.[27] 사람들이 문화향유 활동을 하면서 문화인을 자처하며 행동하는 것도 본인의 위상을 높이는 한 방편으로 문화를 활용하는 것이다. 그리고 예술작품을 활용한 공간 디자인과 구성 역시 심미적 즐거움을 위한 것도 있지만, 한편으로는 예술작품이 주는 위상가치를 활용하려는 목적에서 비롯되기도 한다.

---

25) 박소현(2011), pp.240-241.
26) Frey, Bruno S.(2003).
27) 김정수(2010), p.69 ; Frey, Bruno S.(2003).

9) 인격형성의 기능

문화는 인간 자신에 대해 사유할 수 있는 능력을 길러줌으로써 반성적 사고를 할 수 있는 기회를 제공해 준다. 사람은 문화를 통해서 자신을 표현하고 자신을 이해한다. 때로는 자신의 불완전성을 인식하고 자신의 성취에 대해 의문을 갖기도 한다. 그리고 지치지 않고 새로운 의미를 추구하면서 자신의 한계를 뛰어넘는 작품을 창조하기도 한다. 이러한 활동은 사람들로 하여금 스스로를 돌아보면서 자기비판과 자기인식(self-appreciation)을 할 수 있도록 한다. 이는 일종의 문화교육이 되어 비판적 사고(critical reflection)를 통한 현상유지와 재창조의 노력을 이끌어 낸다. 그 결과 예술과 문화에 대한 이해가 폭력, 질투, 탐욕, 또는 그 밖의 불쾌한 심리적 무질서들에 휘말릴 가능성을 감소시키며, 동시에 감성 훈련을 통해 좀 더 나은 인간이 되는 노력을 하게 한다.[28] 예술은 멈춤과 추진력의 근원이 되면서 인간 스스로에 대한 반추(反芻) 기회를 제공해서 인격 형성에 도움이 되는 것이다. 특히 예술적 감수성은 사람들 간 관계에서 감정을 헤아려서 세밀하게 배려할 수 있는 자양분이 된다.

10) 삶의 질 향상

문화에 대한 다양한 의미 부여가 있을 수 있지만, 가장 궁극적으로는 결국 문화를 통해 좀 더 사람답게 살기 위함이다. 문화 활동이 없는 삶은 건조하고 메마를 수 있다. 살아갈 수는 있겠지만, 정신적 풍요로움과 여유가 없고 어떻게 살 것인가보다는 산다는 것 자체가 목적이 되어버리는 질 낮은 삶이 될 것이다. 그래서 문화적 도구(cultural tools)가 없이는 삶의 질(quality of life)을 향상하는 것을 상상하기 어렵다. 대개 문화가 즐거운 느낌과 주로 결합되어서 인식되지만 실제로 문화는 재미(entertainment) 이상의 것을 준다. 재미 이상의 것은 우리 삶의 질 향상에 기여한다. 그래서 문화와 삶의 질을 분리해서 생각할 수 없다.[29] 실제로 문화적 경험과 체험에서 생기는 도파민은 문화가 삶의 질의 중요한 요소인 만족감을 준다는 하나의 증거이기도 하다.

---

28) 김문환(1997) ; Miller, Toby and George Yudice(2002).
29) Mundy, Simon(2000).

문화가 삶의 질을 향상시킨다는 것은 연령대를 막론하고 해당될 수 있으나, 무엇보다도 오늘날과 같은 고령화 시대에 특히 노년층에게 중요하다. 고령화에 대해 예측한 연구에 따르면, 2020년에는 60세 이상의 인구수가 약 10억 명에 이르게 되고 2050년에는 거의 20억 명이 되어 세계 인구의 22%를 차지하게 될 것이라고 하였다. 최고령 인구라 할 수 있는 80세 이상의 인구 비율도 세계인구의 4%가 될 것이라고 예상하였다.[30] 이로 인해 여러 사회적·경제적·정치적 문제가 대두될 것이라는 점은 쉽게 예상된다. 그뿐 아니라 고령층에서 개인적 차원의 문제도 중요한 이슈로 부각될 것이다. 무엇보다도 퇴직 후에는 개인의 여가 시간이 증가한다. 어찌 보면 개인의 삶의 질은 개인 스스로의 즐거운 삶이 더 좌우할 수 있다.

바로 여기에 문화가 기여할 수 있다. 퇴직 후 긴 시간 동안 문화 활동이 가능한 고령자와 그렇지 않은 고령자가 느끼는 삶의 즐거움은 현저한 차이가 있다. 자기에게 즐거움과 심미적 기쁨을 주는 문화예술 활동이 있다면, 일을 하면서 느끼는 자존감(self-respect)보다도 어쩌면 은퇴 후가 자존감을 더 높이는 시간이 될 지도 모른다. 그래서 실제로 고령화 사회에 진입한 선진국에서는 노년층이 향유할 수 있는 문화나 여가 산업에 이미 많은 관심을 기울이기 시작했다. 조지워싱턴 대학이 발표한 연구결과에 따르면 최근 미국에서는 560억 달러 규모의 교육과 모험 및 문화 관련 시장으로 노년층의 자금(old-money)이 대거 유입된 것으로 나타나고 있다.[31] 노년층의 늘어나는 여가 시간은 결국 문화 활동으로 채워질 가능성이 높기 때문에 문화가 주는 삶의 질의 가치는 고령화 시대에 특히 주목을 받을 수밖에 없다. 노후의 여가 활동으로서 문화 활동이 노후의 삶의 질을 높일 것이라는 예상은 이미 고령화 사회가 된 요즘 주변에서 종종 현실화되고 있다. 한편으로 이는 노후의 삶의 질을 위해 그 이전에 문화예술에 대한 관심과 체득이 필요함을 말하는 것이기도 하다.

11) 국가 간 가교의 역할

문화는 국가 간 교류에서 매개체로서 역할을 한다. 전략적이고 현실적인

---

30) Magnus, George(2008).
31) 연합신문(2010), 1월 8일자 기사.

국제정치 환경에서도 문화는 완충 역할을 해주면서 국가 간 교류의 물꼬를 트는 역할을 한다. 동시에 국가 간 교류의 지속을 위한 수단이 되기도 한다. 그래서 많은 국가들이 문화수교(修交)를 맺어서 국가 간 교류의 장을 이어가는 노력을 한다.

좋은 문화는 그 매력이 국경을 초월하여 교류되면서 다른 문화권 사람들의 마음에 감동을 주기도 한다. 그래서 문화 교류는 국제적인 상호이해와 소통의 망을 넓혀주는 가교의 역할을 하는 것이다.[32] 한류(韓流)가 비단 경제적 효과만을 유발하는 데서 그치지 않고 국가 간의 교류를 더욱 증진시키고 있는 것이 그 예이다. 또 단절된 국가 간 교류가 문화교류부터 시작되는 것도 문화가 가진 국가 간 가교 역할 덕분이다.

12) 융합적 사고력 향상

문화는 융합을 이끄는 원동력이 된다. 예술의 많은 장르가 이미 융합에 의해 이루어지고 있다. 단적으로 뮤지컬이 그렇고 마당극이 그렇다. 기타 무수한 공연들이 무용과 노래와 재담 등이 융합되어 실연되고 있다. 영화 속에는 더 많은 융합 요소가 들어 있다. 흔히 말하는 종합예술이라는 말은 곧 융합에 의한 예술 작품임을 의미한다.

문화가 융합되는 면은 비단 예술 간 융합만을 두고 말하지는 않는다. 기술과 예술의 융합과 같은 문화기술(Culture Technology) 역시 문화 융합의 한 면을 보여준다. 문화산업기술로도 불리고 CT로 줄여서 부르기도 하는 문화기술 CT는 문화와 첨단 기술의 만남으로 첨단 기술이 문화콘텐츠의 여러 과정을 지원해서(디지털화 등) 가치창출을 도모하는 기술을 총칭한다. 기존의 유명한 예술작품을 디지털 기기로 새롭게 표현(그림 속 주인공을 살아서 움직이게 하는 등)하기도 하고 첨단 기술로 실제와 같은 영화 영상을 만들어 내기도 한다. 이처럼 문화와 기술이 만나는 융합은 앞으로 더욱더 발전된 첨단 기술로 인해 더 진화할 것으로 예상된다.

이와 함께 예술 자체는 융합적 사고를 기르는 데 도움이 되기도 한다. 융합을 위한 구상 능력은 예술적 상상력이 일정 정도 도움을 줄 수 있다. 융합은 상상과 실천으로 이루어지는 것이기 때문에 문화 체험과 예술적 경험은 상상력을 높이는

---

32) 김정수(2010), p.70.

데 기여한다. 예컨대 영화는 가상의 이야기를 보여주고 들려줌으로써 관객들의 상
상력을 자극한다. 미술관에서 그림을 보는 것도 상상력을 자극시키는 활동이 되
고, 그림을 직접 그리는 것도 우리의 상상력을 자극시킨다. 음악을 들을 때도 마찬
가지다. 이 상상력은 이질적이라고 여겨지는 요소들의 융합과 편집을 하는 데 기
초가 된다. 최근의 뇌과학 연구에 따르면 인간은 상상을 할 때도 감각기관을 동원
하기 때문에 상상을 통해 다차원적인 구상을 할 수 있다. 따라서 문화는 우리가
융합할 수 있는 사고력을 길러주는 역할도 한다.

2. 주체별 문화 활동 현황

다양한 문화의 가치들이 실현된다면 사회에 문화적 부(cultural wealth)가 쌓일
것이다. 문화적 부는 정신적 풍요와 물질적 풍요의 토대가 되기 때문에 개인은 물
론이고 사회 전체적으로도 고양해야 할 부이다. 따라서 문화가치를 실현시키기 위
해서는 무엇보다도 사회의 주요 주체들이 문화 활동을 활발히 실천(생산과 향유)해야
한다.

사회의 주요 주체는 크게 개인, 정부, 기업으로 구분할 수 있다. 다양한 구분
이 있을 수 있지만 일정한 범주에 따라 나눌 때 이 세 주체는 사회를 이끄는 핵심
적인 주체들이다. 이러한 사회의 주요 주체로서 개인과 정부 그리고 기업이 문화
의 다양한 가치를 인식하고 각 부문에서 할 수 있는 문화 활동을 실천하여 그 가
치를 실현한다면, 사회 전체의 문화적 부가 창출되고 그에서 비롯되는 긍정적인
부수효과도 낳게 될 것이다. 따라서 사회에 긍정적인 결과(outcome)를 제공하는 문
화의 가치가 존재한다는 것은 그 가치를 실천해서 실현시킬 필요성을 보여주는
것이므로, 사회의 각 주체별 실천 노력이 요구된다. 주체별 문화가치 실현을 위한
문화 활동 현황을 살펴보면 다음과 같다.

1) 개 인

문화의 가치들은 개인의 발전에 도움이 된다. 문화의 각 가치들이 개인 수준
에서 정신적인 발달과 사회성 발달에 긍정적인 영향을 미칠 뿐 아니라 문화의 경

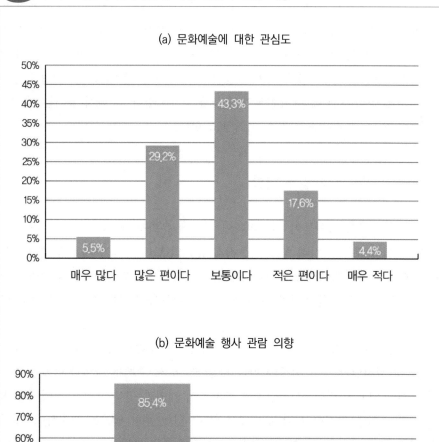

(a) 문화예술에 대한 관심도

매우 많다: 5.5%
많은 편이다: 29.2%
보통이다: 43.3%
적은 편이다: 17.6%
매우 적다: 4.4%

(b) 문화예술 행사 관람 의향

관람 의향 있음: 85.4%
관람 의향 없음: 14.6%

자료: 문화체육관광부(2014b), 문화체육관광부·한국문화관광연구원(2010)

제적 가치가 개인 차원에서도 실현되기 때문이다. 문화가 주는 가치가 개인의 성숙과 성장 그리고 경제적인 풍요로움과 역량 강화에 유의미한 영향을 미치는 것이다. 이런 사실은 이미 많은 사람들에게 인식되어 있어서 문화예술에 대한 개인적인 관심이 높아지고 있다.

그림 1-2 개인의 문화예술 향유 정도와 관람 횟수

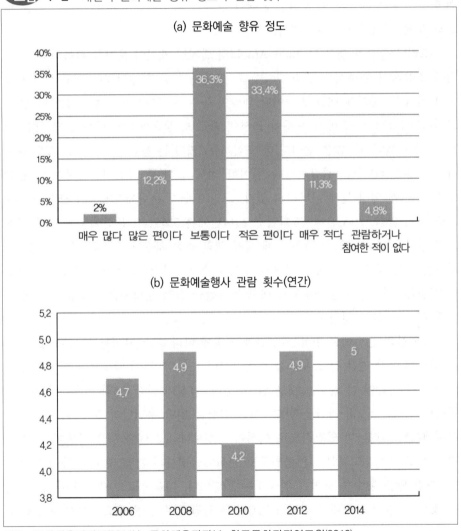

자료: 문화체육관광부(2014b), 문화체육관광부·한국문화관광연구원(2010)

실제로 문화체육관광부(2014b)와 문화체육관광부·한국문화관광연구원(2010)에서 전국 만 20세 이상 성인 남녀 1,000여 명을 대상으로 실시한 조사에 의하면, 문화예술에 대한 관심이 많다는 응답이 적다는 응답보다 높게 나타나고 있다는 것을 알 수 있다. [그림 1-1]에서 보듯이 '매우 많다(5.5%)'와 '많은 편이다(29.2%)'의 응답의 합이 34.7%인 반면, '적은 편이다(17.6%)'와 '매우 적다(4.4%)'에 대한 응답의 합은 22%이다. 그리고 예술행사 관람 의향을 물어보기도 하였는데, 85.4%가 의향이 있다고 하였다. 문화예술에 대한 관심과 의향은 그렇지 않은 것보다는 비교적 높은 편이라고 할 수 있다.

그러나 중요한 것은 Matthew Arnold의 말처럼 개인이 문화를 획득하고 그 가치를 소유하기 위해서는 읽고 관찰하고 생각하는 등의 문화향유 활동을 실제로 해야 한다.[33] 문화에 대한 관심이나 의향이 높다는 것에서만 머물러서는 안 된다. 그렇지만 [그림 1-2]에서 보듯이 조사에 따르면, 문화예술에 대한 실제 향유 정도는 '매우 많다'와 '많은 편이다'를 포함하는 '많다'는 응답(14.2%)보다 '적은 편이다'와 '매우 적다'와 '관람하거나 참여한 적이 없다'를 포함하는 '적다'는 응답(49.5%)이 3배 이상 높게 나타나고 있다. 그리고 연간 문화예술행사의 관람 횟수도 그리 많지 않다. 2006년에 4.7회였고 2014년에는 5회이다. 문화예술에 대한 관심도와 관람 의향의 정도를 고려할 때 실제 연간 관람 횟수가 4-5회 정도에 머물고 있다는 것은 상대적으로 문화향유가 많이 이루어지지 않고 있다는 것을 의미한다. 다시 말해, 개인들의 문화예술에 대한 관심만큼 실제 문화예술의 향유는 그에 미치지 못하고 있는 실정이다.

개인들의 문화예술 향유는 성별과 연령에 따라 다소 차이를 보이고 있다. 우선 성별에 따라 연간 관람 횟수를 보면, [그림 1-3]과 같이 남성보다 여성의 문화예술 행사 관람이 더 많다는 것을 알 수 있다. 남성이 연간 4.8회 예술행사 관람을 한다면 여성은 5.2회 관람을 한다. 이런 경향은 비단 우리나라 뿐 아니라 외국의 사례에서도 나타나며 일반적으로 여성이 남성보다 문화예술 향유 활동이 더 활발한 것으로 조사되고 있다. 연령별로도 문화예술행사의 관람 횟수는 차이를 보인다. 가장 많은 횟수를 보이는 연령대는 20대이다. 다음으로 10대와 30대가 그 뒤를 잇는다. 반면 연령대가 점점 증가할수록 관람 횟수는 줄어드는 경향을 보인다.

---

33) 정철현(2005), p.22.

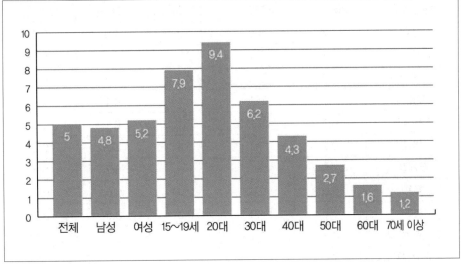

그림 1-3 성별·연령별 문화예술행사 관람 횟수(연간)

자료: 문화체육관광부(2014b)
단위: 회

젊은 세대의 문화예술 향유가 더 활발하다는 것을 보여준다.

이와 함께 문화예술의 장르별 관람 횟수를 보면, 영화에 거의 치중되어 있는 것을 알 수 있다. [표 1-2]에서 보는 바와 같이 영화가 3.6회로 전체 관람 횟수인 5.0회 중에서 70% 이상을 차지하고 있다. 문화예술 향유 활동의 대부분은 영화를 관람하는 것에 머물고 있음을 보여준다. 개인들의 문화예술 향유의 폭이 상당히 제한되어 있는 것이 현실이다.

요컨대, 사람들은 문화예술이 주는 가치가 중요하다는 것을 인식하고 있고 그래서 관심과 참여 의향도 높은 편이지만, 실제 문화예술 활동에 참여하거나 향유하는 정도는 여전히 낮은 실정이다. 아울러 개인들의 문화예술 향유 활동의 내용이 일부 장르에 집중되어 있어서 문화향유의 다양성이 실천되고 있지 못하는 것도 현실이다.

표 1-2 예술장르별 관람 횟수(연간)

예술행사	2006년	2008년	2010년	2012년	2014년
전체	4.7	4.9	4.2	4.9	5.0
문학행사	0.1	0.1	0.1	0.1	0.1
미술관 전시	0.2	0.2	0.2	0.2	0.2
서양음악	0.1	0.1	0.1	0.1	0.1
전통예술	0.1	0.1	0.1	0.1	0.1
연극	0.2	0.2	0.2	0.2	0.2
뮤지컬	-	-	-	0.2	0.2
무용	0.01	0.03	0.04	0.04	0.05
영화	3.9	4.0	3.3	3.6	3.6
대중음악/연계	0.2	0.1	0.1	0.3	0.5

자료: 문화체육관광부(2014b)
단위: 회

2) 정부

정부에게 문화가치의 실현은 국가 경쟁력 향상으로 나타난다. 문화에서 비롯되는 국민들의 강화된 역량과 문화 산업의 경제적 부가가치는 문화선진국을 넘어질 높은 경제대국이 되는 데 직·간접적인 영향을 미친다. 그래서 정부는 문화를 정책 대상으로 인식하여 별도의 부서를 설치하고 예산을 배분하고 있다. 정부의 문화예술에 대한 중요성 인식과 그 실천의지는 바로 이 예산으로 알 수 있다. 일반적으로 정부예산은 정부 활동의 의지를 나타내는 사회에 대한 선언이자 정부가 중요시 여기는 정책이 무엇인가를 공식화한 결과물이기 때문이다.

그래서 정부가 편성한 문화재정의 정도를 통해 정부가 문화에 대해 얼마나 중요하게 여기고 있는지에 대해 개괄적으로 판단할 수 있다. 문화가치를 중요시 여긴다고 언어적 혹은 표어 및 구호로만 강조할 것이 아니라, 그것을 실제로 실현할 수 있는 재원이 마련되어 있는지가 중요하다. 따라서 문화재정의 정도가 하나의 지표가 될 수 있다.

이와 관련하여 문화재정의 다양한 측면을 바탕으로 여러 방법에 의해 살펴볼 수 있다. 여기서는 중앙정부 총지출 대비 문화재정의 비율을 통해 살펴본다. 문화재정과 관련해서는 제10장에서 보다 구체적으로 다룬다.

[표 1-3]은 중앙정부의 총지출과 중앙정부의 문화재정 그리고 문화재정의 비율을 각각 나타내고 있다. 여기서 문화재정은 예산과 기금을 합한 금액으로 표시하였다. 표에서 보는 바와 같이 전반적으로 2006년 이후부터 물가상승률을 감안하더라도 문화재정의 절대 금액은 지속적으로 증가해왔다는 것을 알 수 있다. 정부의 총 지출 대비 문화재정의 상대적인 비율도 다소간의 증감현상이 반복되기는 했지만 대체로 증가해왔음을 알 수 있다. 중앙정부의 총 지출 대비 문화재정의 비율이 증가해 왔다는 것은 곧 국정 운영에서 문화에 대한 관심이 그만큼 커졌다는 것을 의미한다.

실제로 [표 1-3]에는 나타나지 않았지만, 정부 총예산에서 차지하는 문화부문 예산의 비율은 1969년에 0.13%에 불과하였다. 그러다 1990년에는 0.32%로 증가하였고 2000년에는 1%를 넘어섰으며 [표 1-3]에서 보는 바와 같이 2014년에는 1.57%까지 늘어났다. 비율 변화의 정도만을 단순히 본다면 1969년에 비해 10배 이상 증가된 수준이다. 이 수치를 두고 국가적인 차원에서 문화행정의 비중과 위

표 1-3 중앙정부 총지출 대비 문화재정 비율

연도	중앙정부 총지출 (단위: 조원)	중앙정부 문화재정 (예산+기금, 단위: 백만원)	문화재정 비율 (단위: %)
2006년	224.1	2,957,934	1.34
2007년	238.4	3,076,068	1.3
2008년	257.2	3,943,832	1.52
2009년	301.8	4,047,229	1.33
2010년	292.8	4,133,183	1.4
2011년	309.1	4,197,694	1.36
2012년	325.4	4,543,115	1.38
2013년	349	5,083,785	1.46
2014년	355.8	5,645,613	1.57

자료: 문화체육관광부의 연도별 〈예산 및 기금 운용 개요〉와 기획재정부의 정부재정현황 자료 (www.mosf.go.kr)에 기초하여 재구성

상이 10배나 높아졌다고 말할 수도 있을 것이다.[34] 문화재정의 절대 액도 증가했고 상대적인 비중도 증가한 것은 분명한 사실이기 때문이다.

그러나 문화재정 이외의 다른 분야의 재정이 정부의 총지출에서 차지하는 상대적인 수준을 고려한다면 문화재정의 수준은 아직 충분하지 못하다고 볼 수 있다. 그리고 예산 종류별(특히 일반회계)로 구분하거나 기금을 제외한 금액만을 고려한다면 그 수준은 더 낮아진다.

실제로 2003년부터 2010년까지 중앙정부 부처별 예산 현황에서 일반회계의 경우, 평균적으로 가장 큰 비중을 차지하는 예산은 교육과학기술부(20.5%)이고 다음으로 행정안전부(19.7%) 그리고 국토해양부(12.8%)의 순이다. 문화체육관광 소관의 예산 규모는 전체 16개 부처 중 11위에 해당한다. 그리고 2003년부터 2010년까지 문화체육관광부 일반회계 예산의 연평균 증가율은 2.53%로 나타났는데, 이는 중앙정부 일반회계 예산의 연평균 증가율인 8.1%에 못 미치는 것이다.[35]

이처럼 정부도 문화가치의 중요성을 깨닫고 가치 실현에 따른 효과를 얻기 위해 지속적으로 노력해 오고 있고 또 과거에 비해 노력의 정도도 상당히 높아졌으나, 정부의 총 재정에서 차지하는 비중을 상대적으로 비교해보면 여전히 다른 부문 보다는 그 정도가 낮은 편이라고 할 수 있다. 따라서 문화선진국을 이룩하여질 높은 경제 대국이 되기 위한 정부의 문화가치 실천 노력은 지금보다 더 높아져야 한다.

3) 기업

문화의 가치에서 경제적 가치는 문화상품을 생산하는 기업에게 큰 매력이 된다. 특히 문화의 창구효과는 무한한 가치를 낳게 한다. 소설이 영화로 만들어지고 영화 속의 인물은 캐릭터 상품으로 만들어져 시장에서 또 다른 부를 창출한다. 문화산업에서 문화상품이 가져다주는 창구효과와 연쇄효과는 막대한 부를 기업에게 안겨주고 있는 것이다. 그렇기 때문에 문화의 경제적 가치를 제대로 구현할 수만 있다면, 비록 기업의 규모는 작더라도 그 기업이 창출하는 경제적인 부는 대기업을 능가할 수 있다. 한국의 만화 '뽀롱뽀롱 뽀로로'에서 뽀로로라는 캐릭터가 대표

---

34) 김정수(2010), p.412.
35) 양혜원(2011), pp.31-32.

적인 예이다. 이런 예는 많은 일본의 만화산업이나 미국의 영화산업에서도 찾을 수 있다. 오늘날 문화상품에 주력하는 기업들이 증가하고 있는 것도 바로 그 때문이다. 전통적인 일반 상품을 생산하는 기업들도 문화상품에 관심을 두고 문화마케팅이나 문화행사를 활용하여 기업의 이윤창출을 높이고자 노력하고 있다.

　　하지만 기업의 문화가치 실천 노력이 여기에만 한정되어서는 안 된다. 기업이 존재하는 것도 결국 사회 구성원들의 존재가 전제된 이후이다. 중소기업이든 대기업이든 경제적인 부는 자국 내의 공공재를 이용해서 생산될 수밖에 없다. 공공재 이용 없이 기업 활동이 이루어지는 것은 불가능하다. 이때 그 공공재는 시민들 간의 상호협력의 산물이다.[36] 따라서 상호협력에 어떠한 방식으로든지 기여한 사회의 구성원들을 고려하는 것은 기업의 사회적 책임이라 할 수 있다. 그런 측면에서 보자면 사회문제를 해결하거나 혹은 좋은 가치를 고양하는 데 정부의 역할만 기대하기보다는 어느 정도 기업의 역할도 요구된다. 사회 공동체 속에서 실현되고 있는 문화예술에 대한 기업의 역할도 그 중 하나가 될 수 있다.

　　사실, 문화예술의 중요성을 인식하여 정부가 많은 부문에서 문화예술 지원활동을 하고는 있지만 현실적으로 모든 부문에 정부의 역할을 기대하는 것은 어렵다. 예산과 인력의 문제 뿐 아니라 문화영역별로 정부지원에 따른 예술의 독립성에 대한 논란도 여전히 존재하기 때문이다. 그래서 정부 역할이 미치지 못하거나 논란이 예상되는 분야에 대해서는 정부 이외의 역할이 필요하다. 기업이 바로 그에 해당될 수 있다. 그런 점에서 정부의 한계로 지원활동이 어려운 많은 문화예술에 대해 기업의 문화예술 지원은 더욱더 필요하다.

　　장기적으로 보면 기업의 문화예술에 대한 지원은 기업이 문화상품을 만들어서 경제적인 부를 창출하는 것만큼 큰 이득을 안겨줄 수도 있다. 기업의 이미지 제고에도 도움이 되고 해당 기업을 홍보하는 역할을 하여 기업의 일반 상품 판매에도 긍정적인 영향을 미친다. 따라서 이미 많은 기업들은 기업 입장에서 뿐 아니라 사회 전체적인 측면에서도 문화의 가치가 중요함을 인식하여 그에 대한 실천노력으로 문화예술에 대한 지원활동을 해오고 있다. 이를 보여주는 대표적인 것이 기업의 메세나(mecenat)이다. 메세나는 문화예술에 대한 기업의 제반 지원활동을 지칭하는 말이다. 이에 대해서는 이 책의 제10장의 제4절에서 자세

---

36) Sangiovanni, Andrea(2007), p.4, pp.25-26.

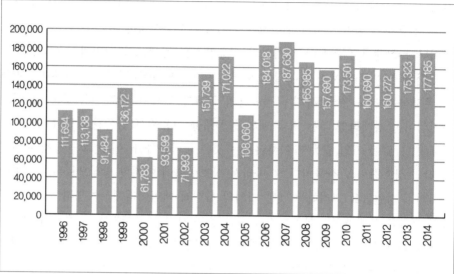

그림 1-4 기업의 문화예술 지원현황

자료: 한국메세나협의회(www.mecenat.or.kr)
단위: 백만원

히 다룬다.

[그림 1-4]는 기업의 문화예술 지원 금액 추이를 보여준다. 1996년에 약 1,117여 억원이 지원되었고 2014년에는 약 1,772여 억원이 지원되었다. 19년간 시기별로 증감이 있어 왔지만 절대액은 증가하였다. 이 조사가 한국 기업 모두를 대상으로 이루어진 것은 아니기 때문에 결과를 일반화할 수는 없지만, 과거에 비해 기업이 문화예술에 지원하는 금액은 증가하고 있는 것이 사실이다.

하지만 여전히 아쉬운 것은 기업의 문화예술지원 금액은 증가하였다고 하더라도 문화예술에 지원하고 있는 기업 수는 적다는 것이다. 이 조사를 시행하는 한국메세나협의회가 2011년에 조사한 바에 따르면, 2009년 대한상공회의소 매출액 자료를 기준으로 당시 조사를 할 때 그 대상 기업이 총 530개사 였는데 이중 조사에 응답한 351개 기업 중에서 104개 기업만이 문화예술에 대한 지원 사업을 한 것으로 나타났다. 여전히 많은 기업이 문화예술에 대한 지원에 동참하고 있지는 않은 것이다. 이와 함께 문화예술에 지원하는 기업들의 문화예술 지원 분야도 주로 미술과 전시, 인프라, 문화예술 교육에만 초점을 두고 있는 점이 또 다른 아쉬운 점 중 하나이다. 그 외 예술 장르인 국악, 무용, 연극, 뮤지컬, 문학, 전통예술, 영상·미디어에 대한 지원은 상당히 낮은 것으로 나타났다. 다양한 예술장르에 대한 지원확대가 필요함을 알 수 있다.

기업의 문화지원은 단순히 경제적인 합리성에만 매몰된 것으로 오해받기 쉬운 기업 경영의 수준을 향상시키고 법인으로서의 법인격에 새로운 가치를 부가해 주는 역할을 한다.[37] 그리고 공동체 일원으로서 문화가치를 실현시키는 데 일조함으로써 기업의 사회적 책임과 봉사 정신을 고양하는 데도 도움이 된다. 따라서 기업은 지금까지의 노력에 더해 앞으로도 더불어 살아가는 사회 속에서 문화 가치가 활발히 실현되는 데 중요한 역할을 할 필요가 있다.

제 3 절 환경변화와 문화

문화 환경은 문화가 형성되는 곳이기도 하고, 문화가 영향을 받는 곳이기도 하고, 또 문화가 영향을 미치기도 하는 문화 외부의 제반 영역을 의미한다. 사회 환경이라는 큰 영역에서 문화와 상호작용하는 영역에 초점을 둔 곳이다. 그래서 문화 환경은 사회 환경의 일부분이 되고, 그 결과 사회 환경의 모습이 문화 환경에 투영된다. 이어서 살펴보겠지만 문화 환경이 일면적이지 않고 다면적인 이유도 바로 그 점에서 비롯된 것이다. 사회 환경의 다면성이 문화 환경에서도 나타나기 때문이다. 오늘날 문화 환경의 다면성은 지식정보사회의 도래와 정보통신기술의 발달 그리고 세계화로 구성된다. 기타 여러 요인들이 있을 수 있지만 핵심적이고 기타 요인들의 근원이 되는 현상이 바로 이 세 가지이다. 따라서 환경변화와 문화와의 관계에 대해서는 이 세 가지 현상을 중심으로 살펴보기로 한다.

---

37) 이흥재(2006), p.468.

1. 지식정보사회의 도래와 문화

오늘날 문화 환경을 구성하는 중요한 요소 중 하나는 지식정보사회 도래에 따른 제반 환경의 변화들이다. 지식정보사회는 인간의 지적능력이 과거 어느 때보다도 크게 요청되는 사회이다. 지적 능력을 기반으로 지식과 정보를 활용하여 가치와 부를 창조하는 사회인 것이다. 이는 가치 창출 기반으로서 토지와 자본을 거쳐 두뇌가 중심이 되는 두뇌 사회로의 변화라고 할 수 있다. 그로 인해 이제는 Riesman이 말한 외부지향적 인간(outer-directed person) 이후에 지식지향적 인간(knowledge-directed person)이 등장하게 되었다.[38] 따라서 오늘날의 지식정보사회는 전반적으로 경제생활의 중심이 물질적 생산에서 서비스(특히 단순 서비스가 아닌 정보지식 관련 서비스) 생산으로 이동하였고, 부의 원천도 물질자원이나 에너지에서 정보와 지식으로 변화된 사회의 모습을 보인다. 노동가치설에 빗대자면, 이제는 지식가치설(knowledge theory of value)이 주장될 수 있을 것이다. 아울러 Daniel Bell의 분석과 같이 직업분포를 보더라도 전문직, 관리직, 사무직 등 정신노동자층이 전통적 산업사회의 상징인 육체노동자층을 넘어서고 있다.

지식정보사회는 특히 신(新) 경제를 가능하게 해주고 있다. K. Arrow는 토지와 노동을 중시하던 기존의 자본주의 생산 방식에 지식의 중요성을 부가하였는데, 그는 지식을 제3의 요소로 간주하면 전통적인 경제이론에서 설명되지 않는 수확체증의 현상(increasing returns to scale)을 설명할 수 있다고 하였다. 여기서 수확체증의 현상이란 투입되는 생산요소가 증가할수록 산출량(생산량)이 기하급수적으로 증가하는 현상을 말한다. 그래서 생산 규모를 늘릴수록 상품이 더 싸질 수도 있다. 이는 지금까지의 경제 현상 즉, 자본이나 노동 등 생산 요소가 한 단위 늘어날 때 한계산출량(생산량)은 점차 줄어들어 드는 수확체감의 법칙(decreasing returns to scale)과는 다르다는 의미에서 신경제로 불린다. 수확체감 현상이 생기면 생산을 늘릴수록 상품의 생산 비용이 점차 비싸질 수 있다. 바로 이러한 전통적인 이론에서 말하는 경제 현상과는 다른 신경제를 설명할 수 있게 하고 또 가능하게 하는 것이 지식정보 사회의 도래에 따른 것이다. 실제로 지식산업이나 정보산업 그리고 소프

---

38) 김광웅·강성남(2009), p.42.

트웨어 산업 등은 생산량이 증가하더라도 추가비용이 거의 들지 않는 경우가 많다. 그래서 일찍이 Alvin Toffler는 지식을 K-factor라고 부르면서 이 지식이 21세기에 가장 중요한 생산 요소가 되는 동시에 권력을 창출하는 원동력이 된다고 하였다.[39]

이러한 지식정보사회의 도래라는 사회 환경의 변화는 문화에도 영향을 미쳤다. 우선, 정보와 지식이 중요한 기반이 되는 경제이기 때문에 문화를 정보화 하고 지식화 하게 되었다. 문화를 정보화 하는 것은 다양하게 문화를 창조하고 많은 사람들에게 문화 향유 기회를 값싸게 서비스하도록 하게 하는 것이다.[40] 문화 정보들을 데이터베이스로 구축하여 가용자산으로 만들고, 이렇게 만들어진 문화 정보는 비경합성(non-rivalry)과 비배제성(non-exclusion)의 공공재적인 특성을 지니게 되어 많은 사람들이 손쉽게 활용할 수 있는 정보 원천이 된다.

그리고 문화의 지식화도 활발히 이루어진다. 문화의 지식화는 지식화될 수 있는 문화가 암묵지의 형태로 존재하는지 아니면 형식지의 형태로 존재하는지를 확인하는 데서부터 시작한다. 그 후, 가치 있는 지식 창출을 위해서 암묵지(tacit knowledge)와 형식지(explicit knowledge) 사이의 전환이 이루어진다. 암묵지 형태의 문화지식이 또 다른 암묵지로의 전환을 통해 공감적(sympathized) 지식을 창출하게 되고, 암묵지에서 형식지로 전환되면서 개념적(conceptual) 지식을 창출하기도 한다. 또는 역으로 형식지에서 암묵지로 전환되면서 운영(operational) 지식을 창출하고, 형식지에서 형식지로 전환되면서 체계적(systemic) 지식을 만들어 낸다.[41] 이러한 문화 지식은 문화콘테츠 발굴과 활용으로 부가가치를 창출할 가능성을 높인다. 한 예로 정부의 문화원형 구축사업을 들 수 있다. 문화원형에 관한 지식과 정보가 구축되면 문화콘텐츠로서 상품으로 활용되기도 하고, 다른 문화의 창출이나 정보 제공의 원천이 되기도 하며 문화재의 보존 가치를 더 높이기도 한다.[42]

이처럼 지식과 정보가 중요시되는 지식정보사회가 도래함에 따라 문화가 직접적으로 정보나 지식으로 가공되는 것 이외에도, 간접적으로 지식과 정보를 창출하는 데 도움을 주기도 한다. 문화는 규정을 깨거나 신축성 있는 기준을 필요로

---

39) 한국문화경제학회(2001), pp.495-496.
40) 이흥재(2006), p.364.
41) Nonaka, Ikujiro(1991).
42) 김민주(2011).

하는 분야인 경우가 많기 때문이다.[43] 사고와 행동의 유연성과 다양성을 발휘할
수 있는 영역 중 하나가 문화예술 활동인 것이다. 그래서 문화 활동이나 예술 활
동에 참여하거나 경험하는 것은 새롭거나 다른 관점에서 아이디어를 발생시키는
데 상당한 도움이 된다. 유용한 지식과 정보가 핵심인 지식정보사회에서 새로운
지식과 정보 및 아이디어를 창출하기 위해서는 창의력이 필수적이고, 그와 같은
창의력 향상의 자양분이 되는 것이 문화와 예술인 것이다.

이와 같이 문화 환경으로서 지식정보사회의 도래는 지식과 정보의 중요성으
로 인해 문화의 지식화와 정보화를 촉진하였고, 그에서 비롯되는 가치 창출을 가
능하게 하였다. 문화가 지식이 되고 정보가 되어 자본재로서 기능하게 된 것이다.
또 문화예술 활동은 지식과 정보 창출의 자극제로서 그 역할을 하여 중요성이 더
욱 부각되고 있다.

2. 정보통신기술의 발달과 문화

사회 환경 변화에서 또 다른 중요한 현상은 정보통신기술의 발달에 따른 것
이다. 사실 앞서 언급한 지식정보사회도 정보통신기술의 발달에 따라 더욱 가속화
되었다. 오늘날 정보통신기술의 핵심은 인터넷망의 확산과 디지털 기술의 발달에
있다. 인터넷은 지구촌의 시·공간을 초월할 수 있는 기회를 제공해준다. 멀리 떨
어져 있는 지구촌 곳곳의 사람들을 언제나 어느 곳에서나 쉽게 연결시켜 주고 있
다. 비용도 저렴하기 때문에 정보교환에 큰 제약도 없다. 이러한 인터넷 사용의
질적 향상에 기여한 것은 디지털 기술이다. 인터넷에서는 문화, 화상, 동영상, 음
성 등의 정보를 모두 0과 1의 수열로 변환(디지털화)시키고 이를 다시 전자 신호로
만들어서 송수신한다. 이와 같은 디지털화는 각종 정보를 기억한 후에 어떤 매체
를 통해서라도 동일하게 재생할 수 있게 해주고, 무한 반복으로 재현해도 원래의
품질이 유지되게 하며, 문자를 영상으로 그리고 영상을 문자로 쉽게 전환할 수도
있다. 또 통신과정에서 잡음에 강하고 전송과정에서 자료의 품질 손색도 거의 없
다.[44]

---

43) Mundy, Simon(2000).
44) 한국문화경제학회(2001), p.499.

이처럼 디지털 기술의 발달과 인터넷 망의 확산은 정보 소비와 유통의 비배제성, 비소진성, 쌍방향성, 확장성, 시공간적 무제한성을 실현 시켰다. 그래서 굳이 '매스(mass)' 미디어가 아니어도 사람들 간의 정보교환이 가능하다. 오히려 더 신속하다. 이제는 '마이크로(micro)' 미디어 시대가 된 것이다.

정보통신기술의 발달에 따른 여러 특성들은 문화예술 활동에도 많은 영향을 미쳤다. 문화 생산 측면에서는 문화예술 창작자들에게 자신의 감성을 표현할 수 있는 새로운 방법과 기회를 제공해주었다. 백남준의 비디오 아트나, 플래시(flash)라는 소프트웨어 기술의 보급으로 기존과는 다른 새로운 유형의 동영상물 창작이나, 사이버 공간에서의 작품 활동, 예술의 1인 제작시대 등이 열리게 된 것이 그 현상들이다. 문화 유통 측면에서는 문화예술 콘텐츠의 유통 채널이 확대되고 더욱 다양화 되었다. 이제는 영화 상영이 오직 극장에서만이 아니라 인터넷 VOD를 통해서도 서비스되며, 휴대폰 등의 각종 모바일을 통해서도 문화콘텐츠를 접하고 있다. 이는 과거에 방송국이나 영화관 그리고 극장 등 소수의 전통적인 매체산업이 문화유통에서 누렸던 독점적인 지위를 완화하는 데 일조하는 것으로, 문화콘텐츠 제작자의 진입장벽을 완화시키고 생산자와 소비자의 선택의 폭을 확대시켰다. 문화소비 측면에서는 잠재적인 문화소비 계층을 대폭 증가시켰다. 정보통신기술의 발달은 물리적인 거리의 원근에 상관없이 거의 동시 전송이 가능하다. 그렇다고 해서 콘텐츠의 품질이 낮아지는 것도 아니다. 문화 소비에서 장소적인 제약을 받았던 잠재적인 문화소비자들은 이제는 각종 모바일을 통해서 원하는 시간과 장소에서 문화콘텐츠를 감상할 수 있게 되었다.[45] 과거에는 모바일 이용자들의 연령이 비교적 낮았지만, 최근에는 그 연령층의 폭도 상당히 넓어졌기 때문에 모바일을 통해 문화예술을 접하는 사람들의 연령 폭도 상당히 넓어지고 있다.

아울러 문화의 생산과 유통 그리고 소비 모두에서 자율성도 신장되었다. 모바일 기술이 지닌 접근과 운용의 수월성과 개인성은 사용자와 생산자 모두에게 자유를 확대시켰다. 정보통신기술이 발달할수록 문화기술(Cultural Technology)의 활용은 더 높아지는데, 이는 개인 차원에서 집단 차원까지 시·공간과 기호의 제약 없이 다양한 소재를 활용해서 문화콘텐츠를 생산하고 소비하고 있는 현상에서 이

---

45) 김정수(2010), pp.174-177.

미 확인할 수 있다. 그래서 이제는 미디어콘텐츠의 취향, 품위, 수용가능성(예: 선정성 등)에 대해 강제하는 것이 쉽지 않게 되었다.

　　여기서 더 나아가 문화예술 활동에서 생산과 소비의 경계가 모호해지는 단계에까지 이르게 되었다. Alvin Toffler는 미래에는 정보의 생산자(producer)와 소비자(consumer)의 경계가 불분명하게 되어 한 개인이 생산자이면서 동시에 소비자가 되는 프로슈머(prosumer = producer + consumer)가 등장할 것이라고 하였다. 문화예술의 영역에서도 마찬가지다. 실제로 문화 생산자와 소비자의 경계가 모호해진 경우가 많이 목격되고 있다. 과거에는 문화예술의 생산과 소비가 엄격히 분리되어 소수의 예술전문가들만이 전문적인 장비와 노하우를 가지고 생산과 유통을 하였고, 일반 소비자들은 주로 전문가들의 작품을 수동적으로 소비만 하였다.[46] 하지만 오늘날에는 디지털 캠코더, 디지털 카메라, 휴대폰 카메라 등을 통해 개인이 자기 콘텐츠를 직접 개발하기도 하고 소비하기도 한다. 생산자 혹은 소비자로서의 구분 없이 개인이 콘텐츠를 소비하는 주체이자 생산하는 주체가 되었다. 디지털화로 인해 콘텐츠 제작비용이 낮아져서 소비자가 쉽게 제작할 수 있고, 또 소비자의 직접적인 콘텐츠 제작 참여로 인해 독점 생산에서 오는 비용이 줄고 유통비용도 절감되어 값싼 콘텐츠 제작이 이루어지고 있다.[47] 그 결과 문화예술 활동의 패러다임은 수동적인 문화 소비에서 창의적인 소비로, 그리고 수동적인 문화 생산에서 창의적인 생산으로 바뀌고 있다.[48] 주어진 생산물에 대한 소비에 머물지 않고 각 개인이 창의적으로 생산과 소비를 동시에 하게 되었고, 그로 인해 문화예술의 양식이나 장르도 다양해지고 있다. 정보통신기술의 발달 덕분에 문화예술의 프로슈머들이 탄생하게 되었고, 나아가 그들은 실험적이고 도전적인 문화예술 활동을 계속할 수 있게 된 것이다.

3. 세계화와 문화

　　세계화는 국가 간 연결과 상호의존이 높아지는 것 이상의 의미로서 지구가

---

46) 김정수(2010), p.177.
47) Negroponte, Nicholas et al.(2004).
48) Negus, Keith and Michael Pickering(2000).

공유된 사회적 공간으로 되는 것을 말한다.[49] 세계화를 통해 국경 없이 하나의 세계가 되며 지구'촌'이 형성되는 것이다. 이미 경제 교류나 무역에서는 오래전부터 세계화가 이루어졌다. 여기서 나아가 이제는 인간 개개의 활동에서도 세계화 현상이 나타나고 있다. 국가 내의 인간 활동이 전 세계로 확대되었고, 그 결과 세계가 무대이고 모든 사람들이 세계라는 무대 위에서 플레이어(player)가 되었다. 이제는 과거와 달리 개인이든 기업이든 그리고 국가든 각 플레이어들이 세계무대에서 경쟁력을 갖기 위해서는 고정된 비교우위(fixed comparative advantage)보다는 역동적인 비교우위(dynamic competitive advantage)가 더 중요한 시대가 되었다. 자본(예: 세계 공통의 결재수단), 상품, 노동(기업가, 비숙련노동, 전문가 등), 지식, 기술, 문화가 국경을 넘어서 이동하기 때문에 고정된 비교우위란 없는 것이다. 언제나 경제 권력이 새롭게 재편될 수 있는 시대가 세계화 시대의 특징이다.

그래서 세계화는 한편으로는 기회인 동시에 다른 한편으로는 위협이 되기도 한다. 경제적 부가 가치를 창출할 수 있는 시장이 넓어진 것은 분명 기회이다. 더욱이 인터넷을 이용한 전자상거래 기술 덕분에 세계 시장은 현실공간과 가상공간 모두에서 형성되었다. 역동적인 비교우위를 지닌 경쟁력 있는 사람이라면 무한 시장에서 무한 경쟁을 통해 막대한 부를 창출할 수 있는 기회가 열려있다. 하지만 세계화에 따라 단일한 규범과 규칙의 강조는 때로 개별 국가에게는 위협이 될 수 있다. 단일화의 논리는 주로 '공정한 경쟁기반(level playing field)의 마련'이다. 당연히, 누구나 참여하는 세계무대에서 공정한 경쟁을 위해 공정한 기반을 마련하는 것은 중요한 일이다. 하지만 공정한 경쟁기반 마련을 예외 없이 지나치게 강조하다 보면, 종래에 각국의 고유문제로 간주되어왔던 상이한 경제정책과 제도, 기준, 관행, 심지어는 국민들의 의식까지 무차별적으로 국제적으로 통일시키려는 부작용이 생길 수도 있다. 관점에 따라서 세계화의 기회와 위협은 논쟁이 될 수 있으나, 분명한 것은 오늘날의 세계가 국경을 초월하여 공유된 사회적 공간이라는 지구촌을 형성하고 있다는 사실이다.

이러한 세계화는 문화에도 영향을 주고 있다. 문화의 국제적 교류 현상이 바로 그것이다. 문화교류는 때로는 문화외교로 불릴 정도로 국가적 차원에서도 중요하게 인식되고 있다. 문화교류를 통해 다른 나라에 대한 이해와 통찰력을 갖고,

---

49) McGrew, Anthony(2011), pp.19-20.

표 1-4 세계 콘텐츠 시장 규모 및 전망

구분	음악	영화	게임
2009년	50	82	54
2010년	47	85	58
2011년	48	85	61
2012년	48	87	61
2013년	47	88	66
2014년	48	91	71
2015년	48	94	75
2016년	49	99	80
2017년	49	104	84
2018년	50	110	89

자료: 문화체육관광부(2015b)
단위: 십억 달러

자기 나라의 이미지를 좋게 하거나 또는 새롭게 창조하여 대외 정책 수립에 중요하게 활용하는 것이다.[50] 그리고 무엇보다도 세계화로 인해 문화예술이 활동할 수 있는 공간이 확대된다. 문화예술의 공연장이 넓어진 것인데, 이는 자국 문화의 외국 진출을 의미하는 동시에 외국의 문화예술이 자국에서 공연됨으로써 다양하고 이색적인 문화향유의 기회가 넓어진 것도 의미한다. 그리고 특히 문화산업의 시장이 넓어지기도 한다. 세계화의 일반적 논의에서 말하는 세계시장의 확대 현상이 문화산업 시장에서도 그대로 적용된다. 그 결과 [표 1-4]와 같이 음악, 영화, 게임의 세계 콘텐츠 시장 규모는 점점 커지고 있다. 특히 영화의 경우 2018년도에는 약 1,100억 달러 규모로 증가할 것으로 예상된다. 전반적으로 향후 콘텐츠시장(음악, 영화, 게임, 만화, 출판, 애니메이션, 방송, 광고, 캐릭터, 지식정보)은 전 세계적인 통화 완화 정책과 글로벌 금융시장 여건 개선, 재정 긴축 기조 완화 등에 힘입어 경제가 회복세를 보임에 따라 2018년까지 연평균 4.8%의 안정적인 성장세를 보일 것으로 전망된다.[51] 이처럼 세계화에 따른 세계 시장에서 문화예술 생산과 향유 규모는 점

---

50) 이흥재(2006), p.353.
51) 문화체육관광부(2015b), p.88.

점 커질 것이다.

그래서 이제는 문화상품 교역의 정도 등으로 국가의 영향력이 논의되기도 한다. 대표적으로 Douglas McGray는 일본의 사례를 통해 'gross national cool(국민문화총생산)'이라는 용어를 사용하여 한 나라가 지니고 있는 문화의 영향력을 설명하였다. 한 나라의 문화가 다른 나라의 문화에 미치는 영향력(global cultural influence)이 얼마나 되는가를 표현한 것으로, 일본의 경우 음반·애니메이션·게임·패션 등과 같은 문화산업이 세계시장에서 차지하는 비중이 상당히 커지고 있음을 예로 들고 있다.[52] 이 분야들에서 커지고 있는 일본의 문화적 영향력은 세계화로부터 비롯되었고 또 더 가속화되었다. 문화상품에 국적을 불명확하게 함으로써 어느 나라에서나 문화가 자연스럽게 통용되도록 한 일본의 세계화 추세에 발맞춘 전략이 그것을 보여준다.

그 전략의 대표적인 것이 문화적 할인(cultural discount)을 낮추는 것이다. 문화적 할인은 한 나라에서 다른 나라로 문화가 전해지거나 교류 될 때 문화 수용과 해석에서 원래의 문화 의미가 모두 구현되지 않고 제약되는 현상을 말한다. 번역을 생각하면 쉽게 이해된다. 원어의 의미가 온전히 번역되기란 현실적으로 불가능하다. 그리고 외국영화를 볼 때 한국 정서에는 전혀 웃기지 않은 상황인데 영화 속 미국인들은 웃긴 상황으로 받아들이고 있을 때도 마찬가지이다. 이런 문화적 할인은 문화교류에서 일정한 제약이 된다. 그래서 문화적 할인을 낮추는 것이 필요하다. 문화적 할인을 낮춘다는 것은 다른 나라로 문화가 전해질 때 문화 전달 국가의 문화적 특색을 최소화하여 문화 수용 국가가 거부감이나 이해의 어려움이 없도록 하는 것이다. 보편적이고 일반적인 문화로 생산해서 전달하거나 교역하는 것이다. 일본의 애니메이션의 배경이 일본 고유의 배경이 아니라 어느 나라에서나 자연스럽게 받아들여질 수 있게 그려져 있는 것이 그 예이다. 세계화 시대에 문화적 할인이 낮다는 것은 그 만큼 교류의 수월성을 높이는 일이 되고 이를 통해 국가 간 교역에서 문화적 영향력을 더 높일 수 있다. 이처럼 세계화는 국경을 초월한 문화 교류와 교역을 가능하게 하고 있고 그로 인해 문화적 영향력을 평가하고 비교할 정도가 되었다.

---

52) McGray, Douglas(2002).

1. 행정학에서 문화연구

1) 문화정책학의 의미와 문화행정학

문화에 대한 연구는 다양한 학문영역에서 이루어지고 있다. 문화의 개념과 범위를 어떻게 설정하는가에 따라 정도의 차이는 있지만, '문화'를 연구 대상으로 한다는 점에서 보면 크게 인문학, 예술학, 자연과학, 사회과학이 해당된다. 거의 모든 분야에서 문화가 연구되고 있다고 할 수 있다. 인문학에서는 인류학, 민족지학, 심리학, 언어학, 철학 등에서 연구되고 있고, 마찬가지로 예술학에서는 각 예술 장르별로 연구되고 있다. 예술학의 경우 문화 연구 자체가 학문의 정체성을 규정할 때 그 대상으로서 중요한 의미를 지니고 있다. 자연과학에서는 대표적으로 진화생물학에서 사람의 유전자와 문화와의 공진화에 대한 연구 등을 진행하고 있고, 건축공학 등에서는 인간의 생활양식에 미치는 공간의 영향에 관한 연구 등을 진행하고 있다. 그리고 사회과학에서는 행정학(정책학), 경제학, 경영학, 사회학, 정치학, 언론학 등에서 다양하게 연구되고 있다.

이 책에서 관심을 두는 것은 위에서 열거한 여러 분야들과 비교했을 때 상대적으로 연구가 덜 진행된 행정학 분야에서 정책 대상으로서 문화에 대한 연구이다. 정부의 행정과정에서 특히 문화정책을 다루는 것에 초점을 둔 연구가 행정학 분야에서 문화 연구가 된다. 따라서 '문화정책학'으로 명명(命名)할 수 있다. 다양한 행정과정 중에서 문화를 정책대상으로 삼는 문화정책의 필요성 논의에서부터 문화정책이 결정되고 집행되는 등과 같이 문화정책과 관련된 제반 요인들과 외부 환경(예술가와 예술시장 등) 등과의 관계를 포괄적으로 다루는 것이기 때문에 문화정책학으로 부를 수 있다.

물론 연구자에 따라서는 '문화행정학'으로 명명할 수도 있다. 문화정책에 초점을 둔 행정과정을 연구하는 것이기 때문이다. 하지만 이 말은 행정과정에서 문화정책에 초점을 둔다는 의미에서 앞서 명명한 문화정책학과 어순상의 차이만 있을 뿐 같은 의미다. 즉, '행정과정에서 문화정책을 다루는 것에 대한 초점을 둔 연구'와 '문화정책에 초점을 둔 행정과정에 대한 연구'라는 어순상의 차이이다. 이 둘 모두 정부가 활동하는 행정과정 상에서 논의의 초점이 문화정책이 된다는 것이기 때문에 같은 의미로 볼 수 있다. 중요한 것은 행정학에서 문화를 연구한다는 것은 정책의 대상으로서 문화를 연구한다는 점이다.

따라서 어느 용어를 선택하든 문제될 것은 없으나 좀 더 구체적으로 표현하고자 하는 의도를 지닌다면, 문화행정학보다는 문화정책학이라고 사용하는 것이 그 의도에 더 부합된다고 볼 수는 있다. 사실 정책학에서 말하는 정책이란 '사회'의 문제가 되는 상태를 해결하기 위한 것이다. 정치나 행정체제 '내부'의 바람직한 상태를 이룩하고자 하는 것은, 같은 정책이라는 용어가 사용되기는 하지만 그때의 정책은 정책학에서 말하는 정책이 아니라 조직 관리나 인사관리의 기본방침을 의미한다.53) 따라서 정책대상으로서 문화는 정부체제 '외부'의 문화예술과 관련된 현상이나 문제들을 대상으로 해서 정부의 제반 정책적 행위나 관리를 살펴보는 것이라는 점에서, 보다 명확하게 정책적인 의미를 부각시키는 것이 필요하다고 볼 수 있다. 만일 문화행정학이라고 말하게 되면, 물론 정책적 요소도 당연히 포함될 것으로 기대할 수는 있지만 한편으로는 정부체제 '내부'의 문화담당 부서에 대한 행정관리에만 초점을 둔 연구라고 오해할 수도 있을 것이다. 물론 이러한 오해가 없다면 둘을 같은 것으로 여겨서 혼용해도 무방하다.

이러한 의견은 행정학과 정책학의 관계에서도 찾을 수 있다. 사람들의 인식은 조직, 인사, 재무에 대한 내용이면 행정학이라고 생각한다. 정책분석, 정책집행, 정책평가와 관련된 내용이면 정책학이라고 생각한다. 그러나 조직, 인사, 재무에 대한 내용으로 깊이 들어가면 결국 정책분석, 정책집행, 정책평가와 관련되지 않을 수 없다. 예를 들어 예산을 편성하는 행위는 정책을 결정하는 행위이므로 최적 정책대안을 선정하는 정책분석과 불가분의 관계에 있다. 반대로 정책분석, 정책집행, 정책평가에 대한 내용에는 조직, 인사, 재무에 대한 내용이 반드시 포함될 수밖에 없다. 예를 들어 정책분석은 예산편성과 불가분의 관계에 있고 정책집행은 예산집행이며 정책평가는 사실상 집행된 예산에 대한 평가이다. 그러므로 문화행

---

53) 정정길 외(2010), p.38.

정학과 문화정책학을 완전히 별개로 보는 관점은 잘못된 것이다. 그렇기 때문에 이 책의 제목이 문화정책으로 표현되었다고 해서 문화행정과는 다른 논의를 하는 것이 절대 아니다.

물론 이 책에서는 문화정책과정과 문화행정과정을 비교적 구분해서 별도의 장에서 각각 다루고 있다. 앞서 말했듯이 둘이 서로 별개라고 볼 수는 없지만 문화정책의 제반 과정을 보다 세밀하게 다루기 위해서 흔히 문화정책의 전형적인 영역으로 인식되고 있는 부분을 제2부(제2장, 제3장, 제4장)에서 논의하고, 문화행정의 전형적인 영역으로 알려져 있는 내용들은 제4부(제8장, 제9장, 제10장)에서 다룬다. 중요한 것은 문화행정을 논의하는 것도 결국은 문화정책의 포괄적인 내용을 충분히 이해하기 위해서라는 점이다.

2) 행정문화 연구와의 구분

한편, 한 가지 언급해 둘 것이 있다. 그것은 행정학에서 문화를 연구하는 것이 반드시 정책의 대상으로서 구체적이고 가시적인 문화만을 연구하지는 않는다는 점이다. 즉, 앞서 설명한 문화정책에서의 문화 개념 구분에서 밝힌 바와 같이 문화정책 대상의 원천(토대)에 대한 문화 연구가 있기 때문이다. 대표적인 연구가 '행정문화' 연구이다. 이는 사회학에서 사회문화를 연구하는 것이나, 정치학에서 정치문화를 연구하는 것과 같은 접근법을 지닌 연구이다. 정책대상에 초점을 둔 문화 연구가 아니라 정책대상의 원천이나 토대에 초점을 둔 연구가 되는 것이다. 이때의 문화연구는 문화정책의 대상으로서 문화에 대한 연구라기보다는 더 포괄적인 삶의 양식이나 태도 혹은 공유된 신념과 같은 문화에 중점을 둔 연구를 의미한다.

따라서 행정학에서 문화연구는 정책적 대상으로서 구체적이고 가시적인 문화(문화예술)를 연구하는 '문화정책학'과, 행정 과정에 형성되어 있는 보다 넓은 의미의 문화현상(생활양식)에 대한 이해를 도모하는 '행정문화 연구'로 구분될 수 있을 것이다. 이 책의 관심은 전자이다. 행정학에서는 그동안 전자보다는 후자에 대한 연구가 비교적 많이 이루어졌는데, 그것은 발전행정학이나 국제행정학이나 비교행정학 등에서 그에 대한 연구들을 일찍부터 많이 했기 때문이다.

2. 문화정책학과 인접 학문과의 관련성: 문화경제학과 문화경영학

앞서 살펴본 바와 같이 거의 모든 학문분야에서 문화를 연구하고 있다. 인문학, 예술학, 사회과학, 자연과학 모두 문화의 개념과 범위에 따라 다양한 관점과 접근법으로 문화를 연구한다. 그 중에서도 문화경제학과 문화경영학은 문화정책학과 여러 면에서 상호 관련된다. 그것은 같은 사회과학분야라는 점에서 비롯되기도 하지만, 사회를 구성하는 주요 두 영역으로서 정부와 시장을 중심으로 상호간의 관계에 대해 관심을 갖는 학문들이기 때문이다. 이 책의 제3부(제5장, 제6장, 제7장)에서 문화경제학을 자세히 다룰 것이고 동시에 제5부(제11장)에서 문화경영학을 별도로 다룰 것이기 때문에, 여기서는 각 학문의 주요 연구내용을 간략히 살펴보면서 문화정책학과 어떤 관련성을 지니고 있는가에 대해 초점을 두고 논하기로 한다.

1) 문화경제학과 문화정책학

오늘날의 문화경제학이라는 말은 1966년에 Baumol과 Bowen의 <The Performing Arts−The Economic Dilemma: A Study of Problems Common to Theater, Opera, Music and Dance>라는 책을 통해서 처음 사용된 것이다.[54] 이후 문화경제학은 경제학의 새로운 연구 분야로서 활발히 연구되었다. 물론 1966년 이전에도 비록 문화경제학이라는 명칭이 존재하지는 않았지만, 문화와 예술에 대한 경제적 관점이나 관념 그리고 사상들이 있었다. 대표적으로 John Ruskin, William Morris, A. Toffler 등이 문화예술에 대한 경제적 접근을 시도하였고, 이들의 주장이나 사상은 문화경제학 탄생의 밑거름이 되었다. 이들에 대한 내용은 제5장에서 다루기로 한다. 여기서는 1960년대 후반 이후부터 논의된 문화경제학의 주요 관심분야를 간략히 살펴보기로 한다.

Baumol과 Bowen의 연구를 기점으로 문화경제학이 활발히 논의되었는데, 이때 분석이나 관심의 초점은 주로 문화예술단체의 재정적자에 관한 것이었다. 주요 연구 사례가 된 것은 공연예술이었으며, 공연예술의 수요 구조와 공급 시스템에

---

54) 이 책에서는 재출판된 2006년 책을 참고하였다.

대한 분석을 통해 재정적자의 이유를 규명하고자 하였다. 주요 분석결과를 보면, 공연예술단체는 창의성이 내재된 노동집약적인 대인 서비스 산업이기 때문에 생산성 향상이 쉬운 자동차 산업과 같은 일반산업들처럼 수요가 늘어도 즉시 그에 대응해서 생산성을 높여 공급할 수 없으며, 또 일반산업에 비해 비용 상승이 물가 상승보다 더욱 빠르게 증가하기 때문에 필연적으로 재정적자에 직면하게 된다는 것이다. 따라서 문화예술에 대한 정부의 지원이 필요하다는 결론을 도출하게 된다.[55] 그러나 이에 대해 Alan T. Peacock이나 Steven. Globerman과 같은 이들은 몇 가지 의문을 제기하며 문화예술에 대한 정부의 간섭을 비판적으로 바라본다.[56] 같은 맥락에서 정부의 재정지원에 대한 효과분석도 이어졌다. 어느 주장이 더 옳은가에 대해서는 차치해두고, 중요한 것은 문화경제학의 최초 관심이 문화예술단체의 재정적자에 관한 것이었고 그 해결책으로 제시된 것이 정부의 재정지원이었다는 점이다.

1970년대에는 미국의 경우 석유파동 등의 여파로 인해 공연예술 등에 대한 정부의 지원이 감소되면서, 공연예술 자체에 대한 경제적 가치를 강조하여 자체수입을 증대시키기 위한 경제적 분석에 많은 관심을 보였다. 문화예술단체의 예술활동이 주는 경제적 가치의 파급효과(고용효과 등)를 분석함으로써 단체 외부와의 관계에 기초한 경제적 가치분석이 주로 이루어졌다. 문화와 예술이 경제적 고부가가치를 창출할 수 있다는 컬처노믹스(culturenomics) 등의 개념이 그에 해당한다. 이러한 논의들 역시 정부 지원에 대한 근거가 되었는데, 그것은 문화가 국가나 지역경제에 미치는 긍정적인 외부효과를 강조한 데서 비롯된 것이다.

1980년대를 거쳐 1990년대 이후에 문화경제학은 문화향유자인 수요자에 초점을 둔 분석을 추가한다. 문화예술단체의 재정적자나 자체수입 증대에 대한 관심이 이어지는 가운데, 소비자로서 문화향유자를 개발하고 또 참가시켜 교육하는 데도 관심을 가지고 그에 대한 효과를 분석한다. 그래서 생산기반에 대한 투자분석과 함께 수요기반에 대한 투자분석도 이루어진다.

이처럼 문화경제학의 주요 관심분야는 크게 문화예술단체의 재정적자와 정부지원, 문화예술의 경제적 가치와 자체수입 증대, 문화향유자 개발과 수요기반

---

55) Baumol, William J. and William G. Bowen(2006).
56) Peacock, Alan T.(1994) ; Globerman, Steven.(1983).

확대로 변화되어 왔다. 물론 이러한 구분이 연도별로 명확히 나누어진다고 볼 수는 없다. 다만 시기별로 다수의 관심이 집중된 영역이었다는 의미이다. 그리고 이전 시기의 관심 분야가 다음 시기에서 사라진 것도 아니다. 또 다른 관심분야가 새롭게 추가된 것이라 볼 수 있다. 따라서 여기서의 구분은 시기별로 새롭게 추가된 경향을 중심으로 나눈 것임을 고려할 필요가 있다.

이와 같은 문화경제학의 주요 관심 내용은 그 각각이 문화정책학과도 관련된다. 문화예술단체의 재정적자 분석과 정부지원의 근거 및 효과 분석은 문화정책에서 정부지원의 근거와 그에 따른 문화예술에 대한 정부의 다양한 지원정책들이 해당된다. 그리고 문화의 경제적 부가가치 분석과 문화단체의 자체수입 증대 방안은 문화정책학에서 문화산업정책과 문화를 통한 지역개발정책과 관련된다. 또 문화향유자 능력 개발 분석과 문화수요기반에 관한 분석은 문화정책학에서 문화교육정책과 문화향유권 보장 및 문화복지 구현을 위한 정책들과 관련된다. [표 1-5]는 각각의 관련성을 나타내고 있다.

따라서 문화경제학이 문화정책과 관련이 깊은 만큼 문화정책을 제대로 이해하기 위해서는 문화경제학에 관한 기본적인 지식들을 반드시 익혀야 한다. 따라서 이 책에서도 제3부(제5장, 제6장, 제7장)에서 문화경제학을 다룬다. 이 내용들은 문화정책에 관한 이해를 돕는 데 그치는 것이 아니라 문화정책의 주요 부분으로서 위치하고 있다.

표 1-5 문화경제학과 문화정책학의 관련성

문화경제학의 주요 관심분야		문화정책학의 관련사항
문화예술단체의 재정적자 분석, 정부지원의 근거 및 효과 분석	……	정부 지원의 근거, 문화예술에 대한 정부의 지원정책
문화의 경제적 부가가치 분석, 문화단체의 자체수입 증대 방안	……	문화산업정책, 문화를 통한 지역개발정책
문화향유자 능력 개발 분석, 문화수요기반 분석	……	문화교육정책, 문화향유권 보장, 문화복지 구현 정책

2) 문화경영학과 문화정책학

문화경영학은 문화예술기관이나 단체의 운영상의 효율성을 제고하기 위하여 문화예술에 경영학적인 분석을 접목한 것이다. 관객과의 예술적 교류와 교환가치를 높여서 문화예술기관의 미적·예술적·재정적인 비전을 실현하는 과정에 관한 분석이 문화경영학이다.[57] 사실 예술과 경영은 이질적인 개념이다. 예술은 인간의 감성세계에 초점을 둔 반면, 경영은 이성적이고 합리적인 경제 행위에 기반을 두기 때문이다. 그러나 현대 사회의 예술은 경쟁력을 강요받는 시장질서에 노출되어 있고 예술의 존재가 수용자로부터 감상되는 것을 전제로 하기 때문에, 문화예술 활동에서 예술가와 수용자가 교감하고 그 관계를 확대해가는 교환거래의 활성화가 반드시 필요하다.[58] 경제 질서 속에서 인간이 살아가는 이 모습이 현실이다. 문화경영에 대한 관심이 높은 이유와 문화경영학이 중요한 이유가 바로 이점이다.

문화경영이라는 용어는 두 가지 의미를 가질 수 있기 때문에 주의를 요한다. 조직문화를 어떻게 경영할 것인가의 연구도 문화경영(culture management)이라는 용어를 사용하고, 문화관련 조직을 경영하는 것도 문화경영(cultural management)이라는 용어를 사용하기 때문이다. 전자는 '경영을 위한 문화(culture for management)'이고, 후자는 '문화를 위한 경영(management for culture)'이다. 이 책에서 말하는 문화경영은 박물관경영, 공연장경영, 기타 문화조직의 경영을 의미하는 cultural management에 해당한다.

문화경영에 대한 관심은 고대까지 거슬러 올라갈 수 있으나 오늘날 말하는 문화경영학은 문화경제학처럼 1960년대부터 본격화되었다고 볼 수 있다. 이 역시 Baumol과 Bowen의 연구가 자극제가 되었다. 즉, 1960년대 이후에 문화예술단체 운영에서 발생된 비효율성에 주목하여 경영학적인 접근을 시도하였고, 이때부터 예술경영 혹은 문화경영이라는 용어를 사용하기 시작한 것이다.[59] 그래서 경영학의 주요 관심 주제인 기획, 조직, 인사, 감독, 통제에 대한 기법이나 원리들을 문화

---

57) 허순란(2008), p.3.
58) 전주범(2009), p.70.
59) 김정락 외(2011), p.6.

예술단체에 적용하기 시작하였다.

　문화경영학 역시 시기별 특징은 앞서 살펴본 문화경제학과 유사하다. 문화경제학 분석을 통해 문화경영에 방향을 정하거나, 문화경영상의 문제를 문화경제학적 분석으로 진단하고 대안을 마련하기 때문이다. 다만 여기서는 문화정책학과의 관련성을 살펴보기 위해 문화경영학의 주요 관심 사항을 문화경영학의 목적에서 도출하기로 한다.

　문화경영학의 목적은 첫째, 문화경영은 법이나 경제적인 측면에서 예술을 가능하게 하는 근간 혹은 구조를 형성하는 것이다. 둘째, 예술적 생산물을 제작하는 과정을 지원하고 효율적으로 만든다. 셋째, 문화경영은 생산자(예술가)와 소비자(관객)를 매개한다. 이 세 가지가 문화경영의 가장 기초적인 목적이자 과제이다.[60] 그래서 문화경영학의 탄생에서부터 오늘날에 이르기까지 이러한 목적과 과제에 초점을 두고 문화경영학이 발전해오고 있다고 볼 수 있다.

　이와 같은 세 가지 문화경영학의 관심은 문화정책학과도 관련된다. 예술기관 내에서 예술을 가능하게 하는 근간이나 구조를 형성하는 것은 문화정책학에서 문화단체의 문화예술 활동을 위한 기초적인 법과 제도 마련에 대한 연구가 해당된다. 예술기관 내에서 예술적 생산물을 제작하는 과정에 대한 지원과 효율적 관리에 관한 내용은 문화정책학에서 문화단체들의 문화예술 생산에 대한 지원과 규제를 연구하는 것과 관련된다. 예술기관 내에서 생산자와 소비자를 매개하는 내용은

표 1-6 문화경영학과 문화정책학의 관련성

문화경영학의 주요 관심분야		문화정책학의 관련사항
예술단체내에서 예술을 가능하게 하는 근간 혹은 구조를 형성	......	문화단체의 문화예술 활동을 위한 기초적인 법과 제도 마련
예술단체내에서 예술적 생산물 제작 과정에 대한 지원과 효율적 관리	......	문화단체들의 문화예술 생산에 대한 지원과 규제
예술단체내에서 생산자(예술가)와 소비자(관객) 매개	......	문화 생산자와 향유자를 위한 공공인프라 구축(예술 시장 관리)

---

60) 김정락 외(2011), p.6.

문화정책학에서 문화 생산자와 향유자를 위한 예술 시장 관리 및 형성에 필요한 공공인프라 구축 등과 관련된다. 이는 [표 1-6]에 나타나 있다.

따라서 문화예술과 관련된 사회의 제반 문제 해결에 관한 정책이라 할 수 있는 문화정책을 이해하기 위해서는 문화경영학적인 지식을 함께 익혀야 한다. 문화경영학이 별도의 영역으로 위치하기도 하지만, 문화정책과 분리되는 것이 아니다. 반대로 말하면 문화경영을 위해서도 문화정책에 관한 이해가 필요하다. 이 책에서는 제5부(제11장)에서 문화경영학을 다룬다.

3) 주요 학술지

사회과학에서 특히 행정학과 정책학 그리고 경제학과 경영학에서 문화를 대상으로 연구하고자 할 때 참고할 수 있는 학술지들을 소개하면 다음과 같다. 문화정책학, 문화행정학, 문화경제학, 문화경영학 등 각 학문별로 별도로 주요 학술지를 구분하기 보다는 통합해서 제시하기로 한다. 문화를 대상으로 연구하는 이 네 분야의 학문들은 논의의 주제나 관심 사항 그리고 분석대상이 서로 중첩되어 있고, 또 연구의 함의가 네 학문분야 모두에 관련되는 경우가 많기 때문이다. 그래서 다음에 소개되는 학술지들에서는 이 네 분야 모두가 다루어지고 있다. 학문별로 접근방법이나 분석기법에서 차이가 있을 수는 있지만 문화정책학을 논의한다고 해서 예술시장을 언급하지 않는 것은 아니며, 문화경제학이나 문화경영학을 논의한다고 해서 정부영역을 다루지 않는 것도 아니다. 문화예술 활동에서 논점으로 자주 언급되는 것이 정부의 지원과 규제 및 간섭에 대한 사항들이기 때문이다. 따라서 사회과학에서 문화를 대상으로 분석하고자 한다면 다음의 학술지들을 함께 참고할 필요가 있다. 그리고 비단 사회과학분야가 아니더라도 그 어떤 분야에서건 연구대상으로서 문화를 분석하는 데 관심이 있다면 도움이 된다. 문화와 예술의 개념에 대한 논의나 철학적 배경 그리고 사상에 대한 논의, 또 건축과 문화의 영향에 대한 공학적 분석 등을 다루는 논문들도 지속적으로 발표되기 때문이다. 이탤릭체는 학술지 명을 나타내고 괄호 안은 발행처이다.

표 1-6 문화정책관련 주요 학술지

(1) *Journal of Cultural Economics* (Association for Cultural Economics International)

(2) *International Journal of Cultural Policy* (Centre for Cultural Policy Studies, University of Warwick)

(3) *International Journal of Arts Management* (International Arts Management Conference와 연동, University of Montreal)

(4) *Empirical Studies of the Arts* (International Association of Empirical Aesthetics)

(5) *Journal of Arts Management, Law and Society* (Helen Dwight Reid Educational Foundation)

(6) *American Economic Review* (American Economic Association)

(7) *Journal of Economic Literature* (American Economic Association)

(8) *Journal of Political Economy* (University of Chicago)

(9) *International Journal of Cultural Property* (International Cultural Property Society)

3. 문화정책학의 중요성과 문화정책학이 필요한 분야들

1) 문화정책학의 중요성

(1) 문화와 예술에 대한 정책적 지식 제공

문화를 정책대상으로 연구하고자 한다면 크게 두 가지 지식이 필요하다고 볼 수 있다. '문화나 예술에 관한 지식'과 정책적 접근을 할 수 있는 '정책학에 관한 지식'이다. 문화정책학에 대한 학습이 필요한 첫 번째 이유가 바로 이 점이다. 문화정책학은 문화와 예술에 대해 정책적 접근을 할 수 있는 지식을 제공해준다. 정책대상으로 문화와 예술을 논의할 때 문화와 예술에 관한 지식만으로는 부족하다. 문화와 예술에 관한 지식이 풍부한 것이 문화정책을 이해하는 데 필요조건이 되기는 하지만, 그렇다고 해서 논의하고자 하는 특정 분야의 문화정책이나 전반적인 문화정책을 이해하는 데 충분조건이 되지는 않는다. 문화와 예술에 관한 지식이 풍부하면 그렇지 못한 사람보다 문화정책을 이해하는 데 유리한 면이 많은 것은 사실이다. 그러나 문화와 예술의 본래 존재 모습과 문화와 예술이 정책적으로 발현되어 나타나는 모습에는 차이가 있다. 따라서 정책적 지식을 익힘으로써 정책대상으로서 문화에 대해서도 이해력을 높여야 한다. 이를 위해 일반 정책학을 먼저 학습하는 것도 좋지만, 그보다는 학습의 대상이 문화라는 점에서 학습의 효율성과 효과성을 높이기 위해서는 '문화정책학'을 곧바로 학습하는 것이 더 유용하다. 문화정책학에서는 정책학에 대한 일반지식은 물론이고, 문화와 예술 본연의 속성을 고려한 상태에서 정책적으로 접근할 때 발생되는 관련 이슈들을 중점적으로 다루고 있기 때문이다.

(2) 학제 간(interdisciplinarity) 연구의 기회 제공

정책학의 중요한 속성 중 하나는 범학문적이고 다학문적인 접근을 한다는 점이다. 정책이 사회문제를 해결하기 위해 만들어지는 것이기 때문에, 사회문제를 해결하는 데 도움이 되는 지식이라면 학문의 경계에 구애받지 않고 기꺼이 가져와서 적극적으로 활용한다. 실제로 정책학에서 정책문제를 해결하는 데 활용되고 있는 기법이나 접근법을 보면 경제학, 경영학, 법학, 심리학, 사회학, 정치학, 통계학, 수학, 철학 등에서 차용된 것들이 많다. 그런 점에서 문화정책학도 문화나 예술과 관련한 사회문제를 해결하기 위한 것에서 비롯된 것이기 때문에 다양한 학문들과 연계되어 있다. 오히려 문화정책학은 위에서 열거한 여러 학문들에 더하여 예술관련 학문이 추가적으로 포함된다. 따라서 문화정책학을 학습하게 됨으로써 인문학적 소양과 사회과학적 소양 그리고 자연과학적 소양과 예술적 소양을 넘나들며 학제 간 연구와 학문간 융합을 시도하고 학습할 수 있는 기회를 가질 수 있다.

2) 문화정책학이 필요한 영역들(학문 영역과 실무 영역)

문화정책학의 학습이 주는 유용성은 문화 관련 분야에서 반드시 학습해야 할 필요성에 대한 근거가 된다. 순수 예술 활동이나 문화 활동을 한다고 해서 정책적 지식이 필요하지 않은 것이 아니다. 어떤 형태로든지 우리가 생산하거나 향유하는 문화예술 활동은 정책적 대상으로 존재하고 있는 것이 현실이다. 예술 창작이나 향유에 대한 정부 지원의 문제가 대표적이다. 경제적 측면의 지원은 물론이고 예술 활동을 할 수 있는 공간이나 시설 마련도 시장에서 모두 자체적으로 해결하기

어려운 것이 현실이다. 경제적으로 넉넉하지 못한 예술가들이 다수이고 문화 향유 활동을 제대로 할 수 없는 대중들도 많이 존재하는 까닭에 정부가 보장해주는 문화권의 개념이나 문화복지의 개념 등이 등장하기도 하였다. 문화예술 활동을 하는 데 필요한 다양한 인프라 구축이나 저작권 문제도 결국 정부의 정책적 대상으로 귀결된다. 그리고 문화예술의 교육문제도 문화정책의 과제이다.

따라서 문화정책학은 행정학과 정책학 이외에도 다양한 곳에서 학습되어야 한다. 학문영역과 실무영역으로 나누어서 볼 때 먼저 학문영역에서 문화정책학이 필요한 분야를 보면 다음과 같다.

(1) 경제학과 경영학에서 문화경제학과 문화경영학을 학습하고자 하면, 연구의 주요 소재가 되는 문화정책에 대한 지식이 선행되어야 한다. 예술 작품이나 활동이 완전경쟁시장에서 거래되는 경우는 거의 없고 언제나 정부와 시장 간 관계가 핵심 이슈로 등장한다. 문화예술에 대한 정부의 지원과 간섭이 존재하기 때문이다. 따라서 문화경제학과 문화경영학 연구를 위해서는 문화정책에 대한 전반적인 지식이 필요하다.

(2) 음악, 미술, 영화, 연극, 무용, 디자인, 예능 등의 예술대학에서도 문화정책에 대해 학습할 필요가 있다. 예술전공자들이 사회에서 예술 활동을 하면서 직면하는 가장 절실한 문제는 주로 본인들이 하는 예술 활동과 정부와의 관계에서 비롯되는 경우가 많기 때문이다. 예술가도 노동자로서 노동정책의 대상자이고, 예술 활동의 합법적 보장과 저작권의 문제도 결국 정책문제이기 때문이다. 그리고 정부로부터 예술가들의 예술 활동에 대한 지원과 규제도 항상 존재하고 있다. 따라서 예술대학에서 문화정책학은 그 어느 분야보다도 절실하게 필요하다고 볼 수 있다. 문화정책학을 배우는 것은 예술적 자질이나 기술 및 역량 향상에 앞서 예술 활동으로 살아갈 삶의 기반에 대한 기본적인 지식을 얻을 수 있는 기회가 된다.

(3) 문화콘텐츠학이나 문화콘텐츠를 활용하는 관련학과에서도 문화정책학은 필요하다. 문화산업이 중요시되면서 현재 정부에서 문화콘텐츠에 대해 상당한 예산을 지원하고 있다. 그런 점에서 문화콘텐츠학에서도 정부의 문화정책에 대한 기본적인 지식이 필요하다.

(4) 문화유산에 대한 관리와 보존의 책임이 정부에게 있다는 점에서 문화재학이나 민속학에서도 문화정책에 대한 학습이 필요하다. 문화유산은 관리와 보존

을 넘어 문화산업적인 측면에서도 접근되고 있기 때문에 더욱 그러하다.

그리고 실무영역에서도 문화정책학에 대한 학습은 유용하다.

(5) 정책결정과 집행의 주요 행위자로서 중앙정부기관과 지방자치단체의 문화관련 부서 그리고 정부산하 문화관련 공공기관들에게 문화정책학에 대한 지식은 필수적이다. 문화정책을 직접적으로 담당하는 기관 및 부서로서 문화정책학에 대한 심층적인 지식이 없다면 불완전한 정책 실현이 될 수밖에 없다.

(6) 중앙정부기관이나 지방자치단체 이외에도 또 다른 공식적인 정책과정의 참여자인 의회에서도 문화정책학의 지식이 필요하다. 특히 문화예술관련 상임위원회에 속한 의원들과 보좌관들이 그에 해당된다. 국회의 의결이 필요한 문화관련 법령을 이들이 만들기 때문이고, 또 이들이 정부의 문화정책을 감시(국정감사 등)하는 역할을 하기 때문이다.

(7) 문화예술단체도 문화정책에 대한 지식이 필요하다. 영리단체이건 비영리단체이건 문화예술단체의 활동은 정부와의 관계 속에서 이루어진다. 그래서 일찍이 Baumol과 Bowen도 문화공연단체의 재정적자에 대한 이유를 분석하여 정부의 재정지원을 주장한 것이다. 따라서 문화예술단체들에게 필요한 지식이 단순히 문화경영학(예술경영학)만 해당된다고 여기는 것은 잘못된 생각이다. 정부의 문화정책에 대한 이해도 매우 중요하다. 문화경영 활동의 배경에 정부의 지원과 간섭이 항상 존재하기 때문이다.

(8) 문화예술 관련 NGO들에게도 문화정책에 대한 지식은 NGO 활동에 전문성을 높이는 역할을 한다. 문화예술관련 NGO가 정책창도(advocay)형이건 서비스형이건 문화정책과 접하는 부분이 많다. 정책창도형의 NGO라면 우리나라의 문화정책에 대한 정확한 문제제기와 대안을 제시 혹은 지지를 할 수 있을 것이고, 서비스형의 NGO라면 문화서비스 제공에서 문화정책이 지닌 문제점을 제대로 이해하고 그것을 보완하여 공익을 실현할 수 있을 것이다. 이런 활동에서 기본적인 지식을 제공해주는 것이 바로 문화정책학이다.

(9) 기업도 문화정책에 대한 지식을 학습해야 한다. 기업의 메세나 활동이나 문화를 활용한 사회적 책임활동을 위해서는 문화정책의 기본적인 지식이 필수적이다. 그리고 문화상품을 생산하거나 유통하는 기업이라면 정부의 문화정책에 대한 이해정도가 수익과 직접적으로 관련될 수도 있다.

표 1-6	문화정책학이 필요한 학문영역과 실무영역
학문영역	행정학(정책학), 예술학(음악, 미술, 연극, 무용, 영화, 디자인, 영상, 예능 등), 경제학(문화경제학), 경영학(문화경영학), 문화콘텐츠학, 문화재학, 민속학
실무영역	중앙정부와 지방정부의 문화정책 부서, 문화정책관련 정부 산하 공공기관, 문화예술관련 국회 상임위원회, 민간 예술단체, 문화예술관련 NGO, 기업

제2부

문화정책

제2장

국가와 문화정책

제2장
국가와 문화정책

제 1 절 문화에 대한 정부개입의 근거

문화예술에 대한 정부 개입은 어떤 근거에서 이루어지는가? 문화정책을 이해하기에 앞서 가장 먼저 이 질문에 대한 답이 선행되어야 한다. 정부개입의 근거에 설득력이 없다면 문화'정책'이라는 말 자체가 성립되지 않기 때문이다. 정책적 행위가 가능하다는 것은 곧 문화에 대한 정부 개입이 가능하다는 말이다. 그래서 문화정책의 가장 기초 논의이자 전제적 논의가 바로 이 질문에 대한 답이다.

사실 문화예술은 역사적으로 메디치가의 왕자들, 오스트리아 황제들, 러시아 황제들, 영국 의회, 프랑스 공화국들에 의해 오래전부터 지원되어왔다.[1] 비록 오늘날의 정부라고는 볼 수 없지만 사회의 핵심적인 권력체에 의한 지원은 예전부터 있었던 것이다. 그러나 과거에 권력체에 의한 지원 사례가 오늘날 정부에 의한 문화예술지원의 정당성을 말해주는 것은 아니다. 오늘날의 정부가 문화예술에 개입하는 것에 대한 논의는 그와는 별개이다.

대체로 정부가 예술에 대해 지원해야 하는가에 대한 논의는 완전한 합의보다는 논란으로 존재하고 있다. 사회에 따라 이해관계에 따라 그리고 역사성에 따라 의견이 다양하다. 그러나 한편으로는 오늘날 많은 국가들에서 문화정책이 존재하

---

1) Heilbrun, James and Charles M. Gray(2001), p.219.

고 있다는 사실 그 자체는 어떤 식으로든지 문화에 대한 정부개입이 이루어지고 있다는 것을 보여준다. 정책이라는 말 자체가 사회문제를 해결하기 위한 정부의 개입행위 혹은 활동을 의미하기 때문이다. 상황과 맥락에 따라 정도의 차이는 있겠지만 정부개입의 근거들이 정당성을 확보해서 관련 정책문제들이 문화정책으로 구현되고 있는 것이다. 정책학적 관점에서 볼 때 문화정책이라는 말 속에 이미 문화에 대한 정부개입이라는 의미가 내포되어 있어서 그 정당성을 전제하고 있음을 현실에서 보여주고 있다.

　　문화정책을 통해 정부가 문화에 개입하는 근거는 크게 네 가지 측면으로 나눌 수 있다. 첫째, 시장실패 문제(문화시장의 독과점 현상, 문화의 외부효과, 문화의 공공재적 속성, 문화에 대한 정보와 지식의 불균형 문제)를 최소화하기 위해서이다. 둘째, 형평성 제고와 소득 재분배 효과를 위해서이다. 셋째, 문화생산의 비용질병 문제 때문이다. 넷째, 문화가 지니는 가치들을 고양하기 위해서이다. 각 근거들은 정부 개입의 충분조건이라기보다는 맥락과 문화예술의 영역에 따라 선택적 혹은 복합적으로 그 정당성을 입증해보이고 있다.

1. 시장실패 최소화

　　정부와 시장은 사회를 구성하는 핵심적인 두 축이다. 행정학이나 경제학에서 다루어지는 주요 주제들의 배경은 대개 이 두 축의 어디쯤이다. 때로는 정부에 더 가까이 다가가는 경우가 있는가 하면 그 반대인 시장으로 더 가까이 다가가는 경우도 있다. 전자가 시장실패에 따른 반응으로 나타난다면 후자는 정부실패에 따른 반응으로 나타난다. 어느 지점이 정답인지는 알 수 없다. 하지만 문화나 예술은 아래에서 논의되는 여러 가지 이유들로 인해 시장에서 제대로 작동되기 어려운 면이 더 많이 존재한다. 물론 모든 문화의 영역이나 요소들에 적용되는 것은 아니다. 하지만 적어도 문화정책의 대상이 되는 영역들은 시장에만 맡겨두게 되면 수요(문화 향유)와 공급(문화 창작) 활동에서 비효율성이 발생하여 사회 전체적으로 자원이 낭비되는 결과를 낳는다. 따라서 문화예술의 많은 부문에서 시장실패를 극복하기 위해 정부의 역할과 개입이 필요한 것이 현실이다. 문화예술 시장에서 나타나는 실패의 이유로 들 수 있는 것은 독과점 현상, 외부효과 문제, 공공재적 속성에 따른 문제, 지식과 정보의 불균형 문제 등이다. 이것들은 특히 시장실패 중에서도 윤리와 관습만으로는 해결하기가 매우 어려운 요인들이다.

1) 문화시장의 독과점 현상

독점은 산출물을 제한할 수 있는 단일 혹은 극소수의 공급자가 한계비용 (marginal cost) 수준 이상으로 가격을 올려서 추가적인 이윤을 얻는 데서 비롯된다. 여기서 한계비용이란 산출량을 한 단위 증가시킬 때 발생하는 총비용의 증가분을 의미한다. 기업이 생산량을 한 단위 증가시킴에 따라 총비용이 얼마나 증가하는지에 대한 것이다. 예컨대 커피 생산량을 5잔에서 6잔으로 늘릴 때 총비용이 1,000원에서 1,100원이 되었다면 커피 여섯 번째 잔의 한계비용은 100원이 된다. 완전경쟁시장에서와는 달리 독점상황에서 산출물은 이러한 한계비용과 가격이 일치하는 수준에서 생산되는 양보다 적게 생산되어, 결과적으로 어떤 소비자들은 생산비용의 증가분 이상을 지불해야 하는 상품을 구입하지 못하게 된다. 그래서 독점에서는 다수의 공급자와 다수의 수요자 사이에서 시장가격이 형성되는 것이 아니고, 밀접한 대체재가 없는 상품의 유일한 독점 공급자가 공급량과 가격을 결정하기 때문에 소비자들의 선택은 상당히 제한된다. 이로 인해 필요한 재화가 사회적 최적 생산량보다 적게 생산되고 소비자는 한계생산비를 초과하는 가격을 지불하게 되어 결국 경제적 순손실을 발생시키게 된다. 개별 소비자뿐 아니라 사회 전체적으로도 비효율이 발생하는 것이다. 그래서 이를 치유하기 위한 정부개입이 정당성을 지니게 된다.

과점의 경우도 유사한 상황이 발생한다. 과점은 특정 상품에 대해 소수의 기업이 존재하는 경우이다. 완전경쟁시장에서처럼 다수의 기업이 존재하는 것도 아니고 그렇다고 독점처럼 하나 혹은 극소수의 기업이 대체재가 부재한 상품을 공급하는 경우도 아닌 형태이다. 그러나 소수의 기업들이 상품의 가격과 수량을 협의해서 결정하는 담합(collusion) 행위를 하여 카르텔(cartel)을 형성하면 사실상 독점화된다. 카르텔은 담합 행위에 참여한 기업들의 모임을 말한다. 이러한 과점 형태 역시 생산자가 가격수용자(price taker)가 아니라 가격결정자(price maker)가 되어 불완전경쟁 상황을 만들어 낸다. 따라서 이때도 독점의 경우처럼 비효율이 발생한다.

예술시장에서도 독점이나 과점과 같은 상황이 존재한다면 정부개입의 이유가 될 수 있다. 사실 예술시장이 완전경쟁시장이 아니라는 점은 비교적 쉽게 알수 있다. 우선 완전경쟁시장처럼 문화상품의 공급자가 다수라고 말할 정도로 충분히 많다고 할 수 없다. 현실에서는 문화상품의 소비자보다 문화상품의 생산자가훨씬 적다. 단적으로 예술가들을 일반대중(비예술가들)과 비교하면 극소수이고, 영리목적이든 비영리목적이든 각 지역의 문화예술기관의 수 역시 소수에 불과하다. 특히 우리나라 지방의 경우 문화예술기관 부족은 주민들의 불편 사항 중 하나로 오랫동안 지적되어 오고 있다.

생산자와 공급자 간의 수적 불균형 이외에도 완전경쟁시장에서는 생산되는상품의 동질성을 가정하고 있는 데 반해, 문화예술 시장의 경우는 예술상품들이동질하다고 볼 수 없다. 작가들이 설사 대량으로 작품을 생산한다고 하더라도 수작업에 의한 작품은 동일하게 생산되기 어렵다. 그리고 그 보다 더 근본적인 작품의 동질성 문제는 예술작품으로부터 미적 감흥을 받는 향유자들의 취향문제이다. 예컨대 빈센트 반 고흐(Vincent van Gogh)의 작품을 좋아하는 향유자는 반 고흐의 작품마다 다른 정도의 선호를 지니고 있을 것이다. 작품마다 감흥이 다를 수 있기때문이다. 그리고 반 고흐 작품의 원본을 복제품과 동일한 작품으로도 여기지 않는다. 또, 반 고흐를 좋아하는 향유자는 다른 사람의 작품으로 쉽게 대체할 가능성도 상당히 낮다. 둘 다 똑같이 유명한 미술 작품(문화상품)에 해당된다고 할지라고문화 향유과정에서는 감상물(문화상품)에 대한 동질성은 보장되지 않는 것이다. 작가마다 예술작품이 주는 주관적 미적 감흥은 향유자들마다 모두 다르게 전해질 수있기 때문이다. 문화상품으로서 예술작품의 동질적 속성은 성립되기가 상당히 어렵다.

그 결과 생산자 수와 공급자 수 간의 불균형이나 상품의 비동질성 속성에 비추어 볼 때 현실의 예술시장은 완전경쟁보다는 소수의 공급자나 생산자들이 존재하는 독과점의 형태를 띠는 경우가 많다. 특히 오늘날에는 거대 기업의 대규모 자본력이 문화상품의 독점을 야기하는 사례도 많다.

따라서 예술시장에서도 문화상품 가격이나 입장료나 관람료 등에서 독과점에 따른 비효율성이 발생된다. 무엇보다도 독점적인 문화상품 생산은 문화의 다양성을 저해하여 자원배분의 왜곡에 따른 비효율을 발생시킨다. 특히 문화산업적인 측면에서 독점기업의 행태를 보면, 이들의 주요 관심은 예술적 다양성이나 완성도 보다는 이윤창출의 가능성 여부이다. 예컨대 영화제작사는 베스트셀러에 의해 보증된 안심할 수 있는 원고가 아닌 경우에는 의심의 눈길을 보낸다. '정말 새로운 것'은 문화상품의 이윤 창출에 방해가 되기 때문이다. 새롭다는 것은 아직 대중성이 보장된 것이 아님을 의미하기 때문에 이윤 확보에도 어려움이 있기 마련인 것이다. 이윤 창출을 우선하는 문화독점기업이 굳이 실험적이고 도전적인 예술을 제작하지는 않을 것이다. 그래서 독재국가에서 문화에 대한 검열 주체가 국가였다면, 이제는 문화독점기업이 문화를 검열하는 상황에 이르게 되었다는 의견도 있는 실정이다.[2] 이는 문화적 다양성을 위해 사용되어야 할 자원마저 독점적인 문화상품 생산자에게 배분되는 결과를 낳는다. 따라서 정부는 예술시장의 독점성을 완화할 다양한 방안을 마련하게 된다. 독과점 예술시장에 대한 정부의 규제와 독과점으로 인해 피해를 입게 된 문화에 대한 정부의 지원들이 그에 해당된다.

그래서 우리나라의 <독점규제 및 공정거래에 관한 법률>이 문화예술시장에도 적용된다. 이 법률에서 특히 부당한 공동행위를 규정하는 내용(제19조)과 사업자 단체의 금지행위에 대한 내용(제26조) 등이 그에 해당된다.[3] 실제로 공정거래위원회는 2008년 4월 16일에 5개의 영화배급사와 3개의 복합상영관이 관람료를 담합한 사실을 적발하고 과징금 69억 원을 부과한 사실이 있었다.[4] 경제활동 일반에 대한 독점 규제법 이외에도 독점적 시장 형성으로 인해 문화 다양성이 저해되는 것을 막기 위해 <영화 및 비디오물의 진흥에 관한 법률>과 같이 문화와 직접적으로 관련된 규제 및 지원법이 존재하기도 한다. 예컨대 정부는 영화상영관 경영자에게 한국영화의 상영의무를 규제하기도 하고,[5] 상대적으로 극장에서 소외된 영화들(애니메이션 영화, 소형영화, 단편영화)을 상영하기 위해 별도의 전용상영관을 지원하기도 한다.[6]

---

2) 노명우(2005), p.241.
3) 〈독점규제 및 공정거래에 관한 법률〉 제19조 제1항과 제26조 제1항.
4) 공정거래위원회(2008).
5) 〈영화 및 비디오물의 진흥에 관한 법률 시행령〉 제19조.
6) 〈영화 및 비디오물의 진흥에 관한 법률〉 제38조.

2) 문화의 외부효과 문제

외부효과(Externalities)는 한 사람의 행위가 직접적인 거래 관계에 있는 사람이 아닌 제3자에게 영향을 미치지만 그에 대한 아무런 보상이나 대가가 주어지지 않을 때 발생한다. 직접적인 거래 관계에 있는 수요자와 공급자 간에는 거래에 따라 서로 일정한 보상을 하기 때문에 행위에 대한 영향이 정당화 되지만, 그와 관련 없는 사람이 영향을 받음에도 불구하고 아무런 보상이 없는 경우에는 행위에 따른 영향이 정당화되지 않는다. 이때 그 '영향'은 좋은 경우도 있고 좋지 않은 경우도 있다. 아무런 대가 없이 좋은 영향을 발생시키는 것을 긍정적인 외부효과(positive externality)라고 하고, 아무런 대가 없이 좋지 않은 영향을 발생시키는 것을 부정적인 외부효과(negative externality)라고 한다.

예를 들어 긍정적인 외부효과는 한 마을에서 어떤 사람이 자신의 마당에 예쁜 꽃을 키우면 지나가는 사람들이 그 꽃을 보며 기쁨을 느낀다. 그렇다고 해서 그 사람들이 집주인에게 대가를 지불하지는 않는다. 그리고 어떤 지역의 클래식 가게에서 매일 클래식 음악을 켜두면 주위에 있는 사람들이 클래식 음악을 감상하며 즐거움을 누릴 수 있다. 그러나 이 역시 클래식 음반을 사지 않고 감상만 하는 주위 사람들에게 대가를 받지는 않는다. 꽃과 클래식 음악으로 인해 즐거움을 누리는 사람들은 대가를 지불하지는 않지만 모두 외부적 편익(external benefit)을 얻고 있다. 이러한 긍정적인 외부효과는 제3자가 아무런 대가를 지불하지 않고 좋은 영향을 누릴 수 있기 때문에, 사회 전체적으로 본다면 비용 없이 전체 편익이 증가되는 결과를 낳게 되어 가급적이면 많이 생산되는 것이 좋다. 하지만 생산자 입장에서는 대가나 보상이 없기 때문에 많이 생산할 유인이 별로 없다. 그래서 대개 현실에서 긍정적인 외부효과는 과소 공급되는 경향이 있다. 따라서 이때는 시장 균형 생산량이 사회적 최적 생산량보다 적어지기 때문에 정부는 가능한 한 더 많은 생산을 유도하기 위해서 보조금 등을 지원하게 된다.

부정적인 외부효과의 예는 어떤 지역에 신발공장이 있을 때 그 공장에서 나오는 오염 물질로 인해 아무런 보상도 없이 지역 주민들이 피해를 받는 경우를 들 수 있다. 지역주민들은 그 공장에서 생산되는 신발을 사지도 않는다면 직접적인 거래관계를 맺고 있는 것이라고 볼 수도 없고, 그렇다고 오염물질에 따른 피해에 대한 보상을 받지도 않는 경우다. 또 다른 예로 어떤 집에서 개를 키울 때 개가 짖는 소리가 시끄러울 경우 이웃집에 미치는 소음에 대해서 보상을 하지 않는 상황도 여기에 해당될 수 있다. 이러한 부정적인 외부효과는 생산자 입장에서는 제3자에게 좋지 않은 영향이나 피해를 주더라도 아무런 보상을 하지 않는 경우이기 때문에 과대 공급되는 경향이 있다. 따라서 이때는 시장 균형 생산량이 사회적 최적 생산량보다 많아지기 때문에 정부는 과대공급을 막기 위해 생산자에게 규제나 비용 등을 부과하는 조치를 취한다.

이러한 외부효과들은 문화예술의 영역에서도 발생한다. 예컨대 세계적으로 유명한 화가·음악가·무용가·지휘자들이 자국민이라면 그들로 인해 높아진 국가적 위상을 그들과 직접적인 관련이 없는 일반 국민들도 누리게 된다. 그리고 문화재가 존재한다는 것으로부터 정체성이나 자긍심을 느끼는 사람들에게 그 대가를 지불하도록 하지도 않는다. 많은 사람들에게 대가없이 긍정적인 영향을 주는 이러한 문화유산에 대해 정부가 다양한 보존 노력을 하는 이유가 있는 것이다. 그리고 문화의 직접적인 경제적 가치 창출 이외에도 지역경제에 여러 부수적인 효과가 발생하는 것도 이미 제1장의 제2절에서 살펴보았다. 지역축제로 인해 교통과 숙박 및 식당업자들이 이득을 보는 것들이다. 또 기존에 존재해오던 문화나 예술에서 영감을 얻어 새로운 문화나 예술을 창조하는 경우도 일종의 외부효과이다. 예술적 영감과 창작은 기존의 것을 대가 없이 향유하고 접하고 경험하는 데서 비롯되는 경우가 많다. 설사 특정 문화예술을 향유하기 위해 직접적인 비용을 지불하는 경우가 있더라도, 이후 시간이 흘러 과거 비용을 지불했던 문화예술 향유에서 얻은 영감으로 만든 창조물에서 발생되는 이득에 대한 비용지불은 별도로 하지 않는다. 그리고 예술교육에 따른 긍정적인 외부효과도 존재한다. 일반적으로 교육의 효과가 교육받은 당사자에 한정되지 않고 사회와 인류에 큰 영향을 미치듯이, 예술교육 역시 예술교육이 주는 긍정적인 외부효과가 그와 유사하게 발생한다. 예술교육에서 길러진 창의성 향상과 감성 계발은 비단 교육 받은 당사자에게만 머무는 것이 아니라 그 사람의 창의성과 감성은 작품 등으로 구현되면서 다시 인류 전체에게 영향을 준다.

그러나 이러한 문화예술의 긍정적인 외부효과도 긍정적인 외부효과의 일반적인 속성인 과소 공급 현상이 발생된다. 이 점이 정부의 문화예술 지원의 근거가 된다. 더 좋은 외부효과가 많이 발생되도록 하기 위해 과소 공급되는 생산량을 사회적 최적 생산량으로 높이기 위해 정부가 지원하는 것이다. 지원을 통한 정부 개입의 정당성을 여기서 찾을 수 있다. 정부가 보조금 제공이나 다양한 지원책으로 문화예술을 진흥하고 고양시키려고 노력하는 것이 그 예이다. 그래서 우리나라의 경우도 <문화예술진흥법>을 통해 문화예술진흥의 법적 근거를 마련하여 다양한 문화지원 정책을 결정하고 또 집행하고 있다.

문화의 긍정적인 외부효과는 오늘날 경제개발을 최우선으로 하는 개발도상국가에서도 중요시되고 있다. 경제를 우선시하다 보면 문화를 등한시할 수 있다고 생각하지만, 경험적 연구 결과에 따르면 남아프리카와 같은 개발도상국가들은 고소득층뿐 아니라 저소득층에서도 예술의 긍정적인 외부효과를 중요하게 여기고 있다. 그래서 비록 저발전 국가이지만 폭넓은 계층에서 정부개입의 필요성을 인식하고 있는 것으로 나타났다.[7]

이처럼 문화예술은 대개 부정적인 외부효과보다는 긍정적인 외부효과의 원천으로 언급되는 경우가 많다.[8] 그래서 그 효과를 더 증진시키기 위해 정부개입의 필요성이 논의된다. 그러나 반드시 그렇지는 않다. 적어도 현실에서는 예술에 대한 규제가 존재하고 있는데, 이는 일부 문화예술이 제3자에게 부정적인 영향을 미치는 것을 막기 위한 것이다. 영화의 경우 영화진흥위원회가 있는가 하면 동시에 영상물등급위원회가 있는 것이 그 예이다. 현재 우리나라에서 영화 상영등급은 영화의 내용 및 영상 등의 표현 정도에 따라 전체 관람가, 12세 이상 관람가, 15세 이상 관람가, 청소년 관람불가, 제한상영가로 나누고 있다.[9] 이는 영화의 일부 내용(폭력 및 선정성 등)이 성장 중에 있는 청소년들에게 부정적인 외부효과로서 모방 행위나 잘못된 인격형성을 유도할 수 있다는 판단에서 마련된 것이다.

그리고 부정적인 외부효과에는 타인의 생산물에 대해 적절한 대가나 보상 없이 향유하는 것도 포함된다는 점에서, 불법복제와 불법다운로드 그리고 표절 행위도 이에 해당된다. 이는 문화예술 자체가 발생시키는 부정적인 외부효과라기보다는 문화예술 이용과정에서 생길 수 있는 부정적 외부효과에 관한 것이다. 이 역시

---

7) Snowball, J.D.(2005).
8) Heilbrun, James and Charles M. Gray(2001), p.223.
9) 〈영화 및 비디오물의 진흥에 관한 법률〉 제29조 제2항.

문화예술 이용과 관련해서 부정적인 외부효과에 대한 규제를 통한 정부 개입의 근거가 된다. 실제로 만화산업의 경우 <만화진흥에 관한 법률>에서 문화체육관광부장관은 만화 및 만화상품의 불법 복제·유통 방지, 관련 교육 실시 등 지적재산권을 보호하기 위하여 노력해야 하고 이에 필요한 지원을 할 수 있도록 명시하고 있다.[10] <저작권법>이 있는 것도 그와 같다. 물론 저작권은 긍정적인 외부효과를 위한 정부지원으로도 볼 수 있다. 저작권과 관련해서는 제6장에서 구체적으로 논의한다.

3) 문화의 공공재적 속성

재화는 두 가지 기준에 따라 크게 네 가지 종류로 나누어진다. 사람들이 재화를 소비하는 것을 막을 수 있는가를 나타내는 배제성(excludability)과 한 사람이 재화를 소비할 때 다른 사람이 소비에 제한을 받는 것을 나타내는 경합성(rivalry)이 그 기준이다. 이 두 속성의 유무에 따라 사적재화, 자연독점적인 재화, 공유자원, 공공재로 나누어진다.

사적 재화는 배제성과 경합성이 모두 있는 재화로 소비자가 가격을 지불하지 않으면 살 수 없는 대부분의 재화가 여기에 속한다. 도로를 예로 들면 막히는 유료도로가 해당된다. '막힌다는 것'은 경합성이 있다는 의미이고 '유료'라는 것은 배제성이 있다는 의미이다. 자연독점적인 재화는 배제성은 있으나 경합성은 없는 재화로서 막히지 않는 유료도로가 예가 된다. 공유자원은 배제성이 없지만 경합성이 있는 것으로 막히는 무료도로이다. 공유자원의 경우 배제를 하지 않지만 경합성이 존재하기 때문에 공유자원의 황폐화 현상이 초래될 수 있다. 공공재는 배제성도 없고 경합성도 없는 속성을 지닌 재화로서 막히지 않는 무료도로가 예가 된다. 사람들이 이 재화를 사용할 때 배제되지도 않고 동시에 한 사람이 사용한다고 해서 다른 사람이 사용하지 못하는 것도 아니기 때문에 무임승차(free riding)의 문제가 발생한다. 무임승차란 어떤 재화를 소비해서 이득을 보았음에도 불구하고 그에 대한 대가나 보상을 지불하지 않는 현상을 말한다. 이는 앞서 살펴본 외부효과와 같은 맥락으로 이해할 수 있다. 따라서 만일 문화예술도 공공재적인 속성을 지니고 있다면 외부효과에서 논의했던 정부개입의 근거가 여기서도 해당된다.

---

10) 〈만화진흥에 관한 법률〉 제8조 제2항.

표 2-1 재화의 유형

	〈경합성〉 유(有)	〈경합성〉 무(無)
〈배제성〉 유(有)	사적재화	자연독점적 재화
〈배제성〉 무(無)	공유자원	공공재

사실, 어떤 재화를 네 가지 재화 종류 중에서 어느 하나에 완벽하게 포함시키기란 쉽지 않다. 도로에 차가 막히는 상황은 항상 가변적이고, 유료 금액의 부담이 얼마나 되는지 혹은 경차나 취약계층에 대한 통행료 할인과 같은 부차적인 변수들이 존재하기 때문이다. 그렇지만 이러한 구분은 사회에 존재하는 재화들을 핵심적인 사항에 따라 분류함으로써 재화에 따라 정부가 어떤 역할을 하는지에 대한 이해를 돕는 데 유용하다.

정부의 역할 혹은 정부의 개입은 자세히 살펴보면 모든 재화에서 가능하다. 사적 재화에서 불공정 거래가 발생하면 정부는 규제정책으로 개입하고, 자연독점적인 재화는 한 공급자가 제공하는 것이 효율적이기 때문에 경쟁자가 진입하지 않으므로 정부가 직접 제공하기도 한다. 그리고 공유자원의 황폐화를 막기 위해 정부가 사용료를 부과시키거나 강제력을 통해 순서에 따라 이용하도록 규정을 정하기도 한다. 공공재는 사람들이 사용하는 것을 막지도 못하고 경합도 발생되지 않기 때문에 시장에서 이것을 제공할 사람이 등장하기 상당히 어렵다. 무임승차의 문제가 있는 재화를 시장에서 맡기란 거의 불가능하다. 따라서 이 역시 정부의 역할이 중요하게 작용한다. 결국 네 가지 재화 모두 정도의 차이가 있을 뿐 정부 개입이 존재한다.

하지만 무엇보다도 정부개입의 정도가 가장 강한 것은 공공재라고 할 수 있다. 비배제성과 비경합성을 지니고 있어서 무임승차의 문제가 상존하는 가로등과 국방을 민간업체가 관리할 유인은 거의 없기 때문이다. 그래서 정부가 어떤 식으로든지 개입해서 관여할 수밖에 없다.

문화 역시 사실은 네 가지 종류의 재화 모두에 속할 수 있다. 문화예술 공연에 입장료가 존재하는 경우와 제한된 공연장 시설의 환경만을 고려해도 쉽게 이해된다. 다시 말해 입장료의 유무를 통해 배제의 가능성이 있을 수도 있고 그렇지 않을 수도 있으며, 공연장의 크기나 관람을 위한 쾌적한 환경의 조건(관람자 수 등)에서 경합성이 있을 수도 있다.

그렇지만 문화는 주로 공공재적 속성이 더 강하다는 것이 일반적인 견해이다. 이는 비단 문화가 공연되는 것 뿐 아니라 문화유산과 같이 존재적 가치를 지닌 재화로도 존재하기 때문이고, 또 문화는 별도의 지불이 없는 긍정적인 외부효과가 강하게 나타나기 때문이기도 하다. 예를 들어 문화유산에서 비롯되는 문화가치는 미래의 어떤 사람의 자녀가 즐기는 편익 때문에 다른 사람의 자녀가 즐길 수 있는 편익을 감소시키지 않으며(비경합성), 동시에 부모들이 자식들의 문화향유에 대한 대가를 지불하지 않는다고 해서 그 자식들이 배제되지도 않는다(비배제성).[11] 그리고 유명 문화예술인이 높인 국가의 자긍심을 그와 상관없는 내가 느끼는 것을 배제하지도 않고, 같은 감정을 느끼는 다른 사람과 경합되지도 않는다. 이처럼 문화는 상대적으로 공공재적 속성이 강하게 나타나고 있다. 따라서 공공재의 무임승차 문제는 문화의 외부효과와 거의 동일하다고 볼 수 있기 때문에 앞서 외부효과에서 논의한 바와 같이 이 역시 정부개입의 근거가 된다.

4) 문화에 대한 정보와 지식의 불균형 문제

완전경쟁시장에서 합리적인 소비자에 대한 가정들 중 하나는 가능한 한 모든 대안들을 탐색해서 분석한다는 점이다. 이 가정은 다시 또 다른 가정을 내포하고 있는데, 그것은 대안 탐색에 필요한 관련 정보들이 충분히 제공되어야 한다는 점이다. 그러나 현실에서는 소비자가 모든 대안을 탐색할 능력의 유무에 대한 논란은 차치하고도, 일단 대안 탐색에 필요한 정보 자체도 충분히 제공되지 않는다. 경우에 따라서는 정보를 얻는 데 드는 비용이 정보를 얻고 난 후의 이득보다 더 크기 때문에 스스로 합리적 무지(rational ignorance)의 상태로 있기를 원하기도 한다. 선택에 필요한 정보를 얻기도 쉽지 않고 얻는 데 비용도 들기 때문에 완전경쟁시장에서의 합리적인 소비자 모습이 현실에서는 보기 힘들다.

---

11) Heilbrun, James and Charles M. Gray(2001), p.231.

문제는 이로 인한 시장실패 현상으로 역선택(adverse selection)의 피해가 발생한다는 점이다. 구매하고자 하는 상품에 대해 정보가 부족한 소비자는 불리한(adverse) 상품을 선택하게 되는 것이다. 예컨대, 중고차 시장에서 중고차 판매자는 중고차의 결함을 숨기고 구매자에게 판매하게 됨으로써 구매자는 불리한 선택을 하게 된다. 일명 불량품(lemon)을 사게 되는 것이다. 그래서 정부는 이에 대해 중고차 판매자에게 중고차의 구조장치 성능과 상태 등을 기록한 성능점검기록부를 구매자에게 제공해주도록 법으로 강제하고 있다. 그 이외에도 정부는 생산자에게 식품첨가물을 표시하도록 하여 소비자가 식품에 표시된 첨가물에 대한 정보를 제공받은 이후에 선택 여부를 결정하도록 돕고 있다. 따라서 공급자와 소비자 간의 정보 비대칭(information asymmetry)으로 인한 시장실패 역시 정부 개입의 근거가 된다.

문화예술에서도 정보와 지식의 불균형은 정부개입의 근거가 된다. 이는 일반적으로 문화예술의 향유가 사람들의 자연스러운 기호라기보다는 획득된 기호(acquired taste)에서 비롯되기 때문이다. 다시 말해, 문화예술의 향유는 얼마나 문화와 예술에 대해 알고 있는가에 따라 많은 영향을 받는다는 의미이다. 이는 문화예술에 대한 여러 정보나 지식 제공을 넘어 경험할 수 있는 기회가 주어져야 한다는 의미로까지 확대된다.[12) 문화예술 경험의 기회들 중 특히 문화예술교육을 통한 경험이 중요하다. 경험적 분석에서도 문화예술 교육 경험이나 문화이해력(cultural literacy)의 정도가 문화향유활동에 유의미한 영향을 미치고 있음이 확인된다.[13) 문화를 향유할 수 있도록 정보를 제공하고 경험 기회를 제공할 때 문화향유활동이 활발해지는 것이다. 따라서 사람들에게 문화예술에 대한 정보와 지식과 경험 기회를 제공하여 문화예술에 대한 무지를 극복하게 하는 것은 사람들이 예술에서 비롯되는 잠재적인 효용을 가질 수 있도록 하는 일이 된다. 이것이 바로 정부의 역할이다.

일례로 서울문화예술교육지원센터의 예술교육정보자료관은 문화예술 관련 전문 정보를 시민들에게 제공하고 있다. 그리고 문화관련 중앙정부 뿐 아니라 지방자치단체와 문화관련 공공기관들에서도 문화예술 정보를 제공하고 있고, 또 문

---

12) Heilbrun, James and Charles M. Gray(2001), p.237.
13) 정광호·최병구(2006), Jeong and Hwang(2010).

화예술 교육과 체험의 기회도 제공하고 있다. 최근에는 문화예술정보를 제공한 결과 시민들이 얼마나 만족했는가에 대한 관심도 높아지고 있다. 단순히 정부의 역할이 정보를 제공하는 데서 더 나아가 정보가 제공되는 시스템의 편의성이나 정보의 범위 그리고 정보 표현의 심미성 등이 중요하게 고려되고 있는 것이다.[14)

　　이와 같은 문화에 대한 정보제공은 비단 문화향유자에게만 유리한 것은 아니다. 문화생산자들에게도 문화에 대한 정보 제공은 일종의 광고처럼 자신들의 문화생산품이 다른 향유자에게 알려지도록 해주는 역할을 한다. 궁극적으로 문화생산자와 향유자간의 교류를 확대시키는 역할을 한다고 볼 수 있다. 따라서 이 모두가 문화예술에 관한 정보와 지식이 부족한 사람들에게 관련 정보와 지식이 제공되어 긍정적인 문화가치들이 실현되도록 하기 위한 정부의 노력들이다. 문화에서 정보 비대칭에 따른 시장실패를 교정하기 위한 정부 개입의 근거가 여기에 있다.

2. 형평성 제고와 소득재분배 효과

　　독과점이나 외부효과 그리고 공공재와 정보비대칭과 같은 시장실패의 요인들은 완전경쟁조건을 저해하기 때문에 정부가 개입해서 이를 보완하고 시정한다. 따라서 시장실패 현상은 정부개입의 강력한 근거가 된다. 그렇다면 만일 완전경쟁조건이 갖추어져 있다면 정부개입의 근거가 사라질 것인가?

　　그렇지 않다. 비록 완전경쟁시장에서 경제활동이 이루어진다고 하더라도 소득분배에서 발생하는 문제가 있다. 완전경쟁시장 하에서도 누군가는 부족함 없이 풍족하게 살지만 누군가는 빈곤과 가난에 처해있기 마련이다. 정부는 경쟁에서 낙오되는 이들(빈곤 인구와 약자 등)을 그대로 내버려 두어서는 안 된다. 정부는 시장실패를 최소화 할 수 있도록 공정한 경쟁체제를 갖추는 일에도 관심을 가져야 하지만, 동시에 그 과정에서 소득 간격이 벌어지는 문제에도 관심을 가져야 한다. 저소득층을 방치했을 때 발생하는 여러 문제점들을 언급하는 것을 차치하고서라도, 사회계약론적 관점에서 볼 때 이는 계약위반이다. 저소득층도 태초에 국가를 만드는 데 참여한 계약자들이다. 계약자들을 위해 일할 것이라고 합의한 바에 따라 구성

---

14) 김진희·이중정(2003).

된 국가가 계약자들을 위해 일하지 않는다면 이는 계약위반이다. 그렇게 되면 국가라는 구성체의 존재 자체에 의문이 생기게 된다. 따라서 오늘날 저소득층에 대한 보호를 위해 재분배정책이 많은 이유도 바로 여기에 있다.

여러 재분배적인 성격을 지닌 정책들은 정책비용부담자와 정책수혜대상자가 확연히 분리되어 둘 사이에 소득이전을 통해 사회적 형평성을 이루고자 한다. 이러한 정책들은 재산권의 행사가 아니라 재산권 자체를, 평등한 대우가 아니라 평등한 소유를, 행위가 아니라 존재를 그 목표로 한다.[15] 그래서 정책비용부담자와 정책수혜자 간의 분리 때문에 다른 정책들보다 정부의 강제력이 더 강하게 작용한다. 정부의 사회 형평성 문제 해결과 소득재분배의 역할은 시장실패와는 다른 차원에서 정부개입의 근거가 되는 것이다.

문화예술 영역에서도 소득재분배 효과를 위해 정부의 역할이 요구된다. 사실, 문화예술 지원에 관한 주장을 크게 효율성 측면과 형평성 측면으로 나눌 때 경제학자들이 선호하는 입장은 주로 효율성과 관련된 것이었다. 앞서 살펴본 완전경쟁이 이루어지지 않는 시장실패의 보완을 위한 정부개입을 더 긍정적으로 본 것이다. 이와는 다르게 형평성은 예술분야의 현업 종사자들(practitioners)에 의해 주로 논의되었는데, 그러다 보니 형평성(equity) 개념이 덜 정리된 채 주장된 경향이 있었다. 하지만 문화예술에 대한 형평성 주장은 결국 정부 지출에서 소득재분배 효과의 문제로 귀결된다.[16] 따라서 문화예술에 대한 정부개입의 근거 중 하나로 인정되고 있다. 이 책에서도 '형평성 제고와 소득재분배 효과'로 둘을 함께 표현한 이유가 그 때문이다.

문화예술에서 형평성 문제와 소득재분배 효과는 크게 두 가지 측면에서 논의될 수 있다. 하나는 저소득층의 문화 활동에 대한 접근성 보장이고, 다른 하나는 문화인(예술가)의 열악한 소득 개선에 관한 것이다. 우선, 문화향유활동의 접근성은 소득과 관련된 형평성의 문제 중 하나로서 소득요인이 문화 수요와 향유활동에 영향을 미친다는 것이다. 많은 실태조사나 경험적 연구에 의하면 고소득자와 저소득자간에는 문화 수요와 향유활동에서 서로 차이가 있음이 확인되고 있다. 예컨대 공연예술 관람에서 저소득층의 관객 비율은 상위소득계층

---

15) Lowi, Theodore J.(1964), p.691.
16) Towse, Ruth(1994), p.144.

보다 상당히 낮다.[17] 문화비 지출에서도 가족의 월 소득 평균이 낮을수록 문화 지출도 낮은 것으로 나타나고 있다.[18] 이러한 경향은 대개 국가별 차이나 문화 장르별로 차이가 없이 유사하게 나타나고 있다. 따라서 정부는 저소득층이나 문화 소외계층으로 분류되는 집단에게 다양한 방법으로 지원을 하고 있다. 예를 들어 문화예술 체험기회를 확대하기 위한 프랑스의 문화예술 공연티켓 할인제도나 미국 국립예술기금(National Endowment for the Arts: NEA)의 문화접근성 지원금 제도, 또 미국 워싱턴 D.C.의 도시예술프로젝트(City Arts Projects)와 프랑스 파리시의 문화교육 야간강좌 등이 있다. 문화상품 상환권(Refund), 할인제도, 그리고 쿠폰과 같은 문화바우처(voucher) 등의 제도 등도 정부 지원의 모습들이다.[19]

문화예술에 대한 정부 개입의 근거로서 형평성 문제는 문화인들의 열악한 경제력과도 관련된다. 많은 문화예술인들이 빈곤에 가까울 정도로 경제력이 열악하다는 것은 많은 실태조사에서 이미 보고된 바 있다. 2009년에 실시된 <문화예술인실태조사> 자료에 의하면, 문화예술인들의 창작활동과 관련된 월평균 수입액을 보면 37.4%가 수입이 전혀 없는 것으로 조사되었다. 그리고 같은 조사에서 문화예술인들이 문화예술발전을 위해 정부에서 가장 역점을 두어야 하는 것으로 꼽은 1위가 '예술가(예술단체)에 대한 경제적 지원(32.1%)'이고 2위가 '예술가(예술단체) 지원을 위한 법률과 제도정비(25.0%)'였다.[20] 57% 이상의 응답자들이 예술가들에 대한 지원이 가장 필요하다고 생각하고 있다. 이런 현상은 외국의 경우도 크게 다르지 않다. 단적으로 네덜란드의 경우에도 예술가들 중 75%는 생활비조차도 벌지 못하는 것으로 조사되고 있다. 그리고 40% 이상은 작품 활동에 들어가는 비용을 충당하지 못하고 있다.[21]

물론 그렇다고 모든 문화인들이 가난한 것은 아니다. 오히려 그 어떤 분야보다도 예술분야에서는 승자독식(winner takes all) 현상이 강하게 나타나기 때문에 '승자'가 되면 막대한 부를 누릴 수 있다. 우리 주위에 유명한 문화예술인들의 부를

---

17) Baumol, William J. and William G. Bowen(2006), pp.76-84 ; Throsby, C.D. and G.A. Withers(1993), pp.96-97.
18) 정광호·최병구(2006), pp.77-78.
19) 정광호·최병구(2006), p.64.
20) 문화체육관광부·한국문화관광연구원(2009).
21) Abbing, Hans(2009), p.167.

보면 쉽게 이해가 된다. 그러나 승자는 아주 극소수이고 많은 다수는 승자가 독식한 탓에 더 가난해지고 있다. 잘 알지 못하는 즉, 무명의 예술가 작품을 일반인들은 거의 찾지 않기 때문에 유명한 예술가 작품을 열렬히 원하는 만큼 무명 예술가 작품은 더 뒷전이 되는 것이 현실이다. 문제는 이 승자독식 현상 때문에 누구나 승자가 될 수 있다는 환상이 생겨서 예비 예술가들이 더 늘어나게 된다는 점이다. 이는 다시 사회 전체적으로 보면 가난한 예술가들이 더 양상되는 결과를 낳는다. 따라서 극소수의 승자를 제외하고는 대부분의 문화예술인들은 저소득으로 생활하고 있는 것이 예술계의 현실이다.

결국, 많은 예술인들이 경제력이 열악한 것이 현실이고 이들을 보호하지 않는 것은 문화가 주는 유용한 가치들을 누릴 수 있는 기회를 없애는 것이기 때문에 이들에 대한 정부의 지원이 필요한 것이다. 이를 위해 다양한 프로그램과 프로젝트를 구성해서 창작을 지원하거나 예술작품 전시 및 판매를 지원하기도 하고 우수 작품에 대한 경제적 지원을 하기도 한다.

3. 문화생산의 비용질병 문제

문화에 대한 정부개입은 문화가 생산되는 구조적인 문제에서 비롯되는 결과를 치유하기 위한 방안으로 정당화되기도 한다. 문화에 대한 경제적 분석이 활발히 이루어지는 데 결정적인 계기가 된 William J. Baumol 과 William G. Bowen의 1966년의 연구가 그에 해당된다. 앞서 제1장의 제4절에서도 간략히 언급하였듯이 이들은 당시 공연예술의 구조적인 재정적자 문제를 지적하며 정부개입을 주장하였다. 재정적자 문제는 일종의 경제적 딜레마로서 필연적으로 증가하는 단위 비용에 직면한 공연예술의 재정문제이다.[22] 이에 대한 은유로 '비용질병(cost disease)' 혹은 '보몰의 비용질병(Baumol's cost disease)'이라고 한다.

비용질병은 주로 생산성 지체(productivity lag)의 결과로 나타난다. 생산성 지체란 비록 예술현장에서는 생산성 향상이 이루어지지 않더라도 일반 경제현장의 임금 인상과는 그 수준을 맞추어야 하기 때문에, 예술현장에서도 임금 상승이 이루

---

22) Baumol, William J. and William G. Bowen(2006).

어질 수밖에 없고 그래서 결국은 생산성이 높아지지 않는 상황에서 예술현장(예, 공연예술)에서의 비용은 증가하게 되는 현상을 말한다. 이는 예술가들도 다른 직업의 노동자들과 동일한 시간당 임금을 받아야 한다는 주장에서 비롯된 것이 아니다. 노동조건이나 고용에서 오는 비금전적인 만족감이 직업에 따라 다르기 때문이다. 그보다는, 예술을 포함한 모든 산업들은 국가적으로 통합된 노동시장에서 노동자를 고용하기 위해 경쟁한다는 점에서, 예술 산업에서도 필요한 노동자들을 고용할 수 있도록 하기 위해서는 예술가들의 임금도 일반 경제에서의 임금과 같은 비율로 높아져야 한다는 주장에서 비롯된 것이다.[23] 그러다 보니 예술가들의 임금도 향상되는 것이다.[24] 임금 상승만큼 생산성 향상이 따라가지 못하는 생산성 지체가 바로 이것이고, 임금인상은 곧 비용증가이므로 비용만 증가되는 비용질병 현상이 나타나게 되는 것이다.

이러한 현상은 주로 문화예술 산업이나 문화예술 시장의 특수성에서 비롯된다. 예컨대 공연예술 활동은 일반적으로 노동집약적인 경우가 많기 때문에 기술혁신 등으로 생산성이 높아지는 경우가 거의 없다. 물론 기술발달에 따라 문화 생산에 변화가 전혀 없는 것은 아니지만, 예술은 많은 경우에 기계나 자본이 대신해주기보다는 노동자인 예술가가 직접 참여해야 한다. 그리고 100년 전에도 있었던 40분이 소요되던 교향곡이 오늘날에 20분으로 단축되어 연주되는 것도 아니다. 그때나 지금이나 그 교향곡은 40분으로 연주된다. 연주의 질을 위해서 관객 수를 무작정 늘리는 것도 힘들다. 그리고 공연시간뿐 아니라 교향곡을 위한 단원수도 과거와 변함이 없이 필요하다. 그렇지만 단원들에게 지불해야 하는 인건비나 대관료와 광고료 등은 물가인상에 따라 증가하기 마련이다. 그렇다고 단원수를 줄이지는 못한다. 공연을 위해서는 모든 단원이 그대로 필요하기 때문이다. 또, 같은 맥락에서 수요가 증가한다고 해서 공급량을 동시에 증가시키기도 어렵다. 무엇보다도 해당 예술을 생산하는 사람인 예술가가 한정되어 있기 때문이다. 일반 상품처럼 수요가 증가한다고 생산라인을 늘리거나 고용을 더 늘려서 증가하는 수요에 대처할 수

---

23) Heilbrun, James(2003), pp.91-92.
24) 여기서 말하는 예술가들의 임금 상승이 예술가들에게 부족함 없이 '충분한 정도'의 임금으로 인상된다는 것을 의미하는 것은 아니다. 단지 생산성 향상과 비교했을 때 생산성이 높아지지 않음에도 국가의 전반적인 임금 상승률에 영향을 받아서 결과적으로 예술가의 임금도 일정 비율로 향상된다는 것을 의미한다.

있는 것이 아니다. 100년 전에 장인들이 도자기를 만들 때 소요되던 시간은 오늘날과 큰 차이가 없다. 기본적으로 문화예술의 생산은 예술가로서의 숙달과 기예가 전제된 활동이기 때문에 표준화와 대량생산이 쉽게 이루어지지 않는다.

　　이와 같이 예술에서의 노동생산성은 구조적이고 내재적인 문제로 인해 일반 산업에서의 노동생산성에 비해 상당히 낮다. 따라서 예술에서의 적자문제는 예술가나 예술단체가 경영을 잘 못해서 생긴 것이라고만 볼 수 없다. 문화산업이나 예술의 특수성 때문에 필연적으로 발생한 것이므로 공적지원의 검토 대상이 될 수 있는 것이다. 왜냐하면 문화의 유용한 가치들이나 긍정적인 외부효과를 고려할 때 재정적자로 열악한 처지에 처한 문화를 그대로 내버려 둘 수는 없기 때문이다. 문화예술은 사회적 차원에서 보전되어야 하는 가치가 충분하다는 것이다.

4. 문화적 가치 고양

　　제1장 제2절에서 살펴본 문화의 여러 가치들도 문화에 대한 정부개입의 근거가 된다. 문화가 주는 미학적 가치, 사회적 가치, 경제적 가치, 교육적 가치, 역사적 가치, 심리적 가치, 존재 가치, 위상 가치, 인격형성의 기능, 삶의 질 향상, 국가 간 가교 역할, 융합적 사고력 향상 등이 그것들이다. 이러한 가치들은 앞서 논의된 정부개입 근거의 전제가 되기도 한다. 따라서 문화예술의 다양한 긍정적인 가치들은 문화에 대한 정부개입의 강력한 근거가 된다.

제 2 절　정부지원 반대론과 찬성입장의 재반박

　　앞서 살펴본 문화에 대한 정부 개입의 근거들은 정부지원 찬성입장의 대표적인 논거들이 되기도 한다. 문화의 독과점을 최소화하고, 긍정적인 외부효과를 지원하는 동시에 부정적인 외부효과를 규제하고, 문화의 공공재적인 속성에 따른 무임승차 문제를 해결하고, 문화 활동에서 정보와 지식의 불균형을 극복하기 위해 정부의 개입이 정당화 된다는 것이다. 그 뿐 아니라 문화 영역에서 존재하는 여러 형평성 문제 해결을 위해서도 정부 개입은 필요하다. 그리고 문화의 다양한 가치들(미학적 가치, 사회적 가치, 경제적 가치, 교육적 가치, 역사적 가치, 심리적 가치, 존재 가치, 위상 가치, 인격형성의 기능, 삶의 질 향상, 국가 간 가교 역할, 융합적 사고력 향상)이 존재함에도 불구하고 문화의 독특한 비용질병으로 인해 문화가 생산되지 못하는 일이 없도록 하기 위해서도 정부 개입이 필요하다는 것이다. 하지만 여기에 대한 반대 입장도 존재한다. 그 주장과 근거들은 아래와 같다. 하지만 또 다시 찬성 입장에서는 반대 입장에 대해 재반박을 하면서 정부개입의 정당성을 주장한다. 정부지원 반대론과 그에 대한 재반박을 차례로 살펴보면 다음과 같다.

1. 정부지원 반대론

1) 통제와 간섭으로 인한 창의력 감소

문화예술에 대한 정부지원의 반대 이유로 그 첫 번째는 정부의 지원이 예술가들에게 통제수단으로 여겨지면 예술가들의 창의성에 제약이 될 수 있다는 것이다. 실제로 정부 예산은 일반 국민이라는 납세자에서 비롯된 돈이기 때문에 사용에 대한 정당성이나 성과가 있어야 한다. 그래서 정부는 지원한 대상이 지원 목적에 부합한 대상이었는지 그리고 지원 효과가 발생되었는지에 대한 확인을 하게 되는데, 이때 주로 성과를 측정한다. 성과 측정의 한 측면으로서 재원의 효율적인 사용(효율성)에 대한 평가는 공공재원 사용의 정당성을 확보해주고 지속적인 지원의 이유로서 그 역할을 한다. 그리고 공공지원 이외에 민간 재원을 유인하기 위해서도 정부지원 평가에서 효율성에 기초한 성과 측정은 종종 사용되는 기준이다.[25]

하지만 성과에 대한 지나친 강조는 일종의 통제 수단으로 여겨져서 자율성이 전제된 창의력 발현에는 부정적인 영향을 미칠 수도 있다. 재정여건이 좋지 못한 예술단체나 예술가들은 정부지원이 중단되기를 원하지 않기 때문에 지원 주체인 정부의 눈치를 보게 되어 결과적으로 창의력 발휘보다는 정부의 의도에 부합되는 예술 활동만을 하게 된다는 것이다. 부정적인 의미에서의 '문화정치', '문화통치',

---

25) Basso, Antonella and Stefania Funari(2004), p.195.

'문화통제', '문화검열' 등과 같은 현상들이 이를 나타내는 말들이다.

2) 예술가의 내적 동기 감소(구축효과 발생, 매너리즘)

문화예술에 대한 정부의 지원은 구축효과와 매너리즘으로 이어져서 예술가의 내적 동기를 감소시키는 부정적인 영향을 낳게 된다는 주장도 있다. 즉, 예술가의 내적인 동기가 충분할 때 외부적인 보상이 제공되면 오히려 예술 활동의 핵심적인 원천인 예술가의 내적인 동기를 떨어뜨리는 결과를 낳는 경우가 있다는 의견이다. 예술에서도 일종의 구축효과(crowding-out effect)가 나타나는 것이다. 정부지원이 없었다면 내적 동기와 노력이 더 증가될 것인데, 정부지원이 더 노력할 수 있는 동기를 감소시키게 한다는 것이다. 노벨문학상 수상자인 Thomas Sterns Eliot이 "노벨상은 자신의 장례식으로 가는 차표이다. 그 누구도 이 상을 받은 이후로 아무것도 하지 않았다"고 한 말은 이를 잘 대변해준다.[26] 이는 매너리즘(mannerism)의 한 측면으로 볼 수 있다. 현재와 같은 예술 행위가 정부지원 조건에 부합하기 때문에 더 창의적인 기법이나 양식을 시도하려 하기보다는 기존의 방식만을 습관적으로 되풀이하는 예술 활동만을 하는 결과를 낳는다.

3) 문화의 경제적 효과에 대한 과장된 신화(myth)

문화가 창출시키는 경제적인 부가가치가 전혀 없다는 것은 아니지만 지나치게 과장된 경향이 있다는 주장이다. 이 주장에 따르면, 특히 경제적 가치를 측정할 때 여러 방법이 있겠지만 해당 문화에 대한 지불 '의사'나 특정한 문화도시(축제) 등에 다시 방문하고 싶다는 '의사' 등을 물어보는 방법은 경제적 효과를 지나치게 부풀리는 경향이 있다는 것이다. 무엇보다도 문화예술이 주는 제반 가치를 수치화하기가 쉽지 않기 때문에 자의적일 수 있는 가능성이 높다.

그리고 한 국가나 지역 내에서 경제적 가치를 발생시키는 것이 문화만 해당되는 것도 아닌데 문화지원 찬성론자들은 문화에만 국한하고 있다는 것이다. 오히려 문화 예술에 대한 지원을 다른 곳에 하면 그보다 더 큰 경제적 가치가 창출될 수도 있다. 그리고 지역경제 활성화 차원에서 중앙정부의 지원이 정당하지 못한 면도 있다. 해외로부터 관광객을 유치하는 것이 아니라 국내의 다른 지역의 사람

---

26) Frey, Bruno S.(2003), p.150.

들을 특정 지역으로 유인하기 위해 중앙정부가 지원하는 것은 바람직하지 못하다는 것이다.[27] 그리고 문화에 대한 지원이 문화 향유에 초점을 두어야지 경제적 가치를 창출하는 것에만 지나치게 몰두하는 것은 올바르지 못하다는 의견도 있다.

4) 편중된 혜택

문화예술 지원의 반대론자들은 정부지원의 원천이 많은 일반 납세자들임에도 불구하고 그 혜택은 결국 특정한 사람들에게만 지원되는 결과를 낳는다는 주장을 한다. 특정한 사람들의 부류란 소수의 문화예술인(단체)들과 중산층 이상의 문화향유자들이다. 정부지원을 위한 자원은 많은 사람들로부터 이전되는 것이기 때문에 개개의 비용 부담은 적은 편이다. 그래서 정부지원에 쓰이는 자원이 공공으로부터 이전되는 것에 대한 일반 국민들의 저항은 상당히 낮은 편이다. 그렇지만 결국 혜택을 보는 이는 예술지원을 간청한 소수의 문화예술인 및 문화예술단체들이다. 일반 국민들에 대한 외부편익(external benefit)이 존재한다는 것이 예술지원 찬성자들의 주장이지만 그것이 확실히 증명된 것도 아니기 때문에, 문화예술 지원이 특정한 대상들에게만 혜택을 주는 것이라고 반대론자들은 더 강하게 주장한다.[28]

그리고 설사 일반 국민들에게 혜택이 간다고 하더라도 혜택을 누리는 사람은 중산층 이상의 사람들이다. 과거에 비해 예술이나 문화 향유의 대중화가 많이 이루어졌지만, 여전히 정부가 지원하는 예술에는 일반 대중들보다 중산층 이상의 사람들이 관객의 대부분을 차지한다. 이렇게 보면 정부지원은 저소득자에게 세금을 거두어서 고소득자들의 문화향유를 위해 사용되는 결과를 낳게 한다.

5) 문화적 취향의 강요

정부는 현존하는 모든 문화를 지원할 수 없으므로 지원할 만한 문화예술을 선정한다. 여기서 지원할 만한 예술이란 일단 문화로서 자격이 갖추어져야 하고 사회 전반적으로 장려될 필요가 있을 정도의 중요한 예술을 의미한다. 문제는 이 판단을 정부가 한다는 것이다. 정부지원에서 배제된 문화는 그 가치가 낮은 것으로 인식될 수 있고, 동시에 재정 여건이 열악한 문화는 정부지원 없이는 더 이상

---

27) Heilbrun, James and Charles M. Gray(2001), p.228.
28) Grampp, William D.(1989), pp.117-120.

산출물이 나오지 않을 수도 있다. 이는 결과적으로 정부 판단에 의해 선택된 향유될 만한 예술만을 국민들이 향유하게 되어 문화적 취향을 길들이게 된다. 문화가 정치적 수단으로 악용될 수 있는 가능성이 여기에 있다.

6) 비용질병의 최소화 가능

문화예술에서 발생하는 비용질병이 정부지원의 근거로서 기능하지만 몇 가지 점에서 고질적인 비용질병의 문제가 최소화 될 수 있다는 것이 반대론자들의 주장이다. 무엇보다도 문화예술은 다른 일반 상품보다 소득증가에 따라 수요가 더 빨리 증가한다. 이때 만일 수요의 가격탄력성[29]이 1보다 작으면 가격을 인상해서 수입을 늘려서 비용을 따라 잡을 수 있다. 그리고 심포니 오케스트라 대신 챔버 오케스트라로 예술양식을 바꾸어서 연주하거나 또는 지역순회 공연자들의 이동시간을 줄여서 노동생산성을 어느 정도 높일 수도 있다.[30] 이렇게 하면 문화에서 임금인상에 비해 생산성이 현저히 뒤처져서 나타나는 비용질병 문제가 어느 정도 최소화될 수 있다. 따라서 비용질병 문제가 반드시 문화예술 지원의 근거가 된다고는 볼 수 없다는 입장이 반대론자들의 주장이다.

2. 반대론에 대한 찬성입장의 재반론

문화예술지원에 대한 반대론자들의 주장에 대해 찬성론자들은 재반론을 펼친다. 우선, 문화예술에 대한 정부개입이 문화예술에 대한 통제로 인식되어 예술가들의 창의력이 감소될 수 있다는 주장이나 예술가들의 내적 동기를 약화시킨다는 주장이 특수한 소수 사례에 해당될 수는 있다. 그러나 오히려 문화에 대한 정부지원은 새롭고 독창적인 문화를 탄생시키는 데 도움이 된다. 대표적인 예가 실험적이고 도전적이고 참신한 예술 활동에 대한 정부지원이다. 이런 예술 활동에

---

29) 수요의 가격탄력성(price elasticity)이란 가격의 변화율에 대해 수요량이 얼마나 민감하게 반응해서 변하는가를 나타내는 용어이다. 계산된 절대 값이 1보다 크면 탄력적이라고 하고 1보다 작으면 비탄력적이라고 한다. 1이면 단위탄력적이라고 한다. 탄력성이 클수록 가격 변화에 대한 수요량의 변화가 더 크다는 것을 의미한다. 예를 들어 커피 가격이 10% 내려갈 때 커피 수요가 30% 증가 했다면 이때 계산된 탄력성 값은 3이 되고 1보다 큰 값이므로 탄력적이라고 한다. 보다 자세한 내용은 이 책의 제5장에서 논의된다.

30) Frey, Bruno S.(2003).

정부지원이 증가하면 다양한 가능성들을 시험할 수 있는 기회나 여지가 많이 늘어나게 된다. 정부 지원으로 인해 그동안 재정적인 문제로 시도할 수 없었던 실험적이고 도전적인 예술 활동이 가능해짐으로써 예술 활동에서 창의성이 더욱 발휘할 수 있는 여건이 마련된다. 만일 특정한 정부지원이 실험적인 예술 활동에 반드시 사용될 수 있도록 구체적으로 명시된다면(별도로 예산이 고정적으로 할당된다면) 그 효과는 더 커질 수 있다. 도전적인 예술에 대한 정부의 지원은 새로운 예술양식과 장르가 탄생되는데 밑거름이 되고 이는 나아가 문화예술의 다양성을 높이는 데도 기여한다. 그래서 정부의 지원은 예술가들에게는 창의성을 더욱 고양할 수 있게 하고, 향유자들에게는 새로운 예술과 창의성을 접할 수 있는 기회를 제공하게 한다. 따라서 정부지원이 통제로 작용한다기보다는 오히려 더욱 더 창의력을 적극적으로 발휘할 수 있는 기회를 마련해준다.

그리고 경제적 효과가 지나치게 과장되었다는 반대론자들의 주장도 경제적 효과가 존재한다는 사실을 전적으로 반박하는 주장이 될 수는 없다는 것이 찬성론자들의 반론이다. 경제적 가치를 측정하는 방법에 일정한 한계가 있는 것은 사실이다. 하지만 그동안의 경험적 증거나 사례에서 정도의 차이와 실패 사례가 있기는 해도 문화가 창출하는 잠재적인 경제적 효과 자체를 부정할 수는 없다. 그리고 문화에 대한 지원을 다른 곳으로 대체할 때 오히려 더 큰 경제적 효과가 있을 수 있다는 주장은 자가당착(自家撞着)적인 논리이다. 다른 곳에 사용되었을 때의 경제적 가치를 측정할 때도 예술의 경제적 효과가 과장되었다는 반대론자들의 비판이 똑같이 적용될 수 있기 때문이다.

정부지원이 일부 문화예술가나 중산층에게만 편중된 혜택을 준다는 반대론자들의 주장도 오늘날 정부에서 시행하는 많은 문화정책이 문화복지 차원에서 저소득층이나 저소득 예술가들을 정책수혜 대상으로 삼고 있다는 점에서 볼 때 옳은 주장이라고 볼 수 없다는 것이 찬성론자들의 반론이다. 설사 특정 집단에게만 편중된 혜택이 주어지더라도 문화가 지닌 외부효과의 시·공간적 차원을 함께 고려한다면 반드시 그렇다고 볼 수도 없다. 예술의 외부효과의 파급력이 큰 까닭에 계층을 초월하여 사회 전체적으로 긍정적인 영향을 낳는 경우가 많기 때문이다.

정부의 문화예술에 대한 지원이 취향 강요가 될 수 있다는 반대론자들의 주장에 대해서도 찬성론자들은 반론을 펼친다. 일반적으로 예술 감상은 선천적인 것이 아니라 후천적인 취향에 의해 이루어진다. 그래서 예술 감상에서 취향은 감상에 선행되어야 한다. 그래서 취향이 '형성'되는 데 여건 마련과 같은 도움을 주기위해 정부지원을 하는 것이지 특정한 취향을 '만들기' 위한 것은 아니다. 그리고 정부가 지원하는 예술을 정부가 독단적으로 선택하는 경우도 드물다. 관련 전문가들이 판단해서 지원 대상을 선정한다. 특히 오늘날과 같은 민주주의 사회에서 정부가 특정한 방향으로 취향을 만드는 것도 어렵지만, 그렇게 한다고 해도 높아진 시민 의식 때문에 정부의도대로 쉽게 되지도 않는다. 문화에 대한 정부지원이 정부가 의도하는 취향을 만드는 과정일 수 있다는 비판은 과거 독재정권의 경험에서 나온 우려라고 볼 수 있다.

그리고 경제학적인 측면에서 특히 문화지원의 강력한 논거로 사용되는 문화의 비용질병 문제는 비용질병이 반대론자들의 주장처럼 '완화'될 수는 있을 것이다. 하지만 중요한 것은 문화가 지닌 특수한 성격이 변화되지 않는 이상 비용질병이 '완치'되기는 어렵다는 것이 찬성론자들의 반론이다.

제 3 절 문화정책의 의미와 목표

문화에 대한 정부개입의 찬성 입장과 반대 입장은 지금도 계속되고 있다. 하지만 지금은 정부개입을 전적으로 부정하는 주장은 거의 없고 개입의 범위나 정도(程度)에 대해 입장 차이가 있을 뿐이다. 분명한 것은 문화정책이 존재한다는 것 자체가 문화에 대한 정부 개입의 근거들이 많은 부분에서 정당성을 얻었음을 보여준다. 그래서 개념이나 정도의 차이가 있지만 대체로 거의 모든 나라에서 문화정책은 정책 활동으로서 결정되고 집행되고 있다. 따라서 여기서는 문화정책이 현실에서 구현되고 있는 모습에 대해 논의한다. 문화정책의 구현 모습은 정책의 의미와 목표 그리고 제4절에서 살펴볼 정책의 수단과 영역으로 나누어 볼 수 있다.

1. 문화정책의 의미

1) 정책의 의미

문화정책을 정의하기에 앞서 우선 정책의 의미를 알아야 한다. 문화정책도 정부의 여러 정책들 중 하나이기 때문에 우선 일반적인 정책의 의미를 이해할 필요가 있다. 정책에 대한 개념 정의는 앞서 문화에 대한 개념을 살펴볼 때와 마찬가지로 대부분의 학문이 그러하듯 명확하게 통일되거나 하나로 합의된 개념은 없다. 그래서 그동안 제시된 여러 정책 개념들을 통해 개념적 공감대를 형성하는 것이 더 현실적인 방법이 된다.

정책은 정책학이 등장한 1960년대 이후부터 많은 학자들에 의해 정의되었다. 지금까지 제시되어 자주 인용되는 정책의 의미란, "특정한 상황에서 어떤 목적을 달성할 권한을 가진 행위자들이 목적들과 이것을 실현할 수 있는 수단들을 선택하는 일련의 상호 관련된 의사결정", "한 행위자나 여러 세트의 행위자들이 어떤 한 문제나 관심사를 해결하기 위하여 따르는 목적지향적인 행동노선", "어떤 특정 상황에서 정부가 어떠한 사회를 어떻게 만들어 가겠다고 하는 정부간여의 행동들에 대한 상호 관련된 일련의 의사결정", "사회변동의 기회로써 미래를 탐색하기 위한 가치와 행동의 복합체이며, 목표와 가치 그리고 실제를 포함하는 계획", "물리적 또는 사회적 환경으로부터 도전이나 압력에 대한 정부의 반응", "주어진 환경 하에서 개인, 집단 또는 정부에 의해서 기회나 장애를 제공하려는 일련의 행위 과정이며, 기회나 장애는 정책이 목표, 목적, 의도를 달성하려는 노력 하에서 계속적으로 활용하고 극복하기 위해 제안된 것", "전체 사회를 위한 가치의 권위적인 배분으로써, 정치체제가 내린 권위적인 결정과 산출물", "매우 복잡하고 동태적인 과정을 통해 주로 정부기관에 의해 만들어지는 미래지향적 행동 지침", "정부가 행하거나 행하지 않기로 선택한 모든 일", "개인이나 조직이 주어진 환경하에서 제기된 문제나 관심사를 다루고 해결하기 위해 취하는 행위 또는 행위 과정", "사회문제의 해결과 가치배분을 위한 정부의 권위 있는 활동", "바람직한 사회 상태를 이룩하려는 정책목표와 이를 달성하기 위해 필요한 정책수단에 대하여 권위 있는 정부기관이 공식적으로 결정한 기본 방침" 등으로

정의하고 있다.[31]

학자에 따라 다소 관점의 차이가 존재하는 것을 알 수 있다. 하지만 "정책이란 사회에 존재하는 문제를 해결하여 바람직한 상태를 이룩하려는 정부의 행위들"이라는 점에서는 어느 정도 공감대가 형성된다. 문화를 대상으로 하는 문화정책의 기본적인 의미도 바로 여기서 비롯된다. '문제'는 문화와 관련된 제반 문제들이 되고, 달성하려는 바람직한 상태도 문화와 관련된 문제가 해결된 상태 혹은 문제 해결 후의 이상적인 상태이다. 이를 위한 총체적인 활동들이 다양한 정책들로 나타나는 것이 문화정책이 된다.

2) 문화정책의 정의

정부의 정책을 기능별로 분류할 때 문화정책도 그 중 하나가 된다. 그래서 정책의 기본적인 의미에서 문화정책이 정의될 수 있다. 정책대상이 문화라는 점에서 일반적인 정책보다 그 범위는 다소 좁아진다. 이를 고려해서 그동안 제시된 문화정책의 정의들을 보면 다음과 같다.

문화정책은 "미적 측면과 인류학적 측면을 모두 연결하는 제도적인 지원(institutional support)", "문화와 관련된 목표를 달성하기 위해 정부가 채택한 행동에 대한 체계적이고 규제적인 안내", "문화 관련 바람직한 행동을 발생시키기 위한 관료적인 노력으로서 정책집행을 통하여 행위자와 활동을 유발·훈련·분배·재정지원·묘사·거부하는 행위들"이다.[32] 그리고 문화정책은 "문화시민들(cultural citizens)이 자신을 표현하는 문화 산물이 창출되는 기회를 제공하는 역할을 하는 것"이다.[33] 또 문화정책은 "사회적 맥락에서 사람들이 과거의 유산을 경험하고 현재의 잠재력을 발휘할 수 있도록 하는 여러 장치들의 제공"이기도 하다.[34] 그 외에도 문화정책은, "문학과 예술을 포함하여 국민의 정서적 욕구를 충족시키기 위한 활동", "문화발전이라는 목표를 향하여 공권력의 배경 하에 문화예술정책을 형성 내지 결정하며 이를 능률적이고 효과적으로 집행하는 합동적 행위", "국가 단위가 추구하는 문화에 대한 이상적 목표를 국가 개입을 통하여 수행하는 과정", "정부

---

31) 노화준(2003), pp.4-7 ; 장덕제 외(2004), pp.3-6 ; 정정길 외(2010), p.35.
32) Miller, Toby and George Yudice(2002).
33) Lewis, Justin and Toby Miller(2003).
34) Mundy, Simon(2000).

등 공공기관이 예술을 발전시키고 국민들의 예술복지 수준을 높이기 위해 예술부문에 개입하는 일련의 행위 및 상호작용", "주어진 시간 내에 사회에 적용할 수 있는 모든 육체적 내지 인적자원의 효용화를 통해 어떤 특정한 문화적 필요성에 부응할 수 있도록 지각 있고 사려 깊은 통찰력과 한 사회 내에서의 행위 또는 행위의 결여에 대한 총체", "문화 분야에서 정부, 지방정부, 기타 공공기관 등 공공부문 행동 수단의 총체적인 틀", "정부가 공공재원을 활용해 예술을 지원하는 데 우선순위를 결정하는 것", "문화와 관련된 공적 목적(공익)의 달성을 위한 행동 지침", "인간의 사고양식과 행동양식에 영향을 주는 정부와 공공조직의 역할과 기능", "문화를 자원으로 하여 창조적 환경을 정비함으로써 풍요로운 시민사회의 건설을 지향하는 정책" 등으로 규정되고 있다.[35]

이러한 문화정책의 정의들을 보면, 결국 문화개념과 정책개념을 혼합해서 정부라는 주체가 일정한 정책 목표를 실현하고자 하는 의지나 행동을 표현하고 있다는 것을 알 수 있다. 따라서 "문화정책이란 정부가 문화예술과 관련된 공익을 실현하기 위해 다양한 정책수단을 사용하는 제반 활동이나 행위"를 의미한다. 여기서 문화정책을 좀 더 구체적으로 이해하기 위해서는 정책의 목표로서 공익을 좀 더 자세히 다룰 필요가 있고, 동시에 다양한 정책수단에는 어떤 것들이 있는가에 대한 논의도 필요함을 알 수 있다. 따라서 문화정책의 간단한 의미는 문화 활동과 관련된 공익 실현을 위한 정부의 제반 활동들이지만, 여기에 정책수단이나 영역들이 덧붙여지면 구체적인 의미가 구성된다.

2. 문화정책의 목표

1) 문화정책 목표의 구조

일반적으로 정책목표는 하나가 아니다. 정책목표의 범위를 어떻게 설정하는가에 따라 여러 개로 나눌 수 있다. 상위목표가 있고 상위 목표를 달성하기 위해 다시 하위목표가 있고 그 하위목표는 다시 또 다른 하위 목표로 구성되어 있다. 그래서 전체적으로 보면 정책목표는 목표들 간에 상·하 관계를 이루고 있어서 계

---

35) 김정수(2010), p.96.

충적이고 연쇄적인 모습을 띠고 있다. 그리고 동일한 상위 목표 달성을 위해 같은 층위에 있는 목표들은 상호 관련되고 일정 부분 중첩되어 있기도 하다. 그 결과 종적·횡적인 목표들의 수가 많아지면 때로는 목표들 간에 모순이 생기고 또 충돌이 발생하기도 한다.

  문화정책 역시 마찬가지이다. 최종적인 상위목표가 있고 그 목표를 달성하기 위한 하위 목표들이 존재하고, 다시 그 하위 목표들을 달성하기 위한 또 다른 하위 목표들인 세부목표들이 존재한다. 문화정책의 최종목표는 문화와 관련하여 국가가 지향하는 가장 일반적이고 보편적인 속성을 지니고 있고, 하위 목표들은 문화관련 정책부서에서 좀 더 구체화해서 규정한 목표들이다. 따라서 문화정책의 최종적인 목표는 거시적인 수준에서 보편성을 지니고 있어서 국가별 차이가 적고 국가 내에서도 문화관련 기관별로 차이가 크지 않다. 반면, 구체적인 문화 사업에 대한 목표들은 비교적 차이가 명확하다. 특히 문화정책 영역별로 달성하고자 하는 목표들은 서로 차이가 크다. 공연예술정책과 문화재정책은 비록 같은 최종적인 문화정책의 목표에서 비롯된 것이기는 하지만, 구체적인 목표에서는 서로 차이가 존재한다. 그러나 상황에 따라 이 역시 목표들 간에 상호 중첩되기도 하고 모순되기도 하고 갈등이 존재하기도 한다. 예컨대 문화교류 활성화와 문화 저변의 풍부함을 위해 외국 문화를 개방하는 것과, 그와 동시에 한국 문화를 보호하려는 경우를 들 수 있다. 문화의 다양성과 문화 발전을 위해 외국 문화와 교류하는 것이 필요하여 문화개방 정책을 실시하지만, 한편에서는 문화 개방으로 문화식민지가 발생할 우려를 대비하여 자국 문화 보호정책이 실시되기도 한다. 이처럼 일반 정책의 목표 구조와 같이 문화정책의 목표도 계층적이고 연쇄적인 모습을 보이면서, 상위목표가 같더라도 하위목표들은 다양하고 하위목표들 간의 관계도 여러 형태를 보이고 있다.

  따라서 문화정책의 목표는 두 가지 방향으로 살펴볼 수 있다. 국가 전체 차원의 목표로서 문화정책의 상위목표를 살펴보는 것과, 개별 정책별로 추구하는 세부목표를 살펴보는 것이다. 여기서는 주로 전자에 대해 다룬다. 왜냐하면 개별 정책이나 사업은 각각의 특성과 맥락에 따라 규정되기 때문에 그 모두를 논의하는 것이 비효율적일 뿐 아니라, 결국은 개별정책이나 세부 사업들의 목표도 보다 거시적이고 추상적인 상위목표에 수렴되기 때문이다.

그동안 문화정책에서 비교적 최종적인 위치에 있는 상위목표로 언급되는 것은 크게 세 가지이다. 첫째는 국민들의 문화권(cultural right) 보장이다. 둘째는 문화의 민주화(democratization of culture) 달성이다. 셋째는 문화민주주의(cultural democracy)의 달성이다. 첫 번째는 문화가 인류의 보편적인 가치인 '인권의 가치'와 연결된 것이고, 두 번째와 세 번째는 문화가 '민주주의 가치'와 연결된 것이다. 이 세 가지 상위목표에 기초해서 다시 여러 하위목표들이 정책영역과 사업별 그리고 국가별로 다양하게 다시 구성된다. 물론 이 세 가지가 통합된 더 최종적인 문화목표가 있을 수 있다. 그러나 정책적 논의를 할 때 상위목표의 지나친 추상성 문제를 어느 정도 극복하는 방안으로 이 세 가지를 문화목표의 주요 상위목표로 설정하기로 한다.

그림 2-1 문화정책의 주요 상위목표

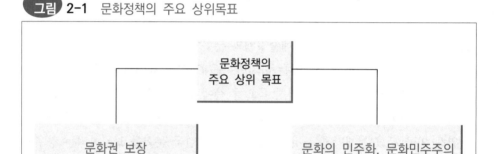

2) 문화정책의 상위목표로서 '문화권 보장'

국가 문화정책의 상위목표로서 문화권의 보장은 인권의 한 부분으로 이해된다. 문화권은 인간이라면 누구나 누릴 수 있는 권리인 인권의 하나이기 때문에 문화권이 문화정책의 상위목표로 되는 것은 인류의 보편적 권리의 속성에서 비롯된 것이라 할 수 있다.

문화권리라는 용어 자체는 1966년에 등장하였지만, 이미 1948년에 제정된 <세계인권선언(Universal Declaration of Human Rights)>에 문화적 권리를 의미하는 내용이 포함되어 있다. <세계인권선언> 제27조 제1항에서 "모든 사람은 공동체의 문화적 삶(cultural Life)에 자유롭게 참여하고, 예술을 즐기고 과학적 진보와 그 혜택을 공유할 수 있는 권리를 지니고 있다"고 명시하고 있다. 이어서 제2항에서는 "모든 사람들은 그 자신이 만든 과학적, 문학적, 예술적 산물로부터 나오는 정신적이고 물질적인 이득을 보호받을 수 있는 권리가 있다"고 명시하고 있다.[36] 이후 1966년 유엔 총회에서 채택된 '경제적, 사회적, 문화적 권리에 관한 국제 규약'을 통해 <세계인권선언> 제27조의 내용을 국제적인 합의와 의무 이행으로 실현해 나갈 수 있도록 더욱 강조하였다. 같은 해 유네스코 제14차 총회에서도 '국제문화협력에 관한 원칙 선언'이 있었고, 1968년에 '인권으로서의 문화권'에 관한 전문가 회의에서는 '인권으로서의 문화권에 관한 성명'이 발표되었다. 그 성명은 당시까지 획득한 노동권, 여가권, 사회보장권에 이어서 '문화권'이라는 개념을 구축해야 한다고 제안하였다. 이때부터 구체적으로 문화권 보장과 실현을 위해 다양한 노력들이 이어졌다. 예컨대 문화권이라는 개념에 문화발전이나 예술가의 역할이나 보호 등에 대한 논의도 이어졌고, 각 문화정체성과 문화유산의 보호와 보존과도 연계된 논의들도 이어졌다.[37] 이로써 문화권에 대한 국가의 역할이 더욱 강조되었고 그 결과 문화정책에서 주요한 상위목표로 자리매김하게 되어 이후 문화권 실천을 위한 후속 선언들이 이어지면서 오늘에 이르고 있다.

문화권 개념의 발달 과정을 보면 문화권에는 몇 가지 핵심 내용이 포함되어 있다는 것을 알 수 있다. 최초 문화에 대한 권리를 기술할 때는 주로 문화에 대하여 자유롭게 접근할 수 있는 권리 및 참여를 할 수 있는 기회를 확대하는 측면이 강했다. 이후 각 민족국가의 문화정체성이나 문화유산 보호의 의미가 덧붙여졌다. 그 후에는 발전이라는 개념과 접목되면서 그 의미를 더욱 확장해나갔다. 문화가 창조성과 정신작용의 영역이라는 점에서 문화발전은 인간발전을 의미했다. 이는 좁은 의미의 경제발전과 달리 경제적·사회적 진보를 문화적 조건에서 바라 본 것이다.[38] 문화발전이 추가된 문화권은 삶의 질을 높이는 중요한 요인으로도 인식되었다. 요컨대, 문화권은 문화에 대한 참여권과 접근권 보장과 확대에서 시작하여 문화정체성 보호 권리의 의미가 추가되었고 현재에는 문화발전을 통한 인간발

---

36) ⟨Universal Declaration of Human Rights⟩(1948), 제27조.
37) 김기곤(2011), p.211 ; 後藤和子(2004), p.118.
38) 김기곤(2011), p.211.

전의 권리로까지 그 의미가 확장되었다.

　이렇게 의미가 확장된 문화권은 크게 보면 자유권적 성격과 사회권적 성격을 지니고 있다.[39] 문화권의 내용으로서 참여권, 접근권, 정체성 보호, 문화발전은 문화 활동을 위한 '자유 보장'과 문화 활동을 위한 '사회적 보장'도 함께 내포하고 있는 것이다. 자유로움과 인간다움을 각각 중시하는 자유권과 사회권이 문화 활동에서도 그대로 적용되면서 문화권의 성격이 되고 있다. 이처럼 문화권은 그 의미가 확대되면서 오늘날 문화정책의 상위목표로서 자리매김함으로써 다양한 하위목표들의 근원으로 그 역할을 하고 있다.

그림 2-2 문화권 내용의 의미 확장과 성격

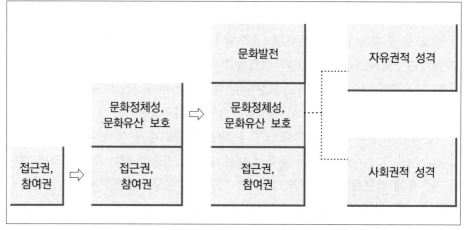

3) 문화정책의 상위목표로서 '문화의 민주화'와 '문화민주주의' 달성

　문화정책의 또 다른 상위목표로 들 수 있는 것은 문화의 민주화(democratization of culture)를 이루는 것과 문화민주주의(cultural democracy)를 달성하는 것이다. 앞의 문화권에서는 문화가 인권의 가치와 연결된 것이었다면 여기서는 문화가 민주주의 가치와 연결된 것이다. 흔히들 독재 정권의 문화통치를 생각하면 문화가 민주주의와 결합된 사례보다는 독재정치의 수단으로 악용된 사례를 먼저 떠올린다. 실

---

39) 伊藤裕夫 외(2002), pp.93-66.

제로 식민지 국가들이 해방되고 발전을 위해서 모든 것을 계획하는 단계에서 문화까지도 계획하는 경우가 많이 있었는데, 이때 주로 독재정권이 들어서면 그 정도가 더 심해진다.[40] 하지만 문화는 민주주의적 가치와 연계되기도 한다. 문화가 민주주의적 가치와 연결된 것은 제2차 세계대전 직후에 황폐화된 사회에 인간존엄성을 회복시킬 수 있는 자산으로서 문화가 새롭게 중요성을 띠게 되면서부터이다.[41] 문화와 민주적 가치의 상호 연계성을 인식하여 사회발전을 위한 한 방편으로 문화와 민주적 가치의 연결에 많은 관심을 기울이게 된 데서 비롯된 것이다. 그 대표적인 것이 문화의 민주화와 문화민주주의이다. 이 두 목표의 공통적인 지향점은 경제력, 교육적 지식, 성, 인종 등의 이유로 문화 활동이 배제된 사람들에게 유익한 문화 활동들을 가능하도록 해주는 것이다. 하지만 세부적인 내용에서는 두 목표 간에 차이가 존재한다.

먼저, 문화의 민주화는 문화 활동이 모든 사람들에게 개방되어야 한다는 것을 강조하면서 주로 고급문화에 대한 대중들의 접근을 확대시키려는 노력을 의미한다. 재정적인 여건이나 교육적 여건으로 인해 주로 중산층 이상의 사람들만이 문화 활동을 하는 현실을 개선하기 위한 노력인 것이다. 이러한 문화 민주화의 취지를 실현하기 위한 예로 유명작품의 순회전시, 지역 문화센터의 건립, 입장권 가격 인하, 예술 교육에 대한 관심 증대와 같은 조치들이다.[42] 문화소외 계층의 고급문화에 대한 접근 가능성을 확대해서 고급문화가 소수 계층의 문화가 아닌 다수들도 함께 향유하는 문화로 거듭나야 한다는 주장이다. 문화가 일부 계층만을 위해서 존재해서는 안 되고 다수를 위해 존재함으로써 '민주화'가 이루어져야 한다는 입장이다.

그래서 이 패러다임은 중심(center)에서 주변(periphery)으로 문화 관련 정보가 전이되는 커뮤니케이션 모델에 기초하고 있다. 이러한 전이 과정은 주로 중앙정부에서 지원을 통해 이루어지기 때문에 정부의 역할은 주로 지원에 초점을 둔다. 그래서 문화 소비자들은 다소 수동적인 모습으로 그려진다. 또 이 패러다임은 고급예술에 대한 접근 가능성을 높이는 데 중점을 두어 결과적으로 모든 사람들이 고

---

40) Miller, Toby and George Yudice(2002).
41) 서순복(2007), pp.28-29.
42) 서순복(2007), pp.29-30.

급예술을 함께 누릴 수 있게 하는 것이므로 결과의 평등(equality of outcome)을 중요시한다. 그리고 이 패러다임의 기본적인 아이디어는 엘리트주의(elitism)에 기초하고 있다는 특징을 지니고 있다.[43] 왜냐하면 고급문화와 그렇지 않은 문화를 구분하고 있고, 기존의 소수 계층이 향유하는 문화가 좋은 문화라는 전제가 내재되어 있기 때문이다. 또 미학적으로 뛰어난 예술이 주로 문화에서 주류가 되고, 이는 전문가들에 의해 인정된 것임을 암묵적으로 인정하고도 있다. 이러한 문화가 여러 계층에게 향유될 필요가 있다고 여기기 때문에 엘리트주의적인 모습을 보이는 것이다.

다음으로, 문화민주주의는 고급문화에 대한 접근을 강조하는 문화 민주화와는 달리 특별히 고급문화가 중요한 것이 아니라(혹은 고급문화가 존재하는 것이 아니라) 문화예술 활동의 자유로운 개인적 선택을 중요시한다. 그래서 문화시장에서 다양한 유형의 문화예술들이 나오는 것이 더 중요하기 때문에 개개인이나 다양한 사회 집단에 의해 만들어진 문화적 선택(활동)을 방해하지 않고 더 활발한 공급이 이루어질 수 있도록 공급구조나 정보 배분에 규제를 가하기도 한다. 실험적인 문화 생산을 위해 획일적이거나 독점적인 공급구조에 대한 규제정책인 것이다. 이 패러다임은 문화 민주화가 중심에서 주변으로 가는 커뮤니케이션 모델에 기초한 것과는 달리 독립적인 단위들의 연결에 기반한 네트워크적인 커뮤니케이션 모델에 기초하고 있다. 따라서 소비자는 수동적인 수용자가 아니라 활동적인 역할자로 인식되고, 국가의 역할은 그러한 활동적인 문화인들(문화예술인 이외에도 일반인도 포함)에게 최소한의

표 2-1 문화의 민주화와 문화민주주의 비교

	문화의 민주화	문화민주주의
핵심 내용	(고급)문화에 대한 접근성 강화	문화의 다양성 강화
주요 정책대상자	문화소외 계층	모든 사람들
커뮤니케이션 특성	중심에서 주변으로	네트워크형
정책대상자 특성	수동적	활동적
지향하는 평등	결과의 평등	기회의 평등
기초 사상	엘리트주의	대중주의

43) Evrard, Yves(1997).

제재만 가하고 자유로운 환경 조성을 위해 노력한다. 문화민주주의는 모든 사람들이 창조적인 활동을 할 수 있는 능력이 있다고 보기 때문에 개개인의 문화적 역량을 강화할 필요가 있다고 본다는 점에서 기회의 평등(equality of opportunities)을 강조한다. 그리고 같은 맥락에서 문화 민주화 패러다임과는 달리 대중주의적(populism)인 아이디어에 기초하고 있다.[44]

문화의 민주화와 문화민주주의는 앞서도 언급했듯이 여러 이유로 인해 문화활동에서 배제된 사람들의 문화 활동을 보장하고 넓히는 데 공통적인 지향점이 있다. 다만 실현과정에서 차이가 존재하는 것이다. 일부에서는 문화의 민주화에 대한 대안적 개념으로 문화민주주의가 등장하였다고 보면서 문화의 민주화라는 용어가 별로 사용되지 않는다고 보는 견해가 있다.[45] 그러나 이는 잘못된 것이다. 문화의 민주화라는 용어가 별로 사용되지 않는 것은 결코 아니다. 오히려 대안적 개념으로 문화민주주의가 나왔다고 한다면 문화민주주의를 논의할 때 문화의 민주화 개념을 선행해서 사용하지 않는 논의는 모순된 논의라 할 수 있다. 민주주의 가치와 연결된 이 두 패러다임은 서로 내용을 수용하고 동시에 보완하고 있다. 다만 기본적인 내용을 수용하되 실현 방식이나 대상에서 초점을 달리하는 것이다.

주로 문화의 민주화에 대해 그 기초적인 아이디어가 엘리트주의적인 특성이 강하기 때문에 비판한다. 그러나 문화의 민주화 패러다임의 핵심은 문화에 대한 '접근성'이다. 특히 재정적인 열악함으로 문화 향수를 누리지 못하는 이들에게 문화에 대한 접근이 가능하도록 보장하는 것이 주요 내용이다. 따라서 엘리트주의적인 사상에 기초하고 있다고 해서 이 패러다임을 전적으로 배격하거나 간과하는 것은 문화정책의 주요한 목표 하나를 무시해버리는 것과 같다. 그리고 오늘날 문화의 민주화를 엘리트주의 사상에 기초한 것으로 볼 수 없는 많은 현상들도 나타나고 있다. 문화 민주화에 대한 비판 과정에서 우리나라의 예술의 전당 사례를 들면서 고급문화만이 공연되는 것을 언급하고 있는데, 이미 예술의 전당 오페라 극장에서 대중가수들이 공연을 했다. 그리고 미국 카네기 홀도 문화민주화에 대한 비판의 예에 해당되지 않는다. 많은 대중가요들이 공연되고 있고 우리나라 대중가수들도 공연한 바 있다.

---

44) Evrard, Yves(1997).
45) 서순복(2007), pp.29-30.

따라서 문화의 민주화 패러다임에서 중요한 것은 그것이 고급문화이건 아니건 그동안 문화 활동에서 배제된 사람들에게 문화 활동의 접근성을 높이고자 한다는 점이다. 그렇기 때문에 문화의 민주화가 문화민주주의의 대안이라고 말하기보다는 보완으로 보는 것이 옳다. 문화의 민주화와 문화민주주의는 상호보완해서 문화정책의 주요 목표를 이루고 있다. 문화에 대한 접근성 강화(문화의 민주화)와 문화의 다양성 보장(문화민주주의)이 그것이다. 이것이 문화와 민주적 가치의 결합에서 비롯된 문화정책의 상위 목표인 것이다.

3. 문화정책의 목표실현 과정: 투입, 산출, 결과

정책목표는 정책이 의도한 바람직한 상태를 말한다. 정책목표가 실현되었다는 것은 정책문제가 해결되어 바람직한 상태에 도달되었다는 의미가 된다. 이렇게 바람직한 상태에 도달하는 과정은 일반적으로 크게 세 단계를 거쳐서 이루어진다. 자원 투입(input), 정책 산출(output), 정책 결과(outcome)가 그것이다. 정책문제 해결을 위해 일정한 자원을 투입하고 그에 따라 산출을 도출해서 바람직한 변화를 이끄는 의도한 결과를 얻는 것이다.

여기서 자원투입은 문제해결에 필요한 인적·물적 자원과 지지와 응원 등을 의미한다. 정책을 위해 소요되는 유·무형의 자원이 바로 투입요소이다. 정책 산출은 투입된 자원이 일정한 활동(activity)을 거쳐서 사용됨에 따라 생산되는 물품이나 생산물 혹은 서비스 등을 의미한다. 쉽게 말해, 투입된 자원을 사용해서 만들어내는 가시적인 산물이 바로 산출이다. 정책결과는 산출로 인해 정책대상 집단에게 나타나는 변화를 말한다. 혹은 애초에 정책이 의도한 최종적인 바람직한 상태가 결과이다. 정책결과는 정책이 의도한 효과를 나타낸 것이기 때문에 정책효과(policy effect)와 혼용하기도 한다. 정책 결과(혹은 정책 효과)는 조금 더 구분해서 볼 수 있다. 정책결과에는 의도한 정책 효과 이외에도 의도하지 않은 부수효과(긍정적인 부수효과와 부작용이라고 할 수 있는 부정적인 부수효과)도 존재하기 때문이다. 따라서 정책결과는 의도한 정책효과와 의도하지 않은 부수효과로 구성된다고 볼 수 있다.

예를 들면 만성적인 도로 체증이 있는 지역에 새로운 도로를 건설하는 정책을 추진해서 새 도로를 건설했다고 하자. 이 도로로 인해 교통 체증 문제가 사라졌고 아울러 이 지역의 상권이 살아났다. 여기서 정책 산출은 '새 도로'가 되고, 정책결과는 의도한 정책효과인 '교통 체증 문제 해결'과 부수효과인 '지역 상권의 활성화'가 된다. 문화정책도 마찬가지다. 예컨대 저소득층 아이들의 문화향유 기회를 넓히기 위해 문화 바우처를 지급했고, 그로 인해 저소득층 아이들의 문화향유 활동이 유의미하게 늘어났으며 아울러 문화향유 활동을 함으로써 문화생활을 한 아이들의 창의력이 높아져 학습능력이 향상되었다고 하자. 여기서 정책 산출은 '문화 바우처 지급'이 되고, 정책결과는 '문화향유 활동 증가(의도한 정책 효과)'와 '창의력과 학습능력 향상(부수효과)'이 된다.

그림 2-3 문화정책의 목표실현 과정

자원 투입		정책 산출		정책 결과
- 인적·물적 자원, 지지, 응원 - 문화예산 투입	⇨	- 생산물, 서비스, 가시적 산물 - 문화바우처 지급	⇨	- 정책대상집단의 변화, 의도한 정책효과, 부수효과 - 문화향유활동 증가, 창의력과 학습능력향상

제 4 절 문화정책의 수단과 영역

 문화정책의 수단

정책목표를 실현하기 위해서는 적절한 정책수단을 선택해서 사용해야 한다. 그동안 정부영역에서 정책수단으로 사용된 것에는 정부의 직접제공, 규제(경제적·사회적), 계약, 보조금, 대출(직접대출, 대출보증), 보험, 조세지출, 사용료와 과징금, 손해배

상책임, 공기업, 바우처 등이 있다.[46) 문화정책도 이러한 정책수단들을 통해 사업별 정책목표를 달성하고자 한다. 그 중 문화정책에서 지금까지 자주 사용되어온 주요 정책수단은 크게 세 가지로 구분할 수 있다. 정부가 직접제공 및 운영하는 방식, 정부가 재정적인 지원을 하는 방식, 규제를 가하는 방식이 그것이다. 어떤 수단으로 정책목표를 달성할 것인가에 대한 세 가지 방안인 것이다. 이 외에도 다양한 정책수단들이 사용되고 있으나, 크게 포괄적인 논의로 묶어서 여기서는 이 세 가지를 중심으로 살펴본다.

1) 정부의 직접제공 및 운영

정부는 문화정책의 목표를 달성하기 위해 문화예술의 산물이나 서비스 등을 직접 제공한다. 직접제공은 주로 문화관련 기관을 운영해서 제공하는 경우가 많다. 공공문화기관들이 대표적이다. 실제로 많은 문화예술서비스들이 정부가 직접 운영하는 박물관이나 미술관, 문화회관, 교향악단, 무용단 등을 통해 제공되고 있다. 중앙정부가 운영하기도 하고 지방자치단체가 운영하기도 한다. 이렇게 정부가 직접 운영함으로써 생기는 주요 장점은 문화예술에 대한 시민들의 접근성을 높인다는 점이다. 입장료(문화향유자)나 대관료(문화생산자) 등이 사설 문화기관보다 저렴하기 때문에 금전적인 제약에 따른 문턱이 상당히 낮아진다.

그러나 문화에 대한 정부의 직접제공과 운영도 결국은 일반국민들의 세금에 의해 이루어지기 때문에, 비록 단기간의 가시적인 성과를 창출하는 것이 어려운 공공문화기관에서도 관련 예산이 효율적이고 효과적으로 사용되도록 요구되고 있다. 나아가 문화공공기관 운영에서도 어느 정도 수익이 창출되어야 한다는 주장도 있다. 이처럼 공공문화기관의 예산 사용이나 성과 그리고 수익창출과 관련해서는 논란이 없지 않지만, 그래도 여전히 정부의 직접적인 문화예술의 제공과 운영은 문화정책 목표 실현을 위한 핵심적인 수단이 되고 있다.

2) 정부의 재정지원

정부가 직접 운영하지 않고 문화에 대해 재정지원을 하는 방법이 두 번째 정책수단이다. 이 수단은 다시 두 가지로 구분할 수 있다. 하나는 정부가 직접적으로

---

46) Salamon, Lester M.(2002), p.21.

재정지원을 하는 것이고, 다른 하나는 간접적인 방법으로 재정지원을 하는 경우이다. 정부의 직접적인 재정지원은 문화생산자나 문화향유자 그리고 문화관련 단체나 집단들에게 직접적으로 보조금을 제공하는 방식이다. 예컨대 문화생산자에게 지급되는 보조금은 창작이나 작품 활동과 관계없이 생계비를 지원하는 경우도 있으나 일반적으로는 일정한 예술 활동과 관련해서 지급한다. 문화단체에게 주는 보조금도 그 단체의 운영에 필요한 경상비를 지원하기도 하고 특정한 작품을 무대에서 공연하는 데 소요되는 제작비를 지원해주기도 한다.[47] 문화향유자들에게는 입장권을 할인해주거나 보조해주고 또 문화바우처를 제공해주기도 한다. 이는 법에도 명시되어 있는데, 실제로 우리나라의 <문화예술진흥법>에서는 문화소외계층이 공연·전시·영화·도서·음반 등 문화예술 프로그램을 관람 또는 이용할 수 있도록 금액이나 수량이 기재된 증표로 문화이용권을 제공한다고 규정되어 있다.[48]

정부가 간접적으로 재정지원을 하는 경우는 예술가나 비영리문화예술단체들에게 조세감면 혜택이나 세금을 환급해 주는 것 등이다. 조세감면의 경우 원래 징수해야할 세금을 징수하지 않는 것이기 때문에 그 만큼 재정이 지출된 것과 같다고 하여 조세지출(tax expenditure)이라고도 한다. 그리고 예술가나 문화예술 단체에 대한 기부금에도 세제 혜택을 해주기도 하는데, 문화예술에 기부금이 증가도록 하는 인센티브가 되므로 이 역시 간접적으로 문화예술에 지원하는 한 방법이다. 정부의 간접지원의 또 다른 수단은 저작권 보호이다. 저작권은 정부가 직접 재정지원을 하는 것은 아니지만 문화 생산자가 자신의 창작물에 대해 이용료를 받을 수 있도록 법적으로 보장해 주기 때문에 간접적인 재정지원의 역할을 한다.

3) 정부의 규제

정부의 문화정책 목표 달성을 위한 세 번째 정책수단은 규제이다. 규제는 다른 정책 수단들에 비해 강제력이 강하게 작용한다는 특징이 있다. 위반될 경우 다양한 종류의 처벌이 뒤따르기 때문이다. 문화예술에서 규제는 주로 보호 차원에서 이루어지는 경우가 많다. 물론 보호는 보호대상의 진흥을 의미하기도 한다. 문화정책의 수단으로서 규제가 적용되는 예로는 영화 스크린 쿼터제도, 문화유산에 대

---

47) 정홍익 외(2008), p.138.
48) 〈문화예술진흥법〉 제2조 제4항.

한 규제, 저작권, 관람제한 제도 등이 있다. 영화 스크린 쿼터 제도는 국내 영화산업을 보호하기 위한 목적에서 영화관에게 규제를 가하는 것이다. 저작권은 앞서 살펴본 것과 같이 정부의 간접적인 재정지원이 되기도 하고 여기에서와 같이 규제가 되기도 하는 정책수단이다. 어디에 초점을 두느냐에 따라 달라지는데, 창작자에게는 간접적인 재정지원이 되고 사용자에게는 규제의 성격을 지니는 것이다. 그리고 문화유산에 대한 규제는 문화유산을 거래하는 사적인 행위를 규제하거나 문화유산의 가치가 훼손되지 않도록 외부 요인들의 접촉을 금지하는 것들이 해당된다.[49] 관람제한 제도는 문화 공연에서 연령에 대해 제한을 두거나 등급을 두는 것과 외설에 대한 제재 등이 해당한다. 지금까지 살펴본 정부의 문화정책의 수단으로서 직접제공, 재정지원, 규제는 모두 법적으로 그 근거를 두고 시행되고 있다.

2. 문화정책의 영역

　문화정책의 영역은 문화정책의 범위를 규정하는 것이다. 그런데 범위를 규정하는 것은 초점을 어디에 두는가에 따라 여러 층위로 나타날 수 있다. 문화정책의 전반적인 범위를 살펴볼 수도 있고 전반적인 범위 내에서 다시 일정한 기준에 따라 세부적인 범위로 구분할 수도 있다. 마치 문화정책의 목표가 여러 개의 상위목표와 여러 개의 하위목표로 나누어지듯이 문화정책의 영역도 여러 개의 상위영역과 여러 개의 하위영역으로 나타낼 수 있다. 따라서 어디에 초점을 둘 것인가에 따라 수많은 영역들이 도출될 수 있다. 여기서는 지나치게 세부적인 영역들을 하나하나 살펴보기보다는 비교적 상위 영역에 해당되는 것에 초점을 두고 논의한다.

　문화정책은 문화를 정책대상으로 하는 모든 영역을 아우르고 있다. 이 영역은 크게 네 가지 측면으로 나누어서 볼 수 있다. 즉, 문화정책의 영역은 문화의 생산 영역, 문화의 향유 영역, 문화의 매개 영역, 문화의 관리 영역으로 나눌 수 있다. 문화의 생산 영역은 문화생산과 창조활동에 대한 정책들이 주로 포함되는 것으로, 창조활동에 대한 지원과 규제 그리고 창조 능력과 창조 환경 등에 대한 제반 관련 정책들이 해당된다. 문화의 향유 영역은 문화향유 활동에 대한 정책들

---

49) Throsby, David(2001), p.89.

이 주로 포함되는 것으로, 향유활동에 대한 지원과 규제 그리고 향유 능력과 향유 환경 및 조건 등에 대한 정책들이 해당된다. 문화의 매개 영역은 생산된 문화가 향유자들에게 전달되고 향유자들의 감상이 다시 생산자들에게 전달되는 제도적 장치들에 대한 정책들이 포함된다. 이는 생산과 감상의 장(場)과 기회를 마련하는 정책들과 같이 생산과 향유의 만남을 제공해주는 활동들이 해당된다. 유통구조나 전달시스템이 그것들이다. 문화의 관리 영역은 문화가 생산되고 매개를 통해 향유되면서 나타나는 문화의 부가가치들을 관리하는 정책들이 포함된다. 예컨대 문화의 산업 및 교육적 가치를 고양하기 위한 정책이나 제도 등이 해당된다. 이는 문화의 생산과 향유의 매개에서 나온 가치들의 외연(外延) 확장을 돕기 위한 노력들이라고 볼 수 있다.

　　이 네 가지 문화정책의 영역은 비교적 상위 영역이라고 할 수 있고, 다시 세부적으로 다양한 영역들로 구성될 수 있다. 가장 구체적인 모습은 특정한 문화예술관련 법률로 나타난다. 그래서 법률 하나하나가 문화정책의 영역을 의미하는 것이라고도 볼 수 있다. 현재 우리나라의 경우 문화관련 법률들이 지나치게 세분화되는 경향을 보이고 있다. 이는 특정 영역이 발전하면 할수록 해당 영역과 관련한 법률이 세분화되고 전문화되기 때문이다.[50] 그래서 문화정책의 영역 확장은 지금

표 2-2 문화정책의 4대 영역

영역	내용
생산 영역	문화생산과 창조 활동에 대한 정책, 창조 활동 지원과 규제, 창조 능력과 창조 환경 등에 대한 정책 등.
향유 영역	문화향유 활동에 대한 정책, 향유 활동 지원과 규제, 향유 능력과 향유 환경 및 조건 등에 대한 정책 등.
매개 영역	생산된 문화가 향유자들에게 전달되고 향유자들의 감상이 다시 생산자들에게 전달되는 제도적 장치들에 대한 정책, 생산과 감상의 장(場)과 기회 마련, 생산과 향유의 만남 제공.
관리 영역	생산되고 매개를 통해 향유되어 나타나는 문화의 부가가치들을 관리하는 정책, 문화의 산업 및 교육적 가치 고양, 문화의 생산과 향유의 매개에서 나온 가치들의 외연(外延) 확장에 초점을 두는 정책 등.

---

50) 서순복·김세훈(2009), p.259.

도 계속되고 있다. 하지만 다양하고 세분화된 문화정책의 영역들도 결국은 여기서 제시한 문화정책의 네 가지 영역(4대 영역)에 포함된다. 문화정책 전반에 대한 4대 영역을 이해하고 그에 기초해서 관심분야에 따라 세부 영역을 구성해 나가면 문화정책 전체의 영역 지도가 그려질 것이다. 그 지도의 기초가 바로 여기서 제시한 네 가지 영역이다.

제 5 절 문화정책의 원칙

정부의 문화정책은 정책목표를 설정하고 다양한 정책수단을 통해 정책 영역별로 결정 및 집행되고 있다. 이 과정에서 적용될 수 있는 몇 가지 원칙들이 존재한다. 팔길이 원칙, 시간 원칙, 다양성 원칙, 파트너십 원칙이 그것이다. 이 네 가지는 다른 정책에도 적용될 수 있겠지만, 특히 문화정책에 더 부합된다. 다른 정책 대상들보다 문화라는 정책 대상은 무엇보다도 창의성을 중요시 여기기 때문이다. 따라서 정부의 개입이 전제된 문화'정책'은 정책대상으로 삼는 문화예술의 창의성 발현을 항상 염두해야 한다. 그런 점에서 다음의 원칙들이 적용될 필요가 있다.

1. 팔길이 원칙(Arm's Length Principle)

팔길이 원칙은 "정부가 예술에 대해 지원은 하되 간섭은 하지 않는다" 라는 의미이다. 재정적 지원이 되었든 서비스 지원이 되었든 정부가 예술에 대해 지원은 하지만, 팔길이 만큼 떨어져서 예술의 자유를 침해하지는 않는다는 말이다. 팔길이 만큼의 공간 없이 정부와 예술이 서로 밀착되어 있으면 예술의 근원인 창의성이 저해된다는 것이다. 문화정책의 구조(framework)와 문화정책의 메커니즘이 설정되고 정책 의도가 명확해져서 예산이 지원되면, 정부는 뒤로 물러나고 문화공동체(cultural community)가 스스로 문화를 자극해서 문화가 풍요롭게 되도록 하는 것이 무엇보다 중요하다는 것이다.[51] 즉, 예술에 대한 지원과 예술의 자유 보장 사이에서 정부의 적절한 역할을 강조하는 원칙이다.

이 원칙이 처음 주창된 곳은 영국이다. 영국은 예술지원으로 인해 정치나 정부 관료가 예술에 미치는 영향으로부터 예술을 보호하기 위해 일정한 거리를 두고자 이 원칙을 채택하게 된다. 그 실천으로 나온 것이 1946년에 설립된 The Arts Council of Great British이다. 유사한 맥락에서 프랑스나 미국 그리고 스웨덴의 정치지도자들도 "영향력을 행사하지 않는 지원", "어떤 정부도 위대한 예술작품을 탄생하게 하는 마력은 없지만 적어도 예술의 개화를 촉진시키는 풍토를 조성하는 것이 좋다", "정부가 격려하고 재정적으로 지원은 할 수 있으나 창작행위에 개입해서는 안 된다" 등의 견해를 보여 왔다.[52] 일본도, 국가는 문화예술 활동에 대해 간접적인 지원에 머물고 특히 그 내용에 간섭하는 것을 엄격히 삼간다는 '내용불관여 원칙'을 견지하고 있다.[53] 이처럼 많은 나라들이 문화예술에 대한 국가 개입은 조건 없는 재정적인 지원에 국한되어야 한다는 의견에 동의하고 있다. 우리나라에서도 이를 구현하려는 노력이 있었는데, 그 최초가 1973년에 설립된 한국문화예술진흥원이다. 당시 설립 취지는 정부와 일정 정도의 거리를 두고 있는 전문기구로 하여금 독자적으로 예술지원 업무를 수행하도록 하여 관료들이 불합리한 개입이나 간섭을 하지 못하도록 하자는 것이었다. 이후 한국문화예술진흥원은 2005년에 한국문화예술위원회로 전환되었다.[54]

물론 이 원칙이 그대로 실천되고 있는가에 대해 회의를 제기하는 의견도 존재 한다. 예컨대 팔길이 만큼의 독립이 보장되지 못하고 손뼘 정도까지 가까이 다가가 있다는 손뼘 원칙(palm's principle)이라는 풍자나, 팔길이 만큼은 거리를 두지만 손은 올려놓고 있는 상태(Arm's Length But Hands On)라는 비판, 그리고 오른팔은 거리를 두지만 왼팔은 잡고 있다는 것 등이 그것이다. 하지만, 이러한 비판들은 실천 과정에서의 비판이고, 문화정책의 기본 원칙 자체가 퇴색되어버린 것은 아니다. 오히려 이 원칙은 현실의 잘못된 모습을 바로 잡기 위한 자극제로서 계속 유효하다.

---

51) Mundy, Simon(2000).
52) 예술행정연구회(1988), p.19.
53) 根木昭(2012), p.53.
54) 김정수(2010), p.102.

2. 시간 원칙

예술은 창의성과 새로움이 전제된 활동이다. 그런데 문제는 창의성이나 새로움이 단기간에 생기지 않는다는 점이다. 예술가들이 창의성을 발휘하기 위해서는 일정한 시간이 소요되고, 창의성이 예술로 구현되기까지 또 시간이 필요하다. 그래서 예술 활동에서 즉각적인 성과를 보이도록 재촉하는 것은 예술 생산자의 내적인 동기를 해치는 결과를 낳는다.[55]

그렇지만 정부 입장에서는 국민의 세금이 예술에 지원되는 것이기 때문에 세금 사용에 대한 정당성 확보가 필요하다. 예산 사용에 대한 정당성을 확보하는 것 중 하나가 예산 지원에 대한 성과가 뚜렷이 드러나는 경우이다. 성과가 있기 때문에 결과적으로 예산 사용이 정당했다고 보는 것이다. 이는 앞으로 계속 지원이 가능하다는 근거가 되기도 한다. 이처럼 정부는 예산의 원천이 되는 국민들에게 예술에 대한 예산 사용을 납득시키기 위해서라도 지원에 따른 성과를 강조한다. 그러나 문제는 예술 지원에 따른 성과가 정부의 예산과 결산의 주기처럼 단기간에 나타나지 않는다는 점이다.

따라서 정부의 다른 정책들과는 달리 특히 문화정책에서는 문화가 지니는 창의성 발현시간과 문화 생산과 창작 시간을 고려해서 성과를 강조하거나 평가해야 한다. 지나치게 시장원리에 따라 즉각적인 성과물을 강조하는 것은 질 낮은 문화만 생산하는 결과를 낳아서 오히려 결과적으로 예산 낭비만 부추기게 된다. 따라서 정부의 문화정책에서 특히 지원정책의 경우 지원 대상 예술이나 예술가에게 시간적 여유를 충분히 부여해야 한다.

3. 다양성 원칙

정부가 정책대상들에게 개입하거나 규제할 때 정책대상들의 사정과 환경을 세밀하게 하나하나 고려하기란 거의 불가능하다. 예컨대 저소득층을 지원할 때 저소득층은 다시 세분화 될 수 있고 다양하게 나누어진다. 가장 이상적인 것은 각

---

55) Frey, Bruno S.(2003), p.152.

개인들에게 맞춤형으로 지원하는 것이다. 그렇지만 현실에서는 많은 제약이 존재하기 때문에 저소득층의 일정한 범위를 정하고 평균적인 모습에 기초해서 지원하게 된다. 문화정책도 이와 다르지 않다. 문화 영역별로 세분화가 이루어지겠지만 결국은 어느 정도의 범위 내에서 평균적인 기반(base)에 기초한다.

그러나 문화예술은 다른 정책 대상들보다 개체별 독특성이 더 큰 편이다. 문화 자체가 자유롭게 창의성을 발현하는 성격을 지니고 있기 때문에 단일의 평균적인 모습은 창의적인 문화라고 볼 수 없다. 오히려 예술가 혹은 예술은 평균점이 아니라 극단점에 더 가깝다고 볼 수 있다. 그만큼 제각각 독특한 성격을 지니고 있다. 따라서 예술가나 예술을 획일화해서 지원하는 것은 창의성을 떨어뜨리게 된다. 그렇기 때문에 정부는 가능한 영역까지는 예술의 다양성을 인정해서 지원이나 규제를 해야 한다. 특히 다양성 원칙에는 주류 문화가 아닌 실험적인 문화나 아마추어들의 문화에 대한 지원에도 초점을 두어야 한다는 의미를 포함하고 있다.

4. 파트너십 원칙

정부가 문화의 모든 것을 책임질 수 없다. 문화 영역이 다양함은 물론이고 예산의 제약도 있고 정부가 항상 잘 하는 것도 아니기 때문이다. 이미 정부가 모든 것을 다 해야만 한다거나 다 할 수 있다는 생각이 없어진 지 오래다. 오늘날 국정관리의 기본적인 모습은 거버넌스(governance)를 통한 협치이다. 즉, 오늘날 공공분야에서 주요 변화는 점점 더 정부는 작아지고(less government) 거버넌스가 확대(more governance)되고 있다는 점이다.[56] 여기서 거버넌스는 다 부문 간의 공동 역할 과정이라고 할 수 있다. 정부, 기업, 비영리단체, 공동체, 시민들 간의 파트너십을 통한 활동이 그 핵심이다.

문화정책 역시 정부 단독이 아니라 사회의 여러 부문이 함께 수행해야 한다. 정부 지원이 닿지 않는 곳이나 정부가 미처 고려하지 못한 부문에 기업의 메세나 활동이나 NGO들의 활동 그리고 공동체 스스로의 문화 활동을 고양하는 것 등은 사회 전반적으로 문화의 가치를 더 극대화하고 더 잘 실현될 수 있게 해준다. 따

---

56) Rhodes, R.A.W.(1996), p.655.

라서 정부는 문화정책을 추진할 때 정부 단독으로 모든 것을 할 수 있다는 생각은 지양하고 관련 주체들과 파트너십을 구축해서 추진해야 한다. 그렇게 하면 정부 눈에 보이지 않았던 문화를 찾게 되기도 하고, 또 정부 지원이 닿지 못해 없어질 위기에 처한 문화가 지속되고 발전할 수 있게 되어 문화가 더욱 다양해지고 풍부해질 수 있다. 때에 따라서는 더 전문적이고 수준 높은 문화가 생기기도 한다.

제3장

문화정책의 과정과 행위자

제3장
문화정책의 과정과 행위자

제1절 문화정책의 과정

1. 문화정책과정의 단계모형

문화정책은 정부 정책의 기능별 분류에 따른 것이다. 정부는 문화, 복지, 보건, 여성, 국방, 외교, 교육, 통신, 과학, 주택, 산업, 노동, 통일 등 다양한 일을 수행하고 있다. 사회에 제공되는 이러한 각 기능별 정부서비스는 정책으로 나타나고, 그중 하나가 문화정책인 것이다. 기능별로 나누어진 정책들은 정책마다의 세부적인 특성을 지니고는 있지만, 일반적인 정책과정을 따르기도 한다. 따라서 문화정책의 과정도 큰 틀에서 논의되는 일반적인 정책과정에 따라 결정되고 집행되고 있다.

일반적인 정책과정은 보다 세부적인 몇 가지 단계로 구분되어 표현된다. 학자에 따라 그리고 연구에 따라 단계 수가 추가되기도 하고 생략되기도 하지만 기본적인 단계는 크게 네 단계이다. 정책과정의 단계를 순서대로 나열하면, ① 정책의제설정 단계, ② 정책결정단계(정책분석단계 포함), ③ 정책집행단계, ④ 정책평가단계(환류 단계 포함)로 이루어진다. 이 네 단계는 각 단계별로 다시 세분화해서 나누어지기도 한다. 그러나 큰 틀에서 이 네 단계가 주축이 된다. 그래서 이를 정책과정의 단계모형 혹은 사이클(policy stages or cycles) 모형으로 부르기도 한다. 문화정책 역시 정책 대상으로서 문화예술에 초점을 두고 이 네 단계를 통해 실현된다.

정책과정을 네 단계로 구분하면 정책의 전반적인 흐름을 이해하는 데 도움을 준다. 하지만 현실에서는 네 단계를 모두 거치는 경우가 있는가 하면 그렇지 않은 경우도 있고 반드시 순차적으로 이루어지는 것도 아니다. 그럼에도 불구하고 이론적 모형이 지닌 이점이 인간의 인지적 이해를 위한 틀을 제공한다는 점에서 [그림 3-1]의 모형은 유용하다. 모형이란 현실성과 적합성에 충실한 것도 중요하지만 현실 이해의 수월성을 돕는 데 더 큰 의의가 있다. 오히려 현실성을 지나치게 강조하면 모순되는 변수들이 모두 포함되어 비현실적으로 되는 경우도 있다. 따라서 정책과정의 단계모형이 문화정책과정을 모두 설명해주는 것이라고 단정 지을 수는 없지만, 많은 부분을 설명해주고 이해하는 데 도움이 된다.

그림 3-1   정책과정

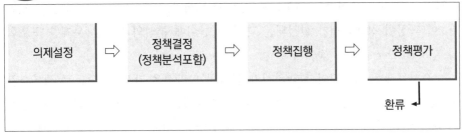

이 모형의 구성 요소와 관련하여 한 가지 언급해 둘 것은, 이 모형에서 언급되는 정책분석 활동과 정책평가 활동의 의미 구분에 관한 점이다. 정책분석이란 정책결정을 위한 지적 활동을 일컫는 반면, 정책평가는 결정된 정책이 집행되는 과정이나 집행 후 실제 의도한 목표나 효과를 달성하였는가를 검토하는 활동을 말한다. 정책결정을 기점으로 정책분석은 정책결정 전(前)에 올바른 정책결정을 위한 사전적 활동들에 관한 것이고, 정책평가는 정책결정 후(後)에 집행과정과 집행이 완료된 다음에 의도한 효과를 검토하는 사후적 활동들에 관한 것이다. 따라서 연구자에 따라서는 정책분석을 별도의 과정으로 분리해서 정책결정 단계 이전에

제시하기도 한다. 그러나 정책분석이 정책결정을 위한 활동들이기 때문에 많은 부분 중첩되므로 이 책에서는 정책결정에 포함해서 설명한다. 한편, 연구자에 따라서는 정책분석 활동을 정책과정의 전반적인 활동들로 규정하여 포괄적으로 보는 견해도 있다. 이 책에서는 이보다는 좁은 의미로 정책결정을 위한 사전 활동으로 규정하였다.

2. 문화정책의 의제설정단계

정책과정의 네 단계에서 첫 번째 단계가 정책의제설정 단계이다. 정책의제설정 단계에서는 현실에 존재하는 사회문제가 정책문제로 전환된다. 정부는 사회에 존재하는 모든 문제를 해결할 수 없다. 시간, 정보, 능력 그리고 예산이 부족하기 때문이다. 그래서 해결할 수 있는 것 혹은 해결해야만 하는 것을 선정해서 해결하고자 한다. 즉, 정부는 사회문제로 존재하는 것들 중에서 사안의 중요성이나 시급함 등을 고려해서 정책적으로 해결하고자 하는 문제를 선택하는 것이다. 정부가 정책적인 의지를 보이며 해결하고자 선택한 문제가 정책 문제(policy problem)가 된다. 이 과정이 정책의제가 설정되는 과정이고, 이때 분석의 초점은 문제를 구조화(problem structuring)하는 것이다.

정책문제로 전환되어 정책의제가 설정되는 과정은 다시 네 단계로 세분화할 수 있다. 사회에 존재하는 일반적인 '사회문제(social problem)'가 문제해결에서 논쟁의 대상이 되어 '사회적 쟁점(social issue)'이 된다. 그리고 사회적 쟁점 중에서 정부가 개입해서 문제를 해결하는 것이 바람직하다는 공감대가 형성되어 '공중의제(public agenda)'가 만들어진다. 그 결과 정부의 공식적인 의사결정에서 문제해결을 위해 심각하게 고려하기로 명백히 밝히게 되면 '정부의제(governmental agenda) 혹은 정책의제(policy agenda)'가 된다.

하지만 정책의제가 설정될 때 반드시 이 네 과정(사회문제, 사회적 쟁점, 공중의제, 정부의제)을 모두 거쳐야 하는 것은 아니다. 정책 내용과 정책 환경 그리고 정책의제 설정의 주도자가 누구인가에 따라 몇 개 과정이 생략되기도 한다. 그리고 네 과정이 일련의 순서로 이루어지지 않고 역순하는 경우도 있다. 예컨대 정부가 주도해서 정책의제를 먼저 설정하고 공중의제화해서 대중의 지지를 얻고자 하는 경우도 있다. 따라서 정책의제 설정의 과정은 사회문제가 정부의지로 명확히 표현된 정책문제로 전환되는 과정이기는 하지만 그 형태는 다양하다고 할 수 있다.

이러한 정책의제화가 이루어지는 데 영향을 주는 요인들로는 정치적 요인, 경제구조, 아이디어와 이데올로기 등이 있다. 정치적 요인에는 정치적 이슈의 등장과 정치인들의 선거주기에 따른 정책관심의 증감 등이 해당되고, 경제구조 요인에는 국가의 경제구조에서 비롯되는 영향요인들과 경제발전단계에 따라 영향을 미치는 요인들이 있다. 아이디어나 이데올로기 요인은 사람들이 지니고 있는 신념과 태도, 가치관, 사상에 따른 관념적 프리즘(ideational prisms)의 영향을 말한다. 관념적 프리즘에 의해 정책의제가 설정되는 것은 곧 무엇이 정책문제를 야기했는가에 대한 이야기를 만들어내는 것과도 같다.[1] 이처럼 정책의제화는 다양한 요인들에 의해 영향을 받으며 이루어진다.

정책의제화를 문화정책 영역에서 보자면, 문화정책도 사회에 존재하는 문화예술과 관련된 문제들 중에서 정부가 해결할 필요가 있다고 판단된 문제를 선택해서 정부의제로 전환 시킨 결과로 나타난 것이다. 모든 문화예술 관련 문제를 해결할 수 없기 때문에 여러 문화예술 관련 사회 문제들 중에서 특히 사회적으로 쟁점이 되고 있거나 정부가 해결해야 한다는 대중의 요구와 지지가 있다면 정부가 의제로 채택하게 된다. 예컨대 저소득층의 문화향유실태가 상당히 열악하다는 사회문제가 대중의 관심을 끌게 되어 정부가 개입해야 할 정당성을 얻게 되고, 이에 대해 정부가 공식적으로 해결의지를 표명한 결과 정책의제가 만들어진다. 그 후 문화바우처 제공이나 관람료 할인 정책 등이 구체적으로 등장하게 된다. 스크린쿼터 제도나 청소년 관람제한 제도 그리고 인간문화재 제도 등 거의 모든 문화정책도 마찬가지다. 즉, 국내 영화 산업의 열악한 현실이나 청소년 인격 형성의 중요성과 폭력성 모방에 따른 범죄 증가 그리고 전통문화 전승자들의 궁핍한 경제력 등의 문제들이 해결되어야 할 필요성이 높아져서 정부의제로 대두된 것이다. 사회적으로 이슈가 되어 관심이 증폭될수록 정부 역할의 필요성이 고조되고 그 결과 정부의 정책적 의지가 나타나게 되는 것이다. 이처럼 문화정책의 출발점은 사회에 존재하는 문화관련 다양한 문제들 중에서 정부의 정책적 의지가 명확히 표명되면

---

1) Howlett, Michael and M. Ramesh(1995).

서부터 시작된다. 이것이 바로 문화정책의 정책의제설정인 것이다.

3. 문화정책의 결정단계(정책분석단계 포함)

사회문제에서 정책문제로 전환되어 정책의제가 설정되면 구체적인 정책을 결정하는 과정을 거친다. 구체적인 정책이 된다는 것은 정책문제를 해결하기 위해 정책목표를 설정하고 정책목표를 실현하기 위한 정책수단을 결정하는 것을 말한다. 따라서 정책결정은 인과적으로 연결되어 있는 정책목표와 정책수단을 결정하는 것을 의미한다. 정책결정단계에서 분석의 초점은 정책에 대한 예측(forecasting)과 제안(recommendation)이다. 문화정책도 해당 정책을 통해 달성하고자 하는 혹은 문제를 해결하고자 하는 목표가 명시되어 있고 그것을 실현하는 데 타당한 여러 정책대안들로 구성되어 있다.

이때 중요한 과정은 정책결정을 위한 선행활동으로서 정책분석과정이다. 정책분석은 정책결정을 위해 정책문제를 명확히 정의하고, 정책대안을 탐색해서 대안들의 결과를 예측하고, 대안들 간의 비교·평가를 통해 최적대안을 제시하는 일련의 과정을 말한다. 정책결정은 해결하고자 하는 문제에 대한 대안을 선택하는 것과 같기 때문에 대안 분석에 대한 이 같은 과정이 필수적이다. 이를 정책분석이라고 하며, 학자에 따라서는 정책결정단계의 전(前) 단계로 별도로 구분해서 논의하기도 한다. 그만큼 정책과정에서 정책분석이 지니는 중요성은 크다. 하지만 앞서도 언급했듯이 정책분석은 정책결정과정과 상당히 밀접하게 관련되기 때문에 이 책에서는 정책결정과정에 포함시켰다.

정책결정과정에서 우선 중요한 것은 정책의제가 된 사안에 대한 정책문제를 정확히 정의하는 것이다. 이때는 해결하고자 하는 문제를 잘못 정의하거나 잘못 선택하게 되는 제3종 오류(type Ⅲ error)를 범하지 않는 것이 중요하다. 자원과 노력을 들여서 문제를 해결하고자 온 힘을 쏟지만, 정작 잘못된 문제를 해결하게 되는 결과를 낳게 되는 오류가 없어야 한다. 예컨대 문화재가 잘 보존되지 않는 이유가 문화재 관리 체계나 시스템의 문제임에도 불구하고 문화재 보존 기술이 문제라고 여겨서 기술적 해결에만 몰두하게 되는 경우가 여기에 해당된다. 정책결정에서 문제정의는 해당 정책의 효과와 성패를 좌우할 만큼 중요하다. 첫 단추를 잘 끼우는 작업이 바로 이 활동이다.

정책문제를 잘 정의했다면 대안을 탐색해서 대안들을 서로 비교하고 평가하는 과정을 거친다. 이때는 비용편익분석(cost-benefit analysis)이나 비용효과분석(cost-effectiveness analysis) 기법이 유용하게 사용된다. 비용편익분석은 특정 정책대안이 가져올 비용과 편익을 계량적으로 계산해서 서로 비교하는 것이고, 비용효과분석은 계량화되지 않는 편익에 대해 해당 정책이 제공하는 서비스 단위를 그대로 표현해서 비교하는 것이다.

예컨대 적자운영이 지속되는 문화공연단체에 정부가 보조금을 지급하고자 할 때, 그 방법으로 A 대안과 B 대안이 있다고 하자. 이때 A 대안을 채택할 경우 발생하는 비용과 편익을 계산하고, B 대안을 채택할 경우 발생하는 비용과 편익을 계산해서 더 나은 대안을 선택하게 된다. 비용과 편익을 비교할 때는 둘을 비(ratio)의 형태로 나타낼 수도 있고 차(subtraction)로 나타낼 수도 있다. 중요한 것은 비용보다 편익이 더 커야 한다는 것이다. 이것이 비용편익분석이다.

비용편익분석은 국가적인 문화행사나 지역축제 개최에 대한 정당성을 확보하는 데 활용되는 경우가 많다. 실제로 유럽의 인기 음악대회인 Eurovision Song Contest에 대해 공공지출(비용)과 사회적 편익(생산자 잉여, 소비자 잉여, 정부 잉여)을 계산해서 음악대회에 대한 공공지원의 정당성을 검토한 사례도 있다.[2] 편익이 비용을 초과하고 그 정도가 클수록 사회적 정당성이 확보되어 정책결정(문화행사 유치 결정)의 강력한 증거가 된다. 그래서 오늘날 국제문화행사는 물론이고 지역문화행사에서도 공공지출의 정당성 확보를 위해 거의 모든 경우에 비용편익분석을 실시하고 있다.

그러나 문화공연단체가 생산하는 서비스가 모두 계량적으로 계산되지는 않는 경우가 많다. 다시 말해, 비용편익분석 기법이 모든 경우에 적용되지는 않는다. 설사 비용은 어느 정도 계산이 가능하다고 해도 편익은 그렇지 못한 경우가 많기 때문이다. 따라서 이때는 비용효과분석을 사용하기도 한다. 비용효과분석은 특히 화폐단위로 표시되기 힘든 효과에 대해 해당 사업이 발생시키는 서비스의 단위를 그대로 사용해서 효과로 표시하는 것이다. 예컨대 A 대안을 선택했을 때 발생되는

---

2) Fleischer, Aliza and Daniel Felsenstein(2002).

비용을 계산하고, 동시에 발생되는 효과를 계산할 때 효과가 계량적으로 잘 계산되지 않기 때문에 문화공연단체가 생산하는 서비스 단위를 그대로 표시해서 공연 횟수나 공연기간 등으로 효과를 나타내는 것이다. A 대안을 선택해서 문화공연단체에 지원하든 B 대안을 선택해서 문화공연단체에 지원하든 비용이 1억이 소요된다고 한다면, 시민들에게 제공되는 공연 횟수와 기간이 A 대안이 더 많거나 길다면 A 대안을 선택하는 것이다. 물론 여기서는 아주 간단한 예이기 때문에 단순히 공연 횟수와 기간이 많거나 길다고 해서 좋다는 의미를 강조하는 것은 아니다.

이처럼 사회문제가 정책문제로 의제화 된 이후에 문제 해결을 위해 정책대안을 탐색하고 선택하는 것이 정책결정단계에서 이루어진다. 이 과정에서는 무엇보다도 타당성 있는 문제정의와 효과적이고 효율적인 정책대안을 찾아야 한다. 그리고 논리적으로 인과성이 뚜렷한 정책목표와 수단을 채택하는 것이 중요하다. 이 점은 정책과정에서 정책결정과정이 정책의제설정 과정보다 일반시민들의 참여가 상대적으로 적은 이유가 되기도 한다. 왜냐하면 일반시민들이 상대적으로 쉽게 참여할 수 있는 의제설정 단계와 달리 정책결정단계에서는 해당 정책결정과 관련해서 최소한 대안의 타당성이나 정책 목표와 수단의 인과성 등에 대해 논쟁할 수 있을 정도의 지식은 보유하고 있어야 하기 때문이다. 어느 정도 전문성이 요구되는 이 정책결정단계는 그만큼 정책효과를 결정짓는 데 중요한 역할을 하고 있다. 많은 문화정책들이 의도한 효과를 거두지 못하거나 부정적인 부수효과만을 발생시키는 이유 중 하나가 바로 정책결정 단계에서의 잘못 때문이다. 정책문제를 잘못 정의하거나, 효과성과 효율성이 낮은 대안을 선택하거나, 논리적으로 인과적 추론이 성립되지 않는 정책목표와 대안을 설정했기 때문인 것이다.

4. 문화정책의 집행단계

결정된 정책이 의도한 대로 실현되는 과정이 정책집행 단계에서 이루어진다. 정책집행 단계에서 분석의 초점은 집행내용에 대한 지속적인 점검(monitoring)이다. 오늘날 정책집행은 단순히 결정된 정책이 기계적으로 집행되는 것만을 의미하지는 않는다. 다시 말해, 정책집행 활동이 수동적으로 집행을 실현하는 것에 한정되지 않는다. 오히려 정책집행 단계에서 정책내용이 실질적으로 구성되는 경우가 많다. 정책이 결정될 때 구체적이지 못하고 다소 불명확하며 때로는 모호하게 결정되는 경우가 많기 때문이다. 오늘날 정책 환경은 급변하고 매우 복잡하기 때문에 정책분석 기법이 정교해지고 고급화 되더라도 여전히 예측하지 못한 상황이 집행과정에서 발생되는데, 이는 결과적으로 현실을 모두 반영한 정책이 아니었다고 볼 수 있으므로 애초에 정책의 구체성은 낮았음을 의미한다. 그리고 정책이 형성될 때 정치로부터 자유로울 수 없다는 점에서, 정치적 타협의 결과로 모호한 정책이 만들어지기도 한다. 그리고 정책결정자들의 능력부족으로 구체적인 정책결정이 되지 못하는 경우도 있다. 따라서 정책결정의 낮은 구체성과 모호함은 정책집행과정에서 보다 구체적인 작업을 요하게 된다. 집행과정에서 새롭게 발견된 정보를 통해 정책내용을 일부 수정 및 보완하기도 하고, 모호한 정책 내용을 구체화 하면서 집행하기도 한다.

예컨대 지역의 문화축제 과정에서 예상하지 못한 돌발 상황이 발생하면 집행과정에서 정책내용의 일부를 수정해서 계속 진행한다. 그리고 예술가 소득지원 정책에 대해 예술가의 범위가 명확히 규정되지 않고 정책이 결정된 경우에도 집행과정에서 구체화시킨다. 법률 형태를 띤 많은 문화정책들이 실제로 집행될 때도 이러한 모습이 발견된다. 이처럼 정책의 집행은 곧 문화정책 내용을 실질적으로 구성해나가는 것이라고도 볼 수 있다.

그렇기 때문에 정책집행에서 집행자의 재량권(discretionary power)은 정책집행 활동에서 주요 논제가 된다. 과연 어느 정도까지 집행과정에서 재량을 허용할 것인가 하는 점이다. 예술가들의 소득 지원에서 지원 대상을 선정할 때나 저소득층의 지원 정책에서 대상자 선정에서의 재량 정도, 그리고 예술과 문화공연의 선정성에 대한 판단과 그에 따른 규제 집행에서의 재량의 정도가 모두 여기에 해당된다. 적절한 재량권 사용은 모호한 정책내용을 구체화 시켜서 의도한 정책 효과를 낳는 데 도움을 주고, 현실에 맞지 않는 정책내용을 수정해서 현실성을 높이고, 예기치 못한 상황에 대한 대응력을 발휘하게 해준다. 하지만 적절하지 못한 재량권 사용(오용과 남용)은 정책의 근본 목표를 자의적으로 수정해서 변질시킬 가능성이 있고, 부정부패의 원천이 되기도 한다.

정책집행을 통해 의도한 정책목표가 실현되기 위해서는 적절한 재량 범위를 결정하는 것과 함께 정책집행자나 정책대상자의 순응(compliance)을 확보하는 것도 중요하다. 집행자에게 재량권을 적절히 주더라도 정책대상자가 정책집행에 따르지 않는 경우도 있고, 정책대상자들이 해당 정책을 직접적으로 거부하는 경우도 있기 때문이다. 정책집행에서 순응의 문제는 재량권의 문제만큼 주요 이슈가 된다. 정책집행에서 불응의 원인은 정책내용이 불분명한 경우나 정책을 집행할 수 있는 자원이 부족하거나 정책 자체에 대한 회의 그리고 순응함으로써 발생되는 비용이 편익보다 더 큰 경우 등이다.[3]

예컨대 정부의 문화원형 구축정책에서 문화원형의 개념이 불분명하다면 정책 추진에 어려움을 겪는다. 무엇이 문화원형이 될 수 있는가에 대한 최소한의 개념적 공감대도 없다면 정책집행자는 물론이고 원형자료 획득의 원천이라 할 수 있는 정책대상자들도 정책에 불응하는 결과를 낳는다. 그리고 문화원형 구축정책이 결정되었다고 하더라도 집행을 위한 예산이나 조직 그리고 인력이 없다면 이 역시 불응의 결과를 낳게 된다. 또 새롭게 마련한 문화원형 구축정책이 불필요한 정책이라는 인식이 있거나 이미 존재하는 다른 정책과 중복된 것이라면 순응의 정도가 낮아진다. 또 문화원형 구축에서 특히 문화예술과 관련된 정보원형을 구축하고자 할 때 일반 국민들의 참여가 필수적인데, 이때 자발적으로 참여함으로써 얻게 되는 이득보다 참여 비용이 더 크다면 정부의 문화원형 구축정책에 일반 시민들의 순응도는 낮아지게 된다.[4]

따라서 정책문제를 해결하기 위해 설정한 정책목표가 정책수단을 통해 의도한 효과로 나타나도록 하기 위해서는 정책집행에서 순응확보가 중요하다. 문화정책이 의도한 효과를 낳지 못하는 경우가 앞서 정책결정과정에서의 여러 잘못에서도 기인하지만, 이와 더불어 정책집행에서 재량권의 문제와 정책집행자와 정책대상자들의 불응에서 비롯되기도 한다.

5. 문화정책의 평가단계

정책을 평가하는 이유는 정책에 대한 책임성을 확보하면서 동시에 정책을 개

---

3) 남궁근(2012), pp.514-516.
4) 김민주(2011).

선하고 자원의 효율적 사용을 위한 유용한 정보를 얻기 위해서이다. 정책평가를 함으로써 정책의 유지, 종결, 확대, 수정 등을 결정하게 되는데, 이러한 결정들이 책임성 확보와 정책개선 그리고 더 나은 자원 사용을 위한 활동들이다. 문화정책의 경우도 원래 의도한 결과를 낳았는지, 집행과정에서 문제점은 없었는지, 아니면 처음 정책결정에서 이미 정책목표와 수단 사이에 인과적 관계가 존재하지 않았는지 등에 대해 검토하는 단계를 거친다.

정책평가는 평가 목적에 따라 성공적인 정책운영이 되도록 정책집행이 완료되기 전에 평가하는 형성평가(formative evaluation)와 정책집행이 완료된 이후에 그 결과를 평가해서 정책을 유지할 것인지 변동할 것인지 아니면 종결할 것인지를 결정하기 위한 총괄평가(summative evaluation)로 구분한다. 그리고 정책평가의 대상에 따라 정책이 지침과 규칙에 따라 집행되었는지에 대해 평가하는 과정평가(process evaluation)와 정책이 의도한 목표를 달성했는지에 대해 평가하는 영향평가(impact evaluation)로 구분된다. 두 기준에 따른 구분을 통합해서 보기도 하지만 중요한 것은 여러 형태로 정책평가가 이루어지고 있다는 점이다.

정책평가에서 중요한 것은 어떠한 방식으로 평가가 이루어지든 평가의 타당성이 확보되어야 한다는 점이다. 타당성은 평가하고자 하는 것을 제대로(진실에 가깝게) 평가하는가의 문제이다. 다시 말해, 정책평가에서 정책효과를 얼마나 진실에 가깝게 측정하느냐의 문제이다. 예컨대 문화정책론 시험에서 기계공학개론 문제를 출제한다면 타당성이 없는 것이고, 문화예술단체에 대한 보조금 지원 정책의 효과를 측정할 때 중소기업 지원제도에서 사용하는 측정지표를 그대로 사용하면 타당성이 없는 평가가 된다. 측정하고자 하는 것을 측정하는 것이 아니기 때문이다.

타당성은 내적 타당성(internal validity)과 외적 타당성(external validity)으로 다시 구분된다. 내적타당성은 평가되는 정책에서 추정되는 원인과 결과 사이에 존재하는 인과적 추론의 정확성을 의미하는 개념이고, 외적타당성은 평가에서 밝혀진 원인변수(정책이나 사업)의 효과가 다른 상황에서도 적용될 수 있는 일반화의 정도에 관한 것이다. 사실 정책평가 활동에서 이러한 타당도를 확보하는 것이 쉽지 않다. 특히 문화정책의 경우에 더욱 그러하다. 이는 Merli(2002)가 예술참여의 사회적 영향력에 대해 설문을 통해 측정한 Matarasso(1997)의 연구를 비판한 논문에서 잘 드러난다. Merli(2002)는 Matarasso(1997)가 사용한 설문지의 구성방식과 응답방식에서 내적타당도가 결여되어 있는 점을 비판하고, 표본선정의 대표성 문제와 설문에 대한 응답률이 저조한 데서 외적타당도에 의문을 제기하고 있다.[5] 그만큼 문화서비스 측정은 다른 정부서비스보다 시간차 문제와 측정의 어려움 그리고 문화예술의 다양성과 특수성 등에 의해 타당성 확보에 많은 어려움이 있다.

한편, 정책평가는 크게 주관적인 평가방법으로 이루어질 수도 있고 객관적인 평가방법으로 이루어질 수도 있다. 주관적인 평가방법은 정책대상자들의 주관적 판단에 따라 정책을 평가하는 방법이다. 대표적인 예가 만족도 조사와 같은 것이다. 예를 들어 문화향유 소외 지역에 문화예술 공연을 지원하는 정책을 실시했을 때 그 지역 주민들의 만족 정도를 조사해서 평가하는 것이다. 주관적 평가 방법에서 특히 이러한 만족도 조사는 정부의 서비스가 궁극적으로는 국민들의 만족을 위한 것이라는 점에서 그 중요성이 강조되어 많이 활용되고 있다. 특히 예술을 대상으로 하는 문화정책에서는 예술의 특성상 객관적인 지표보다 주관적인 지표가 더 타당하다고 주장하는 이들도 있다.[6] 그래서 많은 문화기관들에서 이 방법을 활용하는데, 정기적으로 이루어지는 공공도서관의 서비스 만족도 조사 등도 이에 해당된다.

객관적인 평가에는 실험과 비실험의 방법이 있다. 실험은 실험 대상 집단들(통제집단과 실험집단)의 동질성 여부에 따라 진실험(두 집단의 동질성 확보)과 준실험(두 집단의 동질성 미확보)으로 구분된다. 실험은 시행하고자 하는 정책을 특정 집단에게 실시(처리)해서 실시하지 않은 집단과 비교한 결과를 통해 평가한다. 예를 들어, 정부지원을 받는 예술가 집단과 그렇지 않은 예술가 집단을 구분해서 정부지원이 예술가들의 예술 활동에 미치는 영향을 평가하는 것이다.

비실험의 방법은 주로 통계적 분석을 실시해서 정책을 평가하는 것이다. 그래서 많은 경우에 통계 모형을 구성해서 계량분석을 한다. 예를 들어 공공도서관들의 예산효율성을 자료포락분석(data envelopment analysis) 기법을 이용해서 분석하는 경우나 회귀분석 모형 등을 이용해서 분석하는 경우이다. 그동안 문화정책 평가와 관련해서, 문화서비스나 활동의 계량화가 어렵기 때문에 계량적 모형에 의해

---

5) Merli, Paola(2002) ; Matarasso, François(1997).

6) Matarasso, François(1997).

공공문화기관을 분석하는 경우보다는 또 다른 비실험 방법인 정책지표에 의해 평가하는 경우가 많았다. 그러나 최근에는 공공문화 기관들이 정부 이외에서의 재원마련을 위해 비교적 객관성이 확보되는 통계적 모형에 의한 정책평가를 많이 시도하는 추세이다. 계량적 모델을 통해 객관적으로 평가된 예산사용의 효율적 결과가 민간 재원을 유인하는 요인이 될 수 있기 때문이다.[7] 그래서 최근에는 박물관의 운영 평가에서도 이런 방법이 종종 사용되고 있다.[8] 이렇게 이루어진 정책평가는 환류를 통해 정책과정 전반에 다시 영향을 미친다.

하지만 문화정책과정에서 정책평가는 여전히 까다로운 영역으로 남아있다. 문화가치가 발현되는 시간상 문제도 있고, 문화 가치를 계량화해서 측정하는 방법에 대한 논란이 여전히 존재하기 때문이다. 문화예술의 특수성과 다양성을 어디까지 인정하고 평가해야 하는가도 합의되지 않고 있다. 그러나 평가방법에 어려움이 있다고 하더라도 정부재원이 사용된다는 점에서 문화정책에 대한 평가는 반드시 필요하다. 따라서 평가의 한계는 존재하겠지만 문화정책과정에서 반드시 수행되어야 할 단계가 정책평가 단계이다.

지금까지 정책과정을 네 단계로 구분해서 설명하였다. 설명의 편의를 위해 구분한 것이지만 사실 각 단계별 구분이 명확하다고 보기 힘든 경우도 있다. 그리고 정책과정의 각 단계가 설명처럼 간단하게 이루어지는 것도 아니다. 오히려 정책과정은 여러 측면에서 상당히 복잡성을 띠고 있다. 정책과정의 복잡성은 수많은 행위자들의 참여, 정책과정에 소요되는 긴 시간, 정책에 관련되는 수많은 사업(하위 정책 프로그램)들, 정책과정에서 발생되는 여러 논쟁, 다양한 가치들의 존재 등에서 비롯된다.[9] 이 요인들은 서로 구분되기보다는 얽혀 있다고 볼 수 있는데, 무엇보다도 가장 근본적인 원인은 정책과정에 다양한 행위자들이 관여하기 때문이다. 그래서 정책사이클에서 각 단계별로 특히 중요한 요인들로서 제도, 정책아이디어, 정책수단 등과 더불어 행위자가 반드시 포함된다.[10] 따라서 정책과정에 대한 이해를 위해서는 정책과정의 단계와 함께 행위자들의 모습도 살펴보아야 한다. 문화정

---

7) 김민주(2010), p.78.
8) Basso, Antonella and Stefania Funari(2004).
9) Sabatier, Paul A.(2007), pp.3-4.
10) Howlett, Michael and M. Ramesh(1995).

책도 마찬가지이다. 문화정책의 과정에서도 많은 행위자들이 관여하기 때문에 복잡성을 띠고 있다. 그래서 문화정책과정에 대한 보다 심층적인 이해는 정책과정에 참여하는 여러 행위자들에 대한 이해와 함께 이루질 수 있다.

제 2 절   문화정책과정의 행위자

문화정책과정에 참여하는 행위자는 다양하다. 특히 오늘날과 같이 정책과정의 참여 경로나 기회 그리고 여건이 과거에 비해 더 나아졌기 때문에 정책과정 참여자들은 더 다양해졌고 더 활발히 참여한다. 정책과정의 많은 행위자들을 가능한 한 모두 나열해서 살펴볼 수도 있지만, 정책과정에서 지니고 있는 참여 권한에 따라 구분하는 것이 일반적이다. 정책과정의 참여 권한에 따른 구분은 공식적 권한을 지니고 있는 행위자들과 비공식적 권한을 지니고 있는 행위자들로 나누어진다. 정부의 정책과정에 공식적으로 참여할 수 있는 권한이 법적으로 보장된 행위자인가의 여부에 따른 구분이다.

1. 공식적 행위자

정책과정에서 공식적인 행위자는 정부의 정책과정에 공식적으로 참여할 수 있는 권한이 법적으로 보장되어 있는 행위자들을 말한다. 정책과정에서 지위와 역할이 헌법에서 보장되고 있는 행위자들이다. 공식적인 행위자는 문화정책의 주요 주체로 불리기도 한다. 즉, 문화정책을 국가 및 지방공공단체와 일정 범위의 책임을 갖는 사회의 합법적인 대표자에 의한 문화예술 관련 시책의 총체로 파악한다면, 문화정책의 주요 주체들은 곧 국가 및 지방공공단체와 문화에 관한 일정 범위의 책임의 귀속이 인정되는 자가 해당된다.[11] 여기에는 국민에 의해 선출된 대표자들의 모임인 의회, 대통령과 대통령 보좌진, 신분보장을 받는 관료와 행정수반

---

11) 根木昭(2012), pp.48-49.

에 의해 임명된 장·차관으로 구성된 행정기관, 헌법재판소와 법원처럼 신분보장을 받는 법관들에 의해 구성된 사법기관이 포함된다.[12] 의회, 대통령, 행정기관, 사법기관은 문화정책이 결정되고 집행되고 평가될 때 공식적으로 참여할 수 있는 권한을 지닌 행위자들인 것이다.

1) 의회(국회의원)

국회는 입법권을 통해 문화정책의 법적 근거가 되는 법률을 제정할 수 있다. 국회의원 개개인이 법안 발의를 통해 문화정책의 기본적인 틀을 제안할 수도 있고, 국회상임위원회(교육문화체육관광위원회)에서 법률안에 대해 심사를 함으로써 문화정책의 체계를 구성할 수도 있다. 그리고 국회의원은 의결에 참여하여 문화정책과 관련된 법이 제정되는 데 결정적인 역할을 한다. 2016년 현재 우리나라의 문화체육관광부 소관 법률은 <문화기본법>, <예술인복지법>, <저작권법>, <문화예술진흥법>, <문화다양성의 보호와 증진에 관한 법률> 등 총 61개이다. 여기에는 종교나 체육 그리고 뉴스 등에 관한 법률들도 있기 때문에 모든 법률이 문화정책과 관련된 법률이라고는 볼 수 없다. 우리나라 문화정책의 주무부서가 문화체육관광부이기 때문에 비단 문화정책과 거리가 있는 법률들도 문화체육관광부 소관이 되어 있다. 하지만 많은 법률이 문화정책과 관련되어 있고, 이 법률들은 모두 국회의 의결을 거쳐서 만들어진 것들이다. 이에 근거해서 관련 시행령과 시행규칙이 만들어지고 더 구체적인 제도나 정책수단이 다시 만들어지게 된다.

이러한 문화정책과 관련한 법률은 그 제정 건수가 증가하고 있는 현상을 보면 의회가 문화정책과정에서 중요한 역할로 기능하고 있음을 알 수 있다. 실제로 1990년대와 비교할 때 2000년대에 들어 법률 제정 건수가 크게 늘어났고, 또 법률의 신규 제정뿐만 아니라 기존 법률에 대한 개정도 적지 않게 발생되고 있다.[13] 법률 제정이나 개정은 모두 국회의 의결에서 비롯되기 때문에 과거에 비해 오늘날에 문화정책 형성과 변동에서 국회의 역할이 더 중요하게 작용되고 있음을 알 수 있다.

국회의 의결이 필요한 법률이 만들어지는 과정은 [그림 3-2]와 같다. 법률안

---

12) 정정길 외(2010), p.111.
13) 서순복·김세훈(2009), p.258.

제안권자는 국회의원(10인 이상), 정부, 국회의 위원회이다. 문화정책의 경우 상임위원회는 교육문화체육관광위원회이다. 그러나 위원회의 심사를 거치거나 위원회가 제안하는 의안 중 정부조직에 관한 법률안, 조세 또는 국민에게 부담을 주는 법률안 등 주요 의안에 대해서는 당해 안건의 본회의 상정 전이나 상정 후 재적의원의 4분의 1이상의 요구가 있으면 의원 전원으로 구성되는 전원위원회의 심사를 거친다.[14] 논란과 갈등을 유발할 만큼 국민에게 부담을 줄 주는 문화정책이 만들어진다면 이 과정을 거치게 될 가능성이 높아질 것이다.

그림 3-2 의회의 입법과정

제안(정부, 국회의원 10인 이상, 국회의 위원회) → 법률안 배부와 본회의 보고(국회의장) → 상임위원회 심사(상임위원회) → 법제사법위원회의 체계·자구심사(법제사법위원회) → 본회의 심의·의결 → 정부이송 → 대통령 거부권 행사 → 공포

자료: 대한민국 국회(www.assembly.go.kr)

국회가 문화정책의 행위자로서 역할을 하는 것이 법률의 제정과 개정활동에만 국한되는 것은 아니다. 정부정책이나 사업에서 예산이 확보되지 않는다면 무용한 계획으로만 남을 뿐이다. 문화정책의 추진도 결국은 예산이 필요하고 오히려 예산서가 문화정책의 계획서 역할을 한다. 그런 점에서 예산을 심의하고 확정하는 국회의 권한은 국회가 법률제정 이외에도 또 다른 역할로서 문화정책과정의 핵심적인 행위자가 된다는 것을 보여준다. 대통령이 문화예산이 몇 퍼센트는 되어야 한다고 아무리 강조하더라도 국회에서 예산안을 심의하는 과정에서 예산이 삭감된다면 문화정책도 축소될 수밖에 없다.

그리고 국회는 행정부 운영에 대한 통제권도 가지고 있기 때문에 여기서 비롯되는 영향력도 발휘한다. 예컨대 문화정책의 주무부서인 문화체육관광부 장관을 임명할 때 인사청문회를 실시하여 문화정책 추진의 리더에 대해 검증하고, 또

---

14) 대한민국국회(www.assembly.go.kr).

문화체육관광부에 대한 국정감사나 대정부질문을 할 수도 있다. 이러한 국회의 통제 활동은 문화정책의 변동을 가져오기도 하고, 정책 추진에서 책임성 확보에 기여하기도 한다.

국회의원은 입법권이나 의결권 그리고 통제권에 기반한 권력을 활용해서 중앙뿐 아니라 지역의 문화정책 추진에도 상당한 영향력을 발휘하는 행위자로서의 모습을 보이기도 한다. 예컨대 정치인들은 문화정책을 통해 정치적 입지를 강화하고 정치적 자원동원과 지지기제로 활용하기 위해 자신들의 지역구에 문화이벤트와 같은 문화 축제를 개최하는 데 결정적인 기여를 한다. 그래서 국내 지역축제에 대한 사례분석에 의하면 지역축제가 지역정치인들의 정치적 이해관계 표출의 장으로 전락할 가능성이 높다는 진단도 있다.[15] 지역축제의 효과성 유무를 떠나, 의원들은 자신들이 가지고 있는 여러 권한들의 배경에 힘입어 지역의 문화정책 추진 여부에 상당한 영향력을 미치고 있고, 또 문화정책과정에서는 자신들의 정치적 능력을 발휘하거나 유리함을 얻기 위해 해당 정책을 적극적으로 활용하고 있다. 이처럼 의회나 국회의원은 문화정책에서 공식적인 권한에 기초해서 다양한 방법으로 정책과정에 참여하면서 영향을 미치고 있다.

2) 대통령

대통령은 행정부의 수반으로서 정책집행에 관한 권한과 국회에 법률안 혹은 정책안을 제안할 수 있는 권한이 있다. 그리고 국회의 의결이 필요하지 않은 정책을 직접 결정할 수 있는 권한도 있다. 또 국회의 의결을 거친 법률에 대해 거부할 수 있는 권한도 있기 때문에 대통령이 정책에 미치는 영향의 범위는 다른 공식적인 행위자들보다 상대적으로 더 광범위하고 강력하다. 특히 우리나라와 같이 대통령제하에서는 더욱 그러하다. 따라서 대통령은 문화정책에서도 정책 집행에 대해 최종적인 권한을 가지고 있으며, 또 문화관련 법률안을 국회에 제출하거나 아니면 대통령령으로 직접 만들기도 한다. [그림 3-3]은 대통령을 비롯한 행정부에서 국회에 법률안을 제출해서 법률이 만들어지는 과정을 나타낸 것이고, [그림 3-4]는 국회의 동의가 필요 없는 대통령령을 만드는 과정을 보여주고 있다.

우리나라의 경우 정책과정에서 대통령의 영향력은 같은 대통령제를 채택하

---

15) 황종규·이명숙(2008).

3-3 정부의 법률안 제출에 따른 입법과정

입법계획의 수립 → 법령안의 입안 → 관계기관과의 협의 → 당정협의 →
입법예고 → 규제심사 → 법제처심사 → 차관회의·국무회의 심의 → 대통령
재가 및 국무총리와 관계 국무위원의 부서 → 국회제출 → 국회심의·의결 →
공포안 정부 이송 → 국무회의 상정 → 공포

자료: 법제처(www.moleg.go.kr)

 3-4 대통령령 수립 과정

입법계획의 수립 → 법령안의 입안 → 관계기관과의 협의 → 당정협의 →
입법예고 → 규제심사 → 법제처심사 → 차관회의·국무회의 심의 → 대통령
재가 및 국무총리와 관계 국무위원의 부서 → 공포

자료: 법제처(www.moleg.go.kr)

고 있는 미국보다도 더 강력한 경향이 있다. 하지만 과거 행정부 주도로 산업화를
추진했던 시기의 권위주의 정부와 비교하면 1987년 민주화 이후에는 정책과정에
서 대통령의 역할은 크게 약화되었다.[16] 문화정책에서도 과거에는 대통령의 영향
력이 컸기 때문에 문화정책 자체를 추진할 때 뿐 아니라 큰 틀의 국정운영 기조를
문화정책에 반영시키는, 즉 문화정책이 일종의 도구적 수단으로 활용되는 경우도
있었다. 예를 들어 대통령의 인식이나 의지에 대한 평가는 차치하고서라도, 과거
박정희 대통령이 경제적 근대화를 강조하는 과정에서 중요시 여겼던 인식과 의도
가 제3공화국과 제4공화국의 문화정책에 실제로 반영되어 나타났다.[17] 이 시기에
제정된 문화관련 법령의 주안점도 경제제일주의 정책에 입각해서 국가의 경제발

---

16) 남궁근(2012), p.271.
17) 임학순(2012).

전과 관련된 문화의 경제적·산업적 측면에만 중점을 두었고, 또 국가가 문화를 통제하고 규제하고자 하는 데 초점을 두었다.[18] 그러다 민주화 이후에는 대통령의 영향력 정도가 그 이전보다는 상대적으로 낮아졌다. 최소한 문화정책을 다른 정책을 위한 수단적 도구로 활용하는 형태의 모습은 많이 줄어들었다.

그래도 여전히 대통령이 정책과정에 미치는 영향력은 크다. 도구적 수단으로서 문화정책에 대한 영향력이 아니라, 문화정책의 세부 사업을 추진하고자 할 때 사업 추진력에 주로 많은 영향을 미친다. 예컨대 김대중 대통령의 문화예산 1% 공약은 문화예산 증가에 큰 기여를 하였다. 그리고 광주 국립아시아문화전당 사업도 노무현 대통령의 선거 공약에서 시작되어 당선 직후에 적극적인 지지와 지원을 공표하고 주관부서에 특별 지시(특별 홍보, 적극 추진하도록 재촉)를 함으로써 사업이 구체적으로 추진되었다.[19]

이와 함께 대통령은 문화정책 주관부서의 장관을 임명할 수 있는 인사권을 가지고 있기 때문에 본인의 리더십 이외에도 간접적으로 문화관련 부서장의 리더십에도 영향을 미친다. 즉, 문화정책 주관부서의 장관이나 기관장 임명을 통해 문화정책 방향의 전반적인 초점을 변화시킬 수도 있다. 예를 들어 문화관련 부서의 장관 혹은 기관장으로 정치인, 행정관료, 경영인, 문화예술인, 시민운동가, 학자 중에서 어느 사람을 임명할 것인가에 따라 문화정책의 관심 사항과 지향점에 변화가 생길 수 있다. 실제로 문화정책집행에 영향을 주는 요인들에 대한 요인분석결과에 의하면 주요 요인 중 하나가 단체장의 리더십이다. 따라서 어떤 기관장이나 단체장을 임명하는지에 따라 문화정책에 미치는 영향은 서로 다른 결과를 낳는다.[20] 나아가 더 세밀히 관찰하면, 대통령이 만일 문화예술인 출신을 임명한다고 했을 때 그 사람의 전문 예술분야에 따라 문화정책에 영향을 미칠 수도 있다. 이것도 결국은 대통령의 임명권에 달린 문제이다. 이처럼 대통령은 문화정책에서 대통령령에 의한 정책형성 이외에도 집행과정에서도 여러 형태로 여전히 많은 영향을 미치고 있다.

---

18) 강철근(2004), p.136.
19) 이종열(2010), pp.325-328.
20) 김호균(2006).

3) 행정기관

정책과정의 행위자를 여기서 논의할 행정기관과 앞서 살펴본 대통령을 포함한 행정부 혹은 관료집단으로 볼 수도 있을 것이다. 그러나 이 책에서는 대통령을 제외한 행정부의 주요 행위자로서 행정기관을 별도로 논의한다. 그 이유는 대통령은 그 자체로 제도적 기관으로서 정치적 권력과 권한이 행정기관과는 여러 면에서 차이가 있기 때문이고, 또 실제 문화정책의 집행에서 대통령과는 달리 행정기관이 대민(對民) 접촉을 위한 경계에 위치해 있으므로 그에서 비롯되는 행위에 차이를 보이기 때문이다. 또 무엇보다도 대통령이 정치적 선출에 의한다면, 행정기관의 행위자 대부분은 전문성을 바탕으로 하고 직업안정성을 보장받고 있는 직업공무원들로 구성되어 있기 때문이다.

물론 행정기관에서도 대통령이 직접 임명한 정무직 공무원들이 있다. 주로 총리, 장관, 차관 그리고 공공기관의 장이나 위원회의 장들이 이에 해당된다. 따라서 정책과정의 공식적인 행위자로서 행정기관은 이들(상위직 공무원)과 하나의 실체로서 행정기관을 모두 포함한다고 볼 수 있다.

우선 전자의 경우, 즉 행정부서 내에서 상위에 위치하는 정책결정권자들은 정책집행에 많은 영향을 주기도 하지만 명령의 형태로 직접 정책을 수립해서 만들기도 한다. 대표적인 것이 총리령이나 부령 형태의 정책수립이다. 총리령은 국무총리의 명령이고 부령은 각 부 장의 명령이다. 이 두 형태는 <대한민국헌법> 제95조에 근거한 것이다. <대한민국헌법> 제95조에 의하면, "국무총리 또는 행정각부의 장은 소관사무에 관하여 법률이나 대통령령의 위임 또는 직권으로 총리령 또는 부령을 발할 수 있다"라고 명시되어 있다. 총리령과 부령의 수립과정은 [그림 3-5]와 같다.

이 같은 행위자들이 정책과정에 발휘하는 영향력은 명령을 제정하는 것과 같은 실무적인 행위 뿐 아니라 정치적인 리더십도 중요하게 영향을 미친다. 각 행정부처의 장이 대통령과 의회를 설득하고 언론과 여론에 기초해서 부처와 관련된 정책 현안을 파악하고 정책을 의제화한 후에 정책을 기획하고 집행하기 때문이다.[21]

---

21) 정정길 외(2010), p.142.

그림 3-5 총리령·부령 수립 과정

입법계획의 수립 → 법령안의 입안 → 관계기관과의 협의 → 당정협의 →
입법예고 → 규제심사 → 법제처심사 → 공포

자료: 법제처(www.moleg.go.kr)

후자에 속하는 하나의 실체로서 행정기관은 문화정책과 관련된 여러 기관들의 정책집행 행위와 주로 관련된다. 대표적으로 우리나라의 주요 문화관련 기관에는 문화체육관광부, 한국문화예술위원회, 한국문화예술교육진흥원 등이 있다. 오늘날 정책집행은 집행기관의 전문성과 안정성에 기초하여 정책집행뿐 아니라 결정된 정책의 내용을 구체화하고 수정 및 보완하는 역할도 하기 때문에 이 기관들이 문화정책에 미치는 영향력은 크다.

그리고 행정기관은 감사활동을 통해서도 정책결정과 집행에 영향을 미치기도 한다. 감사원이 공공기관들을 감사해서 정책에 대한 시정을 명령하기도 하고, 상위기관이 하위기관을 감사하면서 정책집행과정이 적절하게 이루어지도록 시정요구를 하기도 한다. 예를 들어 문화체육관광부는 2011년 영화진흥위원회에 대한 감사를 통해 장애인 영화관람 환경개선 사업의 추진이 부적절함을 지적하면서 효과적인 방안을 마련하도록 주의요구를 조치하였다.[22] 같은 해에 실시된 국립현대미술관에 대한 감사에서도 미술관 소장품의 등록 및 작품 전시, 대여, 보존처리 등의 작품 이동 정보를 관리하고 있는 U-Museum에 대한 근거규정이나 세부규정이 없음으로 인해 체계적으로 운영되지 않고 있음을 지적하면서 개선요구를 조치하였다.[23] 이러한 감사결과들은 <공공감사에 관한 법률>에 의해 공개되고 있으므로 유관 산하기관들의 정책집행에서도 유사한 정책오류나 미흡점을 수정하는 데 영향을 주고 있다.

이 이외에도 정책과정의 행위자로서 행정기관에는 중앙정부와 함께 지방자치

---

22) 문화체육관광부(2011b).
23) 문화체육관광부(2011c).

단체와 관련 기관들도 포함된다. 지역발전과 결부되어 문화정책의 중요성이 높아지고 있기 때문에 최근에는 지방자치단체 주도의 다양한 문화정책이 실시되고 있다. 문화재단을 별도로 운영하고 있고, 국제 문화행사도 지방자치단체가 주관해서 실시하는 경우가 많다. 따라서 문화정책과정에서 주요 행위자로서 지방자치단체와 지방자치단체장의 영향도 상당하다. 실제로 실증분석에 의하면 문화정책집행에 영향을 주는 요인으로 지방자치단체장의 리더십 역량 정도와 지방정부의 문화담당공무원의 속성 및 행태로 구성된 정책집행 주체 요인이 도출되었고, 이 요인은 문화정책집행의 효과성에도 유의미한 영향을 미치는 것으로 나타나고 있다.[24]

결국 문화정책 과정에서 관료들을 포함한 행정기관은 주도적인 역할을 수행하고 있다. 행정기관이 정책과정에서 특히 주도적인 역할을 할 수 있는 것은 법이 관료들에게 기능을 수행하도록 권한을 부여하여 자유재량을 발휘할 수 있게 하였기 때문이다. 이와 함께 행정기관은 예산과 정보에 대한 접근성이 높으며, 관료와 행정기관이 전문성을 보유하고 있고, 공무원의 임기와 신분이 보장되며, 또 정책심의(policy deliberation)가 주로 관료조직 내에서 비밀로 이루어지는 경우가 많아서 반대 목소리가 전해지는 기회가 적기 때문이다.[25]

4) 사법부

사법부도 정책과정에 참여하는 공식적인 행위자이다. 사법부는 주로 판결을 통해 정책과정에 참여한다. 사법부의 판결이 법적인 권한을 갖기 때문에 판결 내용이 정책과정에 반영됨으로써 정책에 영향을 미치게 된다. 이 점은 앞에서 논의한 공식적인 참여자들과 비교되는 점이기도 하다. 참여 행태의 소극적인 속성이 그것인데, 즉 사법부는 헌법재판소나 법원에 소송이나 청구가 있어야 비로소 정책과정에 참여하게 되기 때문이다.

판결에 따른 사법부의 행위가 정책과정에 참여하는 형태는 다양하다. 집행되고 있는 정책이 위헌이거나 위법하다고 판결되면 해당정책은 수정되거나 종결될 수 있다. 그리고 정책을 형성할 때 해당정책의 근거가 되는 기존 법률이 위헌 혹은 위법하다는 판결이 나오면 정책이 형성되지 못하거나 지연될 수도 있다. 또 사

---

24) 김호균(2007).
25) Mundy, Simon(2000).

법부의 판결은 기존의 위법한 정책을 대체할 새로운 정책의 필요성을 부각시키는 계기가 되기도 한다.

　문화정책과정에서도 사법부의 판결은 많은 영향을 미쳐 왔다. 영화를 예로 들면, 영화의 역사는 영화가 탄생한 이래로 검열과의 투쟁의 역사라고 불릴 정도로 영화심의제도에 관한 법적 다툼이 지속되고 있다. 우리나라도 1962년에 영화법이 제정되면서 영화에 대한 검열 논란이 오늘날까지 법적 논쟁의 중심에 서 있다. 대표적인 헌법재판소의 판결 사례를 중심으로 보면, 헌법재판소는 2001년에 <영화진흥법>상 등급분류보류제도가 사전검열에 해당한다는 이유로 위헌을 선고한 바 있다(헌재 2001. 8. 30. 2000헌가9 위헌결정). 이에 따라 2002년 1월에 <영화진흥법>이 개정되어 등급분류보류제도가 폐지되고 제한상영가 제도가 도입되었다. 이후 헌법재판소는 2008년에는 제한상영가 등급이 무엇인지 구체적으로 규정하지 않고 있는 것에 대해 명확성의 원칙과 제한상영가의 등급분류의 구체적 기준에 대하여 법률에서 아무런 규정을 두지 않은 채 영상물등급위원회의 규정으로 위임한 것은 포괄위임금지의 원칙에 위배된다는 것을 지적하면서 헌법불합치 결정을 선언했다(헌재 2008.7.31. 2007헌가4 헌법불합치결정). 이 판결은 제한상영가 등급 자체에 대한 위헌론을 직접적으로 제기한 것은 아니고 제한상영가의 구체성과 운영에 문제를 제기한 것이었다. 이처럼 사법부의 판단에 따라 등급분류보류제도가 제한상영가 제도로 변화되었고, 제한상영가제도 운영과정의 수정에도 영향을 미치고 있다는 것을 알 수 있다.[26]

　앞으로 문화정책과정에서 사법부의 역할은 더욱 커질 것으로 예상된다. 문화정책 관련 법령이 계속 새롭게 제정되고 개정되는 만큼 사법부가 해야 할 역할도 늘어날 것이다. 문화정책들이 문화관련 법에 근거를 두고 만들어지므로 여러 문화정책에서 발생되는 갈등은 결국 사법부가 관련 정책의 근거가 되는 법을 해석함으로써 해결해야 한다. 그리고 현재 존재하는 문화관련 법이 많은 만큼 각 법률에서 정의하고 있는 기본 용어나 내용의 충돌도 많이 목격되고 있는데, 이에 대한 해결도 사법부의 해석과 판결에 의지할 수밖에 없다. 더욱이 세계화 시대에 외국과의 문화교류에서 발생하는 저작권 문제나 문화보호 조치 등의 문제도 사법부에 의해 해결되어야 할 과제이다. 따라서 문화정책과정의 공식적인 참여자로서 사법부의

---

26) 황창근(2008), pp.499-508.

역할은 더욱 증가할 것이다.

2. 비공식적 행위자

정책과정에서 일정한 역할과 지위가 헌법에 의해 공식적으로 주어지는 행위자 이외에도 비공식적 행위자로 불리는 여러 행위자들도 정책과정에서 중요한 역할을 하고 있다. 여기에 해당하는 행위자로는 정당, 이익집단, 시민단체, 전문가집단, 미디어, 일반시민과 대중 등이 포함된다. 더 다양하게 행위자들을 구분 지을 수 있기 때문에, 사실 비공식 행위자의 범위는 무한하다고 볼 수 있다. 그러나 주요 행위자들은 여기에서 언급하는 이들이며, 오늘날 정책과정에서 특징 중 하나가 과거에 비해 이들의 영향력이 더욱 커지고 있다는 점이다.

1) 정 당

정당은 권력과 정권을 획득하기 위한 결사체로서 공식적인 행위자인 국회의원의 의정활동에 많은 영향을 미친다. 국회의원의 전반적인 의정활동이 정당의 방침과 이념에 의해 영향을 받기 때문이다. 의정활동이 법과 제도로 표현되는 정책을 만드는 활동이므로 정당이 국회의원에게 미치는 영향은 곧 정당의 정책과정에 대한 영향인 것이다. 그리고 정부정책을 결정하거나 집행하는 주요 공직자들이 정당에 소속되어 있는 점도 정책과정에서 정당의 영향을 보여준다. 또 여당의 경우는 중요한 정책결정에서 당정협의를 하게 되는데, 이 역시 정책과정에서 정당의 영향을 보여주는 것이다. 여당은 물론 야당도 국정조사나 국정감사 그리고 대정부질문 등을 통해 정부 정책을 감시하고 비판하고 또 새로운 정책대안의 가능성을 제시하면서 정책과정에 참여한다. 이와 같이 정당은 여러 경로를 통해 정책과정에 영향을 미치고 있는 주요 비공식 행위자이다. 비공식 행위자이지만 사실 정당은 공식적 행위자와 비공식적 행위자가 혼재된 형태를 띠고 있다.

문화정책에서도 문화관련 법 제정에서 정당의 당론은 관련 정책과 제도의 존재에 영향을 미친다. 당론으로 반대한다면 국회의원의 선택도 그에 따를 가능성이 높기 때문이다. 반대로 찬성한다면 적극적으로 대응한다. 같은 맥락에서 문화부서의 장관과 산하공공기관장과 같은 임명직 장(長)들은 특정 정당에 속한 정치인이나 관료들인 경우가 많은데, 이 역시 정책집행에서 소속정당의 영향으로부터 완전히 자유롭기는 어렵다. 예컨대 사회적 이슈를 감안하여 당론으로 문화복지를 강조하면 소속 정당의 국회의원이나 장관 및 기관장들도 그에 따라 문화복지와 관련된 정책을 만들고 추진하기도 한다.

2) 이익집단

이익집단은 구성원들이 공동의 이익을 추구하기 위해 결성된 단체이다. 구성원들이 공동의 이익을 추구한다는 점에서 정당과 유사한 면이 있지만, 정당처럼 정권을 장악하고 권력을 획득하는 것이 주요 목적이 아니다. 그리고 정당과는 달리 소속 구성원들이 관료로 존재하는 경우도 드물고 공직에 후보를 제안하지도 않는다. 이익집단은 자신들의 특정한 이익 달성이 주요 목적이기 때문에 정책이 자신들에게 유리하게 결정되고 집행되는 것이 가장 중요할 뿐 그 이외의 정치활동에는 관심이 적다. 그리고 이익집단은 사회운동과도 차이가 있는데, 사회운동이 광범위하고 분산되어 있는 것과는 달리 이익집단은 응집력과 결속력이 강한 것이 특징이다.[27] 그렇기 때문에 정책과정에 자신들의 이익을 반영하기 위한 노력이 적극적이고, 때로는 과격하게 나타나기도 한다.

문화정책에서도 문화예술 관련 단체들이 존재한다. 문화예술 분야별 단체, 지역별 문화예술단체, 그리고 문화예술단체들의 총 연합회가 그것이며, 이들은 다양한 경로를 통해 문화정책에 자신들의 의견을 반영하기 위해 노력한다. 예컨대 문화예술 분야별로 자신들의 예술을 보호하고 더 지원받기 위한 활동들이나, 문화예술인들의 열악한 경제적인 여건 개선을 위해 정책과정에 목소리를 전달하거나, 문화예술 활동에서 표현의 자유에 대한 규제 완화 조치를 주장하는 활동들을 한다.

이러한 이익활동으로서 문화예술 단체들의 활동은 문화예술계의 진정한 문제가 무엇인지 알 수 있게 해주고 동시에 효과적인 의사전달 수단으로서 기능한다. 대의민주주의가 성숙되고 비교적 잘 작동되고 있다고 하더라도 본인의 문제는 본인이 가장 잘 알기 때문에 직접 목소리를 내는 것이 더 정확하다. 이익 당사자들이 직접 목소리를 내는 이익집단 활동의 유용성이 바로 여기에 있다. 이와 함께

---

27) Berry, Jeffrey M. and Clyde Wilcox(2009), pp.4-6.

문화예술인들이 중심이 된 이익단체들의 활동은 개인의 정치적인 활동 즉, 개별적 목소리(voice)가 갖는 한계를 극복시켜 더욱 적극적으로 이익 표명(interest articulation)을 할 수 있게 해준다. 개별적 목소리가 아니라 단체로서 목소리가 모이면 그 영향력은 더 커지기 마련이기 때문이다. 여기서 나아가 문제가 무엇인지 정확하게 파악되면 적절한 해결책 제시도 가능해지므로 문화예술인들의 직접적인 이익표출 활동은 문화정책의 타당성과 현실성을 높이는 여건을 마련해주는 것과 같은 역할도 한다.

3) 시민단체

시민단체는 시민들의 자발적인 행동에 기초하여 공익을 추구하는 비영리민 간기구이다. 주요 특성으로는 정부와의 독립성, 비영리, 공익 추구, 기본적인 조직 구조 형성과 정기적인 활동, 조직구성원의 자발적 참여, 자발적인 자원 충당 등을 들 수 있다.[28] 무엇보다도 시민들이 공익추구를 위해 자발적으로 참여한다는 점에서 시민단체의 존재와 활동은 민주주의를 실현하는 데 중요한 역할을 한다. 그래서 시민사회가 성숙한 오늘날 대부분의 국가들은 정책과정에서 시민단체의 참여와 활동을 적극적으로 수용하고 있다.

정책 활동과 관련해서 시민단체는 정책창도(advocacy) 기능을 하기도 하고 서비스를 제공하는 기능을 하기도 한다. 예컨대 문화예술관련 창도형 시민단체의 경우 문화정책의 필요성을 피력하거나 문화예술 활동의 강한 규제를 비판하거나 또 문화예술인들의 열악한 생활환경을 개선해야 할 필요성을 강력하게 주장하는 활동 등을 한다. 서비스 제공형의 문화예술 관련 시민단체는 정부를 대신해서 단체가 직접 공공문화예술 서비스를 대중들에게 제공하는 역할을 한다. 즉, 문화예술 단체가 대중들을 대상으로 예술적 경험과 체험 이벤트 혹은 예술교육서비스 제공 등을 직접 수행하는 것이다. 이처럼 시민단체는 오늘날 다양한 방법을 통해 정책 과정에 참여하고 영향을 미치고 있다.

우리나라의 경우 2016년 현재 문화체육관광부에 등록된 비영리 법인은 4,198개이다.[29] 지방자치단체에 등록된 법인까지 고려한다면 그 숫자는 더 많을 것이

---

28) 남궁근(2012), pp.283-284.
29) 문화체육관광부의 2016년 비영리법인현황 자료를 참고한 수치이다. 이 수치는 문화체육

다. 이는 과거에 비해 괄목할 만한 성장으로, 시민사회의 성숙과 시민들의 정책과정 참여 여건 등이 좋아진 덕분이다. 실제로 시민단체 활동의 성장은 세 가지 차원에서 비롯되어 오늘에 이르고 있다. 시민들에 의한 아래로부터(from below), 다양한 공적·사적 기관들의 활동에 따른 외부로부터(from outside), 정부 정책에 의한 위로부터(from above)의 영향력과 압력들이 그 원천이다.[30] 국가별로 혹은 시대별로 세 가지 차원의 상대적 영향의 정도는 다르겠지만, 과거에 비해 시민단체의 활동이 증가하였고 정책과정에 참여하는 정도도 높아진 것은 분명하다. 문화정책과정에서도 마찬가지다.

이때 특히 시민단체의 회원 수는 정책과정에 미치는 중요한 영향력 중 하나로 작용한다. 회원 수가 많은 시민단체일수록 정책과정에서 발휘하는 정치적 레버리지(political leverage)가 높아진다.[31] 자원동원 이론(resource mobilization theory)의 관점에서도 시민단체들의 시민운동의 주요 자원 요인 중 하나는 조직의 회원 수이다. 그러므로 문화예술관련 시민단체들 중에서도 많은 회원 수를 보유한 대규모 시민단체는 정책과정에 큰 영향을 미칠 수 있고, 또 시민단체들이 연합해서 행동할 경우 전체 규모가 커지기 때문에 이들이 미치는 정책과정의 영향력도 크다고 할 수 있다. 시민단체 연합의 경우 비단 문화예술관련 시민단체가 아니더라도 주요 사회적 이슈에 대해 한시적으로 참여하는 일반 시민단체들도 많이 존재한다. 이러한 점들을 고려하면 오늘날 문화정책과정에서 시민단체의 영향력을 결코 무시할 수 없다.

4) 전문가 집단

정책과정에서 전문가 집단은 정책대안에 대한 아이디어를 제시하거나 직접 정책대안을 제공해주는 역할을 한다. 정책의 형성과 변동을 설명하는 모형으로서 정책의 창(policy window) 모형에 따르면, 정책이 형성되거나 변동될 때는 사회에 정책문제가 존재해 있는 문제흐름(problem stream)의 현상과, 그 문제에 대한 분석정보와 정책대안들이 제시되어 있는 정책흐름(policy stream), 그리고 정치지도자나 최

관광부에 등록된 총 비영리법인의 수를 나타낸 것이므로 체육과 종교 분야 등과 같이 이 책에서 정의한 문화예술 활동과 관련이 적은 분야의 단체들도 포함되어 있다.

30) Salamon, Lester(1994), pp.112-115.
31) Oser, Jennifer Lynn(2009).

고 정책결정자가 문제에 관심을 갖게 되는 정치흐름(political stream)이 어느 시점에서 만나게 될 때이다. 세 흐름이 독자적으로 분리되어 존재하다가 어떤 계기에 의해 만나게 되면 정책이 형성되거나 변화 및 변동된다. 정책의 창이 열리게 되는 시점이 바로 이때이다.[32] 정책의 창 모형에서 두 번째 흐름인 정책흐름이 전문가들의 정책과정 참여 모습을 보여준다. 학자나 연구인 등의 전문가들은 정책문제에 대해 비록 정책으로 형성되는 데 얼마나 기여할 것인지에 대해 고려하지는 않지만, 연구 활동이나 토론 활동을 통해 정책문제에 대한 대안 제시와 분석정보를 제공하는 역할을 한다. 논문 및 연구보고서 출판이나 학술대회 등이 그 예가 될 수 있다. 전문가들에 의해 창의적인 많은 대안들이 제시되면 정책결정자의 합리적인 정책 선택에 많은 도움을 주게 된다. 그런 점에서 문화정책 수립에서도 전문가들의 참여가 중요하게 부각되고 있다.

그리고 전문가 집단은 효과적인 정책집행을 위해 비판과 조언을 하기도 하고, 정책평가를 직접 담당하거나 정책평가에 필요한 지식과 방법을 제시하기도 한다. 특히 정책평가와 관련해서 문화정책의 평가는 정부가 문화예술 영역에 사용하거나 지원한 문화예산의 효과를 검토하는 것이 주요 과제이므로, 이를 위한 적절하고 정확한 평가기법과 보다 정교한 새로운 방법론을 적용하는 것이 무엇보다도 중요하다. 이 과정에서 최신 평가기법들을 연구하고 제시하는 전문가 집단이 많은 부분 기여한다. 정책평가 뿐 아니라 정책대안을 마련하기 위해 정책분석 작업을 할 때의 분석기법과 방법론에 대해서도 마찬가지다. 아울러 전문가들은 문화예술에 대한 정부 지원 찬반 논의에서 주도적인 의사표명의 행위자가 되기 때문에, 문화정책이 진행되는 과정 이전에 문화정책의 정당성 논의에서 주요 행위자로서 역할을 하고 있다고도 볼 수 있다.

전문가들의 역할은 사회가 복잡해지고 불확실성이 높아질수록 더 중요해지고 있다. 사회의 복잡성과 불확실성은 정책 환경의 복잡성과 불확실성을 의미하는 것과 같다. 그러므로 정책과정에서 고려해야 하는 변수들이 다양하고 복잡하고 불확실하다는 것이다. 이에 대해 근원적인 대책은 불가능하겠지만 최소화하는 방안이 있을 수 있으며, 그것을 찾는 것이 전문가들의 역할이다. 문화정책 수립과정에서도 정보통신기술의 발달로 인해 문화전달 매체의 다양성과 가변성이 높아지는

---

32) John W. Kingdon(2003).

상황에서 이에 대한 대응을 위해 관련 전문가들의 역할이 중요해지고 있다. 예를 들어, 문화예술계의 전문가들과 정보통신기술 분야의 전문가들은 새로운 매체에서 문화생산자의 의도와 메시지가 왜곡되지 않고 효과적으로 전달될 수 있는 정책방안에 대해 조언을 한다. 그리고 이들은 문화향유자들의 문화향유의 편리성 확보에 필요한 정보통신 기반 조성 사업에 대해서도 전문 지식을 제공해 주고 정책적 제언을 한다.

이처럼 정책과정에서 전문가들의 중요성을 고려해서 정부는 관련 연구기관을 설립해서 운영하고 있다. 정부의 문화정책분야의 경우 문화체육관광부 산하에 있는 한국문화관광연구원이 그 예가 될 수 있고, 비단 문화예술관련 연구원이나 연구소가 아니더라도 일반 국책연구소들에서도 문화예술과 관련한 정책보고서를 발간하고 있다. 이 자료들은 문화정책 과정에서 유용한 정책 자료로 활용되고 있다. 또 문화정책 대안에 대한 분석과 정책 결과에 대한 평가도 이들 연구기관에 의해 수행되기도 한다.

5) 미디어

문화정책에서 특히 문화산업은 미디어에 의존하는 경우가 많다. 연극, 미술, 음악, 문학, 영화 등 여러 형태의 문화예술 창작품을 많은 사람들이 감상하기 위해서는 창작품과 대중을 이어주는 미디어가 필요하기 때문이다.[33] 앞서 제2장에서 문화정책의 주요 영역 중 하나로 매개 영역이 제시된 것도 문화예술의 생산과 향유에서 전달매체인 미디어가 중요함을 보여준다. 따라서 문화예술 전달 미디어 자체가 문화정책과정에서 주요 행위자 중 하나가 된다.

미디어는 문화생산자와 향유자 간의 문화예술에 대한 정보교환의 통로가 되는 것은 물론이고, 대중미디어에서 발생되는 정보가 정부의 문화예술 정책과정에 영향을 미칠 수도 있다. 예컨대 정부지원에 의해 생산된 예술 활동과 해당 예술의 향유 사이에서 발생되는 여러 정보들은 향후 정부의 문화예술지원정책에서 하나의 변수로서 고려해야 할 요소가 될 수 있다. 대중미디어가 이런 역할을 하기 때문에 정책과정의 행위자가 되는 것이다.

문화예술 전달 미디어로서 대표적인 것은 다양한 대중미디어(텔레비전, 신문, 라디

---

33) 김재범(2005), p.3.

오, 인터넷 등)이다. 대중미디어가 문화예술에 대한 정보 전달과 소개 등의 역할도 하지만, 문화정책과정에 정보를 제공하고 정보를 전달해서 여론을 형성하는 역할도 한다. 그리고 문화예술정책 수립을 위한 일종의 프레임(frame)을 형성하는 역할도 한다. 또 문화예술 활동에 대한 평가의 장을 마련해주기도 하고, 정책홍보의 주요 수단이 되기도 하고, 환류의 경로를 마련해주기도 한다. 실제로 대중미디어를 통한 논평이나 논설은 문화정책결정과 집행 및 평가의 정보가 되어 공식적인 정책과정 참여자에게 전해지기도 한다. 이는 문화정책에 대한 일종의 여론이 된다. 예술에 대한 정부지원의 문제점이나 예술가들의 경제적 열악함에 대한 실상 보도 등이 그 예이다. 그 뿐 아니라 대중미디어는 정책대안을 분석할 때도 대안을 비교하고 평가 및 예측하여 정책과정에 일정한 영향을 미친다.

한편, 오늘날에는 인터넷의 발달로 대중미디어의 역할과 범위는 더욱 다양해지고 있는 추세이다. 그 중에서도 새로운 기술 발달과 그에 따른 미디어의 진보는 새로운 형태의 문화생산과 향유를 가능하게 하고 있다. 그것은 컨버전스 문화(convergence culture) 활동이다. 컨버전스라 함은 다양한 미디어 플랫폼에 걸친 콘텐츠의 흐름, 여러 미디어 산업 간의 협력, 그리고 자신이 원하는 엔터테인먼트를 경험하기 위해서 어디라도 기꺼이 찾아가고자 하는 미디어 속 수용자들의 이주성 행동을 의미한다. 컨버전스는 다양한 미디어의 기능들이 하나의 기기에 융합되는 기술적 과정이라는 의미보다는, 소비자로 하여금 새로운 정보를 찾아내고 서로 흩어진 미디어 콘텐츠간의 연결을 만들어 내도록 촉진하는 문화적 변화를 의미한다. 컨버전스 문화의 실천 사례로 영화의 예를 들면, 2004년 12월에 인도영화 Rok Sako To Rok Lo는 EDGE기술(Enhanced Date Rates for GSM Evolution: 더욱 빠른 데이터 전송 속도를 제공하는 것)이 적용되어 실시간 동영상을 받아 볼 수 있는 휴대폰을 통하여 델리, 방갈로르, 하이데라바드, 뭄바이를 비롯한 인도의 여러 지역에 있는 영화광들에게 상영된 적이 있다. 이는 휴대폰을 통하여 영화 전체가 상영된 최초의 사례로 알려졌다.[34] 이처럼 오늘날에는 다양한 형태의 문화전달미디어의 발달로 인해 문화정책도 그에 발맞추어 변화되고 대응해야 하는 환경에 놓여 있다.

---

34) Jenkins, Henry(2008), pp.17-20.

6) 일반시민과 대중

일반시민들이 정책과정에 참여할 수 있는 방법은 다양하다. 결사체 형태로 NGO나 이익단체를 통해 참여할 수 있지만, 여기서는 조직화되지 않은 형태의 개인 의사표명이나 권리 행사 그리고 여론 중심의 참여를 의미한다. 개인이 정책과정에 참여하는 가장 대표적인 방법은 투표를 통한 방법이다. 대표자 선출을 위한 투표는 물론이고 정책현안에 대한 주민투표도 해당된다. 특히 주민투표는 최근 한국에서 많이 시행되고 있다. 2011년 서울시의 무상급식 주민투표와 2012년 청주시와 청원군 통합 주민투표 등이 그에 해당된다. 그 이외에도 일반시민들의 정책과정 참여는 입법청원, 공청회, 민원 등을 통해서도 이루어지고, 다수의 대중이 여론을 형성해서 일정부분 영향을 미치기도 한다.

문화정책의 경우 주민투표와 같은 사례는 없지만, 문화격차 해소를 위한 문화바우처 제도에 대한 여론이나 문화정책 주관부서의 장관과 공공문화기관의 장을 임명할 때 여론이 영향을 미친다. 조직의 장을 임명하는 것에 영향을 미친다는 것은 결국 문화정책 결정과 집행 전반에 영향을 미치는 것과 같다. 조직과 기관의 장에 따라 문화정책의 결정과 집행에 변화가 생기기 때문이다.

최근에는 대중들의 모금 활동인 크라우딩 펀딩(Crowd Funding)을 통해 일반 시민들이 예술지원정책과 관련된 프로그램에 참여하는 경우도 있다. 문화정책의 크라우딩 펀딩은 특정 프로그램이나 프로젝트 운영의 구상과 운영 주체는 정부가 되지만, 그에 필요한 예산과 자원을 일반시민들의 기부를 통해 조달하는 것이다. 그렇기 때문에 이 역시 일반시민이 문화정책과정에 참여하는 것이라고 할 수 있다. 실제로 한국문화예술위원회가 2012년 런던올림픽에 출전하는 대한민국 선수들의 승전을 기원하는 대국민 국악 응원 프로젝트에 크라우딩 펀딩을 시도하였다. 이처럼 오늘날 일반대중들의 문화정책과정 참여는 다양한 의견, 여론, 청원, 그리고 사업에 대한 기부 등을 통해 활발히 이루어지고 있다. 특히 인터넷의 발달은 일반대중들의 참여를 더욱 활성화 시키고 있다.

제 3 절 문화정책결정 모형과 행위자관계 모형

1. 정책결정 모형

정책과정에서 여러 현상을 설명하는 모형은 많이 존재한다. 그 중에서도 이 책에서는 정책결정과 관련된 모형과 행위자들 간의 관계를 설명하는 모형에 대해 살펴보기로 한다. 우선 정책결정에 관한 대표적인 모형에는 합리모형, 만족모형, 점증모형, 혼합모형, 최적모형, 쓰레기통 모형이 있다. 이 모형들은 문화정책 결정 과정을 기술하고 설명할 때 이론적 모형으로 적용된다.

1) 합리모형(rational model)

합리모형에 따르면 정책결정은 완전한 합리성을 가정한 정책결정자에 의해 이루어진다. 이때 정책결정자는 완전한 합리성을 지니고 있을 뿐만 아니라 정책결정을 위한 제반 여건도 충분히 갖추고 있는 상태이다. 정책과 관련된 모든 정보와 자료를 가지고 있고 정보와 자료를 분석할 수 있는 시간과 능력도 충분하다. 그래서 정책문제를 해결할 수 있는 정책대안을 모두 개발하고 탐색해서 고도의 합리성에 따라 비교·평가한 결과 가장 적절한 대안을 선택한다. 문화정책을 결정할 때도 관련 정보와 자료를 모두 가지고 가능한 한 모든 대안을 탐색하고 비교 및 평가해서 결정하는 것이다.

이러한 합리모형에 의한 정책결정은 규범적 기준으로서 지금도 유효하다. 정책결정의 지향점으로서 기능하여 비합리적인 정책결정에 자극을 줄 수 있는 자극제로 역할을 하는 것이다. 하지만 현실의 제약을 간과한 점은 한계이다. 인간이 완전한 합리성을 가지고 있지 않을 뿐 아니라 시간과 정보가 충분히 주어진 여건이 현실적으로 존재한다고 볼 수도 없다. 만일 철저히 합리모형에 따라 정책결정이 이루어졌다고 하면 정책평가에서 문제점이 지적되는 일은 없을 것이다. 하지만 오히려 많은 문제점들이 드러나는 것이 현실이다. 많은 종류의 문화정책들에서 많은 문제점들이 발견되는 것은 합리모형의 한계점을 보여주는 증거라 할 수 있다. 단적으로 지역축제를 기획할 때 축제기획자가 완전한 합리성에 의해 축제를 기획한다는 것은 거의 불가능하다. 그래서 지역축제 이후 운영의 미숙함이나 관광객 수요 예측 등이 잘 못되어 비판 받는 경우를 자주 목격할 수 있다.

2) 만족모형(satisfying model)

만족모형은 합리모형에서 가정하고 있는 인간의 완전한 합리성을 비판하고 인간의 완전하지 못한 합리성을 인정한다. 정책결정자인 인간은 전지전능한 능력을 지닌 것이 아니라 제한된 합리성(bounded rationality)을 지니고 있다고 가정한다. 그리고 사람은 누구나 시간, 정보, 능력, 예산의 제약에서 벗어날 수 없다는 현실을 직시한다. 따라서 정책결정은 인간의 완벽한 합리성에 따라 충분한 조건에서 결정되기보다는 어느 정도 만족하는 수준에서 이루어진다. 최상의 상태를 알 수도 없고 설사 안다고 하더라도 현실적으로 도달하기도 힘들기 때문에, 만족스럽다면 그것이 좋은 대안이라는 것이다.

문화정책에서도 많은 정책들이 정책과정에 참여하는 사람들 간의 만족 수준에서 결정되는 경우가 많다. 지역의 문화센터를 건립하는 장소를 두고 이해관계자들은 서로의 입장을 대변하면서 결국은 서로 간의 양보와 타협 등으로 만족하는 수준에서 결정한다. 어쩌면 거의 모든 정책이 관련자들 간의 만족스러운 협상에 따른 것일지도 모른다. 그런 점에서 만족모형은 정책결정을 설명하는 데 현실성을 높였다는 데 의의가 있다. 그러나 만족의 정도가 불분명할 수 있다는 점과, 정책과정에서 참여자들의 만족 수준이 다양한데 어떤 기준에 따라 결정되는지에 대한 불분명한 설명, 그리고 만족의 정도는 수시로 변화될 수 있다는 점 등이 모형 적용의 한계로 남아있다.

3) 점증모형(incremental model)

점증모형도 인간의 합리성이 제한된 것이라는 가정에서 출발한다. 점증모형에서는 정책결정이 기준(base)에서 일정부분의 변화(±α)로 이루어진다는 입장을 지닌다. 여기서 기준은 이전의 정책이 되고 일정부분의 변화는 새롭게 변화되는 것으로 큰 변화가 아닌 소폭의 점증적인 변화를 의미한다. 예를 들어 문화콘텐츠와 관련된 예산이 올해 100억이었다고 하면 내년 예산을 결정할 때 일단 그 기준을 올해 예산액인 100억에 두고 추가적으로 약간의 변화를 반영해서 내년 예산을 결정하는 것이다. 작년 예산 100억은 이미 현실에서 필요하다고 인정된 예산이기 때문에 정당성이 확보된 것이고 관련자들 간의 정치적 타협의 산물이기 때문에 갈등도 거의 없다고 볼 수 있다. 이 100억에 환경변화나 물가 등을 고려해서 소폭 증감시킨 내년 예산을 결정한다. 정책도 이전의 정책을 기준으로 해서 새로운 정책에 약간의 변화를 반영해서 결정하는 것이다. 일반적으로 정책결정에 대한 새로운 합의가 쉽지 않은 상황에서 이러한 방법을 활용하면 정책결정에 따른 갈등 비용이나 해묵은 논쟁을 피할 수가 있다. 기존에 합의된 결정을 수용해서 기존 정책에서 약간 변화된 대안만을 고려하기 때문이다. 정책독점(policy monopoly)이 형성되어 있을 때 이 같은 현상은 자주 발생된다.

점증모형은 정책결정에서 정치적 과정을 함께 설명해 준다는 점에서 의의가 있다. 이 모형에 따라 정책결정이 되면 갈등을 최소화할 수 있고 정책 산출에 대한 예측이 가능하다는 장점이 있다. 그러나 보수적인 성향이 강하기 때문에 정책을 통한 개혁 작업을 하기에 어려움이 있고, 처음부터 잘못된 정책이 계속 지속될 우려가 있다. 도덕적 해이가 발생되는 문화복지 사업이라고 하더라도 한번 결정된 정책이 기준 역할을 하는 까닭에 좀처럼 근본적인 변화를 가하는 것이 쉽지 않은 것이다. 그리고 점증모형은 정치세력들 간의 타협과 협상으로 나타난 결과를 묘사하는데 적절하기 때문에 다원주의 사회가 아닌 곳에서는 설명력이 떨어진다는 한계점도 지니고 있다. 또 현실에서 점증적 변화가 아닌 단절적인 변화가 발생될 경우 점증주의적인 설명으로는 한계가 있다.

4) 혼합모형(mixed-scanning model)

혼합모형은 합리모형과 점증모형을 절충해서 정책결정의 또 다른 접근방법을 제시한다. 혼합모형의 주요 내용은, 정책결정은 기본적이고 포괄적인 결정과 부분적이고 지엽적인 결정으로 나누어질 수 있기 때문에 각 결정마다 다른 접근을 해야 한다는 입장이다. 기본적이고 포괄적인 결정에서는 합리모형을 적용하고, 부분적이고 지엽적인 결정에서는 점증모형을 적용한다. 이는 거시적인 측면에서의 규범성을 견지하면서 미시적인 측면에서는 현실성을 강조하는 것을 나타낸다.

합리모형이 현실성은 낮지만 일종의 규범적 기준으로 기능한다는 점에서 기본적인 결정의 지향점이 되는 반면, 실제 현실에서의 결정은 점증적인 변화를 통해 이루어지는 것이 갈등을 최소화하고 현실적 제약을 인정하는 방안이 될 수 있으므로 점증모형을 활용한다. 이러한 혼합모형은 정책결정의 두 영역을 구분해서 각각의 관점을 제시하였다는 점에서 새로운 시도로 볼 수 있지만, 이미 존재하는 두 모형을 단순히 결합한 데 불과하다는 비판을 받는다. 그리고 합리모형과 점증모형이 가지고 있는 한계점이 그대로 존재하는 것도 비판점 중 하나이다. 문화정책에서도 거시적인 관점에서 앞으로 지향해야 할 방향에 대한 결정과 미시적으로 세부적인 여러 사업들에 대한 결정이 구분될 수 있다. 예컨대 문화융성이라는 다소 포괄적인 정책목표를 달성하기 위해 부분적이고 구체적인 사업들은 현실의 제약을 수용해서 점증적 방식에 의해 결정하는 것이다.

5) 최적모형(optimal model)

최적모형은 정책결정에서 인간의 제한된 합리성을 인정하지만, 그런 이유로 인해 오히려 초합리성을 강조한다. 다시 말해, 인간이 인지적으로 한정된 능력을 지니고는 있으나 그럴수록 최적의 대안을 탐색하고 선택하기 위해 고도의 초합리성을 발휘해서 정책결정을 하는 것이 바람직하다는 주장이다. 초합리성은 일종의 직관, 창의력, 통찰력 등을 의미하는 것으로, 인간의 인지적 한계가 전제된 상태에서 발현되는 고도의 합리적 사유 능력을 말한다. 실제로 사람들은 의사결정에서 부족한 합리적 능력에 허덕이면서 어느 순간 직관력을 발휘해서 순간의 감각으로 문제해결 방안을 제시하는 경우가 있다. 기업이나 조직의 정당성을 신화화하는 경우에도 창업주의 능력이 초합리성으로 묘사되는 경우가 많다.

최적모형은 인간의 인지적 한계를 인정해서 현실에 안주하는 데 대한 경각심을 주면서 지속적으로 최적의 의사결정을 위해 노력하도록 한다. 그러나 최적모형에서 말하는 초합리성에 대한 개념이 분명치 않고 초합리성을 달성하거나 배양하기 위한 구체적인 방안이 무엇인지에 대해서도 명확하지 않다는 한계를 지니고 있다.

6) 쓰레기통모형(garbage can model)

쓰레기통 모형은 의사결정이 일정한 규칙에 의해 이루어지는 것이 아니라 혼란한 상태에서 우연히 혹은 무작위적으로 이루어진다는 것이 핵심 내용이다. 쓰레기가 이리저리 뒤엉켜 있는 것처럼 우연한 계기로 의사결정이 이루어지고, 또 쓰레기통이 일시에 순간적으로 전체가 비워지는 것처럼 의사결정이 지지부진하게 끌어오다가 어느 순간에 일시에 해결되어 버리는 것을 묘사해서 명명(命名)된 모형이다. 이 역시 인간의 제한된 합리성을 인정하고 있다.

인간의 제한된 합리성과 더불어 특히 쓰레기통 모형에서는 현실의 의사결정 과정에서 합리성을 저해하는 세 가지 조건을 제시하고 있다. 즉 의사결정의 규칙과 규정에 따른 논리적 결정이 되지 않는 상황 조건으로, 첫째는 문제성 있는 선호(problematic preferences)이다. 이는 의사결정에 참여하는 사람이 결정(문제해결)을 위한 의제가 무엇인지도 모르고 어떤 대안이 좋은지에 대한 선호도 가지고 있지 않다는 것이다. 둘째, 불분명한 기술(unclear technology)이다. 이는 의사결정에 참여하는 자가 자신이 결정할 목표와 수단과의 인과관계가 적절한 것인지도 잘 모르는 상태에 있다는 것이다. 셋째, 유동적인 참여자(fluid participants)이다. 의사결정에 참여하는 사람들이 어떤 때는 참여하기도 하고 어떤 때는 참여하지도 않고 하는 과정에서 의사결정은 이루어져 버리는 것이라는 점이다. 종합하면, 쓰레기통 모형은 의사결정에 참여하는 사람이 무슨 목표가 좋은지 그리고 어떤 대안이 좋은지도 모르고, 목표 달성을 위해서 어떤 수단을 선택해야 하는지도 모르고, 의사결정과정에 참여하기도 하다가 빠지기도 하다가 어느 순간에 우연히 의사결정이 되어버리는 것을 말한다.

쓰레기통 모형은 조직화된 무정부적인 상황에서의 의사결정 양태를 묘사하고 이해하는 데 도움을 주지만, 현대의 많은 조직들이 쓰레기통 모형에서 말하는 것만큼은 비체계적이고 우연적으로만 의사결정을 하지는 않는다는 사실이 비판점으로 지적된다. 특히 중요한 사안일수록 그처럼 결정될 가능성은 더욱 낮다. 또, 우연히 무작위로 의사결정이 이루어진다는 것인데, 정말로 '우연히' 의사결정이 이루어질 가능성이 그렇게 높지는 않다는 점도 한계점으로 지적된다. 정부의 많은 문화정책들이나 사업에서도 이러한 쓰레기통 모형처럼 결정되는 것이 있을 수 있다. 그러나 문화사업의 경우 대규모 예산이 소요되는 경우가 많기 때문에 전적으로 쓰레기통 모형처럼 결정을 하지는 않을 것이다. 물론 소규모 사업이나 사업 대상의 범위가 상당히 제한적일 경우의 사업은 쓰레기통 모형처럼 결정될 가능성도 있다.

2. 행위자 관계 모형

행위자들 간의 관계는 필연적으로 경쟁과 갈등을 동반한다. 행위자들은 모두 자신들의 주장이나 입장 혹은 관점이 더 '합리적'이라고 주장한다. 하지만, 사실 합리성의 의미는 행위자들마다 다양할 수 있고 또 합리성의 종류도 하나가 아니다. 실제로 합리성에는 효과성(effective)에 초점을 두는 기술적 합리성(technical rationality), 효율성(efficient)에 초점을 두는 경제적 합리성(economic rationality), 합법성(legal conformity)에 초점을 두는 법적 합리성(legal rationality), 가치 있는 사회제도의 유지와 개선과 같은 제도화(institutionalization)를 촉진시키는 데 초점을 두는 사회적 합리성(social rationality), 그리고 여기에 나열된 합리성을 비교해서 가장 적절한 선택을 하는 데 필요한 실질적인 합리성(substantive rationality) 등이 있다.[35] 행위자들마다 각 합리성에 두고 있는 가치의 경중(輕重)은 행위자들 간의 관계에 갈등과 논쟁이 필연적임을 말해준다. 그렇기 때문에 정책과정에서 행위자들 간의 상호관계를 분석하는 것은 상호작용의 결과로 나온 정책을 이해하는 데 도움이 된다.

그런 점에서 문화정책과정의 단계(제1절)와 주요 행위자들에 대한 논의(제2절)에서 나아가 정책과정 상에서의 행위자들 간의 관계를 살펴볼 필요가 있다. 즉, 문화정책을 이해하는 데 정책과정과 행위자들에 대한 기술(description)에서 나아가 실제 정책현상에서 일어나는 상호작용을 이해할 필요가 있다. 일종의 설명(explanation)이 필요한 것이다. 이를 위해서는 일정한 이론적 모형이 필요하다. 따라서 문화정책과정에서 행위자를 중심으로 논의하고자 할 때 행위자들 간의 관계에 관한 이론적 모형은 설명에 유용하게 활용될 수 있기 때문에, 따라서 아래에서는 그동안 제시된 행위자들 간의 관계에 대한 주요 모형을 설명하기로 한다.

---

35) Dunn, William N.(2008), p.221.

주요 모형은 엘리트 모형, 다원주의 모형, 정책네트워크 모형이다. 각 모형들은 설명의 유용함과 동시에 한계점을 가지고는 있지만, 관련된 상황에 대한 설명력은 여전히 높다. 따라서 모형 탄생의 시기에 상관없이 오늘날에도 맥락에 따라 적용 가능하다. 정책영역별, 국가별, 정책과정의 단계별 그리고 정책과정의 시기별로 엘리트 모형이 더 적절하게 설명되는 경우도 있고 다원주의 모형이 더 적절하게 설명되기도 한다. 정책네트워크 모형도 마찬가지다.

1) 엘리트 모형

엘리트 모형에 따르면 정책과정에 참여해서 정책을 결정하는 것은 소수의 엘리트들이다. 정책과정에 다양한 행위자들이 참여하는 것이 아니라 특정한 소수의 엘리트들만 참여하고, 정책 결정도 소수의 엘리트들에 의해 이루어진다는 것이다. 민주주의 사회에서 다양한 행위자들이 정책과정에 참여해서 의견을 제시하고 청취하는 것이 규범적으로 바람직하다고 여겨질 수 있겠지만, 현실은 소수의 엘리트들이 정책과정 전반을 지배한다는 입장이다. 그런 점에서 현실의 정책은 여러 행위자들이 참여해서 상향적으로 결정되기보다는 소수에 의해 하향적으로 결정된다. 따라서 엘리트 모형에 비추어 보면 국민들의 요구가 다양하게 정책에 반영되리라는 것은 일종의 신화(myth)일 뿐이다.[36]

문화정책도 엘리트 모형에 따라 설명이 가능하다. 우리나라 문화정책의 경우 과거 정부수립 이후부터 전두환 정권까지 문화정책의 주체로서 향유자들은 정책과정의 참여자이기보다는 수동적인 객체로 존재했다. 당시 문화예술이 국정 홍보 수단으로 사용됨으로써 국정 홍보의 객체로서 존재했던 것이다. 따라서 문화정책의 주요 과정은 소수의 지배엘리트에 의해 주도되었다.[37] 이후 노태우 정권부터 문화정책의 탈권위주의를 표방하고, NGO의 성장과 문화예술단체들의 세력 확대 등으로 엘리트 중심의 정책과정에 많은 변화가 있었다. 하지만 소수 엘리트에 의한 정책결정이 완전히 사라지지는 않았다. 문화정책 영역별로 엘리트 모형에 의한 설명이 더 적절한 사례도 있다. 그리고 여러 국가로 이루어진 유럽연합(EU)의 문화정책도 엘리트 중심적이라는 평가가 있다. 유럽연합의 문화정책과정이 소수의 유

---

36) Dye, Thomas R.(2001), pp.1-2.
37) 박광무(2010), p.163.

럽통합주의자들이 주도하는 경향이 강하다는 것이다.[38]

2) 다원주의 모형

다원주의는 엘리트주의와는 달리 다수의 세력들 간의 경쟁과 균형을 강조한다. 소수의 지배세력에 의해 정책과정이 주도되는 것이 아니라 다양한 세력들이 함께 참여한다. 따라서 정책과정에서 지배 권력이 소수에게 집중되지 않고 여러 세력들에게 분산되어 있다. 이러한 다원주의의 이론적 기초가 되는 것은 이익집단 이론이기 때문에 다양한 세력들이란 곧 다양한 이익집단들이라고 할 수 있다. 특정 정책이 결정될 때 관련 이익집단들은 자신들에게 유리한 정책이 만들어지도록 각 집단별 영향력에 기반한 게임을 한다.

정책과정에서 이익집단의 활동은 개인의 목소리(voice)만으로는 정책과정에 영향을 미치지 못하는 한계를 극복해 줄 수 있는 기회를 제공해 준다. 그런 점에서 정치가 사람들이 자신에게 이익이 되는 목소리를 내는 과정이라고 한다면, 이익집단의 활동은 시민들의 정치활동을 활성화시키고 효과적인 활동이 되도록 하는 데 기여하는 역할을 한다. 그리고 이익집단의 활동은 정책과정에서 관련 정책에 대한 전문적인 의견을 제공해주는 역할도 한다. 그래서 오늘날 이익집단들의 활동이 활발한 다원주의 사회에서 정책과정은 엘리트들에 의해 주도되기보다는 다양한 세력들 간의 견제와 경쟁 그리고 게임으로 이루어지고 있다.

문화정책에서도 관련 이익집단들은 예술정책과정에 활발히 참여하면서 자신들에게 유리한 결과를 얻기 위해 노력한다. 예술가 단체나 예술영역별 이익단체들이 문화예산 결정과 보조금 획득을 위해 정책과정에 참여하는 모습이 그 예이다. 특히 다원주의 사회에서는 이익집단과 의회 그리고 관료 간에 철의삼각(iron-triangles)을 형성하여 정책을 주도하기도 한다. 철의 삼각은 정책하위체제(sub-system)의 하나로서,[39] 정책영역별로 철의 삼각은 다양한 모습을 보인다는 점에서 소수의 엘리트가 모든 정책과정을 지배한다는 앞서 살펴본 엘리트 모형과는 차이가 있다. 정책영역만큼 다양한 철의 삼각 혹은 하위체제가 형성되기 있기 때문에

---

38) 최진우(2006), p.106.

39) 정책은 행위자로 구성된 정책하위체제(policy subsystems)에 의해 만들어지는데, 가장 포괄적인 의미로 정책하위체제는 행위자들이 자신의 이익을 위해서 정책이슈를 토론하고 설득하고 흥정하는 포럼(forums)이라고 할 수 있다.

다원화된 세력에 의해 정책과정이 지배되는 것이다. 일례로 문화관련 이익단체들은 철의 삼각을 구성하고 있는 정치세력의 정치적 후원자가 되고 그 정치세력은 문화단체의 보조금을 위해 적극적으로 정치활동을 한다. 관료 역시 문화단체로부터 정책집행에서 순응을 확보하는 대신 문화단체를 대상으로 하는 보조금 집행에서 이익을 제공해 주고, 정치세력과도 예산배분과 정치적 후원의 관계를 각각 맺게 된다. 이런 모습은 문화정책의 세부 영역별로 다양하게 존재할 수 있다. 하지만 다원주의 모형에서 이익단체들의 이익추구 활동이 지나치게 대중의 희생을 전제하거나 지나친 경쟁으로 사회 혼란을 야기한다면 문제가 될 수 있다.

3) 정책네트워크 모형

엘리트 모형이나 다원주의 모형에서는 정책과정에 주도적인 역할을 하는 주체가 각각 소수 엘리트와 다양한 이익집단들이다. 그러나 민주주의가 발달하고 성숙한 오늘날 정책과정에 참여하는 참여자들은 소수 엘리트나 이익집단에 한정되지 않는다. 앞서 살펴본 바와 같이 정책과정에는 다양한 주체들이 참여한다. 공식적인 참여자는 물론이고 정당이나 시민단체 그리고 이익단체, 미디어 등이 그에 해당한다. 이런 다양한 참여자들 간의 상호작용을 중심으로 정책과정의 참여자들 모습을 논의하는 것이 정책네트워크 모형이다.

정책네트워크는 행위자, 그들 간의 연계, 그리고 그 경계로 이루어져 있다. 여기에는 주로 공공부문 및 민간조직의 행위자들로 구성되는 비교적 안정적인 세트의 행위자들을 포함한다. 행위자들 간의 연계는 의사소통과 전문지식, 신뢰, 그리고 여타 자원을 교환하는 통로로서 작용한다. 정책네트워크의 경계는 공식기관들에 의하여 결정되는 것이 아니라 기능적 적합성과 구조적인 틀에 의존하는 상호 인지의 과정으로부터 결정된다.[40] 그래서 정책네트워크는 구성원의 이익, 구성원의 독립성의 정도, 멤버십의 안정성, 멤버십의 자격제한, 다른 네트워크와 사회로부터의 절연의 정도(degree of insulation), 통제하는 자원의 성격 등에 의해 결정되는 결합의 강도에 따라 다양한 모습으로 존재한다.[41]

초기의 정책네트워크 접근은 행위자들 간의 안정된 구조적인 관계를 기술하

---

40) 남궁근(2012), p.339.
41) Howlett, Michael and M. Ramesh(1995).

는 데 논의의 초점을 맞추고 내구성, 밀도, 상대적으로 정태적인 조직형태 등과 같은 정책네트워크의 구조적 성격을 강조하였지만, 최근에는 정책네트워크의 유연성, 적응성, 동태성을 강조하고 있다. 이러한 정책네트워크 접근은 정책 및 행정 실무적인 차원에서 정부 혼자의 힘으로는 풀어갈 수 없는 집합적인 문제를 해결하는 데 필요한 자원(아이디어, 정보, 지식, 물적 자원, 인적 자원, 정치적 지지 등)을 동원하고 조직화하는 데 유용성을 가지고 있다. 따라서 혼란스럽고 복잡한 사회의 제 문제를 해결하고자 하는 정책적 관심에서 볼 때 정책네트워크의 형성과 내부 동태성에 관한 설명은 실천적인 차원에서 매력을 가지고 있다.[42]

이와 관련해서 영국 버밍엄의 지역문화 네트워크 사례를 보면, 지방정부, 중앙정부 기구, 비정부 기구, 지역주민, 학계가 참여 주체들이다. 참여주체들은 나름대로 추구하는 목적이 상이하다. 문화예술가들은 본인들의 문화 활동을 통해 문화 가치 창조를 목적으로 두는 반면, 기업인들은 문화 후원을 통해 기업의 이윤 창출에 일차적인 목적을 둔다. 지역공동체는 자신들 지역 및 삶의 질 향상을 목적으로 삼는다. 이 과정에서 지방정부는 지역문화네트워크의 공급자인 동시에 조종자로서 중추적인 역할이 요구된다. 즉, 시정부 및 정부 지방사무소는 지역문화 참여자들에게 로드맵을 제공하고 참여자들의 적극적인 활동을 유도하면서 최상의 서비스를 시민에게 제공하는 동시에 관련참여자들과의 상호 협력적 관계를 지속시킴으로써 문화예술 서비스의 효율성과 경제성 및 효과성을 제고하는 역할을 담당한다.[43] 이처럼 문화예술의 서비스 공급은 이제 더 이상 정부의 독립적인 영역에서 이루어지는 행위가 아니라 의사결정 및 서비스 공급을 둘러싸고 네트워크에 기반하여 여러 행위자들 간의 참여와 협동으로 이루어진다.

한편, 정책커뮤니티(policy communities)와 정책네트워크라는 용어가 과거에는 동일한 의미로 혼용되었다가 최근에는 구별해서 사용하는 추세이다. 정책커뮤니티는 특정한 지식을 기반한 것과 관련되고, 정책네트워크는 현실적 이익과 관련된다. 다시 말해, 둘 다 정책하부구조에 속하는 것이지만 정책커뮤니티 구성원은 인식적 관심 즉 공유된 지식기반(a shared knowledge base)에 의해 연결되는 반면, 정책네트워크 구성원은 정규적인 접촉의 이유가 되는 현실적 이익에 의해 연결된다.

---

42) 신희영(2007), pp.143-144.
43) 서순복·함영진(2008), p.254.

특정한 정책적 지식에 관련한 정책커뮤니티는 해당 정책형성에 관련된 모든 사람을 포함하는 범주이고, 정책네트워크는 정책커뮤니티 구성원 중에서 정기적으로 만나 상호 교류하는 하부 구성 집단을 말한다. 그래서 정책커뮤니티는 공통의 정책관심을 가진 정책 세계(policy universe)에서 구성원이 유래하고, 정책네트워크는 정책커뮤니티 내의 연결 과정이거나 둘 혹은 둘 이상의 커뮤니티 사이에서의 연결 과정이다. 이에 기초해서 보면 정책과정에 직접 참여하는 행위자들은 정책네트워크의 구성원인 경우가 많고, 간접적으로 관련되는 행위자들은 정책커뮤니티의 구성원인 경우가 많다.[44] 오늘날과 같이 정책과정의 참여자가 다양해진 상황에서 문화정책의 영역과 사례별로 행위자 관계를 분석하기 위해 정책네트워크 분석과 정책커뮤니티 분석을 각각 할 수도 있고, 그 결과를 서로 비교할 수도 있을 것이다. 그리고 국가별 사례 분석에서도 유용하게 사용될 것이다.

---

44) Howlett, Michael and M. Ramesh(1995).

제4장

문화재 정책

제4장
문화재 정책

제 1 절 문화재의 의미와 종류

1. 문화재의 의미

문화재는 독일어 'Kulturgüer'의 번역어로서 인위적이거나 자연적으로 형성된 국가적·민족적 또는 세계적 유산으로 역사적·예술적·학술적 또는 경관적 가치가 큰 것을 말한다. 이 정의는 <문화재보호법>상에 정의된 개념이다. 현실 정책을 위하여 문화재의 핵심적 의미를 표현한 정의라고 할 수 있다. 하지만 문화재에 대하여 보다 풍부한 논의를 위해 이론적이면서 동시에 실무적인 접근에 따라 문화재를 다시 정의하면, 문화재는 "과거에서부터 현재까지 이어져오면서 미래에도 그 가치가 지속적으로 발현될 것으로 기대되는 자연적·사회적·문화적 산물"이라고 할 수 있다.

이 정의를 통해 문화재의 중요한 속성을 알 수 있다. 문화재는 역사성, 미래성, 가치성, 상징성의 속성을 지닌 실재라는 점이다. 문화재는 과거에서부터 이어져 왔다는 점에서 역사성을 지니고 있으면서, 동시에 미래에도 그 가치가 발현될 것으로 기대된다는 점에서 미래성의 속성도 지니고 있다. 그리고 단순히 시간적으로 과거와 현재 그리고 미래의 산물이 아니라 자연적으로나 사회적 혹은 문화적으로 중요한 가치를 지니고 있어야 한다는 점에서 가치적 속성을 지니기도 한다. 아울러 문화재는 상징적 속성을 지니기도 한다. 자연적이건 사회적이건 그리고 문화적이건 문화재는 하나의 산물이면서 동시에 그 자체가 가치가 있는 것으로 여겨지기(인식되기) 때문에 상징적 물체라는 속성을 지닌다. 즉, 해당 문화재를 보면 그 문화재가 상징하는 바가 문화재가 주는 가치와 함께 인식되어 이제부터는 단순한 '물체'가 아니라 가치를 지닌 '문화재'가 되는 것이다. 석굴암이 하나의 건축물에 지나는 것이 아니라 자긍심과 민족의식을 고취시키는 상징물로서 역할을 하는 것이다. 이처럼 문화재는 역사성, 미래성, 가치성, 상징성을 그 속성으로 하여 우리 사회에서 일정한 기능을 하는 의미 있는 산물로서 위치하고 있다.

　　문화재를 접하게 되면 많은 사람들은 문화재가 문화유산과 어떻게 구별이 되는가에 대해 궁금해 한다. 일반적으로 문화유산이 문화재보다 더 포괄적인 의미로 인식된다. 왜냐하면 문화유산은 자연적 '현상'까지도 아울러서 가치가 높은 산물을 지칭하기 때문이다. 다시 말해 문화재를 보존·보호하기 위한 보호물과 보호구역 그리고 문화재와 보호물 및 보호구역에 준하여 보전할 필요가 있는 것도 모두 문화유산으로 포함하는 것이다.[1] 따라서 문화유산 속에 문화재가 속하는 형태라고 볼 수 있다.[2]

　　하지만 현실에서는 이 두 용어, 즉 문화유산(cultural heritage)과 문화재(cultural properties)는 서로 혼용하는 경우가 많다. 왜냐하면 문화재라는 용어가 산업혁명 이후 영국에서 천연자원 개발이 활기를 띠게 됨에 따라 자연 파괴와 역사적 문화유산의 훼손을 예방하기 위하여 일어난 민간의 자발적인 보호운동 과정에서 문화적 가치를 지닌 산물이나 보존할 가치가 있다고 판단되는 것을 지칭하는 의미로 처음 사용되었기 때문이다.[3] 문화재 용어가 사용될 때부터 자연적 가치에 관한 관념이 함께 존재한 것이다. 그래서 자연적 가치를 포함하는 것에 대한 여부를 놓고 문화유산과 문화재 개념을 서로 상·하위 개념으로 구분해서 사용해도 문제없고, 구분 없이 혼용해도 크게 문제되지 않는다. 우리나라의 경우도 1962년 <문화재

---

1) 〈문화유산과 자연환경자산에 관한 국민신탁법〉 제2조.
2) 물론 이와는 반대로 문화유산과 자연유산을 포함하는 개념으로 문화재의 개념을 사용하는 견해도 있다(최철호, 2011:385).
3) 문화재청(2002).

보호법>이 제정되면서부터 문화재라는 용어를 공식적으로 사용하기 시작하였는데, 이 법의 내용들 중 많은 부분에서 문화유산도 함께 고려하고 있음이 확인된다. 결국 이 두 용어는 서로 혼용된다고 볼 수 있다. 하지만 이 책에서는 현실의 문화정책이 문화유산정책보다는 문화재정책으로 더 일반화되어 사용된다는 점에서 문화재정책으로 지칭하며 논의하기로 한다.

2. 문화재의 종류

문화재는 문화재 지정의 수준에 따라 국가지정문화재, 시·도지정문화재, 문화재 자료, 등록문화재, 비지정문화재로 나누어진다. 먼저 첫 번째 종류인 국가지정문화재는 문화재청장이 <문화재보호법>에 의하여 문화재위원회의 심의를 거쳐 지정한 중요문화재이다. 이는 국보·보물·사적·명승·천연기념물·중요무형문화재 및 중요민속문화재 등 7개 유형으로 다시 세부적으로 구분된다.

국보는 보물에 해당하는 문화재 중 인류문화의 견지에서 그 가치가 크고 유례가 드문 것이 해당되는데, 예를 들면 서울의 숭례문, 훈민정음 등이 해당된다. 보물은 건조물·전적·서적·고문서·회화·조각·공예품·고고자료·무구 등의 유형문화재 중 중요한 것들이다. 예를 들면 서울흥인지문, 대동여지도 등이 있다. 사적은 기념물중 유적·제사·신앙·정치·국방·산업·교통·토목·교육·사회사업·분묘·비 등으로서 중요한 것을 말한다. 여기에는 수원화성, 경주포석정지 등이 해당된다. 명승은 기념물 중 경승지로서 중요한 것을 말하며, 여기에는 명주청학동의소금강, 상백도하백도일원 등이 있다. 천연기념물은 기념물 중 동물(서식지·번식지·도래지 포함), 식물(자생지 포함), 지질·광물로서 중요한 것으로서, 예를 들어 달성의 측백수림, 노랑부리백로 등이 있다. 중요무형문화재는 연극, 음악, 무용, 공예기술 등 무형의 문화적 소산으로서 역사적·예술적 또는 학술적 가치가 큰 무형문화재 중에서 중요한 것을 말한다. 여기에는 종묘제례악, 양주별산대놀이 등이 있다. 중요민속문화재는 의식주·생산·생업·교통·운수·통신·교역·사회생활·신앙 민속·예능·오락·유희 등에서 중요한 것으로, 덕온공주당의, 안동하회마을 등이 있다.[4]

---

4) 문화재청 홈페이지(www.cha.go.kr).

두 번째 문화재 종류는 시·도지정문화재이다. 시·도지정문화재는 특별시장·광역시장·도지사가 국가지정문화재로 지정되지 않은 문화재 중 보존가치가 있다고 인정되는 것을 지방자치단체(시·도)의 조례에 의하여 지정한 문화재로서 유형문화재·무형문화재·기념물 및 민속문화재 등 4개 유형으로 구분된다.

여기서 유형문화재는 건조물, 전적(典籍), 서적(書跡), 고문서, 회화, 조각, 공예품 등 유형의 문화적 소산으로서 역사적·예술적 또는 학술적 가치가 큰 것과 이에 준하는 고고자료(考古資料)를 말한다. 무형문화재는 연극, 음악, 무용, 놀이, 의식, 공예기술 등 무형의 문화적 소산으로서 역사적·예술적 또는 학술적 가치가 큰 것을 말한다. 기념물은 절터, 옛무덤, 조개무덤, 성터, 궁터, 가마터, 유물포함층 등의 사적지(史蹟地)와 특별히 기념이 될 만한 시설물로서 역사적·학술적 가치가 큰 것, 경치 좋은 곳으로서 예술적 가치가 크고 경관이 뛰어난 것, 동물(그 서식지, 번식지, 도래지를 포함한다), 식물(그 자생지를 포함한다), 지형, 지질, 광물, 동굴, 생물학적 생성물 또는 특별한 자연현상으로서 역사적·경관적 또는 학술적 가치가 큰 것을 말한다. 민속문화재는 의식주, 생업, 신앙, 연중행사 등에 관한 풍속이나 관습과 이에 사용되는 의복, 기구, 가옥 등으로서 국민생활의 변화를 이해하는 데 반드시 필요한 것을 말한다.[5]

세 번째 문화재 종류는 문화재자료이다. 문화재자료는 시·도지사가 시·도지정문화재로 지정되지 않은 문화재 중 향토문화보존상 필요하다고 인정하여 시·도 조례에 의하여 지정한 문화재를 지칭한다.[6]

네 번째 문화재 종류는 등록문화재이다. 등록문화재는 문화재청장이 <문화재보호법> 제53조에 의하여 문화재위원회의 심의를 거쳐 지정문화재가 아닌 문화재 중 건설·제작·형성된 후 50년 이상이 지난 것으로서 보존과 활용을 위한 조치가 특별히 필요하여 등록한 문화재이다. 남대문로 한국전력 사옥(등록 제1호), 철원 노동당사(등록 제22호), 경의선 장단역 증기기관차(등록 제78호), 백범 김구 혈의 일괄(등록 제439호) 등이 여기에 해당된다.[7]

다섯 번째 문화재 종류는 비지정문화재이다. 비지정문화재는 <문화재보호

---

5) <문화재보호법> 제2조.
6) 문화재청 홈페이지(www.cha.go.kr).
7) 문화재청 홈페이지(www.cha.go.kr).

법> 또는 시·도의 조례에 의하여 지정되지 아니한 문화재 중 보존할 만한 가치가 있는 문화재를 지칭한다.[8]

3. 문화재 종류별 현황

[표 4-1]과 [표 4-2]는 2015년 현재 국가지정문화재와 시·도지정문화재 현황을 나타내고 있다. 앞서 살펴본 문화재 종류 중 세 번째 종류인 문화재자료는 시·도지사가 지정하는 것이기 때문에 통계표에서는 시·도지정문화재로 분류되어 있다. 그리고 다섯 번째 종류였던 비지정문화재는 지정된 문화재가 아니기 때문에 아래 통계현황 표에서는 제외되어 있다.

2015년 통계에 따르면 우리나라의 지정 및 등록된 문화재는 총 12,319건이다. 이 중 지정문화재는 11,662건이고, 등록문화재는 657건이다. 지정문화재는 다시 국가지정문화재가 3,603건이고 시·도지정문화재가 8,059건이다. 이렇게 보면 문화재의 종류 중에서 시·도지정문화재가 우리나라 문화재 중에서 가장 큰 비중을

표 4-1 국가지정문화재 현황

국보	보물	사적	명승	천연기념물	중요무형 문화재	중요민속 문화재	합계
315	1831	489	109	455	120	284	3603

자료: 문화재청(2015)
단위: 건

표 4-2 시·도지정문화재 현황

시도유형문화재	시도무형문화재	시도기념물	시도민속문화재	문화재자료	합계
3025	504	1601	382	2547	8059

자료: 문화재청(2015)
단위: 건

---

8) 문화재청 홈페이지(www.cha.go.kr).

차지하고 있다는 것을 알 수 있다. 지역별로 총괄적인 문화재 보유수를 보면 경상북도가 1,958건으로 가장 많은 문화재를 보유하고 있다. 문화재 종류별로 나누어서 살펴보면 국가지정문화재는 서울이 905건으로 가장 많고, 시·도지정문화재는 경상남도가 1,381건으로 가장 많다. 등록문화재는 서울이 173건으로 가장 많다.

제 2 절   문화재 보호와 관리

1. 문화재 보호 원칙

문화정책 구현에서 중요한 것은 과거의 보존과 새로운 시도 사이의 균형이다. 문화예술은 한시적으로 가치를 발휘하는 것이 아니라 시간이 흘러도 그 가치가 계속되기 때문이다. 그래서 문화예술을 대할 때는 과거의 보존과 앞으로의 가치 발현을 위한 새로운 시도가 함께 고려되어야 한다. 문화예술 중에서도 문화재가 특히 그러하다. 새로운 것에만 너무 흥미를 보이면 진보라는 이름하에 오랜 가치와 아름다움을 파괴하게 될 수 있고, 과거의 기록에만 지나치게 집착하게 되면 가치의 생산적 변용이 되지 못한다. 그래서 문화재는 보존이 전제된 지속과 새로운 위상 설정이 함께 이루어져야 한다. 둘의 균형이 중요하지만 특히 문화재의 경우 그 전제인 보호가 선행되어야 한다. 한번 파괴되면 재조립이 어려운 것이 문화재이다.[9] 그래서 국가는 물론이고 국제사회는 문화재 보호를 위한 노력을 꾸준히 해오고 있다. 보호되고 보존되어야 미래에도 지속되어 새로운 생산적 가치 발현이 이어질 수 있기 때문이다.

하지만 그동안 문화재는 도난이나 도굴 그리고 훼손 등으로 인해 제대로 보호되지 못하였다. 1985년 이후부터 집계된 통계자료를 보면 지정문화재의 경우 163건에 총 2,391점이 도난되었고, 총 49건이 도굴 및 훼손되었다. 도난된 문화재의 경우 회수가 되기도 하지만, 문제는 회수된 문화재가 훼손되어 온전하지 못한

---

9) Mundy, Simon(2000).

표 4-3 문화재 도난·회수 및 도굴·훼손 현황

구분		지정문화재		비지정		계	
		건수	점수	건수	점수	건수	점수
문화재 도난·회수	도난	163	2,291	542	25,384	705	27,675
	회수	66	877	143	3,880	209	4,757
도굴·훼손	도굴	22	-	63	-	85	-
	훼손	27	-	9	-	36	-
	계	49	-	72	-	121	-

자료: 문화재청(2015)

경우가 많은 것이다. 지정문화재뿐만 아니라 비지정문화재도 [표 4-3]과 같이 제대로 보호되고 있지 못한 사례가 적지 않다.

이처럼 훼손되고 보호되지 못하는 문화재가 생기지 않도록 하기 위해 문화재 보호를 위한 몇 가지 기본 원칙이 존재한다. 문화재보호의 기본 원칙은 크게 네 가지로 나눌 수 있다. 첫째, 원형유지의 원칙, 둘째, 지속가능한 개발의 원칙, 셋째, 문화 환경(경관) 보호의 원칙, 넷째 문화재 공개 및 비공개 원칙이 그것이다. 물론 문화재를 보호하는 여러 세부원칙들이 더 있겠지만 가장 기본 원칙으로 들 수 있는 것이 이 네 가지이다.

우선, 문화재는 원형유지가 보호의 기본 원칙이다. 문화재의 보존·관리 및 활용은 원형유지를 가장 기본적인 원칙으로 두고 있다.[10] 이는 문화재 원형 그대로의 가치를 인정하고 그 가치를 유지하고 보존해야 함을 강조하는 원칙이다. 이를 위해 가능하면 문화재 보존 사업은 철저한 고증을 바탕으로 원형 그 본래의 모습으로 시행되어야 한다. 발굴조사 및 정비에서도 관계 전문가의 충분한 연구와 검토를 거쳐서 고도의 기술과 치밀한 계획 하에 실시되어야 한다.[11]

물론 그렇다고 지나치게 경직된 원형 추구는 바람직하지 않다. 원형 자체가 무엇인가에 대한 합의가 쉽지 않은 현실에서 원형이 무엇인가에 대한 논의만 하다 시간을 허비할 수 있다. 그리고 누군가가 원형이라고 정한 모습이 후대에 원형이

---

10) 〈문화재보호법〉 제3조.
11) 최철호(2011), p.387.

아닌 것으로 판명될 수도 있다. 문화재의 특성상 긴 역사를 간직하고 있기 때문에 지금까지 발견되지 않았던 원형과 관련된 자료가 얼마든지 후대에 발견될 수 있다. 그렇게 되면 기존의 원형이라고 규정한 원형 모습은 진짜 원형이 아닐 수도 있다. 역사학에서 새로운 발굴 등으로 기존의 역사가 새롭게 쓰여지는 것과 같은 맥락이다. 또 원형을 구축하거나 보존할 수 있는 최첨단 기술이 계속 발전되어 원형에 더욱 더 가까이 다가갈 수 있는 기회가 미래에 얼마든지 열려있기 때문에 현재의 원형이 최종적인 원형이라고 강하게 단정해서는 안 된다. 따라서 오늘날 문화재의 원형 유지 원칙은 가능하다면 원형 그대로를 보존하여 원래의 모습이 보존되어야 한다는 의미이지만, 원형에 대한 지나치게 확정적인 태도로 인해 진짜 원형을 놓치지 않아야 한다는 주의의 의미도 함께 내포하고 있다.

두 번째 원칙은 지속가능한 개발의 원칙이다. 흔히 사람들은 문화재의 보존과 개발 간에 갈등이 존재한다고 생각한다. 하지만 문화재를 보존하는 것이 정체된 문화재로 남겨놓는다는 것을 의미하는 것이 결코 아니다. 문화재의 보존은 지속 가능성이 전제되어야 한다. 시의적절(timeliness)하게 보존 방법이 적용되어서 문화재가 환경에 적응하고 대응할 수 있는 상태가 되어야 비로소 시간의 흐름에 따라 보존도 이루어질 수 있다. 따라서 문화재의 지속가능한 개발 원칙이란 문화재가 미래에도 계속 보존되어 가치를 발현할 수 있도록 지속가능한 방법 등으로 개발되어야 한다는 것을 의미한다. 개발은 곧 문화재를 보존하고 지속적으로 미래에도 가치 발현이 되도록 하기 위한 새로운 기술을 적극적으로 적용하거나 문화재 자체의 적응적 변용을 수용한다는 의미이다. 따라서 문화재의 역사성과 미래성을 고려하여 보존을 위한 지속가능한 개발이 문화재 제반 영역에서 이루어져야 한다.

세 번째 원칙은 문화재를 둘러싼 환경에 대한 보존 원칙이다. 문화재를 보존하고 보호한다는 것은 문화재 그 자체에만 초점을 두어서는 이루어질 수 없다. 문화재는 그 자체로 독립해서 존재하는 것이 아니라 주변의 자연적이고 문화적인 환경과 밀접하게 관련해서 형성되고 존재하는 특징을 갖는다.[12] 사실 실외에 존재하고 있는 문화재는 주변 환경이 함께 고려되기 때문에 문화재로서 가치를 더욱 발하기도 한다. 따라서 특정한 장소에 위치하고 있는 문화재를 보호하기 위해서는 문화재를 둘러싸고 있는 환경에도 함께 관심을 가져야 한다. 기온이나 습도 등이

---

12) 모토마카 마코토(2007).

문화재에 미치는 영향은 익히 잘 알려진 사실이다. 실제로 바람, 온도, 비 등으로부터 문화재를 보호하기 위해 문화재에 관련된 장치들을 설치한 예를 자주 볼 수 있다. 어찌 보면 환경보전을 해야 하는 이유로 문화재보호를 들 수도 있다. 산성비나 온난화 현상은 문화재 훼손과도 관련되기 때문이다. 그리고 문화재 가까이에서 이루어지는 사람들의 행위 및 행태나 문화적 행동 패턴도 문화재에 영향을 준다. 그래서 우리나라의 <문화재보호법>에서도 문화재의 역사문화환경 보호를 위한 규정을 두고 있다. 예컨대 제13조 제3항에 의하면, "역사문화환경 보존지역의 범위는 해당 지정문화재의 역사적·예술적·학문적·경관적 가치와 그 주변 환경 및 그 밖에 문화재 보호에 필요한 사항 등을 고려하여 그 외곽 경계로부터 500미터 안으로 한다. 다만, 문화재의 특성 및 입지여건 등으로 인하여 지정문화재의 외곽 경계로부터 500미터 밖에서 건설공사를 하게 되는 경우에 해당 공사가 문화재에 영향을 미칠 것이 확실하다고 인정되면 500미터를 초과하여 범위를 정할 수 있다"고 규정하고 있다. 이처럼 문화재 보호는 문화재 그 자체에 대한 보호도 중요하지만 문화재를 공간적으로 위치시키고 있는 주위 환경에 대한 보호도 함께 이루어져야 한다.

네 번째 원칙은 문화재 공개 및 비공개원칙이다. <문화재보호법> 제48조에서도 명시하고 있듯이 국가지정문화재는 해당 문화재의 공개를 제한하는 경우 외에는 특별한 사유가 없으면 이를 공개해야 한다. 문화재는 어느 한 개인의 소유가 아니고 인류 공동체의 자산이기 때문에 모두에게 공개되어 향유되어야 한다. 그리고 공개가 곧 관리 및 감시의 역할을 하기 때문에 문화재 관리 측면에서도 공개원칙은 중요하다. 하지만, 문화재 공개가 항상 필요한 것은 아니다. 공개로 인해 오히려 문화재가 훼손되기도 한다. 그래서 문화재청장은 국가지정문화재의 보존과 훼손 방지를 위하여 필요하면 해당 문화재의 전부나 일부에 대하여 공개를 제한할수 있다. 이 경우 문화재청장은 해당 문화재의 소유자(혹은 관리단체)의 의견을 들어야 한다. 이때 문화재청장은 국가지정문화재의 공개를 제한하면 해당 문화재가 있는 지역의 위치, 공개가 제한되는 기간 및 지역 등을 문화체육관광부령으로 정하는 바에 따라 고시하고, 해당 문화재의 소유자·관리자 또는 관리단체, 관할 시·도지사와 시장·군수 또는 구청장에게 알려야 한다. 문화재 공개가 제한되면 문화재청장의 허가를 받아야 공개가 제한되는 지역에 출입할 수 있다. 그렇지만 공개 제한

의 사유가 소멸하면 지체 없이 제한 조치를 해제한다.[13]

2. 국제기구에 의한 문화재 보호 관리활동

문화재 보호는 국제적인 차원에서도 이루어지고 있다. 문화재가 단지 특정한 국가에게만 의미 있는 대상이 되는 것은 아니기 때문이다. 우리가 해외여행을 하면서 다른 나라의 문화재 장소에 찾아가서 문화재를 향유하거나, 특정 국가의 문화재를 세계문화유산으로 지정하는 것에서도 문화재가 주는 가치가 인류 전체를 대상으로 하고 있다는 것을 알 수 있다. 그래서 많은 소규모의 국제단체는 물론이고 규모가 큰 관련 국제기구들이 문화재 보호를 위한 다양한 활동을 하고 있다.

이 중에서도 특히 국제기구로서 문화유산보호를 위해 가장 활발한 활동을 하고 있는 기구는 '유네스코'(UNESCO: United Nations Educational, Scientific and Cultural Organization)이다. 유네스코는 국제연합 전문기관으로서 그 활동은 교육, 과학, 문화 분야에서 이루어진다. 유네스코는 특히 그동안 각종 문화유산보호를 위한 주요 협약을 제정하는 데 주도적 역할을 담당해 왔다. 그리고 실제적 사업으로서 이집트의 누비아 유적과 인도네시아의 보로부두르 불교유적의 복구 사업 등 세계 문화유산의 보존 및 보수를 주도하기도 했고, 세계 각국의 문학 및 사상에 관한 문헌 번역에도 크게 공헌하고 있다. 최근 유네스코는 문화유산과 관련하여 세계유산, 무형문화유산, 동산유산과 박물관, 수중문화유산, 문화적 다양성 등을 중점 사업으로 지정하고 추진하고 있다.

유네스코에서는 협약 이행을 위해 여러 위원회를 두고 있다. 유네스코는 1970년에 문화재의 불법적인 반·출입을 방지함으로써 문화재가 원 소재지국에 보존될 수 있도록 「문화재 불법 반·출입 및 소유권 양도의 금지와 예방수단에 관한 협약(Convention on the Means of Prohibiting and Preventing the Illicit Import, Export and Transfer of Ownership of Cultural Property)」을 채택한 바 있는데, 이 협약 이행과 관련하여 1978년 제20차 유네스코 총회는 '문화재반환촉진 정부간위원회'(ICPRCP)를 설립했다. 그리고 세계유산위원회(WHC: World Heritage Committee)는 1972년에 채택

---

13) 〈문화재보호법〉 제48조.

된 「세계 문화유산 및 자연유산의 보호에 관한 협약(Convention concerning the Protection of the World Cultural and Natural Heritage)」의 제8조에 근거하여 1975년 설립된 정부 간 위원회이다. 이 위원회는 세계유산협약 운영에서 가장 중요한 의사결정기구이다. 세계유산위원회는 세계유산협약의 이행을 책임지고 세계유산기금 사용을 집행하며 특히 세계유산을 선정하고 해제하는 권한을 가지고 있다. 이처럼 문화유산 관련 국제기구 가운데 유네스코는 문화 외교의 중심이 되고 있다. 우리나라는 1950년 6월 14일부터 유네스코 회원국이 되었고 유네스코한국위원회를 중심으로 활발한 활동을 전개하고 있다.[14]

이와 같이 유네스코 세계유산 등재는 해당 문화재가 인류 공동으로 보호되어야 할 가치를 지닌 유산으로 인정받는 것으로서, 국제적 차원에서 문화재 관리 보호가 이루어지게 된다는 것을 의미한다. 그래서 여기에 등재되기 위해 각 국가들은 다양한 노력을 하고 있다. 유네스코는 매년 각 국가로부터 등재 신청을 받아서 자문기구(ICOMOS, IUCN)의 평가를 거쳐서 세계유산위원회에서 최종 심의 및 결정한다. 2015년 현재 우리나라 문화재 중에서 세계유산으로 등재된 것은 1995년 석굴암과 불국사 등을 비롯해 총 39건이다. 세계적으로는 총 161개국에서 1007건이 등재되어 있다. 이 중 이탈리아가 50건이고 중국이 47건이다.[15]

문화재와 관련된 대표적인 국제협약들은 위에서 언급한 두 협약 즉, 「문화재 불법 반·출입 및 소유권 양도의 금지와 예방수단에 관한 협약」(1970년)과 「세계 문화유산 및 자연유산의 보호에 관한 협약」(1972년) 이외에도 「도난 또는 불법 반출된 문화재에 관한 유니드로와 협약(Convention on Stolen or Illegally Exported Cultural Objects)」(1995년), 「무력충돌시 문화재 보호에 관한 협약(Convention for the Protection of Cultural Property in the Event of Armed Conflict)」(1954년), 「수중문화재 보호 협약(Convention on the Protection of Underwater Cultural Heritage)」(2001년), 「국제문화재 보존 복구연구센터 규약(Stutes of the International Centre for the Study of the Preservation and Restoration of Cultural Property)」(1956년), 「무형문화유산보호협약((Convention for the Safeguarding of the Intangible Cultural Heritage)」(2003년) 등이 있다.

---

14) 정상우·정필운(2011), pp.1071-1072.
15) 문화재청(2015), p.67.

3. 문화재 보호관리 체계의 요소

우리나라의 문화재 보호관리 체계의 주무 기관은 문화재청이다. 문화재행정의 주무부서로서 문화재청은 기관의 기본임무로 "문화재를 체계적으로 관리 및 보존하여 민족문화를 계승하고 이를 효율적으로 활용하여 국민의 문화적 향상을 도모하는 것"으로 명시하고 있다. 이를 위해 문화재청의 문화재 보호관리 업무는 6가지 역할로 구분되어 이루어지고 있다. 문화재를 지정하고 등록하는 일, 문화재와 관련된 각종 현상 변경 및 발굴 등에 대한 허가, 문화재 보존과 재정지원, 조선 궁·능 및 중요 유적지 관리, 문화재 세계화 및 남북 문화재 교류, 문화재 조사·연구 및 전문 인력양성이 그 역할들이다. 이 역할들은 문화재 관리의 기본적인 체계를 구성하는 요소들이다.

첫 번째는 문화재를 지정하고 등록하는 일이다. 문화재 중에서 특히 중요한 것을 지정문화재로 지정하여 관리하는 일이다. 국보·보물 같은 국가지정문화재 지정관리 업무는 문화재청에서 직접 담당하고 시·도지정문화재 지정관리에 대해서는 지자체의 업무를 지원하고 있다. 또한, 지정되지 않은 문화재 중에서 보존을 위한 조치가 특히 필요한 것을 등록문화재로 등록하여 보존하는 일도 하고 있다.

두 번째는 현상변경·발굴 등 허가이다. 국가지정문화재 또는 보호구역의 현상을 변경하거나 보존에 영향을 미칠 우려가 있는 행위를 하거나 지하나 해저에 묻혀있는 문화재를 발굴하기 위해서는 문화재청장의 허가를 받아야 한다. 그리고 국가지정문화재와 관련된 각종 현상변경 및 국외반출·매장문화재의 발굴 신청 등을 검토하여 허가여부를 결정하는 것도 문화재청의 중요한 일 중의 하나이다.

세 번째는 문화재 보존과 재정지원이다. 문화재청은 문화재의 보존·정비 등을 위한 재정지원을 한다. 국가지정문화재 관리·수리 및 중요 무형문화재 보호·육성 등을 위한 국고보조금을 지원하고, 백제 등 7대 문화권 유적정비·남해안 관광벨트 내 유적정비 등 각종 유적지 정비를 위한 예산을 지원하고 있다.

네 번째는 조선 궁·능 및 중요 유적지 관리이다. 문화재청은 경복궁, 창덕궁, 창경궁, 덕수궁과 종묘, 동구릉, 서오릉 등 수도권 지역의 조선 왕릉을 직접 관리하면서, 경복궁 복원·정비, 덕수궁 복원·정비사업 등을 추진하고 있다. 또한, 세

종대왕 유적·현충사·칠백의총 등 중요 국가유적지를 관리하고 국립고궁박물관·국립해양문화재연구소 등을 운영하는 일을 맡고 있다.

다섯째, 우리 문화재의 세계화 및 남북 문화재 교류의 역할도 문화재 보호 관리의 한 요소이다. 유네스코 세계 문화유산 등재나 세계 기록유산 등재 그리고 인류구전 및 무형유산 걸작 선정 등을 통해 우리 문화재의 우수성을 해외에 알리고, 일본·중국·러시아 등 외국과 문화재 분야 국제협력을 강화하는 일을 하고 있다. 또한, 고구려 고분군 보존 지원 등을 통해 남북 문화재 교류를 활성화하기 위한 노력도 기울이고 있다.

여섯째는 문화재 조사·연구 및 전문 인력양성이다. 문화재청 소속의 국립문화재연구소를 통해 문화재의 과학적 보존관리를 위한 각종 조사·연구를 추진하고 있다. 그리고 국립 4년제 문화재 특수대학인 한국전통문화대학교를 설립·운영하여 문화재 전문 인력을 양성하고 있다.16)

이처럼 문화재를 보호하기 위한 관리체계는 이 6가지 요소로 이루어지고 있다. 각 요소별로 세부 사업들이 진행되면서 관계 기관이 관리 체계를 작동시켜 나가고 있다. 문화재행정의 핵심 과제라고 할 수 있는 이 요소들은 중앙정부와 지방정부 모두에서 하나의 기준으로 기능하고 있다.

한편, 문화재 보호 제도와 관련 기관의 경우 의미심장한 변화의 조짐이 있었는데 그것은 2000년대 이후의 일이다. 당시 문화관광부는 '국가문화유산종합정보서비스(국가문화유산포털)'를 2000년 이래 지속적으로 구축했다. 문화재로는 포괄할 수 없는 광의의 문화유산들을 범국가적 차원에서 통합하는 정보체계를 구축함으로써 문화유산의 효율적인 관리와 홍보 및 그에 따른 고부가가치 창출까지 도모한다는 것이 그 전략적 목표였다.

아울러, 문화재 보호와 관리의 주무 부서로서 문화재청의 경우 2004년 그 공식 영문 명칭을 'Cultural Properties Administration'에서 'Cultural Heritage Administration'으로 바꿨다. 아리랑의 유네스코 무형문화유산 등재를 계기로 <문화재보호법>에서 무형문화재에 관한 법률을 독립시켜 <무형문화유산 보전 및 진흥에 관한법률>을 제정하면서 나타난 변화이다.17)

---

16) 문화재청 홈페이지(www.cha.go.kr).
17) 정수진(2013), p.96.

4. 문화재 보호 관리의 문제점

문화재를 보호하기 위한 관리상의 문제는 여러 가지로 지적될 수 있다. 그 중에서도 문화재 관리 예산 사용의 적절성과 문화재 관리의 전문성 그리고 문화재 폐기와 처분 관리가 대표적이다. 구체적으로 보면, 우선 문화재 보호 관리에서 문화재와 직접적인 관련이 없는 선심성 예산이 사용되는 일이 없어야 한다. 정부 예산은 충분하지 못하다. 그래서 항상 고민하는 것이 적은 예산을 효율적이고 효과적으로 사용하는 방법에 관한 것이다. 문화재와 관련된 예산도 마찬가지다. 충분하지 않은 것이 현실이다. 그런데 문제는 충분하지 않은 예산을 문화재 관리 예산이라는 명목 하에 문화재와 관련이 없는 곳에 사용하거나 지나치게 과다하게 예산이 책정되어 사용된다는 점이다.

한 예로 국민권익위원회의 실태조사에 의하면, 2010년에 △△시는 ○○사의 도지정문화재(대웅전, 1997년 지정)와 관련이 없는 요사채(스님들이 거주하는 방) 설치공사에 보조금을 지원하였다. 그 이후에도 2012년에는 요사채 단청공사 보조금 1억 5천만원을 지원한 사례도 있었다. 그리고 문화재발굴조사는 전문성을 이유로 소수 조사기관과 수의계약을 하는 경우가 있는데, 이때 조사기관이 독점적으로 조사를 수행하다 보니 용역비를 과다지급 할 우려가 높은 상황도 존재한다. 실제로 국민권익위원회의 실태조사에 따르면, ○○시에서 실시한 ○○산 보루 발굴조사에서 60평 규모의 산지문화재 발굴사업을 ○○대학교 박물관과 1억 2천 만원에 수의계약을 하였으나 발굴문화재는 거의 없는 실정이었다. 그러나 발굴조사 용역비는 실제 조사면적 180㎡의 2.3배에 해당하는 440㎡을 기준으로 산출해서 지불하였다. 그리고 개인소유 토지여서 유적지 발굴 후 원상 복구비용 부담 등이 또 발생하여 예산낭비가 심각한 수준임을 지적받은 사례가 있었다.[18] 문화재에 지원되는 예산은 예산 사용의 효과성과 효율성을 검토하기가 매우 어렵고 해당 분야에 사용되는 예산의 적절성을 확인할 수 있는 전문가나 관련 장치도 제대로 마련되어 있지 않은 실정이다. 따라서 문화재 관리 예산을 보다 체계적이고 적절하게 배분 및 편성할 수 있는 노력이 더욱 필요하다.

---

18) 국민권익위원회(2013).

둘째, 문화재발굴조사의 내실화와 전문성이 확보되어야 한다. 형식적인 문화재 발굴조사가 진행되어서는 안 되며, 발굴조사의 전문성이 확보된 이후에 문화재 발굴이 이루어져야 한다. 하지만 국민권익위원회에 따르면, 문화재발굴조사 과정에서 사업자 입장을 고려한 형식적인 조사가 진행되는 경우가 있었고 또 비전문인력(아르바이트생이 조사 담당)을 투입해서 조사를 진행한 사례도 있었다. 비용과 시간문제로 인해 제대로 된 조사가 진행되지 않는 것이다. 그리고 더 근본적인 문제는 문화재 관련 전문 인력 자체가 부족하다는 점이다. 한 조사에 따르면 문화재 보존관리체계의 어려움에 대해 '문화재 관리 전문 인력 규모 부족'을 가장 많이(48.3%) 지적하였다. 설문대상자의 직업이 연구원이나 학예직이든 혹은 행정직이나 사무직이든 모두 문화재 보존관리체계의 어려움으로 문화재 관리 전문 인력 규모의 부족을 가장 많이 언급하였다.[19]

셋째, 문화재를 관리한다는 것이 보호하는 것만을 의미하지는 않는다. 문화재에 대해 지나친 애착주의로 인해 문화재는 항상 보호되어야만 하는 것으로 여기는 것은 잘못된 태도이다. 문화재는 보존뿐 아니라 처분이나 폐기에 관한 사항도 중요하다. 여러 가지 이유에서 처분과 폐기가 필요한데, 미국의 주요 박물관의 소장품 처분 원칙을 보면 다음과 같다.[20] ① 수집정책(collection policy)과 일치여부, ② 소장품 수준의 질적 향상, ③ 교육적 목적으로의 사용불가, ④ 타 박물관이나 타 교육기관에 더 적합한 경우, ⑤ 소장품이 중복 소장된 경우, ⑥ 유물상태의 물리적인 노후 및 손상, ⑦ 위조 또는 위작, ⑧ 관리 능력 초과, ⑨ 전시 및 대여 가망성이 없는 경우, ⑩ 인간 및 다른 유물에 유해한 경우, ⑪ 도난 또는 불법적으로 수·출입 된 경우, ⑫ 국내외 법규 및 조약과의 부합여부 등이다. 이러한 이유들을 볼 때 문화재 폐기와 처분은 문화재 관리의 주요 영역임을 알 수 있다. 학술적으로도 이에 대한 심층적이고 풍부한 논의가 필요하고, 동시에 실무에서도 폐기 및 처분 관리 기술을 향상시켜야 한다.

---

19) 김창규(2013).
20) Well, Stephem E.(1997).

제 3 절 문화재의 활용

    문화재는 다양하게 활용된다. 문화재 활용이란 문화재에 담긴 가치를 찾아내서 새롭게 생명을 불어 넣거나 변용 과정을 거쳐 새로운 가치를 만들어내는 것을 말한다.[21] 특히 무형 문화재의 경우 그 자체로 창조력을 발휘할 뿐 아니라 지금 우리 생활 속에서 일정한 문화로 실질적 기능을 발휘한다. 그래서 현실적인 필요에 따라서 얼마든지 적절한 변용이 가능하고 또 여러 사람들이 민주적으로 공유할 수 있다.[22] 물론 그렇다고 마음대로 변용되거나 활용되어서는 안 된다. 무엇보다도 문화재 본연의 가치가 훼손되거나 오용 및 남용되어 본질에서 지나치게 벗어난 활용이 되어서는 안 된다. 문화재 활용은 여러 분야에서 이루어지지만 대표적으로 교육적 활용, 산업적 활용, 상징적 활용이 있다.

1. 교육적 활용

    교육적 활용의 경우 문화재는 한 나라의 민속과 역사를 이해하는 하나의 소재이자 증거가 된다. 예컨대 문화재가 학습 자료로 사용되는 경우에 문화재는 예증의 기능을 하고 상상력을 자극시키고 역사와 문화에 대한 현실감 및 실제적 인지력을 제공해준다. 그리고 문화재를 통해 추측과 해석을 할 수 있는 능력을 배양할 수도 있다. 문화에 대한 이해에서 실제 사례가 가시적 자료로 제시되지 않는다면 이해되기 힘들 뿐 아니라 오해되거나 왜곡될 수도 있다. 하지만 문화재는 우리 문화에 대한 증거가 되기 때문에 증거 기반 상상력과 이해력을 배양시키는 데 도움을 준다.

    실제로 미국 정부는 문화재를 교육 자료로 활용하는 데 적극적이다. 유물과 유적 등의 각종 문화재를 활용해서 교육하는 프로젝트를 후원하고 있다. 예를 들어 '역사적 장소를 활용한 수업'(Teaching with Historic Places)이라는 프로그램이 있는

---

21) 장호수(2006), p.157.
22) 임재해(2007), p.246.

데, 이 프로그램은 미국 내무부(Department of the Interior) 산하 국립공원관리공단 내의 '국가유적지명부(National Register of Historic Places, National Park Services)'와 '국립역사보존기구(National Trust for Historic Preservation)'의 후원을 받아서 개발되었다.

최근에 우리나라에서도 박물관이나 미술관 등에서 문화재를 활용한 교육을 많이 시도하고 있다. 문화재 체험을 통해 인성 교육을 하기도 하고, 역사교육, 그리고 전통미술 지도 교육, 문화재 속의 과학적 원리를 탐구하는 과학교육 등 다양한 교육들이 문화재를 활용해서 이루어지고 있다. 무엇보다도 문화재 활용 교육은 상상력 제고에 많은 도움을 주기 때문에 더욱 확대될 필요가 있다.

2. 산업적 활용

문화재는 관광자원으로서 산업적으로 활용이 되기도 한다. 문화재는 보편적 장소에 존재하는 대상물이 아니라 특정한 장소에 자리매김하고 있다. 그래서 특정한 지역의 장소자산(place asset)이 되기에 충분하다. 장소자산은 지역의 관광자원으로서 활용되어 경제적 효과를 창출한다. 정책네트워크 분석에 의한 연구 결과에 따르면 문화재를 장소자산으로 활발히 활용하고 있는 지역으로 경기도 연천군을 들 수 있다. 경기도 연천군에서는 전곡리 선사유적지라는 문화재를 주제로 하여 연천전곡리구석기축제가 매년 개최되고 있는데, 2005년부터 2011년까지 7년 연속 문화관광축제에 선정될 정도로 문화재의 관광산업적 활용이 활발히 이루어지고 있다.[23]

이러한 장소자산으로서 관광자원화된 문화재는 해당 지역의 장소마케팅의 소재로서도 활용될 수 있다. 예를 들어 수원의 경우 수원화성을 활용한 도시관광 활성화 노력이나 전주의 한옥마을을 활용한 전통문화도시 형성 노력 등이 있다. 외국의 경우에도 일본의 가나자와 시나 이탈리아의 볼로냐 등에서 문화재를 활용한 도시 관광 및 산업에 노력을 기울이고 있다.[24] 장소자산으로서 문화재가 도시의 의미를 부각시켜서 하나의 브랜드로까지 이어지고 있다.

그리고 문화재의 산업적 활용은 매체를 통해 콘텐츠화 작업으로도 나타난다.

---

23) 김병섭·김영래·서순탁(2012).
24) 이원희(2007).

문화재가 주는 관광 유인 이외에도 문화재가 상품 개발의 소재 혹은 스토리 개발의 재료로 널리 사용되면서 여러 상품을 만들어 내는 것이다. 한 예로 '원이 엄마의 편지'를 들 수 있다. 원이 엄마의 편지는 1998년 안동 정상동 택지 개발 지구의 조선 시대 무덤에서 나온 편지글이다. 이 편지글은 현대판 사랑과 영혼으로 불리는 부부애를 보여준다는 점에서 많은 관심을 불러 일으켰다. 고성이씨 문중 무덤을 이장하는 과정에 이응태(1556-1586)의 무덤에서 나온 이 편지글은 젊은 나이에 세상을 떠난 남편을 향한 일종의 망부가이다. 이 망부가 내용은 많은 사람들에게 감동을 주었다. 그래서 이 편지글은 소설, 창작 국악, 오페라 등 매체를 계속 바꿔가며 다양한 형태의 콘텐츠로 재생산되었고, 마침내 안동시에서는 문화재디지털화사업으로 IT 기술과 접목하여 애니메이션으로도 제작하기로 하였다.[25] 그리고 소장처인 안동대 박물관은 원이 엄마 관련으로 상표권을 등록하기도 했다. 이외에도 여러 문화재는 그 자체로서뿐 아니라 해당 문화재와 관련된 전설을 바탕으로 다양한 형태의 콘텐츠를 만들어내고 있다. 이처럼 문화재의 산업적 활용은 미디어와 IT 기술 그리고 인문학과의 만남으로 다양하게 이루어지고 있다.

③. 상징적 활용

상징이란 서로 인식할 수 있는 부호에 근거하는 약속과 관련된 것이다. 상징은 직접 주어지지 않은 것을 가리키는 형식을 포괄하는 기호(sign)의 일종이며 이것은 어떤 개념을 전달하는 역할을 하는 모든 사물, 행위, 사건, 특질, 관계를 말한다.[26] 상징은 물리적 세계의 일부로 현실적인 실존을 가지고 있지 않고, '의미'를 가지고 있다.[27] 여기서 중요한 것은 상징은 곧 인식의 문제라는 것이다. 남들에게는 아무 쓸모도 없는 조개껍질이지만 사랑하는 사람과 나눠 가진 조개껍질은 적어도 당사자 두 명에게는 큰 의미를 인식하게 해주는 증표가 된다. 상징이란 바로 그런 것이다. 인식을 할 수 있는 매개체가 되어 생각의 공유를 불러일으킬 수 있다. 문화재가 이와 같은 역할에 활용된다.

---

25) 장호수(2006), pp.168-169.
26) 김민주(2013), p.7.
27) Cassirer, Ernst(2008).

한국에만 있는 고유의 문화재는 한국 사람들에게 공유된 생각을 불러일으킨다. 그것이 한국인이라는 인식을 하게 해주는 자의식이 되었든 아니면 민족 자부심이 되었든 혹은 애착심 혹은 애국심이 되었든 공동체를 형성해서 살아가는 구성원에게 공유된 생각을 불러일으킨다. 이와 같이 문화재는 문화의 고유성이나 전통 그리고 정신과 의식을 이미지화하고 가시적으로 보여주는 하나의 표상으로 작용한다. 표상은 의미가 발현된 하나의 상(像)으로서 바로 상징이다. 전통 만들기를 비롯하여 이미지나 사회적 색깔을 만들기 위해 필요한 요소로 들 수 있는 것이 가시적인 사물인데, 문화재가 바로 그 사물이 될 수 있다.

문화재는 때로 국가의 상징을 대변하는 소재가 되기도 한다. 이는 앞서 살펴본 문화재의 산업적 활용 중 관광자원과 연결되어 경제적 가치를 창출한다. 해외 관광지에 가면 관람할 수 있는 문화재가 무엇인가가 우선 거론되고, 세계유산을 가지고 있다면 그 세계유산이 그 나라를 상징하는 하나의 소재로 인식되기도 한다. 비단 국가 차원만이 아니다. 도시의 상징이 문화재로 이미지화되거나 브랜드화 되기도 한다. 어느 지역에 어떤 문화재가 위치하고 있다면 그 지역의 정체성을 규정짓는 데도 활용되는 것이 문화재이다. 예컨대 경주는 석굴암 문양의 상징을 활용한 전통 문화도시 이미지를 여러 곳에서 보이고 있고, 안동도 전통 탈을 도시와 연계한 상징 소재로 활용하고 있다.

상징이 만들어지기까지는 해당 대상이 우리에게 직접 다가오지만, 상징이 만들어지고 그 의미가 자리 잡게 되면 그때부터 우리는 상징으로 둘러싸여서 살아가게 될 정도로 상징이 우리를 지배하는 것이 현실의 한 단면이다.[28] 문화재가 상징으로서 기능할 때 문화재가 곧 해당 지역의 특성으로 대변하는 데까지 이르게 되는 것도 그 때문이다.

---

28) Cassirer, Ernst(2008).

1. 문화재 환수의 대상과 중요성

문화재 환수는 문화재 약탈이라는 역사적 상처에서 시작된 활동이다. 주로 식민지 시대에 식민지를 거느렸던 식민지배 국가들이 약탈해간 문화재들이 그 대상이 된다. 물론 문화재 환수 활동이 과거의 문화재 약탈 행위에 의해서만 그 필요성이 존재하는 것은 아니다. 문화재의 불법 유출도 문화재 환수 활동의 정당성을 제공해준다. 그래서 식민 지배를 받던 나라의 일부 사람들이 불법적으로 식민지배국으로 유출시킨 문화재들도 문화재 환수의 대상이 된다.

이와 함께, 식민지와 관련되지 않고 설사 합법적인 상태로 유물을 구입했다고 하더라도 도난 등 부정한 방법에 의해 유통되는 사실을 알면서도 구입했다면 그 역시 문화재 반환의 대상이 된다. 이에 해당되는 사례로 프랑스와 이집트간의 문화재 환수 사례를 들 수 있다. 2009년 프랑스 루브르 박물관은 1980년대 룩소의 테티키(Tetiky) 왕조 고분에서 발굴된 부조 5점을 이집트 정부에 반환했다. 당시 프랑스는 합법적인 방법을 통해 유물을 취득하였다고 주장하였지만 이집트 정부는 프랑스가 도난 유물이라는 사실을 알면서도 구입했다고 주장하였다. 결국 이집트 대통령이 프랑스를 방문했을 때 양국 대통령이 합의를 하면서 반환이 이루어졌다.[29]

문화재를 반환하고 환수하는 활동은 단순히 약탈이나 불법 유출과 같은 도덕적인 부정의(不正義)나 역사적 상처를 치유하기 위한 하나의 활동으로만 치부할 일이 아니다. 문화재는 해당 국가의 문화적·역사적인 정체성을 찾는 일과 같다. 나아가 한 나라의 독립성과 주체성을 고취시키는 데도 중요한 역할을 한다. 식민지배국가들에게는 그들이 약탈했던 문화재가 제국주의 세력 확장에서 오는 전리품의 하나일지 몰라도 약탈당한 국가들에게는 소중한 가치를 지닌 문화재이다. 때에

---

29) 이보아(2013), pp.157-159.

따라서는 약탈당한 국가들에게만 소중한 가치를 지니는 문화재가 아니라, 세계적인 가치를 지닌 문화재가 약탈당한 문화재에 포함된 경우도 있다. 예컨대 2014년에 우리나라의 민간단체인 국립중앙박물관회는 전 세계적으로 9점만이 존재하는 12세기 걸작이자 희귀 공예품인 고려 나전경함(螺鈿經函)을 일본 교토의 어느 골동품 상인으로부터 구매해서 국립중앙박물관에 기증했다. 이로써 세계적인 가치를 지닌 나전경함은 900년 만에 제 자리로 돌아와서 그 가치를 발현할 수 있게 되었다. 이는 우리나라를 뛰어 넘어 세계적인 가치를 되찾은 것과 같다. 따라서 오늘날 문화재 정책에서 문화재 환수는 과거 어느 때 보다도 중요하게 다루어진다.

2. 문화재 환수에 대한 두 입장

문화재 환수에 대해서 우리나라와 같이 문화재 약탈을 많이 경험한 나라들은 문화재가 환수되어야 할 중요성을 강조하지만, 다른 한편에서는 문화재를 약탈해서건 불법적인 방법으로건 원소유국(country of origin)으로부터 가져온 나라는 다른 입장을 지니고 있다. 문화재 환수에 대한 입장 차이가 엄연히 존재하고 있는 것이 현실이다. 이를 흔히 문화적 민족주의(cultural nationalism)와 문화적 국제주의(cultural internationalism)로 표현한다.[30]

문화적 민족주의는 문화재 반환을 적극적으로 주장하는 입장이다. 문화재는 원소유국의 민족적 동질성을 형성하고 재구성하는 데 기여하고, 민족의 정신적 자산이나 문화적 정체성을 구축하는 데 중요한 역할을 한다는 입장이다. 그렇기 때문에 문화재는 원소유국에 위치해야 하는 것이 올바르다는 것이다. 문화적 민족주의 입장에서는 문화재의 불법 반출이나 약탈은 물론이고 합법적으로 외국에 반출된 경우도 원소유국으로 반환되어야 한다고 주장한다. 문화재의 가치 발현은 문화재가 원소유국에 있을 때 가능하며 그 가치의 대부분은 원소유국의 문화적 정체성 형성과 관련된 것으로 본다는 점에서, 문화적 민족주의는 문화재에 관한 국가 중심적 관점이라고도 한다. 이러한 문화적 민족주의적 관점은 문화재 유출이 많이 이루어진 국가들에서 주로 보이는 입장이다. 과거 식민지배와 서구로부터 문화재 약탈

---

30) Merryman, John Henry(1986 ; 1998).

을 경험한 우리나라나 중국, 그리스, 베트남, 이집트 등의 국가들이 이에 해당한다.

문화적 국제주의의 입장에서는 문화재에 대한 대상 중심적 입장을 취하면서 문화적 민족주의의 국가중심적 입장에 반대한다. 문화재에 대한 대상 중심적 입장이란, 문화재라는 작품(대상) 그 자체의 가치를 중요하게 고려하여 문화재가 인류의 공동 유산(Common Heritage of Mankind)임을 강조한다. 그래서 문화재 향유 활동의 보편성을 강조하며 원소유국만이 문화재의 소유를 주장하면 그것은 문화향유의 이기주의를 초래하는 것과 마찬가지라는 주장을 한다. 여기에 해당되는 국가들은 대개 타국의 문화재를 많이 소유하고 있는 국가들이다. 프랑스, 영국, 미국, 일본 등이다. 이 국가들은 선진국의 문화재 보존 및 조사 연구 기술과 관리 능력에 의한 인류 전체의 문화재 향유를 강조한다. 문화재 보호는 반환보다는 보호할 수 있는 선진적인 여건이 갖추어져 있는가가 더 중요하다는 것이다. 그렇게 함으로써 인류의 문화적 가치는 지속될 것이고 그로 인해 많은 사람들이 그 가치를 보편적으로 향유할 수 있다는 주장이다.

세계 주요 박물관은 이러한 문화적 국제주의 입장을 지닌다. 대표적으로 그리스의 엘긴 마블스(Elgin Marbles)를 주축으로 점점 문화재 원소유국 반환에 대한 목소리가 높아지자 2002년에는 대영박물관, 루브르박물관, State Hermitage Museum (쌩 페테르스부르그, 러시아), 프라도박물관(스페인), 라익스뮤지엄(암스테르담, 네덜란드) 그리고 미국의 주요 박물관을 포함하여 40여개의 박물관 및 화랑이 "보편적 박물관의 중요성과 가치에 대한 선언(Declaration of the Importance and Value of Universal Museums)"을 통해 보편적 박물관이라는 개념을 담은 공동선언문을 발표하였다. 이 선언문에서 "박물관은 한 민족의 시민만을 위해서 존재하는 것이 아니라 모든 민족을 위한 것이다"라는 내용을 명시하며 문화재의 보편적 원칙을 강조하였다.

하지만 여기에 대해 이들 박물관들은 서구 선진국의 몇몇 나라들이고 이들은 거의 서구유럽에 편중되어 있다는 사실에서 서구 유럽 중심적 미술사에 편향된 보편성을 강요하는 것과 마찬가지라는 비판이 있다. 그리고 대형박물관이 세계 각지에서 수집한 모든 문화재를 일반 대중에게 전시하는 것도 아니기 때문에 전시 관람의 보편성이 보장되는 것도 아니라는 점에서 문화 국제주의자들의 논리에는 모순이 있다는 비판도 존재한다.[31] 그리고 문화의 원본적 가치를 고려할 때 문화

---

31) 박선희(2011), pp.219-220.

재가 원래 위치한 곳에서 그 원본적 가치가 비로소 발휘된다. 문화재는 문화재 그 자체만이 아니라 문화재를 둘러싼 환경이나 경관이 함께 존재해야 비로소 보호되는 것이고 가치가 발휘되기 때문이다. 따라서 "보편적 박물관의 중요성과 가치에 대한 선언"에 대한 반박입장도 다수 존재한다.

한편, 이 두 입장과는 별개로 근저에 불법이 없고 부정하게 유출된 문화재가 아니라면 차라리 환수보다는 국외에서의 활용을 적극적으로 생각해볼 필요가 있다는 주장이 있다. 즉, 불법 유출 문화재는 실태를 파악해 최대한 노력을 기울여 환수하되 합법적으로 해외로 나간 문화재는 현지에서 문화재 원소유국의 문화를 알리는 대상으로 활용하는 방안을 찾는 것이 오히려 더 합리적이라는 말이다. 그래서 합법적으로 국외로 반출된 우리나라의 문화재가 있다면 해외 박물관의 한국실을 활용해서 해당 문화재의 활용도를 높이는 데 노력을 기울일 필요가 있다는 것이다. 실제로 정부는 해외 박물관의 한국실을 지원하고 있다.

3. 문화재 환수 노력과 성과

문화재 반환은 식민지였던 국가들의 노력이 차츰 커지면서 활발해지기 시작했다. 가시적 활동 중 하나로서 과거 식민지를 경험했던 국가들은 1978년에 Intergovernmental Committee promoting the Return of Cultural Properties to their Countries of Origin이라는 기구를 만들어서 문화재 반환을 위한 실천적인 노력을 하였다. 하지만 문화재 반환은 쉽지 않다. 과거 식민지배 국가들의 식민지화 정책에 대한 규범적 평가가 여전히 남아있기 때문이기도 하고, 문화재 약탈(식민지배 국가들은 약탈이라고 표현하지 않지만)에 대한 기본적인 시각 차이가 크기 때문이기도 하다. 즉, 과거 식민지배 국가들은 문화재 반출 행위가 매매나 기증이나 교환 등의 합법적인 행위의 결과라고 주장하는 반면, 문화재 원산국이자 식민지배를 받은 국가들은 문화재를 약탈한 식민지배 국가들이 말하는 합법성의 근거 및 배후의 불법성을 강조한다. 이와 더불어 과거 식민 지배를 받은 국가들의 취약한 협상력도 문화재 반환이 쉽게 이루어지지 않는 이유 중 하나이다.[32] 우리나라의 문화재 환수는

---

32) 이보아(2013), pp.152-153.

1915년 일본인 사업가 와다 쓰네이치(和田常市)로부터 '원주 법천사지 지광국사탑(국보 제101호)' 환수를 시작으로 최근에도 계속 이어지고 있다.

표 4-4 국외문화재 환수 현황

대상국	수량	정부					민간			
		계	협상	구입	기증	수사공조	계	협상	구입	기증
일본	6473	5984	2971	12	3001		489	–	247	243
미국	1411	1251	2	161	1078	10	160	–	1	159
스페인	892	892	–	–	892	–	–	–	–	–
독일	679	657	–	–	657	–	22	21	–	–
프랑스	301	301	297	1	3	–	–	–	–	–
뉴질랜드	186	186	–	184	2	–	–	–	–	–
이탈리아	59	59	–	59	–	–	–	–	–	–
캐나다	20	20	–	–	20	–	–	–	–	–
호주	1	1	–	–	1	–	–	–	–	–
노르웨이	1	1	–	–	1	–	–	–	–	–
합계	10023	9352	3270	417	5655	10	671	21	248	402

자료: 문화재청(2015)
단위: 점

제3부

문화경제학

제5장

문화경제학

제5장
문화경제학

제 1 절 문화경제학의 등장배경

문화경제학은 문화정책학과 문화경영학의 기초학문으로서 자리매김하고 있다.[1] 문화와 예술에 학술적인 분석을 본격적으로 적용하기 시작한 문화경제학은 문화정책학이나 문화경영학의 이론적 기초의 상당부분을 차지하고 있다. 문화경제학이라는 말은 1966년에 Baumol과 Bowen의 <The Performing Arts – The Economic Dilemma: A Study of Problems Common to Theater, Opera, Music and Dance>라는 책을 통해서 본격적으로 논의되기 시작했다. 물론 그 이전에도 문화와 예술에 대한 경제적 관점이나 관념 그리고 사상들이 있었다. 따라서 문화경제학의 등장은 1966년을 기준으로 그 이전의 문화에 대한 경제적 관점에 대한 연구들과 그 이후의 본격적인 문화에 대한 경제학적 분석에 대한 연구들로 구분될 수 있다.

---

[1] 根木昭(2012), p.26.

1. 1966년 이전의 문화에 대한 경제적 관점들

문화에 대한 경제적 관심을 보인 최초의 사람은 John Ruskin이다.[2] Ruskin은 금전적인 평가기준으로 인간이나 산업을 평가하는 방법에 정면으로 반대했다. 당시 경제학은 인간의 비즈니스 행위는 물론 생산과 생활 등이 모두 돈을 벌기 위한 수단이라고 생각하고 있었다. 하지만 그는 이와 같은 평가 기준이야말로 인간의 생명이나 자연미 그리고 역사적인 문화재의 파괴를 가져와 인간의 품위와 살아가는 가치를 빼앗아 가는 최대의 원인이 되고 있다고 주장하였다. 따라서 그는 금전을 최고로 취급하는 경제학에서 '인간의 생명과 삶'을 최고로 생각하는 경제학으로 전환할 것을 주장하였다.

그는 부의 원천을 재화의 내재적인 성질에서 찾았는데, 이를 고유가치(intrinsic value)라고 하였다. 고유가치란 재화가 인간의 생활과 생명에 얼마나 공헌할 수 있는가를 따지는 것이다. 재화의 가치를 교환 가능성이나 희소성에 의해 판단하는 것과는 다르다. 그래서 예술적 문화성이 없고 인간의 생명과 생활을 방해하는 재화들은 무(無)가치한 것이라는 입장을 취하였다. 부의 원천은 고유가치에 있다는 것이다.

고유가치는 다시 예술문화를 향유할 수 있는 능력(acceptant capacity)을 지닌 사람에 의해 받아들여질 때 비로소 유효가치(effectual value)가 되어 부가 생긴다. 그래서 부가 존재하려면 첫째 본질적으로 고유가치가 있는 것을 생산할 것, 둘째 그것을 사용할 능력을 생산하는 것이다. 고유가치와 향유능력이 동반될 때 부가 존재하게 된다.[3] 이처럼 Ruskin은 기존의 경제학에서 주장하는 바와 다른 관점으로 문화와 예술의 경제적 가치와 경제적 부 창출의 가능성과 연계성을 주장하였다.

문화에 대한 경제적 관점을 지닌 또 다른 사람으로 William Morris를 들 수 있다. 그는 '즐거운 노동의 표현으로서 예술'이라는 예술관을 가지고 진정한 예술

---

2) 일부에서는 아담 스미스의 〈모방예술론〉에서 언급되고 있는 협주곡을 그의 다른 저서인 〈국부론〉의 분업화 원리에 빗대어서 설명될 수 있다는 점을 근거로 아담 스미스를 문화에 대한 경제적 관심을 보인 사람으로 언급하기도 한다. 그러나 아담 스미스는 예술에 대한 경제적 관심을 보였다기보다는 예술은 모방이 아니라 창조라는 명제를 주장하기 위한 논의에 초점을 두고 있었다는 점에서 '일반 예술론'의 사상적 배경에 더 부합된다고 볼 수 있다.

3) 한국문화경제학회(2001), pp.54-56.

을 생산하는 데 필요한 사회적 조건을 탐색하는 작업에 관심을 가졌다. 그는 그 자체가 즐거움인 동시에 할 만한 가치가 있는 노동에 인간의 행복이 달려있다고 보았다. 따라서 노동과 삶 사이의 간격이 점점 벌어지는 자본주의 체제를 비판하였다. 대신 산업 속에서 예술성과 기능성 혹은 실용과 미가 함께 깃들도록 하면, 인간 생활의 모든 국면에 고유가치와 그 향유능력에 의해서 밑받침되는 유효가치가 침투할 수 있게 된다고 보았다. 그 생산물을 공급하는 인간의 노동은 어떤 의미에선 예술성을 갖게 될 것이고, 노동에는 창조성과 독창성이 함유될 것이다. 이것이 오늘날 소외되고 허무해진 노동으로부터 보람있는 노동이 되도록 하는 노동의 인간화가 실현되는 세계이다. 동시에 소비자 측면에서 보면 편의성과 예술성을 함께 향유할 수 있는 생활의 예술화가 실현되는 사회가 된다. 이처럼 그는 예술과 노동, 노동과 삶, 삶과 예술을 융합시키려는 노력을 하였다. 그가 제시하는 이상도 개인의 창조성이 충분히 발휘되고 자발적으로 노동하는 사회 그리고 노동과 예술이 결합하여 삶이 예술이 되는 사회였다.[4]

이전 시대에 비해 미국에서 좀 더 구체적으로 문화와 경제의 관계를 생각하게 만든 사람은 A. Toffler이다. 그는 1964년 <The Cultural Consumers>를 출간하여 문화에 대한 대중적인 소비 활동이 경제 자체에도 새로운 활력소가 된다는 점을 기술했다. 또한 문화의 소비가 증가함에 따라 생산이 자극을 받는다고 한다면, 이는 종래의 경제 상식인 소비는 저축을 감소시킴으로써 다음 생산을 위한 투자를 제한하고 또 근로자들의 근면성이 떨어진다는 주장과 모순이 되지 않느냐는 의문도 동시에 제기했다.[5] 이런 의문들은 문화소비와 관련된 사회현실들을 목격하면서 분석된 결과이다. 대표적으로 그는 예술이 대중화되어 일상생활 속에 스며드는 한편, 복제예술이 대중적인 문화가 되어 커다란 시장을 형성함으로써 이제는 예술과 문화에 관련되는 사업 활동이 현대 산업의 중요 부분으로 되어가고 있다는 사실을 들었다. 즉, 문화의 대중적인 소비활동이 경제의 새로운 활성화에 연계된다는 인식이었다. Toffler의 이런 인식은 소비자의 문화적 욕구와 경제발전의 상관관계에 대해 많은 관심을 불러일으켰다.[6]

---

4) 김문환(1997), pp.14-17 ; 박광순(2007), pp.72-73.
5) 한국문화경제학회(2001), p.58.
6) 박광순(2007), p.2 ; 池上惇·植木浩·福原義春(1999), pp.19-20.

2. 1966년 이후의 문화경제학

　문화경제학이라는 말을 처음 알리게 하고 이후 부흥을 이끈 Baumol과 Bowen은 당시 미국과 영국에서 공연예술의 수요 구조와 공급 시스템의 종합적인 연구를 도모했다.[7] 당시 미국의 상황은 공연예술의 잠재적인 수요는 계속 높아만 갔고, 공연예술의 수준이나 개성적인 창조성이야 말로 시장에서 인정받을 수 있을 만한 것이었다.

　그러나 공연예술 산업은 여느 일반 산업과는 다른 특징을 지니고 있다. 첫째, 공연예술 서비스는 많은 부분에서 노동으로 이루어지는 수작업이기 때문에 수요가 늘어도 즉시 그에 대응해서 공급을 증대할 수 없다. 즉, 생산성을 곧바로 높이는 것이 쉽지 않다. 인격성이 강조되고 창조성이 동반된 활동이기 때문에 거의 수작업일 수밖에 없고 이런 특성이 수요와 공급 간 속도에 영향을 준다. 특정 연극이 인기를 얻게 되었다고 해서 곧바로 공연 횟수를 늘려서 수요에 대응하기란 쉽지 않다. 연극 공연은 배우가 직접 공연에 참가해야 하기 때문에 인기가 아무리 높아진 공연이라고 해도 하루에 할 수 있는 공연 횟수는 정해져 있을 수밖에 없다. 수요가 증대된 자동차 공장이 기계를 더 구입하여 자동차 생산을 곧바로 늘려서 대응할 수 있는 것과는 차이가 있다. 둘째, 그렇다고 가격을 올리면 예술향유(상품)는 고액소득자들만의 독점물이 된다. 고소득층의 독점적인 소비가 되기 쉬운 산업 중 하나가 공연예술 산업이다. 셋째, 일반재화는 소비자가 사용하면 즉시 그 효용이 소멸되는 데 반해 공연예술서비스는 관객(소비자)이 감상(소비) 한 후에도 효용이 소멸되지 않고 개인이나 사회 안에 남아 유지된다는 사실이다. 정신적 여운이 강하게 남는 것이 바로 예술이다. 넷째, 공연예술 산업은 공연예술에서 비롯되는 여러 긍정적인 외부효과(위상가치, 선택가치, 교육효과 등)를 가지고 있다. 특히 일반재화에서는 발현되지 않는 외부효과들이 존재한다.

　따라서 이러한 특징들로 인해 공연예술 산업은 일반 산업과 다른 차원에서 접근해야 한다는 주장을 한다. 무엇보다도 산출물의 특성을 고려해야 하고, 생산과정의 기술 및 생산성을 문제로 여겨서 비용·편익분석과 같은 종래의 경제학적

---

7) Baumol, William J. and William G. Bowen(1966).

방법들로만 접근해서는 안 된다는 것이다. Baumol과 Bowen이 책 제목에 '경제적 딜레마(The Economic Dilemma)'를 사용한 것도 같은 맥락이다. 경제적인 소득과 같이 경제적 후생이 증가할수록 공연예술을 무대에 올리는 비용이 증가하여, 풍요로울수록 재정적 압박을 피할 수 없게 되어 있기 때문이다. 특히 생산성이 낮아도 산업의 진보라는 측면에서 보면 불가피한 산업도 있다. 그래서 오히려 이러한 산업들에 대해서는 조세지출이나 보조금 등을 통한 공적 지원을 하는 것이 필요하다는 입장이 이때 대두된다. 보조금이나 조세지출은 적자로 고통 받는 예술단체의 경영을 개선시켜 서비스 가격을 인하하도록 하고, 그 결과로 일종의 공공적인 서비스로서 소득 격차에 관계없이 여러 사람들이 예술서비스를 향유할 수 있는 기회가 확대된다는 주장이다. 이는 문화예술의 산업적 특징과 사회적 편익을 밝혀 공적지원의 필요성을 경험적으로 보여준 것으로서 문화정책의 이론적 근거를 제시한 것이라고도 볼 수 있다.[8]

이후 문화경제학은 경제학의 한 분야로 여러 학자들에 의해 연구되기 시작해서 오늘에 이르고 있다. 대표적인 학자로는 Alan T. Peacock, David C. Throsby, Glenn A. Withers, Bruno S. Frey, James Heilbrun, Gianfranco Mossetto 등을 들 수 있다. 한국에서도 문화경제학에 관심을 둔 학자들이 많아지고 있는 추세이다.

제 2 절   문화시장의 수요와 공급

1. 문화시장과 문화상품

1) 문화시장

시장은 재화와 서비스가 화폐를 통해 교환되는 메커니즘이 작동되는 곳이다. 시장은 반드시 장소 개념에 한정되지는 않는다. 시스템일 수도 있고 상황일 수도 있고 상태일 수도 있다. 최근에는 온라인상에서도 다양한 규모의 시장이 형성되어

---

8) 박광순(2007), pp.75-78 ; 한국문화경제학회(2001), pp.59-60.

있다. 시장에서는 재화와 서비스의 생산을 담당하는 생산자 혹은 공급자가 있고, 재화와 서비스를 소비하는 소비자 혹은 수요자가 존재한다. 이 둘은 시장에서 이루어지는 활동의 주요 주체들이다. 오늘날에는 프로슈머(prosumer)라는 새로운 주체가 등장하기도 했다. 프로슈머는 생산자(producer)와 소비자(consumer)의 합성어로서 생산 활동에 참여하는 소비자를 의미한다. 생산과 소비활동을 동시에 하면서 둘의 경계가 흐릿한 경우를 일컫는다. 그래서 소비자가 소비는 물론이고 생산과 판매에도 관여하는 모습을 보인다. 하지만 이런 경향이 과거보다는 많아지기는 했지만, 시장 활동의 주요 주체로서 생산자와 소비자를 구분하는 것은 다양한 현상을 분석하고 이해하는 데 여전히 유효하다.

따라서 시장에서 질서는 생산자와 소비자의 활동에 따른 효율적인 자원배분의 과정이다. 수많은 소비자와 생산자가 가격메커니즘을 통해 거래를 할 때 수요와 공급이 일치하는 균형(equilibrium)이 달성되는데 이것이 아담스미스가 말하는 보이지 않는 손(invisible hand)에 의한 가장 효율적인 자원배분이다. 시장은 생산자가 소비자의 선호를 반영하기 때문에 이러한 시장질서의 작동은 소비자가 원하는 것을 획득할 수 있는 기회가 된다. 또 소비자가 자유의사에 의해 재화와 서비스 등을 선택하여 만족을 극대화할 수 있으므로 한편으로는 자유(freedom) 실현이 시장질서에 의해 생기기도 한다. 그리고 시장에서는 사람들이 인종, 종교, 성별에 관계없이 재능, 근면, 소유화폐에 의해 동등하게 취급받기 때문에 시장 질서 작동은 평등(equality)의 실현이기도 하다. 물론 시장은 제2장에서 논의한 바와 같이 실패하기도 한다.

생산 활동과 소비 활동이 이루어지는 이러한 시장은 문화와 예술 영역에서도 존재한다. 앞서 살펴본 문화경제학이 등장하게 된 배경에도 문화시장이라는 개념이 전제되어 있다. 문화시장에서 공급자 혹은 생산자는 예술가 혹은 창작자이다. 그리고 수요자 혹은 소비자는 향유자 혹은 향수자이다. 창작자가 작품이라는 재화와 서비스를 만들면 향유자는 작품을 사거나 전시 및 공연을 관람하고 향유하게 된다. 이 과정은 화폐라는 매개체로 교환되는 시장구조의 모습을 띤다. 예를 들어 화가(공급자)는 유·무형의 자본 투입을 통해 그림을 창작(생산)하고 가격이 결정되면 그림 애호가(수요자)에게 판매한다. 그리고 공연예술의 경우에도 공연예술을 관람하는 관객은 입장권을 구입하여 공연예술을 소비하는 소비행위를 하며, 제공자는 입장권 판매로 이익을 추구한다.[9] 전통경제학에서 가정하는 완전경쟁시장의 모습에 전적으로 부합된다고는 볼 수 없지만 문화시장도 포괄적으로 본다면 수요와 공급의 원리에 의해 지배받고 있다.

이러한 문화시장은 이중구조로 되어 있다. 이중구조란 제1차 시장과 제2차 시장으로 구분될 수 있다는 의미이다. 제1차 시장은 공연예술과 진품 그림 등의 창작 원본 시장을 말한다. 오리지널한 문화가 거래되는 시장이다. 제2차 시장은 첨단기술이나 정보기술 등을 이용해서 생산한 복제예술작품의 시장이다. 제1차 시장의 창작 원본 예술이 편집이나 복제를 통해 제2차 시장의 콘텐츠가 된다. 제1차 시장은 예외적인 경우를 제외하고는 그 자체에서는 수익이 많이 발생되기 어려운 반면, 제2차 시장은 복제기술(CD 등)이나 컴퓨터 기술 등을 통해 산업화가 가능하므로 수익 발생 가능성이 비교적 높은 시장이다. 하지만 제1차 시장과 제2차 시장을 잘 설계하면 제2차 시장의 확대를 통해 제1차 시장을 위한 자금을 조달할 수 있다. 통상적으로 정보기술이 발전하면 제2차 시장의 문화상품 가격은 낮아지는 반면, 원본에 대한 가치가 상승하여 제1차 시장의 문화상품 가격이 인상되는 경향이 있기 때문이다.[10] 그리고 제2차 시장은 결국 제1차 시장을 기반으로 하기 때문에 제2차 시장이 활발해지면 제1차 시장의 수익에도 영향을 준다. 그런데 이 두 시장에서 가장 이슈가 되는 것 중 하나가 바로 저작권 문제이다. 그래서 이에 대한 적절한 설계가 문화시장 전체를 활성화하고 성장시키는 데 중요하다. 저작권과 관련해서는 제6장에서 자세히 다룬다.

2) 문화상품

문화시장에서 교환되는 주요 재화와 서비스는 문화상품(cultural commodity)이다. 문화상품은 문화예술적 재화와 서비스를 통칭하는 것이다. 작품이나 전시나 공연 등이 일종의 재화와 서비스가 되어 시장에서 교환될 때 그 대상들이 문화상품들이다. 문화상품은 재화로 존재하기도 하고 서비스로 존재하기도 하고 서로 병행되기도 하는 등 그 모습이 다양하다. 특정한 형태로 존재하는 여느 공산품들과는 달리 상품으로서 모습이 유연하다는 특징을 지니고 있다. 그러나 많은 경우 문

---

9) 이유재 · 이준엽 · 라선아(1999), pp.309-310.
10) 後藤和子(2004), p.101.

화상품은 서비스 형태로 존재한다. 다시 말해 문화상품은 일반 상품처럼 가시적 물체로서 존재해서 가격이 정해지면 판매와 구입 과정을 통해 거래되기도 하지만, 많은 경우 서비스 형태로 존재한다. 특히 공연예술상품이 그러한데, 공연예술은 서비스의 기본적인 특성인 무형성, 비분리성, 이질성, 소멸성의 특징을 그대로 지니고 있다.

예를 들어, 서비스의 특성으로서 무형성은 실체를 보거나 만질 수 없고 상상하는 것이 어려운 것을 의미하는데, 공연예술의 경우 물리적 형태를 가지고 있지 않고 실연(實演)되는 것이기 때문에 경험하기 전까지는 상상하는 것이 쉽지 않은 무형성의 특징을 지니고 있다. 또 다른 서비스의 특성인 비분리성은 생산과 소비가 동시에 일어나고 소비자가 서비스 공급에 참여하는 것을 말한다. 공연의 실연(생산)과 관객의 관람(소비)이 동시에 이루지고 관객은 공연의 구성요소로서 박수나 환호 등을 통해 공연 과정에 참여하기도 한다. 그리고 이질성은 품질이 고르지 않고 종업원에 따라 제공되는 서비스의 내용이나 질이 달라지는 것을 의미한다. 공연예술의 경우 배우나 연주자 등의 기분이나 숙련도에 따라 공연 작품의 내용과 질이 달라진다는 점에서 이질성을 지니고 있다. 소멸성은 판매되지 않는 서비스는 사라지고 재고로 보관할 수 없는 특성을 말한다. 공연예술도 관람 후 사라지고 공연시간 이외에는 관람할 수 없는 소멸성의 특성을 지닌다.[11]

한편에서는 오늘날 문화상품이 경험재(experience goods)로도 인식되고 있다. 오히려 경험재로 더 부합하다는 주장이 많다. 이에 대해서는 제6장에서 다시 논의하겠지만, 경험재는 연극이나 영화관람 등과 같이 참여하고 경험하는 그 자체를 즐기기 위해 선택되어 소비되는 제품 혹은 재화를 말한다. 이러한 경험재는 소유가 발생하지 않고 즐기거나 감흥을 느끼는 등의 경험 그 자체가 목적이 된다.[12] 서비스와 비슷한 면도 많지만 차이점도 존재하기 때문에 구분해서 사용하는 것이 일반적이다.

이러한 문화상품은 문화시장에서 다양한 유형으로 거래된다. 하지만 문화상품이 문화시장에서 거래 될 때 일반 시장에서 거래되는 일반 상품과는 다른 특성이 존재한다. 무엇보다도 문화상품이 만들어지기까지의 비용 측정이 쉽지 않다는

---

11) 이유재·이준엽·라선아(1999), p.310.
12) Hirschman, Elizabeth C. and Morris B. Holbrook(1982).

점이다. 가격결정은 생산에 들어간 비용이 그 기반이 되는데, 예술작품을 만들기까지의 비용을 계산하는 것이 만만하지 않다. 통상적으로 생산에는 고정 비용(fixed cost)과 가변 비용(variable cost)이 필요하다. 장비나 기계, 임대료 등과 같이 생산되는 수준과는 관계없이 변하지 않는 고정된 비용이 고정비용이고, 임금이나 원료 값이나 전기 요금 등과 같이 주어진 시설 규모 안에서 생산량에 따라 변하는 비용이 가변비용이다. 이 둘의 합이 흔히 경제학에서 말하는 총비용이다. 그런데 문화 활동에서 이 비용들을 측정하고 계산하는 것이 어렵다. 그 이유는 시점의 문제 때문이다. 하나의 예술작품이 만들어지기까지 예술가가 소요한 고정비용이나 가변비용을 인식하기가 쉽지 않다. 지금부터 예술작품을 만들겠다고 선언하고 어느 시점에 가서 만들어 내는 것이 아니기 때문이다. 아주 예전에 여러 번 실패한 경험들이 축적되어서 지금의 예술작품으로 탄생되는 경우가 많은데, 그렇다면 과거에 소요된 원료 값이나 작업실의 임대료 등을 현재의 작품 생산 비용에 포함시킬지의 여부의 문제가 생긴다. 그리고 예술작품은 어느 한 곳에서 정주해서 고정된 시설을 이용하면서 만들어지지 않는 경우도 많다. 여행을 하다가 문득 작품을 만들 수도 있고 어느 유명한 작곡가의 이야기처럼 비행기 안에서 문득 작곡을 하기도 한다. 이러한 것들을 비용으로 인식하고 측정하는 것이 쉽지 않다.

문화시장에서 문화상품이 거래될 때 산출의 측정과 계산도 역시 쉽지 않은 일이다. 문화예술도 시장에서 거래된다는 점에서 효율성을 고려할 수밖에 없고, 효율성 측정을 위해서는 투입비용과 더불어 산출도 측정되어야 한다. 특히 문화기관에 소속된 예술가들에게나 문화기관 자체에는 문화재원의 효율적 사용이 강조된다. 왜냐하면 항상 충분하지 않은 재원을 가지고 있는 상황에서 효율성 등에 의한 성과측정은 조직 자체의 정당성을 확보해주고, 또 조직 활동 과정에서 수정이나 개선이 필요한 점도 알려주며, 조직이 제공하는 재화와 서비스를 개선할 수 있는 정보도 제공해주기 때문이다.[13] 그 뿐 아니라 재원의 효율적 사용은 더 많은 재원을 유인해서 풍부하고 질 높은 문화서비스를 제공해주는 여건도 마련해준다.[14] 문화예술 활동을 이러한 효율성만으로 바라보는 관점에 부정적인 견해가 있기는 하지만 효율성을 전혀 간과할 수는 없다. 그래서 예술 활동에 대한 산출을

---

13) Summers, D. V. and R. M. Kanter(1987), pp.227-231.
14) Basso, Antonella and Stefania Funari(2004), p.195.

측정하는 시도를 한다. 하지만 예술가의 활동 결과로서 산출을 작품의 수, 공연 횟수, 관람객 수 등으로 판단하기에는 무리가 있다. 예술가들의 프로필에 적혀 있는 공연 횟수를 그 예술가의 진정한 산출로 보기에는 한계가 있다. 따라서 문화시장에서 거래되는 문화상품은 비록 시장에서 교환되고 거래되기는 하지만 일반 상품과는 달리 산출량이나 그에 기반한 효율성 확인 등에 어려움이 존재한다. 문화상품의 산출로 일컬어지는 것(작품 수나 공연 횟수 등)만을 놓고 예술가에 대해 평가하거나 작품성에 대해 평가하는 것도 그래서 위험하다.

2. 문화시장의 수요

문화시장에서 수요는 여러 요인들에 의해 생긴다. 문화상품의 가격, 향유자의 소득 수준, 교육수준, 경험, 정보, 노동시간, 여가시간, 취향 및 기호, 성별, 연령, 문화시설 접근성 정도 등이 그것이다. 물론 이 요인들이 문화예술 수요의 충분 요인들이라고 말할 수는 없다. 그리고 경험적 연구에 따라 다른 결과를 보이기도 한다. 하지만 문화수요에 영향을 미치는 주요 요인들인 것은 사실이다. 이 중 문화상품의 가격과 향유자의 소득, 교육, 경험, 정보를 중심으로 살펴보기로 한다.

1) 문화상품의 가격

문화상품의 가격은 수요의 가격탄력성으로 이해할 수 있다. 수요의 가격탄력성이란 가격의 변화율에 대응하는 수요량의 변화율이다. 쉽게 말해서 가격이 오르거나 내려가면 수요도 오르거나 내려가는 현상을 나타낸 말이다. 가격에 영향을 받는 수요의 변화는 우리 생활에서 흔히 접할 수 있다. 어떤 상품에 대해 가격이 비싸지면 소비를 덜하게 되고 가격이 싸지면 전보다 더 소비하는 행태를 자주 목격할 수 있다.

$$수요의\ 가격탄력성 = \frac{수요량변화율(\%)}{가격변화율(\%)}$$

수요의 가격탄력성은 그 값이 높을수록 탄력적이라고 한다. 특히 1이상이면서 높은 값을 가지면 해당 상품에 대한 수요는 가격변화에 상당히 민감하다는 말이다. 반대로 1보다 작다면 가격변화에 크게 영향을 받지 않는 비탄력적 특성을 보이는 상품이 된다. 일반적으로 우리 일상생활에서 필수품에 해당되는 상품은 비탄력적이고 사치품에 해당되는 상품은 탄력적인 특성을 지닌다. 가격이 비싸지거나 싸져도 생필품은 사용해야 하기 때문에 수요량에 큰 변화를 가져오지 않지만, 사치품은 가격이 내려간다면 더 소비하고 가격이 오르게 되면 덜 사게 되는 경향이 있다. 그리고 다른 상품으로 대체할 수 있는 여부에 따라 탄력성이 다르기도 하다. 대체재가 있고 대체하기가 용이하다면 수요가 탄력적이고 그렇지 않다면 비탄력적이다. 어떤 제품의 가격이 오르면 다른 제품으로 대체할 수 있다면 처음 제품을 굳이 사용하지 않게 되므로 수요량에 큰 변화가 생긴다. 그렇지만 만일 대체할 수 없는 제품이라면 가격 변화에 상관없이 수요는 일정량을 유지할 가능성이 높기 때문에 비탄력적이다. 그 외에도 시간 측면에서 장기인가 단기인가에 따라 수요의 가격탄력성에는 차이가 있다. 통상 장기가 될수록 대체할 수 있는 제품들이 많아지기 때문에 단기보다 장기에 수요가 더 탄력적이다. 그리고 해당 제품이 전체 지출에서 차지하는 정도가 크다면 수요에 더 큰 영향을 미친다. 이 역시 일종의 사치재와 같은 맥락이다. 물론 수요의 가격탄력성에 미치는 이러한 요인들이 항상 적용되는 것은 아니고(소득 수준이나 취향 등 상황에 따라 다를 수 있음) 대체적인 경향이다.

이러한 논의에 비추어 볼 때 문화상품은 일종의 사치품에 속한다고 볼 수 있기 때문에 수요의 가격탄력성이 크다고 할 수 있다.[15] 문화상품과 관련해서 수요의 가격탄력성을 활용한 한 가지 가상의 예를 들어 보자. 어떤 공연예술 기획사가 작년 춘향전 공연의 입장권 가격을 3만원으로 정해서 입장객 1천명을 모았다. 이 기획사는 과거의 경험을 바탕으로 입장권 가격을 10% 올리면 입장객이 20% 가량 줄어드는 것을 알고 있다. 이는 수요의 가격탄력성이 2가 된다는 것을 의미한다. 상당히 탄력적인 모습이다. 이런 상황에서 기획사는 이 탄력성을 바탕으로 올해 춘향전 공연의 가격을 새롭게 책정할 수 있다. 만일 가격을 10% 인상하여 3만 3천으로 정하면 입장객은 20%가 감소하여 200명이 줄어든 800명이 되어 전체 입장권 수입은 작년의 3천만원(30,000원×1,000명)에서 2천 640만원(33,000원×800명)으로 줄어들게 될 것이다. 반면 가격을 10% 줄이면 입장객은 20% 증가하게 되어 전체 수입

---

15) 김정수(2010), p.49.

액은 3천 240만원(27,000원×1,200명)이 되어 전년도보다 수입이 증가하게 될 것이다.[16] 비록 가상의 예이지만 현실에서도 문화상품은 가격 조정에 따라 수요량에 변화가 생기는 경우가 많다. 실제로 우리나라 문화서비스의 소비지출에 대한 가격 탄력성도 나타나고 있기 때문에 문화소비 활성화를 위해서 가격보전 정책을 시행할 필요가 있다는 연구결과도 있다.[17]

2) 문화향유자의 소득

문화상품은 소득에 따라 수요에 변화가 생기기도 한다. 소득이 많아지거나 작아지게 되면 문화향유 활동량에 변화가 생긴다. 이는 수요의 소득탄력성이다. 앞의 수요의 가격탄력성과 같은 맥락이다. 전년도보다 소득이 증가하면 전년도에는 하지 않았던 연극관람이나 뮤지컬 관람을 할 수도 있다. 반대로 소득이 감소하면 사치품에 해당되는 문화생활을 줄이게 된다. 소득이 문화수요에 영향을 미치는 것이다.[18]

한편, 수요의 가격탄력성과 관련해서 볼 때 수요의 소득탄력성은 수요의 가격탄력성을 어느 정도 완화시키는 역할을 한다. 수요의 가격탄력성은 대개 소득수준 자체가 증가하면 줄어들 가능성이 높다. 소득이 아주 많다면 가격 변화에 크게 신경 쓰지 않고 소비가 될 것이기 때문이다. 문화상품도 마찬가지다. 소득이 아주 높다면 문화상품 가격변화가 문화향유에 미치는 영향은 아주 적을 것이다.

3) 문화적 경험과 학습

문화수요에는 문화적 경험과 학습이 영향을 미치기도 한다. 어린 시절에 많은 문화적 경험을 하면서 성장한 사람이 그렇지 않게 성장한 사람보다 문화예술에 대한 수요가 상대적으로 더 높다.[19] 예컨대 어릴 때부터 미술관을 자주 다닌 경험이 있다면 어른이 되어서도 미술관에 가는 것이 어색하지 않다. 또 음악을 자주 들으며 자란 어린이도 성인이 된 후에 음악 청취를 계속할 가능성이 높다. 예술과

---

16) 한국문화경제학회(2001), p.44.
17) 이진면·최용재(2011).
18) 이진면·최용재(2011) ; Diniz, S. and A. Machado(2011).
19) Morrison, W. G. and E. G. West(1986).

관련된 일을 하는 사람들의 자녀가 예술에 관심이 높은 이유도 같은 맥락이다. 어릴 때부터 잦은 경험을 했기 때문에 그것이 계속 이어지는 것이다.

문화적 경험은 학습과도 관련된다. 문화예술에 대한 식견과 정보와 지식이 있다면 문화예술을 더 찾고 경험하게 된다. 알면 보이고 알지 못하면 보이지 않기 때문에 문화학습 또한 문화예술 수요에 영향을 미친다. 실제로 분석에 의하면 정규교육 수준이 높을수록 대중예술이나 전문예술을 소비할 계층에 속할 가능성이 높은데, 특히 문화·예술 강좌를 수강한 소비자가 대중예술이나 전문예술의 소비자 계층이 될 가능성이 더 높다.[20] 그리고 예술과 관련된 학습(교육)의 경우 미성년기의 예술교육보다 성년기의 예술교육이 문화향수에 더 영향을 미친다는 결과도 있다.[21] 앞서 어린 시절의 문화적 경험이 문화향수나 수요에 영향을 미친다는 연구 결과와는 '경험'이냐 '학습'이냐의 차이에 따라 흥미롭게 설명될 수 있는 부분이다. 중요한 것은 시기(어린 시절과 성인)나 유형(경험과 학습)에 따라 정도의 차이는 있지만 문화예술을 접한다는 점에서는 같은 내용이다. 이처럼 문화예술 경험이나 교육 및 학습이 문화예술상품 수요에 큰 영향을 미치고 있다.

4) 문화에 대한 정보

문화수요는 문화예술에 대한 정보에 의해서도 영향을 받는다. 어떤 문화예술이 실연되고 있거나 공연되고 있는지 알아야 그에 대한 수요도 생기기 마련이다. 특히 대중들은 전시나 영화 등에 관해 친구나 동료들로부터 관련 정보를 접하게 되거나 비평가들의 비평 정보를 듣고 문화예술을 찾는 경우가 많다. 물론 경험과 학습에 의해 식견이 있고 해당 예술에 대한 주관이 있다면 이에 해당되지 않을 수도 있지만, 일반 대중의 경우 관련 정보를 접하고 다른 사람의 의견에 공감해서 해당 예술을 향유하는 사례가 많다. 실제로 영화의 경우 비평이나 리뷰가 영화관 수입에 영향을 주기도 한다.[22] 문화예술 활동에 관한 다양한 경로를 통해 정보를 접함으로써 사람들의 관심이 높아지고 그에 따른 수요 증가가 수입증가로 이어지는 것이다. 사람들의 본래의 선호 이외에도 정보 접근성이 수요 창출에 기여하는

---

20) 성제환(2012).
21) 정철현·황소하(2010).
22) King, Timothy(2007).

것은 일반시장에서나 문화시장에서나 크게 다르지 않다. 이는 문화예술계에서 문화예술 행사 홍보에 심혈을 기울이는 이유이기도 하다.

5) 문화수요 측정 방법

지금까지 문화시장의 수요에 영향을 미치는 요인 몇 가지에 대해 살펴보았다. 관련 요인들이 문화시장의 수요에 영향을 미친다면, 그렇다면 중요한 것은 이러한 문화시장의 수요를 측정할 수 있어야 하는 것이다. 다시 말해, 여러 요인들이 영향을 미쳐서 수요가 증가하거나 감소하는 등의 영향을 받는다면, 과연 영향을 받은 수요는 어느 정도인가에 대한 궁금증이 생길 수 있다. 이 궁금증은 문화시장의 수요가 확인되고 측정될 수 있어야 한다는 의미이다. 그렇게 해야만 문화기획자들은 문화예술을 기획할 수 있고 정부도 관련 지원을 할 수 있다. 일반 경제학에서와 같이 문화경제학에서도 문화시장의 수요 측정은 중요한 과제 중 하나이다.

사실 문화시장에서 문화수요를 예측하고 측정하는 것은 쉽지 않은 일이다. 한 가지 방법은 여러 예술작품이나 예술 활동에 대한 한계적 지불의사(marginal willingness to pay)를 측정해서 그 크기를 파악하는 것이다. 개인의 지불의사는 작품에 대해 지불하는 가격이나 문화예술 활동의 입장료를 통해 관찰되기도 한다. 또는 문화예술 활동에 참여하는 대가로 포기하는 다른 활동의 가치를 통해서도 파악할 수도 있다. 그리고 특정한 문화 활동에 대한 편익을 어느 정도로 생각하는지에 관한 질문의 답으로도 확인할 수 있다. 하지만 문화시장의 수요를 지불의사를 통해 측정할 때 한 가지 염두에 두어야 할 것이 있다. 그것은 지불의사가 문화에 대한 가치판단을 대변하는 것은 아니라는 점이다. 다시 말해, 어떤 사람이 영화 관람료의 두 배 이상의 연극 관람료를 지불할 의사가 있다고 해서 그 연극이 영화보다 두 배 이상 더 뛰어나다는 것을 의미하는 것은 아니다. 사람들은 자신만의 평가에 따라 어떤 예술작품에다 더 지불할 의사가 있다는 생각을 표현한 것이지, 그것이 작품의 진정한 가치에 대한 대표적인 판단의 결과라고는 볼 수 없다.[23]

---

23) Frey, Bruno S.(2003).

3. 문화시장의 공급

문화시장의 공급에도 영향을 미치는 요인들은 여러 가지이다. 무엇보다도 문화생산자이자 창작자인 예술가들의 경제적 여건이 영향을 준다. 그리고 예술가의 재능, 문화기반 시설, 기술발전 등도 영향을 준다. 각각에 대해 살펴보면 다음과 같다.

1) 예술가의 경제적 여건

예술가로 성장하기 위해서는 긴 시간이 필요하다. 장기간의 교육과 학습을 위한 시간과 비용이 필요하다. 일종의 교육투자가 필요한데, 때에 따라서는 개인의 부담 능력을 초과하는 경우도 많다. 그래서 예술을 지망하는 사람들의 인생은 위험이 크고, 막대한 부담과 자기희생의 각오가 있어야 한다.[24]

그런데 더 중요한 문제는 설사 많은 시간과 비용 투자를 통해 훌륭한 예술가가 생겼고 그 예술가들이 시장에 공급되었다고 하더라도 항상 수준 높은 예술이 공급되는 것은 아니라는 점이다. 대중의 예술 수준과 예술가가 공급하는 작품의 수준이 다를 경우에는 훌륭한 예술가라고 해도 경제적 보상(작품 판매나 전시 관람 수입 등)이 적어서 대중 취향의 작품 생산으로 예술 활동의 초점이 맞추어지기 때문이다. 그도 그럴 것이 많은 예술가들의 경제적 여건은 상당히 열악하여 일상생활 유지 자체가 되지 않고 있다.

실제로 우리나라 문화예술인들에게 경제적 보상에 대한 인식 조사(2012년 실시)를 한 결과를 보면, 경제적 보상이 '다소 낮다'고 응답한 비율이 27.7%였고 '매우 낮다'고 응답한 비율이 64%였다. '낮다'는 비율로 통틀어서 보면 91.7%에 달하고 있다. 그래서 문화예술 활동을 하면서 자신의 경제적 능력에 대하여 한계를 느끼는지에 대해서도 83.6%가 느끼고 있다고 응답하였다.[25] 그래서 예술가들은 경제적 보상을 위해 대중적 예술 취향이나 수준에 부합하는 예술 작품을 생산해서 공급하거나, 아니면 굳이 예술가로서의 삶을 선택하지 않는다. 훌륭한 예술가가 문화시장에 많다고 하더라도 항상 수준 높은 예술작품만을 시장에 공급하지 않는

---

24) 池上惇·植木浩·福原義春(1999), p.35.
25) 문화체육관광부(2012), pp.13-14, p.41.

이유가 바로 이것이다. 경제적 여건 때문이다.

　예술가의 공급을 자유경쟁시장에 그대로 두기 힘든 면도 바로 이 점이다. 예술의 수준과 종류의 다양성 차원에서 볼 때, 예술가의 공급이 자유경쟁체제 하에서 이루어진다면 획일적인 예술작품만이 생산될 가능성이 높다. 그래서 예술가 공급의 위축을 막고 다양한 예술 활동 보호를 위해 저작권 제도나 보조금 정책 등이 활용된다. 실제로 2012년도 문화예술인 실태조사에서 "문화예술 발전을 위해 정부에서 가장 역점을 두어야 할 정책이 무엇이라고 생각하는지"에 대해 질문한 결과, '경제적 지원'(34.7%)과 '지원을 위한 법률제도 정비'(24.8%)가 1순위와 2순위에 각각 위치하였다.[26]

　외국도 상황이 유사하다. 그래서 외국 역시 여러 지원을 통해 예술인들에게 혜택을 제공하고 있다. 외국의 예술인 사회 복지 제도의 유형은 크게 세 가지로 구분될 수 있다. 우선 프랑스나 독일의 경우는 예술인을 위한 별도의 사회복지 제도를 운영한다. 그리고 스웨덴이나 덴마크처럼 일반 시민과 동일한 제도에 예술인을 포함시키는 노르딕 국가 복지 모델도 있다. 또 전체 예술인을 대상으로 하는 사회 보장이 아니라 캐나다나 영국처럼 부분적으로 예술인 연금제도를 운영하기도 한다.[27]

　사실, 문화공급의 주체로서 예술가는 같은 문화공급자로서 기업이나 상인과는 다른 역할과 사명을 수행한다는 자부심으로 인해 경제적 여건이 그리 넉넉하지 못한 면도 있다. 즉, 문화예술의 공급자 또는 중계자로서 문화산업과 관련된 기업이나 상인의 주요 활동 방향성은 수익성 확보이다. 이들은 상업논리와 시장 마케팅, 자본력을 가지고 문화예술 작품들의 생산과 유통을 소유하거나 통제하기 위해 노력한다. 반면에, 문화예술 공급자로서 문화예술인은 장인 정신과 논리, 공정으로 문화예술을 창조·보존·확산하는 역할과 사명을 수행한다.[28] 따라서 소위 말하는 돈이 되는 행동보다도 문화예술인으로서의 역할과 사명에 더 비중을 두기 때문에 경제적으로 충분하지 못한 것이다. 경제적으로 충분하지 못하면 경제적 어려움으로 예술 활동도 위축될 가능성이 높다. 좋지 못한 순환구조이다.

---

26) 문화체육관광부(2012), p.102.
27) 김휘정(2011), p.103.
28) 구광모(2008), p.24.

물론 문화예술계의 슈퍼스타(superstar)는 그 어느 기업보다 더 많은 경제적인 부를 창출하기도 한다. 슈퍼스타는 경제적 여건이 충분히 좋아서 더 좋은 예술 활동의 기반(적어도 경제적 어려움은 없는 상태)을 마련하게 된다. 아주 미미한 재능과 능력 차이가 큰 수입의 차이를 낳는 슈퍼스타 효과는 특히 예술분야에서 두드러진다.[29] 사람들은 다소 비싸더라도 유명한 작가의 작품을 보려고 하고, 같은 값이라면 유명한 화가의 작품 전시를 관람하지 무명작가의 작품 전시를 굳이 관람하지 않는다. 사실 작가들 사이의 실질적인 재능 차이는 거의 없을 수도 있지만, 유명한 작가가 유명세를 통해 얻는 경제적 수입은 일반 작가들보다 아주 많다. 문화예술의 슈퍼스타가 문화시장 대부분의 부를 가져간다고 할 수 있을 정도이다. 이렇게 되면 슈퍼스타의 예술 공급과 나머지 예술가들의 예술 공급은 경제적 여건으로 인해 차이가 더 크게 벌어진다.

이와 같이 예술가가 가난하든 아니면 슈퍼스타이든 그 어떤 경우가 되었든 예술가의 경제적 여건은 예술 공급에 영향을 준다. 비록 슈퍼스타가 있기도 하지만 현실에서는 승자독식현상으로 인해 다수의 예술가는 경제적 여건이 좋지 못한 편이다.

2) 예술가의 재능

예술가는 기본적으로 예술적 재능을 지니고 있고 그 재능을 발휘할 수 있는 사람이다. 예술가의 재능은 문화시장의 공급량뿐 아니라 질을 좌우할 정도로 문화 공급에 많은 영향을 미친다. 예술가가 문화공급의 핵심적인 인적(人的) 주체이기 때문에 더욱 그러하다.

문화시장의 공급에 영향을 미치는 예술가의 재능은 선천적인 면도 있지만 사실 구성되거나 만들어지기도 한다. 실제로 예술가의 천재성이나 창의성의 기준은 시간과 장소에 따라 달라질 수 있다. 사회에서 우리가 재능이라고 보는 것은 개인적인 특성이 아니라 '행동이나 기술 혹은 능력에 대해 문화적으로 정의된 기회 사이에서 이루어지는 일종의 상호작용'을 의미한다. 예술분야의 경우 예술적 천재들에게 특정한 종류의 재능을 사용할 수 있는 기회가 있고 그 기회 속에서 이루어지는 상호작용이 곧 재능 발휘가 된다. 그런데 특정한 시간과 장소의 한 예술 분야

---

29) Rosen, Sherwin(1981).

에서 가치 있는 것으로 여겨지는 재능은 다른 곳에서는 유용하지 않을 수도 있다. 사실주의가 유행하던 시기와 추상적 표현주의가 유행하던 시기에 창의적이고 천재적인 예술가의 상(像)은 서로 달랐다. 각 시기에 예술가들의 특정 재능은 예술계가 요구하는 것에 적합했다는 것이라 할 수 있고, 능력과 예술계의 요구 간 상호작용은 위대한 예술가의 천재성을 '구성'한 것이다.[30] 그래서 예술가의 재능은 어떻게 규정되고 인식되고 받아들여지는가에 따라 다양한 측면에서 예술작품 생산에 영향을 미치게 된다.

이처럼 예술가의 재능 자체가 만들어지는 면이 있어서 그에 따라 수준과 양에서 예술 공급에 영향을 미치기도 하지만, 그와는 달리 예술가의 재능보다는 재능에 기여하는 제반 요소들의 영향 때문에 재능 있는 예술가의 예술작품 생산에 영향을 주기도 한다. 예술가의 '재능'으로 볼 수 있는 것은 사실은 재능이라는 이름을 가능하게 하는 주위의 여러 요소들이기도 하다. 바로 그런 요소들의 영향이 예술가의 재능으로 여겨져서 예술 공급에 영향을 미친다. 실제로 예술가들이 예술계를 떠나는 이유는 예술가들이 '충분한 자질이 없기' 때문이기도 하지만, 한편으로는 떠나는 이유가 예술가들의 재능과 큰 관계가 없을 때도 많다.

예를 들어 생산과 재생산 사이에서 긴장이 존재하기 때문이다. 아이를 키우면서 음악이나 미술에 전념하는 것은 어렵고, 또한 예술가의 수입만으로 아이를 양육하는 것도 어렵다. 이는 남성과 여성 예술가 모두에게 해당하지만, 가족으로부터의 압력은 여성에게 불평등하게 가해진다. 따라서 성공한 예술가는 엄밀히 말해 뛰어난 재능을 가졌다기보다는 그 분야에서 능력을 가지고 '살아남은' 이들이라고도 할 수 있다. 같은 맥락에서 또한 예술에서 성공하려면, 예술가들은 그들의 예술적 기술을 보완해 주는 다른 재능도 가지고 있어야 한다. 예를 들어 뉴욕의 화상들은 매주 재능 있는 예술가들을 돌려보내는데, 이들은 뛰어난 예술적 성취를 고려할 뿐만 아니라 활발한 성격이나 잠재적인 수집가와 대화할 수 있는 능력이나 그들의 경력에 해를 입힐 수 있는 험난한 역경을 견딜 수 있는 강인함과 같은 다른 요소도 함께 보기 때문이다.[31]

물론, 앞서도 말했듯이 분명 능력으로 인해 예술계를 떠나기도 한다. 실제로

---

30) Alexander, Victoria D.(2010), pp.292-294.
31) Alexander, Victoria D.(2010), p.295.

조사에 따르면 문화예술 활동을 하면서 자신의 문화예술적 능력에 대하여 한계를 느끼는지" 여부를 물어본 결과, 문화예술 능력에 한계를 '느낀다'는 응답이 58.1%였다.[32] 예술적 능력과 재능의 한계는 재도전과 계발(Enlightenment)로 이어지기도 하지만 활동 중단으로 이어지기도 한다. 이렇게 되면 문화시장에서 거래되는 예술의 공급에 영향을 주게 된다.

한편, 예술가의 재능이 문화공급에 미치는 여러 측면 중에서 특히 작품가격과 관련해서 흥미로운 연구결과가 있다. 예술가들은 스스로에 대해 낙관적인 편견을 가지고 있어서 본인들의 작품 가격을 높게 부여하는 경향이 있다. 즉, 예술가들은 자신들의 재능에 기초해서 작품 가격을 책정할 때 잠재적 구매자들이 생각하는 것보다 훨씬 가치 있다고 생각하는 경향이 있다. 실제로 화가 지망생들을 대상으로 한 실험에서 그들은 자기 작품에 매긴 가격을 실제로 비용편익을 정확히 계산했을 때보다 평균 5배 더 높은 가격을 제시하는 낙관적인 태도를 보였다.[33]

3) 문화기반시설

문화기반시설은 문화예술 서비스가 공급될 수 있는 기본 인프라이다. 문화기반시설이 갖추어지지 않고서는 문화공급은 물론이고 향유자들의 향유활동도 이루어질 수 없다. 그래서 문화기반시설은 문화서비스의 공급 거점 혹은 문화창조 기지라고도 한다. 문화기반시설에는 도서관, 박물관, 미술관, 문화예술회관, 문화원, 문화의 집 등이 해당된다.

문화체육관광부 조사에 따르면 문화기반시설은 매년 꾸준하게 증가하고 있다. 2015년 자료에 따르면 현재 우리나라의 문화기반시설은 총 2519곳이다. 세부적으로 보면, 국립도서관 1개소, 공공도서관 930개소, 박물관 809개소, 미술관 202개소, 문화예술회관 232개소, 지방문화원 229개소, 문화의 집 116개소이다. 총 2519개소의 문화기반시설이 있다. 상대적으로 도서관의 비중이 가장 높고 다음으로 박물관이다. 문화시설의 소재지에 따라 수도권(서울, 인천, 경기)과 지방으로 구분해서 살펴보면, 수도권 3개 시·도에 문화시설의 36.2%가 분포하고 있다. 지역적으

---

32) 문화체육관광부(2012), p.40.
33) Raustiala, Kal and Christopher Sprigman(2013), pp.346-351.

로는 경기가 481개소(전체 문화시설의 19.1%)로 가장 많고, 그 다음이 서울 342개소 (13.6%), 강원 198개소(7.9%) 순이다.[34]

표 5-1 전국 문화기반시설 현황

구 분	지역	총 계	국립 도서관	공공 도서관	박물관	미술관	문예 회관	지방 문화원	문화의 집
지역 1	서 울	342	1	132	122	38	16	25	8
	부 산	79	–	32	16	5	11	14	1
	대 구	66	–	30	13	4	11	8	–
	인 천	88	–	42	25	4	8	8	1
	광 주	54	–	20	10	7	8	5	4
	대 전	54	–	23	15	5	3	5	3
	울 산	40	–	17	9		5	5	4
	세 종	10	–	3	5		1	1	–
	경 기	481	–	217	143	44	35	31	11
	강 원	198	–	50	91	10	19	18	10
	충 북	126	–	41	44	8	13	12	8
	충 남	149	–	57	44	8	17	16	7
	전 북	148	–	55	40	11	17	14	11
	전 남	179	–	63	46	22	19	22	7
	경 북	193	–	64	64	9	26	23	7
	경 남	187	–	63	60	8	20	20	16
	제 주	125	–	21	62	19	3	2	18
	총 계	2,519	1	930	809	202	232	229	116
지역 2	수도권	911	1	391	290	86	59	64	20
	지 방	1,608	–	539	519	116	173	165	96
	총 계	2,519	1	930	809	202	232	229	116

자료: 문화체육관광부(2015a)
단위: 개소

---

34) 문화체육관광부(2015a), pp.18-19.

문화기반시설은 건립과 운영의 주체를 어떻게 할 것인가가 문화예술 공급의 양과 질에 영향을 미친다. 모든 경우는 아니지만 일반적으로 박물관이나 미술관과 같은 대부분의 문화기반시설의 건립은 정부가 담당하는 것이 더 타당하다고 본다. 왜냐하면 문화기반시설에 의한 공공문화서비스는 불특정 다수의 사람들에게 제공된다는 점과 전시물의 공공성 그리고 막대한 건립비용 대비 낮은 수익성을 고려할 때 민간 영역에서 건립을 담당하는 것이 쉽지 않기 때문이다. 이러한 이유로 인해 많은 경우 정부가 문화기반시설 건립의 주체가 된다. 우리나라도 실제로 공적 기관으로 생각되는 여러 공공문화기반시설이 정부 주도로 건립되었다. 외국의 경우는 정부 이외의 주체가 문화기반시설 건립의 주체이거나 혹은 주도적으로 참여하는 사례가 우리나라보다 상대적으로 더 많은 편이다. 예컨대 캘리포니아주 오렌지 카운티 샌타애나시(City of Santa Ana)의 보어스박물관은 보어스가 설립한 미술관으로 시에서 운영해 왔다. 또 인디애나주립박물관은 인디애나주가 건립비의 대부분을 부담하였으나 인디애나주립박물관재단(Indiana State Museum Foundation)도 모금을 통하여 일부 건축비를 부담하였다. 이러한 배경에는 이미 기존에 개인이나 재단 등에 의해 박물관과 미술관이 많이 건립되어 왔고, 이들 시설의 소장품도 기본적으로 설립자나 재단 등의 컬렉션 또는 기금을 통해 지속적으로 확충되어 왔기 때문이다. 그리고 우리나라와는 달리 문화예술에 대한 기부문화가 비교적 뿌리 깊게 정착되어 있기 때문이다.[35]

문화기반시설의 운영과 관련해서는 크게 구분하여 정부가 주체가 되는 경우와 민간이 주체가 되는 경우가 있다. 정부는 중앙정부나 지방자치단체가 그 주체가 되는 경우인데, 이때는 소요재원의 조달 측면에서는 안정성을 지니고 있으나 책임감을 가지고 창의적이고 자발적으로 시설운영을 하려는 유인이 적다는 문제점이 존재한다. 그리고 공급자위주의 운영을 하는 경향이 나타날 수 있기 때문에 보다 다양하고 질 높은 문화서비스의 공급을 기대하기 어려울 수도 있다. 이에 대한 상대적인 비교로서 민간이 운용주체가 되는 경우에는 민간조직의 창의성과 효율성 그리고 수요변화 대처 능력이 높아서 다양하고 혁신적인 문화서비스 공급이 가능할 수 있다. 하지만 재원 확보 및 조직 안정성 측면에서는 정부가 운영주체가

---

35) 성명기·김군수·정광렬·추지미(2006), p.61.

되는 것보다 상대적으로 불안정해질 가능성이 높다.[36]

이 두 운영 모습은 보다 세분화 될 수 있다. 직접관리방식, 혼합관리방식, 간접관리방식, 민간관리방식이 그것이다. 정부가 직접적으로 문화기반시설을 운영하는 방식인 직접관리방식은 정부의 직속기관으로 운영하거나 행정부서단위 혹은 사업소 형태로 운영되는 경우를 말한다. 혼합관리방식은 정부와 민간의 운영방식을 혼합한 형태로서 책임운영기관으로 운영되는 경우를 말한다. 책임운영기관은 행정기관이기는 하지만 기관장에게 재정과 인사에 대폭적인 자율성을 부여해서 기관을 운영하도록 하는 방법이다. 기관장은 민간 혹은 공무원을 대상으로 공개모집하고 이들과 성과계약을 체결해서 자율성을 주되 운영 성과에 책임을 부여하는 형태이다. 우리나라의 국립현대미술관과 국립극장 등이 이러한 형태로 운영되고 있다. 간접관리방식은 공단·공사형태·제3섹터 혹은 민간위탁의 형태이다. 최근에는 공공도서관이 위탁경영 형태로 많이 운영되고 있는 추세이다. 마지막으로 민간관리방식은 민영화를 통해 민간에 의해 문화기반시설이 운영되는 것을 말한다.

1990년 이후부터 공공선택론이나 신공공관리론의 영향으로 문화기반시설 운영도 과거의 직접관리방식 이외에 혼합관리방식이나 간접관리방식 및 민간관리방식이 점점 늘어났다. 운영의 효율성 측면을 강조하는 이러한 경향은 문화공급에 영향을 주기 마련이다. 그래서 문화기반시설에 민간이 주체가 되는 문화공급방식을 접목하는 것이 적절한가에 대해서는 여전히 논란의 대상이 되기도 한다. 그 사례 중 하나가 운영의 효율성과 성과를 강조한 탓에 문화예술과 전혀 관련이 없는 사람을 문화기반시설의 기관장으로 임명하는 것이다. 문화관련 기관의 장이라면 문화예술적 식견이나 이해가 필요하다는 주장도 타당하고, 한편으로는 한정된 자원을 합리적으로 운영할 수 있는 행정적·경영적 기술과 지식이 중요하다는 주장도 일리가 있다.

4) 기술 발전

기술발전도 문화예술의 공급에 많은 영향을 미친다. 그동안 비용질병(cost diseases)으로 불리는 예술 산업의 생산성 지체 문제는 예술 공급의 한 가지 특성이자 한계로 인식되어 왔다. 제2장에서도 설명한 바와 같이 과거에 비해 생산성이

---

36) 성명기·김군수·정광렬·추지미(2006), pp.3-4.

높아지지 않았지만 그렇다고 과거와 같은 임금 수준을 계속 유지할 수는 없고 물가도 상승되었기 때문에 결국 생산성 증가 없이 비용만 계속 증가하는 현상이 발생된다. 예컨대 지난 200년 동안 제조업에서는 노동자 1인당 실물 생산량이 아주 많이 상승했지만, 하이든 현악 4중주단의 실황 공연에 필요한 노동력은 같은 기간 동안에 거의 변하지 않고 있는 것이다.[37] 아무리 기술이 발달하고 알파고(AlphaGo)와 같은 로봇이 발전해도 사람이 하는 공연과 로봇이 하는 공연은 분위기나 공감 정도가 다를 수 있다.

하지만 문화공급의 여러 분야에 기술발전이 영향을 미치고 있는 것이 현실이다. 예를 들어 공연의 최적 상태를 위해 질 높은 음향과 조명 시설을 설치한다든가 관객이 더 많이 참여할 수 있게 공간 구조를 혁신적으로 변화시키거나 또는 예술가가 원하는 색과 색감을 연출할 수 있는 재료가 개발되는 등의 사례가 그것이다. 기술발전에 힘입어 공연 현장이나 시설 그리고 작품 재료 등에 영향을 주는 것이다. 그리고 미디어 재생기술을 통해 새 수입원을 창출할 수도 있고, 비디오 기술 발달에 힘입어 새로운 장르의 예술이 생기면서 예술의 다양성과 창의성을 높일 수도 있다. 또 예술작품에 대한 홍보도 다양해지고 있다. 특히 오늘날에는 인터넷 기술의 발달이 여기에 큰 기여를 하고 있다.

5) 문화예술 공급 측정

예술 공급은 여러 측면에서 측정될 수 있다. 예술 공급을 구분하면 예술가 공급과 예술 작품 공급으로 나누어진다. 예술가 공급은 흔히 예술가의 숫자로 나타낸다. 이때는 예술가를 어떤 기준으로 인식할 것인가를 정하는 일이 중요하다. 흔히 예술 활동에 투입하는 시간과 예술 활동으로부터 창출한 수입의 양을 사용한다. 그런데 이때 문제는 순수하게 예술 활동에 투입하는 시간의 범위와 예술가가 예술 활동으로 버는 소득의 범위이다. 사실 많은 예술가들의 소득 수준은 비슷한 수준의 다른 직업군에 비해 매우 낮아서 빈곤에 시달리고 있다. 그래서 예술가들은 예술 활동 이외에도 다른 일을 통해 부수입 활동을 하는 경우가 많다.[38] 따라서 예술가로 인식하고자 할 때 예술 활동에 대한 투입 시간과 소득의 양을 다른

---

37) Throsby, David(2001).
38) Abbing, Hans(2009), pp.135-137.

부수입 활동에 따른 시간 및 소득과 정확히 구별할 수 있어야 한다.

　　예술 작품으로 예술 공급을 측정할 때는 작품에 대한 인식이 중요한 이슈가
된다. 이는 앞의 예술가 인식 문제와 관련되기도 한다. 쉽게 생각하면 일단 예술가
가 창작한 모든 산물을 예술 작품으로 볼 수 있을 것이다. 하지만 예술가라고 해
서 그가 창작해 내는 모든 것이 그대로 예술 작품이라고 할 수 만은 없다. 그래서
예술작품으로서 범위 설정을 위해 전시된 작품이나 판매된 작품 혹은 수상한 작품
에 한정할 수도 있다. 또 예술작품의 도덕성 측면에서 볼 때, 도덕적으로 나쁜 작
품에 대해서도 과연 미적인 감흥을 불러일으킬 수 있는 예술작품으로 볼 수 있는
가의 문제도 있다.[39] 물론 도덕성 판단은 또 다른 문제이기는 하지만, 만일 도덕
적으로 문제가 있다면 예술작품으로서 인정 여부를 결정짓는 것이 쉽지 않다. 이
처럼 예술작품을 통해 예술 공급을 측정하고자 한다면 이러한 사항들에 대한 논쟁
을 정리해서 명확한 기준 제시가 선행되어야 한다.

제 3 절　문화상품의 가격결정

1. 균형 가격

　　시장에서 가격은 수요와 공급의 원리에 의해 결정된다. 경제학의 기본원리
중 하나인 수요와 공급의 원리는 문화예술을 분석의 대상으로 삼는 문화경제학에
서도 적용되는 원리이다. 물론 세부적으로 여러 변수들이 조금씩 다르게 적용되겠
지만, 분석을 위해 단순화 시키면 경제학의 일반원리가 문화상품의 가격결정에도
원론적으로는 적용된다. 여기서는 문화상품의 하나로 공연예술을 예로 들면서 문
화상품의 가격결정에 대해 살펴보기로 한다. 문화상품의 종류가 매우 다양하기 때
문에 아래의 분석이 다른 문화상품에 그대로 적용되지는 않는다. 다만, 문화영역
에서도 경제학의 가격결정 원리가 적용될 수 있다는 점을 보여주기 위해서 가장

---

39) 박상혁(2007).

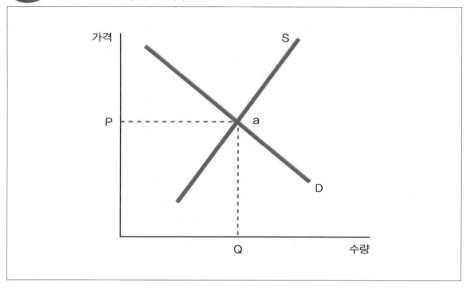

그림 5-1 수요와 공급곡선(1)

가격

S

P ------------------------ a

Q

D

수량

단순한 분석을 사례로 들기로 한다.

　기본적인 수요와 공급 법칙에서 일반상품의 가격은 수요곡선과 공급곡선이 만나는 지점에서 형성된다. [그림 5-1]에서 보면 수요곡선 D와 공급곡선 S가 만나는 지점 a에서 가격 P가 형성되고 그때 생산되는 수량은 Q이다. 일반적으로 가격이 상승하면 수요량은 줄어들고 반대로 가격이 낮아지면 수요량은 증가한다. 이 곡선이 D이다. 공급은 가격이 상승하면 공급량은 증가하고 가격이 낮아지면 공급량은 감소한다. 이 곡선이 S이다. 시장에서는 이 두 곡선이 만나는 어떤 지점에서 가격이 결정되는데, 이를 균형 상태라고 말한다. 이때 가격과 수량이 시장에서 거래의 모습을 만들어준다. 수요와 공급에 영향을 주는 요인이 변하지 않는 한 이 균형 상태는 유지된다. 물론 현실에서는 수많은 요인들로 인해 그림과 같이 완벽한 직선이거나 특정한 균형점이 뚜렷하다고는 할 수 없지만, 상품을 사려는 사람과 팔려는 사람의 가장 기본적인 행태에서 시장 거래는 이와 같이 이루어진다.

　문화예술 공연에 수요와 공급 원리를 적용시켜 보면, 수요는 공연을 보고자 하는 관람객이 되고 공급은 공연기획자가 마련한 관람좌석수가 된다. 공연예술의 경우는 앞의 [그림 5-1]과는 다소 다른 형태로 가격이 형성된다. 수요와 공급의

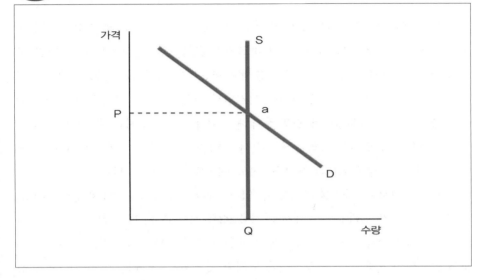

그림 5-2 수요와 공급곡선(2)

만남으로 가격이 형성되기는 하지만 여기서는 공급 곡선이 다른 모양이다. [그림 5-2]에서 보는 바와 같이 공급곡선 S는 직선이다. 그 이유는 공연의 경우 좌석이 한정되어 있기 때문이다. 다시 말해 공연은 특정한 공연장에서 한정된 좌석에 앉은 관객을 대상으로 이루어진다. 그래서 가격의 변화와 상관없이 공급은 변함이 없는 형태이다. 공연 감상의 최적화를 위해 서서 관람하게 하거나 임시 좌석을 제공하는 경우는 드물기 때문에 공연의 좌석은 한정되어 있다. 반면 수요는 가격에 따라 다를 수 있다. 인기 있는 공연을 보려는 사람은 많을 수 있고 또 가격에 따라 그 정도가 다양하다. 인기 있는 공연인데 가격까지 싸다면 더 많은 사람들이 보려고 할 것이고 가격이 비싸다면 잠시 망설일 수도 있기 때문에 수요는 [그림 5-2]와 같이 D의 모습이다. 수요와 공급이 만나는 지점에 공연 가격이 결정된다는 점에서 여기서 가격은 P이다. 이때 공연장의 좌석수 Q는 만석이다. 따라서 이 지점이 균형점이 된다. 이 공연은 P 가격에 Q 만큼의 관람객이 관람하면서 이루어진다.

2. 불균형 가격

전통적인 경제학에서는 보이지 않는 손(invisible hand)에 의해 수요와 공급이 만나는 지점에서 가격이 결정된다고 하였지만 문화공연시장에서는 다소 다른 모습을 보이기도 한다. 다음의 상황을 통해 문화공연의 가격 결정 모습을 알아보기로 한다. 예를 들어 일단 공연이 만들어지면서 공연기획자는 가격도 결정하고 광고를 통해 많은 수요자들에게 공연에 대해 알린다. 공연기획자는 공연장의 좌석을 미리 마련하고 공연일에 공연을 시작한다. 공연이 시작되면 실제 공연 티켓 판매 등을 통해 수요 상황(수요곡선)을 어느 정도 예상할 수 있다고 하자.

이 상황에서 두 가지를 생각할 수 있다. 하나는 [그림 5-3]에서 공급곡선 S1과 수요곡선 D가 그려진 상태에서 가격을 P2로 정한 경우, 다른 하나는 공급곡선 S2와 수요곡선 D가 그려진 상태에서 가격을 P1으로 정한 경우이다. 이 두 경우는 모두 불균형의 상태이다. 균형상태가 되려면 첫 번째 경우에는 가격이 P1으로 정해져야 하고, 두 번째 경우에는 가격이 P2로 정해져야 한다.

그림 5-3 수요와 공급곡선(3)

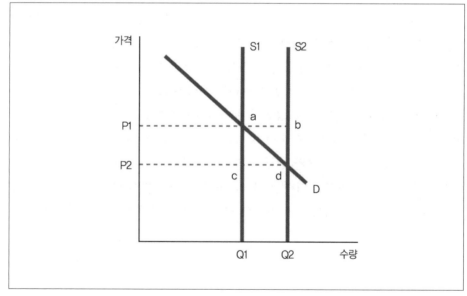

우선 공급곡선 S1과 수요곡선 D가 그려진 상태에서 가격을 P2로 정한 경우에는 공연을 보려는 사람에 비해 관람객을 위해 마련한 자리가 부족한 상태이다. 공연기획자가 제시한 가격 P2에서 공연을 보려고 하는 관람객을 위해서는 Q2 만큼의 좌석을 마련했어야 했는데 Q1 만큼의 좌석만 마련한 상태이다. 그래서 Q2 − Q1 만큼의 좌석이 부족하다. 이를 초과수요라고 한다. 이때는 가격을 P1으로 했더라도 공연을 볼 사람들이 관람을 온 상태이다. 그래서 균형상태일 때와 비교할 때 사각형 P1acP2 만큼 수입이 상실된 것과 마찬가지이다.

만일 관람객을 더 수용할 수 있는 공연공간이었다면 이 공연기획자는 조금 더 돈을 벌 수 있었을 것이다. 그래서 늦었더라도 공연장의 좌석규모를 더 늘려서 다음 회차부터 더 많은 관람객을 수용하여 공연을 할 수도 있을 것이다. 즉 Q2−Q1 만큼을 더 수용할 수 있는 공연장으로 옮겨서 공연할 수 있다. 이때 발생되는 추가 수입은 [그림 5−3]에서 사각형 cdQ1Q2의 면적이 된다. 하지만 문화공연과 같은 문화상품에서 이렇게 대응하기가 쉽지 않다. 왜냐하면 더 큰 공연장을 빌림으로써 그래프 상에서 보이는 추가수입은 생길 수 있지만 그와 함께 더 큰 공연장에 대한 대여료가 발생된다. 또 공연이 이미 진행되었을 때 공연장소를 바꾸는 것도 결코 쉽지 않은 일이다. 따라서 일반상품과는 달리 초과수요에 대해 쉽게 대응하기 어렵다. 요컨대, 정해진 공급량과 수요곡선이 만나는 지점의 가격보다 공연의 가격이 더 낮게 책정되면 사각형 P1acP2 만큼의 수입 상실이 발생되고 동시에 사각형 cdQ1Q2 만큼의 추가 수입이 발생될 여지가 있다.

불균형 상태의 두 번째 경우는 공급곡선 S2와 수요곡선 D가 그려진 상태에서 가격이 P1으로 정해졌을 때이다. 이때는 가격이 P2라면 균형상태이지만 P1이기 때문에 균형상태가 되지 못하고 있다. 그래서 균형상태일 때보다 가격이 높게 책정되어서 초과공급이 발생되었다. 초과공급은 Q2지점에서 Q1지점까지의 거리이다. 즉, Q2−Q1만큼의 관람좌석이 남은 것이다.

이때는 가격을 P2로 내려서 남은 좌석에도 관람객을 추가로 모을 수 있는 방법이 있다. 하지만 수입을 고려한다면 주의해서 선택해야 할 방법이다. P1에서 P2로 가격이 인하하면 줄어드는 수입은 사각형 P1acP2이고 동시에 증가하는 수입은 사각형 cdQ1Q2인데, 이 둘의 크기를 비교해야 한다. 이 두 사각형의 크기는 수요곡선의 가격탄력성의 정도에 따라 달라진다. 만일 수요가 가격에 따라 매우 탄력적으로 변한다면 증가하는 수입이 더 많아지게 된다. 그래프 상에서 보면 수요곡선 D의 기울기가 더 완만해지기 때문에 줄어드는 수입에 해당하는 사각형 P1acP2의 면적보다 증가하는 수입에 해당하는 사각형 cdQ1Q2의 면적이 더 넓어서 수입 증가의 결과를 가져온다. 반면 수요가 가격변화에 대해 비탄력적이라면 가격을 인하하는 것이 오히려 수입 감소로 이어질 수 있다. 따라서 초과공급이 발생되면 가격조정은 신중히 해야 한다.

이처럼 공연예술과 같이 가격 결정이 수요곡선과 공급곡선이 만나는 지점에서 이루어지지 못하는 경우가 종종 있기 때문에 사전에 이를 예방하고 극복하는 방법 중 하나가 '가격차별(price discrimination)'이다. 동일한 상품에 대해 여건(인적·지리적·시간적·질적·수량적 차이)을 고려해서 가격을 다르게 책정해서 판매하는 것이다. 극장이나 영화관에서 이루어지는 학생할인이나 경로우대 할인 등은 연령에 따른 차별가격에 해당되고, 영화관의 조조할인과 공연에서 좌석 등급별 가격이 다른 것도 가격차별의 예이다. 가격차별을 통해서 공연기획자는 수요와 공급 간 불균형에서 발생되는 수입손실을 어느 정도 줄일 수 있다.

제 4 절 문화사업의 효율성 분석

1. 비용편익분석

정부 자원은 한정되어 있고 그 원천은 국민들이다. 그래서 정부가 자원을 효율적으로 사용해야 하는 이유는 명백하다. 많은 정부 사업들이 시행될 때 행정의 이념이자 가치로서 효율성을 강조하는 것도 그 때문이다. 문화예산을 사용할 때도 마찬가지이다. 비록 문화나 예술의 산출물이 단기간에 나오는 것도 아니고 가시적인 결과물로서 반드시 존재하는 것도 아니기 때문에 효율성이라는 가치를 문화 생산에 적용하는 것이 쉽지는 않지만, 예산 사용의 적절성을 고려한다면 효율성 가치를 전혀 무시할 수는 없다. 그래서 문화경제학에서도 비록 한계는 있지만 문화재화 생산에서 효율적인 재정 사용이 되고 있는지에 관한 분석을 해왔다. 문화기관 운영이나 문화사업 수행에서 효율적인 재원 사용을 고려하지 않는다면 결국 재정적자나 재정부족으로 어려움을 겪기 때문이다.

　　정부 사업의 효율성 측정의 대표적인 것이 비용편익분석(cost-benefit analysis)이다. 비용편익분석은 어떤 사업이나 프로그램 시행을 위해 투입되는 비용에 대비

그림 5-4　비용편익분석

비용편익분석의 공식: $\dfrac{편익}{비용}$

비용의 현재가치: $C_0 + \dfrac{C_1}{1+r} + \dfrac{C_2}{(1+r)^2} + \dfrac{C_3}{(1+r)^3} + \cdots + \dfrac{C_k}{(1+r)^k}$

편익의 현재가치: $B_0 + \dfrac{B_1}{1+r} + \dfrac{B_2}{(1+r)^2} + \dfrac{B_3}{(1+r)^3} + \cdots + \dfrac{B_k}{(1+r)^k}$

현재가치와 미래가치 관계: $\dfrac{F}{1+r} = P, \quad P(1+r) = F$

* 비용: C, 편익: B, 현재 가치: P, 미래가치: F, 이자율(할인율): r, 기간: k, 복리적용

하여 산출되는 편익이 어느 정도인가를 측정하고 평가하는 방법이다. 이때 비용과 편익은 화폐가치로 환산된다. 그래서 비용편익의 비($\frac{편익}{비용}$)가 1 이상이 되면 해당 사업은 적어도 투입되는 자원으로부터 그 이상의 편익은 발생시키는 것으로 판단한다. 만일 1 이하라면 해당 사업은 발생되는 편익보다 투입되는 비용이 더 많이 소요되기 때문에 자원 소모 측면에서 다시 한 번 더 고려해봐야 할 대상이 된다.

　　비용편익분석의 기본 공식은 [그림 5-4]와 같이 비용대비 편익이 된다. 문화사업을 진행할 때 혹은 진행되는 사업의 자원 효율성 여부를 확인할 때 이 값을 이용한다. 비용편익분석을 실제로 적용하기 위해서 하나의 이슈가 되는 고려 요소는, 과연 어떤 것들을 비용(혹은 편익)으로 포함시킬 것인가, 그리고 비용과 편익을 화폐가치로 어떻게 변환시킬 것인가의 문제이다.

　　우선 비용과 편익에 포함될 범위는 사실 하나의 정답이 있는 것은 아니다. 해

당 문화 사업을 위해서 사용되는 인적·물적·정신적 비용 등이 모두 비용으로 포함될 수 있다. 단순히 인건비와 같은 경비만 포함되는 것이 아니라 해당 사업으로 인해 피해를 보는 사람들의 심리적 보상도 포함될 수 있다. 단적으로 대규모 문화행사를 한다고 할 때 그 문화행사로 인해 소음 공해에 시달리게 되는 사람들의 정신적인 피해까지도 투입자원으로 포함될 수 있다. 예를 들어 가덕도 대항마을 해안가에서 대규모 문화 행사를 진행할 때 사용되는 폭죽으로 인해 마을 주민들에게 소음 피해가 예상 된다면 애초에 그 사업의 투입 비용에는 마을 주민들이 겪는 소음 공해에 대한 피해보상금 등도 포함되는 것이다.

이러한 비용은 모두 화폐가치로 변환되어 반영된다. 소음 피해의 정도를 화폐가치로 환산해서 보상금이 책정되듯이 그 이외의 비용으로 판단되는 것들도 모두 화폐가치로 환산되어 비용으로 계상된다. 그렇게 함으로써 비용 대비 편익의 비 값을 숫자로 산출할 수 있다. 이는 곧 편익도 화폐가치로 환산되어야 함을 의미 한다. 사실, 비용편익분석에서 비용을 측정하고 화폐가치로 환산하는 일이 상대적으로 편익 측정에 비해서는 그 어려움이 덜하다. 문화 사업에 소요되는 경비들이 많은 부분 이미 화폐단위인 예산으로 표현되는 경우가 많기 때문이다.

반면 편익 측정은 쉽지 않은 경우가 많다. 일단 문화 사업을 통해 발생되는 편익의 범위가 상당히 넓기 때문이다. 그리고 시간상으로도 아주 오랜 기간 동안 편익이 발생될 수도 있기 때문이다. 또 문화로부터 창출되는 편익이 인식된다고 하더라도 화폐가치로 환산하는 것도 쉽지 않다.

유럽의 오래된 인기 음악대회인 Eurovision Song Contest(ESC) 사례를 통해 문화행사의 비용편익분석 과정에서 편익 측정을 어떻게 하는지에 관해 간략히 살펴보자. 이 사례에서 편익은 총 세 가지 측면으로 나누어진다. 생산자잉여가 그 하나로써, 이는 음악대회로 인해 민간부문(생산자)에서 증가하는 이익을 의미한다. 이 잉여의 발생 시점은 생산자 수익이 생길 때이다. 그것은 ESC 방문자에게 재화와 서비스를 제공하는 사람들에 의해 발생되는 지불 잉여 균형의 한 부분이라고 할 수 있다. 또 다른 편익은 소비자 잉여이다. 이는 ESC로부터 발생하는 소비자들의 잉여를 말한다. 즉, 시청자들이 텔레비전에 방송되는 대회를 보는 것으로부터 발생하는 효용 등을 말하는 것이다. 눈에 보이지 않는 이 편익은 시청자들의 선호 측정을 통해 계산하게 된다. 소비자 잉여를 측정할 때 많이 사용하는 방법이

CVM(contingent valuation method) 방법이다. 이 방법은 어떤 사업을 향유하는 것에 대해 얼마나 지불할 의사(willingness to pay; WTP)가 있는지에 대해 금액으로 그 가치를 측정하는 방법이다. 그래서 ESC 사례에서는 구체적으로 WTP조사로 시행되었는데, 500명의 전국 성인을 대상으로 음악대회가 끝난 이틀 동안 전화조사를 통해 이루어졌다. 응답자는 외국에서 대회가 개최될 경우 이스라엘에서 ESC방송을 보기 위해 얼마나 지불할 의사가 있는지에 대한 물음과, 이스라엘에서 그 대회를 개최하기 위해 얼마나 지불할 의사가 있는가에 대해 질문을 받았다. 그 결과를 소비자 잉여로 측정하였다. 세 번째 편익은 정부잉여이다. ESC가 발생시키는 국가 선전 혹은 광고효과로부터 생기는 잉여이다. 이를 위해서는 ESC의 선전요소가 측정되어야 하고, 관람객이나 시청자들이 ESC가 발생시킨 선전의 간접적인 영향을 받아 생기는 장기적인 편익(효과)을 측정한다.[40] 이러한 편익들을 인식하고 화폐가치로 측정하는 것이 편익 계산의 과정이다. 편익 역시 비용처럼 포괄하는 범위와 화폐가치로의 환산 작업이 쉽지 않다.

비용과 편익 계산에서 한 가지 고려할 사항은 미래에 발생될 비용과 편익을 현재 가치로 바꾸어야 한다는 사실이다. 현재가치는 할인율(discount rate)을 적용해서 바꿀 수 있다. 할인율로 사용될 수 있는 것에는 민간할인율, 사회적 할인율, 자본의 기회비용 등이 있다. 적절한 할인율을 선택해서 편익과 비용을 모두 현재가치로 바꾼 뒤 각각 모두 합하여 비의 값으로 나타내면 비용편익 값을 구할 수 있다.

2. 상대적 효율성 분석

사실, 문화사업과 문화기관의 절대적인 효율성 값은 존재한다고 볼 수 없다. 비단 문화사업과 문화기관만이 아니라 그 어떤 대상이 되더라도 절대적인 효율성을 명확히 계산하기란 쉬운 일이 아니다. 투입 대비 산출의 비 값이 높으면 높을수록 좋겠지만 특정한 값을 두고 효율적인가의 여부를 판단하는 것은 쉽지 않다. 그래서 여러 사업들과 기관들의 효율성 값을 비교해서 상대적인 효율성에 기초한 평가를 진행하기도 한다. 정부 예산이 유한하여 모든 사업을 정부가 다 할 수 없

---

40) Fleischer, Aliza and Daniel Felsenstein(2002).

다고 했을 때, 상대적으로 보다 효율적인 사업이 무엇인지 혹은 상대적으로 비효율적인 사업이 어떤 것인지에 대해 평가한 결과를 바탕으로 예산지원(정부활동) 여부를 결정할 수 있다. 바로 이때 유용하게 사용할 수 있는 것이 상대적 효율성 분석이다. 상대적 효율성을 분석하는 기법 중 하나가 자료포락분석(Data Envelopment Analysis: DEA) 기법이다.

자료포락분석의 기본적인 논리는 생산변경(production frontier)의 개념에서 시작된다. 유사한 의사결정단위들(Decision Making Units: DMU) 중에서 생산변경에 포함된 기관(단위)들은 그렇지 못한 다른 기관(단위)들에 비해 상대적으로 효율적(relative efficiency)이라고 본다. 같은 종류의 투입요소가 있고 그로 인해 같은 종류의 산출이 나타나더라도 생산변경 상에 놓인 의사결정단위는 생산변경의 외부에 놓인 단위들에 비해 효율적인 투입과 산출의 결과를 보이는 것으로 판단한다. 여기서 의사결정 단위는 문화기관이 될 수도 있고 문화사업이나 프로그램이 될 수도 있다.

공공도서관을 예로 들면, 분석되는 공공도서관들이 의사결정단위가 되고 각 공공도서관들은 동일한 투입과 산출 요소들을 가지고 있다. 사실 투입과 산출 요소를 어떻게 구성하는가는 DEA 분석에서 가장 핵심이 되는 부분이자 한계점이 되기도 한다. 특히 문화기관을 분석할 때 분석을 위해 설정한 투입과 산출 변수가 실제 문화기관의 투입과 산출 모두를 포괄하기는 매우 어렵다. [표 5-2]에 예시

표 5-2 공공도서관의 투입과 산출 요소 예시

투입 요소		산출 요소	
변수	구성	변수	구성
인건비	정규직 + 비정규직	이용자수	자료실 이용자 수
자료비	도서자료구입비 + 비도서자료구입비 + 전자자료구입비 + 연속간행물 구입비	이용자료수	대출 수 + 열람수 ※ 도서와 비도서 자료 포함
일반 운영비	비도서 자료 등에 사용되는 자동화 및 네트워크 유지비 등	문화프로그램 실시 횟수	문화강좌 실시 횟수 + 도서관 및 독서관련 프로그램 실시 횟수
문화프로그램 운영비	문화프로그램 운영에 소요되는 제반 비용	문화프로그램 참가자수	문화강좌 참가자 수 + 도서관 및 독서관련 프로그램 참가자 수

자료: 김민주(2010)

된 공공도서관의 투입과 산출 요소도 마찬가지이다.[41] 분석을 위해 선정된 변수이지 이것이 실제 공공도서관 운영의 투입과 산출을 모두 포괄하고 있다고는 할수 없다. 그러다 보니 상대적 효율성을 분석할 때 차라리 특정한 요소에 초점을 둔 상대적 효율성이 측정이 더 적절하다는 주장도 있다. 즉, 공공도서관의 예산 효율성이나 공공도서관의 인력 효율성 등으로 측정하는 것이다. [표 5-2]는 공공도서관의 예산 효율성에 초점을 두고 분석한 사례이다.

[표 5-2]에 있는 투입과 산출 요소에 관한 경험적 자료를 수집해서 교육청소속의 203개 공공도서관의 상대적인 효율성을 분석한 결과가 [표 5-3]이다. 이결과는 공공도서관별 효율성 점수이다. 효율성의 점수(정도)는 1점부터 0점까지 세분화된다. 점수가 1인 곳은 상대적으로 효율적인 도서관을 의미하고 0점에 가까울수록 비효율적인 도서관임을 의미한다.

[표 5-3]을 보면, 상대적으로 효율적인 공공도서관은 총 36곳(17.7%)이다. 서울 8곳, 부산 3곳, 인천 3곳, 대전 1곳, 경기 2곳, 강원 3곳, 충남 3곳, 전북 3곳, 전남 3곳, 경북 5곳, 경남 1곳, 제주 1곳이 그에 해당한다. 효율성 범위에 따라 분포를 살펴보면 전체 공공도서관 51%(103곳)가 효율성 점수 0.400~0.799에 속해 있고, 전체 효율성의 산술평균도 0.640으로 이 범위에 속하고 있다. 그리고 가장 낮은 효율성을 보인 공공도서관은 충북의 한 도서관(ㄴ2)이다. 효율성 점수가 0.075이라는 점에서 상대적인 측면에서 예산에 따른 산출의 효율성 정도가 매우 낮다는 것을 알 수 있다. [표 5-3]에는 나타나 있지 않지만, DEA에 의한 상대적 효율성 분석은 효율성 점수 뿐 아니라 각 공공도서관들이 어느 도서관들을 벤치마킹해야 더 효율적일 수 있는지에 대한 정보도 제공해 준다. 이처럼 문화기관이나 문화사업 및 문화프로그램들은 상대적인 효율성 분석을 통해 평가와 개선을 위한 정보를 얻을 수 있다.[42] 문화정책 및 사업들에 대해 상대적 효율성을 분석할 때 한 가지유의할 점은 어디까지나 상대적인 효율성이지 절대적인 효율성은 아니라는 점에서, 비록 상대적으로 효율적이라고 분석된 기관 혹은 프로그램이라고 해도 완전한 효율성을 지니고 있는 것은 아니라는 점을 염두에 두고 있어야 한다.

---

41) 김민주(2010).
42) 김민주(2010).

표 5-3 공공도서관의 상대적인 예산효율성 측정 결과

효율성 범위	DMU(효율성 점수)
1.000	La1, La8, La10, La12, La13, La18, La19, La20, Lb1, Lb8, Lb10, Ld1, Ld7, Ld8, Lf2, Lh3, Lh5, Li3, Li5, Li6, Lk7, Lk9, Lk13, Ll2, Ll5, Ll7, Lm5, Lm11, Lm17, Ln5, Ln8, Ln9, Ln10, Ln18, Lo9, Lp4 총 36곳(17.7%)
0.900~ 0.999	La21(0.970), Lb3(0.941), Lb4(0.967), Lb5(0.909), Lg3(0.907), Li4(0.960), Li19(0.969), Lk3(0.942), Lk10(0.979), Ll8(0.903), Ll10(0.944), Ll11(0.926), Lo6(0.903), Lo12(0.914) 총 14곳(6.9%)
0.800~ 0.899	Lb9(0.829), Li11(0.857), Lj9(0.817), Ll3(0.889), Ll9(0.846), Ll12(0.874), Ll14(0.889), Lm1(0.830), Lm14(0.819), Lo11(0.865), Lo13(0.818), Lp5(0.874), Lp6(0.860) 총 13곳(6.4%)
0.700~ 0.799	La2(0.707), La7(0.705), La15(0.735), Lb2(0.771), Lb7(0.737), Lb11(0.775), Lf1(0.706), Lg1(0.729), Lg2(0.769), Lj6(0.732), Lj8(0.731), Lj12(0.724), Lk4(0.711), Lk6(0.767), Ll6(0.730), Ln13(0.705), Ln20(0.768), Lo2(0.755), Lo4(0.709), Lo19(0.795), Lo23(0.741), Lp2(0.715) 총 22곳(10.8%)
0.600~ 0.699	La3(0.647), La16(0.652), Lb6(0.601), Le1(0.651), Le4(0.643), Li10(0.637), Li14(0.625), Li17(0.634), Li20(0.604), Lj4(0.696), Lj13(0.672), Ll1(0.617), Lm7(0.612), Lm8(0.615), Lm12(0.619), Lm13(0.604), Ln2(0.666), Ln4(0.606), Ln12(0.689), Ln17(0.625), Ln23(0.668), Ln25(0.639), Lo16(0.694), Lo17(0.628), Lo22(0.655) 총 25곳(12.3%)
0.500~ 0.599	La4(0.514), La5(0.500), La6(0.562), Ld3(0.522), Li12(0.546), Li13(0.500), Li16(0.543), Li18(0.507), Lj3(0.520), Lj7(0.561), Lj11(0.587), Lj14(0.586), Lk2(0.538), Lk8(0.514), Ll4(0.531), Ll13(0.553), Lm3(0.518), Lm10(0.571), Lm15(0.562), Lm16(0.572), Ln6(0.561), Ln22(0.548), Lo3(0.549), Lo5(0.515), Lo18(0.508), Lp3(0.583) 총 26곳(12.8%)
0.400~ 0.499	La11(0.497), La14(0.405), Lc3(0.446), Lc5(0.483), Ld2(0.474), Ld4(0.442), Ld6(0.478), Lh7(0.438), Li7(0.486), Li8(0.420), Li9(0.462), Li15(0.419), Li21(0.400), Lj10(0.453), Lk1(0.462), Lk5(0.448), Lm4(0.487), Lm6(0.462), Lm9(0.447), Lm7(0.454), Ln11(0.454), Ln14(0.489), Ln15(0.418), Ln16(0.490), Lo7(0.491), Lo8(0.446), Lo10(0.464), Lo14(0.456), Lo20(0.428), Lo2(0.444) 총 30곳(14.8%)
0.300~ 0.399	La9(0.356), La17(0.324), Lc1(0.321), Lc2(0.324), Lc9(.0362), Ld5(0.367), Le5(0.370), Lh1(0.391), Lh2(0.310), Lh4(0.350), Lj5(0.343), Lk12(0.377), Ln19(0.343), Lo15(0.380) 총 14곳(6.9%)

0.200~ 0.299	Lc4(0.274), Lc6(0.295), Lc7(0.227), Lc8(0.295), Lg4(0.214), Lh6(0.23), Lh9(0.236), Lj1(0.286), Lk11(0.296), Lm2(0.200), Ln1(0.287),, Ln3(0.238), Ln21(0.297), Ln24(0.279), Lo1(0.278), Lp1(0.211) 총 16곳(7.9%)
0.100~ 0.199	Le2(0.158), Le3(0.138), Lh8(0.159), Li1(0.168), Li2(0.164), Ln26(0.199) 총 6곳(3.0%)
0.000~ 0.099	Lj2(0.075) 총 1곳(0.49%)

자료: 김민주(2010)

L=도서관(DMU), a=서울, b=부산, c=대구, d=인천, e=광주, f=대전, g=울산, h=경기, i=강원, j=충북, k=충남, l=전북, m=전남, n=경북, o=경남, p=제주, 숫자는 해당지역에 속한 각 도서관을 1부터 부여한 것임.

제6장

문화산업

제6장
문화산업

제 1 절   문화산업의 의미

1. 문화산업의 의미와 영역

　　문화산업은 문화예술을 경제적 가치 창출의 소재로 활용해서 산업화한 일련의 경제활동을 말한다. 기존의 일반산업과는 달리 문화예술이 핵심 소재가 된다는 점에서 차이가 있고, 문화예술의 심미적 가치만을 강조하는 데서 나아가 문화예술의 경제적 가치를 부각해서 산업화까지 연계시킨다는 점에서 순수 문화예술영역에서 논의하는 문화예술의 가치와는 다소 차이가 있다. 그래서 우리나라의 <문화산업진흥기본법>에도 문화산업을 "문화상품의 기획·개발·제작·생산·유통·소비 등과 이에 관련된 서비스를 하는 산업"이라고 규정하고 있다.[1] 이와 유사하게 <문화예술진흥법>에서도 "문화예술의 창작물 또는 문화예술 용품을 산업 수단에 의하여 기획·제작·공연·전시·판매하는 것을 업(業)으로 하는 것"을 문화산업으로 규정하고 있다.[2]

　　이러한 문화산업에 포함될 수 있는 영역은 다양하다. <문화산업진흥기본

---

1) <문화산업진흥기본법> 제2조.
2) <문화예술진흥법> 제2조.

법>에서는 "영화·비디오물과 관련된 산업", "음악·게임과 관련된 산업", "출판·인쇄·정기간행물과 관련된 산업", "방송영상물과 관련된 산업", "문화재와 관련된 산업", "만화·캐릭터·애니메이션·에듀테인먼트·모바일문화콘텐츠·디자인(산업디자인은 제외)·광고·공연·미술품·공예품과 관련된 산업", "디지털문화콘텐츠, 사용자제작문화콘텐츠 및 멀티미디어문화콘텐츠의 수집·가공·개발·제작·생산·저장·검색·유통 등과 이에 관련된 서비스를 하는 산업", "대중문화예술산업", "전통적인 소재와 기법을 활용하여 상품의 생산과 유통이 이루어지는 산업으로서 의상, 조형물, 장식용품, 소품 및 생활용품 등과 관련된 산업", "문화상품을 대상으로 하는 전시회·박람회·견본시장 및 축제 등과 관련된 산업" 등을 문화산업의 영역으로 들고 있다.

문화산업에 속할 수 있는 대상이 다양한 만큼 경제적인 가치 생산도 여러 대상들로부터 생겨난다. 그래서 오늘날에 문화산업은 문화정책적인 관점에서도 볼 수 있고 경제정책적인 관점에서도 볼 수 있다. 실제로 문화정책적인 관점에서는 제14대 대통령선거 때부터 문화산업이 우리나라 대통령 후보들의 주요 문화정책 공약으로 떠올랐다. 이에 따라 1990년대 전반기에 김영삼 대통령은 영화를 중심으로, 1990년대 말기부터는 김대중 대통령에 의해 출판과 영화를 중심으로, 그리고 2000년대 전반기에는 노무현 대통령이 게임과 영상산업 등을 중심으로 한 문화산업을 경제적 부가가치 창출을 위한 새로운 성장 동력으로 내세웠다. 이렇게 문화산업의 발전이 강조되면서 문화산업에 대한 정책적 관심도 높아지지 않을 수 없었다.[3] 그리고 문화산업이 경제활동의 한 영역으로도 여겨지기 때문에 경제활동의 하나로 문화산업을 연구하고 분석하기도 한다. 특히 문화경제학적인 분석틀로 다양한 문화산업 대상들을 분석하는 연구가 증가하고 있는 추세이다. 문화산업의 영역이 다양한 만큼 정책학적으로나 경제학적으로나 접근하는 방법도 다양하게 이루어지고 있다.

---

3) 구광모(2008), pp.25-26.

2. 경험재 산업으로서 문화산업

오늘날 문화산업은 과거의 상품(commodity), 공산품(goods), 서비스(services) 중심의 산업에서 한 걸음 더 나아가 경험적 소비(experiential consumption)를 하는 경험재(experience goods) 중심의 산업이다.[4] 경제구조가 과거 농경사회, 산업사회, 서비스 산업 사회를 지나 경험재 산업 사회로 나아갈 때 경험재 산업의 한 분야가 바로 문화산업이다. 경험재 산업이란 경험 그 자체를 위해 선택되고 소비되는 재화를 통해 경제적 가치를 창출하는 산업을 말한다. 연극이나 영화 관람이나 전시 관람 등과 같이 참여하고 경험하는 그 자체를 즐기기 위해 선택되어서 소비되는 제품이 경험재이다. 경험재는 소유가 발생되지 않고 즐기거나 감흥을 느끼는 등의 경험 그 자체가 목적이 되는 경우가 많다.[5] 특정하고 뚜렷한 산출물보다는 과정 중심의 재화라고도 할 수 있다. 그리고 경험재는 스스로가 경험하고 느끼는 것이기 때문에 다른 사람이 대신 해줄 수 있는 것도 아니다. 직접 해야 하기 때문에 별도의 시간이 요구되는 재화이기도 하다.[6] 서비스를 구매했을 때는 구입한 사람을 위한 (서비스)활동이 이루어지지만, 경험을 구입하면 구입한 사람을 위한 활동이 아니라 오히려 구입한 사람이 스스로 감정을 개입하고 참여하고 감흥을 느끼려는 활동이 이루어진다.

물론 문화산업도 상품, 공산품, 서비스 재화의 특성도 모두 지니고 있다. 예술가가 만든 장식물이나 작품, 대량 생산의 미술품 그리고 문화향유를 위한 서비스 등이 모두 문화산업의 한 부분들을 차지하기는 하지만, 그와 함께 다른 산업과는 달리 경험재를 생산하고 소비하는 산업으로서 특징도 강하게 지니고 있다. 제5장에서도 언급했듯이 문화상품은 서비스의 특성과 경험재로서의 특성 모두 가지고 있고 이것들이 소재가 되는 문화산업도 마찬가지이다. 따라서 문화산업은 경험재 산업이라고 할 수 있다.

---

4) Pine, II, B. J. and J. H. Gilmore(1999).
5) Hirschman, Elizabeth C. and Morris B. Holbrook(1982).
6) Holbrook, Morris B. and Elizabeth C. Hirschman(1982).

3. 문화정책과 문화산업

　　문화정책과 문화산업의 구분은 보는 관점에 따라 다르지만, 다수의 일반적인
견해에 따르면 문화정책의 한 요소로 문화산업을 규정한다. 문화정책과 문화산업
이 서로 독립적인 관계가 아니라 문화정책의 한 측면에서 강조된 것이 문화산업이
라는 것이다. 역사적으로 문화산업이 문화정책에서 중요한 요소로 위치하게 된 과
정이 이를 말해준다.

　　문화를 상품화하기 시작한 것은 19세기 후반부터였다. 문화가 상품으로서 존
재했지만 아직 문화산업이라는 말이 등장하지는 않았던 시기였다. 문화산업
(cultural industry)이라는 용어가 제시된 것은 1940년대 Theodore Adorno와 Max
Horkheimer에 의해서이다. Theodore Adorno와 Max Horkheimer가 사용한 문화
산업이라는 용어는 당시 문화가 상품화되는 것에 대한 비판적 차원에서 제시된
것이었다. 이후 경제적인 부가가치로 인한 긍정적인 의미의 문화산업 개념이 형성
되기 시작한 것은 1960년대부터이다. 이어서 1980년대에는 문화정책결정자가 문
화정책결정에서 문화산업을 별도로 중요하게 고려할 정도로 문화산업이 부각되었
다. 이때 문화산업을 중요하게 고려한 것은 문화정책과정에서였다. 결국, 국민들
이 문화적 가치를 생산하고 향유하는 데 정책적 목표를 둔 문화정책에서 문화의
경제적 가치에 초점을 두는 특정한 부문이 문화산업이 되었고 그 영역이 확장되면
서 오늘에 이르고 있다.[7]

　　문화의 가치사슬(value chain)적인 특성은 문화정책과 문화산업의 관계를 좀 더
구체적으로 보여준다. 문화정책과정 중 문화가 생산, 배분, 유지, 보존, 향유되는
과정에서 어떤 유·무형의 문화가 경제적인 부가가치를 발생하는 문화상품으로 변
화될 수 있는 가능성이 있을 때 그에 대한 정책적인 노력과 활동이 문화산업으로
나타나는 것이다. 문화정책으로 생겨나거나 향유되는 많은 문화가 반드시 경제적
인 가치를 지니는 것은 아니다. 예술적이고 미적인 가치 그 자체의 생산과 향유를
위한 문화정책이 있는가 하면, 일정한 노력과 활동으로 경제적 가치의 잠재성을
지닌 문화로 바뀔 수 있는 유·무형의 문화를 위한 문화정책도 있다. 예컨대, 문화
콘텐츠는 다른 콘텐츠, 기술, 정책과 융합하면서 문화와 산업측면에 여러 가지 가

---

7) 김민주(2015), pp.140-141.

치를 부가하여 새로운 힘을 갖게 되지만 모든 문화 콘텐츠가 그런 것은 아니다. 몇몇의 문화 콘텐츠가 다른 콘텐츠들과 조합되고 공존하면서 관련 산업을 발전시키는 것이다. 따라서 문화정책에 따른 일부 문화 콘텐츠가 다른 산업들과 더불어 어울리면서 새로운 가치를 부여하고 새로운 형태로 발전한다. 물론 이때 반대로 지나친 경제적 가치에 대한 강조로 문화상업주의가 지적되기도 한다. 그 어떤 것이 되었든 문화정책은 산업적 가치와 결합되기도 하며, 이때 문화정책과 문화산업의 구분이 가능해진다.[8] 그래서 연구대상으로서 문화산업은 학제적인 성격을 강하게 지닌다.[9] 문화에 관한 연구는 물론이고 경제, 기술, 사회, 미디어, 통상, 통신 등의 지식이 함께 요구된다.

결국 문화정책은 산업적 가치를 지닌 문화콘텐츠인가 혹은 그런 가능성을 지니고 있는가에 대한 관심과는 상관없이 국민들의 문화적 가치를 생산, 향유, 보호하는 데 최종 목표를 둔 것이지만, 문화산업은 문화정책의 결과물 중에서 경제적 부가가치를 통해 국가에 기여할 수 있는 노력을 하는 활동인 것이다. 문화정책의 결과물 중에서 경제적인 잠재성을 지닌다고 판단되어 문화산업적으로 이용한다면 그것이 문화산업정책으로 구현된다. 중요한 것은 문화정책의 결과에 따라 문화산업의 여부가 판단되는 것이다. 따라서 문화정책이 시간적으로 우선하고 그 속에서 부가적으로 필요한 곳에 문화산업 활동이나 문화산업 정책이 시행되는 것이라고 볼 수 있다.[10]

4. 창조산업과 문화산업

오늘날 창조산업에 대한 관심이 높아지고 있다. 창조산업의 부상은 1997년 출범한 영국 노동당 정부 시절에 영국 정부가 문화미디어체육부(Department of Culture, Media and Sport)를 만들어 '창조산업'(Creative Industry)을 정책 아젠다 중 하나로 제시하면서 시작되었다. 당시 영국 문화미디어체육부의 보고서는 창조산업을 '개인의 창의성(기술, 재능)을 이용하여 지적재산권을 설정하고 활용하여 부와 고용

---

8) 김민주(2015), p.141.
9) 한국문화경제학회(2001), pp.207-208.
10) 김민주(2015), pp.141-142.

을 창출할 수 있는 산업'으로 정의하였다. 사실 창조산업이라는 용어자체는 1990년대 중반 호주에서 먼저 사용되었고, 이를 영국정부가 보다 깊이 있고 진지하게 받아들이면서 캐나다, 뉴질랜드 등 영연방국가들과 대만, 중국, 싱가포르 등 아시아 국가들을 중심으로 널리 퍼져 나갔다.[11]

창조산업의 대표적인 국가로서 영국의 창조산업에 포함되는 분야는 13개 분야이다. '광고, 건축, 미술품과 골동품, 공예, 디자인, 패션, 영화 및 비디오, 양방향 오락 소프트웨어, 음악, 공연예술, 출판, 소프트웨어 및 컴퓨터 게임, 텔레비전 및 라디오'가 그것들이다. 이와 함께 유엔무역개발협의회(United Nations Conference on Trade and Development)에서는 창조산업의 분류를 크게 '유산', '예술', '미디어', '기능적 창조'로 나누고, '유산'에는 ① 문화장소(고대유적, 도서관, 전시회)와 ② 전통문화(공연, 축제), '예술'에는 ③ 시각예술(그림, 조각, 사진)과 ④ 공연예술(라이브음악, 연극, 오페라, 춤, 서커스), '미디어'에는 ⑤ 출판, 인쇄매체(책, 신문)와 ⑥ 오디오, 비주얼(영화, TV, 라디오방송), '기능적 창조'에는 ⑦ 디자인(인테리어, 그래픽, 패션, 보석, 장난감)과 ⑧ 창조서비스(건축, 광고, R&D, 문화, 레크레이션)와 ⑨ 새로운 미디어(소프트웨어, 비디오게임, 디지털콘텐츠)가 각각 세분화되어 있다.

창조산업에 포함되는 여러 영역을 보면 알 수 있듯이 문화산업 영역과 상당히 중복된다. 실제로 창조산업이란 개념을 제일 처음 정책에 도입한 영국도 애초에는 창조산업을 영화, 음악, TV 등 문화콘텐츠와 미디어, 문화예술 등에 국한시켰다가 그 이후 창의성을 전 부문의 경제성장 동인으로 확장시켰다. 즉, 무역 정책, 지적재산권, 도시발전, 교육의 미래와 같은 더욱 큰 담론을 포괄하며 창조산업을 국가적 아젠다로 만들었다. 싱가포르와 홍콩도 영국으로부터 강하게 영향을 받아 창조산업 분야를 문화콘텐츠와 문화예술을 중심으로 시작했다가 이제는 각 부문에 창조성을 포괄하는 방식으로 정책에 반영하고 있다.[12] 처음에 창조산업의 범위가 문화산업의 범위와 크게 다르지 않았던 이유 중 하나는 창의성에 기반한 문화산업의 경제적 가치 창출에 대한 혁신성을 높이고 그것을 강력하게 부각하기 위해 '문화'가 아닌 '창조'로 그 명칭을 변경한 데서 시작된 면도 없지 않다. 하지만 창의성을 기반으로 하는 산업의 범위가 점차 넓어지면서 창조산업의 영역도

---

11) 한국콘텐츠진흥원(2013), pp.18-19.
12) 한국콘텐츠진흥원(2013), p.19.

그에 따라 늘어나게 된 것이다. 그래서 초기에는 문화산업과 창조산업의 영역이 상당히 유사했다가 지금은 창조산업이 상당히 포괄적인 산업으로 확장되었다.

따라서 문화산업은 해당되는 영역의 범위를 고려할 때 창조산업의 한 부분으로 볼 수 있다. 초기에는 문화산업과 창조산업의 영역 상 차이가 크지 않았지만 점차 창조산업의 영역이 더 확장되어 갔기 때문에 혼용하기보다는 둘을 구분해서 사용할 필요가 있다. 전통적으로는 창의성 기반 산업으로서 문화예술을 이용한 문화산업이 대표적인 산업이었지만, 이제는 IT기술 발달로 창의성 기반 산업의 영역이 무한히 넓어지고 있기 때문에 이를 구분할 필요가 있다.

제 2 절　문화산업의 특성

1. 창구효과와 가치사슬

문화산업은 문화상품이 본질적인 내용은 유지하되 여러 형태로 변화되면서 가치가 증대하거나 새로운 가치가 추가적으로 발생되는 산업이다. 하나의 문화상품이 만들어지면 다른 매체를 통해서 또 다른 문화상품으로 변환되어 판매되는 것이다. 다른 매체로 옮겨간다는 점에서 일종의 새로운 창(window)이 열리는 것이다. 인기 있는 한 소설이 본질적인 내용은 유지하면서 드라마로 만들어지고 다시 영화로도 만들어지고 연극으로도 만들어지면서 경제적 가치를 창출해내는 것이 바로 창구효과(window effect)이다. 새로운 매체라고 할 수 있는 소비 창구를 달리하면서 계속 재생산된다. 이는 문화상품이 창구를 달리하면서 '원소스 멀티유즈(one-source multi-use)'의 구조를 지니고 있다는 점을 말해준다. 그래서 심지어는 소설 속의 주인공 캐릭터가 장난감으로 만들어지기도 하고 게임의 주인공이 되기도 하고 주인공의 이름을 딴 지역축제가 만들어지기도 한다.

문화산업의 창구효과는 가치사슬의 구조이기도 하다. 가치가 연쇄적으로 발생되기 때문이다. 그래서 창구효과와 가치사슬적 구조는 서로 연계되어 있다. 한 소설이 인기를 얻게 되면 거기서 창출되는 경제적 가치가 있고, 만일 영화로도 만들어지면 기존의 소설에서 생기는 경제적 가치가 더 증대되는 동시에 영화산업에서 생기는 새로운 경제적 가치도 생긴다. 예컨대 대중적인 인기가 없었던 소설을 원작으로 한 영화가 인기를 모으면 새삼스럽게 원작 소설 판매가 증가하기도 한다. 그로 인해 기존 소설의 경제적 가치는 물론이고 영화로 인해 새로운 부가가치가 창출된다. 이처럼 문화산업은 창구효과가 발생되기 유리한 산업이고 가치가 연쇄적으로 이어지는 산업이다.

최근 이러한 문화산업의 창구효과와 가치사슬적 구조에서 비롯된 경제적 효과의 사례는 우리 주위에서 자주 목격되고 있다. 드라마 겨울연가가 국내외서 인기를 모으면서 드라마 배경이 된 남이섬이 국제적인 관광지로 발돋움했고, 그 결과 남이섬 관광객은 지난 2001년 29만명에서 2014년 300만명으로 10배 이상 증가했다. 관광유발 수입만 8천 400억원을 기록하는 등 총 3조원의 경제적 파급효과를 가져왔다.[13] 또 영화 겨울왕국은 캐릭터 판매와 'Let it go(렛잇고)'와 같은 OST 음원 등의 부가수익을 포함해 전 세계 흥행수익이 10억 달러(약 1조1710억원)를 돌파했다.[14] 문화산업의 창구효과와 가치사슬적 구조로 인한 경제적 효과는 상당히 크다고 할 수 있다. 굴뚝 없는 산업으로서 문화산업의 파급효과가 국내를 넘어 세계로 이어질 경우에는 더 큰 경제적 가치가 발생될 수 있다.

2. 규모의 경제

문화산업이 창구효과가 발생되기에 유리한 산업인 이유는 바로 문화산업이 규모의 경제(economies of scale)를 갖는 산업 중 하나이기 때문이다. 규모의 경제는 경제활동에서 규모가 클수록 경제적 효과가 상대적으로 커지는 것을 말한다. 생산량의 증가에 따라 단위당 생산비가 감소하는 것인데, 보통 대량생산에 의해서 제품 한 단위를 생산하는 데 소요되는 비용이 감소하고 이익은 증가하는 것을 말한다.

문화산업은 원형을 만들어서 그 원형을 복사해서 대량 생산해서 판매한다.

---

13) 연합뉴스(2015), 8월 18일자 기사.
14) 이투데이(2015), 8월 7일자 기사.

원형을 만들거나 초판을 제작할 때는 많은 비용이 들지만 일단 만들어진 원형을 바탕으로 더 많은 복제품이나 재생산품을 저렴한 비용으로 많이 만들어 낸다. 그래서 초기의 원형제작 비용에 들어가는 고정비용(fixed cost)은 많이 드는 편이지만, 원형에 기초해서 복제한 상품들을 생산하는데 들어가는 가변비용(variable costs)은 상대적으로 덜 든다. 그래서 생산이 늘어나면 총비용을 생산량으로 나눈 평균생산비는 줄어들게 되는 비용체감현상이 나타난다.[15]

예를 들면 드라마를 제작할 때 대규모 자본이 투입되었고, 다행히 인기를 얻게 되어서 제작비용을 모두 회수하게 되었다고 하자. 이제부터 드라마를 방영함으로써 생기는 이익은 거의 순이익에 가깝다. 왜냐하면 기존에 만들어진 드라마를 방영하기만 하면 되기 때문이다. 드라마를 한번 방영할 때 드는 비용보다 더 많은 이익이 발생된다. 생산량(드라마 방영 횟수)이 증가할수록 단위당 생산비가 감소하는 것이다. 만화 캐릭터가 인기를 얻게 되어서 인형 캐릭터로 만들어지고 이것을 재생산할수록 비용이 감소하는 것도 마찬가지이다. 이미 인기를 얻었기 때문에 처음에 들었던 캐릭터 발명 비용이나 광고 비용 등이 점차 없어지거나 줄어든다.

3. 문화적 할인

오늘날 문화산업 시장은 국내에 한정되어 있는 것이 아니라 세계에 개방되어 있다. 우리나라의 문화상품이 외국에서 팔리고 우리도 외국으로부터 문화상품을 구입해서 향유한다. 문화산업의 교역과 교류가 높아지면서 문화산업의 국제화 전략은 국가적인 차원에서도 이루어진다. 하지만 문화산업은 문화적 할인(cultural discount)에 큰 영향을 받는 산업 중 하나이다. 할인이라고 하면 정가보다 낮은 가격이라는 생각에 으레 좋은 것으로만 생각할 수 있는데, 문화적 할인은 오히려 그 반대이다. 일반 상품의 할인과는 달리 할인되면 더 좋지 않은 것이 문화적 할인이다. 이 문화적 할인은 문화산업 시장이 개방되어 문화상품이 국가 간에 거래될 때 주로 발생된다.

문화적 할인은 서로 다른 두 문화권에 속한 두 국가가 문화상품을 교역할 때

---

15) 소병희(2012), p.268.

언어·관습·종교 등 문화적 차이 때문에 문화상품 본래의 가치가 어느 정도 떨어지는 현상을 말한다. 예를 들어 우리가 미국 영화를 관람하기 위해서는 언어 차이로 인해 자막을 통해서 영화를 관람하게 된다. 이때 이미 번역 과정을 거친 언어를 통해 영화를 감상하기 때문에 본래 영화가 전하는 스토리나 메시지나 의미 등을 100% 그대로 수용한 상태에서 관람하는 것은 아니다. 가끔 미국영화를 관람하다 보면 우리에게는 별로 웃긴 농담이 아닌 것이 미국인들이 보기에는 웃긴 농담이라서, 관람객인 우리 한국인들은 무표정인데 영화 속 배우들은 웃는 모습을 본다. 이런 것들이 바로 문화 차이 때문에 생기는 할인 현상이다. 이처럼 기본적으로 언어나 문화 및 관습 등의 차이로 인해 번역이나 재해석 및 해설 과정을 거치면서 본래의 문화적 의미가 할인(차감)되는 것이 문화적 할인이고, 이 문화적 할인을 어느 정도는 감수할 수밖에 없는 것이 문화산업이다.

물론 문화산업의 모든 영역에서 문화적 할인이 발생되는 것은 아니다. 언어나 문화 및 관습의 차이가 최소화된 문화산업 영역이 존재하기도 한다. 대표적인 것이 클래식 음악이다. 별도의 언어 차이 등을 통해 할인되는 정도가 다른 산업에 비해서는 적은 편이다. 영어가 보편적으로 사용되는 오늘날 대중가요도 점차 문화적 할인이 줄어드는 추세이다. 그리고 요즘에는 애초에 교역될 국가의 언어나 문화를 미리 고려해서 문화상품을 만들기도 한다. 우리나라 가수 중 원더걸스가 미국에서 활동할 때 현지에 맞게 노래 가사나 내용을 바꾼 예도 있으며, 가수 싸이를 비롯하여 많은 우리나라 가수들이 영어나 해당 국가의 언어로 노래가사를 만들어서 부르기도 한다. 이처럼 세계시장이 열려 있는 오늘날 문화산업에서는 문화적 할인을 줄이는 것이 이익 창출에 큰 기여를 한다.

4. 임시성·프로젝트성

문화산업은 임시적이고 프로젝트적인 성격을 지닌다. 이는 문화상품이 고정자본에 의해 만들어지는 것이 아니라 아이디어와 창의성과 같은 비고정자본에 의해 만들어지기 때문이다. 현재의 문화상품에 가장 적합한 아이디어를 가진 이들로 구성된 임시적이고 프로젝트적인 구성원들이 한시적으로 참여해서 문화상품을 만들어내는 경우가 많다. 대표적으로 영화가 제작될 때 해당되는 사람들이 구성되어서 함께 작업을 시작하지만 영화가 완성되면 해체된다.[16] 연극도 그렇고 대중문화를 만드는 방송도 마찬가지이다. 특히 요즘에는 외주제작에 의해 방송이 만들어지는 경우가 많기 때문에 더욱 그러하다.

그래서 문화산업은 인적 네트워크가 문화상품 제작에 크게 영향을 미친다. 작품을 만들 때 인적 네트워크를 통해 예술가들을 비롯해서 관련 구성원들을 필요할 때마다 확보하기 때문이다. 장기계약보다는 단기계약 형태로 작품제작에 참여한다. 사실 문화예술계가 다른 직종에 비해 유독 비정규직이나 프리랜스의 비중이 높은 것도 이러한 특징과도 일부 관련된다. 실제로 우리나라 문화예술인의 취업상태에 관한 조사 결과에 따르면, 자영업·고용주는 16.2%, 전업작가·자유전문직은 20.7%, 정규 고용직 18.3%, 임시 고용직 12.8%, 기타 5.6%, 무직·은퇴가 26.5%로 나타났다.[17] 정규직보다는 비정규직 형태로 일하는 경우가 많다.

이처럼 문화산업은 대규모 생산 조직을 만들어서 포디즘(Fordism)적 방식으로 효율성을 높이기 위해 노력하는 산업이라기보다는, 작고 임시적이고 프로젝트성의 조직에 기반해서 생산 활동을 하는 산업이다. 이런 특징은 문화나 예술산업이 창의성에 기반하면서 외부환경에 유연하게 대응해야 할 산업이기 때문에 나타난다. 다시 말해, 임시적이고 프로젝트성의 구성이 더 경쟁력을 높일 수 있는 방법이 되기 때문이다.[18] 하지만 이러한 특징으로 인해 문화예술인의 직업 안정성이 문제가 되고 있고, 또 최근에 대기업들의 문화사업 진출로 인해 기존의 임시적이고 프로젝트적인 문화예술 기관들이 생존에 위협을 받고 있는 문제가 생기고도 있다.

5. 기술융합성

문화산업은 기술융합성이 높은 산업이다. 제5장에서 살펴본 바와 같이 문화시장이 제1차 시장과 제2차 시장으로 구분될 때, 제1차 시장은 공연예술과 진품 그림 등의 창작 원본 시장으로서 오리지널한 문화가 거래되는 시장이다. 제2차 시

---

16) Faulkner, R. R. and A. B. Anderson(1987).
17) 문화체육관광부(2012), p.86.
18) Mintzberg, H. and A. McHugh(1985).

장은 첨단기술이나 정보기술 등을 이용해서 생산된 복제예술작품의 시장이다. 여기서 문화산업은 주로 제2차 시장에서 일어나는 산업 활동들이다. 제2차 시장에서는 첨단기술의 활용이 결정적이다. 산업화되고 경제적 가치가 부가되기 위해서는 상품의 공급과 수요에 기술력이 접목되어 생산·유통·소비에서 오는 편의가 극대화 되어야 한다. 문화적 욕구를 지닌 사람들은 조금 더 효율적이고 편리하게 자신들의 문화 향유의 효용을 높이려고 하고, 또 새로운 기술이 접목된 문화에도 많은 호기심을 보인다. 그리고 문화공급자도 예술 생산에서 다양한 기술 접목을 시도하면서 창의성을 발휘하고 있다. 예컨대 3D 영화, 재방송 시스템, 첨단 기술을 활용한 뮤직비디오와 오디오 시스템, 최적의 전시 환경 조성, 문화재 보존 기술, 원형보존기술, 영화의 특수효과, 문화콘텐츠 개발 등은 모두 문화산업의 기술융합성을 보여준다.

그래서 오늘날 문화기술 혹은 문화산업기술로 불리는 CT(Culture Technology)가 특히 주목받고 있다. CT는 IT(Information Technology, 정보통신 공학), BT(Bio Technology, 생명공학), NT(Nano Technology, 나노기술 공학), ST(Space Technology, 우주기술 공학), ET(Environment Technology, 환경기술 공학)와 함께 차세대 성장산업의 6T 중 하나로서 문화산업을 발전시키는 기술이다. 특히 문화콘텐츠의 기획, 제작, 가공, 유통 및 소비과정을 지원하는 기술로 이공학적인 기술뿐만 아니라 인문사회학, 디자인, 예술분야의 지식과 노하우를 모두 포함하는 복합적인 기술을 말한다.[19]

이처럼 다양한 첨단 기술을 통해 문화산업의 질적·양적 확장에 핵심 동력으로 작용하는 CT는 미래 부가가치 산업의 주역으로 각광받고 있다. 우리 정부도 게임, 영화, 애니메이션·캐릭터, 음악, 뮤지컬 등 문화산업의 경쟁력 강화와 국민의 문화복지 향상을 위한 연구개발을 위해 2014년에 문화기술 연구개발 과제에 총 384억 원을 투입했다.[20] 그리고 우리나라는 색보정 기술(Digital Intermediate)과 시각적인 특수효과 기술(Visual FX)을 해외로부터 수주하고 있다. 이 두 기술의 수주액은 2010년에는 4,400,750 달러, 2011년에는 10,125,071 달러, 2012년에는 6,763,300 달러, 2013년에는 18,845,429달러에 이르고 있다. 2013년의 경우 한국영화 제작 지원에 대한 전체 수주에서 이 두 기술의 수주가 84.1%를 차지했다. 이

---

19) 김영순외(2011), p.131.
20) 문화체육관광부(2015b), p.145.

두 기술에 대한 수주가 많은 것은 중국에서 시대극을 비롯한 대규모 영화 제작이 활성화되어 가격 대비 질이 좋은 한국 기술서비스에 대한 수요가 증가하고 있기 때문이다.[21] 이와 같이 영화산업에서도 첨단기술의 수요는 나날이 증가하고 있다. 어찌 보면 문화가 '산업화'되기 위해서는 기술이 필요조건이라고도 할 수 있다. 앞으로 문화기술 분야의 확장과 그로 인한 문화산업의 발전은 더욱 각광 받을 것으로 예상된다.

제 3 절   문화산업과 저작권

 저작권의 의미

저작권은 저작자나 예술가들에게 정해진 기간 동안 그들의 저작물(창작물) 사용에 대해 통제할 수 있는 권한을 주는 법적인 개념이다.[22] 저작자들의 승낙 없이 그들의 저작물이 재생산되는 것을 보호해주는 것이 저작권이다. 이는 창작자들에게 주어진 시간 동안 그들이 이룬 노력의 대가를 즐기도록 일종의 독점을 부여해주는 것과도 같다.[23]

저작권에서 말하는 저작물이란 인간의 사상 또는 감정을 표현한 창작물을 말한다. 그 예로는 소설·시·논문·강연·연설·각본 그 밖의 어문저작물, 음악저작물, 연극 및 무용·무언극 그 밖의 연극저작물, 회화·서예·조각·판화·공예·응용미술저작물 그 밖의 미술저작물, 건축물·건축을 위한 모형 및 설계도서 그 밖의 건축저작물, 사진저작물, 영상저작물, 지도·도표·설계도·약도·모형 그 밖의 도형저작물, 컴퓨터프로그램저작물 등이 해당된다.[24]

일반적으로 이러한 저작물들은 우리가 지각할 수 있는 유형의 수단인 책이나

---

21) 영화진흥위원회(2015), p.59.
22) Paul, G.(2001).
23) Otike, J.(2010).
24) 〈저작권법〉 제2조, 제4조.

CD 등에 담겨져 있다. 저작물을 담고 있는 일종의 그릇이라 할 수 있는 이 유형적인 수단은 일반재산권의 대상이 된다. 그 그릇 속에 담겨져 있는 무형적인 것이 저작물이 되며 이것이 바로 저작권 보호의 대상이 된다. 따라서 저작권은 무형의 저작물과 유형의 저작물 구현 수단을 구분할 때 전자에 해당되는 권리이다. 예를 들어 서점에서 소설을 훔치면 책이라는 유형의 복제물인 재산을 훔친 것이기 때문에 일반재산권을 침해한 것이 되어 민법상의 불법행위와 형법상의 절도죄를 저지른 것이 되는 반면, 만일 친구에게 책을 빌려서 여러 권으로 복제물을 만들고 다시 돌려주었다면 이는 일반재산권의 침해는 아니고 책안에 들어있는 저작물에 대한 권리를 침해한 것이 되어 <저작권법> 위반이 된다.[25]

이러한 저작물에 대한 권리 인식은 15세기에 시작되었다. 당시 출판인쇄술이 발명되면서 문서를 비롯한 저작물의 대량복제가 가능해지면서부터이다. 저작물의 권리 인식에서 나아가 저작권이라는 권리 개념이 생긴 것은 1684년 독일 황제의 칙령에 의해서이다. 이후 세계최초의 <저작권법>이 1709년 영국에서 시작되었고, 각 국가들도 국내법으로 저작권을 보호하고 있다.[26] 오늘날에는 국제조약으로도 저작권을 보호하고 있다. 그 중에서도 문화예술과 관련된 저작물에 대한 저작권 보호를 위한 대표적인 국제조약이 베른협약(Berne Convention) 이다. 1886년 9월 스위스 베른에서 체결된 이 협약의 정식 명칭은 '문학과 미술 저작물 보호를 위한 국제협약(International Convention for the Protection of Literary and Artistic Works)'이다. 우리나라도 1996년에 가입했고 현재 168개국이 가입 중이다.

실제로 문화산업에서 저작권은 국가 간 교역에서 중요한 이슈로 떠오르고 있다. 대표적으로 한미 간 FTA 협상 과정에서 불거진 스크린쿼터 축소 문제를 들 수 있다. 스크린쿼터 축소는 한미 간 FTA 협상개시에서 최후 난제로 여겨질 만큼 뜨거운 주제였다. 당시 한국이 상대적으로 더 경쟁력 있는 가전제품이나 휴대폰 등 공산품에 대해 미국이 자국의 안마당을 내주면서까지 스크린쿼터 축소를 강력히 주장한 이유는 문화산업에서 저작권이 주는 막대한 경제적 이익 때문이었다. 실제로 2004년도에 개봉되었던 영화 '알렉산더'가 미국 영화인들에게 큰 깨달음을 주었다. 미국 내에서 흥행에 실패하여 당연히 적자가 예상되었음에도 불구하고 전

---

25) 한국저작권위원회(www.copyright.or.kr).
26) 한국저작권위원회(www.copyright.or.kr).

체적으로는 흑자로 기록되었는데, 이는 해외 시장에서의 수입이 미국시장의 적자를 메우고도 남았기 때문이다. 그것은 바로 영화산업의 저작권 때문이다. 소니(SONY), 디즈니(DISNEY), 워너브라더스(WARNER BROTHERS) 등 세계 3대 영화사와 세계에서 가장 큰 소비시장을 보유하고 있는 미국 입장에서는 해외부분의 파이(pie)가 이렇게 큰 줄 몰랐던 것이다.[27] 이처럼 오늘날 저작권 문제는 국내는 물론이고 국가 간 교역에서까지 중요한 이슈로 등장하고 있다. 많은 분야에서 세계화가 계속 이루어지는 만큼 국제 이슈로서 저작권 문제는 더 자주 발생될 것이다.

하지만 저작권이 문화정책이나 문화경제학 등에서 다루어진 것은 비교적 최근이다. 특히 저작권 연구의 영역이라 할 수 있는 문화경제학에서 저작권이 거의 다루어지지 않았는데, 그 이유는 예술에 대한 보조금이 주요 정책이슈가 되었을 때 그와 동시에 문화경제학이 발전하였기 때문이다. 고급 예술이 오래 지속되도록 보조금을 지원해야 한다는 문화경제학의 전통적인 입장이 예술과 예술가들을 권리 개념으로 지원하는 국가의 정책수단인 저작권에 대한 관심을 상대적으로 소홀히 하도록 했다. 보조금 지원이 그 초점에 있었기 때문에 권리 개념으로서 저작권에 대한 관심은 상대적으로 적었던 것이다. 그러나 사실, 저작권이 예술 보조금 정책보다 먼저 시행되었다. 저작권은 20세기 초 세계적으로 각 나라에서 <저작권법>의 형태로 널리 시행되었던 반면, 국가 정책으로서 예술에 대한 보조금은 2차 세계대전 후부터 시작되었다. 그럼에도 저작권 침해에 대한 주요 관심은 1990년대 후반에 본격화되었고, 저작권의 경제적 측면에 대한 관심도 그때 높아졌다. 그리고 이와 함께 문화예술분야에서는 기술 변화가 자주 일어나지 않는다는 생각이 문화예술 관련 저작권 개념에 대한 인식을 더디게 한 측면도 있다. 문화예술의 생산과 소비의 매개체 역할을 하는 디지털 기술의 발달은 관련 저작권 문제를 야기하기 마련인데, 문화예술 자체와 기술발달은 서로 밀접성이 낮다는 생각이 저작권에 대한 인식을 늦춘 것이다. 이러한 이유들로 인해 오늘날 문화경제학과 관련된 학술 저널에서 저작권에 관한 논문은 그리 많지 않은 편이다. 하지만 EU 등에서 저작권을 통상정책이나 창조산업의 일환으로 인식하기 시작하면서 현재는 관심이 높아지고 있다.[28]

---

27) 남형두(2006), pp.51-52.
28) Towse, Ruth(2008).

2. 저작권의 종류

저작권은 크게 두 가지로 구분해서 볼 수 있다. 하나는 저작인격권이고 다른 하나는 저작재산권이다. 저작인격권은 저작자의 명예와 인격적 이익을 보호하기 위한 권리이다. 여기에는 공표권, 성명표시권, 동일성유지권이 있다. 공표권은 저작자가 그의 저작물을 공표하거나 공표하지 아니할 것을 결정할 권리를 가진다는 내용이다. 성명표시권은 저작자가 저작물의 원본이나 그 복제물 또는 저작물의 공표 매체에 그의 실명 또는 이명을 표시할 권리를 가지는 것을 말한다. 동일성유지권은 저작자가 그의 저작물의 내용·형식 및 제호의 동일성을 유지할 권리를 가지는 것을 의미한다.

저작재산권은 저작자가 저작물을 이용하는 방법에 따라 발생되는 권리를 말한다. 여기에는 복제권, 공연권, 공중송신권, 전시권, 배포권, 대여권, 2차적저작물작성권이 있다. 복제권은 저작자가 그의 저작물을 복제할 권리를 가지는 것을 말하고, 공연권은 저작자가 그의 저작물을 공연할 권리를 가지는 것을 말한다. 그리고 공중송신권은 저작자가 그의 저작물을 공중송신할 권리를 가지는 것을 의미하고, 전시권은 저작자가 미술저작물 등의 원본이나 그 복제물을 전시할 권리를 가지고 있음을 의미한다. 배포권은 저작자가 저작물의 원본이나 그 복제물을 배포할 권리를 가지는 것을 말하고, 대여권은 저작자가 판매용 음반이나 판매용 프로그램을 영리 목적으로 대여할 권리를 가지는 것을 말한다. 2차적저작물작성권은 저작자가 그의 저작물을 원저작물로 하는 2차적저작물을 작성하여 이용할 권리를 가지는 것을 말한다. 이러한 저작재산권은 특별한 경우를 제외하고는 저작자가 생존하는 동안과 사망한 후 70년간 존속한다.[29]

저작인격권과 저작재산권 이외에 저작인접권도 있다. 저작인접권은 저작권에 인접한 권리라는 의미로서 저작물을 직접 창작한 사람이 아니라 저작물을 실연, 방송, 음반으로 구현하는 역할을 하는 사람에게 주어지는 권리이다. 실연자(배우나 연주자 등)나 음반 및 방송 제작자 등이 여기에 속한다. 이들은 창작물이나 저작물이 대중들에게 향유될 수 있도록 전달·해석·구현하는 일종의 매개체로서의 역

---

29) 〈저작권법〉 제11조, 제12조, 제13조, 제16조, 제17조, 제18조, 제19조, 제20조, 제21조, 제22조, 제39조.

할을 하는 사람들이다. 이들에 대해서도 <저작권법>에 따라 보호한다. 따라서 만일 실연이나 음반 등을 이용할 때는 해당 저작물의 저작자의 동의나 허락도 필요하고 동시에 저작인접권자의 동의와 허락도 필요하다.

3. 저작권 보호 입장

저작권 보호와 관련해서 보호가 필요하다는 입장과 개방되어야 한다는 입장이 있다. 우선 저작권의 보호가 필요하다는 주장을 하는 사람들은 다음과 같은 이유들을 들고 있다. 첫째, 유인이론(incentive theory) 관점이다. 유인이론은 미국 헌법과 사법부에서 공히 지지해온 이론이기도 하다. 그 예로 Mazer v. Stein 판례에서 미국 연방대법원은 미국 헌법이 연방의회에 특허와 저작권에 관한 입법권을 주는 이유를 발명과 저작에 대한 개인의 노력을 독려하기 위한 것이라고 밝히고 있다.[30] 문화 창작자들이 작품을 만들기까지의 노력에 대한 대가와 보상 등이 있어야 그것이 유인이 되어 또 다시 새로운 작품을 만들기 위해 노력하게 된다는 것이다. 일종의 긍정적인 자극제로서 저작권 보호를 주장하는 입장이다. 유인이론은 저작권 보호의 가장 일반적인 이유로 자주 활용되는 이론이다.

둘째, 효율적 배분이론(efficient allocation theory) 관점이다. 효율적 배분 이론은 자원의 효율적인 배분을 위해서 저작권을 보호할 필요가 있다는 입장이다. 저작권을 보호하지 않으면 해당 저작물에 대해 비용을 지불하지 않고 누구나 자유롭게 사용하게 되어서 그 가치가 결국에는 거의 없는 상태(zero)에 가까워지기 때문에 과용을 막기 위해서 권리로서 보호해야 한다는 주장이다. 실제로 미국에서는 이에 대한 판례(Matthews v. Wozencraft)가 있다.[31] 과용과 남용을 막아서 불필요한 사용보다는 적합한 사용이 이루어지도록 해야 한다는 것이다. 또 기존 저작물의 아주 작은 변용을 통해 유사 저작물들이 불건전하고 불필요하게 쏟아져 나온다면 이 역시 사회 전체적으로 보면 자원 낭비가 된다.

셋째, 저작권으로 인해 사용자들의 저작물 사용이 더 증가하고 그로 인해 저작물 수입도 늘어난다는 입장이다. 흔히 저작물에 저작권이 설정되면 저작물 이용

---

30) 남형두(2008), p.290.
31) 남형두(2008), p.293.

금액이 저작물 이용의 제약으로 인식되어서 정작 저작물로 인한 수입은 줄어들 수 있다고 생각하기 쉽다. 하지만 오히려 저작권으로 인해 저작물 이용이 더 늘어나고 저작물로부터 발생되는 수입도 더 증가할 수 있다. 사람들은 저작권이 부여된 저작물에 대해서는 저작권료 만큼의 사용가치가 있다고 생각하기 때문에 기꺼이 지불해서 이용한다. 무료로 사용하는 것보다는 질적으로나 수준이 더 높은 것이라고 생각해서 오히려 중요한 일들에서는 저작권이 부여된 저작물을 더 사용하게 된다. 물론 저작권 자체가 저작권이 설정되어 있지 않은 것과 객관적인 질적 차이를 드러내 보인다고는 볼 수 없지만, 사람들의 심리적인 반응은 그럴 수 있다. 실제로 경험적 분석에 따르면 저작권에 대해 긍정적으로 평가하거나 그에 대해 지식이 있는 청소년들은 CD나 MP3, 모바일 음원을 구매할 의도도 높게 나타나는 경향을 보였다.[32] 정품이라는 인식과 질이 보장되었다는 인식 그리고 정당하게 이용한다는 심리로 인해 저작권이 있는 저작물을 구입해서 사용하는 것이다.

넷째, 노력에 따른 대가를 받는 것은 당연하다는 입장이다. 노력에 따른 대가는 유인측면에서도 바람직하지만, 무엇보다도 사회정의측면에서도 바람직한 일이다. 그리고 노력한 만큼의 정당한 대가를 받는 것은 자존감을 높이는 일이기도 하다. 하는 일의 정당성 인식은 자존감 형성에 영향을 준다. 또 노력에 대한 대가가 주어지기 때문에 예술가가 예술 활동에 전념할 수 있게 하기도 한다. 전념함으로써 발생되는 기회비용을 보상해줄 대가가 분명히 있다는 안심이 작품에 몰두하게 하고, 이는 곧 예술작품의 수준을 높이고 예술의 창의성 발휘의 여건으로도 작용한다. 이처럼 저작권이 노력에 따른 대가의 당연함을 보여주는 것 중 하나가 됨으로써 관련 효과들을 발생시킬 수 있기 때문에 저작권 보호에 찬성하는 입장이 존재한다.

다섯째, 예술가에 대한 정부의 지원정책으로서 저작권 보호는 보조금과 비교할 때 납세자들로부터 정책 시행의 정당성을 확보하기가 더 쉽다는 입장이다. 예술가에 대한 보조금 지원은 정부의 예산을 지출을 하는 것이기 때문에 납세자들의 납세가 전제된 것인 반면, 저작권자에게 지불하는 저작권료는 저작권이 있는 상품을 사용하는 소비자가 지불하는 것이다. 저작물 사용자 부담원칙에 따라 부과되는 것이 저작권료인 것이다. 따라서 저작권 정책은 문화예술의 시장실패 측면에서 대

---

32) 이수범·김지은(2009).

두된 정부의 예술가 지원정책으로서 보조금 정책과 비교할 때 정책시행의 수월성이 더 높은 정책이라고 할 수 있다.

4. 저작권 개방 입장

저작권 개방 입장은 모방이나 복제에 대해 유연한 사고를 강조한다. 엄격한 저작권 보호보다는 개방에 기초한 건전한 원작의 증식을 주장하는 입장이다. 저작권이라는 'copyright'와 반대되는 용어로서 저작권 공유를 말하는 'copyleft'의 입장이다.

여기에는 여러 가지 이유가 있다. 첫째, 원작에 대한 지나친 보호는 오히려 창의적인 예술 활동을 저해할 수 있다는 주장이다. 예술은 완전한 무(無)에서 창조되는 것이 아니다. 기초가 되는 재료가 필요하다. 대개는 선대의 거장들의 작품을 습작하거나 모방하거나 흉내 내는 데서 시작한다. 예컨대 빈센트 반 고흐(Vincent van Gogh)나 살바도르 달리(Salvador Dali)와 같은 예술가들도 광범위하게 다른 예술가들의 작품을 하나의 모티브로 삼아서 자신들의 유명한 작품들을 만들었다.[33] 만일 저작권이 강하게 적용된다면 가난한 예술가들의 창조성 발휘를 위한 기회는 줄어들 가능성이 높다. 저작권으로 인해 창조적인 모티브의 재료가 되고 영감의 원천이 되는 선대의 원작들을 활용할 수 있는 비용이 높아지기 때문이다. 지식은 일종의 공유자원(commons)이다. 예술도 마찬가지이다. 그래서 지식이나 예술은 공유됨으로써 혁신이 더욱 확산되고 문화적 표현이 더 풍부해진다.[34] 저작권 보호라는 장막을 걷고 공유를 실천하는 것이 사회에 기여하는 바가 더 크다고 할 수 있다.

둘째, 저작권에서 자유로운 모방이나 복제는 원작자의 명성을 더 높이는 결과를 낳기도 한다는 주장이다. 원작자의 이름이 오히려 복제품으로 인해 더 알려져서 명성이 높아진다. 명성이 높아지면 원작자의 작품 가격도 높아진다. 명성과 작품의 가격은 비례하기 때문이다. 따라서 원작자의 명성은 모방과 복제로 인해 더 높아지게 되어, 원작자는 자신의 작품이 저작권 보호를 받지 못해서 수입이 줄

---

33) Frey, Bruno S.(2003).
34) Hess, Charlotte and Elinor Ostrom(2007).

어들 것이라고 걱정할 필요가 없다. 모방과 복제를 통해 오히려 원작자 자신의 몸값은 더 높아질 것이기 때문에 미래에 원작자에게 귀속되는 수입도 증가하게 된다.

셋째, 모방과 복제는 원작의 가치를 더 상승시키기도 한다는 입장도 있다. 복제품이 널려 있을 때 복제품들은 어디까지나 복제품일 뿐이지 결코 원작은 아니다. 이 생각으로 인해 오히려 원작이 더 궁금해지고 그 가치에 대한 기대심리도 높아진다. 결국 수많은 복제품으로 인해 원작은 희소가치를 얻게 되고 그 결과 작품의 가격도 상승한다. 앞서 살펴본 저작권 개방의 이유 중 저작권을 개방함으로써 원작자의 명성이 더 높아진다는 것과 함께, 모방과 복제가 오히려 원작의 가치를 높이게 되어 원작자에게 경제적 편익을 더 많이 가져다 줄 수도 있다.

넷째, 저작권의 제약에서 벗어나서 원작을 복제한 예술품이 많아지면 문화향유자들이 문화를 향유하는 데서 오는 효용을 더 높일 수 있다는 주장이다. 예술작품이 반드시 원작이어야만 향유자들에게 예술적 감흥을 주는 것은 아니다. 복제한 작품이더라도 향유자들에게 예술적 상상력을 자극하게 하고 미적 취향을 즐길 수 있게 해준다. 특히 오늘날처럼 첨단 기술이 발달할수록 외관상 비싼 원작과 거의 구분이 되지 않을 정도의 저렴한 복제품이 만들어지는 덕분에 대중들은 보다 편리하고 부담 없이 문화를 향유할 수 있게 되었다. 자유롭게 저작물들을 사용함으로써 많은 사람들의 문화향유 기회를 높이는 것은 곧 사회 전체의 효용을 높이는 일이다.

다섯째, 저작권은 어찌 보면 사회적으로 구성된 지식 혹은 작품이기 때문에 창작자 혼자만 전유하도록 허락하는 것은 설득력이 낮다는 주장이다.[35] 사실 이 세상에서 혼자만의 노력으로 기존에 없던 것을 만들어 낸다는 것은 아주 어려운 일이다. 기존의 지식과 예술 작품에서 영감을 얻기도 하고 활용하기도 해서 기존과는 다른 새로운 산물을 만들어 낸다. 따라서 크게 본다면 사회 구성원들 간의 상호작용에 의해 만들어지는 창작물들에 대해 특정한 사람에게만 독점적인 권리를 부여하는 것은 바람직하지 않다.

---

[35] 남형두(2008), p.295.

제 4 절   문화산업과 문화자본

1. 문화자본의 두 가지 의미

문화자본(cultural capital)은 두 가지 구분된 의미를 지니고 있다. 하나는 부르디외(Pierre Bourdieu)가 개념화한 문화자본의 의미이고, 다른 하나는 문화산업에 투자한 대규모(글로벌) 기업을 의미하기도 한다. 전자는 개인의 문화향유와 관련되고 후자는 기업의 문화공급과 관련된다. 두 가지가 논의의 초점은 달리하지만 모두 문화산업에 영향을 미치고 있다.

우선, 첫 번째 문화자본은 한 개인이 가족으로부터 상속받거나 공식적인 교육을 통해 획득하고 내재화시킨 지적인 자격의 총체를 말한다. 글을 읽고 쓸 줄 아는 능력이나 예술 활동을 향유할 수 있는 능력 등이 모두 해당된다. 문화예술에 좀 더 초점을 두고 말하면, 개인이 속한 환경과 배경(계급, 학습, 경험 등) 등에 의해 형성되어 지속되는 문화적 취향이 문화자본이다. 일반적으로 문화자본을 소유했다는 것은 향유하고 감상할 수 있는 능력이 어느 정도 요구되는 고급문화를 향유할 수 있는 능력을 가졌음을 의미한다. 문화자본은 단순히 돈이 많다고 해서 단시간에 획득되는 것이 아니라 개인이 속한 집단이나 계급에 의해 장시간 동안 자연스럽게 형성된다.

그래서 사회에 존재하는 계급에 따라 문화자본은 다르게 형성될 가능성이 높다. 문화를 향유하기 위해서는 향유할 수 있는 능력도 있어야 하고 문화적 취향과 성향도 있어야 하는데, 이는 계급에 따라 다를 수 있다. 실제로 클래식 음악이나 미술작품을 감상할 수 있는 능력과 취향은 계급에 따라 다르게 형성된다. 성장배경이나 교육수준이나 경험 등이 계급에 따라 다르기 때문에 향유하는 문화도 다른 것이다. 그래서 문화는 사람들의 계급 구조의 지표가 될 수 있다. 사람들의 몸과 정신과 마음에 들어 있는 문화적 구조 혹은 구조화된 개인의 성향체계인 아비투스(habitus)가 사람을 구별 짓게 하고 계급에 따라 다르게 형성되기 때문이다. 여기서

236   제 3 부   문화경제학

아비투스는 문화자본의 기초가 된다. 때로는 사람들 사이에 문화적 불평등이 생기기도 하고 계급 간 구조적 불평등이 생기는 이유도 이러한 문화자본의 차이 때문이다.

두 번째로 문화투자 개념의 문화자본은 문화산업시장에서 활동하는 대규모 기업이나 기업의 자본 규모를 말한다. 문화와 예술도 자본주의 시장에서 거래된다. 거래는 문화생산자와 소비자가 직접적으로 하기도 하지만 매개자에 의해 이루어지는 경우가 많다. 유통과 전달 과정에 위치한 매개자는 오늘날 그 규모가 점점 거대화되어 가고 있다. 특히 기업이 그 매개자로 등장하면서 문화생산과 향유를 위해서는 기업을 경유하지 않고서는 거래하기 어려운 경우도 있을 정도이다. 이런 모습은 세계화로 인해 다국적 기업의 문화투자 활동이 활발해지면서 국가를 초월해서 이루어지고 있다.

그리고 오늘날에는 대규모 문화투자를 하는 기업이 문화의 매개자로서만이 아니라 생산자 혹은 공급자로서도 그 역할을 한다. 문화생산과 매개 역할을 하나의 거대한 기업이 맡아서 하는 것이다. 이 역시 기업의 자본력에 의한 문화자본의 한 예가 된다. 자본에 의한 대규모·대량의 문화생산과 공급과 유통을 주도하는 자본력은 우리나라의 대기업에서도 목격되고 있다. 특히 영화산업의 경우가 그렇다. 대규모 문화자본이 영화를 제작하고 배급하고 상영까지 담당하고 있는 것이다. 나아가 영화 소재가 새로운 매체를 통해 창구효과를 창출시킬 때 그 매체까지도 대규모 문화자본이 담당하고 있기도 하다.

2. 문화자본의 영향

두 가지 문화자본은 모두 문화산업에서 영향을 미치고 있다. 첫 번째 문화자본인 내면화된 문화적 취향과 성향으로서 문화자본은 그것을 얼마나 가지고 있는가에 따라 상층계급일수록 고급문화를 선호하고 하층계급일수록 대중문화를 선호하는 특징으로 문화산업에 영향을 미친다.[36] 실제로 미국 사회의 문화소비 패턴과 엘리트 집단에 의해 향유되는 고급문화 종류를 분석한 결과, '음악(music)'과

---

36) Bourdieu, Pierre(2005).

'미술(art)'과 '문학(literature)'이 지역과 연령을 초월하는 대표적인 고급문화 장르라는 연구결과가 있다.[37] 일반대중보다 많은 문화자본을 소유한 엘리트 집단은 그들이 향유하는 음악과 미술과 문학을 고급문화로 인식하면서 대중문화와는 차별화해서 향유하고 있는 것이다. 물론 이는 시대와 장소에 따라 다르겠지만, 중요한 것은 계층이나 계급에 따라 선호하는 문화장르가 다를 수 있다는 사실이다. 그래서 계층에 따른 문화산업시장도 차별적으로 형성된다. 특히 지역별로 다수의 계층이 어떤 계층인가에 따라 다른 문화산업이 더 활성화 되어 있을 수 있다.

문화자본은 '태도(attitude)', '활동(activities)', '정보(information)'로 각각 세분화해서 다시 구분할 수 있는데,[38] 이에 따라 문화산업도 문화자본의 다양한 측면으로부터 영향을 받게 된다. 우선 문화에 대해 어떠한 관심과 기본적인 태도를 지니는가에 따라 사람들은 서로 다른 문화자본을 가지고 있게 되어, 이에 따라 문화산업시장에서 선호하는 문화유형이 달라진다. 그리고 사람들이 어떤 문화에 참여해서 실제로 활동하는가에 따라서도 서로 다른 유형의 문화자본을 가지게 되어, 주력 문화상품이 결정되기도 한다. 또 문화에 대해 가지고 있는 기본적인 지식이나 정보도 문화자본의 한 차원이 되고, 이를 통해 사람마다 향유하는 문화장르가 다를 수 있다. 따라서 문화산업시장에서 향유자들의 문화자본은 소비되는 문화의 종류와 수준 및 장르를 이해할 수 있게 하는 하나의 지표가 될 수 있다. 물론 문화향유자 뿐 아니라 생산자의 문화자본의 정도와 종류도 문화산업시장에 영향을 미칠 수 있다.

두 번째 문화자본인 대규모 문화 사업을 하는 기업으로서 문화자본은 기업이 대규모 투자로 어떤 문화산업을 이끌고 만들어내는가에 따라 문화산업시장의 그림이 달라질 수도 있을 정도의 영향을 미친다. 그리고 국제교역을 통해 다른 나라의 문화를 쉽게 이식할 수 있는 것도 바로 거대 문화자본이다. 예컨대 미키마우스를 탄생시키고 애니메이션과 영화제작에서 세계적인 문화자본의 한 사례인 월트 디즈니(Walt Disney)는 만화에서 시작하여 오늘날에는 그 사업 영역이 만화는 물론이고 영화, 연극, 라디오, 음악, 출판, 온라인 미디어 등 다양한 미디어와 콘텐츠 분야에 이르고 있다. 이러한 각 분야들은 미국의 문화가 다른 나라의 문화에 소개

---

37) DiMaggio, Paul(1982).

38) DiMaggio, Paul(1982).

됨과 동시에 문화전파의 통로로도 활용되고 있다. 우리나라에서도 영화 제작이나 유통 그리고 여러 문화사업 등에 대기업이 진출해서 시장 규모를 크게 늘리고 있다. 실제로 2013년도 조사에 따르면 주요 3개사(CJ CGV, 롯데시네마, 메가박스)와 그 외 극장 상영 업체들의 매출액을 비교해 보면, 주요 3개사 업체의 경우 매출액이 1조 5,733억 원으로 전체 극장 상영업 매출액의 72.2%를 차지하는 것으로 나타났다. 반면 주요 3개사 이외 업체들의 매출액은 총 6,050억 원으로 전체 극장 상영업 매출액의 27.8%로 나타나고 있다.[39) 소수의 거대한 문화자본이 문화산업시장의 많은 부분을 점유하고 있는 실정이다.

표 6-1 거대 문화자본의 극장상영업 매출 규모

구분	매출액(백만원)	비중(%)
주요 3개사	1,573,285	72.2
그 외	604,959	27.8
합계	2,178,244	100.0

자료: 영화진흥위원회(2015)

이러한 거대 문화자본은 문화산업시장에서 때론 수요독점(monopsony)으로 지배적인 위치에 서 있기도 하다. 수요독점은 시장에서 한명의 수요자와 다수의 공급자가 존재하는 경우이다. 공급독점과는 달리 가격결정자로서 한명의 공급자가 아닌 한명의 수요자가 독점적으로 가격결정을 하는 형태이다. 독점적 지위는 판매자가 아닌 수요자가 된다. 한명의 수요자가 아니라 소수의 수요자라면 수요과점이 된다.

문화예술에서는 다수의 문화공급자인 예술가들이 있고 단 한곳(혹은 소수)의 문화상품 배급처가 있는 상황이 그에 해당된다. 이러한 상황은 자본주의 사회에서 문화상품의 거래가 대규모 유통업체를 통해 이루어질 때 나타난다. 대표적인 것이 영화가 상영되는 극장이다. 영화가 상영되기 위해서는 영화제작사가 극장에 영화를 배급해야 하는데, 대규모 문화자본인 기업에 의해 운영되는 극장은 이윤을 생각해서 흥행할 수 있는 영화를 중심으로 상영결정을 내린다. 문제는 극장이 예술

---

39) 영화진흥위원회(2015), p.107.

가들의 수만큼 많지 않다는 것이다. 소수의 대규모 기업들이 거대한 자본력을 이용하여 극장사업에 진출해서 높은 시장 점유율을 보이고 있는 우리나라의 상황을 보면 쉽게 알 수 있다. 그래서 돈이 되지 않은 예술은 만들어지더라도 거대한 문화자본으로 인해 소비자들에게 향유의 기회 자체가 주어지지 않을 수도 있다. 출판 산업도 마찬가지이다. 사회에 존재하는 소수의 대규모 서점이 출판사로부터 책 공급을 받지 않겠다고 한다면 출판사는 책을 팔 수 있는 판로가 거의 없게 된다. 이처럼 문화자본은 문화산업의 유통구조 측면에서 수요독점 행위를 통해서도 문화산업에 영향을 미치고 있다.

한편, 문화에 대한 거대 기업 자본은 문화제국주의(cultural imperialism)의 논란을 불러일으킨다. 문화제국주의는 다국적 대규모 기업들의 문화자본으로 인해 자국의 문화가 자율성을 침해 받게 되고 또 종속당하게 되어 결국은 문화적 지배를 받게 되는 상황이 초래되는 현상을 말한다. 즉, 문화제국주의는 상호대등한 관계가 아니라 지배와 피지배의 관계를 낳게 한다. 그리고 대규모 문화자본에 기초한 문화제국주의는 다양한 문화생산보다도 이윤이 되는 문화에 주력하기 때문에 문화다양성을 심각하게 해치고, 자국 문화의 정체성에 피해를 줄 수도 있다.

제7장

개별 문화산업

제7장
개별 문화산업

제 1 절 영화산업

1. 영화산업의 역사

영화는 필름과 촬영기에 의해 대상을 분석적으로 포착하여 현상(現像)과 편집을 하고 영사기를 이용해서 스크린에 재현해 내는 종합예술의 산물을 말한다. 연속촬영으로 기록한 필름상의 화상(畵像)을 스크린에 투영(投影)해서 움직임이 있는 영상을 보여주는 것으로 만든 작품을 말한다. 이러한 영화의 제작과 유통 과정에서 이윤 창출을 도모하는 관련 산업들의 집합을 영화산업이라고 한다.[1] 영화가 만들어지는 과정이나 영화가 만들어지고 난 후 이어서 형성되는 관련 산업들이 이익창출 활동을 하면서 영화산업이 나타나게 된 것이다.

그래서 영화산업은 영화가 만들어지면서 시작되었다. 영화라는 것이 없던 시절에는 영화산업이 있을 수 없다. 영화는 에디슨의 카메라 발명이 하나의 신호탄이었다. 에디슨은 1887년에서 1891년에 걸쳐 세계 최초로 움직이는 사물을 필름에 담을 수 있는 키네토그래프(Kinetograph)라는 카메라를 발명하였다. 그러나 키네

---

1) 김평수·윤홍근·장규수(2012), pp.262-264.

토그래프로 촬영한 필름이 영사기에 의해 상영된 것은 아니었고, 직접 눈을 대고 필름이 돌아가면서 만들어내는 영상을 구경하는 정도였다. 그러다 바이타스코프 (Vitascope)라는 영사기에 의해 지금과 유사한 영화가 가능하게 되었다.

초기 영화산업의 시작은 사업가 Norman Raff와 Frank C. Gammon의 바이타스코프라는 회사와, 형제 사이인 Auguste Mare Louis Nicholas Lumière와 Louis Jean Lumière가 만든 뤼미에르라는 회사를 통해서였다. 특히 세계 최초의 영화는 카메라와 편집기 그리고 영사기가 하나로 되어 있는 시네마토그래프(Cinematograph) 를 만든 뤼미에르 형제에 의해 상영되었다. 1895년에 상영된 영화 '기차 도착'이 그것이다.[2] 프랑스 파리의 한 카페에서 최초로 상영된 이 영화는 1분도 채 안 되는 영화였다. 영사기로 스크린에 빛을 투사해 여러 사람들이 함께 보았던 최초의 이 영화는 사람들에게 새로운 경험을 안겨 주었다.

한국에서 최초의 영화는 윤백남 감독의 1923년작인 '월하의 맹세'로 알려져 있다. 이후 '아리랑', '춘향전' 등도 만들어졌고, 1950년대와 60년대는 한국영화의 전성기였다. 하지만 1970년대는 TV 수상기 보급과 사전검열제도 등에 의해 영화산업에 좋지 않은 영향을 준 시기였다.[3] 이후 미국 할리우드 영화가 수입되었고 스크린쿼터 제도 등의 시행, 그리고 1996년에 사전검열제도 폐지 등을 통해 오늘에 이르고 있다.

문화산업 분야에서 영화는 다른 분야에 비해 역사가 그리 오래되지 않은 것으로 분류된다. 그래서 문화산업 중에서 비교적 시초를 추적할 수 있는 분야 중하나가 영화산업이라고도 한다. 하지만 짧은 역사임에도 불구하고 오늘날 영화는 문화산업과 문화경제학 분야에서 가장 큰 영향력을 발휘하고 있는 것으로 여겨지고 있다.[4] 그래서 문화산업에 대한 이해를 위해 영화산업이 그 대표적인 예로서 많이 언급되고 있다.

---

2) 한국문화경제학회(2001), pp.222-223.

3) 소병희(2012), p.287.

4) Hesmondhalgh, D.(2002).

2. 영화산업의 특성

영화산업은 앞의 제6장에서 살펴본 바와 같이 문화산업의 특성을 모두 지니고 있다. 즉, 창구효과와 가치사슬적 특성, 규모의 경제, 문화적 할인, 임시성·프로젝트성, 기술융합성의 특성을 지닌다. 그에 추가해서 영화는 종합예술적인 성격을 지니고 있고, 고위험 고수익(High Risk High Return) 사업적 성격, 비연속성의 특성도 지니고 있다.[5]

영화가 종합예술이라는 점은 영화 속에 등장하는 다양한 예술들을 생각하면 쉽게 이해된다. 영화에는 시나리오를 통해 문학이 들어있고, 연극과 연기, 미술, 조명, 사진, 촬영, 영상, 디자인 등 여러 예술이 포함되어 있다. 이것들이 종합해서 한편의 영화가 탄생된다. 여러 분야의 예술들이 함께 어울려져서 만들어지는 만큼 영화산업은 예술의 융복합의 장(場)이라고도 할 수 있다.

그리고 영화는 제작에 많은 비용이 든다. 영화가 종합예술로서 다양한 분야의 예술이 포함되는 만큼 제작비용이 많이 드는 것은 어쩌면 당연하다. 기술적인 면에서도 그렇고 인력 면에서도 다양한 분야를 활용하는 데 따른 많은 비용이 소요된다. 그리고 영화는 공간을 시각적으로 옮겨 놓는 일이기 때문에 촬영과 같은 공간 사용 비용이 추가적으로 든다는 것도 다른 문화산업에 비해 많은 비용이 발생하는 원인이다. 촬영 공간 확보는 물리적 비용뿐 아니라 기회비용까지도 고려한다면 큰 비용이 된다. 그래서 영화산업은 고비용이 드는 만큼 고위험에 속하는 산업이다. 비용을 회수할 수 있을 만큼의 수익이 발생되지 않으면 제작사나 투자자 입장에서는 큰 타격이 된다. 그러나 만일 설사 고위험을 지닌 영화이지만 흥행에 성공했다면 고수익이 발생될 가능성이 높다. 창구효과 등으로 인해 부가되는 가치창출이 매우 큰 산업 중에 하나가 바로 영화산업이기 때문이다.

또 영화는 비연속성의 특징을 지닌다. 영화는 음악이나 책과는 달리 한번 구입해서 계속 향유할 수 있는 연속성을 지니고 있지 않다. 영화가 상영되고 끝나면 영화 향유활동도 끝이 난다. 물론 비디오 테이프나 인터넷 동영상을 구입하여 재생해서 영화를 볼 수는 있지만, 흔히 영화를 보는 가장 대표적인 방법인 극장에서 개봉되는 영화 관람을 기준으로 본다면 비연속적이다. 그리고 영화 마니아(mania)

---

5) 김평수·윤홍근·장규수(2012), pp.264-266.

의 경우는 다소 다르겠지만, 일반인의 경우 한 번 본 영화를 두 번 혹은 세 번 이상 다시 관람하는 경우는 드물다. 그런 점에서도 영화는 다른 문화산업분야들보다 더 비연속성의 특징을 지니고 있다.

3. 영화산업의 분류

영화산업은 영화산업 내 다양한 업종에 따라 분류할 수 있다. 한국표준산업분류체계(콘텐츠산업특수분류체계)를 근간으로 해서 영화산업 내 업체들을 업종별로 묶어서 분류해 보면 크게 '영화 제작과 지원 및 유통업'과 '디지털 온라인 유통업'으로 나눌 수 있다.

'영화 제작과 지원 및 유통업' 시장은 여섯 가지로 다시 분류할 수 있다. 그 첫 번째가 일반 영화를 기획 및 제작하는 '영화 기획 및 제작업'이다. 영화 기획 및 제작업은 메이저 제작사에서 소규모 제작사까지 다양한 형태가 존재하고 자본력이 취약한 소기업 형태가 많다. 그리고 제작자 중심의 자기소유형 회사 구조가 주를 이룬다. 두 번째가 해외에서 만들어진 외국영화를 국내로 수입해서 들여오는 '영화 수입업'이다. 세 번째는 일반 영화제작에 관련된 필름가공, 필름의 편집, 더빙, 필름 검사 등 제작 후 서비스를 지원하는 '영화 제작 지원업'이다. 필름 등의 원재료 또는 촬영이나 조명 등의 장비를 판매 및 대여 하고, 편집, 녹음, CG, 현상·인화, 자막 등의 후반 작업을 진행하는 일을 한다. 네 번째는 일반 영화의 배급권을 획득해서, 극장과 방송사 및 기타 상영자에게 배급하는 '영화 배급업'이다. 영화 제작에 대한 투자 또는 영화 수입을 겸업하는 경우가 많고 제작사와 극장 사이에서 중계 역할을 담당한다. 여기에는 CJ E&M, 롯데엔터테인먼트, 쇼박스㈜미디어플렉스, 넥스트엔터테인먼트(NEW) 등이 있다. 다섯 번째는 실내 또는 야외에 영사시설을 갖추고 영화를 상영하는 '극장 상영업'이다. 극장은 프랜차이즈 형태의 극장과 독립체 형태의 극장으로 구분 되는데, 프랜차이즈 형태 극장의 예로는 CJ CGV와 롯데시네마 등이 있고 독립체 형태의 극장에는 대한극장과 서울극장 등이 있다. 여섯 번째는 일반 영화를 홍보 및 마케팅 하는 '영화 홍보 및 마케팅업'이다.[6]

---

6) 영화진흥위원회(2015), pp.26-27.

'디지털 온라인 유통업' 시장은 두 가지로 다시 구분된다. 그 첫 번째는 극장 상영 이후 동일한 콘텐츠인 영화를 DVD/블루레이 형태로 제작 및 유통하는 'DVD/블루레이 제작 및 유통업'이 있다. 두 번째는 온라인을 이용하여 시청자들에게 영화를 제공하는 윈도우로서의 역할을 하거나 해당사업자에게 영화를 제공하는 '온라인 상영업'이 있다.[7]

표 7-1 영화 산업의 분류

대분류	중분류	업종 정의
영화 제작, 지원 및 유통업	영화 기획 및 제작	일반 영화를 기획 및 제작하는 업종
	영화 수입	해외 영화를 수입하는 업종
	영화 제작 지원	일반 영화 제작에 관련된 필름가공, 필름의 편집, 더빙, 필름 검사 등 제작 후 서비스를 지원하는 업종
	영화 배급	일반 영화 배급권을 획득하고, 극장, 방송사 및 기타 상영자에게 배급하는 업종
	극장 상영	실내 또는 야외에 영사시설을 갖추고 영화를 상영하는 업종
	영화 홍보 및 마케팅	일반 영화를 홍보 및 마케팅하는 업종
디지털 온라인 유통업	DVD/블루레이 제작 및 유통	극장 상영 이후 동일 콘텐츠인 영화를 DVD/블루레이 형태로 제작·유통하는 업종
	온라인 상영	온라인을 이용하여 시청자들에게 영화를 제공하는 윈도우로서의 역할을 하거나 해당사업자에게 제공하는 업종

자료: 영화진흥위원회(2015)

4. 영화산업의 공급구조

영화가 만들어져서 소비자들에게 도달하기까지는 크게 세 단계를 거친다. 제작(production) 단계, 배급(distribution) 단계, 상영(exhibition) 단계이다. 각 단계별 주요 사업자는 제작사, 투자·배급사, 상영업체(극장)이다.

---

7) 영화진흥위원회(2015), pp.26-27.

표 7-1 재화의 유형영화 산업의 공급 단계

단계	제작단계	배급단계	상영단계
주요 주체	제작사	배급사	상영업체(극장)
내용	- 영화를 생산하는 회사 - 영화의 기획에서 제작까지 총괄 - 투자사로부터 영화제작에 필요한 금액 유치	- 수익을 낼 수 있는 양질의 콘텐츠에 투자하고 배급권 확보 - 여러 제작사들과의 관계를 통해 적정 작품 라인업 확보 - 극장에 '영화'라는 상품을 공급	- 배급사로부터 공급받은 영화를 관객에게 상영 - 박스오피스의 수익 50%를 가짐(상영업체 : 배급·제작사=5:5) - 음료 등의 판매를 통한 부가수익 창출

자료: 김평수·윤홍근·장규수(2012)의 p.174 내용 일부 재구성

1) 제작

제작단계에서는 영화를 만들기 위한 기획안을 확정하고 영화의 줄거리가 되는 시나리오를 완성하는 기획 개발(development)이 이루어진다. 시나리오가 최종적으로 완성되면 이 시나리오를 기본으로 실제 촬영에 필요한 내용들이 첨부된 촬영 대본, 즉 콘티(continuity)가 만들어진다. 그 후 제작에 필요한 제반 사항들이 이루어지는 프리-프로덕션(pre-production) 단계로 이어진다. 제작 전 작업인 이 단계에서는 감독과 영화배우들과의 계약이나 제작 스탭들과의 계약 그리고 각종 필요한 장비를 구입하거나 임대하는 등의 일들이 이루어진다. 이 시기에 프로듀서는 영화를 만드는 데 필요한 자금(제작비)을 확보(financing)하고 예산을 구체적으로 편성한다.[8]

자금은 투자자 확보를 통해 이루어진다. 투자는 주 투자(main investor)를 담당하는 '전략적 투자자'와 나머지 '보조 투자자(sub investor)'들로 나눌 수 있다. 전략적 투자자는 투자배급사가 주로 해당되며, 우리나라에서 그 예로 CJ E&M, 롯데엔터테인먼트, 쇼박스, NEW 등이 있다.

보조 투자자에는 벤처창업투자로 대표되는 '재무적 투자자'와 직접 영화의

---

8) 한국문화경제학회(2001), pp.228-229.

프로덕션을 담당하며 자기자본을 투자하는 '자기자본 투자자', 그리고 2000년부터 영화 산업 활성화를 위해 문화체육관광부, 영화진흥위원회, 중소기업청 등이 시드 머니(seed money)을 출자함으로써 민간 부문의 투자를 촉진하고 한국 영화의 중요한 투자재원으로 기능하고 있는 '문화콘텐츠 투자조합(영상전문투자조합, 공적투자)' 등이 있다.[9] 재무적 투자자는 기관투자자로서 창업투자나 은행 등이 해당되고, 자기자본 투자자로는 제작사를 들 수 있다. 문화콘텐츠 투자조합은 공공부문과 민간부문이 공동으로 출자하고 민간 창투사에서 운용한다.

자금 확보와 함께 구체적인 촬영 장소(location)를 물색하고 스케줄을 확정하는 일들도 제작단계에서 이어진다. 그 후 본격적인 제작(production)이라고 할 수 있는 촬영 단계에 접어든다. 이후 제작의 마지막 단계라고 할 수 있는 포스트-프로덕션(post-production) 단계인 영화의 후반 작업이 이어진다. 이때는 촬영한 필름을 편집하거나 사운드 작업이나 광학적인 특수효과의 보정 등이 이루어진다. 그 결과로 완성된 영화가 만들어진다.[10]

2) 배급과 상영

영화가 만들어지면 소비자에게 유통되어야 한다. 영화 콘텐츠 유통은 일반적으로 배급과 상영으로 나눌 수 있다. 배급 단계를 먼저 거치게 되고 이어서 상영이 된다. 영화산업의 유통 과정에서 특히 배급시스템을 지배하는 것이 영화 시장을 지배하는 것과 같다는 말이 있을 정도로 배급단계가 중요하다.[11] 배급사는 영화 상영일이나 영화 마케팅을 포함해서 영화산업의 유통 전반에 영향을 미치기 때문에 더욱 그러하다.

영화의 배급은 크게 두 가지로 나눌 수 있다. 하나는 배급사가 최저 보증금(minimum guarantee)을 제작사에게 지불하고 그 이상의 흥행 수익에 대해서는 계약 조건에 의해 쌍방이 배분하는 방식이다. 이는 제작사와 배급사가 영화 흥행에 대한 위험을 분담하는 한 방법이 된다. 또 다른 배급 방식은 배급사가 제작사에게 일정액의 편당 로열티(royalty)를 지불하고 흥행 수익에 대한 모든 권리를 가지는 방

---

9) 이동연 외(2015), p.180.
10) 한국문화경제학회(2001), p.230.
11) 김평수·윤홍근·장규수(2012), pp.273-274.

식이다.[12] 흔히 일괄 배급 방식 혹은 블록부킹(block booking)으로 불리는 이 방식은 제작사가 특정한 기간 동안에 제작하는 모든 영화에 대한 상영권을 일정한 금액에 넘겨서 그 모두를 상영하도록 하는 방식이다. 그 영화들이 모두 흥행에 성공하는 영화들이라면 배급사 입장에서는 아주 좋지만, 만일 그렇지 않다면 수익 면에서 좋지 않은 결과를 보일 수도 있는 방법이다. 반면 제작사 입장에서는 안정적인 배급망을 확보하는 일이지만, 만일 제작한 영화가 흥행에 성공해도 수익분배의 차등이 없이 일정하기 때문에 인센티브로서는 부정적인 영향을 미치는 방식이다. 배급사 입장에서는 흥행작이 많은 제작사의 영화를 모두 확보하기 위한 전략으로 이 방법을 사용하기도 한다.

한편, 영화산업에서는 다른 산업과 달리 유통과정에서 '배급'이라는 용어를 사용한다. 이는 경쟁을 통해 가장 효율적이고 경쟁력 있는 유통 주체를 이용한다기보다는 네트워크로 이루어진 배급 주체를 선정하고, 다른 경쟁자들의 진입이 제한된 상태에서 그 배급주체가 배타적인 유통을 담당하기 때문이라는 의견이 있다.[13] '배급'이 일방적인 공급의 의미를 지닌 용어에 가깝게 사용되기 때문에 일면 설득력 있는 의견이다.

3) 수직적 통합

영화산업에서 영화의 공급이 제작, 배급, 상영 단계로 구분되어 각각의 활동이 이루어지기도 하지만, 이 단계들이 하나로 통합되어서 이루어지기도 한다. 이를 수직적 통합(vertical integration)이라고 한다. 영화산업에서 수직적 통합이란 제작, 배급, 상영 단계를 지나 창구효과를 창출하는 매체에 이르기까지 모두 장악하는 자기 완결적 구조를 말한다.[14] 수직계열화라고도 하고, 이것은 일종의 전략이기도 하다. 그 이유는 수직적 통합을 통해 제작사들의 수익에 대한 위험을 덜어주고 영화 유통의 전일적 체계를 통한 효율성을 높일 수 있기 때문이다. 영화산업의 관련 과정을 하나의 계열로 만들면 하나의 계열이 아닐 때 소요되는 여러 거래비용들을 줄일 수 있어서 수익 창출에 더 유리한 면이 많다. 세계적으로 미국의 영화

---

12) 한국문화경제학회(2001), pp.230-231.
13) 한국문화경제학회(2001), p.230.
14) 김평수·윤홍근·장규수(2012), p.274.

산업이 높은 위상을 가지게 된 것과 그 위상을 유지하고 있는 것은 제작과 배급과 상영이 수직적으로 통합되었기 때문이라는 주장도 있다.[15]

우리나라에서도 수직적 통합 사례가 있다. CJ는 극장(CGV, 프리머스, DCK)과 투자/배급(E&M), 프로덕션작업(파워캐스트, 아트서비스, 시네마서비스), 온라인(헬로비전, 홈초이스), 케이블 방송(채널 CGV, OCN 등) 등에 이르기까지 총체적인 수직결합 혹은 수직계열화를 구축하고 있다. 롯데도 극장(롯데시네마)과 투자/배급(롯데엔터테인먼트)을 확보하고 있다.[16]

이와 같은 수직적 통합 모습은 해당 기업에게는 비용절감 등의 효과를 가져오지만, 한편으로는 소수의 시장 지배적 지위의 메이저들이 다른 영화제작사 및 배급사들과 불공정한 거래를 하게 되는 문제를 야기하도 한다. 배급과 상영을 공유한 메이저 기업은 시장지배력을 동원하여 자사배급 영화에 유리한 상영환경 조성을 유도할 수도 있다.[17] 예컨대 다른 배급사의 영화보다 예매권 판매를 더 이르게 시작하거나, 더 많은 상영스크린수를 배정하거나, 상영기간을 특별히 연장해주거나, 해당 영화의 홍보 팜플릿을 우선적으로 극장로비 등에 배치하거나, 극장 입구 주변에 해당 영화의 홍보 게시물을 다수 부착하는 방식 등이 있을 수 있다.[18]

참고자료	영화산업의 분배구조 사례

'영화관람료 8000원' 절반은 극장 몫…분배구조가

"저희가 1,000억 원 번 줄 알아요." 지난해 말 개봉된 영화 '국제시장' 제작사의 엄살 섞인 하소연이다. 전국 관객 1,425만 명을 모으고, 총 매출액만 1,100억 원이 넘었으니 주변에서 "돈 많이 벌었겠다"며 부러워하는 것도 무리는 아니다. 하지만 실질적으로 제작사가 가져가는 몫은 생각보다 훨씬 적다. 쪼개고 나누는 과정의 연속이기 때문이다. 그렇다면 '국제시장'의 제작사는 얼마쯤 손에 쥐었을까. 이를 추적해 가는 과정은 "내가 낸 영화 관람료 8,000원이 어디로 갔을까?"라는 관객의 궁금증에 대한 대답을 찾는 과정과

---

15) Hoskins, C., S. Mc Fadyen, and A. Finn(1997).

16) 이동연 외(2015), p.182.

17) 소병희(2012), p.295.

18) 이동연 외(2015), p.184.

일치한다.

'국제시장'의 총 매출 1,109억 원 중 가장 먼저 제하는 것은 영화발전기금(3%)과 부가가치세(10%)다. 영화발전기금은 영화진흥위원회로 흘러가는 돈이다. 이를 뺀 965억 원 중 절반은 극장의 몫이다. 유통 플랫폼을 갖춘 업체가 '황금알을 낳는 공룡'이라 불리는 이유이자 투자배급사와 극장체인을 동시에 갖고 있는 CJ와 롯데엔터테인먼트로 돈이 몰린다는 지적이 이어지는 이유다.

결국 영화 제작에 직접 관여한 투자배급사와 제작사가 손에 쥐게 되는 매출은 483억 원. 여기서 총 제작비 180억 원을 뗀 후, 배급사인 CJ E&M의 배급 수수료 10%까지 제한 255억 원이 순이익이다. 순이익 배분 비율은 투자배급사와 제작사 간 계약 내용에 따라 달라진다. 통상 6:4로 봤을 때 '국제시장'의 제작사인 JK필름은 102억 원 정도를 확보한다.

하지만 102억 원 역시 온전히 주머니에 들어오는 것은 아니다. 주연 배우들에게 계약서대로 러닝 개런티를 지급해야 하고, '국제시장'의 경우 윤제균 감독이 영화 제작 단계부터 공언했던 '전 스태프 보너스 지급' 공약을 지켰다. 게다가 세금까지 내고 나면 순수하게 통장에 찍히는 수익은 50억 원 언저리라 할 수 있다.

결국 관객이 내는 8,000원은 영화진흥위원회, 극장, 투자배급사, 제작사, 배우, 그리고 국세청에 골고루 배분되는 셈이다.

이 과정에서 가장 잡음이 큰 부분은 극장과 투자배급사·제작사 간 수익 불균형이다. 직접 '영화를 만드는 이'들과 '영화를 걸어주는 이'들이 비슷한 권리를 갖는 것에 대한 불만은 영화계가 가진 고질적·본질적인 문제다. 극장체인을 갖춘 CJ와 롯데의 수직계열화 때문에 극장과 배급사 간 수익 배분율(부율)이 쉽게 개선되지 않는다는 지적도 있다.

이에 지난 2013년 6월 CJ CGV가 서울 지역의 한국영화 상영부율을 55:45(배급사 : 극장)로 적용한다는 조정안을 발표한 데 이어 롯데도 그해 9월 1일부터 서울 지역 직영관을 대상으로 같은 부율을 적용했다. 흥행작의 총 매출이 1000억 원에 육박하는 상황에서 0.5%는 적지 않은 금액이다.

영화 관람료가 투자배급사와 제작사로 가는지, 극장으로 흘러 들어가는지 여부는 결국 똑같은 입장료를 지불하는 관객 입장에서는 중요하지 않을 수 있다. 그러나 양질의 영화를 보기 원하는 관객이라면 관람료가 어떻게 충무로 내에서 순환되는지 알 필요가 있다.

투자배급사와 제작사는 관람료가 콘텐츠 제작에 투영되는 선순환이 바람직하다고 주장한다. 하지만 극장체인의 생각은 다르다. 1998년 멀티플렉스가 처음 등장한 이후 영화 산업이 급속도로 팽창했고 관객 수가 급증했다는 것을 부인할 수 없기 때문이다. 플랫폼의 발전이 산업을 견인했고, 관객을 끌어들일 수준의 멀티플렉스 환경을 유지하기 위한

제 2 절　음악 산업

 1. 음악 산업의 역사

　　음악 산업은 음악의 창작이나 음반의 제작, 활용, 유통, 보급, 수출입 등에 관련된 영업 및 대중음악 공연을 지칭하며, 이에 따라 음반, 공연, 출판, 매니지먼트, 영상물 활용 등 아티스트와 음원을 사용하여 가치를 창출하는 모든 산업을 말한다.[19] 음악 산업 역시 음악의 역사에서 비롯되었다고 볼 수 있는데, 음악은 다른 분야에 비해 그 역사가 비교적 오래되었다.

　　최초의 직업 음악가로 볼 수 있는 사람은 그리스 로마 시대의 마임 연기자들이었다. 그 후 중세시대에는 독일과 프랑스의 음유시인들이 노래와 춤 등을 통해 생계를 유지하였다. 이후 15-16세기의 독일 음악가들이 일종의 동업자 조합인 길드(guild)를 통하여 작곡이나 노래 경연대회를 자주 열었고, 이때 처음으로 음악도 거래의 대상에 포함되었다. 그러다 1800년대에 이르러 전문가의 연주를 듣기 위해서는 돈을 내야 한다는 인식이 자리 잡게 되었다.[20]

　　특히 1877년에 에디슨이 축음기와 레코드플레이어를 발명하게 되면서 본격적인 음반 산업이 시작되었다. 이는 일종의 혁명이라고 할 수 있는 것으로, 과거

---

19) 김평수·윤홍근·장규수(2012), p.224.
20) 김평수·윤홍근·장규수(2012), pp.224-225.

악보와 인쇄술의 발달로 음악의 저장과 복제가 가능했던 것에서 한 걸음 더 나아가 이제는 레코딩 테크놀로지에 의해 음악의 저장과 재생 그리고 복제가 훨씬 수월해지게 된 것이다.[21] 음악 향유의 접근성이 과거에 비해 획기적으로 높아졌다.

우리나라도 19세기 말에 축음기와 레코드판이 외국으로부터 들어오게 되면서 음악 산업이 시작되었다. 하지만 일제 식민지 시대에는 일본의 음반업체들이 우리나라의 음반시장을 거의 장악하고 있었다. 그러다 1960년대와 70년대에 관련 법률이 공포되는 등의 과정을 거치면서 1980년대 이후에 대중가요가 크게 성장하기 시작하였다.[22] 이후 2000년대는 다양한 장르의 대중음악이 등장하고 국내 음악 시장도 활성화되는 동시에 우리나라의 대중음악이 한류 등을 통해 세계적으로 알려지고 있는 단계이다. 한류는 우리나라 음악 산업에 한 획을 긋는 일이다. 오늘날 K-pop의 세계적 명성이 그것을 입증하고 있다. 특히 중국을 비롯한 아시아권뿐 아니라 유럽과 북미와 남미 대륙에서도 한국 음악에 대한 관심이 상당히 높다.

이처럼 한류를 통해 힘을 얻은 문화적 할인이 비교적 적은 음악 산업은 최근에는 음반 산업이라고 불릴 정도로 특히 음반 산업 분야에서 크게 발달하고 있다. 음반 산업이란 음악 산업 중 하나로서 LP, CD, 카세트 테이프와 같은 음반의 제작, 배급, 출판과 관련된 산업을 총칭한다. 음반의 제조업뿐만 아니라 음악 서비스를 포괄하면서 음악 산업과 거의 동일한 개념으로 사용되고 있다.[23] 이는 디지털 음반이나 싱글 음반 등 음반 제작이 과거에 비해 쉬워졌고 코스닥에 상장할 정도로 대형 연예 기획사들이 음반 제작 활동을 많이 하기 때문이다.

그런데 조금 더 세분화해서 살펴 볼 때, 시장 규모의 성장 속도에 비추어 본다면 이제는 음반 산업이 아니라 음원 산업으로 불릴 수 있을 만큼 음원 시장이 확대되고 있는 추세이다. 음악 공연을 제외하고 그 외 음악의 거의 대부분의 분야들이 온라인으로 전환되면서 음원 시장의 규모가 커지고 있다. 이는 21세기 디지털 기술의 혁신에 따른 결과이다. 그래서 음반 산업을 제1세대와 제2세대로 구분할 때, 제1세대는 LP를 시작으로 카세트테이프와 CD에 이르는 오프라인 유통체계가 중심이 되는 세대라면, 제2세대는 음원을 중심으로 한 유·무선 유통체계가 중

---

21) Frith, Simon et al.(2005), pp.67-68.

22) 소병희(2012), pp.312-313.

23) 김평수·윤홍근·장규수(2012), p.225.

심이 되는 세대이다. 이는 물리적 공간에서 유·무선 네트워크기반의 가상공간으로 변화한 음악 산업의 역사라고 할 수 있다. 과거 음반 판매 위주로 사업을 영위한 음악 산업은 현재 유·무선 네트워크를 통해 음원 단위로 판매가 되고 있는 것이다.[24]

2. 음악 산업의 분류

음악 산업은 기획, 제작, 유통 단계에 따라 중분류 7개와 소분류 15개로 체계화 할 수 있다. 7가지에는 '음악 제작업', '음악 및 오디오물 출판업', '음반 배급 및 복제업', '음반 도소매업', '온라인 음악 유통업', '음악 공연업', '노래연습장업'이 있다.[25] 이는 음악이 생산되고 향유되는 과정에서 관련되는 업종 중심으로 구분된 것이다. 음악 산업은 이러한 다양한 업종들로 구성되어 있다.

구체적으로 보면, '음악 제작업'에는 음악기획 및 제작업과 음반(음원) 녹음시설 운영업이 해당된다. 음반 및 음원을 기획하고 제작하는 업체와 음반 및 음원을 녹음할 수 있는 시설을 운영하는 업체로의 구분을 말한다. 두 번째 음악 산업의 분류인 '음악 및 오디오물 출판업'은 음악 오디오물 출판업과 기타 오디오물 제작업이 속한다. 이는 음악관련 악보를 출판하는 업체와 기타 오디오물을 제작하는 업체의 구분을 말한다. 세 번째는 '음반 배급 및 복제업'이다. 여기에는 단순하게 음반을 복제하는 사업체에 해당하는 음반복제업과 음반을 도소매업 사업체에게 배급하는 일을 하는 음반 배급업이 있다. 네 번째는 '음반 도소매업'으로, 여기에는 음반을 도매하거나 소매하는 업체인 음반도매 및 소매업과 인터넷으로 음반을 소매하는 인터넷 음반 소매업이 해당된다. 다섯 번째는 '온라인 음악 유통업'이다. 여기에는 음원 대리 중개업체로부터 음원을 양도 받아 모바일로 서비스하는 모바일 음악 서비스업, 음원대리 중개업체로부터 음원을 양도 받아 인터넷으로 서비스하는 인터넷 음악 서비스업, 음원저작권으로부터 음원의 권리를 양도받아 온라인 상으로 중개하는 음원대리 중개업, 그리고 음원관련 콘텐츠를 제작하여 모바일 음악 서비스업체 및 인터넷 음악 서비스업체에 제공하는 인터넷/모바일 음악 콘텐

---

24) 양승규·김재범(2013), p.212.
25) 문화체육관광부·한국콘텐츠진흥원(2010), p.53.

츠 제작 및 제공업이 속한다. 여섯 번째는 '음악 공연업'으로, 음악공연(뮤지컬, 대중음악, 클래식, 오페라, 전통공연 등)을 기획 및 제작하는 음악공연기획 및 제작업과 음악 공연과 관련된 서비스를 제공(음악공연 장비 및 티켓 발매 등)하는 사업체에 해당하는 기타 음악 공연 서비스업이 그에 해당된다. 마지막으로 우리나라 음악 산업의 독특한 형태라 할 수 있는 노래연습장업이 있다. 우리나라 사람들이 음악 상품을 이용하는 경로가 가장 높은 것이 바로 노래연습장이다. 실제로 2007년(n=1000명)과 2008년 (n=1,500명) 조사에서 노래연습장을 통해 음악 상품을 이용하는 빈도는 각각 전체 조사대상의 94.5%와 93.3%였다.[26]

음악 산업을 이처럼 세분화해서 분류할 수도 있지만, 단순하게 세 가지 분야

표 10-3 음악 산업의 분류

중분류	소분류
음악 제작업	음악기획 및 제작업
	음반(음원) 녹음시설 운영업
음악 및 오디오물 출판업	음악 오디오물 출판업
	기타오디오물 제작업
음반 배급 및 복제업	음반복제업
	음반배급업
음반 도소매업	음반도매및소매업
	인터넷음반소매업
온라인 음악 유통업	모바일음악서비스업
	인터넷음악서비스업
	음원대리 중개업
	인터넷/모바일음악 콘텐츠 제작 및 제공업 (CP)
음악 공연업	음악공연기획 및제작업
	기타음악공연서비스업
노래연습장업	노래연습장업

자료: 문화체육관광부·한국콘텐츠진흥원(2010)

---

26) 문화체육관광부·한국콘텐츠진흥원(2010), p.240.

로 구분할 수도 있다. 음악 산업에 디지털 기술이 도입되고 비약적으로 발전되고 있는 현상을 반영하여 크게 '기존의 음반 산업'과 '디지털 음악 산업' 그리고 '음악 공연 산업'으로 나눌 수 있다. 기존의 음반 산업은 CD나 DVD 등의 완제품을 판매하는 일을 주로 하는 산업이고, 디지털 음악 산업은 모바일이나 온라인 음악서비스를 제공하는 산업이다. 그리고 음악 공연 산업은 뮤지컬이나 콘서트와 같은 공연을 통해 문화생산과 향유가 이루어지는 산업이다.

3. 음악 산업의 구조

음악 산업은 기획사, 제작사, 유통사가 핵심 주체가 되어 향유자에게 음악 향유의 기회를 제공하고 있다. 이 세 주체가 음악 산업의 구조를 이루고 있다. 기획사에서는 음반을 기획하면서 음악의 성격이나 컨셉을 정하고 곡과 가수와 같은 실연자를 선정한다. 제작사에서는 음반에 대하여 투자하는 등 음반 제작을 주로 하며 만들어진 음악에 대한 홍보를 한다. 음반 홍보는 제작사와 기획사가 함께 하는 경우가 많다. 이후 유통사는 도매상과 소매상 그리고 인터넷 서비스를 할 수 있는 통로 등을 통해 유통을 하게 된다. 그래서 문화향유자인 소비자는 CD나 mp3 그리고 공연 등을 통해 원하는 음악을 듣게 된다.

그러나 오늘날에는 디지털 환경으로 인해 음악 산업의 구조가 뚜렷하게 어떤 하나의 형태만을 보이고 있지는 않다. 제작사와 소비자 사이의 유통과정이 비교적 단순해지고 유통사도 다양화해지고 있고, 또 음반이 아닌 음원을 중개해주는 업체 등이 생기기도 하였다. 특히 모바일을 통한 음악 상품 유통이 활발해지고 있어서 이동통신사의 음악 서비스 제공 형태가 음악 산업 구조의 새로운 면이기도 하다. 실제로 휴대폰의 벨소리나 통화 연결음은 음악 상품 소비의 한 경로로 자리 잡고 있다. 2007년(n=1,000명)과 2008년(n=1,500명) 조사에서 휴대폰 벨소리나 통화 연결음 서비스로 음악 상품을 이용하는 빈도는 각각 60.3%와 55.5%였다. 이는 음악 CD나 테이프를 구입해서 음악 상품을 이용한다는 빈도(2007년: 33.8%, 2008년: 32.9%)보다 더 높은 수치이다.[27]

---

27) 문화체육관광부·한국콘텐츠진흥원(2010), p.240.

그리고 음반을 구입하는 곳도 전통적인 음악 산업 구조 상의 오프라인 음반 전문 매장의 비중이 줄어들고 있다. 대신 대형 할인 매장과 인터넷에서 구입하는 비중이 점점 증가하고 있다. 다시 말해, 음원이 아니라 음반까지도 이제는 인터넷에서 구입하는 비중이 점점 높아지고 있다는 것이다. 음원은 당연히 인터넷 거래가 주이지만 음반까지도 이제는 새로운 유통 경로를 통해 거래가 이루어지고 있다. 물론 절대적인 비율 수치는 여전히 음반전문 매장이 가장 높은 구입처이다. 하지만 [표 10-4]에서 보는 바와 같이 대형할인매장과 인터넷을 통한 구입이 점점 증가하고 있다. 이는 음반 산업에서 유통구조의 변화를 예상해 볼 수 있는 사항이다. 특히 연령별로 구입 장소를 조사한 결과를 보면 10대와 20대의 약 22%는 인터넷을 통하여 구입하였다.[28] 이는 음반시장에서 연령대별 유통 방식의 차별화가 필요하다는 점을 보여주는 사실이기도 하다.

표 10-4 음반 구입 경로

구분	음반전문매장	대형할인매장 내 음반 매장	인터넷 구매	백화점 내 음반매장	편의점	기타
2006년	66.1	22.2	7.4	1.6	-	2.6
2007년	59.9	24.8	11.1	3.9	0.2	-
2008년	50.3	31.6	14.3	3.0	-	0.8

자료: 문화체육관광부 · 한국콘텐츠진흥원(2010)

음반 구매처의 변화와 같이 음악 산업의 디지털화에 따라 이제는 음원이든 음반이든 인터넷을 통한 구입이 점점 증가하고 있는 것이 사실이다. 현재는 절대적인 수치가 여전히 오프라인 매장이 더 높지만 향후 온라인을 통한 구입이 더 높아지게 될 가능성이 크다. 이는 현재 음악 산업의 유통 구조에 지대한 변화를 가져올 수 있다. 그래서 그에 대한 대응책으로 음반 산업의 온라인 유통과 오프라인 유통 간의 균형 성장을 위한 여러 방안들이 모색되고 있다.

그 중 하나가 온라인 유통과 오프라인 유통을 서로 연계하는 방법이다. 이는 음반과 음원 판매의 시너지 창출 모델로 불리는 링글(Ringle)이다. 링글은 CD와

---

28) 문화체육관광부 · 한국콘텐츠진흥원(2010), p.244.

Ringtone의 합성어로서 디지털 음악과 실물 음반 시장 사이의 간극을 잇는 모델이다. 쉬운 예를 들면 새로운 싱글 CD를 구매한 사용자가 해당 음원을 자신의 휴대폰 벨소리로 무료로 이용할 수 있게 하는 것이다. 이렇게 함으로써 디지털 음원과 실물 음반이 서로 윈-윈하게 된다.[29]

이와 같이 오늘날 음악 산업은 디지털 기술에 의해 유통 구조에 많은 변화를 맞이하고 있는 현실에 놓여있다. 최근에는 유통 구조에서만 아니라 기획과 제작에서도 새로운 변화를 맞이하고 있다. 기획과 제작과정에 일반 대중의 참여와 단발성 프로젝트 성의 음악 상품이 많아지고 있는 것이 그 예이다. 따라서 음악 산업의 구조는 그 어떤 문화산업의 영역보다도 환경 변화에 적극적으로 대응하고 적응해 나가고 있다.

 ## 4. K-pop

K-pop은 한류를 이끄는 선두에 서 있다. 한국 음악 산업에서 K-pop은 그야말로 '한국적인' 음악 산업이 되었다. 음악 산업이라고는 하지만 그 이상의 산업 역군으로 불릴 정도이다. 그래서 K-pop이 한국에서 제작되는 독특한 음악 스타일이자 트렌드이지만, 그 소비 방식은 매우 글로벌한 지위를 가지고 있다고 말하기도 한다.[30] 이제 K-pop은 문화산업 영역에서 한국적인 문화예술로 세계적인 입지를 굳힌 가장 영향력 있는 대상이 되었다.

K-pop은 외국에서 한국 대중음악을 일컫는 말로 이해할 수 있다. 한국의 대중음악을 좋아하는 세계 젊은이들은 다양한 장르의 한국 음악을 좋아하지만, 그 중에서도 아이돌 그룹의 음악들에 더 열광적이다. 그래서 K-pop이라고 하면 한국의 아이돌 그룹의 노래가 그 대표가 된다.

그래서인지 이제는 한국의 아이돌 가수가 중심이 되는 K-pop 제작시스템은 표준화되어 있을 정도이다. 춤, 랩, 보컬에 특별한 재능을 가진 10대 청소년들을 조기에 발굴해서 장기간의 합숙 등의 훈련을 통해 완결된 형태의 그룹으로 데뷔시키는 육성 시스템이 바로 그것이다. 세계적으로 체계적인 아이돌 제작 시스템을

---

29) 이상호 외(2011), p.116.
30) 이동연 외(2015), p.135.

가지고 있는 나라는 한국과 일본 밖에 없다. 최근에는 아시아를 비롯해서 세계 각지의 나라들이 한국의 K-pop 제작 시스템을 하나의 전형으로 간주해서 자국에서 적용하고 있다.

사실 K-pop 스타일은 그룹 구성 형태나 안무, 패션스타일, 그리고 음악 양식들이 미국의 힙합과 댄스 팝음악에서 참고한 것이었다. 아이돌 제작 시스템은 원래 1980년대 말 미국 음악시장이 불황을 겪을 때 그것을 타개할 목적으로 일시적으로 만든 프로젝트의 일환이었다. 1986년에 데뷔한 New Kids on the Block은 음반제작자인 Maurice Starr와 사업 동반자인 Mary Alford가 발굴해낸 백인 아이돌 그룹이었다. 그들은 보스턴에서 수백 명의 10대 가수 지망생을 대상으로 실시한 오디션에서 New Kids on the Block의 멤버를 뽑았다. 이에 오늘날 우리나라의 대형 연예기획사 중 하나인 SM을 설립한 이수만 회장은 당시 세계 팝 음악 시장의 트렌드를 조사하면서 새로운 소비주체로 등장한 10대들이 좋아하는 아이돌 음악을 만들 아이디어를 얻었고, 한국과 미국에서 10대들을 대상으로 오디션을 실시해서 H.O.T.라는 10대 아이돌 그룹을 만들었다.[31] 이것이 일종의 한국적인 아이돌 팝 제작 시스템의 탄생이라 볼 수 있다. 아이돌 중심의 음악인 K-pop도 이때 시작된 것이다. K-pop은 이제 음악 산업에서 세계에 알려진 한국적인 고유한 음악 제작 방식으로 자리 잡아서 벤치마킹의 대상이 되고 있을 정도이다.

제 3 절   미술 산업

1. 미술 산업의 역사

예술은 어느 시대에서나 돈을 매개로 해서 거래되어 왔다. 예술과 돈의 결합이 새롭지 않을 정도로 예술작품으로 불릴 수 있는 다양한 물건들이 돈과 결합하여 사고 파는 형태가 오래전부터 있었던 것이다. 실제로 로마제국 시대에 이미 경

---

31) 이동연 외(2015), pp.135-139.

매가 있었을 정도였고, 중세시대에는 종교관련 성물 거래들이 호황을 누리기도 했다.[32] 미술도 마찬가지이다. 미술작품이 하나의 상품으로 거래되면서 정도의 차이는 있지만 미술 시장이 형성되어 거래되어 왔다.

미술은 고대의 벽화에서부터 오늘날에 이르기까지 우리 주변에서 광범위하게 목격할 수 있는 예술품 중 하나이다. 그래서 그 역사는 예술 분야에서도 상당히 오래된 영역 중 하나이다. 이런 미술품의 거래는 고대에서 이미 보여 지고 있는데, 당시는 주로 과시 목적이 강했다. 미술품들의 값어치를 판단하는 기준이 부와 학식 등의 과시와 관계가 깊었다. 예컨대 로마인들의 경우 전쟁에서의 위업을 드러낸다든지 자신의 막강한 재력을 과시하는 데 도움이 되는 물건들을 귀하게 취급했고, 드물거나 비싼 재료로 만들어진 장식적인 물건들이 가장 높은 가격대를 형성했다. 예술품이 그런 목적에 잘 부합되었다. 이런 경향은 거의 19세기까지 이어졌다.[33] 물론 지금도 예술품 구입과 소유의 목적이 이와 유사한 경우가 있다.

중세까지도 미술작품이 상품으로서 거래되는 일이 흔하지는 않았다. 중세에는 주로 교회와 궁정(宮廷)의 주문을 받아 특정한 목적을 위해 제작되는 경우가 많았다. '미술(art)'이 물건들을 분류하고 확인하는 주된 범주가 아니었고, 미술품을 상품으로 거래하는 일도 흔한 일은 아니었다. 다시 말해, 앞서도 말했듯이 미술품은 주로 교회나 궁정의 주문에 의해 제작되는 정도였기 때문에, 사실 중세까지만 하더라도 '미술(art)'이라는 용어가 나타나지 않았고 '미술'이라는 것으로 물건들을 분류하고 확인할 수 있는 범주도 존재하지는 않았다.[34]

그러다 르네상스 시기로 접어들면서 일반 가구들 혹은 실용적이거나 장식적인 물건들과 미술품과의 구분이 서서히 나타나게 되었다. 미술품이라고 여겨지는 물건들을 좀 더 특별한 물건으로 대하게 되었다. 하지만 15세기와 16세기에도 여전히 미술품은 소수의 특별한 후원자를 위해 주로 제작되었다. 실제로 이탈리아 르네상스 시대에 미술가들은 흔히 부자나 귀족들의 집에서 가사를 돕는 고용인들이었고, 그렇지 않은 경우에는 교회, 도시의 대저택, 대규모 궁전, 그리고 시민계층의 부자들의 주문을 받아 작업했다. 이 당시에는 '미리 만들어진 작품(ready-

---

32) Dossi, Piroschca(2007), p.23.
33) 윤자정(2012), p.157.
34) 윤자정(2012), pp.157-158.

made works)'을 위한 시장은 미미했다. 물론 14세기 후반쯤에 수집가들이 원하는 물건을 찾아다니는 일을 업(業)으로 하는 일종의 중매상(agents)에 대한 기록들이 존재하기도 한다.35)

현대적 의미의 최초의 미술시장은 17세기에 등장하였고, 18세기에는 프랑스와 영국을 중심으로 미술품을 수집하는 것이 일종의 레크리에이션(recreation)의 형태이자 위신을 높이는 수단으로 여겨지면서 거래의 폭이 넓어졌다. 당시에는 미술품을 대중에게 널리 알릴 수 있는 경매제도도 발달하기에 이르렀다. 19세기에는 미술에 대한 정보들이 일반 대중에게 널리 알려질 수 있는 상황과 여건들이 형성되었다. 미술품에 대한 가이드북이 등장하기도 하였다. 이를 통해 미술정보가 상식적인 정보 수준으로까지 대중화되었다. 특히 19세기 중반 미국에서는 미술시장이 상당히 팽창하기에 이른다. 도시인구의 증가, 미술조합의 결성, 복제미술품의 유행, 각종 잡지와 정기간행물들이 발행되면서 미술과 일반대중의 접촉면이 넓어지게 되었다. 이윽고 19세기 후반에는 미술시장이 국제적인 사장으로서의 성격도 띠게 되었다.

20세기에는 경매가 미술시장에서 지속적으로 중요한 역할을 담당했다. 미술시장의 전반적인 성장과 더불어 20세기 중반에는 딜러들의 수 또한 급격하게 증가했다. 20세기 후반에는 미술시장에서도 이제 금융시장의 용어들인 호황(boom), 폭락(crash), 가격상승(appreciation), 시세(quotation) 등이 사용되기 시작했다.36) 미술품도 일종의 재화로서 산업적 가치를 지닌 시장 기반의 산업이기 때문이다. 생산과 거래가 자연스럽게 이루어지는 재화로 여겨지고 있는 것이다. 오늘날 문화산업에서 유형의 뚜렷한 재화 사용의 대표적인 시장이 바로 미술시장이다. 특히 시각예술시장에서 이루어지는 거래의 대표적인 예이기도 하다.

한편, 우리나라에서 미술품이 거래되는 현대적 의미의 미술시장은 1970년대 중반부터 생겼다고 볼 수 있다. 당시 중동 경기 등의 호황으로 미술 붐이 일어났고 소장가 층이 먼저 형성되면서 수요가 생기고 그에 따라 화랑이 늘어났다. 1970년대 말에는 새로운 중산층이 수요자로 합세하면서 미술 시장은 호황기였다. 특히 동양화가 큰 인기를 끌었다. 그러다 이후 침체되다가 1980년대 말부터 1990년 초

---

35) 윤자정(2012), pp.158-159.
36) 윤자정(2012), pp.158-176.

반에 우리나라 미술 시장은 다시 호황기를 맞이하였다. 그래서 화랑들도 많이 생겨났다. 그러나 그 이후에는 1997년 경제위기 등으로 인해 다시 불황에 접어들기도 하였다.[37] 그 후 미술시장은 경기 부침(浮沈)에 영향을 받으면서 지속하고 있다. 그동안 우리나라 미술 시장 트렌드별 미술 산업의 부침을 간략히 나타내면 다음과 같다. 1970년대 후반 1차 호황(고미술, 한국화 호황), 1980년대 말 2차 호황(한국화의 하락과 서양화의 상승), 1990년대 초 하향세와 1994년 일시 상승세, 2005년 말 이후 3차 호황(서양화의 독주와 글로벌 시장 진출)으로 요약할 수 있다.[38]

2. 미술상품의 특성

미술작품은 다른 분야의 예술과 마찬가지로 여러 예술적 향유를 가능하게 하는 문화상품의 하나이다. 미술작품을 향유함으로써 미적 감흥과 만족감을 느낄 수 있고 비일상성이 주는 호기심과 신선함도 맛볼 수 있으며, 일상성의 재현에 감탄하기도 한다. 하지만 다른 한편으로 미술작품은 다른 예술 분야와는 다른 특성을 지니고 있기도 하다. 미술작품이 과적(過積) 욕구의 대상이 되기도 하고 투자의 대상이 되기도 하는 특성을 지니고 있다. 그리고 미술작품은 다른 예술 작품과는 달리 전시를 통해 향유되는데, 이때 한계비용이 거의 발생되지 않는 특성도 가진다.

우선, 미술작품은 과시적 욕구를 충족시키기 위한 과시적 소비(conspicuous consumption)의 대상이다. 일종의 사치재이다. 사치재의 가격은 대상 자체의 생산비용 등에 의해 가격이 결정되거나 평가되는 것이 아니라, 그것을 얻기 위해 얼마만큼의 돈이 필요한가에 따라서 평가 된다. 얻기 위한 노력이 곧 가격에 반영된다. 그래서 사치재는 가격이 올라가면 수요가 떨어지는 대신에 오히려 수요가 증가하는 현상이 생긴다. 이것이 흔히 말하는 베블런 효과(Veblen effect)이다. 미술작품도 높은 가격이 욕망을 일깨우는 대상 중 하나에 속한다.[39] 가격이 높다는 것은 그만큼 얻기 힘들다는 것이고, 따라서 그것을 소유하고 있다는 것은 일종의 과시가 될 수 있다. 대개 미술작품은 원본일수록, 또 생산량이 적을수록 희소가치가 더

---

37) 한국문화경제학회(2001), pp.101-102.
38) 최병식(2008), pp.99-107.
39) Dossi, Piroschca(2007), p.263.

높아지기 때문에 소유과정의 노력이 반영되어 작품의 가격이 올라간다. 이 작품을 소유함으로써 얻게 되는 과시 욕망의 충족은 상당히 커진다. 그래서 경제적 여유를 지닌 소장가들은 오히려 가격이 더 높을수록 해당 작품을 더 소유하려고 하는 것이다. 이처럼 미술 산업은 앞서 영화산업이나 음악 산업과는 달리 과시적 대상으로서 미술작품이 시장에서 거래되는 특징을 보인다.

다음으로, 미술작품은 투자의 대상이 되기도 한다. 물론 영화도 투자의 대상이 되지만 미술작품은 개인이 소유해서 장시간 동안 투자하는 일종의 자산이기도 하다. 자본이득(capital gains)이 발생한다는 것인데, 자본 이득은 미술품을 포함한 자산을 구매한 후 재판매할 때 실현할 수 있는 가격 차이에서 나오는 이득을 말한다.[40] 미국과 유럽에서는 미술품이 주식이나 채권 그리고 부동산과 같은 투자 대상으로 인식된 것은 이미 1950년대부터이다. 특히 주식이나 부동산 시장이 불황일 때 포트폴리오 분산 차원에서 미술품을 대체 투자 수단으로 선택해왔다.[41]

미술품이 투자의 대상으로 되는 것은 수익이 발생되기 때문인데, 사실 수익률에 관해서는 연구에 따라 다소 차이가 있다. 이는 연구의 범위나 분석 대상 및 방법 그리고 수익의 유형에 따라 생긴 차이로 볼 수 있다. 주로 미술품과 주식과의 비교를 통해 수익률 정도를 분석하고 있는데, 일례로 1875년부터 2000년까지 주식과 미술품의 평균 투자 수익률을 비교했을 때 미술품이 주식의 고정수익보다 높게 나타나고 있다. 특히 주식시장이 붕괴되는 등의 기간에는 미술품의 수익률이 더 높게 나타났다. 또 경제 불황에 따른 영향도 미술품이 주식보다 더 늦게 나타나서 경기 민감도에도 유리한 면도 있다.[42] 그리고 1900년부터 1986년까지의 비교에서도 주식보다 미술품의 투자 수익이 더 높다는 사례도 있다.[43] 반면, 1810년부터 1970년까지 회화 작품의 수익률은 주식의 수익률보다 낮다는 분석도 있다.[44] 또 1946년부터 1968년까지의 분석에서도 주식의 수익률이 더 높다는 분석도 있다.[45] 그리고 기본적으로 미술품은 주식에 비해 낮은 유동성을 지니고 환금

---

40) 소병희(2012), p.28.
41) 한여훈(2012), p.126.
42) Mei, J. and M. Moses(2002).
43) Goetzmann, W. N.(1993).
44) Anderson, R. C.(1974).
45) Stein, J. P.(1977).

성도 낮다는 한계를 지니고 있고, 또 거래되는 비용도 높은 편이다. 그리고 미술품에 대해 어느 정도 알아야 거래가 가능하기 때문에 정보비용도 높은 편이다. 그래서 투자대상으로서 한계가 분명히 있다. 그럼에도 불구하고 미술품이 투자 대상으로서 활발히 거래되고 있는 것 또한 사실이다. 일부에서는 투자라는 명목 하에 미술품이 상속이나 증여의 대상이 되기도 하고 뇌물의 수단으로도 사용되기도 한다.

마지막으로, 미술 작품은 전시를 통한 향유과정에서 한계비용을 거의 발생시키지 않는다는 특성도 지니고 있다. 한계비용이란 공급량을 1단위 추가했을 때 추가적으로 들어가는 비용을 말한다. 이를 미술 전시 상황에 적용시켜 보면, 100명에게 전시 서비스를 제공 중인 미술관이 100명을 다 수용한 후에 101번째 관람객에게 같은 서비스를 제공하기 위해 추가적으로 발생되는 비용이 바로 한계비용이된다. 그런데 미술관의 전시 서비스는 감상자 수가 늘어난다고 해도 비용은 거의변화하지 않는 특징이 있다.[46] 한 명 더 감상자가 늘어난다고 해서 공간을 더 확보해야 한다거나 미술 작품이 추가적으로 더 전시되어야 하지는 않는다. 물론 사람이 아주 붐비게 되어 감상 자체에 큰 애로가 발생되는 경우가 없지는 않을 것이다. 하지만 그런 경우는 아주 예외적인 경우이고, 설사 그렇다고 하더라도 전시주최 측이 추가적으로 비용을 더 들이지는 않는다. 여타의 공연처럼 좌석이 추가적으로 필요한 것도 아니기 때문이다.

3. 미술시장의 유형

1) 1차 미술시장과 2차 미술시장

미술시장은 미술작품이라는 재화가 거래되는 장소를 말한다. 크게 분류하면갤러리(화랑), 아트페어(art fair), 경매회사가 그에 해당한다. 여기서 갤러리와 아트페어는 1차 미술 시장(primary art market)으로, 경매회사는 2차 미술시장(secondary art market)으로 다시 구분할 수도 있다.

1차 미술 시장은 작가가 직접적으로 거래에 참여하는 시장으로 갤러리가 그대표적인 곳이며, 여기서 파생된 아트페어 또한 1차 미술 시장에 포함된다. 2차

---

46) 伊藤裕夫 외(2002), p.100.

미술 시장은 작가가 아닌 컬렉터(collector)가 거래에 참여하는 시장으로 경매회사가 대표적이다. 컬렉터 개인이 소유한 작품을 경매라는 유통 통로를 통해 다른 컬렉터(개인, 기업, 미술관계자 등)에게 재판매 하는 방식인 것이다. 최근에는 미술작품 가치에 대한 인식이 과거보다 높아지면서 아트펀드(art fund)와 같은 2차 시장의 파생물도 나타나고 있다.[47]

2) 갤러리

갤러리는 미술품을 진열하고 전시 및 판매하는 장소를 말한다. 갤러리는 미술관과는 구별된다. 공공문화시설로서 미술관이 미술 작품을 수집하고 진열, 전시, 조사 및 연구를 수행하는 데 초점을 둔다면, 화랑은 그 주된 업무가 작품을 구입해서 판매하는 것이다. 화랑 자체가 구입해서 판매하기도 하지만 컬렉터 또는 작가에게 위탁을 받아서 재판매하는 형태를 띠기도 한다.

기본적으로 갤러리의 중요한 역할은 생산자인 작가와 소비자인 투자자나 관람객들의 거래 관계를 형성시켜주는 유통 경로를 제공하는 일이다. 이를 위해 갤러리는 전시와 홍보활동을 통하여 이미지 자산을 브랜드화 시켜줌으로써 작가에 의하여 창작된 도상적 가치를 상품화 시켜준다.[48] 그리고 갤러리는 구매자들의 위험을 감소 시켜 줄 보증 서비스를 제공하는 역할도 한다. 갤러리가 해당 작품에 대해 보증을 해줌으로써 소비자는 안심하고 작품을 구입할 수 있게 된다. 또 갤러리는 다양한 정보탐색비용을 줄여줘서 효율적인 작품 구매가 가능하도록 하는 역할도 한다.

갤러리는 운영 형태에 따라 상업갤러리, 기획갤러리, 대관갤러리, 대안공간으로 나눌 수 있다. 상업갤러리는 소장 작품을 상설 전시하는 곳이다. 기획갤러리는 청년 작가를 발굴하고 중견 작가의 작품도 전시하는 등의 기획에 따라 운영하는 갤러리이다. 하지만 신예 작가의 발굴도 어렵고 중견 작가의 기획전시도 쉽지 않아서 그 수가 많지 않은 편이다. 대관갤러리는 대관료를 받고 갤러리를 대여해주는 것을 주 업무로 하는 갤러리이다. 대안공간(alternative space)은 미술가가 공동으로 운영하는 공동조합갤러리(cooperative gallery) 형태이다. 이는 이윤을 목적으로 하

---

47) 김봉수(2013), p.31.
48) 김성희(2006), p.3.

지 않는 비영리 조직으로서 저렴한 가격에 미술품을 전시하거나, 실험적 성격이 강하여 기존의 갤러리에서는 전시하기를 꺼려할 수도 있는 작품이나 행위예술 등을 전시하거나 발표할 수 있는 공간을 제공해주는 곳이다.[49) 대안공간은 특히 넉넉하지 못한 신예작가나 실험성이 강한 혁신적인 작가를 발굴하는 데 기여한다.

이러한 갤러리들은 미술시장의 핵심적이고 대표적인 장(場)으로서 미술작품의 생산과 향유과정에서 결정적인 역할을 하고 있다. 하지만 갤러리 운영과 관련해서 문제점들이 지적되고 있기도 하다. 일종의 독점 현상이 그것인데, 예컨대 갤러리들에 의해 자신들의 전속 작가들 위주의 독점 행태가 종종 발생된다. 특히 대형 갤러리들이 막강한 자본력을 동원해서 블루칩 위주의 작가를 선택하고 독점을 한 후에 후속적으로 개최되는 대형 전시 등을 기획하여 독점적인 이익을 창출하는 것이다.[50)

3) 아트 페어

갤러리가 독자적인 행위로 거래가 이루어지는 미술 시장이라면, 아트 페어는 여러 개의 갤러리가 함께 한 곳에 모여서 작품을 전시 및 판매하는 형태이다. 갤러리들이 한 곳에 모였다는 점에서 이 역시 1차 미술 시장의 한 형태로 볼 수 있다. 작가가 직접 참여하는 거래 방식의 연장이기 때문이다.

여러 갤러리가 각각의 부스를 설치해서 판매하기 때문에 아트 페어에서는 구매자가 다양한 작품을 한 자리에서 비교적 쉽게 접해서 구입할 수 있다. 또 다양한 갤러리들이 한 자리에 모이기 때문에 현 시대의 미술 작품의 흐름이나 유행 등을 파악할 수 있는 기회도 된다. 갤러리 입장에서도 갤러리 간 정보 교환과 많은 구매자를 유인할 수 있다는 측면에서 아트 페어는 유용한 미술 시장이 된다. 대개는 갤러리들 간의 연합이나 협회가 구성되어 있을 경우에 형성되기 쉬운 형태이다. 우리나라의 경우 한국화랑협회가 주최하는 서울아트페어나 한국국제아트페어 등이 있다. 세계적으로는 바젤 아트페어(Art Basel)나 시카고 아트페어(Art Chicago) 등이 있다.

---

49) 소병희(2012), pp.29-30.
50) 최병식(2009), p.22.

4) 경매

경매는 애초에 시장 가격이 형성되지 않은 상태에서 구매자들이 경쟁적으로 시장 가격을 형성해가면서 상품을 구입하는 방식이다. 최후에 조금이라도 높은 가격을 지불하겠다고 의사를 표시한 구매 희망자에게 상품 구입의 우선 기회를 준다. 미술 작품 역시 마찬가지이다. 미술 작품 소장자가 미술품을 경매 시장에서 거래할 때 미술품에 대해 가장 높은 가격으로 구입하겠다고 의사를 표시한 사람에게 판매한다. 물론 처음 시작호가가 정해져 있기는 하다. 즉, 판매를 위탁받은 경매회사가 전문가의 감정을 통해 작품의 재료, 크기, 상태 등의 종합적인 판단으로 작품의 진위 여부와 미술사적 가치 및 시장성 등을 평가하고 소장가의 기호와 작가의 지명도 등을 감안해서 시작호가를 정한다.[51] 이와는 반대 방법도 있다. 미술품 판매자가 원하는 가격을 먼저 제시한 뒤 계속 낮추어 가다가 구입을 원하는 구매자가 나타나면 낙찰 받는 방식이다.

우리나라의 대표적인 경매 회사로는 서울옥션(Seoul Auction)과 케이옥션(K-Auction)이 있고, 세계적으로는 소더비(Sotheby's)와 크리스티(Christie's) 등이 있다. 우리나라 경매시장의 자금 규모는 한국미술시가감정협회에 따르면 2015년 상반기에 미술품 경매시장에 들어온 자금이 약 627억원이다. 이는 2014년과 비교했을 때 59%가 증가한 수치이다. 미술품이 단지 기호나 취향의 대상을 넘어 자산과 투자의 대상으로 여기는 사람이 많아짐에 따라 경매시장에서 미술품의 자금 규모도 앞으로 더 증가할 것이다.

5) 기타

그 이외에도 미술작품이 거래되는 곳이나 방식은 다양하게 존재한다. 사이버 공간에서 전자상거래를 통해 거래되기도 하고 TV의 홈쇼핑을 통해 거래되기도 한다. 특히 사이버 미술시장은 기존의 갤러리나 경매회사가 온라인 판매를 하면서 생겼다. 하지만 미술작품이 사이버 공간이나 TV를 통해 판매되는 형식에는 일정한 한계가 있다. 미술작품은 실제로 보고 감흥을 느끼는바에 따라 구매의향이 많이 좌우되기 때문에 모니터로만 보고 작품을 구매하는 것이 쉽지 않다. 따라서 비

---

51) 소병희(2012), p.67.

록 온라인 거래나 TV 홈쇼핑 거래가 과거에 비해 증가하고 있다고는 해도 그 성장세가 급격하지는 못할 것으로 보인다. 다만, 대량 생산에 의한 복제 미술품은 온라인이나 TV를 통해 거래되는 방식에서 더 성장할 수 있다. 그리고 갤러리나 아트페어에서 미리 실물을 확인하고 구입만 해당 갤러리 홈페이지에서 하는 형태도 더 성장할 수는 있을 것이다. 하지만 근본적으로 미술작품의 거래는 실물 확인과 접촉과 대면상의 감흥이 전제되어야 구매 행위가 발생될 가능성이 높은 문화상품이기 때문에 위에서 살펴본 거래 방식들(갤러리, 아트페어, 경매)이 미술작품 거래의 주요 방식으로 지속될 것이다.

 4. 아트 펀드

앞서 2차 미술 시장의 파생물로서 아트 펀드가 있다고 언급하였다. 아트펀드는 일종의 실물펀드로서 금융상품이다. 미술작품이 하나의 투자 상품으로 인식되어 마치 주식이나 부동산처럼 미술작품에 투자를 하고 이후 생기는 차액으로 수익을 얻는 형태이다. 유망한 작가들의 작품을 구입한 뒤 다시 팔아서 수익을 발생시키는 형태로서 순수한 시장경제의 원리를 미술작품 거래에 접목하고 있다. 통상 자금운용사가 별도로 존재해서 투자자들로부터 자금을 모아서 작품의 가치 향상으로 높은 수익을 발생시킬 가능성이 큰 미술작품을 사들인 뒤, 다시 팔아서 이익을 분배하는 간접투자 형태로 운용되는 경우가 많다. 아트펀드에서 중요한 것은 미술 시장에서 가치가 평가 절하되어 있는 영역 혹은 작품이나 작가를 찾기 위해 미술시장의 정보를 분석하는 과정이다.[52] 아트펀드 운용사가 미술시장에 대한 정확한 조사를 바탕으로 미술시장의 여러 정보를 획득하고 그에 기초해서 작품의 가치 성장 잠재력을 얼마나 잘 예측하느냐가 매우 중요하다.

아트펀드는 미술작품이 투자 대상이기는 하지만 일반 개인이나 기관이 미술품에 직접 투자하는 형태와는 차이가 있다. 무엇보다도 미술품에 문외한 사람이 접근하기에 용이하다. 사실 아무리 자금 여유가 있다고 하더라도 미술품에 대한 투자를 할 때는 망설여지는 경우가 있는데, 그것은 투자 대상인 미술작품에 대한

---

52) Nam, Yun Mi(2009).

관련 지식이 많지 않기 때문이다. 미술품의 가치 성장에 대한 분석은 일반 금융상품을 분석하는 것과는 상당히 다르다. 미술 작품이나 작가와 미술시장에 대한 지식이 모두 필요하다. 미술품에 대한 투자에는 미적인 감성과 동시에 경제적인 이성이 함께 필요하다는 말이 존재하는 이유가 바로 그 때문이다. 그런 점에서 설사 미술품에 대한 지식이 부족하다고 하더라도 투자 대상으로서 미술품에 접근을 용이하게 하는 것이 아트펀드이다.

우리나라에는 2006년에 첫 아트펀드가 생겼다. 당시 사모펀드 형식으로 굿모닝신한증권이 '서울명품아트사모 1호 펀드'를 만들었다. 이후 'SH명품아트사모펀드', '하이명품아트사모펀드', '한국투자사모 컨템포러리 명품아트펀드', '한국사모 명품아트특별자산' 등의 아트펀드들이 출시되었다.

제4부

문화행정학

제8장

조직관리

제8장
조직관리

　　정부행위는 조직이라는 틀에 의해 시작되고 완성된다. 조직은 행위의 토대가 되고 관리가 이루어지는 배경이다. 따라서 조직 관리를 이해하는 것은 정부행위의 토대와 배경을 이해하는 것이 된다. 그런 점에서 정부행위의 하나인 정책 활동을 이해하기 위해서는 그 정책이 실현되는 조직 관리에 관한 이해도 반드시 동반되어야 한다. 정부정책의 하나로서 문화정책에 대한 이해도 마찬가지이다. 문화정책을 이해하기 위해서는 문화정책과 관련된 조직 관리에 대한 이해가 필요한 것이다. 만약 문화정책 학습에서 문화정책의 분야별 이슈만을 다룬다면 분야별 이슈가 존재하는 토대와 배경은 간과해버리는 논의가 된다. 이는 문화정책에 대한 불완전한 이해라고 할 수 있다. 따라서 문화정책을 이해하고자 할 때 조직 관리에 대한 학습도 반드시 필요하다.

　　문화정책과 관련된 조직 관리는 문화정책 전담 조직을 중심으로 살펴 볼 수 있다. 문화정책이 집행되는 일련의 과정이 문화정책 전담조직에 의해 이루어지기 때문이다. 그래서 문화정책과 관련된 조직관리 내용은 문화정책 전담조직이 어떠한 관리 형태로 존재하는지에 대해 살펴보는 것이 핵심이다. 이를 위해 본 장에서는 우선, 문화정책 전담조직도 정부조직의 하나이므로 정부조직 관리의 기초적인 내용에 대해 간략히 논의한다. 조직 관리의 기초적인 내용을 모두 다루는 것은 아니지만 정부조직에 대한 기본적인 내용은 다루고 있다. 이어서 문화정책 전담조직의 유형과 국가별·시기별 사례를 살펴본다. 마지막으로 최근 문화정책의 관리방식과 관련해서 강조되고 있는 문화거버넌스에 대해 논의한다.

제1절 정부조직 관리의 기초 내용

1. 정부조직의 의미와 문화부[1])의 조직체계

정부조직 혹은 행정조직은 국가 또는 지방자치단체의 행정사무를 수행하기 위해 설치된 행정기관의 체계적 기구를 의미한다. 정부조직은 국가의 기간법인 <대한민국헌법>을 비롯해 수준별로 마련된 법령에 의해 창설된다. 우리나라 <대한민국헌법>에서는 입법권은 국회에서, 행정권은 행정부에서, 사법권은 법원에서 행사하되 그 권한의 범위와 기준은 국회에서 정하도록 엄격히 통제하고 있다. 이처럼 기본적으로 국가는 헌법에서 부여받은 국가 권력을 통해 국가 사무를 수행하기 위한 여러 가지 국가 조직들을 만든다. 특히 이 중에서 행정권은 국민에게 미치는 영향이 매우 크기 때문에 다시 적절하게 행정 각부로 분담해서 행사하도록 하고 있다.

정부조직은 넓은 의미로 사용될 경우에는 입법부(국회), 사법부(법원)의 조직을 포함하지만, 좁은 의미로는 행정부의 조직만을 의미한다. 그중에서도 <정부조직법>상으로는 <지방자치법>의 적용을 받는 지방자치단체를 제외한 중앙정부의 조직만을 의미한다. <정부조직법>상 국가행정기관은 중앙행정기관, 특별지방행정기관, 부속기관, 합의제 행정기관 등으로 구성된다. 여기서 중앙정부조직인 중앙행정기관은 <정부조직법>에 의해 설치된 부·처·청을 말하며, 국가행정사무를 담당하기 위해 설치된 행정기관으로서 그 관할권의 범위가 전국에 미치는 기관을 말한다.[2])

---

1) 문화정책 전담부서의 명칭은 국가별·시기별로 다양하다. 그래서 국가별·시기별로 구분할 필요가 있을 때는 해당 명칭을 그대로 쓰지만, 그렇지 않고 일반적인 의미의 문화정책 전담부서는 논의의 편의상 일괄적으로 '문화부'라고 지칭하기로 한다.

2) 이상철(2012), pp.253-256.

그림 8-1 문화체육관광부 조직도

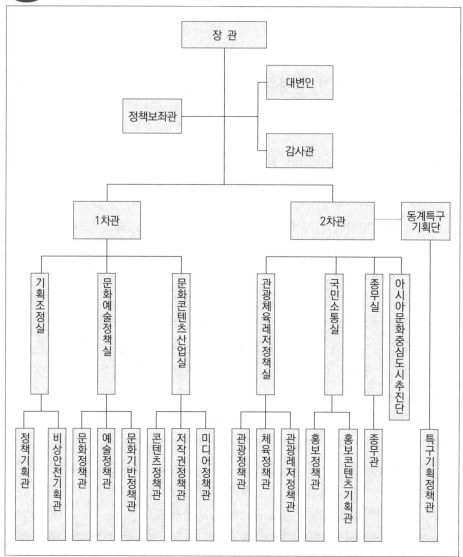

자료: 문화체육관광부(2014c)

2016년 1월 현재 우리나라의 정부기관 조직(중앙행정기관)은 17부 5처 16청 / 2원 2실 4위원회로 이루어져 있다. 이 중에서 문화정책을 전담하는 부서가 문화체육관광부이고 외청 기관으로 문화재청을 두고 있다. 우리나라의 중앙정부에서 문화정책과 관련된 조직은 1, 2공화국일 때는 문교부와 공보처였고, 3, 4, 5공화국일 때는 문화공보부, 6공화국일 때는 문화부, 문민정부에서는 문화체육부, 국민의 정부와 참여정부에서는 문화관광부, 이명박 정부와 박근혜 정부에서는 문화체육관광부이다. 현재 문화체육관광부는 장관과 그 아래 제1차관과 제2차관을 중심으로 [그림 8-1]과 같이 구성되어 있고, [표 8-1]과 같이 17개의 소속기관이 있다. 그리고 그 외 공공기관으로는 정부투자기관에 해당되는 한국관광공사와 한국방송공사가 있고, 연구소로 분류되는 한국문화관광연구원이 있으며, 위원회로 분류되는 한국문화예술위원회, 영상물등급위원회, 영화진흥위원회, 게임물등급위원회, 저작권위원회, 한국간행물윤리위원회가 있다.

표 8-1 문화체육관광부의 소속기관

국립국악원	한국예술종합학교	국악고등학교
국악학교	전통예술고등학교	전통예술학교
국립중앙박물관	국립국어원	국립중앙도서관
해외문화홍보원	국립중앙극장	국립현대미술관
대한민국역사박물관	국립한글박물관	예술원사무국
한국정책방송원	국립민속박물관	-

자료: 문화체육관광부(2014c)

한편, 지방자치단체도 문화관련 부서를 운영하면서 지역의 문화정책을 시행하고 있다. 서울시는 '문화본부' 체제로 운영되면서 문화정책과, 문화예술과, 디자인정책과, 역사문화재과, 박물관진흥과, 한양도성도감과, 서울도서관, 서울역사편찬원, 한성백제박물관으로 구성되어 있다. 각과별로 다시 하위 팀이 있고 팀별로 업무가 세분화되어 있다. 부산시는 '문화관광국'이 주무 부서이고 그 아래에 문화예술과, 국제협력과, 영상콘텐츠산업과, 관광마이스과, 관광개발추진단으로 구성되어 있다. 중앙정부 뿐 아니라 지방자치단체에서도 문화교류와 같은 국제협력이 필요한 시대인 만큼 문화관광국 내에 국제협력과를 두고 있는 것이 특징이다.

　　대구시는 '문화체육관광국'이 주무 부서이고 문화예술정책과, 문화콘텐츠과, 체육진흥과, 관광과로 구성되어 있다. 대전시도 '문화체육관광국'이 주무부서이고 문화예술과, 체육지원과, 문화재종무과, 관광진흥과가 각 업무를 담당하고 있다. 문화재종무과가 별도로 설치되어 있는 것이 특징이다. 인천시는 '문화관광체육국'이 주무부서이고 문화예술과, 문화재과, 관광진흥과, 마이스산업과, 체육진흥과로 구성되어 있다. 광주시는 '문화관광체육실'이 주무부서이고 문화도시정책관, 문화예술진흥과, 문화산업과, 관광진흥과, 체육진흥과로 구성되어 있다. 울산시는 '문화체육관광국'이 주무부서이고 문화예술과, 체육지원과, 관광진흥과로 구성되어 있다. 경기도도 '문화체육관광국'이 주무부서이고 문화정책과, 문화유산과, 종무과, 체육과, 콘텐츠산업과, 관광과, 한류월드사업단으로 구성되어 있다. 충청북도 역시 '문화체육관광국'이 주무부서이고 문화예술과, 체육진흥과, 건축문화과, 전국체전추진단, 관광항공과로 구성되어 있다. 항공관련 업무가 부서명으로 표현되어 있는 것이 특징이다. 충청남도도 '문화체육관광국'이 주무부서이고 문화정책과, 문화재과, 체육진흥과, 관광산업과, 전국체전준비기획단으로 구성되어 있다. 전라북도 역시 '문화체육관광국'이 주무부서이고 문화예술과, 관광총괄과, 체육정책과, 문화유산과, 대규모체육행사추진단으로 구성되어 있다.

　　전라남도는 '관광문화체육국'이 주무부서이고 관광과, 문화예술과, 경관디자인과, 스포츠산업과로 구성되어 있다. 다른 시도와 달리 경관디자인과가 별도로 설치되어 있는 것이 특징이다. 경상북도는 '문화관광체육국'이 주무부서이고 문화예술과, 문화융성사업단, 문화유산과, 관광진흥과, 체육진흥과로 구성되어 있다. 경상남도 역시 '문화관광체육국'이 주무부서이고 문화예술과, 관광진흥과, 체육지원과로 구성되어 있다. 강원도도 '문화관광체육국'이 주무부서이고 관광마케팅과, 관광개발과, 문화예술과, 체육과, 체전기획과로 구성되어 있다. 관광마케팅을 강조하기 위한 노력과 전국체전과 관련된 과가 있는 것이 특징이다. 제주특별자치도는 '문화관광스포츠국'이 주무부서이고 문화정책과, 관광정책과, 관광산업과, 스포츠산업과, 카지노감독과로 구성되어 있다. 외국 관광객 유입이 많고 카지노산업이 있기 때문에 그와 관련하여 카지노감독과가 설치되어 있는 것이 특징이다.

각 지방자치단체별로 문화정책 주무 부서를 어떤 형태로든지 설치해서 정책 집행을 하고 있는 것은 공통적인 모습이다. 그리고 많은 지방자치단체에서 주무부서의 명칭에 '문화, 관광, 체육'을 함께 포함하고 있는 것도 유사하다. 이는 중앙정부의 문화정책 주무부서인 문화체육관광부 명칭을 참고한 것으로 보인다. 그리고 문화관련 부서가 국이나 실 형태로 설치되어 있는 것도 유사한 점이다. 또 주무부서 내에 세분화된 업무로 나누어져 있는 과의 명칭도 유사한 면이 많다. 하지만 그와 함께 지역별 특성을 반영한 과들이 지방자치단체별로 다양하게 설치되어 있기도 하다.

표 8-2 지방자치단체의 문화부서

서울	부산	대구	대전
문화본부	문화관광국	문화체육관광	문화체육관광
인천	광주	울산	경기
문화관광체육국	문화관광체육실	문화체육관광국	문화체육관광
충북	충남	전북	전남
문화체육관광국	문화체육관광국	문화체육관광국	관광문화체육국
경북	경남	강원	제주
문화관광체육국	문화관광체육국	문화관광체육국	문화관광스포츠국

자료: 각 지방자치단체 홈페이지(2016년 기준)

2. 정부조직(문화부)과 민간조직(문화예술민간단체)의 차이

이 장에서 말하는 조직 관리는 정부의 문화정책 전담조직의 관리를 말한다. 문화정책을 담당하는 정부조직의 관리를 의미하는 것이다. 그래서 민간조직인 문화예술민간단체의 조직 관리를 의미하는 것이 아니다. 민간영역에서 활동하는 문화예술단체의 조직 관리에 대해서는 이 책의 '제11장 문화경영'에서 별도로 다룬다. 이 두 조직의 구분은 정부조직과 민간조직의 일반적인 차이에서 기인한 것으로, 문화정책 전담조직으로서 문화부와 민간조직으로서 문화예술민간단체 간에도 해당된다.

문화정책 전담 조직의 관리에 대해 살펴보기에 앞서, 우선 문화정책 및 문화예술 활동과 관련된 대표적인 두 조직으로서 정부의 문화부와 민간의 문화예술단체에 대한 기본적인 차이점을 살펴보기로 한다. 정부조직으로서 문화부와 민간조직으로서 문화예술단체의 차이점은 각 조직의 목표와 가치 측면, 조직 내부의 구조와 과정 측면, 조직이 처한 환경 측면, 조직과 환경 사이의 교류 측면으로 구분해서 볼 수 있다.[3]

1) 조직목표와 가치측면

정부조직은 민간조직과 달리 공익을 추구한다. 민간조직이 소유주의 사적 이윤을 극대화하는 방향으로 조직관리가 이루어지는 것과 달리 정부조직은 관리의 초점을 공공의 이익 증진에 둔다. 그래서 비록 조직 관리에서 적자가 발생되거나 아무런 수익 창출이 이루어지지 않더라도 공익이라는 가치를 위해 정책을 추진하는 경우가 많다. 문화부가 시행하는 많은 정책들이 수익 창출을 위한 것이 아니라 공익 가치를 실현하는 데 초점을 두고 있는 것도 바로 그 때문이다.

예컨대 영화 스크린쿼터제도는 수익 창출측면에서 보면 장려할 만한 것이 되지 않을 수도 있다. 소비자가 많이 찾는 인기 있는 외국 영화만을 상영한다면 극장 수입이 증가하고, 또 영화표에 징수되는 영화발전기금이나 부가가치세와 같은 세금 징수액도 늘어날 것이다. 그러나 정부조직인 문화부는 공익을 위한 형평성을 고려하여 국내 영화산업 보호차원에서 스크린쿼터제도를 시행한다. 문화재보호제도도 마찬가지다. 정부조직인 문화부가 소액의 입장료 수입보다 더 큰 관리비가 지출됨에도 불구하고 문화재를 관리하는 이유는 문화재가 주는 역사의식과 정체성과 같은 공익 가치를 우선시하기 때문이다.

이와 더불어 조직목표를 측정하고 평가하는 것에서도 문화부와 문화예술민간단체 사이에 차이점이 존재한다. 무엇보다도 정부조직의 경우 조직목표를 측정하기에 곤란한 면이 있다. 공익실현을 목표로 둔다고 하면, 공익 실현이라는 목표 달성 여부를 평가하기 위해서는 관련된 성과를 수치화해서 확인하는 것이 필요한데 그것이 쉽지 않다. 설사 수치화한다고 하더라도 수치화할 때 사용된 지표가 공

---

3) Boyne, George A.(2002) ; Rainey, H., R. Backoff and C. Levine(1976).

익이라는 목표를 정확히 대표(대변)하는 것인가에 대해서도 항상 논란이 있다. 즉, 영화스크린제도를 통해 국내 영화산업이 어느 정도 보호되어 육성되었는지, 또 그 것이 공공의 이익에 부합된 결과를 보였는지 등에 대한 판단은 쉽지 않은 것이다. 그리고 문화재보호를 통해 후세대까지 이어지는 공익도 그 실현 여부를 알기란 상당히 어렵다. 반면 민간조직은 이윤창출이 주요 목표이기 때문에 판매량이나 매출액 등으로 비교적 쉽게 목표달성 정도를 평가할 수 있다. 이처럼 정부조직으로서 문화부와 민간조직으로서 문화예술민간단체는 조직목표와 가치측면에서 서로 차이점을 지니고 있다.

2) 조직 내부의 구조와 과정측면

정부조직은 민간조직보다 내부구조가 엄격한 법규와 절차로 이루어져 있고, 업무과정에서 행위에 대한 제약이 많기 때문에 재량과 융통성을 발휘하는 것이 쉽지 않다. 예컨대 문화부의 경우 민간예술단체와 달리 구성원들을 임용하는 것에 서부터 엄격한 법에 의한 규정들이 적용된다. 정부에서 정한 공무원 임용절차와 시기에 따라 정해진 교육 훈련을 이수한 뒤 문화부로 인력이 공급된다. 승진과 해고와 정년에 대한 보장도 법적 근거에 의해 이루어진다. 법적 절차를 중시함으로써 임의성을 최소화하는 것이 정부조직의 특징 중 하나이고 문화부도 이에 따라서 조직 내부가 구조화 되어 관리되고 있다.

문화부를 비롯한 정부조직의 거의 모든 업무들은 이처럼 법이나 부서 내의 규칙과 규정에 따라 엄격히 통제되면서 실행된다. 이를 구체적으로 현시화한 것 중 하나가 표준운영절차(standard operating procedure)이다. 표준운영절차는 업무의 법적 절차를 표준화해서 업무의 효율성을 높이고 책임소재를 분명히 하는 데 상당히 유용하다. 담당자의 변경에 따른 업무의 연속성을 보장하기도 하고 업무 숙지를 위한 시간도 절약하게 해준다. 문화재청이 문화유산 정비와 보존관리의 체계화를 도모하기 위해 문화재의 유형별 보존관리 매뉴얼을 만드는 것도 표준운영절차의 일환이고, 문화재 화재 대응 매뉴얼을 만드는 것도 마찬가지이다. 이러한 절차나 매뉴얼은 관련 업무를 행할 때 어떻게 해야 할 것인가에 대한 고민이나 조사없이도 곧바로 대응할 수 있게 해주는 신속함을 제공해주고, 문제가 발생되었을 때 법적 책임을 밝히는 데도 유용하다.

정부조직에서는 법적 근거에 의해 만들어진 이러한 표준운영절차와 같은 규정들을 준수하는 것이 무엇보다도 중요하게 여겨진다. 말 그대로 정해진 '표준'을 준수해야만 적법하고 적절한 행위가 된다. 그러나 여기서 주의해야 할 것은 애초에 표준운영절차가 적절하고 올바르게 만들어져 있어야 한다는 점이다. 표준운영절차를 준수하는 행위 이전에 적절한 표준운영절차가 우선 만들어지는 것이 더 중요하다. 처음부터 잘 못 만들어진 절차를 준수하면 잘못을 계속 양산해낼 뿐이기 때문이다. 결국, 정부조직에서는 표준운영절차가 적법하고 적절하게 잘 만들어져 있다면 그것에 따라 업무를 처리하는 것을 바람직하다고 판단한다. 표준운영절차는 일종의 통제이자 효율적 관리 기제로서 역할을 한다.

그 결과 정부조직은 민간조직보다 업무 담당자들의 재량이나 융통성이 상대적으로 낮은 편이다. 그래서 한 예로서 2011년 일본 동북부 대지진 참사 때 지진 피해 지역 관공서 창고에 국내외에서 답지한 구호품들이 쌓여는 있었지만 이재민들은 물자 부족에 허덕이는 사태가 발생하기도 했다. 한시가 급한데도 당국이 해당 규정이나 관련 매뉴얼에 집착해 제때 전달하지 않았기 때문이다. 문화재 화재 대응 매뉴얼에 대한 지나친 집착도 마찬가지다. 문화재의 특성(예, 목조건물과 석조건물 등)에 따라 각기 다른 대응을 해야 하지만, 문화재 종류에 상관없이 만들어진 일률적인 화재 대응 절차에만 얽매이게 되면 큰 피해를 낳게 된다.

반면, 민간의 문화예술단체는 정부의 문화조직과는 달리 상대적으로 법적인 엄격함으로 만들어진 절차가 덜 적용된다. 단체의 대표가 구성원 선발 시기와 규모를 유동적으로 정할 수도 있고, 구성원들의 신분이 공무원과 같은 수준으로 보장되는 것도 아니기 때문에 신분보장 측면에서 비교적 자유롭다. 또 구성원들의 업무도 융통성 있게 조정할 수 있다. 예를 들어 서울 대학로에 위치하고 있는 많은 소극장들에 소속되어 있는 예술인들은 신분이 보장되어 있는 것도 아니고, 운영상의 문제로 한시적으로 공연이 중단되기도 한다.

3) 조직이 처한 환경측면

정부조직은 민간조직에 비해 시장에 대한 노출정도가 적은 대신 외부의 법적 제약과 정치적인 영향은 상대적으로 많이 받는다. 우선 시장의 노출정도와 관련해서 보면, 정부조직의 경우 필요한 자원은 경쟁적인 시장에서 경쟁을 통해 획득하는 것이 아니라 국민의 의무 납세에 따른 예산배분활동을 통해 획득한다. 민간조직이 자원 획득을 위해 시장에서 경쟁하면서 비용절감과 효율성을 추구하는 것과는 차이가 있다. 최근에는 정부조직 관리에서도 혁신과 개혁이 강조되면서 경쟁이 추구되고 효율성이 강조되고는 있지만, 재정이 열악한 민간예술단체와 비교해서는 여전히 시장에 대한 노출과 그에 대한 민감도가 낮은 편이다. 그래서 국립박물관은 적자 운영에도 불구하고 그에 대한 큰 영향 없이 매년 정부 예산을 할당 받는 반면, 개인(사립) 박물관은 지속되는 운영 적자를 견디지 못해서 시장에서 살아남지 못하고 사라지곤 한다.

아울러 정부조직은 외부의 법적 제약에서 자유로울 수 없지만 민간조직은 그보다는 덜하다. 문화부는 국회에서 만들어지는 문화관련법의 영향을 직접적으로 받는다. 문화부가 시행하는 많은 정책과 사업들은 관련법에 근거를 두고 시행되는데, 이때 관련법에 근거한 시행은 곧 국회에서 만들어지는 법에 기초함을 의미한다. 앞서 살펴본 조직 내부의 법과 규정의 준수와 더불어 조직 외부의 법으로도 엄격한 통제를 받는 곳이 정부조직이다. 반면 민간예술단체는 제반 조직 관리나 사업 시행에서 단체 내의 규정에 따르기는 하지만 외부의 법적 제약은 상대적으로 덜 받는다. 국회에서 문화복지를 위해 문화부에서 시행하도록 부과한 사업들을 민간예술단체가 동일하게 시행해야 할 의무는 없다. 오히려 민간의 예술단체는 단체의 대표나 장(長)의 의도가 더 중요하게 영향을 미친다.

또, 정부의 정책은 정치적 합의와 갈등 및 협상 등으로 이루어지기 때문에 정부조직은 정치적 환경으로부터 완전히 자유로울 수 없다. 특히 국회에서 결정되는 정책을 집행할 때는 더욱 그러하다. 문화부의 수장인 문화부 장관 임명도 정치적 임명에 의해 이루어지고 국회의 청문회를 거친다. 정부 정책의 기본적인 속성에서 비롯되는 정치적 특징이 문화부의 문화정책과정에서도 나타난다. 반면 민간의 문화예술단체는 정치와 거리를 둘 수 있다. 공연과 같은 여러 문화행사 사업들은 정치적 토론과 논쟁을 거쳐서 만들어지거나 시행되는 것이 아니라 조직의 목표와 가치에 부합해서 자유롭게 결정한다. 그리고 민간의 문화예술단체 대표를 정치적으로 임용하는 것도 아니다.

4) 조직과 환경 사이의 교류 측면

정부조직과 민간조직은 조직과 환경 사이에 교류되는 행위에서 상대적으로 서로 다른 차이점을 보인다. 그 첫 번째가 정부조직은 민간조직과 비교할 때 제공되는 서비스(규제 행위 포함)의 강제성과 독점성이 높다는 점이다. 문화부를 예로 들어보면, 문화부에서 집행하는 문화정책은 법적인 근거에 의해 결정되고 집행되기 때문에 그에서 비롯되는 공공서비스에 대한 이행은 강제력이 동반된다. 그래서 문화부가 집행하는 스크린쿼터제도나 문화재 보호 구역에 대한 건축 허가 규제를 준수하지 않으면 처벌이 뒤따르게 된다. 그리고 국회에서 결정되거나 정부에서 결정되는 문화정책은 정부조직 이외에서는 담당하지 않기 때문에 시장에서와 같이 조직 간 경쟁을 하지 않는 특징이 있다. 즉, 문화정책은 문화부에서 독점적으로 시행하고 관리된다. 반면 민간의 문화예술조직은 고객들에게 제공되는 서비스나 규제에 대한 강제적 준수를 요구하지 않는다. 오히려 문화공연단체가 공연을 위해 비용을 지불하는 고객들의 눈치를 본다. 이는 민간의 공연예술단체나 극장이 독점적으로 존재하는 것이 아니기 때문이다. 그래서 많은 공연단체나 극장은 고객 유치를 위해 다양한 방법으로 홍보를 하면서 경쟁한다.

그리고 정부조직은 민간조직과는 달리 상대적으로 공공의 감시를 더 많이 받으면서 동시에 공공으로부터 큰 기대도 받는다. 정부 운영을 위한 재원의 원천이 국민들이기 때문에 예산 사용의 감시는 물론이고 조직 관리에서 공익 가치 실현에 대해서도 감시를 받는다. 이는 공공의 기대와도 관련된다. 국민은 정부 조직에 대해 공정한 행정 실현과 책임 있는 정책집행을 기대하는 것이다. 문화부가 국회에서 정기적인 국정감사를 받는 것이나 대정부 질문을 받는 것이 바로 그 때문이다. 반면 민간의 문화예술기관은 정부로부터 재정 지원을 받지 않았다면 공공의 감시 대상이 되지도 않고 공공으로부터 기대가 크지도 않다. 단지 현재의 공연에 대가를 지불한 사람만이 그 조직과 공연 내용에 관심을 가지고 기대할 뿐이다. 이 관심과 기대도 공연이 끝나면 함께 끝나버리는 경우가 많다. 정부조직에 대한 지속적인 공공의 감시나 기대와는 다른 것이다.

3. 문화부와 관료제 및 탈관료제

정부조직에 대한 논의에서 기본적으로 이해할 필요가 있는 것이 관료제 (bureaucracy)이다. 비단 정부조직 뿐 아니라 현대 사회에 존재하는 많은 조직들에 대한 설명과 비교의 기준으로도 관료제가 많이 언급되기 때문이다. 실제로 어떤 조직의 형태나 조직 관리의 모습을 관료제의 특성에 비추어서 유사점이나 차이점을 살펴보는 경우가 많다. 조직 관리의 혁신과 개혁에 대한 논의들도 관료제에 대한 비판에서 시작하는 경우가 많다. 따라서 관료제에 대한 기본적인 이해가 필요한데, 특히 일반적으로 정부조직의 대표적인 형태로 관료제를 언급하는 경우가 많다는 점에서 정부조직에 대한 이해에는 더욱 그러하다. 그런 점에서 문화정책을 주관하여 실현하는 문화부의 조직관리 유형에 대한 논의를 위해서도 관료제에 대한 이해가 전제되어야 한다.

관료제에 대한 가장 지배적인 개념은 베버(Max Weber)의 관료제에서 유래한다. 그가 상정하는 관료제의 개념은 현존하는 관료제의 경험에서 비롯되었다고 하기보다는 고도의 사유 작용에 의해 구성된 추상화된 개념이다. 사회 현상은 너무나 복잡하고 유동적이어서 원래의 모습을 파악하는 것이 불가능하다. 그래서 그는 일반 사회 속의 관료제를 추상적·개념적으로 하나의 통일된 모습을 상정해서 개념화하였는데, 이를 통상적으로 '베버의 이념형(ideal type) 관료제'라고 한다.

베버는 조직이 주어진 업무를 수행할 때 활용되는 세 가지 유형의 권위가 있다고 하였다. 전통적 권위(traditional authority), 카리스마적 권위(charismatic authority), 합법적 권위(legal authority)가 그것이다. 즉, 명령과 복종은 전통이나 관습에 의해 정당화된다는 전통적 권위와, 개인이 가지고 있는 비범한 능력이나 특징이 조직구성원들의 믿음을 이끌고 조직구성원들에게 행하는 명령에 대한 정당성의 근거가 된다는 카리스마적 권위, 그리고 법규에 규정되어 있기 때문에 조직구성원들이 명령에 복종한다는 합법적 권위가 세 가지 유형의 권위들이다. 그는 이중에서도 근대 사회를 특징짓는 것은 합법적 권위이며 이것이 바로 관료제적 권위라고 하였다.

베버가 이념화한 관료제의 특징은 다음과 같다. 첫째, 법규화이다. 모든 직위와 직무의 권한은 법규에 규정되어야 한다는 것이다. 둘째, 계층화이다. 모든 조직은 계층화되어 하위 계층은 상위 계층의 명령에 복종해야 하고 상급자는 명확하게 규정된 법규에 의해 하급자에 대한 결정을 관할하고 감독한다. 셋째, 문서주의이다. 조직의 업무는 공식적인 문서에 의해 운영된다. 넷째, 전문화이다. 조직의 운영은 철저한 전문적 훈련에 기초해서 전문성이 발휘되도록 한다. 다섯째, 비인격성 혹은 비개인성(impersonality)이다. 명령에 대한 복종은 개인 상호간의 인격이나 인정이나 개인적 친분 등에 의한 것이 아니라 각각의 사람들에게 부여된 직위에 따른 권한 때문이다. 여섯째, 전임성(專任性)이다. 과거에는 겸직 등으로 인해 사무실 일은 2차적인 경우가 많았으나 근대 이념적 관료제에서 구성원들은 조직에 전념해 헌신하는 전임성을 필요로 한다. 그래서 이념적 관료제에서는 구성원들의 종신제(tenure for life)를 이상적인 근무 형태로 상정한다.[4]

이러한 관료제는 특히 대규모 조직을 효율적으로 관리하는 데 유용한 것으로 받아들여졌고 주요 원리와 특징들을 경험적으로 실천하기도 하였다. 그 가운데서도 사회의 대규모 조직이자 관료제의 여러 특성들과 잘 부합되는 가장 대표적인 것이 정부조직이었고, 그 결과 정부조직 자체를 관료제의 대명사로 여기게 되었다. 특히 관료제와 정부조직과의 밀접한 연관성은 근대의 시민사회 성장과 민주주의 의식의 신장과 맞물려서 더욱 부각되었다. 즉, 민주주의의 발달과 성숙은 합법적 지배에 의한 평등한 대우를 중요시 여긴다는 점에서, 정부가 관료제의 특징 중 하나인 법에 의한 지배를 실천하는 것이 바람직하게 받아들여졌다. 신분과 상관없이 누구나 법에 따라 동등하게 취급되기 때문이다. 또 관료제는 권한과 관할 범위를 명확하게 규정하고 있기 때문에 조직 관리에서 권력의 남용이나 임의성을 막는 데도 도움을 주었다. 이는 관료제가 정부조직 관리에서 국민들이 위임한 권력을 올바르게 사용하는 데에 부합되는 내용이었다.

따라서 오늘날 정부조직에서 관료제의 특징은 쉽게 찾을 수 있다. 문화부나 문화부 관련 산하 공공기관들에서도 마찬가지이다. 문화부는 장관을 중심으로 계층적인 구조로 이루어져 있고, 직위별 임무는 법규에 의해 명확히 구분되어 있다. 그리고 업무 수행에서 개인적 특성이나 친분 및 기호 등이 영향을 주는 것은 잘못된 것이라는 교육 훈련을 받는 것은 비인격성의 특징을 말해준다. 또 문서화의 원

---

4) 이상철(2012), pp.29-30.

리를 통해 업무의 공식화를 도모하고 책임소재를 분명히 한다. 이처럼 정부의 문화정책 전담 조직으로서 문화부도 관료제의 특징을 지니고 있다. 따라서 문화부의 조직 관리의 기본은 관료제의 운영 모습과도 부합된다고 볼 수 있다. 물론 그 정도의 차이는 다양할 수 있다.

하지만 관료제의 운영원리가 언제나 긍정적이지는 않다. 관료들의 무사안일주의나 지나친 전문화로 인하여 아집과 타 분야에 대한 몰이해 현상이 나타나고 인간성이 상실되는 문제가 발생한다. 그리고 업무의 명확하고 철저한 구분으로 조직 전체의 목표 달성보다는 자신에게 주어진 업무에만 집착하게 되는 현상도 발생한다. 특히 자신에게 주어진 업무 준수를 위해 절차 등에 지나치게 얽매이게 될 때, 정작 중요한 조직 전체의 목표에는 관심을 덜 가지게 되는 목표와 수단의 대치(goal displacement)현상이 발생한다. 예컨대, A지역을 담당하는 문화재 관리 공무원이 B지역의 문화재 관리에 대해서는 자신의 관할이 아니기 때문에 굳이 적극적으로 나서지 않는 경우가 있다. 문화재 관리의 목표는 국가 전체의 문화재가 잘 관리되어 국가 정체성 제고와 후세대에게 역사의식을 고양하는 것이지만, 문화재 관리 공무원에게는 자신의 업무 성과와 관련해서 주어진 임무에만 충실히 하면 되는 것으로 여겨진다. 그래서 인접지역의 문화재에 훼손이 발생되더라도 자신이 맡은 지역의 문화재를 관리하는 것에만 몰두하는 것이다. 전체 목표에 관심을 우선적으로 두기보다는 자신에게 주어진 한정된 임무, 즉 수단에만 집착하는 것이다.

이러한 관료제의 문제는 관료제에 대한 비판을 낳았고, 그래서 탈관료제에 대한 논의가 진행되었다. 탈관료제와 관련해서 관료제의 반대 개념으로 사용되는 용어가 애드호크라시(adhocracy)이다. 애드호크라시는 관료제와는 달리 유연성을 강조하고 대응성과 혁신성 등을 강조한다. 여기에 해당되는 조직형태로는 태스크포스(task force), 팀 형, 매트릭스 조직 등이 있다. 이 조직들은 관료제와 달리 임무 중심의 임시적이고 일시적으로 구성된 수평적 권한 구조를 지니고 있다. 관료제의 특징들과 모두 반대이다. 따라서 유연하게 대응할 수 있고 특정 업무를 위해 융통성 있게 운영될 수 있다. 예컨대 문화부 내에서도 관료제의 지나친 경직성을 극복하기 위해 팀 형으로 부서 단위를 구성하기도 하고, 또 올림픽 유치나 올림픽 운영과 같은 특정 업무 수행을 위해 각 부서에서 조직원을 충원하여 수평적 관계로 일시적인 조직을 만들기도 한다. 이 조직들은 베버의 관료제보다 탄력적이고 엄격성이 덜하다.

　탈관료제에 대한 강조는 조직혁신과 개혁 작업의 일환으로 꾸준히 논의되고 있다. 하지만 탈관료제에 대한 논의의 목적이 관료제를 완전히 대체시키려는 것은 아니다. 관료제에서 병폐가 되는 현상을 최소화시키기 위한 일종의 보완 장치로서 논의되고 제시되는 것으로 보는 것이 더 적절하다. 무엇보다도 정부조직에서 관료제가 완전히 없어지는 것은 거의 불가능하다고 볼 수 있다. 관료제에서 몇몇 특징들의 정도가 약해지고 변용될 뿐이다. 오히려 탈관료제의 여러 대안과 방안들이 고전적인 관료제를 더욱 발전적으로 만들어가는 데 기여한다. 그런 점에서 정부의 문화정책 전담 조직의 관리 형태도 관료제의 기본적 특성을 전제하면서, 환경 대응과 조직 개혁의 일환으로 탈관료제적인 모습도 병존하고 있다고 볼 수 있다.

제 2 절　문화정책 전담조직의 유형과 사례

　일반적으로 대부분의 선진 국가들은 문화를 공공정책의 문제로 인식하고 있다. 하지만 그렇다고 해서 동일한 모습으로 문화정책을 집행하거나 관리하지는 않는다. 문화정책 관리와 제도는 국가별로 다양한 모습을 띠고 있는데, 이는 정부서비스 전달과 공공 기능을 수행하는 조직에서 나타나는 국가적 전통이 다르다는 것을 보여주는 것이고 동시에 문화예술에 대한 철학과 목적이 다양함을 반영하는 것이다.[5] 그 결과 국가별로 문화정책 전담조직 모습에 차이가 있고, 국가 내에서도 시기별로 차이가 있다.

　문화정책 전담조직의 유형과 관련해서 여러 구분이 있을 수 있겠지만 여기서는 다섯 가지로 구분한다. 단일부처형, 분산부처형, 통합부처형, 예술위원회형, 독립위원회형이 그것이다. 이 다섯 유형의 구분은 크게 두 유형으로도 볼 수 있는데, 앞의 세 유형(단일부처형, 분산부처형, 통합부처형)은 정부부처형이고 뒤의 두 유형(예술위원회형, 독립위원회형)은 위원회형이다. 각 유형별 내용과 사례를 살펴보기에 앞서 간략히

---

5) Mulcahy, Kevin V.(2012), p.248.

정리한 것이 [표 8-3]이다.

표 8-3 문화정책 전담조직 유형

유 형	의 미	부서 및 조직 명(예)
단일부처형	문화와 관련된 업무만을 담당하는 별도의 부처를 두는 형태	문화부
분산부처형	여러 부처에 문화예술 업무가 나누어져 있는 형태	공연예술부, 문화재관리부, 영화산업진흥부
통합부처형	문화와 그 외 정부의 주요 기능이 함께 통합되어 부처를 구성한 형태	교육문화부, 문화환경부
예술위원회형	정부의 예산 지원은 받지만 정부부처 형태가 아니라 부처 외부에서 위원회 형태로 운영되는 것	영국예술위원회
독립위원회형	정부부처가 아닌 위원회가 예산을 의회로부터 직접 받아서 문화정책과 관련된 업무를 운영하는 형태	미국국립예술기금

1. 단일부처형

1) 의미

단일부처형은 정부 조직의 기능별 분류에서 문화와 관련된 업무만을 담당하는 별도의 부처를 두는 형태이다. 대표적으로 중앙정부 조직체계에서 문화부를 두는 경우이다. 문화부 장관이 임명되고 장관의 지휘 하에 문화정책을 계획하고 조정하며 집행한다. 단일부처형태는 문화정책만을 담당하는 별도의 조직을 말하는 것이기는 하나, 때에 따라서는 문화관련 업무 이외에도 문화업무로 분류될 수 있거나 유사한 공보나 체육 및 관광 등의 업무를 포함하기도 한다.[6] 그래서 문화부라는 명칭으로 존재하는 경우 이외에도 문화관광부, 문화체육부, 문화공보부, 문화체육관광부 등의 명칭으로도 존재한다. 이는 문화예술의 정의와 범위에 따라 문

---

6) 구광모(1999), pp.253-254.

화정책과 유사한 분야를 함께 하나의 부처로 구성한 결과이다. 그래서 비록 유사한 업무들이 추가적으로 포함된다고 하더라도, 이때도 핵심 업무가 문화정책이기 때문에 문화정책을 담당하는 단일부처 형태라고 할 수 있다. 하지만 만일 상대적으로 문화정책과 유사한 업무가 아닌 정부의 그 외 주요 기능(국방, 복지, 교육, 문화, 재정, 과학 등)과 문화가 통합되어 하나의 부서로 만들어진 경우는 단일부처형태가 아니다. 이는 이어서 살펴볼 통합부처형태에 해당된다.

2) 사례

단일부처형태의 예로 들 수 있는 국가로 1959년 이후 프랑스의 문화부를 들 수 있다. 프랑스의 문화정책이 활성화된 시기는 1959년에 문화부가 설립되면서부터이다. 문화부의 설립은 당시 교육부나 통상산업부 등에 분산되어 있던 문화관련 정책 업무를 하나의 부처에서 담당하게 된 계기가 되었다.[7] 그래서 미술, 음악, 문화유산, 문화민주화 등에 대한 정책들을 문화부에서 일괄적으로 담당하게 되었다. 이처럼 단일부처에서 문화정책을 집중적으로 추진하게 됨으로써 당시 문화부 초대 장관이었던 André Malraux은 5개년 근대화 계획(Five-Year Modernization Plan)에 문화정책 사업들을 포함시키기도 하였다.[8] 이후 Jacques Duhamel 장관도 문화발전을 위한 제도적 구조를 체계화 시키는 등 오늘날까지 프랑스에서는 문화부가 중심이 되어 문화정책이 이루어지고 있다. 즉, 프랑스는 중앙정부의 문화부 장관이 문화정책을 총괄하는 집권적인 시스템을 채택하고 있다. 특히 문화부가 초기에는 엘리트 중심의 문화정책에 주로 관심을 두었지만 1980년대에는 하위문화와 대중문화에 이르기까지 관심 영역을 넓힘으로써 그 관할 범위가 더 넓어졌다.[9]

물론 문화부의 명칭에 몇 번의 변화가 있었다. 1959년 문화부가 설립된 이후 1978년과 1981년 사이에는 문화와 방송 및 언론 부문을 통합하여 문화공보부가 되었고, 1981년에는 다시 문화부로 개편되었다. 그 후 1986년에 다시 문화공보부가 되었고 1988년에는 문화공보대역사부, 1993년에는 문화불어권지역부로 되었다가, 1995년에 다시 문화부로 환원되고 1997년에는 문화공보부로 변경되었다.

---

7) 그런 점에서 1959년 이전에는 분산부처형태를 띠고 있었다. 이에 대해서는 분산부처형태에 관한 논의에서 다시 언급한다.
8) Girard, Augustin(1997), pp.110-116.
9) Dubois, Vincent(2011), pp.397-401.

최근에는 문화통신부로서 기존의 문화정책 업무와 영상과 전자통신 등의 테크놀로지 예술의 보급과 발전까지 아우르고 있다. 이처럼 프랑스에서는 부처의 명칭과 기능이 집권당에 따라 다소 변화는 있었지만, 항상 문화관련 업무가 중심이었다. 그래서 프랑스에서는 그 명칭에 상관없이 일반적으로 '문화부'라는 약칭을 사용하는 전통이 있다.[10] 또 그동안의 문화부에 흡수된 업무들도 문화정책과 유관한 업무들이었고 문화발전에 관련된 것들이었다. 따라서 프랑스의 문화정책 전담 조직의 형태는 전반적으로 단일부처형이라 할 수 있고, 단일부처 형태로 운영되면서 중앙집권적인 문화행정체계에 의한 정도가 높고 국가문화의 헤게모니가 높은 특징을 지닌 대표적인 국가가 되었다.[11]

문화정책 전담 조직의 단일부처 형태의 대표적인 예로 프랑스와 더불어 우리나라도 들 수 있다. 우리나라가 단일부처형태로 문화정책을 시행하게 된 것은 1990년에 문화부가 창설되면서부터이다. 그 이전에는 이어서 살펴보겠지만 분산부처형이나 통합부처형태로 문화정책이 이루어졌다. 그렇지만 1990년에 문화부가 생긴 이래로 현재까지 단일부처에서 문화정책이 추진되고 있다. 1990년 당시 문화부는 기존의 문교부에서 담당해오던 문화정책관련 업무들을 인수받아서 문화정책만을 전담하는 부서가 되었다. 이후 1993년에는 체육청소년부가 문화부에 통합되어 문화체육부로 명칭이 변경되었고, 이후 1994년에는 관광업무도 추가되어 1998년에는 문화관광부로 또 다시 명칭이 바뀌었다. 2008년에는 문화체육관광부가 되어 현재까지 이어져 오고 있다.

여기서 한 가지 언급해 둘 것은 문화부에 체육과 관광 업무가 추가된 것은 통합부처형태가 아닌 단일부처 형태로 분류하는 것이 더 적절하다는 점이다. 이는 외국사례와 정부의 주요 기능분류에서 그 근거를 찾을 수 있다. 외국의 경우 문화부에 체육과 관광을 포함하는 경우가 일반적인데, 그것은 정부의 주요 업무를 기능별로 분류했을 때(예, 국방, 교육, 환경, 문화, 복지 등) 체육과 관광은 문화업무와 관련이 깊다고 여기는 인식 때문이다. 그래서 체육이나 관광 업무를 문화업무의 부분으로 보는 것이 일반적이다. 그 외 미디어 및 방송 업무가 함께 포함되기도 한다. 그런 까닭에 명칭이 문화체육부 혹은 문화관광부, 문화통신부 등으로 되어도 약칭으로

---

10) 구광모(1999), pp.225-226.
11) Mulcahy, Kevin V.(2012), pp.249-250.

문화부라고 부르는 경우가 많다. 따라서 부서의 명칭에 문화와 체육, 관광, 방송, 통신 등의 용어가 함께 쓰여도 이는 단일부처형태로 본다. 반면, 만일 정부의 주요 업무 영역으로서 교육업무나 환경업무가 문화부와 함께 통합되어 교육문화부 혹은 문화환경부 등으로 불리면 이는 통합부처형태라고 할 수 있다. 결국, 1990년 이후 우리나라의 문화정책 전담 조직은 단일부처형태라고 할 수 있다.

2. 분산부처형

1) 의미

분산부처형은 정부의 여러 부처에 문화예술 업무가 나누어져 있는 형태이다. 문화예술 영역별로 각각 다른 부처에서 정책을 관할하고 있는 유형으로서, 국가의 문화정책 전반을 살펴보기 위해서는 관련 부처들의 업무를 총괄해야 한다. 예컨대 공연예술을 담당하는 부서가 별도로 있고 동시에 문화재를 담당하는 부서가 별도로 있다면 전체 문화정책을 이해하기 위해서는 이 두 부서를 동시에 살펴보아야 한다.

이 유형과 관련해서 혼동될 수 있는 사항은 정부의 여러 부처들의 각각의 업무 중에는 부분적으로라도 문화예술과 관련된 분야들이 있다는 사실이다. 예컨대, 복지부에서도 문화복지 실현을 위해 문화예술과 일부 관련된 업무를 시행하는 경우가 있고, 교육부에서도 창의성 교육을 위해서 문화예술교육과 관련된 업무를 담당하고 있기도 하다. 문제는 이를 분산부처형으로 볼 수 있는가 하는 점이다.

이런 경우는 문화정책 전담 조직의 유형인 분산부처형으로 보기에는 무리가 있다. 만일 이를 분산부처형으로 규정짓는다면 거의 모든 국가와 한 국가 내 모든 시기에 문화정책 전담 조직은 모두 분산부처형이라 할 수 있다. 따라서 여기서는 문화정책을 '주요 업무'로 '전담'하는 조직의 형태를 살펴보는 것이므로, 한 국가의 문화예술 정책의 주무부서가 기준이 되어 문화예술과 관련된 정책을 주요 업무로 담당하는 조직인가가 판단의 기준이 되어야 한다. 다른 업무가 주요 업무이면서 부분적으로 문화예술과 관련되는 경우는 그 업무가 국가 전체의 문화정책의 한 사례로 인정될 수는 있더라도, 그렇다고 문화정책을 전담하는 하나의 조직으로 구분짓는 것은 문화정책을 실현하는 조직 모습을 살펴보는 데 핵심을 간과한 것이라 할 수 있다. 여러 개의 부처들이 각각에서 적어도 문화예술 업무의 정도가 부수적인 업무가 아니라 중요한 업무로서 다루고 있다면 이를 분산부처형태라고 할 수 있다. 가장 확실한 것은 앞서 들었던 예와 같이 공연예술을 주 업무로 담당하는 부처와 문화재를 주 업무로 담당하는 부처와 같이 둘 다 문화예술 영역의 업무를 주 업무로 담당하고 있는 경우이다.

결론적으로 분산부처형은 두 가지 측면으로 볼 수 있다. 문화예술영역의 업무를 주 업무로 하는 부처가 별도로 각각 존재하는 경우와, 문화예술 업무가 완전한 주 업무는 아니더라도 상당히 비중 있게 주요 업무로 다루어지는 부처들이 별도로 각각 존재하는 경우이다.

그러나 문화예술 정책이 강조되는 오늘날에는 분산부처형은 상대적으로 드문 편이다. 아래 사례에서 알 수 있겠지만 대개 문화정책이 체계적으로 확립되기 이전이거나 정부의 문화예술에 대한 지원체계가 정교하게 정립되기 이전에 이런 형태가 많이 존재했다.

2) 사례

분산부처형의 예로 프랑스의 1959년 이전을 들 수 있다. 프랑스는 1959년 문화부 설립 이전에 교육부에서 문화보관업무를 담당했고, 통상산업부의 국립영화센터에서 영화산업 업무를 담당했다. 그러다 1959년에 문화부가 설립되면서 문화관련 업무가 문화부로 이관되었다. 따라서 프랑스는 문화부 설립 이전에는 분산부처형에 가까운 모습을 보였다.

그리고 일본의 경우도 1968년 문부성의 문화국과 문화재보호위원회가 통합되어 문화청이 설립되기 이전에는 분산부처형의 문화행정체계를 갖추고 있었다. 즉, 일본에서는 1968년 문화청이 설립될 때까지 전반적인 문화행정을 책임지는 독자적인 행정기구가 존재하지 않았다. 그래서 문화행정은 문부성의 문화국, 중등교육국, 유네스코 일본위원회와 고등교육·과학국, 문화재보호소 전국위원회에서 담당했고 동시에 외무성에 의해서도 수행되었다.[12] 기관별로 문화정책 업무의 부분들을 분산해서 관리하였다.

앞의 나라들과 달리 특정 시기가 아니라 전반적으로 분산부처형을 보이는 대

---

12) 채원호·주동범(2003), p.259.

표적인 나라가 독일이다. 독일은 연방국가로서 지방자치제도가 발달한 나라이다. 그래서 문화정책도 주로 주정부와 기초자치단체 차원에서 이루어진다. 중앙정부는 각 지방의 문화정책에 대하여 결정적인 정책입안을 하지는 않고 단지 조정과 도와주는 역할만을 하는 경우가 많다.[13] 따라서 연방정부 조직에는 문화정책을 전담하는 별도의 부서가 없고 다른 부서에 분산되어 있는 분산부처형이다.

독일 국내의 문화정책에 관해서는 내무부 산하의 문화국이 담당하고, 외교와 관련된 문화정책은 연방외무부에서 담당한다. 내무부 문화국의 주요 업무는 역사 유물에 관한 사업 담당, 문화사업에 관한 정책수립 및 조정, 역사 유물 전시관 업무 담당, 미술, 프로이센 문화재단에 대한 지원 감독, 기타 박물관 관리, 음악, 국제문화교류재단에 대한 지원 감독, 연극·영화 담당, EU 및 타국과의 문화교류 사업 관장, 문화추진 사업, 문학, 문화예술, 독일통일에 따른 문화통합과 문화촉진사업, 종교에 관한 업무 등이다. 연방외부무의 문화국은 독일의 문화를 세계에 전파하고, 독어권의 확대, 재외독일인 교육, 과학과 교육에 대한 국제적 협력, 음악, 미술, 문학부문의 국제교류, 청소년체육의 국제교류, 사회단체의 국제교류 등을 담당한다. 1989년에는 연방정부의 총리실 산하에 문화·미디어국을 신설하여 그동안 산만하게 행해져 오던 외교적 문화·미디어 활동을 통합 관리하게 된다.[14] 그러나 외교적 문화에 대한 통합만 이루어졌을 뿐 국내 문화정책과는 통합된 것이 아니기 때문에 여전히 분산부처형이라고 할 수 있다.

이탈리아도 분산부처형에 가깝다. 이탈리아는 문화재와 공연 예술을 확실하게 구분하는 강력한 전통이 있는 나라이다. 1970년대 중반에 문화재환경부와 관광공연예술부가 설치되어 문화재환경부는 문화재 보호, 국립 박물관, 도서관, 정부기록 보관소 및 미술의 진흥을 담당하고, 관광공연예술부는 음악, 연극, 영화 등의 진흥과 지원을 위한 예술적 측면에 책임을 지고 있다. 이 두 부처가 이탈리아 중앙정부가 예술에 지원하는 총액의 약 80%를 담당하고 있을 만큼 문화정책의 주요 부서들이다.[15]

한국의 문화정책 전담기관도 분산부처형의 모습을 보인 시기가 있었다. 그

---

13) 안정오(2011), p.66.
14) 임학순(2003), pp.451-452 ; 박혜자(2011), pp.225-226.
15) 구광모(1999), p.261.

시기는 1948년 정부수립 당시에서부터 1955년까지와 1961년 <정부조직법> 개정부터 1968년까지였다. 이 두 시기 사이에는 통합부처형태의 모습을 보였다. 우선 1948년 정부수립 당시 문화정책과 관련된 업무는 문교부와 공보처에 분산되어 있었다. 공보처에서 이루어진 문화 관련 업무로는 인쇄, 출판, 저작권 등이 있었고, 당시 공보처의 기능으로 규정된 것도 언론, 영화, 방송이 함께 포함되어 있었다. 그 후 1955년에 문교부는 공보처가 관장하던 문화관련 업무를 인수하여 교육과 문화 업무를 통합한 통합부처형태를 보였다. 하지만 1961년 <정부조직법> 개정으로 공보부가 발족되면서 문교부에서 관장해오던 영화와 공연 업무 그리고 국립극장과 국립국악원 등의 업무가 공보부로 이관되었다. 이로써 다시 문화정책은 분산부처 형태로 조직관리가 이루어졌고 이는 1968년 문화공보부가 설립되기까지 이어졌다.[16)

③. 통합부처형

1) 의미

단일부처형태에 대한 설명에서도 언급했듯이 통합부처형은 정부의 주요 기능 분류(국방, 복지, 교육, 문화, 재정, 과학 등)에서 문화와 그 외 정부 기능이 함께 통합되어 부처를 구성한 형태이다. 이 형태는 정부부처간의 전략적 상호 관련성과 관련 부서간의 협조를 높이기 위해 문화의 발전과 관련이 깊은 정책 분야들을 합하여 중대형급의 정부부처로 만든 결과로 나타나는 경우가 많다.[17) 부처 명칭을 예로 들면, 교육문화부나 복지보건문화부 혹은 문화환경부 등이 해당된다. 이는 단일부처형의 문화부와는 차이가 있고, 또 단일부처에서 문화예술과 유사하다고 판단되는 업무를 함께 묶어서 부처를 구성한 문화관광부 혹은 문화공보부 등과도 차이가 있다. 또 분산부처형처럼 문화공연부와 문화재관리부가 있는 경우나 교육부와 환경부에서 각각 문화예술업무를 중요하게 다루는 경우와도 차이가 있다.

통합부처형은 주로 조직개편 작업에서 자주 목격된다. 정권이 교체되거나 정

---

16) 박광무(2010), pp.136-137 ; 구광모(1999), p.263.
17) 구광모(1999), pp.254-255.

부 개혁의 일환으로 조직개편을 단행할 때 조직통폐합의 일환으로 정부의 주요 기능들을 함께 통합하여 하나의 부서로 만드는 경우이다. 이러한 모습은 비단 문화와 관련된 부처에서만 보이는 것은 아니다. 예컨대 교육부와 과학기술부가 통합되어 교육과학기술부가 되는 사례나 건설교통부와 해양수산부가 통합되어 국토해양부 등으로 조직이 개편되는 사례들이 모두 이에 해당된다. 그 외에도 통합부처형은 문화 업무가 정부의 특정 영역과 불가분의 관계가 있다는 전통적 인식이 확립되어 있는 경우(일본, 핀란드, 네덜란드, 스페인, 헝가리)나, 문화업무와 특정한 정부 업무가 네트워크를 통해 시너지 효과를 창출할 수 있다고 판단될 때 전략적으로 부처를 구성한 결과로 만들어지는 경우도 있다.

2) 사례

통합부처형의 예로 우선 일본을 들 수 있다. 일본은 제2차 세계대전 후 문화통제의 경험에 대한 반성으로 문화예술에 대한 정부 개입에 소극적이었다. 정부의 직접 지원보다는 간접지원을 추구하였으며 지원의 영역은 시상이나 예술축제 그리고 저작권 보호 등에 한정되었다.[18] 예컨대 1960년대에 민간 문화예술 단체에 대한 보조금 지원이나 동경에 국립극장 설립 그리고 예술가 재외연수 제도 등에 한정된 지원들이었다.[19] 그렇지만 당시 일본 정부가 문화예술 개입에 대해 소극적인 자세를 지녔다고는 해도, 미국이나 영국처럼 정부로부터 독립된 기구가 담당하는 것은 아니었다. 정부 부처에서 담당했는데, 문부성 산하의 문화국과 문화재보호위원회에서 각각 미술 중심의 예술정책과 문화재 보호정책을 담당하였다. 그러다 1968년 문부성 내에 문화청(Agency for Cultural Affairs)이 설립되면서 오늘날의 문화정책 지원 체계를 갖추게 되었다.

일본에서는 제2차 세계대전 이후부터 지금까지 문화가 교육과 학술과 함께 '문교'의 일환에 자리 매겨짐과 동시에 학술과 더불어 창조의 영역을 담당하는 것으로 인식되어 오고 있다. 전통적으로 문화는 민주주의를 짊어질 국민의 인격을 형성한다는 관점에서 교육과 떨어질 수 없는 관계로 파악하고 있는 것이다.[20] 그

---

18) 임학순(2003), p.405.
19) 신병동·백승흠(2009), p.249.
20) 根木昭(2012), pp.44-45 ; 伊藤裕夫 外(2002), p.154.

래서 문화청이 당시 문부성에 속해 있었던 것이나 현재도 문화정책을 문부과학성 (교육문화체육과학기술성)(Ministry of Education, Culture, Sports, Science, and Technology)에서 담당하고 있는 것도 그 때문이다. 따라서 1968년 이후부터 현재까지 일본의 문화정책 전담 조직은 통합부처형에 가깝다.

네덜란드도 통합부처형태의 모습을 보인다. 네덜란드에서는 제2차 세계대전 직후에 문화예술 업무가 교육예술과학부의 소관이었고, 1965년에는 다시 문화사회복지부가 만들어졌다. 이후 1982년에는 보건 기능이 추가되어 복지보건문화부로 개편되었다.[21] 최근에는 교육문화과학부(Ministry of Education, Culture and Science)로 구성되어 있다. 이처럼 네덜란드는 문화예술 업무를 복지, 교육, 과학 등과 통합해서 시행해오고 있다.

프랑스의 문화정책 전담부서의 경우 전반적인 측면에서 보면 단일부처형태이지만 부분적으로 정부의 다른 기능과 함께 통합되어 운영된 시기도 있었다. 즉, 시기에 따라 통합부처형태 모습을 보이기도 하였다. 1974년과 1976년에 문화환경부로 구성되었고, 1978년에는 문화홍보부, 1992년에는 교육문화부, 1993년에는 문화프랑스어부, 1997년에는 다시 문화홍보부로 되었다.[22] 이처럼 시기에 따라 프랑스 역시 통합부처형태의 모습을 보이고 있는데, 물론 문화영역에 공보와 언어(불어)를 포함시킬 수도 있다고 한다면 이 역시 단일부처형태의 모습일 것이다. 그러나 문화 영역에 대한 개념 정의에 이견이 있을 경우(예를 들어, 문화 업무와 공보 업무를 유사하게 볼 수 없다는 엄격한 입장이 있는 경우)에도 그렇고, 더 분명하게 말하자면 문화환경부나 교육문화부가 존재했다는 것은 프랑스의 문화정책 전담조직이 전반적으로는 단일부처형태라고 하더라도 시기에 따라서는 통합부처형태의 모습도 보인 것이라고 할 수 있다.

한국도 통합부처형태로 관리된 시기가 있었다. 한국이 통합부처 형태의 모습을 보인 때는 1955년과 1968년이다. 1948년 정부수립으로 문교부와 공보처에서 담당하던 문화정책 관련 업무는 1955년에 문교부에서 통합해서 관장하게 되었다. 기존에 공보처에서 관장하던 문화관련 업무를 문교부에서 인수한 것이다. 당시 이관된 주요 업무는 영화검열과 도서출판에 관한 업무였다. 그래서 문화정책과 교육

---

21) 구광모(1999), p.260.
22) 윤광재·신성대·이희석(2011), p.159.

정책이 함께 동일 부서에서 시행되었다. 그러다 다시 1961년에 공보부가 생기면서 영화와 공연업무 등이 공보부로 이관되면서 분산부처형태로 관리되다가, 1968년에 <정부조직법>이 개정되면서 문화공보부가 만들어짐으로써 문화업무와 공보업무를 통합해서 관리하는 통합부처형태가 되었다. 당시 문화공보부의 탄생으로 기존에 문교부에서 이관된 업무는 문화재관리국의 업무, 국립박물관 및 예술, 출판, 종교행정 등에 관한 업무였다. 그 후 1970년대 말에 문화공보부는 기구를 전면 개편하여 업무가 증가하고 규모가 확대되었다.[23]

앞서 우리나라의 단일부처형태에 관한 설명에서도 언급되었지만 혼동을 피하기 위해 여기서도 다시 언급해둘 것은, 일반적으로 공보 혹은 통신 및 미디어 업무는 문화정책의 일환으로 보는 견해가 지배적이기 때문에 문화와 공보 업무가 함께 시행된다고 해서 둘 이상의 부처가 통합된 통합부처형으로 분류하기는 다소 어려운 면이 있다. 외국 사례에서도 문화와 통신, 공보, 방송, 관광, 체육, 종교는 함께 묶어서 문화관련 업무로 보거나 혹은 문화정책과 관련이 깊은 업무로 보고 있다. 설사 관련성이 낮다고 하더라도 이 업무들이 정부의 주요 기능으로 독자적인 업무라고 인식되지 않기 때문에 이 업무와 관련을 맺게 되는 업무인 문화정책이 공보 업무보다는 부서의 주 업무가 된다. 그래서 공보업무가 있더라도 주 업무가 문화정책이므로 문화정책이 단일부처에서 시행되는 것으로 인식한다. 이 책에서도 외국사례에서의 문화공보부를 단일부처형으로 분류하였다.

그러나 이 책에서 1968년 우리나라의 문화공보부를 통합부처형으로 분류한 이유는, 당시 우리나라의 문화공보부 체제는 1970년대의 유신체제와 1980년대의 군사정부의 당위성과 필요성을 인정하고 문화를 독재정권의 유지에 이용하는 수단으로 활용했기 때문에 외국의 경우와는 다른 경우라고 볼 수 있기 때문이다.[24] 다른 경우란 공보 업무가 정부의 독자적인 주요 업무로 인식되었다는 의미이다. 그래서 당시 우리나라의 상황을 고려해서 문화공보부를 문화정책 전담 조직 형태들 중에서 통합부처형으로 분류하였다.

---

23) 박광무(2010), p.139 ; 구광모(1999), p.263.
24) 구광모(1999), p.263.

4. 예술위원회형

1) 의미

예술위원회형은 정부의 예산 지원은 받지만 정부부처 형태가 아니라 부처 외부에서 위원회 형태로 운영되는 것을 말한다. 예술위원회는 문화정책과 관련된 정부 부처의 문화정책 업무 중에서 주요 업무를 담당하면서 관료적 의사결정이 아닌 위원회의 특징인 합의제로 의사결정을 한다. 그래서 전반적인 문화정책은 문화관련 정부부처와 부처관할에 놓여 있는 예술위원회가 함께 이끌어 간다. 하지만 실질적인 업무는 예술위원회에서 이루어진다. 다시 말해, 정부부처는 예술위원회에 대한 재정지원에 초점을 둘 뿐 실질적이고 중요한 문화정책들은 주로 예술위원회에서 이루어진다.

예술위원회는 민간의 전문가와 예술가들로 구성되어 있고, 문화정책의 주요업무 중에서 예술현장의 목소리가 중요시되는 영역들이 주로 예술위원회의 업무가 된다. 그렇기 때문에 예술에 대한 간섭을 최소화하는 원칙을 중요시하는 국가들에서 이런 형태를 많이 볼 수 있다. 예술위원회형태는 비록 정부로부터 예산지원은 받지만 정부부처 형태보다는 정부의 간섭과 통제가 상대적으로 적은 편에 속한다고 할 수 있다. 문화정책 실현 과정에서 자율적 운영이 어느 정도 보장되고 민간의 참여가 이루어지는 형태인 것이다. 이러한 문화정책전담 기구를 둔 형태를 다르게 표현해서 부처관할 위원회형이라고도 한다.

2) 사례

예술위원회의 대표적인 사례는 영국이다. 영국은 전통적으로 문화예술에 대한 불개입 원칙으로 국가 개입을 최소화해 왔다. 그래서 1946년 영국예술위원회 (Arts Council of Great Britain)가 설립되기 전까지는 현대적 의미의 문화정책이 체계적으로 갖추어 지지 않았다. 그러다 예술위원회가 설립되면서 정부의 문화예술에 대한 체계가 마련되었다. 예술위원회는 준독립적 비정부조직으로서 정부 재정지원을 받기도 하지만 정부 재정 이외의 지원도 받기 때문에 정부가 직접 간여하지 않고도 예술을 진흥시킬 수 있는 장치로 고안된 것이다. 이 영국예술위원회의 설립은 당시 케인즈의 설득이 큰 영향을 미친 결과이다.

설립 당시 영국예술위원회는 조형예술에 대한 지식과 이해 증진 및 발전, 일반인의 접근성 확대, 조형예술의 질 향상, 관련 조직과의 협력 등을 목적으로 설립되었다. 이후 1967년에는 설립목적이 다소 변경되어 예술의 지식, 이해, 실천 증진 방안, 전 국민의 접근성 확보, 중앙과 지방 관련 조직들 간의 협력 증진 등을 제시하며 조형예술에서 전체 예술 영역으로 관심 영역을 확대했다.[25]

영국예술위원회의 설립은 문화정책에 대한 정부의 지원 체계가 마련되는 계기는 되었지만, 여전히 예술위원회의 역할과 관련해서 가장 중요시 여겨지고 있는 원칙은 팔길이 원칙(arm's length)이었다. 정부가 문화예술의 진흥을 위해 재정적 지원은 하되 예술 활동의 자율성을 침해해서는 안 된다는 것이다. 이는 영국의 문화예술에 대한 불개입 원칙이 문화예술에 대한 국가의 지원체계가 갖추어진 이후에도 큰 틀에서는 변함이 없다는 것을 보여준다. 그래서 비록 정부 부처로부터 재정적으로 지원은 받지만 정부부처에 포함되지는 않는 예술위원회의 독립적 지위는 더욱더 확보되었다.

이처럼 영국의 문화정책은 행정조직 내에서 주도적으로 이루어지기보다는 외부에서 이루어진다고 볼 수 있다. 이러한 모습은 1992년 문화유산부(Department of National Heritage)가 설립되기까지 계속 이어졌다. 물론 문화유산부가 설립되었다고 해서 예술위원회의 기능이 사라진 것은 아니었다. 그리고 문화유산부가 1997년에는 문화미디어체육부(Department for Culture, Mediea and Sport)로 개편되었는데, 이때에도 예술위원회의 역할은 여전히 중요하게 이루어졌다. 사실 문화미디어체육부 장관에게는 사실상의 집행 기능이 부여되지 않고 있다. 예술위원회에 대한 감독 기능이 있기는 하지만 예술위원회의 독립성으로 인해 매우 제한적인 것이 현실이다.[26]

따라서 영국에서 문화정책의 실질적인 전담 기관은 영국예술위원회이다. 단지 정부 부처가 생김으로 해서 문화정책에 대한 정부 관심 정도가 증가된 것은 볼 수 있지만 정책집행의 실질적인 역할은 지금도 예술위원회가 담당하고 있다. 일례로 창작예술에 대한 재정 지원의 경우도 문화미디어체육부가 직접 지원하기

---

25) 박혜자(2011), pp.210-211.
26) 구광모(1999), pp.237-238.

보다는 주로 예술위원회를 통해 이루어진다. 즉, 창작예술을 위해 예술위원회는 중앙정부의 공공기금과 국립복권기금을 지원받아 예술단체에 분배하는 업무를 통해 예술 육성을 책임지는 등 실질적인 문화정책 전반을 담당하고 있는 것이다.[27) 따라서 영국의 문화정책 전담 기관의 모습은 전반적으로 볼 때 앞의 유형들과는 다른 예술위원회형태라고 볼 수 있다.

5. 독립위원회형

1) 의미

독립위원회형은 예산을 의회로부터 직접 받아서 문화정책을 실현하는 형태이다. 마치 정부부처처럼 의회로부터 직접 예산을 배정 받아서 운용하는 것이다. 그래서 현존하는 정부부처와는 완전히 독립되어 운영된다. 따라서 독립위원회형태에서는 특정한 정부부처가 문화정책의 주무 기관이 되는 것이 아니라 예산 배정과 운용의 독립성을 지닌 별도의 위원회가 그 역할을 담당한다.

이 역시 예술위원회형과 같이 정부 조직의 전형적인 모습인 관료제 형태와는 다소 거리가 있는 형태이다. 그 차이점 중 가장 특징적인 것은 주요 의사결정에 참여하는 위원들이 정부인사 뿐 아니라 민간의 전문가나 예술가들로 함께 구성되어 있으며 이들의 합의로 주요 결정이 이루어진다는 점이다. 따라서 독립위원회형에서 문화정책의 주요 의사결정은 계층적인 관료제 구조에 따라서 결정되는 것이 아니라 다양한 배경을 지닌 위원들 간의 토론과 합의를 거쳐 이루어진다. 이 점은 독립위원회형이 정부부처형보다는 중앙집권적인 의사결정의 모습이 상대적으로는 덜하다는 점을 말해주고, 또 문화정책의 운영에서 민간영역의 의견이 적극적으로 반영될 수 있는 기회가 많이 있음을 보여준다. 의회로부터 예산을 직접 배정받는다는 점에서 앞서 본 예술위원회보다도 상대적으로 더 민간의 자율적 독립성이 높다.

---

27) 박혜자(2011). p.214.

2) 사례

독립위원회형의 가장 대표적인 사례는 미국이다. 미국에서 현대적 의미의 문화정책이 시작된 시기는 1960년 이후이다. 그 이전에는 대공황을 극복하는 차원에서 예술가들에게 재정지원과 일자리를 마련해주는 사업 정도만 존재했을 뿐이다. 예컨대 1930년대에 당시 재무성의 예술분과는 공공예술지원프로젝트(The Public Works Art Project)를 실행하여 예술의 진흥보다는 예술가들의 경제적 회생을 돕는데 초점을 두었다. 따라서 일시적이었고 문화예술 전반을 아우를 정도로 포괄적이지도 않았다.

문화정책이 본격적으로 논의되고 형성되기 시작한 때는 1961년 당시 케네디 정부에 의해 연방예술자문위원회(Federal Advisory Council on the Art)를 설립하고 예술담당 특별보좌관을 임명하면서부터이다. 이후 문화행정의 체계가 갖추어진 것은 1965년에 <국립예술인문재단법(National Foundation on the Arts and Humanities Act)>에 근거하여 국립예술기금(National Endowment for the Arts, 약칭 NEA)이 설립되면서이다. 국립예술기금은 오늘날까지 미국의 실질적인 문화예술정책 담당기관으로 자리 잡고 있다.

국립예술기금은 특정한 정부부처를 통해서 예산을 배정받는 것이 아니라 의회로부터 직접 예산을 배정받기 때문에 행정부 외부에 위치하는 독립기관이다. 국립예술기금에 의한 문화예술정책 관리는 전적으로 시장에 의한 방법도 아니고 또 완전히 정부에 의한 방법도 아닌 제3의 방법이며, 매칭보조금(matching grant) 모델이고, 파트너십 모델이라고 할 수 있다. 연방정부가 사고(thought), 상상(imagination), 탐구(inquiry)의 자유를 장려하는 분위기를 만들면서 지속시키고, 이러한 창의적 재능의 방출을 촉진할 물질적 조건을 제공하는 것이 적절하고 필요하다고 <국립예술기금설립법>에서 명시하고 있다. 국립예술기금은 무엇보다도 지식인사회와 행정부 사이의 연계를 강화하기 위해서 구상되었다.[28]

이 기금의 의장은 의회의 동의를 얻어 대통령이 임명하고 국가예술위원회(National Council on the Arts)의 의장직을 겸임한다. 국가예술위원회는 국립예술기금을 자문하고 사업을 심의하는 기구이다. 미국에서는 국립예술기금 이외에도 의회

---

28) Miller, Toby and George Yudice(2002).

에서 직접 예산을 배정 받는 국립인문기금(National Endowment for the Humanities), 박물관 연구소(Institution of Museum Studies), 스미소니언박물관(Smithsonian Museum) 등이 문화예술관련 조직으로 존재하고 있다. 이 역시 정부부처로부터 비교적 자유로운 독립위원회형태로 운영된다.

따라서 정부개입보다는 자율적 예술지원과 진흥을 중시하는 미국은 직접적이고 강력한 정부지원보다는 관련 주체들의 파트너십에 의한 예술지원에 관심을 가지고 있다. 예컨대 1996년 NEA의 위원장이었던 Alexander는 세 분야의 주요 예술적 주체(art institutions)를 제시하였는데, 그것은 자원봉사와 지역사회에 기초한 시민사회(civil society of volunteerism and localism)와 중립적이지만 관심을 갖는 기업공동체(disinterested but concerned business community) 그리고 의지가 굳은 의회(committed legislatures)이다. 정부가 직접 개입하는 것을 선호하지 않는 미국의 분위기에서 이러한 파트너십은 좋은 대안일 수 있었던 것이다.[29]

이처럼 미국은 국가가 가장 영향력 있는 문화예술 후원자가 됨으로써 공공의 문화를 창출시키겠다는 의도를 극히 경계하는 대표적인 국가이다. 미국은 단일화된 문화관료 조직에 의해 예술적 표현의 자유가 억압될 가능성을 예방하는 것이 중요하다고 여기기 때문에 문화부와 같은 중앙부처가 없다. 국가적 차원의 종합적이고 통일된 문화정책을 마련하고 있지는 않은 것이다. 정부는 국가 문화부문에서 아주 적은 소액권을 가진 주주라고 인식할 뿐이다.[30] 이러한 인식하에서 문화정책의 담당 역할을 하는 기관도 행정부로부터 거리를 두고 최대한 자율적 영역이 보장되도록 구성된 독립위원회 형태로 운영되고 있다.

한편, 미국의 문화정책과 관련해서는 추가 설명할 부분이 있다. 독립위원회 형태의 특징으로만 미국의 문화정책을 말하기에는 논란이 되는 부분이 있기 때문이다. 이와 관련해서는 아래 [참고자료]의 글을 참조하면 된다.

---

29) Miller, Toby and George Yudice(2002).
30) 구광모(1999), p.229. 한편, 미국에서 문화재의 관리는 문화정책차원이라기보다는 국유재산 관리라는 환경정책차원에서 자연보호와 국유재산을 관리하는 내무부 관장의 업무로 되어 있다.

미국의 문화정책은 자유방임적인가?

　　미국의 문화정책 전담 조직관리의 형태가 독립위원회형이라고 해서 정부 개입이 전혀 없는 자유방임의 상태라고 판단해서는 안 된다. 미국이 문화정책과 관련해서 결코 자유방임정책을 쓰고 있지 않다는 증거들이 있다.

　　미국은 해외에서는 영화회사의 트러스트 같은 행위(trust-like behavior, 시장독점을 위해서 결성된 기업 활동)를 용인하면서 국내에서는 금지하고 있다. 그리고 수십 년 동안 지역 영화산업은 세액공제(tax-credit), 과거 정보미디어개런티 프로그램의 현금지원, 독과점적 국내구매와 해외 판매 관행을 통해 지원받아왔는데, 이러한 독과점적 관행은 대중 취향이라는 이유로 수입에 대해서는 금지하였다. 심지어 제2차 세계대전 후에 헐리우드의 Motion Picture Export Agency는 회사의 운영 방법과 내용이 연방정책과 이념에 너무나 흡사하였기 때문에 스스로를 작은 정부부처(the little State Department)라고 불렀다.

　　그리고 미국의 상무성(Department of Commerce)은 경제개발과 이념적 영향(economic development and ideological influence)에 초점을 맞추는 미디어 세계화(media globalization)에 관한 자료를 생산하였다. 물론 당사자인 정부부처는 헐리우드는 순수한 자유기업(pure free enterprise)이고 정부는 무역과 문화적 변화를 연결 짓는 데 관심이 없다고 주장한다. 또 법무부는 모든 수입영화를 분류하고 산성비와 핵전쟁에 관한 캐나다의 다큐멘터리를 정치적 선전이라고 수입을 금지하였다.

　　이와 더불어 2000년에 미국은 205개의 주, 지역, 시 영화위원회(film commissions)를 두고 또 비밀보조금(hidden subsidy, 예: 세금축소, 경찰서비스의 무료제공, blocking of public wayfares 등을 통한 보조)지급, 국무성과 상무성의 브리핑과 전권대사(plenipotentiary representation; 해적비디오에 대한 협상 등), 저작권 제제 등을 통해 문화정책에 개입하고 있다. 겉으로 보면 미국은 문화정책에 개입하지 않는 것 같지만, 실제로는 개입하고 있으며 이를 양면성 혹은 위선(hypocrisy)이라고 표현하기도 한다.[31]

6. 문화정책 전담 조직의 오늘날 추세

　　문화정책 전담조직의 유형별 사례를 보면 알 수 있듯이 조직 관리의 유형은 국가 간은 물론이고 국가 내 시기에 따라서도 서로 다른 모습을 보이고 있다. 앞

---

31) Miller, Toby and George Yudice(2002).

으로도 그 이유가 무엇이 되었든 특정한 국가가 특정한 유형만을 고집할 가능성은 낮다. 실제로 오늘날 추세를 보면 정부부처모형 국가들은 위원회모형을 부분적으로 도입하고 있고, 위원회모형 국가들은 미국을 제외하고는 정부부처모형을 부분적으로 도입하고 있다. 이는 결국 각국의 문화예술정책 관리 모습이 시간이 지남에 따라 점점 더 유사해지는 모습을 보일 것이라는 추측을 가능하게 해준다.

이와 관련해서 문화정책을 담당하는 조직의 관리 과정에 두 가지 이슈가 있다. 그 하나는 문화예술정책이 국민에 대한 봉사에 초점을 맞추어야 하는가, 아니면 시장에서 활동하는 문화예술인들에게 초점이 맞추어져야 하는가의 이슈이다. 현재 추세는 이 두 입장의 중간 경향을 보이고 있다. 또 다른 이슈로 예술은 경제논리로부터 벗어나야 한다고 믿는 입장과, 시장성이 가치표준이 되어야 한다고 믿는 입장이 있는데 많은 국가들이 중간 입장을 채택하는 경향을 보이고 있다.[32] 이는 문화정책 관리에서 정부영역이 강조되었던 곳은 시장영역의 범위를 넓히고 있고, 시장영역이 강조되었던 곳은 정부영역의 범위를 넓히고 있는 추세임을 보여주는 이슈들이다. 그만큼 오늘날 문화정책 전담 조직이 특정 방향에 기울어져서 존재하고 있지는 않다는 의미이다. 다만, 상대적으로 특정 유형에 더 가깝다는 정도로 이해하는 것이 더 적절하다.

이와 더불어 오늘날 국가전체의 문화정책 관리에서 지방정부의 역할이 상대적으로 증가하고 있는 추세이기도 하다. 단적으로 프랑스의 문화행정조직은 중앙집권적인 것이 주요 특징이지만 최근에는 일부 문화정책 관련 조직을 분권화와 민영화해 나가고 있고, 문화정책의 결정 과정이나 추진 과정에 분야별로 다양한 위원회를 두어 자문을 받고 있다.[33] 문화정책 전담조직의 관리와 관련해서 특히 지방정부의 역할 등 분권화 경향이 부상하고 있는 것은 세계화에 대한 국가적 대응의 결과이기도 하다. 신자유주의에 의한 커뮤니케이션시스템의 변화는 민영화, 규제완화, 국가서비스의 제거 등을 통해 문화산업의 국제화(transnationalization)와 신자유주의화(neoliberalization)를 낳았고, 그 영향으로 새로운 문화노동의 국제 분업(New International Division of Cultural Labor)현상이 대두되기에 이르렀다. 그래서 어쩌면 이제는 세계화된 음악, 영화, 텔레비전의 시대가 되었기 때문에 국가에게 문화

---

32) 구광모(1999).
33) 박혜자(2011), p.209.

에 대한 불만을 쉽게 이야기할 수 없게 되었다. 대신 지역의 문화생산과 소비를 보호하고 거대한 국내외 미디어권력에 양보하지 않을 장치로서 초국가적인 이니셔티브가 필요하게 되었다. 이제는 문화정책 관리에서 지방의 차이를 감안하는 시장의 반응이 필요하고, 이는 결국 세계화 속에서 차별화(differentiation)가 더 중요해지고 있음을 말해준다.[34] 세계화될수록 지역적 문화의 차별성 부각을 위한 지방정부의 역할이 더 강조되는 추세가 바로 이 때문이다.

요컨대, 문화정책 관리의 모습은 현재진행형으로서 앞서 살펴본 관리 모습이 절대적이지 않다. 국가의 정치·경제·행정·사회·문화적 환경과 동형화(isomorphism)에 따른 모방현상 그리고 세계화와 지방화 등의 변수들에 의해 지속적인 적응과정을 겪으면서 관리되고 있기 때문이다.

제 3 절   문화거버넌스

오늘날 정부정책이 순수하게 정부조직 내에서만 이루어지는 경우는 드물다. 정부조직관리가 정부정책 실현을 위한 전부가 아닌 것이다. 심지어는 엄격한 보수적 자유주의자들조차도 기본적인 정부 영역으로 인식하고 인정해온 국방 업무가 민간계약에 의해 이루어지는 사례도 나타나고 있다. 주권을 아웃 소싱(outsourcing)한다는 비유까지 등장할 정도이다.[35] 물론 이 비유는 지나칠 정도로 혹은 무책임할 정도로 정부의 일을 민간 영역으로 넘기게 되는 현상을 비판적으로 표현한 말이기 때문에 극단적인 면이 없지 않다. 하지만 분명한 사실은 오늘날 현대 사회에서 발생하는 수많은 문제를 정부가 혼자서 전지전능하게 해결할 수 없다는 점이다. 정부는 예산과 능력과 시간이 부족한 반면, 정부의 주인인 시민들의 시티즌십은 과거에 비해 상당한 수준에 이르고 있다. 그래서 오늘날 정부의 많은 일이 시민의 참여를 통해 이루어지고 있다. 시민뿐 아니라 정부 정책 실행의 장(場)이라고 할 수 있는 시장의 참여도 함께 이루어지고 있다.

---

34) Miller, Toby and George Yudice(2002).
35) Verkuil, Paul Robert(2011).

그런 점에서 정부의 여러 기능들 중에서 문화정책을 주요 업무로 담당하는 문화정책 전담 조직의 관리는, 사실 정부 외부의 주체 혹은 세력들과 하나의 논의 체제를 형성해서 이루어진다고 볼 수 있다. 바로 이것이 문화거버넌스이다.

1. 문화거버넌스의 의미

오늘날 정부와 시민은 서로 동반자적인 관계에 놓여있다. 시민의식의 성장과 성숙으로 시민사회가 발달하고, 물리적인 수평적 네트워크 관계를 형성하는 데 결정적인 기여를 한 정보통신기술이 발달한 덕분에 정부와 시민은 더욱더 협력적인 동반자로 관계 맺고 있다. 시민은 정부 정책을 그대로 수용하기보다는 동반자로서 그리고 주인으로서 책임감을 가지고 국정관리에 협력하고 적극적으로 참여한다. 그 결과 이제는 정부의 일방적인 조직 관리로 문화정책이 자연스럽게 실현될 것이라는 기대는 무용한 시대가 되었다. 이러한 모습은 문화정책을 실현하는 관리과정에서 정부가 스스로의 한계를 인정하고 받아들이는 데서 시작되고, 마찬가지로 시민은 주인의식을 자각하는 데서 시작된다. 조직 관리에서 이와 같은 인식변화와 상황변화에 바탕을 두고 논의되는 것이 다양한 주체 간 협력과 협치(協治)에 의한 거버넌스이다. 거버넌스가 강조된 것은 특히 정부가 공공서비스의 공급과 결정을 독점적으로 주도해온 전통적인 조직관리 패러다임에서 탈피하여 민관협력체제(Public-Private Partnership)를 통해 효율적이고 효과적이며 책임성 있는 공공서비스를 제공하기 위해서이다.

보다 구체적으로 거버넌스 논의의 등장 배경과 의미를 살펴보면, 학문에 따라 다소의 차이가 있으나 행정학에서 거버넌스 논의는 1980년대부터 일어난 공공분야의 변화와 관련 깊다. 당시 행정학에서는 위계질서, 중립성, 직업관료제라는 베버적인 원칙에 입각한 모델로부터 벗어나, 공공분야 개혁을 시장과 네트워크라는 기존과 다른 모델의 관리방식에서 찾고자 하였다. 그 개혁의 결과는 서비스 제공에 대한 직접적인 관여의 축소와 정책네트워크를 통한 조종의 확대로 나타났다.[36] 이것이 거버넌스 논의의 직·간접적인 배경이 된다.

---

36) Kjaer, Anne Mette(2007), p.33.

따라서 거버넌스는 20세기 후반에 들어서 본격화된 외부 환경의 변화에 대한 국가의 적응방식이며, 국가가 제반 사회적 행위자들을 어떻게 조정하고 협력할 것인가에 초점을 두고 있다. 국가가 시장이나 시민사회에 대해 협력적 조정을 할 수 있는 능력을 얼마나 보유하고 있는지, 그리고 국가가 다른 행위자들과 어떻게 연결되는지가 논의의 중심이 된다. 또 정책주체들이 자신의 목적 달성을 위해 어떻게 서로의 이해관계를 조정하고 네트워크를 관리하는가도 중요한 개념요소가 된다. 따라서 협력과 자치(self-governance)의 관점에서 다양한 종류의 네트워크와 파트너십에 관심을 가진다.[37] 요컨대, 거버넌스는 정부와 시민사회와 시장으로 대변되는 사회의 주요 자율적 행위자들이 그들의 관계를 지배하는 규칙과 구조 그리고 그들이 함께 다루어야 할 쟁점들을 결정하기 위해 공식적·비공식적 협상과 협력을 통해 상호작용하는 일련의 과정 혹은 구조화된 체계를 말한다.

물론 원어 그대로 보면 거버넌스가 '통치', '통치행위', '통치방식' 등을 의미하기 때문에 전통적인 관료제체계도 거버넌스라 볼 수 있다. 국가의 통치행위가 그 어떤 것이든 통치행위를 지칭한다면 그 모두를 거버넌스라고 볼 수 있기 때문이다. 그래서 전통적인 통치행위와 구분해서 협력적 조정 방식을 뉴거버넌스 등으로 사용하기도 한다. 그러나 일반적으로 오늘날 통용되는 거버넌스는 과거의 수직적이고 정부주도의 전통적인 관료제 방식과는 구분되는 수평적 협력체제를 가진 위에서 정의한 개념을 의미한다.

그리고 기업의 경우는 기업지배구조를 기업거버넌스(corporate governance)라고 한다. 일반적으로 거버넌스라고 하면 기업거버넌스와 구별된 공공 분야의 거버넌스를 의미하는 것이다. 그러므로 거버넌스라는 단어 앞에는 '공공'이라는 단어가 생략되어 있다고 볼 수 있다. 거버넌스는 민간부문과 공공부문 모두 사용할 수 있는 단어이기 때문에 앞에 공공이라는 단어를 붙여서 사용하는 것이 더 적절하지만 이미 거버넌스라는 용어를 너무 광범위하게 사용하고 있기 때문에 이 책에서도 그대로 사용하기로 한다.

거버넌스 의미를 정의했다면 그에 기초하여 문화거버넌스를 규정할 수 있다. 거버넌스의 기본적 개념에 문화영역이 추가된 것으로 이해할 수 있다. 그래서 문화거버넌스를 "문화예술영역에서 정부(국가, 문화담당기관), 문화시장(예술인, 예술인단체, 문

---

37) 정정길 외(2012), pp.259-260.

화기업), 시민사회(관객, 시민, 문화예술 NGO) 영역에 속해있는 행위자들이 문화정책실현 과정에서 공식적·비공식적 협상과 협력을 통해 상호작용하는 일련의 통치형태이자 협치 혹은 구조화된 체계"로 의미 지을 수 있다. 즉, 문화거버넌스란 문화영역을 기반으로 한 거버넌스로서, 문화영역에서 국가, 시장, 시민사회가 선의의 결과가 있을 것이라는 신뢰를 바탕으로 상호간의 네트워크를 통해 이루어지는 공동의 문제해결 방식 혹은 문화예술에 대한 협력적 조정 양식이라 할 수 있다.[38]

문화거버넌스는 기존의 문화정책 전담조직의 조직관리가 어떻게 이루어져 왔는가에 따라, 기존과는 다른 방향으로 변화된 관리체계로도 정의할 수도 있다. 예컨대 미국과 같이 민간 주도적인 문화정책 체계가 이루어져 왔다면 정부부문의 직·간접적인 참여확대가 문화거버넌스의 모습으로의 변화를 의미할 것이고,[39] 반대로 중앙중심의 문화행정 체계라면 민간영역의 참여 확대가 문화거버넌스로의 조직관리 패러다임의 변화를 보여주는 것이 된다.

[그림 8-2]는 문화거버넌스를 도식화 한 것이다. 주요 세 주체 영역이 모두 참여해서 문화정책이 관리되고 실현되기도 하고, 그렇지 않고 이슈별로 두 주체

그림 8-2 문화거버넌스

---

38) 김흥수(2007), p.45, p.49 ; 조광식·이시경·윤광구(2007), pp.23-24.
39) Moon, M. Jae(2001), pp.432-433.

영역만 논의와 토론과 협의의 조정 양식을 형성할 수도 있다. 경우에 따라서는 어느 한 영역이 주도해서 결정하는 경우도 있을 것이다. [그림 8-2]는 그와 같은 가능성을 모두 표현한 것이다. 그렇지만 앞서도 언급했지만 오늘날 논의되는 문화거버넌스는 세 영역이 모두 공통적으로 참여하고 관여하는 [그림 8-2]의 중앙 영역에서 구성된 문화예술 관련 업무의 조정 및 합의 양식을 주로 의미한다.

2. 문화거버넌스의 유용성

일반적으로 문화서비스는 불특정 다수의 시민을 대상으로 하기 때문에 서비스 제공자가 양질의 서비스를 제공함에도 불구하고 수혜자들이 접근하기 어렵거나 정보 부족으로 인해 서비스의 이용률이 낮은 경우가 많다. 이점에서 주민 - 민간기관 - (지방)정부간 (지역)문화 네트워크의 구축은 다양한 서비스 수혜자 및 제공자의 참여를 통해 문화서비스 제공의 효과성을 높이는 데 중요한 역할을 한다.40) 구체적으로 문화거버넌스 구축이 주는 유용성은 다음과 같다.

정부와 예술시장과 시민사회 영역 간의 문화거버넌스가 주는 첫 번째 유용함은 문화정책의 전문성과 현실성 향상이다. 문화정책은 행정과 정책적 지식은 물론이고 예술적 지식도 필요하다. 그리고 시민들의 문화향유 수준과 실태 등에 관한 정보도 필요하다. 이 각각에 대한 지식과 정보는 문화거버넌스의 주요 주체인 정부와 예술시장 그리고 시민사회영역에서 공급된다. 예컨대 미술관 정책을 결정한다고 할 때 문화부 공무원들은 공공기관 운영에 관한 법적 지식과 행정적 지식을 제공하고, 큐레이터나 화가들은 미술작품의 시장 가격과 작품의 예술성에 대한 지식을 제공하고, 시민단체 등은 시민들의 미술작품 전시에 대한 향유 실태나 애로사항에 관한 정보를 제공한다. 특히 시민들이 정책현장에서 겪는 문제에 대한 요구와 지지 사항들이 단순한 웅성거림이 아닌 유효한 목소리로 전환되는 구조적 틀의 역할을 하는 것이 문화거버넌스이다. 이러한 지식과 정보가 고려되어 보다 전문적이고 현실적인 미술관 정책과 운영지침 혹은 관련 규제가 결정되고 집행되면서 관리된다.

---

40) 서순복·함영진(2008), p.245.

둘째, 문화거버넌스에 의한 조직관리는 그 산출물인 문화정책에 대한 순응을 높인다. 정책집행에서 중요한 과제 중 하나는 정책대상자들의 순응을 확보하는 것이다. 여기에 대한 한 가지 방법은 문화정책이 만들어지는 과정이나 집행되는 과정에 관련자들을 참여시키는 것이다. 정부의 문화정책 전담조직 내 사람들에 의해서만 정책을 만들고 집행하기보다는 조직외부의 관련 사람들을 참여시키면, 산출물로서 나오는 정책에 대한 순응이 높아진다. 직접 참여해서 결정한 것이므로 그에 대한 불만이 적다. 내가 참여한 결정을 내가 불응한다면 스스로 모순된 행동을 보이는 결과를 낳기 때문에 더욱 그렇다. 문화거버넌스가 바로 이 역할을 한다. 미술관 관람료를 책정할 때 작품공급자인 예술가와 수요자인 일반 시민들의 참여를 통해 합의된 결정은 결정된 관람료에 대한 불만을 최소화시킨다.

셋째, 문화거버넌스는 문화정책이 정치적 도구로 전락하는 것을 막는다. 역사적으로 문화정책이 정치적 도구로 사용된 예는 무수히 많다. 독일의 히틀러, 북한, 일본의 군국주의 시대의 문화정책, 과거 우리나라의 문화정책도 이에 해당한다. 물론 그 정도는 약하겠지만 지금도 문화정책은 여러 상징요소들이 가미되어 정치적 도구로 사용되고 있다. 여기서 한 가지 언급해 둘 것은, 문화정책이 '정치적 도구'로 사용되는 것이 문화정책의 성격에 '정치성'이 있다는 말과는 전혀 다른 의미라는 점이다. 먼저 문화정책도 정책의 하나이므로 정치적 협상과 갈등 및 타협의 결과로서 만들어지기 때문에 기본적으로 정치적 성격을 지니는 것은 당연하다. 이때 말하는 정치적 성격이란 민주시민으로서 스스로의 이익을 대변하는 목소리(voice)를 내는 활동을 말하는 것으로, 민주주의 사회에서는 건전하고 중요한 활동이다. 하지만 이렇게 만들어진 정책이 특정 세력의 권력 장악을 위한 도구나 수단으로 사용된다면 이때의 정치적 성격은 또 다른 것이 되고, 이것은 지나칠 경우 자칫 문제가 된다. 문화정책 그 자체가 지닌 목표달성이 아닌 다른 목표, 즉 정권을 장악하거나 대중들에게 특정 이데올로기를 주입시키기 위한 수단으로 사용되는 것은 문화정책이 정치적 도구로 사용되는 경우이다. 이 의미는 문화정책이 정부의 다른 정책들과 결합되어 긍정적인 시너지 효과를 창출하는 것과도 다른 의미이다. 따라서 문화정책과 정치의 의미와 관련해서 문화거버넌스의 유용성으로 여기서 제시하는 것은 민주시민의 목소리를 내는 활동의 의미로서 정치가 아니라 특정 목적을 위한 정치적 수단으로 전락하는 것에 대한 예방차원의 의미이다. 요컨대, 문화거버넌스는 문화정책이 정치적 도구로 전락하는 것을 예방할 수 있는데, 이는 독단적인 정부의 결정을 막을 수 있는 거버넌스를 구축한다는 것 자체가 상호감시의 역할을 하기 때문이다.

3. 문화거버넌스 사례

문화거버넌스는 현실에서 이미 구축되어 운영되고 있다. 그 사례로서 미국 3개 지역의 문화거버넌스에 대한 비교 연구 결과를 보면, 문화거버넌스가 지역의 문화 활동을 지원하는 혁신적이고 효율적인 제도적·재정적 합의 장치로 기능하고 있음을 알 수 있다. 다만 모든 문화거버넌스가 성공적이고 효과적인 운영결과를 낳고 있는 것은 아니기 때문에 문화거버넌스의 성공적인 수행을 위해서는 문화 분야 이해관계자들의 전략적 제휴와 건전한 지역 파트너십 그리고 안정적인 재정 확보 기제가 중요하다. 특히 미국에서 문화거버넌스가 가능하게 된 것은 예술적 인프라(infrastructure of the arts)의 번성에 따른 것인데, 이는 재정지원과 경제적 이득만이 아닌 예술자체에 대한 열정과 관심을 가진 예술가, 기술자, 관리자가 존재하기 때문이다. 이들의 등장과 존재는 1950년대와 1960년대의 고등교육의 확대가 자극제가 되었다. 이들은 경제적 이득 때문이 아니라 예술적 교육 및 훈련과 경험에 기초하여 예술 자체에 대한 욕구가 강했기 때문에 많은 예술조직(주로 NGO)을 만드는 데 기여했다. 그 이외에도 미국에서 문화거버넌스가 가능했던 토대는 사회 가치의 중대한 변화, 공공서비스에 대한 태도의 변화, 경제번영의 절정, 베이비붐, 자유교양교육의 증가, 여유시간의 증가 덕분이다. 이와 함께 영국 버밍엄의 지역 문화네트워크 역시 문화거버넌스의 역할을 하면서 시정부가 시민들의 참여를 유도하고 여러 참여기관들의 협력을 증진시키면서 보다 나은 공공문화서비스를 제공하고 있다. 이 사례에서는 문화거버넌스의 유효성을 위해서 지방정부에 대한 시민들의 신뢰감 형성이 중요하다는 점을 말해주고 있다.[41]

그리고 최근 우리나라에서도 문화거버넌스 사례를 자주 목격할 수 있다. 그 예로 한류를 통한 문화교류 거버넌스가 있다. 중앙정부 및 지방정부와 같은 공공

---

41) Miller, Toby and George Yudice(2002).

부문과 민간부문으로서 문화재단과 국제기구 및 국제조직 등이 네트워크를 구성해서 각국 문화를 상호 교류하고 있다. 정부 단독이 아닌 네트워크로서 협력체가 공동으로 한류를 만들어가고 있다. 그리고 문화축제 행사에서도 문화거버넌스가 핵심 기제로 역할을 하고 있다. 지역문화축제에서 지방정부와 시장과 관련 학계 및 시민단체가 협력체를 구성하여 공동으로 사업을 추진하고 시행하고 있다.

이처럼 문화거버넌스가 각 국가에서 존재하고 있는 만큼 국가 간에 그 차이점도 존재한다. 영국과 프랑스와 우리나라의 문화예술지원 거버넌스 체계를 비교한 연구를 보면, 우선 영국은 팔길이 원칙을 근본 원칙으로 삼아서 정부의 직접적인 개입보다는 독립적인 예술위원회와 민간 영역에 존재하는 메세나 활동을 하는 Art and Business의 후원 역할을 중심으로 문화예술지원체계를 이루고 있다. 영국은 중앙부처인 문화미디어부가 예술위원회에 보조금으로 예산지원만 할 뿐 직접적으로 예술지원업무를 담당하지는 않는다. 따라서 예술위원회가 전 문화예술분야 기금지원에서 통합적인 직접지원 관리라는 네트워크 관리자의 역할을 하고 있다. 그러나 정부 예산이 투입된다는 점에서 정부의 역할이 없는 것은 아니다.

프랑스는 국가주도적 공공서비스 원칙에 의해 중앙정부가 주도적으로 문화예술을 지원하는 체계이다. 그래서 문화예술지원은 문화통신부가 총괄하고 있다. 프랑스 문화거버넌스의 주요 행위자를 보면 중앙부처(문화통신부), 지자체(레지옹, 데빠르트망, 꼬뮌), 특별지방행정기관(문화통신부 산하의 레지옹문화사무국), 메세나단체(상공업메세나협의회) 등이다. 이들이 거버넌스를 구성하고 있지만 중앙정부의 역할이 상대적으로 커다는 점이 앞의 영국의 문화예술지원 거버넌스와 다른 점이다.

한국의 문화예술지원 체계는 주요 행위자로서 중앙부처인 문화체육관광부, 한국문화예술위원회, 한국메세나협의회, 지자체 등이 있다. 여기서 한국문화예술위원회는 전 예술분야에 대한 통합적인 지원관리를 하고 있고, 한국메세나협의회는 다수의 예술가 및 단체와 다수의 기업들과 관계를 가지면서 이들 간의 관계조정을 통해 네트워크 후원자로서 역할을 한다. 하지만 문화거버넌스의 최종적인 관리는 중앙부처인 문화체육관광부에 의해 이루어지는 구조이다.[42] 따라서 앞의 영국과 프랑스와 비교할 때 한국은 프랑스와 같은 정부 중심의 문화예술지원 거버넌스 체계에 조금 더 가깝다고 볼 수 있다.

---

42) Miller, Toby and George Yudice(2002) ; 한승준·박치성·정창호(2012).

이와 같이 오늘날에는 문화정책이 문화정책 전담 조직에 의해서만 이루어지기보다는 시민과 시장이 함께 참여하는 거버넌스 관리 체계 하에서 이루어지고 있음을 알 수 있다. 조직 관리에서 거버넌스가 강조되는 것은 조직구성원들 간의 권위가 이전되고 위임되는 현상을 보여주는 것이다. 앞으로 문화거버넌스 패러다임이 지속되는 한 문화정책의 조직 관리도 결국은 다주체들 간의 협력적 상호작용으로 계속 이루어질 것이라는 전망이 가능하다.

제9장

인적자원관리

제9장
인적자원관리

정부 행위의 토대가 조직이라면, 행위의 주체는 사람이다. 따라서 정부행위의 하나인 문화정책 활동의 구체적인 발현자도 사람이다. 여기서 사람이란 문화정책을 담당하는 사람을 의미하고, 문화부를 예로 들면 문화부의 공무원이 된다. 정부활동에 관한 연구에서 사람에 초점을 둔 분야를 인사행정 혹은 인적자원관리라고 한다. 이 두 용어를 엄밀히 구분해서 사용하기도 하지만 혼용해도 무방하다. 중요한 것은 정책실현을 위해 사람에 초점을 두고 논의한다는 점이다.

인사행정 혹은 인적자원관리란 공공부문이나 정부의 목표 달성에 필요한 인적자원을 충원하고 유지하며, 근무 의욕을 고취하고, 행동과 태도를 통제하는 일련의 상호 연관된 동태적인 관리활동이나 체제를 의미한다.[1] 문화정책에서 공무원들을 선발 및 충원하는 것이나 정책의 효과성을 달성하기 위해 동기를 부여하는 것 그리고 부정 없이 적절하고 적합한 행동을 유지시키는 것들이 모두 이에 해당된다. 조직관리와 더불어 인사관리도 문화정책이 의도한 효과를 실현하는 데 중요한 요인이 된다.

이 장에서는 정부의 문화정책 전담기관에서 활동하는 인적자원에 초점을 두고 논의한다. 문화정책 담당자가 그에 해당된다. 하지만 문화정책과 관련된 또 다른 인적 요소로서 핵심적으로 살펴보아야 할 대상이 문화생산자인 예술가와 문화

---

1) 강성철 외(2011), p.21.

소비자인 향유자이다. 이들은 문화정책의 주요 대상자들로서 이 장에서 논의하는 문화정책 담당자와는 구분된다. 이들에 대한 논의는 이 책의 '제5장 문화경제학'에서 문화시장의 수요와 공급을 논의하면서 다루었다. 본 장에서는 문화정책 담당자에 대해 초점을 두고 논의한다.

제 1 절 문화정책 담당자의 중요성

문화정책 실현의 주체로서 문화정책 담당자의 존재와 역할은 중요하다. 그러나 그동안 학계나 실무에서 문화정책 담당자가 '전문'인력으로 여겨지지는 않았다. 일반 행정가로서의 역할에 초점이 맞추어진 현재의 시스템에서 문화정책 담당 공무원은 문화'전문'인력이 아니라 순환보직으로 누구나 담당할 수 있다고 여긴다. 물론 중앙정부는 그나마 규모가 큰 문화부가 별도로 존재하기 때문에 문화정책 전담 인력의 전문성이 강조되는 추세이지만, 지방정부의 경우는 문화담당 부서의 담당자들이 문화정책과 관련된 업무 이외에도 다른 업무를 겸하고 있는 경우가 많아서 전문 인력으로서 확고한 자리매김을 하고 있지 못한 것이 현실이다. 그래서 문화정책 담당자의 전문성에 대한 연구가 거의 없는 가운데서도, 관련된 소수의 연구는 지방자치단체의 문화정책 담당공무원이 처한 현실 문제를 지적하는 논의를 하고 있다. 그동안 문화정책 전담 인력의 전문성과 관련한 연구와 실무에서 관심이 적었다는 사실은, 한편으로는 문화정책에 관심을 가지고 있는 연구자들의 새로운 연구주제가 될 수 있음을 보여준다. 그만큼 문화정책 실현에서 전문 인력으로서 문화정책담당자에 관한 논의는 여러 측면에서 유의미하다.

그렇다면 문화정책 담당자의 전문성이 왜 강조되어야 하는가? 다시 말해, 문화정책의 담당자도 전문 인력으로 여겨지고 인식되어야 하는 이유를 살펴볼 필요가 있다. 몇 가지로 나누어 보면, 첫째, 오늘날 중앙정부나 지방정부는 대규모 문화 사업을 시행하는 경우가 많다. 문화사업의 경우 일반 사업과는 달리 예술적이고 미적인 체험이 가능하도록 설계되고 기획되어야 한다. 문화사업의 경우 일반 사업과는 달리 시민들에게 사업 시행의 결과로 생활의 편리함과 유용함만을 제공하는 것이 아니라 미적 감흥이 발현되어 공감되고 감상이 이루어지도록 해야 한다. 이는 일반 사업의 정책기획과는 다른 문화기획이 필요함을 의미한다.

예컨대 '문화의 거리 조성' 사업이나 '조각공원' 건립 그리고 '예술전시관 건립' 사업 등을 할 때 외양적 요소만 갖춘다고 해서 사업이 완성되지 않는다. 예술적 체험이 극대화되도록 기획해서 완성해야 한다. 조각 공원 부지의 활용도를 높이고자 감상을 위한 여유 공간을 배제하고 조각품을 전시해서는 안 된다. 훌륭한 전시는 쉽게 또는 저렴한 비용만으로 만들어지지 않는다는 점을 알아야 한다. 그리고 전시는 공간적 속성으로 인해 관람객에게 피로감을 야기할 수 있으므로 이를 감안해서 담당자는 관람객인 시민들의 피로감을 최소화 할 수 있도록 공간을 꾸미는 능력도 필요하다.[2] 또 문화재 보존에 문외한 사람이 국보급 문화재를 담당하는 것은 상당히 위험한 일이다. 따라서 문화 사업에서 예술 본연의 가치와 미적 체험이 발현되도록 하기 위해서는 문화정책 담당자의 문화기획력은 필수적이다. 그런 점에서 문화정책 담당자의 전문성은 중요하다.

둘째, 문화정책 담당자의 전문성은 도시개발이나 지역개발에서 문화자원을 보호하고 지역 경관의 문화적 적절성을 높이기 위해서도 필요하다. 도시개발은 문화유산을 훼손하지 않고 문화유산의 가치를 높일 수 있는 방향으로 추진되어야 하고, 예술적인 도시를 조성하기 위해서는 그 지역의 거리환경, 건축물, 조경 등이 문화예술 경관과 어울려야 한다.[3] 경제성만 추구하는 개발논리로 인해 문화자원이 파괴되는 것을 막는 것은 문화정책담당자의 전문적인 설득력에 달려있다. 과거 우리나라에서 중요한 문화유산들이 파괴되고 사라진 것은 전문적인 문화 인력의 부재에서 비롯된 면도 없지 않다. 문화유산의 보호와 개발과의 조화는 오히려 더 큰 경제적 이득을 낳는데도 그에 대한 전문적 예측과 설명이 없었기 때문에 무차별적으로 문화자원들이 사라진 것이다. 이처럼 도시개발과 문화자원의 조화와 연계를 위해서도 문화정책을 실현하는 문화인력의 전문성은 중요하다.

셋째, 정부의 문화인력의 전문성은 문화예산 관리에서도 그 필요성이 존재한다. 현재 문화예산은 과거에 비해 많이 증가하였고 앞으로도 증가할 것으로 예상된다. 그런데 중요한 것은 문화재정을 관리하는 방법이다. 통상적으로 예산은 1년

---

2) Belcher, Michael(2006), pp.65-66.
3) 배병돌(2001), p.216.

단위로 편성되고 회계가 마감되기 때문에 문화예산도 그에 따라 관리된다. 그렇지만 문화사업의 경우 단기간에 결과를 낳는 경우는 매우 드물다. 그리고 눈에 보이는 성과를 얻기도 힘들다. 그러나 정부 입장에서 볼 때 국민들의 납세가 예산의 원천인 만큼 예산 사용에 따른 성과를 간과할 수도 없다. 이 점은 문화재정을 관리하는 가장 어려운 점 중 하나이다. 예를 들어 문화적 다양성을 위해 실험적인 예술에 정부가 예산을 지원한다고 할 때, 일단 실험예술에 지원하는 것은 위험이 따르기 때문에 당장 예산 지원이 이루어지지 않을 수도 있다. 그리고 말 그대로 '실험'적인 예술이기 때문에 성과가 전혀 없을 수도 있다. 그렇지만 실험 예술을 정부마저 지원하지 않는다면 국가와 사회의 문화적 발전을 저버리는 행위가 된다. 문화 인력의 전문성이 발휘되는 것은 이와 같은 상황에서이다. 전문 인력으로서 문화정책 담당자는 문화적 발전을 위해 문화 다양성을 제고할 수 있는 사업에 예산을 지원하는 안목이 있고, 또 문화사업 성과에 대한 단기적인 기대에서 벗어나 장기적으로 재정지원을 관리할 수 있는 기술을 지니고 있는 사람이다. 문화정책 담당자의 전문성이 중요한 이유가 바로 이 점이다.

이와 더불어, 문화예산이 증가하고 있는 추세이기는 하지만 문화사업들을 모두 추진할 만큼의 충분한 정도는 아니다. 그래서 기업을 비롯한 민간 영역의 예술 지원이 정부 예산의 보조적인 역할을 하고 있다. 바로 이 점에서 또 다른 의미의 문화예산 관리에서 문화 전문 인력의 역할이 필요하다. 그 역할은 정부 이외의 영역에서 문화정책 실현을 위한 재원마련을 확보하는 일이다. 이를 위해서는 문화정책 담당자의 협상력과 관계친화력과 전문적 설득력이 발휘되어야 한다. 문화예산 보충과 확보를 위한 민간 영역과의 교류와 협력을 순환보직에 의한 담당자가 단기적으로 달성하기란 쉽지 않다. 문화예술에 대한 전문적인 식견을 갖춘 사람이 지속적으로 민간부문과 문화정책 사업 교류를 한 경우에 이루어질 수 있다. 이처럼 문화예산의 확보와 사용 등과 같이 적절한 문화재정관리를 위해서도 전문성을 갖춘 정부의 문화 인력이 중요하다.

제 2 절 문화정책의 인사체계

1. 문화부 인사업무의 주요 과정

　정책실현을 위한 인적자원관리는 인적자원을 선발(임용)하는 것에서 시작된다. 선발은 인적자원계획에 기초해서 이루어진다. 문화부의 경우도 퇴직하는 공무원과 휴직 및 기타 인사이동 등을 고려해서 필요한 인적자원의 수를 산정하여 인력충원 방안과 계획을 마련한다. 이때는 정확한 현황 파악과 적정한 인력 규모를 타당성 있게 예측하는 것이 중요하다.

　인적자원관리에서 또 다른 주요 업무는 선발된 인력을 교육훈련 시키는 일이다. 선발 당시에 우수한 인력이라고 하더라도 선발 과정에서 이루어진 실력에 대한 평가와 실제 현장실무에서 발휘되는 능력이 반드시 일치하는 것은 아니기 때문에 교육훈련은 필수적이다. 특히 역동적인 변화에 대응하기 위해서는 지속적인 교육훈련이 필요하다. 문화부 공무원도 행정업무에 대한 최신 지식뿐 아니라 문화예술에 대한 최신 지식도 이해하고 있어야 문화정책 실현과정에서 대응성을 확보할 수 있다. 인적자원에 대한 교육훈련은 어느 부서건 지속적으로 이루어진다.

　선발된 인력을 교육훈련 시키는 것과 동시에 동기를 부여하는 일도 중요하다. 능력 있는 공무원이라고 해서 언제나 적극적으로 일하는 것은 아니다. 일하고자 하는 동기가 없다면 유능한 공무원이라고 해도 오히려 조직의 목표달성에 해가 된다. 예를 들어 주민들의 쉼터와 예술가들의 전시 공간을 제공해주는 문화예술 공원을 조성하는 사업을 진행한다고 할 때, 이 사업을 담당하는 문화부 공무원이 자신이 맡은 일에 근무 의욕을 느끼지 않는다면 사업 진행이 제대로 이루어지지 않고 지지부진하게 시간만 끌게 된다. 주민들과 예술가들은 동기부여가 되지 않아서 근무 의욕이 없는 공무원 때문에 피해를 보면서 기다릴 수밖에 없는 처지에 놓이게 된다. 이는 자원낭비와 행정신뢰를 저하시키는 결과를 낳는다. 따라서 인적자원에 대한 동기부여도 인사업무의 주요 과정에 속한다.

인사업무에서 또 다른 중요한 과정은 인력들의 행동을 통제하고 규범을 준수하도록 하는 것이다. 이는 불필요한 통제나 비현실적인 규범을 강요한다는 의미가 아니라, 목표달성을 위한 적합한 법과 규정에 어긋나는 행동에 대한 통제와 규범을 준수하도록 하는 것을 말한다. 정책이 의도한 효과를 실현하기 위해서는 적합한 방법에서 벗어나는 행동에 대한 지속적인 관찰과 시정이 필요하다. 이것이 특히 중요한 이유는 정부조직에서 일하는 사람들 행동의 동력인 재원이 국민들에게서 비롯되므로 불필요하거나 부정한 재원 낭비가 없어야 하기 때문이다. 그래서 문화예술단체에 대한 지원이나 예술가들에 대한 정부지원에서 문화부 공무원들의 부정과 부패가 없도록 윤리의식을 고양시키는 등의 노력을 기울이고 있다.

따라서 인사업무의 주요 과정은 크게 인적자원의 임용, 교육훈련, 동기부여, 통제로 이루어진다. 세부적으로 더 구분될 수 있겠지만 이 과정들에 나머지들이 포함될 수 있다. 그리고 한 가지 유의할 점은 반드시 이 과정들이 순차적인 것은

그림 9-1 문화정책의 주요 인사업무

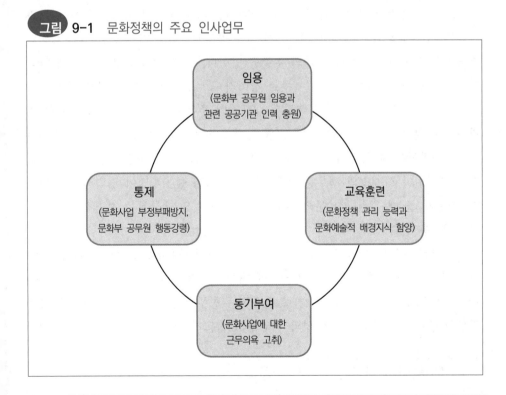

아니라는 점이다. [그림 9-1]은 주요 인사업무를 도식화 한 것이다.

2. 공무원의 분류와 문화부 공무원 현황

국가공무원은 <국가공무원법>에 따라 경력직 공무원과 특수경력직 공무원으로 크게 둘로 구분된다. 이 둘은 각각 다시 두 종류로 나누어진다. 경력직 공무원은 일반직 공무원과 특정직 공무원으로 나누어지고, 특수경력직 공무원은 정무직 공무원과 별정직 공무원으로 나누어진다.[4] 이처럼 총 네 종류의 공무원이 있고, 이는 현재 문화정책을 실현하는 관련 부서에서도 모두 위치하고 있다.

1) 문화정책담당 경력직 공무원

국가공무원이 크게 경력직 공무원과 특수경력직 공무원으로 구분될 때, 경력직 공무원이란 실적과 자격에 따라 임용되고 그 신분이 보장되며 평생 동안 공무원으로 근무할 것이 예정되는 공무원을 말한다. 대개 공무원 시험을 통해 실적과 자격에 의해 임용되어 신분보장을 받게 되는 공무원들이 여기에 포함된다. 실적과 자격이란 일종의 공직수행 능력의 수준을 말한다. 쉽게 말해 공무원 시험에 합격해서 공무원이 되겠다고 할 때는 주로 경력직 공무원이 되겠다는 것을 의미한다.

우리나라의 문화정책을 실현하는 대표적인 주무부서인 문화체육관광부의 경력직 공무원 현황을 보면, 2014년 12월 현재 2,931명이 위치하고 있다. 이 숫자는 문화체육관광부 총 공무원(2,939명)의 약 99.7%에 이른다. 문화정책을 실현하는 또 다른 부서인 문화재청의 경우는 전체 공무원 971명 중 970명이 경력직 공무원이다. 이렇게 볼 때 우리나라 문화정책 담당 공무원들의 대부분은 경력직 공무원이라고 할 수 있다.

경력직 공무원은 다시 일반직 공무원과 특정직 공무원으로 세분화된다. 일반직 공무원은 기술·연구 또는 행정 일반에 대한 업무를 담당하며 직군(職群, occupational group)·직렬(職列, series of classes)별로 분류되는 공무원을 말한다. 여기서 직렬이란 직무의 종류는 유사하나 곤란성과 책임성의 정도가 상이한 직급의 군을 말한다.

---

4) <국가공무원법> 제2조.

다시 말해, 직무는 같은 종류에 해당되지만 의무와 책임의 수준이나 곤란성이 서로 다른 직급들을 모은 것을 말한다. 직군이란 직무의 종류가 광범위하게 유사한 직렬의 군을 말하는 것으로 비슷한 성격을 가진 직렬들을 모아 놓은 직위 분류의 대 단위라고 보면 된다. 쉽게 말해 일반직 공무원은 우리가 흔히 9급 공무원, 8급 공무원, 7급 공무원 등으로 부르는 공무원이다. 2014년 12월 현재 문화체육관광부에 소속된 일반직 공무원은 총 2,680명이다. 전체 문화체육관광부 공무원의 약 91.2%를 차지한다. 네 종류(일반직 공무원, 특정직 공무원, 정무직 공무원, 별정직 공무원)의 문화정책 담당 공무원 중에서 가장 비중이 높다. 문화재청은 930명이 일반직 공무원이고 전체의 약 95.8%이다.

특정직공무원은 법관, 검사, 외무공무원, 경찰공무원, 소방공무원, 교육공무원, 군인, 군무원, 헌법재판소 헌법연구관, 국가정보원의 직원과 특수 분야의 업무를 담당하는 공무원으로서 다른 법률에서 특정직공무원으로 지정하는 공무원을 말한다. 문화체육관광부에 소속되어 있는 특정직 공무원은 2014년 12월 현재 251명이고, 문화재청에는 40명이 있다.

2) 문화정책담당 특수경력직 공무원

특수경력직 공무원이란 경력직공무원 외의 공무원을 말한다. 특수 경력직 공무원은 경력직 공무원처럼 실적이 적용되는 경우도 있고 그렇지 않은 경우도 있지만, 그 어떤 경우가 되었든 경력직 공무원과는 달리 정년까지 신분이 보장되지 않는다. 문화체육관광부의 특수경력직 공무원은 8명으로 전체의 약 0.3%이고, 문화재청은 1명이다.

특수경력직 공무원은 다시 정무직 공무원과 별정직 공무원으로 나누어진다. 정무직공무원은 선거로 취임하거나 임명할 때 국회의 동의가 필요한 공무원이나 또는 고도의 정책결정 업무를 담당하거나 이러한 업무를 보조하는 공무원으로서 법률이나 대통령령(대통령비서실 및 국가안보실의 조직에 관한 대통령령만 해당한다)에서 정무직으로 지정하는 공무원을 말한다. 문화체육관광부에는 총 4명의 정무직 공무원이 있는데, 장관 1명과 차관 2명과 차관급인 국립중앙박물관장 1명이 이에 해당된다. 문화재청의 정무직 공무원은 차관급에 해당되는 문화재청장 1명이 있다.

별정직공무원은 비서관·비서 등 보좌업무 등을 수행하거나 특정한 업무 수행을 위하여 법령에서 별정직으로 지정하는 공무원을 말한다. 문화체육관광부에서 별정직 공무원들은 주로 저작권 전문가나, 홍보, 언론분석, 영상, 디자인 업무 등을 담당하고 있다. 별정직 공무원은 일반직 공무원과는 다른 절차와 방법에 의해 임용되지만 일반직 공무원의 계급에 상당하는 보수를 받는다. 현재 문화체육관광부의 별정직 공무원은 4명이다.

한편, [표 9−1]의 일반직 공무원 현황 등에서 보는 바와 같이 1급과 2급이 명시되지 않는 대신 고위공무원이라는 말이 쓰이고 있다. 현재 우리나라에서는 특정한 직위에 해당되는 고위 공무원들을 별도로 분리해서 고위공무원단이라는 하

표 9-1 문화체육관광부와 문화재청의 공무원 종류별 현황

구 분		문화체육관광부	문화재청
일반직	고위공무원	41	5
	3급	20	4
	4급	163	44
	5급	362	112
	6급	473	151
	7급	495	148
	8급	428	178
	9급	89	46
	연구직	388	182
	전문경력관	64	11
	일반임기제	49	4
	전문임기제	86	41
	한시임기제	22	4
	소계	2,680	930
특정직	소계	251	40
정무직	소계	4	1
별정직	소계	4	·
합계	·	2,939	971

자료: 인사혁신처(2014)

나의 풀(pool)을 구성하고 있다. 이는 국가의 고위공무원을 범정부적 차원에서 효율적으로 인사관리하여 정부의 경쟁력을 높이기 위해 도입된 제도이다.

여기서 고위공무원단이란 직무의 곤란성과 책임도가 높은 특정한 직위에 임용되어 재직 중이거나 파견·휴직 등으로 인사관리 되고 있는 일반직공무원·별정직공무원·특정직공무원(특정직공무원은 다른 법률에서 고위공무원단에 속하는 공무원으로 임용할 수 있도록 규정하고 있는 경우만 해당한다)의 군(群)을 말한다. 여기에 해당되는 직위는 <정부조직법> 제2조에 따른 중앙행정기관의 실장·국장 및 이에 상당하는 보좌기관, 행정부 각급 기관(감사원은 제외한다)의 직위 중 앞서 말한 실장·국장 및 이에 상당하는 보좌기관의 직위에 상당하는 직위, <지방자치법> 제110조 제2항·제112조 제5항 및 <지방교육자치에 관한 법률> 제33조 제2항에 따라 국가공무원으로 보하는 지방자치단체 및 지방교육행정기관의 직위 중 실장·국장 및 이에 상당하는 보좌기관에 상당하는 직위이다. 그리고 그 밖에 다른 법령에서 고위공무원단에 속하는 공무원으로 임용할 수 있도록 정한 직위도 해당된다. 이들을 통해 고위공무원단을

참고자료	공무원 인사와 관련된 용어의 정의5)

* 직위(職位): 1명의 공무원에게 부여할 수 있는 직무와 책임을 말한다.
* 직급(職級): 직무의 종류·곤란성과 책임도가 상당히 유사한 직위의 군을 말한다.
* 전보(轉補): 같은 직급 내에서의 보직 변경 또는 고위공무원단 직위 간의 보직 변경을 말한다.
* 정급(定級): 직위를 직급 또는 직무등급에 배정하는 것을 말한다.
* 직렬(職列): 직무의 종류가 유사하고 그 책임과 곤란성의 정도가 서로 다른 직급의 군을 말한다.
* 직군(職群): 직무의 성질이 유사한 직렬의 군을 말한다.
* 전직(轉職): 직렬을 달리하는 임명을 말한다.
* 강임(降任): 같은 직렬 내에서 하위 직급에 임명하거나 하위 직급이 없어 다른 직렬의 하위 직급으로 임명하거나 고위공무원단에 속하는 일반직공무원을 고위공무원단 직위가 아닌 하위 직위에 임명하는 것을 말한다.
* 직류(職類): 같은 직렬 내에서 담당 분야가 같은 직무의 군을 말한다.
* 직무등급: 직무의 곤란성과 책임도가 상당히 유사한 직위의 군을 말한다.

---

5) 〈국가공무원법〉 제5조.

구성하는 것이다.[6] 현재 문화체육관광부에는 41명의 고위공무원이 있고 문화재청에는 5명이 있다.

3. 중앙인사기관과 문화부의 인사부서

정부에서 인사를 담당하는 기관은 정부조직의 모든 공무원들을 대상으로 하는 중앙인사기관과 각 부처별 인사업무를 담당하는 부처 인사기관으로 나눌 수 있다. 전자에서는 비단 문화정책을 담당하는 문화체육관광부의 공무원뿐만 아니라 여타 부서들의 공무원들도 동일하게 인사관리의 대상으로 삼고 있고, 후자는 문화체육관광부의 공무원들만을 대상으로 인사관리를 한다.

우리나라 최초의 중앙인사기관은 1948년에 제정 및 공포된 <정부조직법>에 의하여 대통령 직속의 고시위원회와 국무총리 소속의 총무처 인사국으로 이원화되어 있었다. 이후 1954년 헌법 개정에 따라 국무총리제가 폐지되고 정부기구 간소화 정책에 따라 정부조직도 대대적으로 개편·축소되면서 고시위원회와 총무처가 폐지되고 그 대신 국무원 사무국을 두고 거기에서 범정부적 인사행정을 담당하게 되었다. 이후 1960년에는 4·19를 계기로 종래의 국무원 사무국이 국무원 사무처로 승격 개편되어 인사행정의 전담기구도 국무원 사무처의 인사국으로 승격되었다. 그러다 1961년 국무원 사무처는 내각사무처로 개칭되었고, 1963년에는 내각사무처가 총무처로 개편되어 유신정권인 제4공화국과 전두환 행정부인 제5공화국 그리고 노태우 행정부인 제6공화국 및 김영삼 행정부인 문민정부까지 존속하였다.

그 후 1998년 김대중 행정부의 발족과 더불어 <정부조직법>이 대폭적으로 개정되면서 지난 30년 이상 중앙인사기관으로 존속하였던 총무부와 내무부가 통합되어 행정자치부로 개편되었다. 행정자치부에서 범정부적 인사관리를 담당한 것이다. 그러나 1년 후인 1999년에 행정자치부에 집중되어 있던 인사 권한의 집중을 완화하고, 인사정책과 집행을 분리하여 인사개혁에 핵심 역량을 집중할 목적으로 정부조직개편을 단행하였고, 그 결과 대통령 직속의 심의·의결 기구로서 중앙

---

6) <국가공무원법> 제2조.

인사위원회를 설치하였다. 당시 한국의 중앙인사 기관은 행정자치부와 중앙인사위원회의 이원 체제로 존재하게 되었다.

하지만 중앙인사기관이 이원화함으로써 중앙인사위원회의 인사개혁에 관한 결정과 행정자치부의 인사 법령의 제·개정이 연계되지 않아 인사개혁의 추진이 지체되거나 왜곡되는 문제점이 지적되었다. 그리고 인사정책과 집행 기능이 분리됨으로써 인사정책은 인사행정의 현실을 충분히 반영하지 못하는 동시에, 인사행정 현장에서는 인사개혁의 의지가 충분히 반영되지 못하는 등의 문제점이 드러났다. 그래서 2004년 <정부조직법>과 <국가공무원법>을 개정하여 행정자치부의 인사 관련 기능을 중앙인사위원회로 이관함으로써 정부의 중앙인사기관을 중앙인사위원회로 일원화시켰다. 이후 2008년 이명박 행정부는 중앙인사기관인 중앙인사위원회를 행정안전부에 통합하였다.[7] 박근혜 정부에서는 안전행정부로 명칭을 변경해서 인사행정을 담당하다가 2014년 세월호 사건을 계기로 인사혁신처를 설립하여 기존의 안전행정부에서 담당하던 공무원 인사 관련 업무를 총괄하게 되었다. 따라서 2016년 현재 문화정책을 담당하는 중앙행정기관의 공무원은 인사혁신처의 인사행정의 대상이 된다고 볼 수 있다.

문화정책 담당공무원은 중앙인사기관의 인사행정의 대상이 될 뿐 아니라 문화정책 담당기관 내의 인사담당 부서의 인사행정의 대상이 되기도 한다. 2016년 현재 문화체육관광부는 인사 담당 부서로 제1차관 직속의 운영지원과를 두고 있다. 운영지원과에서는 채용·승진·전직 등 임용에 관한 사항, 교육훈련 등 능력발전에 관한 사항, 소속공무원의 상훈에 관한 사항, 인사제도 및 운영관리의 혁신에 관한 사항, 그 밖에 인사 관련 통계의 작성 및 유지에 관한 사항 등의 업무를 담당하고 있다. 문화재청의 경우는 차장 직속의 운영지원과에서 공무원의 임용·복무·교육훈련·연금 및 그 밖의 인사사무 등을 담당하고 있다.

---

7) 강성철 외(2011), pp.110-115.

제 3 절   문화정책 담당자 임용

임용이란 신규채용, 승진임용, 전직(轉職), 전보, 겸임, 파견, 강임(降任), 휴직, 직위해제, 정직, 강등, 복직, 면직, 해임 및 파면을 말한다.[8] 임용에 관한 이 정의는 <공무원임용령> 제2조에 명시된 내용인데, 여기서 임용의 정의는 곧 임용의 유형을 나열한 것과 같다.

1. 문화부 공무원의 외부임용

공무원 임용의 유형은 크게 외부임용과 내부임용이 있다. 외부임용은 정부조직 외부에서 인적자원을 모집해서 선발하는 것으로 주로 신규채용을 의미한다. 신규채용을 하는 방법, 즉 외부임용은 다시 공개경쟁채용에 의한 방법과 경력경쟁채용에 의한 방법으로 나누어진다.

공개경쟁채용은 우리가 흔히 말하는 공무원시험에 합격한 경우를 말한다. 공무원 시험에 응시할 수 있는 자격이 있는 사람이라면 누구에게나 기회를 부여하여 (공개경쟁)시험을 치르게 한 뒤 채용 후보자를 선발한다. 채용후보자는 국가공무원 시험을 주관하는 시험 실시 기관의 장이 임용권을 갖는 기관에 추천함으로써 특정 부처 소속의 공무원으로 임명되고 일정한 직위를 부여받게 되어 보직을 갖게 된다. 이때 시험 실시기관의 장은 각 기관의 결원 수 및 예상 결원 수를 고려하여 채용후보자 명부에 올라 있는 채용후보자를 시험성적, 훈련성적, 전공분야, 경력 및 적성 등을 고려하여 임용권을 갖는 기관에 추천한다. 공개경쟁채용에 따라 문화부의 공무원이 임용되는 경우도 이에 따른다. 공무원 시험에 합격한 사람들 중에서 성적과 전공 및 경력과 적성 등을 고려해서 문화부에 적합하다고 여겨지는 채용후보자를 문화부 장관에게 추천함으로써 이루어진다. 물론 그 이전에 문화부에서 필요한 인력 수가 인적자원계획에 반영되어 있기 때문에 그에 준하는 수만큼 추천된다.

---

8) <공무원임용령> 제2조.

하지만 때에 따라서는 임용권자가 추천을 요구할 수도 있다. 임용예정 기관에 근무하고 있거나 6개월 이상의 근무경력이 있는 사람 또는 임용예정 직위에 관련된 특별한 자격이 있는 사람이나, 임용예정 지역이 특수지역인 경우 이에 적합한 사람, 임용예정 기관의 장이 학력, 경력 및 특수자격요건을 정한 경우 이에 해당하는 사람일 경우이다. 예를 들어 문화부에서 근무한 경력이 있거나 문화부의 공석에 적합한 경력이나 자격이 있는 사람이 임용후보자에 포함되어 있다면, 문화부장관은 시험 실시기관의 장에게 해당 인력이 문화부로 추천되도록 요구할 수 있다. 만일 문화재 보존 및 처리와 관련된 뛰어난 기술을 보유한 사람이 채용후보자라면 이 사람을 문화재청으로 배치되도록 추천을 요구하는 것이다.

외부임용의 두 번째는 경력경쟁채용에 의한 방법이다. 이는 공개경쟁채용처럼 정부 외부의 사람을 신규 채용하는 것이지만 공개경쟁이 아니라 경쟁을 제한해서 임용하는 방법이다. 경력경쟁채용은 <국가공무원법> 제28조 2항의 각 경우가 해당되는데, 일정한 조건에 따른 퇴직자의 재임용, 공개경쟁 채용시험으로 임용하는 것이 부적당한 경우에 같은 종류의 직무에 관한 자격증 소지자를 임용하는 경우, 외국어에 능통하고 국제적 소양과 전문 지식을 지닌 자를 임용하는 경우, 임용 예정직에 관련된 전문계·예능계 및 사학계(史學系)의 고등학교·전문대학 및 대학(대학원을 포함한다)의 학과 중 대통령령으로 정하는 학과의 졸업자로서 인사혁신처장이 정하는 바에 따라 해당 학교장의 추천을 받은 자를 연구 또는 기술 직렬의 공무원으로 임용하는 경우 등이 해당된다.

특히 이 중에서 최근에는 외국어 능통자와 국제적 소양 및 전문 지식을 지닌 자에 대한 특별채용이 증가하는 추세이다. 문화부에서도 한류나 문화의 세계화에 발맞추어 국제적 업무를 담당할 수 있는 인력을 과거보다 더 많이 선발하고 있다. 그리고 문화부 소속 공공기관에서도 고전문학 번역이나 국제교류협력 사업에 필요한 인력들을 특별 채용하기도 한다. 국가나 도시 차원의 대규모 문화예술 축제나 문화이벤트를 개최할 때도 한시적으로 관련 분야의 외부 인력을 충원하기도 한다. MIT 대학교의 슈스터 교수의 분석에 의하면, 약 11,000명의 예술인들이 프랑스 문화부 소속으로 고용되어 직접 급여를 받고 있었던 적도 있다.[9] 사정에 따라 그 이유가 다양하겠지만 특정한 문화예술 행사에서 예술가들의 전문적 지식이

---

9) 구광모(1999), p.279.

필요한 까닭에 특별채용을 적극적으로 한 결과일 수도 있다.

그런 점에서 경력경쟁채용은 공개경쟁채용이 갖는 한계점을 보완해주는 역할을 한다. 공개경쟁채용에 의해 선발된 사람들이 우수한 것은 사실이다. 하지만 이들이 정부의 각 부처별로 요구되는 전문적 지식을 모두 갖추고 있다고는 볼 수 없다. 일반행정가로서 우수한 실력을 갖추고 있다고 해서 부처별 특수성이 반영된 업무를 잘 할 수 있는 것은 아니다. 특히 문화부의 업무 중에서도 문화재를 발굴하거나 보존처리하는 기술 그리고 민속자료나 일반 영상자료를 보존하는 기술, 전통문화 국제교류 사업 등은 일반 행정가로서의 능력과는 다른 별도의 지식이 요구되는 분야이다. 따라서 경력경쟁채용시험이 경쟁을 제한하는 까닭에 부정의 소지에 대해 논란이 있기는 하지만, 다른 한편으로는 공개경쟁채용 시험에 의한 공무원 임용을 보완해주는 역할을 하고 있다.

2. 문화부 공무원의 내부임용

내부임용은 정부조직 내에서 인적자원을 충원하는 방법이다. 특정한 직위가 공석일 경우 문화부 내에서 사람을 이동시켜 충원하는 것이다. 조직 내 사람들의 이동에 따른 임용이다. 여기에는 수직적 이동에 해당되는 승진, 강등, 강임 등이 있고, 수평적 이동에 해당되는 전직, 전보, 파견, 겸임 등이 있다. 그리고 기타 이동으로 휴직, 직위해제, 정직, 복직, 해임, 파면 등이 있다. 내부 임용은 사람들의 이동이므로 징계에 따른 이동과도 중복되는 면이 많다.

승진은 하위 직급에서 상위 직급 또는 상위 계급으로 이동하는 것을 말한다. 강등은 징계의 하나로서, 1계급 아래로 직급을 내리고(고위공무원단에 속하는 공무원은 3급으로 임용하고, 연구관 및 지도관은 연구사 및 지도사로 한다) 공무원 신분은 보유하나 3개월간 직무에 종사하지 못하며 그 기간 중 보수의 3분의 2를 감하는 것을 말한다. 강임은 같은 직렬 내에서 하위 직급에 임명하거나 하위 직급이 없어 다른 직렬의 하위 직급으로 임명하거나 고위공무원단에 속하는 일반직공무원을 고위공무원단 직위가 아닌 하위 직위에 임명하는 것을 말한다. 이처럼 수직적 임용은 문화부 내부의 승진이나 징계에 따라 이동하는 것이다.

수평적 내부 임용이 발생되는 경우는 전직, 전보, 겸임, 파견, 전입에 의해서
이다. 전보는 상이한 직렬의 동일한 계급 또는 등급으로 수평이동 하는 것이고,
전보는 동일한 직렬·직급 내에서 직위만 바꾸는 것을 말한다. 겸임은 직위 및 직
무 내용이 유사하고 담당 직무 수행에 지장이 없다고 인정되는 경우에 한 사람의
공무원에게 둘 이상의 직위를 부여하는 것을 의미한다. 파견은 국가적 사업의 수
행을 위하여 공무원의 소속을 바꾸지 않고 일시적으로 다른 기관이나 국가 기관
이외의 기관 및 단체에서 근무하게 하는 것을 말한다. 전입은 인사 관할을 달리
하는 입법부·행정부·사법부 사이에 다른 기관 소속 공무원을 이동시켜 받아들이
는 것을 말한다.

다음으로 기타 이동으로는 휴직, 직위해제, 정직, 복직, 해임, 파면 등이 있다.
휴직은 일시적인 사정으로 공무원이 직무를 일정기간 떠나 있는 것을 말한다. 직
위해제는 형사사건으로 기소자 등 공무원에 대하여 직위를 계속 유지시킬 수 없다
고 인정되는 사유가 있는 경우에 임용권자가 공무원으로서의 신분은 보존시키되
직위를 부여하지 않는 임용행위를 말한다. 정직은 직무 수행을 일시적으로 정지시
키는 중징계처분의 한 종류로서, 공무원의 신분은 보유하지만 직무에 종사하지 못
하고 정직 기간은 1개월 이상 3개월 이하이고 정직 기간 중에는 보수의 2/3를 감
한다. 복직은 휴직 또는 직위해제 중인 공무원을 직위에 복귀시키는 것을 말한다.
파면과 해임은 공무원을 강제로 퇴직시키는 것으로, 파면된 사람은 5년 동안 공무
원으로 임용될 수 없고 해임의 경우에는 3년 동안 공무원으로 임용될 수 없다.[10]

제 4 절 문화정책 담당자에 대한 교육훈련

 교육훈련의 의의와 종류

교육훈련은 직무수행에 필요한 지식과 기술을 습득하여 업무달성의 효과성

---

10) 강성철 외(2011), pp.270-282.

을 높이고 동시에 개인의 경력발전과 잠재력을 향상시키기 위해 실시된다. 이 말 속에서도 알 수 있듯이 교육훈련에서 중요한 것은 교육훈련이 가져다주는 결과가 조직 차원에만 한정되어서는 안 되고 개인차원과 통합되어야 한다는 점이다. 조직 의 목표 달성만을 강조해서 교육훈련을 실시하면, 조직구성원은 조직의 부속품으 로 전락하여 장기적으로 보면 오히려 조직의 생존 자체에 위협이 될 수 있다. 따 라서 직장에서 이루어지는 교육훈련이지만 조직구성원 개인의 만족감도 중요한 것으로 여기고 있는 것이 오늘날의 추세이다. 정부조직에서 이 같은 교육훈련은 궁극적으로 질 높은 행정서비스를 제공하는 것으로 나타난다.

오늘날 교육훈련은 더욱더 강조되고 있다. 그것은 현대사회의 변화속도와 자 료의 방대함 때문이다. 시시각각 새로운 정보와 지식이 생산된다. 빅데이터(big data)의 시대인 만큼 유익한 자료를 찾아서 유용하게 활용하는 방법을 익혀야 한 다. 교육훈련이 중요한 이유 중 하나가 여기에 있다. 문화예술의 분야에서도 수많 은 자료들이 생성되고 전파된다. 문화예술에 관한 여러 정보가 생성되고 정보가 상호 결합되고 축적되어 대용량으로 변해가고 있다. 그리고 미디어의 발달로 문화 예술의 매개 방식에도 여러 변화를 가져와서 유례 없이 빠른 유통속도를 통해 다 양한 형태의 문화예술이 실시간 전파되고 있다. 빅데이터의 특성이 문화예술 영역 에서도 나타나고 있는 것이다. 이제는 이러한 현상들에 대한 이해가 없다면 문화 정책 추진에 어려움을 겪게 된다. 따라서 문화예술 정책을 전담하는 정부조직의 구성원들은 항상 이를 주시하고 실제로 분석하고 그 의의를 찾아서 정책에 반영해 야 한다. 이를 위한 지식과 기술 습득은 교육훈련에서 비롯된다.

정부에서 현재 시행되고 있는 교육훈련은 기본교육훈련과 전문교육훈련 및 기타 교육훈련으로 구분된다. 기본교육훈련은 신규채용후보자 또는 신규채용자, 승진임용예정자 또는 승진된 자에 대하여 공무원으로서 필요한 능력과 자질을 배 양할 수 있도록 하기 위한 교육훈련을 말한다. 전문교육훈련은 전문교육훈련을 담 당하고 있거나 담당할 직무분야에 필요한 전문적인 지식과 기술을 습득할 수 있도 록 하기 위한 교육훈련이다. 기타교육훈련은 기본교육훈련 및 전문교육훈련에 속 하지 않는 교육훈련으로서 소속기관의 장의 명에 의하여 또는 공무원 스스로 행하 는 직무 관련 학습·연구 활동을 포함한 교육훈련을 말한다.

교육훈련의 방법은, 우선 기본교육훈련의 경우 중앙공무원교육원 및 행정안전부장관이 정하는 전문교육훈련기관에서 실시한다. 다만, 교육훈련내용이 교육훈련기관에서 실시하는 것에 상응하다고 행정안전부장관이 인정하는 직장훈련이나 위탁교육훈련은 이를 기본교육훈련에 갈음할 수 있도록 하고 있다. 전문교육훈련은 직장훈련에 의해 실시한다. 다만, 직장훈련에 의하여 실시하기 곤란한 경우에는 교육훈련기관에 의하여 실시하되, 교육훈련기관에 의하여도 실시하기 곤란

표 9-2 문화체육관광부 교육훈련시간 인정범위 및 방법(예시)

구분	종류	교육·학습 내용	인정시간	
부처공통학습 (총 의무교육시간의 40% 이상 이수 의무)	각 부처 및 공무원 교육기관 주관 교육	각 부처(위원회 포함)에서 실시하는 기획교육(안전행정부 주관 민간 위탁교육/기획재정부 디지털정부회계시스템교육 등) 및 중앙공무원교육원, 청렴연수원 등 공무원교육훈련기관(교육원/연수원)에서 실시하는 집합·사이버 교육과정	○ 연간 인정한도 시간 없음 (단, 1일 인정한도 7시간) ○ 수료통보공문에 명시된 시간 인정 (30분 이상은 1시간으로 인정)	
	우리 부 자체 기획(공통) 교육	업무분야별 전문교육, 정보화교육, 한국콘텐츠진흥원특별교육(사이버), 이달의 문화읽기, 한류 아카데미, 1인2기 활동, 코칭 리더십 교육 등 우리 부 전 직원을 대상으로 하는 기획 및 전문교육		
	국제전문인재양성교육	안전행정부 주관 외대 위탁교육 및 국가공무원 사이버 외국어 교육, 부내 어학반 수업 등 국제전문인재군 양성 및 역량강화를 위한 특별교육		
	직장(공통)교육	전 직원 대상 실시하는 정부현안 및 국정과제 등 주요 시책 교육		
		전 직원 대상 보안·친절·소방·공직기강·성희롱(성폭력, 성매매)예방·청렴교육 등		
		소속기관별로 실시하는 직장교육		
	부처 워크숍	부처 차원의 워크숍(교육훈련 및 기획총괄 부서 등 주관)		
	장기교육	기본교육 훈련, 국내·외훈련	1년 미만	40시간
			1년 이상 2년 미만	80시간

			2년 이상	120 시간
설계형 학습	부서장 설계형 학습	부서별 자체 기획교육	○ 연간 인정한도 60시간	
		워크숍 활동		
		정책현장학습(단순한 전시, 관람 등만이 아닌 정책사항 반영)		
	논문	각종 간행물에 직무관련 논문(칼럼) 게재	○ 연간 인정한도 70시간 ○ 편당 논문 30 시간/칼럼 10시간 인정	
	대학(원) 수강	안전행정부 위탁 혹은 개인적으로 이수하는 대학 또는 대학원 과정	○ 연간 인정한도 60시간 (학기당 30 시간)	
	강의	① 민·관 대학에서 강의(겸직허가 사항)	학기당 30시간 인정	연간 인정 한도 60 시간
		② 강사로 초빙된 1회 강의	(강의 시간 +5시간) 인정	
	세미나, 학술 대회 등 참여	민간 또는 부처에서 실시한 세미나, 학술회의, 연구모임, 회의 등 참여	○ 연간 인정한도 50시간	
	자기설계형	민간에서 실시하는 학습(외국어, 정보화 등)	○ 연간 인정한도 60시간	
		정부청사 상담지원센터 특별교육		
	기타	장기교육의 부처공통교육 반영 초과분	1년 미만	60시간
			1년 이상 2년 미만	120 시간
			2년 이상	180 시간

자료: 문화체육관광부(2014d)

한 경우에는 위탁교육훈련에 의하여 실시한다.[11] 즉, 문화체육관광부와 문화재청의 교육훈련 담당부처는 각 기관의 운영지원과에서 현재 담당하고 있는데, 이곳에서 모든 교육훈련을 전담할 수 없는 경우도 있기 때문에 위탁교육 등으로 실시되기도 하는 것이다.

교육훈련은 조직목표달성이나 경력발전 등에 중요하지만, 공무원들의 현실적 필요는 대개 승진과 관련된다. 그래서 공무원 스스로 교육훈련에 열중하는 경우가 많다. 교육훈련 시간이 공무원들의 승진을 위한 기초자료가 되기 때문이다. 실제로 현재 문화체육관광부의 경우 일반직 4급 이하 공무원들(연구사 포함)이 승진에 필요한 교육훈련시간을 충족하지 못했을 때 승진심사 또는 승진시험 응시 대상에서 제외시키고 있다. 그래서 문화체육관광부 공무원들은 관련 교육훈련들을 이수하여 필요한 시간을 충족시키고 있다. [표 9-2]는 문화체육관광부에서 각 교육훈련 별로 교육훈련 시간을 인정하는 범위를 나타내고 있다.

2. 문화기획력 제고의 중요성

교육훈련의 여러 측면이 모두 중요하겠지만, 문화정책 담당자로서 문화기획력은 문화정책의 목표를 구현하는 시발점이자 원동력이 된다. 아무리 좋은 문화사업 아이디어가 있다고 해도 실현계획이 없다면 현실에 존재할 수 없기 때문이다. 문화기획이 있어야 하고 문화기획을 할 수 있는 능력도 있어야 한다. 따라서 문화정책 담당자는 문화기획력을 제고하는 교육훈련을 지속적으로 받아야 한다.

또 문화정책 담당자들의 문화기획력이 중요한 이유는 효과적이고 적합한 문화기획이 문화생산과 문화향유를 연계하는 디딤돌의 역할을 하기 때문이기도 하다. 이 점은 문화기획이 갖는 소통의 역할을 의미하는 것으로, 특히 오늘날 문화기획의 새로운 의미로 부각되고 있는 점이다. 문화정책의 중요성이 강조되니까 여러 문화정책과 사업들을 만들고 만든 것을 규정에 따라 수동적으로 집행하면 된다라는 인식에서 벗어나, 문화생산과 문화향유를 포함하여 문화정책 관련자들 간의 문화예술적 소통이 이루어지도록 만들고 집행하는 것이 중요하다. 이 역할을 하는

---

11) 〈공무원교육훈련법 시행령〉 제7조와 제8조.

것이 오늘날 강조되는 문화기획의 의미이다.

다시 말해, 문화기획력이 강조되는 것은 문화정책 결정과 집행에서 소통력을 확보하는 것이다. 특히 문화정책의 경우 문화생산과 문화향유가 비교적 구분되어 있고, 또 양 주체에 대해 정책적 지원을 매개하는 문화정책 담당자가 존재한다는 점에서 이 세 주체들 상호간의 소통이 중요하다. 그 뿐 아니라 문화예술정책에서 비롯되는 공공서비스는 일반적인 편익을 제공하는 다른 여타 공공서비스와는 달리 감흥과 미적 체험을 공유하는 것이 전제된다는 점에서도 상호간의 소통이 중요하다. 소통되어야 감흥이 공유되기 때문이다. 따라서 문화정책 담당자의 유능한 문화기획력이 필요하다.

사실 그동안 문화기획은 민간 예술단체에서만 적용되는 것으로 생각해 왔다. 그것은 문화기획의 의미에 소통의 의미를 간과했기 때문이다. 그렇다고 소통의 의미가 없는 문화기획의 의미가 명확히 정의되었던 것도 아니었다. 즉, 문화기획이라는 말이 다소 모호한 개념으로 통용되고 있었다. 대체로 'planning of arts and culture'를 지칭하였다. 그러나 오늘날 확대된 문화기획의 개념은 예술의 상품화나 문화산업에 국한되지 않고 문화소통을 지향하는 기획행위들을 포괄하는 의미를 내포하고 있다. 그래서 이를 'cultural planning'이라고 부르기도 한다. 전자의 '예술문화의 기획'과 '문화(적) 기획'은 다른 것이다. 따라서 유형성을 만드는 예술문화의 기획과는 달리 소통을 전제한 문화적 기획은 다양한 정책 대상자를 고려해야 하는 정부의 문화정책에서 더욱 필요한 것으로 여겨지기 시작했다.

이러한 문화기획은 상품개발이나 경제적 효과보다는 공공성을 목표로 하는 것과 같은 시민사회의 소통적(communicative) 기획행위를 강조하면서 공동체적 (communal) 활동을 포괄한다. 과거의 전형적인 문화기획이 공정방법론에 관련된 것이라면, 넓은 의미의 오늘날 문화기획은 소통방식에 대한 접근인 것이다. 문화적 소통이 필요하다는 것을 강조하는 가치부과적인 접근이라고 볼 수 있다.[12] 따라서 문화정책 담당자는 문화예술정책들에서 관련자들 간의 소통적 교류가 이루어지도록 적합한 문화기획을 해야 한다. 이를 위해서는 문화기획력이 있어야 하므로 관련 교육훈련이 필요한 것이다.

---

12) 하계훈 외(2002), pp.326-327.

제 5 절   문화정책 담당자에 대한 동기부여

1. 동기부여의 의미와 요인

동기부여란 직무에 관한 행동을 시작하게 하고 유지되게 하며 행동의 강도와 양태 및 질과 방향을 결정하는 데 영향을 미치는 과정을 말한다. 동기부여의 의미는 다시 세 가지 주요 이슈로 나눌 수 있다. 첫째, 인간의 행동을 작동시키는 것은 무엇인가?(What energizes human behavior?), 둘째, 그러한 행동을 일정한 방향으로 이끄는 것은 무엇인가?(What directs and channels such behavior?), 셋째, 그렇게 작동된 행동은 어떻게 유지되고 계속되는가?(How is this behavior maintained or sustained?).[13] 동기를 부여한다는 것은 곧 이 세 가지 모두에 초점을 두는 것을 말한다. 물론 동기를 부여해야 하는 상황이나 맥락에 따라 세 가지 모두를 동시에 고려하기도 하지만 어느 하나 혹은 어느 두 가지에 초점을 두고 동기부여 방법을 적용하기도 한다.

그동안 등장한 동기부여에 관한 이론들에 따르면, 동기부여의 방법은 크게 '욕구를 충족시켜주는 방법'과 '동기유발 과정의 주요 요인들을 관리하는 방법'으로 나누어진다. 전자를 흔히 내용이론(content theories)이라 하고 후자를 과정이론(process theories)이라고 한다. 각각에는 다시 여러 이론들이 해당되는데, 중요한 것은 사람의 동기를 모두 설명할 수 있는 유일한 이론은 없다는 것이다. 그만큼 사람에게 동기를 부여하는 요인은 상당히 많고 또 다양하다. 그동안 내용이론 및 과정이론으로 분류되는 여러 이론들에서 제시하고 있는 동기부여 요인으로는, 인간의 여러 욕구 충족, 일 자체에 대한 관심 정도, 일에서 기대되는 성취, 다른 사람과의 성과 비교 결과, 경제적 보상, 승진, 업무환경, 관리시스템의 공정성, 일에 대한 매력도 등이다.

이런 요인들은 주로 민간부문에서 연구되어 제시된 것이기 때문에 모든 것이 공공부문에 다 부합되는 것은 아닐 수 있다. 물론 일반적인 수준에서는 민간부문

---

13) 이창원·최창현(2005), p.164.

이든 공공부문이든 의미 있는 요인들이다. 하지만 두 부문 간의 차이는 있다. 그래서 최근에는 공공부문의 특성을 고려해서 공공부문에서 작동하는 동기부여 방안을 모색하는 작업들이 이루어지고 있다. 물론 앞에서 열거한 요인들도 그대로 해당된다. 여기에 덧붙여서 최근 공공부문의 특성을 강조한 동기부여 요인으로 제시된 것으로, 공공정책에 대한 호감도, 정책이나 관리에 참여 정도, 자기효능감(self-efficacy) 등이 있다.

이 중에서 특히 최근에는 공무원의 자기효능감이 업무성과에 의미 있는 영향을 미치고 있다는 경험적 연구가 많이 제시되고 있다. 자기효능감이란 '자신이 가지고 있는 지식이나 기술 또는 경험을 적절히 조직화할 수 있는 자신의 능력에 대한 신념'을 말한다. 쉽게 말해, 자기효능감은 자기의 능력에 대한 구체적인 신념이나 확신의 정도를 말한다.

그동안의 경험적 연구 결과에 따르면, 높은 자기효능감을 가진 개인은 그렇지 않은 사람들과는 다르게 보다 생산적인 능력을 가지고 목표성취에 더 많은 노력을 하고 역경을 적극적으로 극복할 수 있다. 뿐만 아니라 주어진 업무를 성공적으로 수행할 가능성이 더 높고, 어려운 일에서는 기꺼이 자신을 개입시키고 헌신하려는 의지도 강하다. 또 높은 수준의 자기효능감을 가진 사람은 그렇지 못한 사람에 비해 성공하려는 갈망의 정도가 높고, 좀 더 많은 노력을 하려고 하고, 또 좀 더 도전적인 과업을 하려고 한다. 이처럼 자기효능감은 업무에 대한 동기에 긍정적인 영향을 미친다. 이는 곧 정부의 업무 성과를 향상시키기 위해서는 공무원들의 자기효능감을 높이기 위한 노력이 필요하다는 것을 말해준다.[14]

② 문화정책 담당자에 대한 동기부여 방안

문화정책 담당자에 대한 동기부여는 일반 공무원의 동기부여 방법에 더하여 문화예술을 정책대상으로 하고 있다는 점을 고려할 필요가 있다. 우선, 문화부 공무원들의 역량 강화가 필요하다. 행정사무 지식 이외에도 예술적 지식을 고양시키거나 행정과 예술의 연계 교육을 활성화하는 것 등이다. 필요하다면 내부 기관 교

---

14) 김문성·박성철(2011).

육은 물론이고 외부기관 교육도 적극적으로 활용하는 것이 좋다. 공무원 역량 강화는 곧 자기효능감을 높이는 방안으로서, 자발적 업무수행과 효과적인 성과 창출을 유도한다. 문화정책과 관련된 사업수행에서 행정 및 예술적 지식과 기술에 대한 스스로의 확신을 심어 주기 때문이다.

실제로 유럽에서 정치인과 예술인들이 직면한 가장 큰 문제를 정책을 집행하는 공무원들의 역량으로 보는 견해가 있다. 이는 문화부 공무원들의 행위에서 비롯되는 악의(malevolence)가 아니라 전문성의 부족을 의미한다. 예컨대 문화경영에서 경험을 쌓아 공공조직에 진입한 공무원들의 경우는 정책형성과 정책전달 활동에서 요구되는 여러 필요한 기술을 구비하고 있지 못하는 경우가 많다. 그리고 처음부터 공무원이었던 사람도 문화예술부문의 복잡성과 특이성 및 창의성을 이해하지 못하고 도로건설이나 경제계획에 적용하던 태도를 연극과 음악에 적용하려고 한다.15) 이러한 태도는 문화사업의 공익성을 간과하거나 문화사업의 미적 감수성을 간과한 불완전한 문화사업으로 전락시키는 요인이 되어 후일 사업평가에서 비판을 받게 된다. 정책대상자로서 예술인들이 정부의 문화정책집행에 대해 불만을 토로하는 것도 그와 같은 맥락이다. 이러한 비판과 불만은 결국 정책담당자인 공무원들이 업무수행을 할 때 동기저하의 원인이 된다. 따라서 문화부 담당자들의 행정·정책·예술적 지식 역량을 갖추도록 기회를 제공하는 것이 동기부여의 한 방안이 된다.

두 번째는 문화정책 담당자에게 사업의 발굴과 사업수행과정에 자율성을 보장하는 것이다. 사실 예술가에게 창의성 발휘의 기회를 제공하고 개성을 허용하고 자율적 활동을 보장하는 것이 아주 중요하다는 것은 누구나 아는 바이다. 그러나 여기서 동시에 중요하게 고려해야 하는 것은 문화정책의 주요 대상자 중 하나인 예술가들과 잦은 접촉과 상호교류를 하는 문화정책 담당자들의 자율성도 보장되어야 한다는 점이다. 관료제의 특성상 예술가들에게 보장되어야 할 정도의 자율성이 문화정책을 담당하는 공무원들에게도 그대로 보장되기는 어려울 것이다. 하지만 문화정책의 효과를 극대화시키기 위해서는 자율적이고 개성적인 예술가들과 접촉하고 교류하는 문화정책 담당자들도 그들과 교류할 때 소통에 문제가 없을 정도의 자율적인 태도를 지니고 있어야 한다. 그렇게 함으로써 최소한 예술가들의

---

15) Mundy, Simon(2000).

특징을 이해해할 수 있게 되고 또 예술가들의 자율적 활동을 심층적으로 관찰하여 공감하게 된다. 그 결과로 현실의 정책대상들에게 보다 현실적이고 적합한 정책을 제공할 수 있게 된다.

따라서 문화정책 담당자가 문화정책을 집행하고 실행할 때 예술적 소통을 위해 정책 내용의 테두리 내에서 정책 활동을 하되 규정과 규제에 지나치게 얽매이지 않는 것도 때로는 필요하다. 예술적 시각을 통해 정책대상자인 예술가와 신뢰를 쌓고, 계량적이지 않은 예술적 성과 등에 대하여 존중하고, 기존의 틀을 벗어난 아이디어를 이해하면서 수용하는 자세가 필요하다. 문화정책 담당자들에게 이러한 태도를 지닐 수 있도록 여건을 마련해주고 업무수행과정에서 자율성을 높여주는 것이 바로 업무수행에서의 동기를 부여하는 방안이 된다. 그렇게 함으로써 자신에게 부여된 업무수행과정에서 추진력과 성과가 높아지고 업무평가에서도 좋은 결과를 낳을 가능성도 높아지기 때문이다.

세 번째는 승진에 관한 것이다. 문화부 공무원도 순환보직에 의해 다양한 업무를 담당하게 된다. 그러나 소위 말하는 승진을 위한 주요 요직이 있기 마련인데, 여기에 문화정책 담당 업무가 해당되는 경우가 적다는 점이다. 그런 점에서 승진이 동기부여의 한 요인이라고 한다면 이는 문화정책 담당자의 동기를 저하시키는 요인이 될 수도 있다. 따라서 이에 대한 시정이 필요하다. 물론 한편으로는 문화예산이 증가하고 문화사업 규모가 커지고 있는 상황에서 앞으로 오히려 문화관련 부서가 주요 요직이 될 가능성이 높다는 의견도 있다. 문제는 그와 같은 때가 언제 도래할지는 알 수 없다는 점이다. 결국 승진과 관련하여 문화부에 대한 열등적 지위의식이 지양되어야 한다. 그리고 현실적으로도 승진과 관련해서 승진연한에 대한 조정도 필요하다. 예컨대 학예사 자격제도와 관련하여 승급에 필요한 경력기간에 대해 재검토가 필요하다. 현재와 같이 학부를 졸업하고 바로 박물관에 들어가도 17년이 지나야 1급이 되는 것이 과연 자격 제도로 현실성이 있고 의미 있는 것인가 하는 점을 되돌아보아야 한다는 것이다. 2급으로 승급하기 위해 5년, 1급으로 승급하기 위해 7년을 정한 기준에 대해서도 낮추는 방향으로 검토해 볼 필요가 있다.[16] 지나치게 승진 연한이 길 경우 성과를 위해 노력할 유인이 낮게 된다. 따라서 동기부여의 한 방안으로 승진과 관련된 문제들을 개선할 필요가 있다.

---

16) 양현미(2009), p.79.

1. 공공부문의 부패와 문화사업의 부패사례

공공부문에서 부패란 공직으로부터 부여받은 지위나 재량권을 이용하여 부당한 사적인 이득을 취하는 행위를 말한다. 다시 말해, 공무원이 공무원으로서 갖게 되는 여러 권한과 지위 그리고 재량권을 이용하여 시장영역으로부터 횡령이나 뇌물 수수 등과 같이 자신의 사적인 이득을 취하는 것을 말한다.

공공부문의 부패는 상황과 맥락에 따라 여러 요인들에 의해 유발되지만, 크게 두 가지 요인이 결정적으로 작용한다. 하나는 공공부문이 갖는 희소성(scarcity)이고,[17] 다른 하나는 공공부문의 재량권이다. 즉, 공무원의 부패는 공공서비스의 희소성과 그 희소한 서비스를 제공할 때의 재량권을 악용하기 때문에 발생하는 것이다.

구체적으로 보면, 정부가 제공하는 서비스는 시장의 상품과 비교해 볼 때 상당한 희소성의 특징을 지닌다. 쉽게 말해, 정부가 제공하는 서비스들은 정부 이외의 주체나 실체로부터는 제공받기 힘들다. 정부가 독점적으로 제공하기 때문에 정부가 제공하는 서비스는 희소성을 지닌 것이다. 예컨대 건축 허가나 출생 신고는 정부기관이 아니면 제공할 수 없는 서비스들이다. 그래서 허가나 승인을 보류하거나 지연시켜도 허가나 승인을 받고자 하는 사람은 어쩔 수 없이 기다려야 한다. 정부기관이 아니면 해줄 수 있는 곳이 없기 때문이다.

이러한 희소한 공공서비스를 제공하거나 분배하는 사람에게 재량권이 주어질 때 일종의 권력이 발생된다. 건축허가와 같은 희소한 서비스를 원만하고 쉽게 제공받고자 하는 사람(시장)은 희소한 서비스를 재량에 의해 제공할 수 있는 사람에게 뇌물과 같은 부정한 방법으로 접근할 유인을 가지게 된다. 특히 서비스 획득에서 엄격한 법과 절차가 마련되어 있는 경우에는 더욱 그러하다.

문화 사업에서도 부패의 주요 요인 두 가지(희소성과 재량권)가 적용된다. 정부에

---

17) Rose-Ackerman, Susan(1999), p.15.

의해 정책적으로 실시되는 다양한 문화 사업들은 희소성을 지니고 있으며, 동시에 사업 진행에서 담당자의 재량도 발휘된다. 예를 들어 국가적 문화행사나 이벤트는 이를 실시하는 정부의 독점력이 있으므로 서비스 제공의 희소성을 가지고 있고, 또 세부적인 관련 사업들을 집행하는 과정에서 담당자들에게 재량권도 주어진다. 따라서 실제로 문화사업과 관련된 부패 사례들이 종종 목격 되고 있다. 문화사업 과 관련된 보조금을 횡령하거나 사업 용역 과정에서 부정한 방법을 묵인하거나 문화행사지원 보조금을 편법으로 집행하는 것 등이다. [참고자료]는 문화사업의 부패사례들이다.

참고자료	문화사업 관련 부패 사례

〈사례1: ○○시티 관광자원화 사업보조금 횡령 의혹〉[18]

▸ 피신고자들은 ○○관광자원화 사업 관련 보조금을 교부 받아 집행하면서 사업비를 횡령하거나 계약절차를 지키지 않고 특정업체에게 용역사업을 몰아주고 사업담당 공무원은 이와 같은 사실을 묵인해준 의혹
▸ 신고자 및 참고인 진술, 관련기관 자료 등을 확인한 결과, 피신고자들은 ○○ 관광자원화 사업에서 현지 활동비를 임의적으로 인상하여 횡령하고, 특정업체와 용역사업 4건(1억 8,630만 원)을 수의계약으로 체결하는 등 업체와 공모의혹이 있고, 교부된 사업보조금을 일부 횡령하고 용역 사업을 하면서 지방계약법을 위반한 사실을 알면서도 이를 묵인하고 보조금을 계속 교부하여 공공기관의 예산을 손실케 한 사실이 일부 확인되어 수사와 함께 감독기관의 감사가 필요

〈사례2: 문화행사지원 보조금 편법 집행〉[19]

▸ 피신고자는 ○○문화원 사무국장으로서 2005년에 실시한 「○시장 보존행사」, 「○○ 농기 고두마리 전승행사」, 「○○○ 민속예술 경연대회」 등 각종 행사지원 보조금을 법령을 위반하여 공공예산을 낭비하거나 목적 외에 사용한 부패행위

---

18) 국민권익위원회(2012), p.79.
19) 국가청렴위원회(2008), p.25.

앞으로 문화예산은 더 증가할 것이고 사업의 종류도 다양해질 것으로 예상된다. 단정적이고 필연적인 것은 아니지만, 예산과 사업의 증가는 관련 부패가 발생될 기회가 많아지는 계기가 될 수도 있다. 따라서 사업시행에서 문화정책 담당자와 민간 용역업자들 간의 부정부패가 발생되지 않도록 노력해야 한다.

부정부패를 없애기 위한 가장 근본적인 방법은 관련자들의 자발적 각성이다. 하지만 자발적 각성은 자발성에 기초하므로 현실적인 대책이라기보다는 규범적인 성격의 대책이라고 할 수 있다. 그래서 현실적인 측면에서 볼 때 현존하는 부패행위를 발견하면 적극적으로 신고하는 체계를 확립하는 것이 보다 중요하다. 이는 부패를 발견해서 처벌함으로써 기존의 부패관행을 없애는 역할에서 나아가 신고체계가 확립되어 있다는 사실 그 자체가 부패유발을 억제시키는 기능을 하기 때문이다. 세밀하고 촘촘하게 확립된 신고체계는 부패행위가 발각되기 쉬울 수 있다는 일종의 신호가 되고 또 상징적인 자극제가 된다. 그래서 현재 우리나라의 문화체육관광부도 부패행위 신고를 활성화하기 위해 신고자에게 포상금을 지급하고 있다.

표 9-3 문화체육관광부 부패행위 신고자에 대한 포상금 지급기준

가. 금품·향응 수수관련 신고

부패행위 등의 유형	포상금 지급기준	상한액
직무와 관련하여 금품·향응을 수수하고 위법·부당한 처분을 한 경우	금품·향응 수수액의 20% 이내	1000만원
직무와 관련하여 금품·향응을 수수하였으나, 위법·부당한 처분은 하지 아니한 경우	금품·향응 수수액의 15% 이내	500만원
의례적인 금품·향응 수수의 경우	금품·향응 수수액의 10% 이내	100만원

나. 기타 부패행위 등의 신고

신고내용에 대한 조사결과	상한액
징계처분 등이 있는 경우	200만원
법령 개정 등 제도개선에 기여한 경우	100만원
기타 문화체육관광부 소관분야 청렴도 향상에 기여한 경우	50만원

자료: 문화체육관광부의 〈부패행위 등 신고 및 신고자 보호 등에 관한 규정〉

그 법적 장치로서 <문화체육관광부 부패행위 신고자에 대한 포상규정>은 문화체육관광부 소속 공무원의 부패행위를 신고한 자에 대하여 포상금을 지급하는 데 필요한 구체적인 지급대상과 기준 및 절차 등을 규정하고 있다. 포상금은 문화체육관광부에 신고 된 부패행위에 대하여 감사관이 조사한 결과 그 내용이 사실로 확인된 경우에 그 신고자에게 지급한다.[20] 포상금 지급 기준은 [표 9-3]과 같다.

2. 문화부의 행동강령

행정윤리는 행정활동에서 행위자들의 행동규범(code of conduct)을 말한다. 행정활동에서 행위자들은 공무원들이며, 이들이 공익가치를 실현하기 위해 행하는 제반 활동들에서 지켜야할 바람직한 규범을 준수하는 것이 행정윤리를 실천하는 것이다. 이를 위해 정부부처에서는 행동강령을 제정하고 준수하기 위해 노력하고 있다. 행동강령의 준수는 결국 인적자원의 윤리의식을 제고하여 본래의 바람직한 행정목표를 실현하는 데 그 목적이 있다.

따라서 문화정책을 담당하는 부서의 윤리실천도 문화정책이 본래 의도하는 바람직한 목표를 달성하기 위해 담당자들의 윤리의식을 제고하기 위한 것이다. 우리나라에서도 문화체육관광부는 행동강령을 제정하여 올바른 문화정책 실현을 위해 노력하고 있다. 문화체육관광부의 행동강령은 제1조부터 제39조까지 관련 내용들을 포함하고 있고, 문화체육관광부 본부 및 그 소속기관 공무원과 문화체육관광부에 파견된 공무원 모두에게 적용되고 있다.

주요 내용은, 공정한 직무수행을 해치는 지시에 대한 처리(제5조), 허위보고의 금지(제6조), 이해관계 직무의 회피(제7조), 특혜의 배제(제8조), 예산의 목적 외 사용 금지(제9조), 정치인 등의 부당한 요구에 대한 처리(제10조), 정치적 중립의 유지(제11조), 인사청탁 등의 금지(제12조), 이권 개입 등의 금지(제13조), 직위의 사적 이용 금지(제13조의2), 알선·청탁 등의 금지(제14조), 직무관련 정보를 이용한 거래 등의 제한(제15조), 공용물의 사적 사용·수익의 금지(제16조), 금품 등을 받는 행위의 제한(제17조), 금품 등을 주는 행위의 금지(제17조의2), 외부강의·회의 등의 신고(제18조), 금전의 차

---

20) 〈부패행위 등 신고 및 신고자 보호 등에 관한 규정〉.

용 금지 등(제19조), 경조사의 통지와 경조금품의 수수 제한 등(제20조), 비밀의 유지 (제21조), 성희롱의 금지(제22조), 외부활동 시 품위유지 등(제23조), 골프·여행 등 제한 (제23조의2), 협찬 요구 등 금지(제23조의3), 위반여부에 대한 상담(제24조), 위반행위의 신고 및 확인(제25조), 행동강령 위반행위 조사위원회(제26조), 징계 등(제27조), 금지된 금품 등의 처리(제28조), 범죄보고 및 고발주체(제29조), 고발 대상(제30조), 고발의 기준 및 고발시기(제31조), 고발 절차 등(제32조), 고발처리상황 관리(제33조), 교육(제34조), 청렴서약 및 포상 등(제35조), 퇴직 예정자 등에 대한 안내(제36조), 행동강령책임관의 지정(제37조), 기관별 행동강령의 운영 등(제38조), 재검토 기한(제39조)으로 구성되어 있다.[21]

---

21) 〈문화체육관광부 공무원 행동강령〉.

제10장

문화예산과 회계

제10장
문화예산과 회계

정부활동의 동력은 바로 예산이다. 예산은 사람의 신체에 비유하면 혈액과 같다. 정책은 조직이라는 구조적 틀(제8장의 조직관리)과 행위자인 사람(제9장의 인적자원관리)과 더불어 예산이라는 동력에 의해 실현된다. 문화정책도 예산에 의해 기획이나 계획 및 사업 등이 비로소 구체화되고 실현된다. 그래서 정책이 예산으로 구체화되어 표현된다는 점에서 Aaron B. Wildavsky는 "정책을 돈으로 환산한 것이 예산"이라고 하였다. 문화정책에서 문화예산과 회계가 중요한 이유가 바로 여기에 있다.

제 1 절 문화예산의 의미와 특징

1. 문화예산의 의미와 기능

1) 의미

예산이란 일정한 회계연도 동안에 정부가 사용할 자금의 확보와 지출에 관한 계획을 의미한다. 한 회계연도의 모든 세입과 세출에 관한 계획이 예산인 것이다. 이러한 예산을 통해 정부활동과 각종 정책 및 사업은 구체화된다. 정책과정과 사업 수행을 위해서는 그 원동력이 되는 자금이 필수적이기 때문이다. 그래서 정부 예산서를 보면 일정한 기간 동안 정부가 무슨 일을 하는지(할 것인지) 알 수 있다. 같은 맥락에서 문화정책의 주무기관인 문화부서의 예산서를 보면 일정기간 동안 정부가 문화예술에 대해 어떤 활동을 할 것인지에 대해 알 수 있다. 일반적으로 여기서 일정한 기간이란 1년이므로 문화예산은 1년 동안 정부가 문화예술분야에 사용하는 자금에 관한 제반 계획을 의미한다.[1]

2) 기능

문화예산은 여러 기능을 수행한다. 예산이 갖는 기능이 문화예산에도 그대로 적용되는데, 일반적으로 예산은 정치적 기능, 경제적 기능, 통제 기능, 관리 기능, 커뮤니케이션 기능을 한다.[2] 우선, 문화예산은 문화예술과 관련된 다양한 이익추구 집단들의 자원 확보 경쟁과 토론을 유인하고 각각의 목소리(voice)를 내는 매개체가 되면서 갈등과 합의의 원천이 된다(정치적 기능). 그리고 문화예산을 통해 지역경제가 활성화되고 문화산업을 통한 부가가치가 생산되기도 한다(경제적 기능). 아울러 문화예산은 문화사업과 정책에 소요되는 자금 사용에 대한 규정 준수 여부와 감시 및 감독을 위한 수단으로 사용되기도 한다(통제 기능). 또, 문화예산 사용의 효율성과 효과성을 검토하여 문화정책의 책임성을 묻고 성과관리 판단의 기초자료가 되기도 한다(관리 기능). 마지막으로 문화예산은 정부가 어떤 일을 하는지 알 수 있게 해주는 하나의 매개수단이 되기도 하고 요구 사항이 반영되는 수단이 되기도 한다(커뮤니케이션 기능).

2. 문화예산의 특징

1) 예산범위 확정의 어려움

문화예산은 여타 정부예산과 다른 몇 가지 특징을 지니고 있다. 우선, 문화예

---

1) 우리나라의 회계연도는 매년 1월 1일에 시작하여 12월 31일에 종료한다. 회계연도의 시작과 끝은 국가마다 다르다. 예컨대 미국의 경우 매년 10월 1일에서 다음해 9월 30일까지이며, 일본과 영국의 회계연도는 매년 4월 1일에서 다음해 3월 31일까지이다.
2) 이문영·윤성식(2003), pp.14-15.

산은 범위를 확정하는 것이 쉽지 않다. 이 점은 제1장에서 살펴본 문화의 개념에서도 언급하였듯이, 문화예술이라는 의미가 포괄하는 범위가 명확히 규정되어 있지 않기 때문이다. 문화의 개념이 다양한 만큼 문화의 영역도 다양할 수 있기 때문에 문화예산의 범위도 다양하게 규정될 수밖에 없다.

일반적으로 편의상 문화관련 정부부서의 예산을 문화예산으로 보는 경우가 많지만, 보다 구체적인 논의에 따라 문화관련 부서의 예산으로 분류되어도 그 가운데 일부 분야를 제외하여 문화예산을 재규정하기도 한다. 예컨대 우리나라의 경우 문화체육관광부의 예산을 그대로 문화예산으로 보기도 하지만, 체육 분야를 뺀 나머지를 문화예산으로 규정하기도 한다. 그리고 종교분야의 예산을 문화예산으로 볼 것인가라는 점도 연구자에 따라 다른 의견을 지니고 있기도 하다. 아울러 회계별로 일반회계와 특별회계 및 기금을 문화예산 영역에 어떻게 포함시킬 것인가도 문화예산의 영역을 규정하는 데 하나의 논점이 되기도 한다. 이처럼 문화예산은 문화예술의 복합적 개념에 의해 다른 분야의 예산과 비교할 때 그 범위를 확정하는 것이 쉽지 않다는 특징을 지니고 있다.

2) 예산 사용의 장기적 효과

문화예산의 또 다른 특징은 예산 사용에 따른 효과가 단기적으로 나타나기보다는 장기적으로 나타나는 경우가 많다는 점이다. 그래서 문화예산 사용에 따른 정책효과를 단기적으로만 분석해서 그 효과가 낮다고 단정 지어서는 안 된다. 장기적인 측면을 고려해야 하고, 아울러 부수효과까지 고려해서 예산사용에 따른 총체적인 효과를 분석해야 한다. 문화예산의 증가를 위한 주장이 설득력을 지니는데 일정한 한계를 갖게 되는 이유가 문화예산의 바로 이런 특징 때문이다. 세금에 의해 마련된 예산은 그 사용에서 정당성을 지녀야 한다. 예산 사용의 정당성을 확보하는 가장 기본적인 것은 예산 사용에 따른 효과를 제시하는 것이다. 그러나 문화예술은 장기적인 시간투자가 전제되어야 일정한 효과가 나타나기 때문에 회계연도와 같은 비교적 단기간 동안에 예산 사용의 효과에 따른 정당성을 확보하기가 쉽지 않다.

3) 가시적 성과측정의 어려움

　문화예산 사용의 효과가 장기적인 특징을 지닌다는 점과 함께, 설사 효과가 나타난다고 하더라도 가시적으로 그 성과를 측정하기 어렵다는 점도 문화예산의 또 다른 특징이다. 문화예술 활동의 경우 상상력과 주관 및 개인적 경험이 바탕이 되어 추상적인 결과물로 나타나는 경우가 많다. 예컨대 정부가 시민들의 예술적 감성을 높이기 위해 예술가들에게 작품 생산과 전시에 대해 재정지원을 하였다고 하면, 이때 재정지원의 성과는 향상된 시민들의 예술적 감성이 된다. 그런데 시민들의 예술적 감성이 향상된 것은 상당히 추상적인 결과물이다. 만일 이에 대해서 측정을 한다면, 우선 재정지원을 받은 예술가들의 작품 수준이 시민들의 예술적 감성을 높일 만한 작품인가를 측정해야 하고 동시에 전시를 관람한 향유자들의 예술적 감성이 높아졌는가도 측정을 해야 한다. 바로 이 점이 쉽지 않다는 것이다. 예술가들이 생산한 작품 숫자나 전시한 작품 숫자 그리고 관람객 수만으로는 정부 재정지원의 효과를 판단하기는 불충분하기 때문에, 보다 더 직접적인 성과물을 측정해야 하는데 문화예산의 성과를 가시적으로 보여주는 것은 상당히 어려운 것이 현실이다.

　그러다보니 정부 예산에 대해 지출정당성을 입증하도록 요구받는 최근의 경향 때문에 문화에 대한 예산지원은 항상 비판의 위험을 감수해야 한다. 다른 모든 분야는 정부가 기준을 정하고 관리할 수 있지만 문화 분야는 정부가 정하는 가시적 성과에 대한 기준을 따르기가 쉽지 않다. 그럼에도 성과를 통한 지출의 정당성을 강조하는 정부는 문화 분야에서도 상대적으로 통제와 측정이 용이한 부문에 집중해서 가급적이면 그 성과를 측정하려고 한다. 하지만 문화예산 사용에 대한 성과 집착으로 억지스러운 측정을 하면 오히려 문화예술 발전에 독이 된다. 적어도 문화담당공무원은 예술가들의 창의적인 재능에 신뢰를 갖고, 과학실험처럼 성공확률이 낮을 수도 있다는 것을 받아들여야 하며, 모든 하나의 위대한 성취에는 몇 개의 재앙에 가까운 실패가 반드시 수반된다는 것을 이해하고 있어야 한다.[3] 문화예산은 그것이 사용된다고 해서 반드시 가시적 성과가 도출되거나 또는 그 성과를 쉽게 측정할 수 있는 것이 아니기 때문이다. 문화예산 사용의 성과에 대해

---

3) Mundy, Simon(2000).

서는 보다 너그러운 태도가 필요하다.

4) 공급우선 작용 현상

문화예산은 수요보다 공급이 우선적으로 작용하는 경우가 많다는 것이 또 다른 특징이다. 일반적으로 경제 원리에서는 수요가 공급을 창출할 것으로 보지만 문화예술은 공급이 수요를 불러오는 속성을 지닌다. 그러므로 우선 문화프로그램이나 시설을 공급하여 문화향유 기회를 만들어주고, 이어서 경험재인 문화예술의 향유를 통해 자연스럽게 시장원리를 적용해야 하는 경우가 많다.[4] 실제로 정부의 재정지원으로 문화향유의 여건을 마련해 주면 많은 수요가 창출한다. 예컨대 2014년도부터 문화체육관광부가 매달 마지막 주 수요일을 '문화가 있는 날'로 지정하여 모든 국민이 무료 또는 할인된 가격으로 미술관·영화관 등 문화시설을 부담 없이 이용할 수 있도록 하였다. 이러한 선행(先行, 일종의 공급)에 뒤따라 문화향유자들의 문화향유 활동(수요)이 증가하였다. 그리고 유사한 예로 구겐하임 미술관의 경우도 매월 첫째 주 금요일 저녁에 저렴한 가격의 콘서트를 열어 많은 사람들이 모여들었다. 또 2015년에 전염병 메르스로 인해 침체된 문화예술시장을 돕기 위해 정부가 '공연티켓 1+1 지원사업'을 시행하여 문화향유자들의 향유활동을 높였다. 이처럼 문화예술은 모든 분야에 해당되는 것은 아니지만 많은 분야에서 공급이 우선해서 작용하는 구조를 지니고 있다.

5) 예산의 충분성에 대한 높은 상대적 체감도

마지막 특징은 문화예산의 충분성에 대한 체감도가 다른 분야에 비해 상대적으로 높다는 점이다. 어느 예산이 되었든 예산이 충분하다는 말을 쉽게 하기란 어렵다. 문화예산도 마찬가지다. 하지만 문화예산의 경우 예산의 충분성에 대한 체감도가 다른 분야보다도 더 상대적이다. 이는 문화라는 영역이 상당히 모호하기 때문이다. 이 책의 제1장에서는 문화정책의 논의 대상으로서 문화의 개념을 비교적 구체적으로 규정하였지만, 실무에서나 정책대상자들에게는 문화의 영역은 여전히 모호하고 넓다. 특히 대중문화가 급격히 발달하면서 예술가의 범위도 상당히 넓어졌고, 그에 따라 문화정책의 대상으로 인지하는 범위도 넓어졌다. 그래서 문

---

4) 이흥재(2006), pp.137-138.

화예산의 충분성에 대한 체감도는 다른 분야의 예산보다도 더 상대적인 특징을 지니게 되었다.

문화정책 담당자와 문화정책 대상자들이 생각하는 문화예산의 충분성에 대한 상대적 체감도 뿐만 아니라, 국가별로도 문화예산의 충분성은 서로 다르게 체감되고 있다. 실제로 문화정책 담당자들을 대상으로 한 설문조사에 의하면 미국은 한국보다 문화정책부문에 많은 예산을 사용하고 있음에도 불구하고 한국 공무원에 비해 문화예산 증대를 강도 높게 요구하고 있다.[5] 이는 문화예술에 대한 정부의 역할이나 국가의 역사적·환경적 맥락이 다르기 때문이다. 그래서 문화는 보건(health)과 교육처럼 끝이 없이 막대한 예산이 소요되며 재정적인 측면에서 결코 만족할 수 있는 수준을 찾을 수 없는 부문이기도하다. 그러다 보니 역설적으로 예산부족으로 인하여 문화에 대한 투자는 항상 신선한 계획을 이끌고 과감한 시도를 하도록 하는 면도 있다.[6] 체감도가 다양하고 상대적인 만큼 문화에 대한 투자의 정당성을 확보하기 위한 노력이 계속되는 측면도 있기 때문이다. 이처럼 문화예산은 예산의 충분성에 대한 체감이 다른 분야의 예산보다도 더 상대적이라는 특징을 지니고 있다.

제 2 절   문화예산의 구조와 규모

1. 문화예산의 구조

문화예산은 일반적인 예산의 구조와 동일하게 크게 일반회계와 특별회계로 구성되어 있다. 일반회계는 조세수입 등을 주요 세입으로 해서 국가의 일반적인 세출을 충당하기 위해 설치된 회계이다. 특별회계는 국가에서 특정한 사업을 운영하고자 할 때나 특정한 자금을 보유하여 운용하고자 할 때 특정한 세입으로 특정한 세출을 충당함으로써 일반회계와 구분된 회계 처리가 이루어지는 회계이다. 특

---

5) 박광국(1999), p.17.
6) Mundy, Simon(2000).

별회계는 법률로써 설치된다.

문화예산과 함께 문화재원의 원천으로 기금도 있다. 기금은 국가가 특정한 목적을 위하여 특정한 자금을 신축적으로 운용할 필요가 있을 때에 한하여 법률로써 설치된다. 기금은 일반회계와 특별회계와는 달리 합목적성 차원에서 상대적으로 자율성과 탄력성이 보장되는 재원이다.

[표 10-1]에서 보는 바와 같이 현재 우리나라 문화예산의 세입예산과 세출예산은 각각 동일하게 두 개의 특별회계와 여섯 개의 기금으로 구성되어 있다. 특별회계의 경우 <아시아문화중심도시 조성에 관한 특별법>에 의하여 아시아문화중심도시조성 특별회계가 설치되어 있고, <국가균형발전특별법>에 의하여 광역지역발전특별회계가 설치되어 있다. 그리고 문화예술진흥기금, 영화발전기금, 지역신문발전기금, 언론진흥기금, 관광진흥개발기금, 국민체육진흥기금이 운용 중에 있다.

표 10-1 문화예산의 구조

세입예산	세출예산
일반회계	일반회계
특별회계 - 아시아문화중심도시조성특별회계 - 광역지역발전특별회계	특별회계 - 아시아문화중심도시조성특별회계 - 광역지역발전특별회계
기금(기금수입) - 문화예술진흥기금 - 영화발전기금 - 지역신문발전기금 - 언론진흥기금 - 관광진흥개발기금 - 국민체육진흥기금	기금 - 문화예술진흥기금 - 영화발전기금 - 지역신문발전기금 - 언론진흥기금 - 관광진흥개발기금 - 국민체육진흥기금

자료: 문화체육관광부(2014a)에서 재구성

② 문화예산의 규모

문화예산의 규모는 앞서 문화예산의 특징에서 언급한 바와 같이 문화예술의 영역을 어떻게 규정하는가에 따라 다소 차이가 있을 수 있다. 연구자에 따라 다르겠지만 [그림 10-1]에 나타낸 중앙정부의 문화예산은 문화체육관광부 예산의 두 구성 요소인 일반회계와 특별회계 중 문화와 관광 분야의 예산을 나타낸 것이다.

최근 10년간 문화예산을 보면 약 1조 3천 6백억원에서 2조 6천 5백억원으로 증가하였다. 10년 사이에 약 두 배에 이르는 정도로 문화예산이 증가한 것을 알 수 있다. 문화예산은 앞으로도 더 증가할 것으로 예상된다. 현재 정부의 4대 국정기조 중 하나가 '문화융성'이며 이를 위해 '문화참여 확대', '문화예술 진흥', '문화와 산업의 융합'에 많은 관심을 가지고 있기 때문이다. 특히 2013년 12월 30일(시행일 2014년 3월 31일)에 <문화기본법>이 제정됨으로써 국민의 권리로서 문화권이 명시되어 있다. 이 법에 의하면 모든 국민은 성별, 종교, 인종, 세대, 지역, 사회적 신분, 경제적 지위나 신체적 조건 등에 관계없이 문화 표현과 활동에서 차별을 받지 않고 자유롭게 문화를 창조하고 문화 활동에 참여하며 문화를 향유할 권리를 가지고 있음을 밝히고 있다.[7] 따라서 국가와 지방자치단체는 문화 진흥을 위하여 여러 분야(문화유산·전통문화의 보전과 활용, 국어의 발전과 보전, 문화예술의 진흥, 문화산업의 진흥, 문화자원의 개발과 활용, 문화복지의 증진, 여가문화의 활성화, 문화경관의 관리와 조성, 국제 문화 교류·협력의 활성화, 지역문화의 활성화, 남북 문화 교류의 활성화)의 문화정책을 수립하고 시행하기 위하여 노력해야 함을 명시하고 있다.[8] 이에 비추어 볼 때 문화예산의 증가는 계속 될 것으로 예상된다.

---

7) 〈문화기본법〉 제4조.
8) 〈문화기본법〉 제9조.

그림 10-1 중앙정부의 문화재정 추이

연도	총계재정	예산	기금
2006	2,957,934	1,368,984	1,588,950
2007	3,076,068	1,424,974	1,651,094
2008	3,943,832	1,769,387	2,174,445
2009	4,047,229	1,726,453	2,320,776
2010	4,133,183	1,876,283	2,256,900
2011	4,197,694	2,058,270	2,139,424
2012	4,543,115	2,243,859	2,299,256
2013	5,083,785	2,453,891	2,629,894
2014	5,645,613	2,506,899	3,138,714
2015	5,877,097	2,652,795	3,224,302

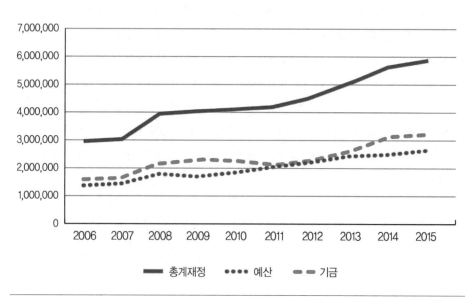

자료: 문화체육관광부의 연도별 〈예산·기금운용계획 개요〉 재정리
단위: 백만원

전반적으로 지방자치단체(시도계)의 문화예산도 증가추세에 있기는 하지만 중앙정부의 문화예산과는 달리 2011년도의 경우 감소한 경험이 있다. 즉 2008년에는 7조 1천 4백억원이었다가 2010년에 9조 1천 5백억원에서 2011년에는 8조 4천억 9백억원으로 감소하였다. 이는 지방정부의 문화예산이 경제적 수준이나 재정력에 따라 영향을 받기 때문이거나 지방정부의 소득 수준 변화 및 부채 증가에서 기인한 것일 수도 있다.[9] 하지만 중요한 것은 최근 5년 동안 전반적으로는 문화예산이 증가하고 있다는 점이다.

표 10-2 지방자치단체의 문화예산 추이

년도	2008	2009	2010	2011	2012
예산	7,141,876	8,384,618	9,154,342	8,495,088	9,065,067

자료: 행정안전부 지방재정통계(2012년)에서 세출예산 총계기준 중 문화 및 관광 항목
단위: 백만원

지방자치단체별(광역)로 문화예산의 규모를 보면, 경기도가 1조 2천 7백억원으로 가장 많다. 경기도가 가장 많은 시·군·구를 포함하고 있기 때문에 그 합산이 크기 때문일 것이다. 우리나라의 경우 지방자치가 실시되고 2000년대부터 문화정책이 강조되면서 지역별 문화축제가 많이 생겨난 탓에 축제가 많은 지역의 경우 문화예산이 상대적으로 높게 나타나기도 한다. 그리고 지역적 특성에 따라 문화와 관광에 크게 의존하는 도시도 상대적으로 문화예산의 비중이 다른 도시보다 더 높게 나타난다.

---

9) Lewis, Gregory B. and Michael Rushton(2007) ; Schulze, Gunther G. and Anselm Rose (1998).

표 10-3 지방자치단체별 문화예산 규모

지방자치단체	예산	지방자치단체	예산
서울	725,678	강원	549,238
부산	395,191	충북	365,918
대구	278,499	충남	503,291
인천	734,632	전북	523,771
광주	270,565	전남	822,950
대전	174,029	경북	1,162,540
울산	187,197	경남	924,451
경기	1,271,477	제주	175,641

자료: 행정안전부 지방재정통계(2012년)에서 세출예산 총계기준 중 문화 및 관광 항목
단위: 백만원

1) 세입예산

문화예산을 회계별로 구분해서 세입·세출예산과 기금에 대해 실제 예산서를 중심으로 보다 자세히 살펴보기로 한다. 여기서는 문화예산서를 살펴보는 것이 목적이므로 문화체육관광부 전체 예산을 문화예산으로 가정하고 논의하기로 한다.

문화체육관광부의 <2014년도 예산·기금운용계획 개요>에 나와 있는 [표 10-4]에 의하면, 2013년 일반회계와 특별회계의 합은 약 1천 8백억원이고 2014

표 10-4 세입예산 총괄

구 분	'13예산 (A)	'14예산 (B)	증감 (B-A)	%
합 계	182,644	234,391	51,747	28.3
일반회계	43,026	47,677	4,651	10.8
아시아문화중심도시조성특별회계	136,261	181,078	44,817	32.9
광역지역발전특별회계	3,357	5,636	2,279	67.9

자료: 문화체육관광부(2014a)
단위 : 백만원, %

년은 약 2천 3백억원이다. 이중 아시아문화중심도시조성특별회계가 큰 비중을 차지하고 있다. 그리고 증감의 정도를 보면 2013년 대비 2014년에 약 28%가 증가하였다. 일반회계, 아시아문화중심도시조성특별회계, 광역지역발전특별회계 모두가 증가하였다.

세입예산을 회계별로 자세히 나타낸 것이 [표 10−5]이다. 일반회계는 재산수입, 경상이전 수입, 재화 및 용역 판매수입, 수입대체경비 수입으로 나누어져 있다. 재산수입의 경우 토지 및 건물 대여료 등으로부터 수입이 발생하였고, 국고보조금 예탁금의 이자 수입도 발생하였음을 알 수 있다. 경상이전수입은 벌금 및 몰수금과 국고보조금 집행 잔액으로 형성되었다. 재화 및 용역 판매 수입은 입장료

표 10-5 회계별 세입예산

구　　분	'13예산 (A)	'14예산 (B)	증감 (B-A)	%	비 고
합　　계	182,644	234,391	51,747	28.3	
□ 일반회계	43,026	47,677	4,651	10.8	
재산수입	5,683	6,432	749	13.2	○ 토지·건물 대여료 등 2,847백만원 ○ 국고보조금 예탁금 이자 등 3,585백만원
경상이전수입	25,618	29,870	4,252	16.6	○ 벌금 및 몰수금 292백만원 ○ 국고보조금 집행잔액 등 29,578백만원
재화 및 용역 판매수입	8,743	8,715	△28	△0.3	○ 입장료수입 및 수수료 1,242백만원 ○ 입학금 및 수업료 1,884백만원 ○ 기타 잡수입 5,589백만원
수입대체경비 수입	2,982	2,660	△322	△10.8	○ 관유물대여료 457백만원 ○ 입장료수입 1,037백만원 ○ 면허료 및 수수료 719백만원 ○ 기타잡수입 447백만원
□ 아특회계	136,261	181,078	44,817	32.9	
일반회계전입금	136,261	181,078	44,817	32.9	○ 일반회계전입금 181,078백만원
□ 광특회계	3,357	5,636	2,279	67.9	·
경상이전수입	3,357	5,636	2,279	67.9	○ 국고보조금 집행잔액 5,636백만원

자료: 문화체육관광부(2014a)
단위 : 백만원, %

수입과 수수료 그리고 입학금과 수업료 및 잡수입으로 구성되어 있다. 수입대체경비 수입은 관유물대여료, 입장료수입, 면허료 및 수수료, 기타잡수입으로 이루어져 있다. 특별회계의 경우 수입은 아시아문화중심도시조성특별회계는 일반회계 전입금으로 이루어져 있고, 광역지역발전특별회계는 경상이전수입으로 국고보조금 집행 잔액이다.

[표 10-6]에서 보는 바와 같이 6개의 기금 수입은 2013년 약 2조 6천 2백억원에서 2014년 약 3조 1천 3백억원으로 19% 가량 증가하였다. 이 중 가장 큰 비중을 차지하는 것은 자체수입이다. 기금의 구체적인 내역과 관련해서는 문화예술진흥기금과 영화발전기금을 보면, 자체수입과 정부내부수입 및 여유자금 회수로 구성되어 있다. 그중 자체수입의 기타수입으로는 관유물대여료, 이자수입 등 재산수입, 경상이전수입, 입장료 수입 등 재화 및 용역판매수입, 경륜·경정수익 전입금, 고정자산매각대금 등으로 이루어져 있다. 영화발전기금은 자체수입의 하나로 영화관입장권 부과금이 있고 그 외 이자수입 등 재산수입과 투자조합 출자금 회수금 등이 있다.

표 10-6 기금수입

기금명	구분	'13계획 (A)	'14계획 (B)	증감 (B-A)	%	비 고
합계 (6개 기금)	〈 계 〉	2,629,894	3,138,714	508,820	19.3	·
	○ 자체수입	1,798,865	2,028,659	229,794	12.8	·
	○ 정부내부수입	195,468	187,949	△7,519	△3.8	
	○ 여유자금회수	635,561	922,106	286,545	45.1	·
문화 예술 진흥 기금	〈 계 〉	445,095	614,724	169,629	38.1	·
	○ 자체수입	234,740	233,335	△1,405	△0.6	·
	기타	234,740	233,335	△1,405	△0.6	○ 관유물대여료 2억원 ○ 이자수입 등 재산수입 175억원

					○ 경상이전수입 117억원 ○ 입장료 수 등 재화 및 용역판매수입 32억원 ○ 경륜·경정수익 전입금 292억원 ○ 고정자산매각대금 1,715억원
	○ 정부내부수입	78,920	63,800	△15,120	△19.2	○ 복권기금 전입금 613억원 ○ 공공자금관리기금예탁 이자 25억원
	○ 여유자금회수	131,435	317,589	186,154	141.6	○ 여유자금 회수
영화 발전 기금	〈 계 〉	352,955	365,277	12,322	3.5	·
	○ 자체수입	115,218	111,067	△4,151	△3.6	·
	법정부담금	33,837	43,000	9,163	27.1	○ 영화관입장권 부과금 430억원
	융자원금회수	363	–	△363	순감	·
	기타	81,018	68,067	△12,951	△15.9	○ 이자수입 등 재산수입 89억원 ○ 투자조합 출자금 회수 19억원 ○ 재화및용역판매수입 16억원 ○ 관유물매각대 557억원
	○ 정부내부수입	61,633	21,446	△40,187	△65.2	○ 공자기금예탁 원금회수 200억원 ○ 공자기금예탁 이자수입 14억원
	○ 여유자금회수	176,104	232,764	56,660	32.2	○ 여유자금 회수

자료: 문화체육관광부(2014a)
단위 : 백만원, %
참고: 문화예술진흥기금과 영화발전기금만 제시

2) 세출예산

일반회계의 세출예산은 일반지출과 내부거래로 나누어지며 일반지출은 다시
여러 부문(문화예술, 관광, 체육, 문화 및 관광 일반부문)으로 나누어지고 인건비, 기본경비, 주
요사업비가 있다. [표 10-7]의 회계의 총합이 총계재정과 지출재정으로 구분되어
있는데, 이는 일반회계와 특별회계를 단순 합산한 금액이 총계재정이고 회계 간
내부거래 등을 제외한 금액이 지출재정이라서 그것을 구분해 놓은 것이다.

표 10-7 일반회계의 세출예산

구 분	'13예산 (A)	'14예산 (B)	증감 (B-A)	%
총계 재정	1,599,711	1,658,883	59,172	3.7
지출 재정	1,433,450	1,472,805	39,355	2.7
1. 일반지출	1,433,450	1,472,805	39,355	2.7
□ 문화 및 관광 분야	1,433,450	1,472,805	39,355	2.7
○ 문화예술부문	1,151,803	1,246,135	94,332	8.2
○ 관광부문	6,871	5,436	△1,435	△20.9
○ 체육부문	68,132	4,477	△63,655	△93.4
○ 문화 및 관광 일반부문	206,644	216,757	10,113	4.9
① 인건비	159,439	165,560	6,121	3.8
② 기본경비	32,002	31,656	△346	△1.1
③ 주요사업비	1,242,009	1,275,589	33,580	2.7
2. 내부거래	166,261	186,078	19,817	11.9
○ 회계간 거래	136,261	181,078	44,817	32.9
○ 회계·기금간 거래	30,000	5,000	△25,000	△83.3

자료: 문화체육관광부(2014a)
단위: 백만원, %

특별회계도 일반지출과 내부거래로 구분되어 있다. 그러나 특별회계는 일반
회계와 달리 해당되는 사용처가 문화정책의 전반적인 부문에 해당되지는 않는다.

일반회계가 일반적인 국가 활동에 사용되는 것과는 달리 특별회계의 사용처는 특정한 곳이기 때문이다. 그래서 [표 10−8]에서 보는 바와 같이 아시아문화중심도시조성특별회계가 문화정책의 모든 분야에 지출되는 것으로 표시되어 있지는 않다. [표 10−9]의 광역지역발전특별회계도 마찬가지이다.

표 10-8 아시아문화중심도시조성특별회계

구 분	'13예산(A)	'14예산(B)	증감(B-A)	%
총계 재정	136,261	181,078	44,817	32.9
지출 재정	136,261	181,078	44,817	32.9
1. 일반지출	136,261	181,078	44,817	32.9
□ 문화 및 관광 분야	136,261	181,078	44,817	32.9
○ 문화예술부문	136,261	181,078	44,817	32.9
2. 내부거래	-	-	-	-

자료: 문화체육관광부(2014a)
단위: 백만원, %

표 10-9 광역지역발전특별회계

구 분	'13예산 (A)	'14예산 (B)	증감 (B-A)	%
총계 재정	650,430	666,938	16,508	2.5
지출 재정	650,430	666,938	16,508	2.5
1. 일반지출	650,430	666,938	16,508	2.5
□ 문화 및 관광 분야	650,430	666,938	16,508	2.5
○ 문화예술부문	148,618	151,688	3,070	2.1
○ 관광부문	398,467	371,130	△27,337	△6.9
○ 체육부문	103,345	144,120	40,775	39.5
2. 내부거래	-	-	-	-

자료: 문화체육관광부(2014a)
단위: 백만원, %

문화예술진흥기금도 일반회계와 달리 해당 사용처가 포괄적이지 않고 특정적이다. [표 10-10]의 문화예술진흥기금은 문화 및 관광분야의 문화예술부문과 문화 및 관광 일반부문에 지출할 계획이 나타나 있다. 기금은 여유자금 운용이 비교적 활발하기 때문에 문화예술진흥기금의 여유자금 운용도 큰 비중을 차지하고 있다.

표 10-10 문화예술진흥기금

구 분	'13계획 당초(A)	'14계획 (B)	증감 (B-A)	%
총계 재정	445,095	614,724	169,629	38.1
지출 재정	122,336	186,764	64,428	52.7
1. 일반지출	122,336	186,764	64,428	52.7
□ 문화 및 관광 분야	122,336	186,764	64,428	52.7
○ 문화예술부문	109,441	174,043	64,602	59.0
○ 문화 및 관광 일반부문	12,895	12,721	△174	△1.3
① 인건비	6,629	6,803	174	2.6
② 기본경비	6,266	5,918	△348	△5.6
③ 주요사업비	109,441	174,043	64,602	59.0
2. 내부거래 및 여유자금운용	322,759	427,960	105,201	32.6
○ 기금간 거래	5,335	129,500	124,165	23.3
○ 여유자금운용	317,424	298,460	△18,964	△6.0

자료: 문화체육관광부(2014a)
단위: 백만원, %

다음 [표 10-11]은 2014년도 예산의 세부내역을 나타낸 일부이다. 예산내역의 분류는 '분야', '부문', '프로그램', '회계', '단위사업', '세부사업'으로 이루어져 있다. 문화예산이 어떤 '분야'의 어느 '부문'의 '프로그램'이 어떤 '회계'로 '단위사업'과 그 아래 '세부사업'으로 사용되고 있는지를 보여준다. 여기서 단위사업과 세부사업이 문화정책 및 사업들이다.

표 **10-11** 2014년도 예산 세부내역(일부)

분야	부문	프로그램	회계	단위사업	세부사업	'13예산 (A)	'14예산 (B)	증감 (B-A)	%
					문화및관광 분야(총계재정)	2,386,402	2,506,899	120,497	5.0
					일반회계	1,599,711	1,658,883	59,172	3.7
					광역지역발전특별회계	650,430	666,938	16,508	2.5
					아시아문화중심도시조성특별회계	136,261	181,078	44,817	32.9
					문화및관광 분야(지출재정)	2,220,141	2,320,821	100,680	4.5
					일반회계	1,433,450	1,472,805	39,355	2.7
					광역지역발전특별회계	650,430	666,938	16,508	2.5
					아시아문화중심도시조성특별회계	136,261	181,078	44,817	32.9
					문화예술 부문(총지출)	1,436,682	1,578,901	142,219	9.9
					일반회계	1,151,803	1,246,135	94,332	8.2
					광역지역발전특별회계	148,618	151,688	3,070	2.1
					아시아문화중심도시조성특별회계	136,261	181,078	44,817	32.9
					〈종무실〉	60,792	56,104	△4,688	△7.7
					일반회계	60,792	56,104	△4,688	△7.7
					종교문화지원	60,792	56,104	△4,688	△7.7
					일반회계	60,792	56,104	△4,688	△7.7
					종교문화활동 및 보존지원	14,600	14,592	△8	△0.1
					종교화합과 교류지원	6,583	6,385	△198	△3.0
					종교문화활동지원	8,017	8,207	190	2.4
					종교문화기반구축	46,192	41,512	△4,680	△10.1
					전통종교문화유산보존	25,762	26,503	741	2.9
					종교문화시설건립	20,430	15,009	△5,421	△26.5
					〈콘텐츠정책관〉	176,941	251,977	75,036	42.4
					일반회계	173,312	240,197	66,885	38.6
					광역지역발전특별회계	3,629	11,780	8,151	224.6
					콘텐츠산업 육성	176,941	251,977	75,036	42.4
					일반회계	173,312	240,197	66,885	38.6
					문화콘텐츠진흥	72,637	110,506	37,869	52.1
					문화산업정책개발 및 평가	1,158	1,058	△100	△8.6
					한류진흥	8,439	7,922	△517	△6.1

자료: 문화체육관광부(2014a)
단위: 백만원, %

제 3 절 문화예산의 법적 기초와 과정

1. 문화예산의 법적 기초

문화예산의 일련의 과정은 법적 기초에 의해 이루어진다. 우리나라의 문화예산과 관련된 법적 기초를 이루고 있는 대표적인 법으로는 <대한민국헌법>, <국가재정법>, <국가회계법> 등이 있다. 그 외 국가 재정과 관련된 여러 법률(《국세기본법》, 《국세징수법》, 《소득세법》, 《국고금관리법》, 《지방재정법》, 《공공기관의 운영에 관한 법률》 등)들이 있으나 문화예산과 관련해서는 이 세 가지가 그 기본을 이루기 때문에 이를 중심으로 살펴본다.

먼저 헌법은 정부재정의 기본적인 규범과 방향을 제시하고 있기 때문에 문화예산 과정에도 직접적인 영향을 미친다. 가장 기본적인 국가의 예산 심의 및 확정과 관련해서는 헌법 제54조, 제55조, 제56조, 제57조에 명시되어 있다.[10]

참고자료

제54조
① 국회는 국가의 예산안을 심의·확정한다.
② 정부는 회계연도마다 예산안을 편성하여 회계연도 개시 90일전까지 국회에 제출하고, 국회는 회계연도 개시 30일전까지 이를 의결하여야 한다.
③ 새로운 회계연도가 개시될 때까지 예산안이 의결되지 못한 때에는 정부는 국회에서 예산안이 의결될 때까지 다음의 목적을 위한 경비는 전년도 예산에 준하여 집행할 수 있다.
1. 헌법이나 법률에 의하여 설치된 기관 또는 시설의 유지·운영
2. 법률상 지출의무의 이행
3. 이미 예산으로 승인된 사업의 계속

---

10) 〈대한민국헌법〉 제54조, 제55조, 제56조, 제57조.

제55조
① 한 회계연도를 넘어 계속하여 지출할 필요가 있을 때에는 정부는 연한을 정하여 계속비로서 국회의 의결을 얻어야 한다.
② 예비비는 총액으로 국회의 의결을 얻어야 한다. 예비비의 지출은 차기국회의 승인을 얻어야 한다.

제56조 정부는 예산에 변경을 가할 필요가 있을 때에는 추가경정예산안을 편성하여 국회에 제출할 수 있다.

제57조 국회는 정부의 동의없이 정부가 제출한 지출예산 각항의 금액을 증가하거나 새 비목을 설치할 수 없다.

여기서 알 수 있는 우리나라 예산 편성의 특징 중 하나는 행정부 편성 예산제도를 채택하고 있다는 점이다. <대한민국헌법> 제54조 제2항에 나와 있는 바와 같이 우리나라의 예산은 정부가 예산안을 편성해서 국회에 제출한 다음 국회가 의결하는 과정을 거친다. 따라서 문화예산도 행정부가 편성하게 된다. 이어서 논의할 문화예산의 과정에서 설명하겠지만, 문화담당 중앙 부서가 문화예산을 편성하는 것도 바로 헌법에 기초하고 있기 때문이다.

그리고 <대한민국헌법>은 제97조와 제99조에 결산과 관련된 사항도 규정하고 있다. 제97조에 의하면, 국가의 세입·세출의 결산, 국가 및 법률이 정한 단체의 회계검사와 행정기관 및 공무원의 직무에 관한 감찰을 하기 위하여 대통령 소속하에 감사원을 두도록 되어 있다. 그리고 제99조에서는 감사원은 세입·세출의 결산을 매년 검사하여 대통령과 차년도 국회에 그 결과를 보고해야 한다고 규정하고 있다.[11]

<대한민국헌법>과 더불어 정부 재정과 관련해서 국가 재정 운용의 기초가 되는 법률이 바로 <국가재정법>이다. 이 법은 제1조에서도 밝히고 있는 바와 같이, 국가의 예산·기금·결산·성과관리 및 국가채무 등 재정에 관한 사항을 정함으로써 효율적이고 성과 지향적이며 투명한 재정운용과 건전재정의 기틀을 확립하

---

11) 〈대한민국헌법〉 제97조, 제99조.

는 것을 목적으로 하고 있다.[12] 비단 문화정책만이 아니라 정부의 그 어떤 정책이 되었든 예산운용과 관련해서는 이 법에 기초해서 이루어진다.

　　<국가회계법>도 정부재정 운용에 법적 기초를 이룬다. 이 법은 국가회계와 이와 관계되는 여러 기본적인 사항을 정하여 국가회계를 투명하게 처리하고, 재정에 관한 유용하고 적정한 정보를 생산·제공하는 것을 목적으로 한다.[13] 이 법은 일반회계·특별회계 및 기금의 회계 및 결산에 관하여 다른 법률에 우선하여 적용된다. 따라서 문화예산의 회계와 결산에서 중요한 법적 기초가 되는 법 중 하나가 바로 <국가회계법>이다.

2. 문화예산의 과정

　　예산의 과정은 크게 예산안 편성, 예산안 심의 및 예산확정, 예산집행, 결산으로 이루어진다. 각 과정은 앞서 살펴본 관련법에 근거해서 수행된다. 예산과정과 관련해서 한 가지 염두에 둘 것은 결산이 예산과정의 마지막이라고 생각해서는 안 된다는 점이다. 결산은 다음해의 예산 편성에 중요한 정보를 제공해주는 역할을 하기 때문에 예산과정의 연속이다. 문화예산을 결산하면서 도출되는 여러 정보들은 문화정책이나 사업의 지속이나 확대 및 축소 그리고 변경 및 종결 등을 판단하는 데 중요한 자료가 된다. 따라서 문화예산의 과정을 네 단계로 나누어서 논의한다고 해서 선형적으로 생각해서는 안 되며 순환적 구조로 이루어져 있는 것으로 이해해야 한다.

그림 10-2 예산과정

---

12) 〈국가재정법〉 제1조.
13) 〈국가회계법〉 제1조.

1) 문화예산안 편성

문화예산의 편성은 문화체육관광부 장관이 매년 1월 31일까지 당해 회계연도부터 5회계연도 이상의 기간 동안의 신규 사업 및 기획재정부 장관이 정하는 주요 계속사업에 대한 중기사업계획서를 기획재정부 장관에게 제출하면서 시작된다. 기획과 예산을 유기적으로 연계하여 사업의 지속성과 효과성을 높이기 위해 이와 같은 절차와 행위를 거치면서 예산 편성이 시작된다. 따라서 문화정책 담당 중앙부서인 문화체육관광부 장관은 문화정책의 기본 방향과 사업들을 중장기적인 계획과 연계하여 예산을 편성한다.

문화체육관광부 장관으로부터 예산 편성을 제출 받은 기획재정부 장관은 국무회의의 심의를 거쳐 대통령의 승인을 얻은 예산안편성지침을 매년 3월 31일까지 문화체육관광부 장관에게 통보한다. 이때 필요하다면(국가재정운용계획과 예산편성을 연계하기 위한 경우) 문화체육관광부의 지출한도를 포함해서 통보할 수도 있다. 그리고 예산안편성지침은 다시 국회의 예산결산특별위원회에 보고된다.

예산안편성지침은 문화체육관광부의 예산편성에서 주요 기준이 되어 그에 따라 다음 연도의 세입세출예산·계속비·명시이월비 및 국고채무부담행위 요구서(즉, 예산요구서)를 작성하여 매년 5월 31일까지 기획재정부 장관에게 제출한다. 기획재정부장관은 예산요구서에 따라 정부예산안을 편성하여 국무회의의 심의를 거친 후 대통령의 승인을 얻고, 대통령의 승인을 얻은 예산안을 회계연도 개시 90일 전까지 국회에 제출한다.

한편, 예산편성에서 한 가지 고려해야 할 중요한 과정이 있다. 예산이 사용될 만한 정책인가를 검토하는 활동이다. 정부 정책은 국민의 세금으로 수행되는 것이기 때문에 정책의 유효성에 대한 검토 과정은 예산편성과정에서 중요한 활동 중 하나이다. 정책을 시행하기 전에 해당 정책의 타당성을 분석하여 과연 국민의 세금이 사용될 만한 정책인가를 판단하는 것이다. 이것이 예비타당성 조사이다. 문화정책의 여러 사업들도 예비타당성 조사를 진행하여 사업이나 정책이 수행되기에 타당한지를 검토한 다음에 실제로 수행한다.

물론 모든 정책이 다 예비타당성 조사를 받는 것은 아니다. <국가재정법> 제38조에 따라 총사업비가 500억원 이상이고 국가의 재정지원 규모가 300억원 이

상인 대규모 사업이 그 대상이다. 이 사업들에 예산을 편성하기 위해서는 예산을 편성하기 전에 예비타당성 조사를 반드시 실시해야 한다. 그리고 그 결과를 요약해서 국회 소관 상임위원회와 예산결산특별위원회에 제출해야 한다. 문화정책의 다양한 사업들도 <국가재정법> 제38조 규정에 부합되는 경우 예비타당성 조사를 받아야 한다. 그러나 예비타당성 조사 대상의 조건에 해당함에도 불구하고 문화재 복원 사업의 경우는 예비타당성 조사를 받지 않는 예외 사항으로 규정하고 있다.

2) 문화예산안 심의 및 확정

정부가 국회에 제출한 예산안은 국회의 심의를 거친다. 그 첫 번째 절차로 국회의장은 소관 상임위원회에 예산안을 회부하여 소관 상임위원회에서 예비심사를 진행하도록 한다. 문화예산의 경우 관련 소관 상임위원회는 제20대 국회 현재 교육문화체육관광위원회이다. 교육문화체육관광위원회는 예비심사를 한 뒤 국회의장에게 보고하고, 국회의장은 예비심사보고서를 첨부해서 문화예산안을 예산결산특별위원회에 회부한다. 예산결산특별위원회에서 문화예산안은 심사가 이루어지고 심사를 거친 예산안은 본회의에 상정된다. 국회는 회계연도 개시 30일 전까지 예산안을 의결하게 된다. 국회가 의결하여 확정한 예산은 정부에 이송되고 대통령이 공고한다. 이로써 문화예산은 확정되어 문화정책 및 관련 사업을 수행할 수 있는 준비가 완료된다.

3) 문화예산의 집행

예산이 확정되어 정부가 예산을 사용할 수 있게 되면, 문화체육관광부 장관은 기획재정부 장관에게 예산배정요구서를 제출한다. 예산배정요구서를 받은 기획재정부 장관은 예산배정계획을 작성하여 국무회의의 심의를 거친 후 대통령의 승인을 얻는다. 이후 기획재정부 장관은 문화체육관광부 장관에게 예산을 배정하고 그 사실을 감사원에 통지한다.

문화예산을 집행할 때는 기획재정부 장관에 의해 통보된 예산집행지침에 따라서 집행하는 것을 원칙으로 한다. 그리고 기본적으로 세출예산이 정한 목적 외에 경비를 사용할 수 없다. 하지만 예산의 전용(轉用)이 가능하기도 하는데, 이때는 문화체육관광부 장관이 예산의 목적 범위 내에서 재원의 효율적 활용을 위해 기획재정부 장관의 승인을 얻어 세항 또는 목의 금액을 전용할 수 있다. 물론 이 과정에서 문화정책의 각 사업 간의 유사성이나 시급성 등이 우선 고려된다. 전용한 경비의 금액은 세입세출결산보고서에 명백히 밝히고 그 이유를 기재해야 한다. 이와 함께 예산의 경우 기본적으로 각 기관 간 또는 각 장·관·항 간에 상호 이용(移用)할 수 없지만, 국회의 의결을 얻은 경우라면 가능하다.

그리고 예산의 경우 이월하여 사용할 수 없는 것이 원칙이다. 하지만 명시이월비나 연도 내에 지출원인행위를 하고 불가피한 사유로 인하여 연도 내에 지출하지 못한 경비와 지출원인행위를 하지 않은 그 부대경비, 그리고 지출원인행위를 위하여 입찰공고를 한 경비 중 입찰공고 후 지출원인행위까지 장기간이 소요되는 경우로서 대통령령이 정하는 경비 등의 경우에는 이월하여 사용할 수 있다. 예컨대 남북문화교류 협력 사업에 배정된 문화예산이 남북관계의 정치적 이유로 해당 연도에 사용되지 못하였다면, 불가피한 사유로 인한 경비로 판단하여 이월할 수 있다. 그리고 문화사업의 경우 특히 문화재와 관련된 복원 사업 등은 해당 전문가를 구하는 것이 어려울 수 있는데, 이럴 경우 사업입찰이 쉽지 않아서 장기간의 시간이 소요된다면 해당 경비가 이월될 수 있다.

4) 문화예산의 결산

문화예산이 사용된 뒤 결산은 <국가회계법>에 따라 문화체육관광부 장관이 결산보고서[14]를 작성하여 다음 연도의 2월 말일까지 기획재정부 장관에게 제출하면서 이루어진다. 이후 기획재정부 장관은 모든 부서의 결산보고서를 종합하여 대통령의 승인을 받은 국가결산보고서를 다음 연도 4월 10일까지 감사원에 제출한다. 이에 감사원은 제출된 국가결산보고서를 검사하고 그 보고서를 다음 연도 5월 20일까지 기획재정부장관에게 송부한다. 감사원의 검사를 거친 국가결산보고서는 정부에 의해 다음 연도 5월 31일까지 국회로 제출된다. 결산이 제출되면 소관 상임 위원회에 회부하여 예비심사를 행하는데, 문화예산은 교육문화체육관광위원회가 그 역할을 한다. 예비심사를 거친 결산은 예산결산특별위원회에 회부되어 심사를 받는다. 이후 본회의에서 의결한다. 이러한 결산보고서나 회계의 정보들은 다음 해의 예산편성과 배분에 중요한 영향을 미친다.

---

14) 결산보고서에 관한 내용은 이 장의 제5절 문화재정의 회계에서 자세히 다룬다.

제 4 절   문화재원의 조달

1. 예산

　　문화재원은 직·간접적인 측면에서 다양한 방법으로 조달된다. 국민들의 세금에 의해 조달되는 일반예산이 가장 큰 부분을 차지하지만, 그 외 기금과 민간재원도 문화정책 실현에서 문화재원의 원천으로서 일부 그 역할을 한다. 예산의 경우는 납세에 의해 이루어지므로 그 자체에 대한 별도의 조달 관련 논의는 크게 필요하지 않다. 따라서 대신 문화예산에 영향을 미치는 경험적 요인들에는 어떤 것들이 있는지에 초점을 두고 살펴보기로 한다.

　　그동안의 많은 연구들에 의하면 문화예산이 형성되는 데 영향을 미치는 요인들은 다양하다. 같은 요인이라고 할지라도 연구에 따라 서로 반대되는 결과를 보이기도 한다. 따라서 문화재원이 예산으로 조달되는 데 영향을 미치는 명백한 특정 요인을 단언해서 말하기는 곤란하다. 다만 그동안의 주요 연구들의 결과를 살펴봄으로써 문화재원이 예산으로 확보될 때 미치는 요인들에는 어떤 것들이 있는지 살펴보기로 한다.

　　문화예산에 영향을 미치는 요인으로 우선 정치적인 요인을 들 수 있다. 예컨대 선거와 같은 정치적 순환주기에 따라 문화예산이 영향을 받을 수 있다. 선거가 있는 해에 민심을 잡기 위한 수단으로 문화사업과 관련한 공약을 함으로써 문화예산을 증가시키는 등의 예가 그에 해당된다. 또 재임 중에도 정치 지도자의 업적을 선전하기 위한 도구로서 대규모 문화 사업이나 프로젝트를 계획하고 시행하여 결과적으로 문화예산이 증가되기도 한다. 그리고 문화예산은 집권당이나 정치 리더의 정치적 성향(보수와 진보)에 따라 영향을 받기도 한다.[15] 하지만 정치적 요인이 문화예산에 영향을 미치지 못한다는 경험적인 증거들도 존재한다.[16]

---

15) Noonan, Douglas S.(2007) ; Nogare, Chiara D. and Matteo M. Galizzi(2011) ; Getzner, Michael(2004).

16) Lewis, Gregory B. and Michael Rushton(2007) ; Getzner, Michael(2002) ; Schulze, Gunther

문화예산에는 경제적인 요인도 영향을 줄 수 있다. 예컨대 경기가 좋을 때 혹은 좋지 않을 때 문화사업이 증가하거나 축소할 수 있다. 그리고 소득수준이 높아짐으로써 문화향유와 수요가 많아지면 문화정책과 사업이 증가하는 경우도 있다. 또 지역의 경제적 부나 정부의 부채 규모 등도 문화예산에 영향을 주는 경우도 있다. 이처럼 경제적 요인이 예산에 의한 문화재원 마련에 영향을 주는 경우가 있는가 하면,[17] 이 요인 역시 반대로 영향을 주지 않는다는 경험적인 증거들도 있다.[18]

그 이외도 인접지역이나 지리적으로 가깝게 자리 잡고 있는 이웃 도시의 문화예산 규모나 내용으로부터 해당 도시의 문화예산이 영향을 받는다는 경험적 분석도 있고,[19] 청년이나 노년층 비중이나 성별 및 고령화 등과 같은 인구요인들도 문화예산에 영향을 준다는 연구도 있다.[20] 이처럼 납세에 의한 예산이지만 문화재원으로 조달될 때는 여러 요인들에 의해 영향을 받고 있음을 기존의 여러 경험적 분석에 의해 알 수 있다. 예산으로 문화재정의 조달이 이루어질 때 문화예산에 미치는 요인에 관한 미래의 연구는 더욱더 흥미로운 요인들에 초점을 두고 계속될 수 있다(예, 정치적 리더의 개인적 성향이나 성장 배경, 문화예술 향유의 가격, 문화상품 생산 가격, 문화예술 교육정책, 문화교육 및 향유 경험 정도 등).

2. 기금

문화재원 조달의 한 방법으로서 기금은 국가가 특정한 목적을 위하여 특정한 자금을 신축적으로 운용할 필요가 있을 때에 한하여 법률로 설치되어 운용되는 자금이다. 기금은 예산과 달리 합목적성 차원에서 상대적으로 자율성과 탄력성이 보장되는 재원이다. 과거에는 기금에 대한 국회의 통제가 강하지 않았지만, 2006년에 <국가재정법>이 제정됨으로써 기금운용계획안과 기금 결산이 매 회계연도마다 국회에 제출된다. 국회가 기금운용계획서를 심사할 수 있고 기금에 대한 국

G. and Anselm Rose(1998).

17) Schulze, Gunther G. and Anselm Rose(1998) ; Getzner, Michael(2002) ; Lewis, Gregory B. and Michael Rushton(2007).

18) Werck, Kristien, Bruno Heyndels, and Benny Greys(2008).

19) Lundberg, Johan(2006).

20) Noonan, Douglas S.(2007).

표 10-12 문화재정의 기금현황

기금명	기금관리주체	기관의 역할(기능)
문화예술 진흥기금	한국문화예술위원회	* 문화예술 진흥을 위한 사업과 활동을 지원하기 위한 기본 　계획 등의 수립·변경 및 집행에 관한 사항 * 문화예술진흥기금의 관리·운용에 관한 사항 * 문화예술 지원 사업의 효과적 수행을 위한 조사·연구· 　교육·연수에 관한 사항 등
영화발전 기금	영화진흥위원회	* 영화진흥기본계획 등의 수립·변경에 관한 의견제시 * 영화발전기금의 관리·운영 * 한국영화진흥 및 영화산업 육성을 위한 조사·연구· 　교육·연수 등
지역신문 발전기금	문화체육관광부 (지역신문발전위원회심의) (한국언론진흥재단 위탁)	〈지역신문발전위원회〉 * 지역신문의 발전지원계획 수립 자문 * 지역신문발전기금 조성과 운용 기본계획 심의 * 지역신문발전기금 지원대상 선정 및 지원기준 심의 * 지역신문 발전을 위한 교육·연구·조사 등
언론진흥 기금	한국언론진흥재단	* 언론산업 진흥에 필요한 사업 * 언론매체의 해외진출 및 국제교류 지원 * 언론진흥기금의 조성과 관리 * 언론산업 진흥 등을 위한 조사·연구·교육·연수 * 정부광고대행업무(위탁) * 지역신문발전기금 관리·운영(위탁) 등
관광진흥 개발기금	문화체육관광부 (관광정책관)	〈관광정책관〉 * 관광진흥장기발전계획 및 연차별계획수립 * 관광관련법규의 연구 및 정비 * 관광진흥사업 및 기금 융자 지원 * 관광진흥개발기금의 조성 및 운용 등
국민체육 진흥기금	국민체육진흥공단	* 국민체육진흥기금 조성·운용 　- 경륜·경정, 체육진흥투표권사업 및 회원제 　　골프장 부가금 등 * 국민체육진흥 및 체육단체 지원 * 스포츠과학 연구·보급 및 스포츠산업 육성 * 서울올림픽기념 시설물 관리·운영

자료: 문화체육관광부 홈페이지(www.mcst.go.kr)

정감사도 할 수 있다. 제3의 예산이라고 불릴 정도로 기금의 규모가 커졌기 때문에 이제 기금도 예산만큼은 아니지만 통제를 많이 받고 있다. 문화예산과 관련된

374 제 4 부　문화행정학

여섯 개의 기금에 대해서도 국회의 통제가 이루어지고 있다. 문화재정의 기금 종류는 [표 10-12]와 같다.

여기서는 문화예산과 관련된 기금들 중에서 문화재정의 중요한 재원에 해당하는 문화예술진흥기금을 중심으로 살펴보기로 한다. 문화예술진흥기금은 <문화예술진흥법> 제16조에 근거하여 1973년도에 설치되었다. 기금 설치의 기본 취지는 문화예술 진흥을 위한 사업이나 활동을 지원하기 위한 것이다. 현재 한국문화예술위원회가 운용·관리하고 있으며 독립된 회계로 따로 관리하고 있다.

기금의 조성은 여러 방법으로 이루어진다. ① 정부의 출연금, ② 개인 또는 법인의 기부금품, ③ 기금의 운용으로 생기는 수익금, ④ 특정한 종류의 건축물이나 일정규모 이상의 건축물을 건축하는 건축주가 건축비용의 일정비율에 해당하는 금액을 미술작품의 설치에 사용하는 대신 기금으로 출연 하는 경우,[21] ⑤ 그 밖에 대통령령으로 정하는 수입금(다른 기금으로부터의 전입금, 문화체육관광부장관이 인정하는 수입금)이 그 방법들이다.

특히 기금 조성을 위한 네 번째 방법과 관련하여 우리나라에서는 <문화예술진흥법>에 따라 법에 근거해서 시행되고 있다. <문화예술진흥법>에 따르면 대통령령으로 정하는 종류 또는 일정 규모 이상의 건축물을 건축하려는 건축주는 건축 비용의 일정 비율에 해당하는 금액을 회화·조각·공예 등 미술작품 설치에 사용해야 한다고 명시하고 있다. 그런데 건축주가 건축 비용의 일정 비율에 해당하는 금액을 미술작품의 설치에 사용하는 대신에 문화예술진흥기금에 출연할 수 있게 하고 있다. 바로 이 점이 문화예술진흥기금 조성에 기여하는 점이다. 미술작품의 설치 또는 문화예술진흥기금에 출연하는 금액은 건축비용의 100분의 1 이하의 범위에서 대통령령으로 정하도록 하고 있다.

조성된 기금은 여러 문화예술 사업과 프로젝트 및 활동 지원을 위해 사용된다. 여기에는 ① 문화예술의 창작과 보급, ② 민족전통문화의 보존·계승 및 발전, ③ 남북 문화예술 교류, ④ 국제 문화예술 교류, ⑤ 문화예술인의 후생복지 증진을 위한 사업, ⑥ 지방문화예술진흥기금으로의 출연, ⑦ 한국문화예술위원회의 운영에 드는 경비, ⑧ 장애인 등 소외계층의 문화예술 창작과 보급, ⑨ 공공미술(대중에게

---

[21] 여기서 말하는 특정한 종류의 건축물이나 일정규모 이상의 건축물은 대통령령으로 정하고 있다.

공개된 장소에 미술작품을 설치·전시하는 것을 말한다) 진흥을 위한 사업, ⑩ 그 밖에 도서관의 지원·육성 등 문화예술의 진흥을 목적으로 하는 문화시설의 사업이나 활동 등에 사용된다.

[표 10-13]은 문화예술진흥기금 조성 현황이다. 1973년 이래로 기금 조성과 운용을 해오면서 차액만큼 누적되어 오늘에 이르고 있다. 2014년 조성액과 운용액 및 적립금 누계액을 보면, 약 1천 1백 90억 가량을 조성하고 약 2천억 가량을 운용하여 적립금 누계액은 총 1천 5백억 가량이다.

표 10-13 문화예술진흥기금(적립금)조성 현황

구분	1973-2010년	2011년	2012년	2013년	2014년
조성액	1,879,297	108,547	116,710	138,168	119,518
운용액	1,580,498	144,273	127,535	150,911	204,330
수지차	298,799	-35,726	-10,825	-12,743	-84,812
적립금 누계	298,798	263,072	252,247	239,504	154,692

자료: 한국문화예술위원회 홈페이지(www.arko.or.kr)
단위: 백만원

지방자치단체 역시 문화예술진흥기금을 설치하고 있다. 즉, 지방자치단체도 관할 구역의 문화예술 진흥을 위한 사업이나 활동을 지원하기 위하여 지방문화예술진흥기금을 설치할 수 있다. 기금의 운용과 관리는 지방자치단체의 장이 한다. 기금 조성을 위해서는 지방자치단체의 장이 개인이나 법인으로부터 기부금품을 받을 수 있으며, 이 경우 기부하는 자는 특정 단체 또는 개인에 대한 지원 등 그 용도를 정해서 기부할 수도 있도록 하고 있다. 그리고 지방자치단체의 장은 기부금품을 받으면 대통령령으로 정하는 바에 따라 그 가액(價額) 및 품명을 문화체육관광부장관에게 보고해야 한다. 이러한 지방문화예술진흥기금의 조성·용도 및 운용 등과 관련된 사항은 조례로 정하게 하여 지방자치단체의 재량을 허용하고 있다.[22] 그 예로 부산광역시는 문화진흥기금을 설치하여 운용하고 있고, 광주광역시는 시립예술단체진흥기금을 운용하고 있다.

---

22) 〈문화예술진흥법〉 제9조, 제16조, 제17조, 제18조, 제19조 ; 〈문화예술진흥법시행령〉 제25조.

3. 민간재원과 매칭보조금

1) 기업의 메세나(mecenat)

최근 다양한 분야에서 기업의 사회적 책임(Corporate Social Responsibility)이 강조되고 있다. 문화예술진흥을 위한 기업의 사회적 책임 활동 중 하나가 기업의 메세나(mecenat)이다. 메세나는 문화예술에 대한 기업의 제반 지원활동을 지칭하는 말이다. 이 용어는 로마제국 당시 문화예술 옹호자이면서 문화예술가들에게 지원을 아끼지 않았던 정치가 마에케나스(Maecenas)의 이름에서 유래했다. 기업의 메세나는 오늘날 제3의 경영으로 불릴 정도로 기업의 중요한 경영 활동 중 하나로 자리 잡아가고 있다. 그래서 미국의 경우 1967년 록펠러 재단의 주도로 기업예술지원위원회가 결성되어 활발한 활동을 하고 있고, 일본도 1990년 메세나협의회가 창설되어 지원활동을 벌이고 있다. 한국은 1994년에 삼성과 현대그룹 등 총 204개 기업이 참여해 한국기업 메세나협의회가 발족되었다. 오늘날 기업의 메세나는 단순한 후원방법 뿐 아니라 인재를 육성하거나 기업 임직원들이 직접 문화예술 활동에 참여하기도 하고 소외된 이웃들에게도 문화향유의 기회 제공과 같은 문화 나눔 활동을 하기도 하는 등 다양한 방식으로 진화 중이다. 최근에는 지방자치단체나 지방자치단체가 설립한 지역문화재단들도 공공예산의 절감과 사업 확대를 위한 수단으로 기업의 스폰서십에 많은 관심을 가지고 있다.

물론 기업의 메세나 활동에 대해 긍정적인 면과 부정적인 면에 기초해서 찬반입장이 존재한다. 반대하는 입장에서는 기업은 기본적으로 어떤 형태로든 자신의 이익에 기여하는 경우에만 지원을 하기 때문에 공공의 기금이 공공의 목적을 위해 사용되기보다는 기업의 목적에 봉사하는 방향으로 역이용될 수 있다고 주장한다. 이 이유로 인해 실제로 문화 행사에 대한 기업의 지원에 반대한 사례가 있다. 서울문화재단에서 '책 읽는 서울'이라는 독서 장려캠페인 문화 사업을 진행하면서 국내 굴지의 서점을 가진 대기업의 협찬 제안을 받은 적이 있었는데, 이 행사에 참여하기로 한 서울시 공공도서관 종사자들이 기업과 함께 하는 행사를 반대하였다. 이들에 따르면, 대기업이 협찬 등으로 지원을 하게 되면 기업의 이익을 위한 목적에 공공적 사명이 종속되어 문화행사의 공공성이 제대로 구현되기 어렵다는 것이었다. 그리고 일각에서는 기업의 지원은 기업이 소기의 목적을 달성하기 위해 행사내용을 불가피하게 변경하는 경우도 있기 때문에, 문화사업이나 행사가 당초 기획의도보다 일회성 이벤트로서 관심 끌기 사업으로 변질될 수 있다고 주장하기도 한다.[23] 특히 공공기관이 주관하더라도 기업의 지원 규모가 상당히 클 경우에는 이러한 가능성이 높아지기 때문에 기업의 지원에 대해 부정적으로 보고 있다.

하지만 오늘날 문화예술 영역의 다각화와 다양화에 대응하기 위해서는 기업에 의한 문화재정 마련이 필요하다는 찬성 입장도 존재한다. 문화예술의 속성상 문화는 다양한 분야에서 새롭게 부상하고 또 그 영역을 더욱 넓혀가고 있다. 융합이 예술영역에서도 활성화되어 실험적이고 도전적인 예술 활동도 많아지고 있다. 이런 환경에서 정부의 문화예산만으로는 문화예술정책 영역을 모두 아우를 수 없다. 따라서 기업과 같은 민간재원이 그 분야들에 보완적으로 지원함으로써 문화예술이 주는 사회적 이익을 실현할 수 있다. 정부의 손길이 닿지 않는 곳에 기업의 문화예술 지원이 보충해주는 것이다. 이런 기능을 볼 때 기업의 문화예술지원은 문화적 다양성과 풍부한 문화예술 생산을 가능하게 하기 때문에 더 확대되어야 한다고 찬성론자들은 주장한다. 그리고 국가적 차원의 대규모 문화프로젝트 수행도 정부 예산만으로 한계가 있기 때문에 기업의 자금 지원이 없이는 불가능하다. 또 한편으로는 자금력이 뒷받침되는 기업이 더 수준 높은 문화예술전시 기획 전문가를 고용하고 있는 경우도 있기 때문에 기업의 메세나 활동은 보다 질 높은 문화예술을 향유할 수 있는 기회를 제공해준다는 주장도 찬성론자들의 입장이다. 그리고 무엇보다도 기업의 사회적 책임 수행을 위한 기회 제공 측면에서도 메세나 활동은 장려할 필요가 있다고 찬성론자들은 주장한다.

이처럼 기업의 문화예술지원이 증가하는 추세 속에서 기업의 지원에 관해 서로 상반된 입장이 존재하고 있다. 하지만 기업의 지원에 대한 반대나 우려의 입장처럼 문제가 전혀 없는 것은 아니지만, 예산사용과 관리방식에서 주의를 기울인다면 기업의 지원이 문화정책 사업 활성화에 기여한다는 것이 오늘날 많은 사람들의 입장이다. 그래서 메세나 활동을 더 장려해야 한다는 주장이 오늘날 다수의 의견이다. [참고자료]는 한국문화예술위원회에서 소개한 기업의 기부금 사례들이다.

---

23) 김경욱(2011), pp.256-258.

기업의 기부금 사업 사례

〈사례1: 제일화재해상보험(주) 제일화재세실극장 후원〉

덕수궁 돌담길을 끼고 영국대사관 방향으로 돌아가다 보면 '제일화재세실극장'이 있습니다. 76년 문을 연 세실극장은 초기 대한민국 연극제가 잇달아 열렸던 우리나라 창작극장의 요람이었습니다. 그러나 99년, 자금난으로 폐관위기에 처했던 세실극장은 당시 창립 50주년을 맞은 제일화재해상보험(주)의 '문화 후원사업'으로 위기를 딛고 일어섰습니다. 현재까지 제일화재는 문예진흥기금의 지정 기부금 제도를 활용하여 1999년부터 세실극장 임차료를 지원하고 있으며 이에 발맞춰 극장운영자인 "극단 로뎀" 측은 극장 대관비를 낮추어 영세한 공연단체가 큰 부담 없이 좋은 공연을 기획 공연할 수 있게 도왔고 극장이름을 스스로 "제일화재세실극장"으로 바꾸어 광고효과를 유발시켰습니다. 단지 하나의 문화행사를 지원하는 것이 아니라 문화 공연의 장인 소극장 운영을 지원했다는 점에서 제일화재의 세실극장 지원은 '기업 메세나의 새로운 시도'로 평가받고 있습니다.

〈사례2: CJ 화음쳄버 오케스트라 지원 사업〉

주식회사CJ는 1996년 창단 지원을 시작으로 매년 지속적으로 화음쳄버 오케스트라를 공식후원하고 있습니다. 화음쳄버 오케스트라의 후원은 한국을 대표하는 실내악단을 육성한다는 의미에서 시작되었으며 1998년 폴란드 펜데레츠키 국제음악제, 2001년 일본 예술제, 2003년 태국왕실 주최 "국제 문화제"에 문화사절로 초청되어 세계적인 음악단체로의 성장을 다시 한번 확인하는 계기가 되었습니다.

〈사례3: 동아제약 마로니에 전국 여성 백일장 지원〉

문화의 달인 10월에 마로니에 공원에서는 여기저기에서 노트북이 아닌 원고지에 진지하게 무엇인가 쓰고 있는 여성들을 볼 수 있습니다. 전통 있는 마로니에 전국 여성 백일장은 여성 문학인구의 저변 확대와 문예창작 활동의 활성화를 위해 올해로 23년째 매년 10월에 펼쳐지는 여성문화 행사입니다. 동아제약과 수석문화재단은 행사 초기부터 꾸준히 마로니에 백일장을 후원하여 기업의 이윤을 시민들이 문화예술을 향유하는 데 환원하고 있습니다.

자료: 문화예술위원회 홈페이지(www.arko.or.kr)

2) 개인의 크라우드 펀딩(Crowd Funding)

최근 새로운 문화재원 마련의 한 방법으로서 크라우드 펀딩이 부각되고 있다. 크라우드 펀딩이란 예술가 또는 예술단체가 자신들의 가치 있고 창의적인 예술 프로젝트를 실현시키기 위해 소셜네트워크서비스(SNS, 예: 트위터, 페이스북, 블로그 등)를 활용하여 불특정 다수를 상대로 활동 계획을 알리고 후원을 얻는 모금 방법을 말한다. 주로 소셜네트워크를 이용한다는 점에서 소셜펀딩(Social Funding)이라고도 한다. 크라우드 펀딩은 특히 자금난을 겪는 가난한 예술가나 자금지원을 받기 힘든 실험적인 아이디어를 지닌 예술가들이 활용하기에 유용한 방법이다.

우리나라에서 문화예술분야의 크라우드 펀딩은 한국문화예술위원회가 2011

그림 10-3 문화예술 크라우드 펀딩 과정

문화예술 활동에 관한 프로젝트 계획 소개, 목표 모금액 제시

⇩

SNS 등 여러 매체를 이용한 활동 홍보

⇩

익명의 불특정 다수의 후원자에 의한 소액 기부

⇩

모금 관리 및 문화예술 활동과 성과

⇩

기부자 예우 등에 대하여 후속 작업

년 4월부터 시행해오고 있다. 크라우드 펀딩에 대한 추진체계를 보면, 우선 크라우드 펀딩을 받고자 하는 예술가나 단체가 자신들의 문화예술 활동에 관한 프로젝트 계획을 소개한다. 이때는 프로젝트 달성을 위한 목표 모금액도 제시한다. 이후 SNS 등을 이용하여 홍보한다. 익명의 불특정 다수의 SNS 이용자들 중에서 홍보되는 예술가의 프로젝트나 계획에 공감을 하고 후원을 할 의사가 있는 경우 소액기부를 함으로써 목표한 금액을 향해 자금이 마련된다. 마련된 자금은 원하는 계획 달성을 위해 적절히 관리되는 동시에 기부자에 대한 예우를 한다. 여기서 만일 펀딩이 성공되면 프로젝트가 진행되지만, 펀딩이 실패한다면 기부자에게 기부금을 반환한다. 앞으로 SNS의 발달 및 활성화와 문화예술에 대한 관심 증대, 그리고 융합적이고 도전적인 예술을 지향하는 사회적 분위기에 따라 크라우드 펀딩은 더욱 활발해질 것으로 예상된다.

실제로 최근 크라우드 펀딩이 활용되는 사례가 많아지고 있다. 특히 1997년 영국 록 밴드 마릴리온이 미국 공연 기금 6만 달러를 온라인으로 모금한 것을 계기로 예술인들의 크라우드 펀딩이 확산됐다. 국내에서도 2012년 싱어송라이터 최고은이 유럽 프로젝트를 위해 독립적인 문화 창작을 위한 크라우드 펀딩 플랫폼인 텀블벅에서 560만 원을 모은 사례가 있다. 그리고 최근에는 걸그룹 스텔라가 크라우드 펀딩으로 미니앨범 제작비를 마련했다. 스텔라 측은 후원자들에게 후원금액에 따라 사인CD, 폴라로이드사진 증정, 감사편지, 보이스메일 등 다양한 보상을 제공키로 했다. 걸그룹 라붐 역시 뮤직비디오 제작을 펀딩을 통해 진행했는데, 시작 4시간 만에 목표금액 1000만원을 넘어섰다. 이전에는 주로 인디 음악인들이 하던 크라우드 펀딩이 주류 음악으로 확장되었다고 볼 수 있다. 음악계뿐만 아니라 영화계에서도 크라우드 펀딩 사례는 늘어나고 있다. 예컨대 광주민주화운동을 다룬 강풀 원작의 '26년'을 비롯해 비정규직 노동자 이야기 '카트', 서해교전을 다룬 '연평해전', 삼성전자 백혈병 문제를 다룬 '또 하나의 약속'과 조정래 감독의 '귀향' 등의 영화가 크라우드 펀딩으로 만들어졌다. 특히 영화 '귀향'은 7만 5천 270명이 크라우드 펀딩에 참여하였다. 도서 분야에서도 '북 펀드'란 이름으로 크라우드 펀딩이 진행되고 있다. 인터넷서점 알라딘은 2012년 5월부터 '스페셜 북펀드'라는 이름으로 중소출판사의 책 출판을 지원하기 위한 크라우드 펀딩을 하고 있다. 중소출판사에서 내놓을 책의 줄거리 등을 보고 알라딘에서 작품성 등을 따져

일반인을 대상으로 자금을 모금하는 방식이다.[24]

이러한 크라우드 펀딩이 문화예술에 새로운 자금 모금 방식으로 활용되고는 있지만 시간이 지날수록 유의해야 할 점도 목격되고 있다. 모금을 받은 예술가가 성실히 작품 활동을 하지 않거나, 예술이라는 이름하에 지나치게 시간을 보내면서 성과를 보이지 않는 등의 문제가 발생하고 있다. 또 크라우드 펀딩을 일종의 투자나 투기로 오해해서 접근하는 사람들도 생기고 있다. 이런 부작용을 최대한 예방할 수 있는 크라우드 펀딩이 정착되어야 크라우드 펀딩을 이용해서 도전적이고 실험적이고 자금력이 열악한 예술가들이 더 활발히 활동할 수 있을 것이다.

3) 매칭보조금(matching grant)

문화예산 조달에서 조달의 주요 주체가 정부가 되는 경우(국민의 납세 등)와 민간이 되는 경우(기업, 개인의 크라우드 펀딩 등)로 구분할 수 있지만 두 주체가 공동재원을 형성하는 경우도 있다. 이를 매칭에 의한 재원조달(matching grant)이라고 한다. 사업에 대한 대응 자금이라고 보면 된다.

문화예산 마련에서 민관 간의 매칭재원은 몇 가지 점에서 유용성을 지닌다. 첫째, 부족한 공공재원을 보충하는 역할을 한다. 과거에 비해 문화 사업은 다양해지고 그 규모도 커지고 있다. 그래서 정부가 조달하는 재원만으로 모든 문화 사업들을 수행해내는 것은 거의 불가능하다. 그러나 그렇다고 해서 중요한 사업에 대해 전혀 무관심할 수도 없다. 이러한 상황에서 정부가 사업을 시행하되 해당사업의 일정부분을 민간영역의 재원으로 보충할 수 있다면 사업을 완성할 수 있는 재정적 여건이 마련된다. 이처럼 매칭재원은 특정한 문화 사업에 대해 정부와 민간이 서로 연계해서 사업수행에 필요한 예산을 보완할 수 있게 해준다. 특히 대규모 예산이 소요되는 문화 사업에서 유용하게 활용할 수 있는 방법 중 하나가 매칭보조금이다.

둘째, 문화사업의 책임성을 높일 수 있다. 공공자금만으로 문화 사업을 하는 것과 비교할 때 민간자원이 매칭됨으로써 예산사용에서 민간의 감시와 감독이 높아질 수 있기 때문이다. 자금을 운용하는 공공문화기관의 경우 지속적인 민간자원 유입을 위해서라도 책임성 있는 자금 관리와 운용을 하게 된다.

---

24) 부산일보(2016), 3월 3일자 기사 ; 세계일보(2016), 3월 14일자 기사.

셋째, 매칭펀드는 정부의 아이디어와 민간의 아이디어가 접목할 수 있는 계기를 마련해준다. 기업이 관심 있는 문화예술의 소재를 발굴하여 정부에게 매칭펀드를 신청하면 정부가 생각하지 못한 기업의 아이디어가 문화정책의 풍부함에 기여하고, 동시에 기업은 권위 있는 정부의 안정적인 관리방식에 의해 관심 있는 문화예술의 성과를 맛볼 수 있다. 매칭 펀드는 당사자들끼리의 창의적인 협업을 이끌어낼 수 있다.

우리나라의 경우 실제로 기업과 예술의 만남(Arts & Business) 사업의 일환으로 한국문화예술위원회와 한국메세나협의회가 공동으로 추진하는 예술지원 매칭펀드가 있다. 기업이 예술을 지원하는 금액에 비례해 예술단체에 추가로 펀드를 지원하는 것이다. 예컨대, 기업에서 예술단체에 1000만원을 지원하면, 1000만원의 펀드가 추가로 지급돼 기업은 예술단체에 총 2000만원(펀드교부금 한도액 최대 2000만원)을 지원하게 된다.

4. 세제혜택

문화예술 활동에 관한 세제혜택도 문화재원 마련과 지원의 효과를 낸다. 그래서 이 역시 예술가에 대한 재정지원의 한 방법이자, 결과적으로 재원을 조달하는 한 방법이기도 하다. 대표적으로 부가가치세에 대한 혜택을 들 수 있다. 부가가치세는 사업목적이 영리이든 비영리이든 관계없이 사업상 독립적으로 재화 또는 용역을 공급하는 자나 재화를 수입하는 자에게 부과된다.[25] 하지만 일부에 대해서는 부가가치세의 면세를 허용하고 있는데, 예술과 창작활동이 그 중 하나이다. 저술가·작곡가나 그 밖에 대통령령으로 정하는 자가 직업상 제공하는 인적(人的)용역과 예술창작품, 예술행사, 문화행사와 아마추어 운동경기로서 대통령령으로 정하는 것 등에 대해 부가가치세를 부과하지 않고 있다.[26] 여기서 예술 활동과 관련된 인적용역의 범위는 저술·서화·도안·조각·작곡·음악·무용·만화·삽화·만

---

25) 〈부가가치세법〉 제1조에서 규정하고 있는 '재화'란 재산 가치가 있는 모든 유체물(有體物)과 무체물(無體物)을 말하고, '용역'이란 재화 외의 재산 가치가 있는 모든 역무(役務) 및 그 밖의 행위를 말한다.
26) 〈부가가치세법〉 제12조.

담·배우·성우·가수와 이와 유사한 용역을 말한다.[27] 그리고 면세의 대상이 되는 예술창작품은 미술·음악 또는 사진에 속하는 창작품으로 한다. 예술행사는 영리를 목적으로 하지 않는 발표회·연구회·경연대회 또는 그 밖에 이와 유사한 행사가 해당된다. 문화행사는 영리를 목적으로 하지 않는 전시회·박람회·공공행사 또는 그 밖에 이와 유사한 행사로 한다.[28] 이러한 면세를 통한 세제혜택은 창작활동을 활성화하기 위한 목적에서 이루어지는 것으로, 예술가에 대한 정부의 재정 지원효과를 지니고 있기 때문에 마치 예술가들에게 문화재정을 지원할 재원을 마련하는 것과 같다.

제 5 절   문화재정의 회계

 1. 문화재정에서 회계의 의미와 기능

1) 의미

예산과 회계는 분리된 활동이 아니라 연계된 활동이다. 예산이 돈을 사용할 계획이라면 회계는 사용한 돈에 대한 검토이다. 정부활동에서 예산이 수립되면 이어서 회계가 진행되고, 회계가 이루어지면 회계에서 얻은 유용한 정보로 다시 예산을 수립한다. 따라서 정부활동에서 예산과 회계는 정부 계획이 구체화되어 실현되는 가시적 표현의 핵심이다. 문화예산이 수립되고 정책과 사업이 수행되면서 회계활동이 뒤따르는 것도 당연하다. 그럼에도 불구하고 그동안 문화정책과 관련된 연구 논문이나 책에서 문화예산에 관해서는 종종 다루었지만, 회계에 관해서는 거의 다루지 않았다. 하지만 문화예산 사용에 따른 회계를 살펴봄으로써 문화재정의 운용 전반을 이해할 수 있다.

회계(accounting)란 경제적 실체가 행한 경제적 거래나 사건을 화폐액으로 측정

---

27) 〈부가가치세법 시행령〉 제35조.
28) 〈부가가치세법 시행령〉 제36조.

및 분류하고 요약·정리하여 의사결정에 유의미하게 활용되는 일체의 체계를 일컫는 말이다. 여기서 경제적 실체는 정부일 수도 있고 기업일 수도 있고 가계일 수도 있으며 개인일 수도 있다. 이 책에서는 정부가 그에 해당되므로 중앙정부와 지방정부로 볼 수 있다. 문화예산과 관련해서 좀 더 그 범위를 좁힌다면 정책 담당 부서가 경제적 실체가 된다. 따라서 문화재정에 관한 회계란, 문화정책 담당부서가 문화정책 활동 과정에서 발생시킨 경제적 거래에 관한 기록체계인 동시에 기록에 따른 유익한 정보 활용을 위한 체계이다. 문화정책에서 유익한 정보 활용은 유익한 의사결정 및 정책결정과 집행을 통해 나타난다.

그림 10-4 문화재정의 회계 흐름도

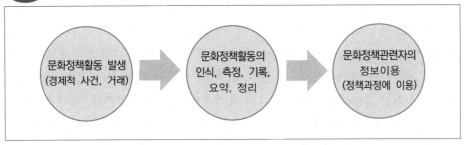

2) 기능

문화재정의 회계는 재무보고의 수단이 된다. 문화재정의 회계를 통한 재무보고는 다음과 같은 기능을 지닌다. 첫째, 회계에 따른 재무보고는 문화예산의 효율적 배분에 도움이 된다. 회계를 통해 문화재정의 상태나 담당부서의 예산 운영의 성과를 알 수 있게 되므로 부족한 공공재원의 효율적 사용을 통제하는 기능을 한다. 따라서 전년도 회계정보에 기반 해서 다음해의 문화예산을 보다 효율적으로 배분할 수 있게 한다.

둘째, 문화재정의 회계는 문화정책을 평가하는 기능을 한다. 회계를 통해 도출된 정보는 해당 문화정책이 적절한지(adequacy) 혹은 적합한지(appropriateness)에 관한 판단을 가능하게 한다. 예컨대 문화예산이 사용된 사업이나 정책을 시행한 결과 자산, 부채, 자본의 변화나 비용과 수익의 발생이 어떠한지를 알게 되면서 해당 정책으로 인한 예산의 적합성과 적절성을 알 수 있게 된다. 이는 다양한 정책평가의 접근 방법(목표 중심 평가, 이해관계자 중심 평가, 결과 중심 평가 등) 중 예산에 초점을 둔 문화정책의 평가가 된다.

셋째, 문화재정의 회계는 문화예산의 투명성과 책임성을 확보하는 기능도 한다. 문화예산만 있고 회계가 없다면 예산이 실제로 어떻게 사용되었는지에 관해서는 전혀 알 길이 없다. 예산이 투명하지 못하게 사용될 가능성도 매우 높아진다. 이는 국민의 세금 사용에 관한 책임을 다하지 못하는 행동과도 같다. 회계를 하지 않는 것은 그 자체가 곧 책임을 다하지 않는 행동이다. 사실 회계를 하는 행위가 책임성을 보여주는 활동이기는 하지만, 더 현실적으로 볼 때 회계가 이루어져야 그 다음에 비로소 책임여부나 책임의 경중 등을 구체적으로 판단할 수 있다.

넷째, 문화재정의 회계는 문화정책 결정을 위한 기반이 된다. 아무리 거창한 계획이 있더라도 돈이 있어야 한다. 그러나 돈이 있다고 해서 모든 것이 다 해결되는 것도 아니다. 어느 정도의 돈이 어떤 상태로 있는지, 즉 재정 상태를 정확히 알아야 계획이나 정책을 만들 수 있다. 그런 점에서 회계정보는 가용한 예산에 기초한 현실적인 문화정책이 만들어지는 데 유용한 정보를 제공한다. 실제로 문화정책 결정 이전에 이루어지는 정책대안 분석단계에서 정책결정에 따른 소요 예산의 상태나 정도(정책비용)는 중요한 변수로 다루어진다. 여기에 기여하는 것 중 하나가 바로 회계정보이다.

3) 문화재정의 회계 구분

회계는 회계정보이용자의 유형에 따라서 재무회계(financial accounting)와 관리회계(managerial accounting)로 구분된다. 재무회계는 외부 정보이용자의 의사결정에 유용한 재무적 정보를 제공하는 것을 목적으로 하는 회계(외부보고 목적의 회계)이고, 관리회계는 내부 정보이용자의 경영적 의사결정에 유용한 회계정보를 제공하는 것을 목적으로 하는 회계이다(내부보고 목적의 회계). 일반적으로 인정된 회계원칙이나 원리에 따라 작성되는 것이 재무회계라면, 관리회계는 통일된 회계원칙이나 원리가 없다. 대외적인 정보제공 측면에서 통상적으로 회계라고 하면 재무회계를 지칭하는 경우가 많다. 따라서 아래에서 다룰 내용은 문화재정에 관한 관리회계가 아니라 재무회계의 내용들이다.

이와 함께, 정부회계의 경우 예산회계와 재무회계라는 용어를 사용하는 경우가 많은데, 이는 결산(예산과정의 마지막 단계로 회계연도의 세입세출예산의 집행실적을 확정된 계수로 표시하는 행위)이 이원화되어 이루어지기 때문에 그 구분에서 비롯된 용어이다. 예산회계는 세입예산, 징수, 수납, 세출예산, 예산배정 및 원인행위, 지출 등 예산의 집행 내용을 기록하는 예산의 결산으로서 <세입세출결산서>로 나타나고, 재무회계는 발생주의 회계 원리에 따라 자산·부채, 수익·비용 등을 기록하고 보고하는 재정의 결산활동으로서 <재무보고서>로 나타난다. 정부회계의 경우 결산이 이처럼 이원화되어 이루어지지만 서로 연계되어 있다. 다시 말해 예산회계는 재무회계와 밀접하게 관련된다. 그 이유는 예산의 경우 국민의 세금으로 마련되는 것이기 때문에 명확히 검토되어야 하고(예산회계), 동시에 세금을 납부한 국가의 주인인 국민들에게 재정운영에 관해 정확한 정보를 제공해주어야 할 의무가 있기 때문이다(재무회계). 요컨대, 국가회계는 한편으로는 예산집행 및 관리통제 등을 위해 예산회계에 따라 예산집행 결과를 기록하고 보고하며, 다른 한편으로는 d−Brain의 자동분개 시스템에 의하여 자산이나 부채관리, 정부활동의 원가 정보 등을 제공하는 발생주의 재무회계에 의한 재무보고를 병행하는 이원화 시스템을 운용하고 있다.[29] 문화재정의 회계도 이에 따라 실행되고 있다.

표 10-14 재무회계와 예산회계

	재무회계	예산회계
의 미	· 재정운영성과 및 재정상태 보고 (수익과 비용, 자산과 부채 등)	· 예산의 집행실적 기록
회계방식	· 발생주의·복식부기	· 현금주의·단식부기 (기업특별회계, 책임운영기관 특별회계 및 기금은 발생주의 복식 부기)
결산보고서	· 재무제표 　- 재정상태표 　- 재정운영표 　- 순자산변동표	· 세입세출결산서 · 국가채무관리보고서 등

---

29) 기획재정부(2012).

2. 문화재정의 재무제표

　문화재정의 회계가 주는 다양한 기능을 위해서는 우선 회계처리가 이루어져야한다. 회계처리를 통해 유용한 정보가 산출되고 그 정보들로 인해 다양한 기능들이 발생되기 때문이다. 따라서 회계처리는 다양한 정보를 제공해 주는 산출물(재무보고서)들이 만들어지는 과정이라고 할 수 있다. 이 산출물들이 곧 재무제표(financial statements)이다.

　결국 회계처리를 하는 이유는 회계처리 과정을 통해 재무제표를 산출하기 위해서이다. 재무제표란 회계정보 이용자에게 정보를 제공하기 위해 일정한 형식에 따라 보다 쉽게 경제적 실체(지방자치단체나 기업 등)의 경영상황을 파악할 수 있도록 만든 보고서를 말한다. 재무제표에는 재정상태표, 재정운영표, 자본변동표, 현금흐름표 등이 있다. 그중에서도 가장 기본적인 재무제표가 재정상태표와 재정운영표이다. 즉, 복식부기 방식으로 회계처리를 할 때 현시점에서 자산과 부채의 내역을 알 수 있게 해주는 재정상태표와, 회계연도 내의 수익 및 비용의 흐름과 순자산의 증감내역을 알 수 있게 해주는 재정운영표가 산출된다. 그 외에 자본변동표는 일정시점에서 경제적 실체의 자본의 크기와 일정기간 동안의 경제적 실체의 자본의 변동에 대한 정보를 제공해주는 회계보고서이고, 현금흐름표는 일정기간 동안 발생한 경제적 실체의 경영활동에서 현금유입과 유출에 관한 정보를 제공해주는 회

표 10-15 기본 재무제표의 종류와 내용

재무제표 종류	재무보고의 주요 내용
재정상태표	일정시점의 현재 경제적 실체(정부, 기업 등)가 보유하고 있는 자산, 부채, 자본에 관한 정보를 제공해주는 회계보고서
재정운영표	일정기간 동안의 경제적 실체(정부, 기업 등)의 경영성과에 대한 정보를 제공해주는 회계보고서
자본변동표	일정시점에서 경제적 실체의 자본의 크기와 일정기간 동안의 경제적 실체의 자본의 변동에 대한 정보를 제공해주는 회계보고서
현금흐름표	일정기간 동안 발생한 경제적 실체의 경영활동에서 현금유입과 유출에 관한 정보를 제공해주는 회계보고서

계보고서이다.[30]

　재무제표는 기업과 정부회계에서 각각 서로 다른 용어로 사용되지만 제공하는 정보는 큰 차이가 없다. 기업회계의 재무상태를 나타내는 것을 대차대조표라고 한다면 정부회계에서는 재정상태표(중앙정부)와 재정상태보고서(지방자치단체)로 불린다. 그리고 운영성과를 나타내는 것은 기업회계의 경우 손익계산서이고 정부회계에서는 재정운영표(중앙정부)와 재정운영보고서(지방자치단체)이다. 자본의 변동에 관한 재무보고는 기업회계에서는 자본변동표로 나타나고 정부회계에서는 순자산변동표(중앙정부)와 순자산변동보고서(지방자치단체)로 나타난다. 현금흐름을 나타내는 재무보고서의 경우 기업회계에서는 현금흐름표이고 정부의 경우 중앙정부의 재무보고에는 제외되어 있지만 지방자치단체에서는 현금흐름보고서로 존재한다. 기업회계와 정부회계의 재무보고서의 차이점으로 볼 수 있는 것이 이익잉여금처분계산서가 기업회계에서는 존재하지만 정부회계에서는 없다는 점과,[31] 국세징수활동과

표 10-16 기업회계와 정부회계의 재무제표(재무보고서) 비교

정보의 성격	기업회계	정부회계	
		중앙정부	지방자치단체
재무상태(재정상태)	대차대조표	재정상태표	재정상태보고서
경영성과(운영성과)	손익계산서	재정운영표	재정운영보고서
자본(순자산)의 변동	자본변동표	순자산변동표	순자산변동보고서
현금흐름의 내용	현금흐름표	·	현금흐름보고서
이익잉여금처분	이익잉여금처분계산서	·	·
국세징수활동	·	국세징수활동표	·

---

30) 주석도 재무제표의 일부분으로 간주한다. 주석은 국민 등 정보이용자에게 충분한 회계정보를 제공하기 위하여 재무제표(재정상태표, 재정운영표, 순자산변동표)에 대한 설명을 적은 것이다. 통상적으로 주석에는 재무제표 작성 시 적용한 중요한 회계정책이나 재무제표에 큰 영향을 미치는 사항, 그리고 중요한 정보나 숫자로 표현하기 어려운 비재무적 정보가 포함된다.

31) 이익잉여금처분계산서는 자본의 변동으로도 볼 수 있다. 그렇다고 해서 그것을 중앙정부의 순자산변동표나 지방자치단체의 순자산변동보고서와 대등하게 비교하는 것은 다소 무리가 있다. 왜냐하면 기업회계에서 이익잉여금처분계산서는 자본항목 중에서 이익잉여금 항목의 변동을 나타내는 데 반해, 정부의 순자산변동표나 순자산변동보고서는 순자산 항

관련해서는 그 반대로 중앙정부 회계에서만 국세징수활동표로 존재한다는 점이다. 국세징수활동표는 국세청과 관세청에서 작성한다.

문화체육관광부의 주요 재무제표는 매년 작성하는 <세입세출(수입지출) 결산보고서>와 <재무결산보고서>에 나타나 있다. 문화체육관광부의 <2013회계년도 재무결산보고서>를 보면 주요 구성요소는 '재정상태표', '재정운영표', '순자산변동표'이다. 구체적인 구성의 실제는 [표 10-17]과 같다.[32]

표 10-17 문화체육관광부 재무결산보고서

Ⅰ. 결산개요 　제1장 재무제표 분석 　　1. 재정상태 분석 　　2. 재정운영 분석 　　3. 순자산변동 분석 Ⅱ. 재무결산보고서(총괄) 　**제1장 재무제표** 　　**1. 재정상태표** 　　**2. 재정운영표** 　　**3. 순자산변동표** 　제2장 재무제표에 대한 주석 　제3장 필수보충정보 　제4장 부속명세서	Ⅲ. 일반회계 Ⅳ. 광역·지역발전특별회계 Ⅴ. 아시아문화중심도시조성 특별회계 Ⅵ. 문화예술진흥기금 Ⅶ. 영화발전기금 Ⅷ. 지역신문발전기금 Ⅸ. 언론진흥기금 Ⅹ. 관광진흥개발기금 Ⅺ. 국민체육진흥기금

목 전체의 변동을 나타내기 때문이다. 이런 차이는 기업의 경우 주주가 존재하기 때문에 자본항목이 자본금, 자본잉여금, 이익잉여금으로 구분되는 데 반해서, 정부의 경우 주주가 없으므로 자본금과 자본잉여금이 존재할 수 없기 때문이다. 그렇기 때문에 순자산 항목이 곧 자본의 변동을 나타내는 것이 되므로 기업의 이익잉여금처분계산서는 정부회계의 자본의 변동을 의미하는 순자산변동표와는 그 성격을 달리한다.

32) 문화체육관광부(2014e).

[표 10-18], [표 10-19], [표 10-20]은 문화체육관광부의 <2014회계연도 세입세출(수입지출) 결산보고서>에 나와 있는 재무제표이다. 순서대로 재정상태표, 재정운영표, 순자산변동표의 예이다.[33)]

표 10-18 문화체육관광부의 재정상태표

당기 : 2014년 1월 1일부터 2014년 12월 31일 까지
전기 : 2013년 1월 1일부터 2013년 12월 31일 까지

(단위 : 원)

구 분	2014		2013	
자산				
I. 유동자산		1,680,420,768,133		1,684,198,961,416
1. 현금및현금성자산		71,457,827,253		148,726,662,676
2. 단기금융상품		27,609,898,895		74,063,659,914
3. 단기투자증권		297,587,961,365		403,645,045,869
4. 미수채권	1,125,476,776,405		832,520,709,283	
미수채권현재가치할인차금	7,072,284		12,418,415	
미수채권대손충당금	15,415,138,688	1,110,054,565,433	11,388,103,866	821,120,187,002
5. 단기대여금	163,353,755,273		223,966,230,090	
단기대여금대손충당금	959,613,911	162,394,141,362	893,995,777	223,072,234,313
6. 기타유동자산		11,316,373,825		13,571,171,642
II. 투자자산		2,717,551,033,863		2,374,496,913,797
1. 장기금융상품		5,595,755,115		39,283,801,248
2. 장기대여금	1,638,407,636,758		1,328,585,912,219	
장기대여금대손충당금	119,194,563,965	1,519,213,072,793	95,377,337,787	1,233,208,574,432
3. 장기투자증권		1,192,312,303,433		1,101,574,635,595
4. 기타투자자산		429,902,522		429,902,522
III. 일반유형자산		4,799,775,883,590		4,650,161,283,247
1. 토지		2,454,707,469,353		2,443,640,813,293
2. 건물	2,085,461,473,644		1,660,337,658,627	
건물감가상각누계액	159,862,664,148	1,925,598,809,496	113,689,750,005	1,546,647,908,622
3. 구축물	222,786,487,753		193,252,419,444	

---

33) 문화체육관광부(2015c).

당기 : 2014년 1월 1일부터 2014년 12월 31일 까지
전기 : 2013년 1월 1일부터 2013년 12월 31일 까지

(단위 : 원)

구 분	2014		2013	
구축물감가상각누계액	78,287,566,152	144,498,921,601	57,141,818,023	136,110,601,421
4. 기계장치	113,333,185,501		108,851,451,666	
기계장치감가상각누계액	91,863,195,189	21,469,990,312	86,577,826,230	22,273,625,436
5. 집기·비품·차량운반구	145,345,874,544		137,503,872,204	
집기·비품·차량운반구감가상각누계액	106,352,102,292	38,993,772,252	98,994,019,901	38,509,852,303
6. 기타일반유형자산	190,590,848,386		172,159,934,301	
기타일반유형자산감가상각누계액	27,817,524,217	162,773,324,169	25,164,650,193	146,995,284,108
7. 건설중인일반유형자산		51,733,596,407		315,983,198,064
Ⅳ. 무형자산		87,736,729,326		73,258,597,963
1. 산업재산권		802,912,840		1,034,290,044
2. 소프트웨어		30,050,981,636		24,765,247,261
3. 기타무형자산		56,882,834,850		47,459,060,658
Ⅴ. 기타비유동자산		21,847,963,695		24,021,329,855
1. 장기미수채권	490,499,113		831,740,992	
장기미수채권현재가치할인차금	1,473,278	489,025,835	8,545,562	823,195,430
2. 기타의기타비동자산		21,358,937,860		23,198,134,425
자산계		9,307,332,378,607		8,806,137,086,278
부채				
Ⅰ. 유동부채		24,796,358,015		27,573,219,812
1. 유동성장기차입부채		939,197,436		893,510,659
2. 기타유동부채		23,857,160,579		26,679,709,153
Ⅱ. 장기차입부채		2,646,516,139		425,754,985
1. 장기차입금		2,646,516,139		425,754,985
Ⅲ. 장기충당부채		8,594,897,752		7,619,408,431
1. 퇴직급여충당부채		8,494,835,138		7,619,408,431
2. 기타장기충당부채		100,062,614		0
Ⅳ. 기타비유동부채		54,374,242,169		54,342,637,669
1. 기타의기타비유동부채		54,374,242,169		54,342,637,669

당기 : 2014년 1월 1일부터 2014년 12월 31일 까지
전기 : 2013년 1월 1일부터 2013년 12월 31일 까지

(단위 : 원)

구 분	2014	2013
부채계	90,412,014,075	89,961,020,897
순자산		
Ⅰ. 기본순자산	5,237,346,346,918	5,332,189,261,600
Ⅱ. 적립금 및 잉여금	2,610,130,037,659	2,015,693,064,890
Ⅲ. 순자산조정	1,369,443,979,955	1,368,293,738,891
순자산계	9,216,920,364,532	8,716,176,065,381
부채와순자산산계	9,307,332,378,607	8,806,137,086,278

표 10-19 문화체육관광부의 재정운영표

당기 : 2014년 1월 1일부터 2014년 12월 31일 까지
전기 : 2013년 1월 1일부터 2013년 12월 31일 까지

(단위 : 원)

구 분	2014			2013		
	총원가	수익	순원가	총원가	수익	순원가
Ⅰ. 프로그램순원가	3,456,453,445,308	(60,452,968,550)	3,396,000,476,758	3,219,988,452,623	(50,271,134,054)	3,169,717,318,569
1. 종교문화지원	52,503,462,300		52,503,462,300	53,377,105,783		53,377,105,783
2. 콘텐츠산업 육성	283,102,214,717	(6,662,718,020)	276,439,496,697	279,338,157,918	(5,430,155,589)	273,908,002,329
3. 건강한 저작권 생태계 조성	53,413,474,760		53,413,474,760	41,339,775,323		41,339,775,323
4. 문화미디어산업육성및지원	119,836,044,870	(391,623,053)	119,444,421,817	154,617,355,417	(368,071,866)	154,249,283,551
5. 창의적문화정책구현	257,455,270,933		257,455,270,933	225,139,468,649		225,139,468,649
6. 예술의 진흥 및 생활화, 산업화	424,260,672,191	(829,397,181)	423,431,275,010	352,163,389,791	(1,323,869,231)	350,839,520,560
7. 대한민국역사박물관 운영	10,642,327,560		10,642,327,560	8,254,056,283		8,254,056,283
8. 국가브랜드위원회 운영				742,045,024		742,045,024
9. 국정홍보기획	18,972,480,497		18,972,480,497	16,397,469,654		16,397,469,654
10. 아시아문화중심도시조성	78,395,411,902		78,395,411,902	28,489,926,644		28,489,926,644
11. 도서관정보정책기획단운영	54,127,393,191		54,127,393,191	18,437,016,496		18,437,016,496
12. 예술원지원	2,593,585,059		2,593,585,059	2,481,849,157		2,481,849,157
13. 한국예술종합학교운영	28,783,134,004	(1,232,273,300)	27,550,860,704	27,757,246,954	(1,172,541,000)	26,584,705,954

당기 : 2014년 1월 1일부터 2014년 12월 31일 까지
전기 : 2013년 1월 1일부터 2013년 12월 31일 까지

(단위 : 원)

구 분	2014			2013		
	총원가	수익	순원가	총원가	수익	순원가
14. 국립박물관운영	64,284,950,242		64,284,950,242	57,556,479,368		57,556,479,368
15. 국립국어원운영	11,223,645,308		11,223,645,308	9,441,187,067		9,441,187,067
16. 국립중앙도서관운영	50,127,145,160	(487,443,750)	49,639,701,410	42,838,527,819	(263,247,650)	42,575,280,169
17. 해외문화홍보원 운영	20,336,721,376		20,336,721,376	19,527,135,842		19,527,135,842
18. 국립중앙극장운영	23,303,481,953		23,303,481,953	20,609,549,300		20,609,549,300
19. 국립현대미술관운영	23,101,343,332	(2,150,658,670)	20,950,684,662	19,157,256,696	(1,045,330,060)	18,111,926,636
20. 국립국악원운영	48,609,111,930	(629,027,150)	47,980,084,780	42,564,030,187	(584,590,280)	41,979,439,907
21. 국립민속박물관운영	13,221,952,401		13,221,952,401	11,823,447,100		11,823,447,100
22. 한국정책방송원 운영	17,454,980,139		17,454,980,139	15,897,109,224		15,897,109,224
23. 국립국악중고운영	1,960,442,996		1,960,442,996	1,323,843,540		1,323,843,540
24. 국립전통예술중고 운영	2,933,806,227		2,933,806,227	3,512,561,749		3,512,561,749
25. 관광진흥기반확충	403,335,659,290		403,335,659,290	398,526,217,429		398,526,217,429
26. 관광산업육성	99,102,018,620		99,102,018,620	92,525,115,690		92,525,115,690
27. 외래관광객유치	210,935,252,127		210,935,252,127	198,138,414,197		198,138,414,197
28. 관광산업 기금융자	54,565,029,331	(46,864,134,293)	7,700,895,038	47,071,568,173	(38,647,625,747)	8,423,942,426
29. 관광레저도시육성	4,900,000,000		4,900,000,000	2,426,175,120		2,426,175,120
30. 사행산업통합감독위원회 운영	2,554,340,070		2,554,340,070	3,603,830,726		3,603,830,726
31. 생활체육육성	329,549,513,630		329,549,513,630	363,979,764,124		363,979,764,124
32. 전문체육육성	208,303,997,646		208,303,997,646	173,814,525,249		173,814,525,249
33. 스포츠산업 육성 및 국제교류	419,459,593,027	(1,205,693,133)	418,253,899,894	434,333,216,529	(1,435,702,631)	432,897,513,898
34. 장애인체육육성	63,104,988,519		63,104,988,519	52,783,634,401		52,783,634,401
Ⅱ. 관리운영비			277,923,082,407			263,018,147,340
1. 인건비			182,255,214,762			172,708,264,017
2. 경비			95,667,867,645			90,309,883,323
(1) 복리후생비			30,799,919,731			24,056,315,017
(2) 소모품비			4,088,724,229			4,234,629,653
(3) 인쇄비			1,038,979,556			908,059,522
(4) 광고선전비			155,470,822			125,587,644
(5) 지급수수료			3,096,507,370			3,267,120,696
(6) 세금과공과			1,561,654,169			2,585,972,520

당기 : 2014년 1월 1일부터 2014년 12월 31일 까지
전기 : 2013년 1월 1일부터 2013년 12월 31일 까지

(단위 : 원)

구 분	2014			2013		
	총원가	수익	순원가	총원가	수익	순원가
(7) 수도광열비			2,747,254,732			2,765,362,695
(8) 지급보험료			5,429,891,324			5,577,218,240
(9) 피복비와급량비			307,864,004			305,895,836
(10) 교육훈련비			430,261,160			454,104,499
(11) 지급임차료			912,731,796			895,328,764
(12) 유류비			1,550,896,135			2,045,948,816
(13) 수선유지비			432,389,130			409,359,095
(14) 여비교통비			1,981,582,216			2,709,898,640
(15) 업무추진비			1,808,022,073			1,184,323,782
(16) 외주용역비			2,099,882,692			2,288,290,128
(17) 보전비			95,000,000			95,000,000
(18) 보조비			15,566,462,934			13,204,974,909
(19) 기타이전비용			192,067,593			98,597,572
(20) 감가상각비			5,545,000,000			5,254,500,000
(21) 이자비용			599,898			9,251,064
(22) 자산처분손실			15,801,035,587			17,772,088,146
(23) 기타비용			25,238,284			58,332,080
(24) 국립학교운영비						317,755
(25) 연구개발비			432,210			3,406,250
Ⅲ. 비배분비용			77,869,763,196			91,878,965,001
1. 인건비			312,044,602			329,818,871
2. 복리후생비						849,620
3. 소모품비			6,223,845			1,172,310
4. 인쇄비			11,393,450			8,186,500
5. 광고선전비			7,450,000			0
6. 지급수수료			2,548,889,822			129,138,971
7. 세금과공과			160,100			109,860
8. 여비교통비			6,975,800			6,189,500
9. 업무추진비			7,319,100			10,173,680
10. 대손상각비			4,072,122,828			767,989,977
11. 평가손실						39,324,482,930

당기 : 2014년 1월 1일부터 2014년 12월 31일 까지
전기 : 2013년 1월 1일부터 2013년 12월 31일 까지

(단위 : 원)

구 분	2014			2013		
	총원가	수익	순원가	총원가	수익	순원가
12. 자산감액손실						12,796,211,680
13. 자산처분손실			1,718,821,854			7,699,776,240
14. 기타비용			69,178,361,795			30,804,864,862
Ⅳ. 비배분수익			205,207,026,141			225,717,896,618
1. 재화및용역제공수익			31,768,703,856			30,166,975,755
2. 이자수익			20,642,243,163			18,382,250,246
3. 자산처분이익			29,753,228,810			35,434,205,146
4. 기타수익			123,042,850,312			141,734,465,471
Ⅴ. 재정운영순원가(Ⅰ+Ⅱ+Ⅲ-Ⅳ)			3,546,586,296,220			3,298,896,534,292
Ⅵ. 비교환수익 등			1,781,937,901,622			1,447,946,007,876
1. 기타재원조달및이전			1,206,818,575,594			921,029,283,576
2. 부담금수익			571,960,326,028			503,957,724,300
3. 기타비교환수익			3,159,000,000			22,959,000,000
Ⅶ. 재정운영결과(Ⅴ-Ⅵ)			1,764,648,394,598			1,850,950,526,416

표 10-20 문화체육관광부의 순자산변동표

당기 : 2014년 1월 1일부터 2014년 12월 31일 까지
전기 : 2013년 1월 1일부터 2013년 12월 31일 까지

(단위 : 원)

구 분	기본순자산	적립금 및 잉여금	순자산조정	합계
Ⅰ. 전기 기초순자산	5,241,817,332,873	1,703,501,001,810	1,338,318,531,574	8,283,636,866,257
1. 보고금액	5,241,817,332,873	1,703,501,001,810	1,338,318,531,574	8,283,636,866,257
Ⅱ. 재정운영결과		1,850,950,526,416		1,850,950,526,416
Ⅲ. 재원의조달및이전		2,253,907,130,861		2,253,907,130,861
1. 재원의조달		2,444,061,656,645		2,444,061,656,645
(1) 국고수입		2,316,022,745,780		2,316,022,745,780
(2) 제재금수익		2,557,071,930		2,557,071,930
(3) 기타비교환수익		28,662,970		28,662,970

당기 : 2014년 1월 1일부터 2014년 12월 31일 까지
전기 : 2013년 1월 1일부터 2013년 12월 31일 까지

(단위 : 원)

구 분	기본순자산	적립금 및 잉여금	순자산조정	합계
(4) 무상이전수입		105,693,794,263		105,693,794,263
(5) 기타재원조달		19,759,381,702		19,759,381,702
2. 재원의이전		190,154,525,784		190,154,525,784
(1) 국고이전지출		185,552,851,020		185,552,851,020
(2) 무상이전지출		4,601,674,764		4,601,674,764
Ⅳ. 조정항목	90,371,928,727	(90,764,541,365)	29,975,207,317	29,582,594,679
1. 투자증권평가손익			2,199,425,378	2,199,425,378
(1) 투자증권평가이익			(5,488,101,306)	(5,488,101,306)
(2) 투자증권평가손실			(7,687,526,6840	(7,687,526,684)
2. 자산재평가이익			27,742,960,725	27,742,960,725
(1) 일반유형자산평가이익			27,742,960,725	27,742,960,725
3. 기타순자산의증감	90,373,091,558	(90,764,101,618)	32,821,214	(358,188,846)
(1) 기타의기타순자산의증가	90,373,091,558	(122,933,6740	32,821,214	90,282,979,098
(2) 기타의기타순자산의감소		90,641,167,944		90,641,167,944
4. 정부조직개편등에따른순자산의 증감	(1,162,831)	(439,747)		(1,602,578)
(1) 정부조직개편등에따른순자산의감소	1,162,831	439,747		1,602,578
Ⅴ. 전기 기말순자산 (Ⅰ-Ⅱ+Ⅲ+Ⅳ)	5,332,189,261,600	2,015,693,064,890	1,368,293,738,891	8,716,176,065,381
Ⅵ. 당기 기초순자산	5,332,189,261,600	2,016,815,114,890	1,368,293,738,891	8,717,298,115,381
1. 보고금액	5,332,189,261,600	2,015,693,064,890	1,368,293,738,891	8,716,176,065,381
2. 회계변경누적효과		1,122,050,000		1,122,050,000
(1) 회계변경누적이익		1,122,050,000		1,122,050,000
Ⅶ. 재정운영결과		1,764,648,394,598		1,764,648,394,598
Ⅷ. 재원의조달및이전		2,244,128,199,260		2,244,128,199,260
1. 재원의조달		2,552,623,838,059		2,552,623,838,059
(1) 국고수입		2,365,691,485,800		2,365,691,485,800
(2) 제재금수익		698,409,710		698,409,710
(3) 기타비교환수익		25,155,042,170		25,155,042,170
(4) 무상이전수입		136,238,767,539		136,238,767,539

(단위 : 원)

구 분	기본순자산	적립금 및 잉여금	순자산조정	합계
(5) 기타재원조달		24,840,132,840		24,840,132,840
2. 재원의이전		308,495,638,799		308,495,638,799
(1) 국고이전지출		262,387,400,750		262,387,400,750
(2) 무상이전지출		46,108,238,049		46,108,238,049
Ⅸ. 조정항목	(94,842,914,682)	113,835,118,107	1,150,241,064	20,142,444,489
1. 투자증권평가손익			(5,536,352,443)	(5,536,352,443)
(1) 투자증권평가이익			(4,535,278,817)	(4,535,278,817)
(2) 투자증권평가손실			1,001,073,626	1,001,073,626
2. 자산재평가이익			3,557,383,553	3,557,383,553
(1) 일반유형자산평가이익			3,557,383,553	3,557,383,553
3. 기타순자산의증감	(94,842,914,682)	113,835,118,107	3,129,209,954	22,121,413,379
(1) 기타의기타순자산의증가	(94,842,914,682)	18,992,203,425	3,129,209,954	(72,721,501,303)
(2) 기타의기타순자산의감소		(94,842,914,682)		(94,842,914,682)
Ⅹ. 당기 기말순자산 (Ⅵ-Ⅶ+Ⅷ+Ⅸ)	5,237,346,346,918	2,610,130,037,659	1,369,443,979,955	9,216,920,364,532

3. 문화재정의 회계원리

1) 기본 개념

회계 원리의 기본개념들을 이해하고 숙지하는 것은 회계처리를 위한 기초가 된다. 이 기본개념들은 문화재정의 재무제표를 읽고 이해하는 데 필수적이다. 회계와 관련된 여러 의사소통이 이루어지기 위해서도 기본개념들에 대한 지식은 필요하다. 우선 알아야 할 개념은 회계처리에서 인식기준을 어떻게 할 것인가에 대한 현금주의와 발생주의에 관한 개념이다. 거래 또는 경제적 사건에 대한 회계처리 시점을 결정하는 것과 관련된 개념이다. 이와 함께 또 알아야 할 개념은 회계처리를 위한 기록방식을 어떻게 할 것인가에 대한 단식부기와 복식부기에 관한 개념이다. 거래를 일정한 원리에 따라 자산, 부채, 수익, 비용 등으로 구분하여 회계장부에 기입하는 과정에 관한 것으로 부기와 관련된 개념이다. 따라서 가장 기본적인 개념은 현금주의, 발생주의, 단식부기, 복식부기의 개념이다.

현금주의(cash basis)는 현금이 유입되면 수입으로 인식하고 현금이 유출되면 지출로 인식하는 방법을 말한다. 현금의 수취와 지출시점에 인식하는 것이다. 그래서 만일 재화와 서비스를 제공했다 하더라도 현금으로 회수가 되지 않는 동안은 수익으로 계상하지 않는다. 같은 맥락에서 재화와 서비스를 제공받았다 하더라도 현금으로 지급되기 전에는 비용으로 계상하지 않는다.

발생주의(accrual basis)는 현금의 수수와 관계없이 거래가 발생된 시점에 인식하는 방법이다. 현금의 수취나 지급시점이 아니라는 점에서 현금주의와 차이가 있다. 따라서 현금거래 이외의 비현금거래에 대해서도 거래를 인식하여 회계처리 한다. 이에 따라 거래는 발생하였으나 현금의 유입과 유출이 이루어지기 이전 시점에 인식되는 미수채권, 미수수익, 미지급금, 선수수익, 선급비용 등의 발생주의 계정을 사용한다.

단식부기(single entry bookkeeping)는 단일 항목의 증감변화를 기록하고 계산하는 데 중점을 두고 거래나 사건을 기록하는 방법이다. 즉, 현금, 채권, 채무 등을 대상으로 발생된 거래의 한쪽 면만을 기록하는 방식으로서 전통적으로 정부회계에서 사용해온 기록방식이다.

복식부기(double entry bookkeeping)는 거래를 이원적으로 파악하여 하나의 거래를 둘 이상 계정(account)의 왼쪽(차변)과 오른쪽(대변)에 이중 기록하는 방식이다. 복식부기에서는 모든 거래의 차변금액 합계와 대변금액 합계가 항상 일치하도록 기록하게 되며, 이를 거래의 이중성이라고 하고 대차균형의 원리라고도 한다. 즉, 모든 계정의 차변합계 금액과 대변합계 금액이 일치하게 되며 각 계정의 잔액을 합계하는 경우 『자산 = 부채 + 순자산』이라는 등식이 성립되는데, 이를 대차평균의 원리라고 한다.

이처럼 회계처리에서 인식기준의 차이와 기록방식의 차이는 회계를 읽고 이해하는 데 가장 기본이 되는 개념이다. 현재 우리나라의 경우 발생주의·복식부기를 적용하고 있다. 구체적으로 보면, 우리나라 정부부문에 발생주의·복식부기 회계 도입은 1998년 5월에 정부가 발생주의 회계제도의 도입 방침을 공식적으로 발표함에 따라 시작되었다. 같은 해 6월에 기획예산위원회에서 중앙정부와 지방정부의 회계제도를 동시에 개혁하는 것을 목표로 발생주의 회계제도의 도입을 정부 국정과제로 확정하였다. 이후 발생주의·복식부기 회계방식을 근간으로 하는 새로운 국가회계제도 도입을 위한 <국가회계법>이 2007년 10월에 최초 제정되었고, 이에 따라 2009년 회계연도부터 국가결산보고서에 발생주의·복식부기 방식에 의한 재무제표가 함께 포함되어 본격적으로 적용되고 있다.

한편, 보통 많은 사람들이 단식부기·현금주의 방식이 서로 짝을 이루고 복식부기·발생주의 방식이 서로 짝을 이루는 것으로 생각하고 있는데, 반드시 그렇지는 않다. 복식부기·현금주의 방식도 가능하다.

2) 문화재정 회계의 순환과정

문화재정의 회계는 문화정책 담당부서가 문화정책 수행을 위해 경제적 행위 등의 회계상 거래를 하여 그것을 인식하고 회계장부에 기록 및 정리한 후에 재무제표를 작성하여 정보이용자들에게 정보를 제공하는 일련의 회계과정으로 이루어진다. 1회계기간을 주기로 하여 이를 회계의 순환과정이라고 하며, 이 과정을 이해하는 것이 문화재정의 회계 원리를 이해하는 것이다.

이를 좀 더 구체화해서 보면 다음과 같은 회계순환 과정을 거친다. 우선 경제적 사건이 발생되고, 그에 따른 거래의 분석이 이루어진다. 이후 분개와 전기가 이어서 이루어지며 마지막으로 결산을 통해 재무제표를 작성한다.

그림 10-5 회계의 순환과정

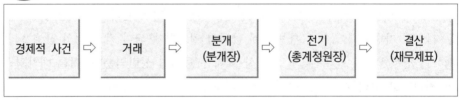

먼저 거래(transaction)가 발생되었다는 것(복식부기 회계)은 '국가실체의 자산, 부채 및 순자산과 수익이나 비용의 증감변화를 일으키는 모든 경제적 사건'이 발생되었다는 의미이다. 거래가 발생되면 분개(journalizing)가 이루어지는데, 분개란 거래 발생시 거래내용을 차변기록요소와 대변기록요소로 구분하여 분개장에 기록하는 것

을 말한다. 여기서 분개장은 회계자료를 인식하고 측정하여 최초로 기록하는 장부로서 하나의 거래를 원인과 결과로 구분하여 따로 기록하는 원시데이터를 말한다.

이때 '각 계정'의 '기입방식'이 중요한 회계원리 중 하나이다. 계정(account)이란 기록하고 계산하는 장소적 단위를 말하고, 계정의 명칭을 계정과목이라고 하고 계정기입의 장소를 계정계좌라고 한다. 계정계좌는 좌·우 두 개의 계산 장소가 있다. 왼쪽을 차변(Debit), 오른쪽을 대변(Credit)이라고 한다. 대차대조표 계정과 손익계산서 계정을 예로 들어보면 [표 10-21]과 같다.

표 10-21 계정의 분류와 계정과목

계정의 분류		계 정 과 목
대차대조표 계정	자산 계정	현금, 매출채권, 대여금, 선급금, 상품, 건물, 기계장치 등
	부채 계정	매입채무, 단기차입금, 사채, 미지급금, 선수금 등
	자본 계정	자본금, 자본잉여금, 이익잉여금, 자본조정 등
손익계산서 계정	수익 계정	상품매출이익, 임대료, 이자수익, 유가증권처분차익등
	비용 계정	급여, 임차료, 감가상각비, 대손상각비, 이자비용 등

그리고 계정의 기입방법은 자산계정, 부채계정, 자본계정, 수익계정, 비용계정의 기록원칙에 따라 각각 차변과 대변에 기록해야 한다. [표 10-22]와 같다. 자산계정의 기록원칙은 증가액은 차변에 기록하고 감소액은 대변에 기록한다. 부채계정의 기록원칙은 증가액은 대변에 기록하고 감소액은 차변에 기록한다. 자본계정의 기록원칙은 증가액은 대변에 기록하고 감소액은 차변에 기록한다. 수익계정의 기록원칙은 발생액은 대변에 기록하고 소멸액은 차변에 기록한다. 비용계정의 기록원칙은 발생액은 차변에 기록하고 소멸액은 대변에 기록한다.

이러한 원칙에 입각해서 문화재정 회계의 분개와 전기를 하면 다음과 같다. 먼저 분개란 앞서도 언급했듯이 거래가 발생하면 거래를 분석해서 어느 계정의 어느 쪽에 얼마의 금액을 기입할 것인지를 결정하는 것으로, 차변과 대변으로 구분하여 기록하는 것을 말한다.

분개의 예를 들면, 만일 문화정책 담당부서가 박물관을 건립하기 위한 자금

표 10-22 계정별 기입방법

자산계정	
증가(+)	감소(-)
자산계정의 기록원칙: 자산의 증가액은 차변, 감소액은 대변에 기록	

부채계정	
감소(-)	증가(+)
부채계정의 기록원칙: 부채의 증가액은 대변, 감소액은 차변에 기록	

자본계정	
감소(-)	증가(+)
자본계정의 기록원칙: 자본의 증가액은 대변, 감소액은 차변에 기록	

수익계정	
소멸(-)	발생(+)
수익계정의 기록원칙: 수익의 발생액은 대변, 소멸액은 차변에 기록	

비용계정	
발생(+)	소멸(-)
비용계정의 기록원칙: 비용의 발생액은 차변, 소멸액은 대변에 기록	

마련의 일환으로 은행으로부터 현금을 1,000,000원을 차입했다고 하자. 이 일은 경제적 거래로서 회계처리의 대상이 된다. 이 거래는 현금이라는 자산이 1,000,000원 증가하고 차입금이라는 부채가 1,000,000원 증가한 결과를 낳는다. 복식부기의 기록방법에 의해 자산 증가는 현금계정의 차변에 기록하고 부채 증가는 차입금 계정의 대변에 기록하게 되어 차변과 대변의 금액은 각각 1,000,000원이 된다. [표 10-23]과 [표 10-24]가 이를 보여준다.

표 10-23 분개 순서: 박물관 건립의 예

거래 발생	박물관 건립 자금 마련을 위해 은행으로부터 현금 1,000,000원을 차입하다.	
거래 분석	자산의 증가	부채의 증가
계정과목 결정	현금	차입금
차변과 대변 결정	현금 계정의 차변	차입금 계정의 대변
금액결정	1,000,000	1,000,000
분개 내용	(차) 현금 1,000,000	(대) 차입금 1,000,000

표 10-24 분개장: 박물관 건립의 예

일자	적요	차변	대변
2월 20일	현금 1,000,000원을 차입하다. 　　　　　　현금 　　　　　　차입금	 1,000,000 	 1,000,000

　　이러한 분개는 거래가 발생한 순서대로 기록되어 있는 장부이기 때문에 계정과목별로 잔액을 파악하기는 어렵다. 따라서 계정과목별로 잔액을 파악하고 계산하기 위해 분개장을 기초로 해서 해당계정에 내용을 기록하는 과정을 거치게 되는데, 이를 전기(posting)라고 한다. 즉, 전기는 분개장에 기록된 거래내용을 총계정원장(각 계정들을 모두 모아 놓은 장부)의 각 계정에 이기(移錄)하여 계정과목별로 금액을 계산하는 회계처리 과정을 의미한다.

　　전기의 절차는 분개장에 기록된 계정과목을 총계정원장에서 찾은 뒤, 분개장의 각 계정과목별 금액을 총계정원장의 각 계정에 전기하는 것으로 이루어진다. 이때 분개장의 상대 계정과목을 총계정원장에 전기한다. 즉, 분개된 차변금액은 원장의 해당 계정의 차변에 기입하되 계정과목란에는 상대계정과목을 기입한다. 마찬가지로, 분개된 대변금액은 원장의 해당 계정의 대변에 기입하되 계정과목란에는 상대계정과목을 기입한다.

표 10-25 총계정원장: 박물관 건립의 예

현 금

차입금 1,000,000	

차입금

	현금 1,000,000

지금까지 재정상태를 보여주는 재정상태표(대차대조표) 작성을 살펴보았다면, 일정한 기간 동안 경제적 실체가 행한 경영성과를 보여주는 재정운영표(손익계산서)도 중요한 재무제표의 하나이기 때문에 이에 대한 작성 방법도 알 필요가 있다. 그래서 재정운영표를 작성하는 방법도 간단히 예를 통해 살펴보자. 어떤 박물관 운영으로 6,000,000원의 매출(입장료, 대관료 등)이 발생하여 현금 6,000,000원이 생겼고, 박물관 직원들의 급여 3,000,000원을 현금으로 지급하였고, 박물관 운영 기관의 임차료 1,500,000원을 현금으로 지급했다고 하자. 이 거래에서 1,500,000원의 순이익이 생기게 되는데 이는 총수익 6,000,000원에서 총비용 4,500,000원을 차감해서 계산한 결과이다. 따라서 당기순이익에 총비용을 가산하면 총수익과 일치하게 된다. [표 10-26]을 보면 차변과 대변의 총액이 같음을 알 수 있다.

표 10-26 손익계산서: 박물관 운영 예시

비용		수익	
급여 3,000,000		매출 6,000,000	
임차료 1,500,000			
이익			
순이익 1,500,000			
합계 6,000,000		합계 6,000,000	

4. 문화재정 회계의 특수처리사항

문화재정의 회계처리에서 특수한 처리로서 유산자산이 있다. 유산자산은 현세대 및 미래세대를 위하여 정부가 영구히 보존하여야 할 자산이다. 흔히 역사적, 자연적, 문화적, 교육적 및 예술적으로 중요한 자산을 말한다. 유산자산은 일반 자산과는 다른 특징을 지니고 있기 때문에 회계처리 과정에서 특수하게 처리된다.

유산자산의 특징을 보면, 오래전에 만들어졌기 때문에 취득원가를 파악하기가 어렵고 오히려 시간이 지날수록 가격이 높아진다. 그리고 매각할 목적의 자산이 아니라는 특징도 지니고 있다. 따라서 재무제표에 금액으로 표시하기가 매우 어려워서 국가의 자산이긴 하지만 재무제표에 표시하지 않고 필수보충정보로 그 종류 및 현황에 대한 정보를 제공하도록 하고 있다.

여기서 필수보충정보(Required supplementary information)란 앞의 [표 10-16]에서 볼 수 있듯이, 재무제표에는 표시하지 않았으나 재무제표의 내용을 보완하고 이해를 돕기 위하여 필수적으로 제공되어야 하는 정보를 말한다. 국가재무제표의 필수보충정보는 유산자산의 종류, 수량 및 관리상태, 연금·보험·사회보험보고서, 국세징수활동표 등이 포함된다. 이 중 유산자산은 [표 10-27]과 같이 문화재, 자연공원, 보호구역으로 구분하고 있으며, 국보 1호인 남대문, 북한산 국립공원, 우포늪 생태계특별보호구역 등이 이에 해당한다.[34]

표10-27 유산자산 세부내역 및 관련 법령

유산자산 종류	세부 내역	관련 법령
문화재	유형문화재, 무형문화재 등 국가지정문화재	문화재보호법
자연공원	국립공원	자연공원법
보호구역	생태계보호구역, 자연경관보호구역 등	자연환경보전법, 습지보전법, 야생동식물보호법 등

자료: 문화체육관광부(2013)의 필수보충정보

---

34) 국가회계기준센터(2011), p.44 ; 기획재정부(2012), p.17.

제5부

문화경영학

제11장

문화경영

제11장
문화경영

제1절 문화경영의 의미와 등장배경

1. 관리의 개념과 과정

　　문화경영은 문화기관이나 문화조직을 관리하는 행위를 말한다. 그래서 문화
경영을 이해하기 위해서는 우선 '관리(management)' 개념을 이해해야 한다. 관리란
조직의 목표를 달성하기 위해 관리자와 조직구성원이 수행해야 하는 기능과 활동
으로 구성된 과정을 말한다. 관리는 혼자 힘으로 달성할 수 없는 높은 수준의 결
과를 달성하기 위해서 한 명 이상의 여러 사람들에 의해 수행되는 과정이다. 이
과정에는 사람, 자본, 재료, 기술 등에 대한 이용과 관련 활동을 조정하는 일들이
포함된다. 활동을 조정하는 것은 곧 어떤 일(사업, 정책 등)을 할 때 조직을 구축하고
끌고 나가는(organizing and directing) 것을 의미한다. 이것이 관리이다.

　　관리의 의미를 개별 경제주체(기업 등)의 활동을 부각해서 표현한다면 경영이
된다. 사실, 관리와 경영의 의미 구분이 엄격할 수도 있으나 혼용해도 큰 문제는
없다. 학문분야에서 관리학보다는 경영학이 훨씬 일반적이기는 하지만, 상황과 맥
락에 따라 혼용 가능하다. 여기서는 문화경영을 다루지만 그 기본 개념을 설명하

기에는 관리라는 말이 더 적절하다고 판단해서 관리로 표현하였다.

관리는 대개 어느 정도 규모 이상의 조직이나 기관에서 이루어지는 활동에 초점을 두고 말한다. 물론 아주 작은 소규모 조직에서도 관리는 이루어진다. 그러나 이때는 최고책임자가 구성원과 긴밀하게 접촉하고 신뢰를 구축하면서 친밀성에 기초한 리더십을 발휘하는 비교적 간단한 관리이다. 이론적이거나 실무 측면에서 관리를 배우는 것은 구성원들의 역할과 기능 구분이 상대적으로 모호한 소규모 조직에서의 관리보다는, 주로 일정 규모 이상의 조직과 기관에서 이루어지는 비교적 체계적이고 공식화된 관리 방식들이다. 문화경영에서 말하는 관리도 후자에 해당한다.

관리는 몇 가지 과정으로 구성된다. 시대와 상황에 따라 그리고 조직이나 기관의 특성에 따라 여러 가지 과정으로 구성되지만, 다음의 네 가지 과정이 관리의 기본이다. 기획(planning), 조직화(organizing), 지휘(leading, directing, motivating), 통제(controlling)가 그것이다.[1]

기획은 조직이 장·단기에 달성할 결과를 결정하는 과정으로, 목표를 결정하고 목표를 달성하기 위한 최적의 전략을 선택하는 활동이다. 자원의 최적배분을 위한 구상과 실천이 이루어진다. 관리의 나머지 세 가지 기능(조직화, 지휘, 통제)은 기획을 통해 도출된 계획이나 의사결정을 구체적으로 집행하는 활동들이다. 따라서 기획은 관리의 전반적인 방향, 지향, 방침에 관한 결정과정이자 출발점이 된다.

조직화는 어떻게 결과를 달성할 것인가에 대한 내용이며 목표를 달성할 최적의 조직구조를 설계하고 개발하는 활동이다. 주로 목표달성을 위해 인적 자원과 물적 자원을 구축하는 활동들이 여기서 이루어진다. 적재적소에 인력을 배치하고 필요한 기구를 신설하거나 통폐합해서 보다 효율적이고 효과적으로 목표를 달성할 수 있는 구조적 틀을 마련하는 일이 조직화의 주요 내용이다.

지휘는 리더나 관리자가 조직의 목표를 달성하기 위해 조직구성원의 행동에 영향을 미치는 다양한 활동들이다. 예컨대 조직구성원들에게 동기를 부여하고 리더십을 발휘하고 지시와 명령 그리고 비전과 방향 제시 등을 하는 활동들이 포함된다. 그리고 설득과 (갈등)조정도 지휘의 영역이다. 의도한 방향으로 행동을 이끌기 위해 행하는 제반 활동이 지휘인 것이다. 지휘는 상황에 따라 여러 모습으로

---

1) Ivancevich, J., M. Olelans, and M. Matterson(1997), pp.12-13.

나타날 수 있다. 일방향적인 지휘가 필요한 때가 있는가 하면, 구성원들의 의견수
렴과 참여가 전제된 다방향적인 지휘가 필요할 때도 있다.

통제는 실제 결과가 계획한 기준(성과기준)과 비교하여 차이가 발생했을 경우
원인을 규명하고 필요한 조치를 취하는 활동이다. 통제는 특정한 일이 행해지는
과정 중에서도 이루어지고 일이 종료된 이후에 행해지기도 한다. 과정에 대한 통
제와 결과에 대한 통제 모두가 가능하다. 통제는 주어진 일에 대한 지속적인 검토
행위이다. 그래서 책임성을 확보하기 위한 하나의 방안이기도 하다.

기획, 조직화, 지휘, 통제, 이 네 가지는 다시 관련 세부 활동 및 기능으로 분
류될 수 있다. 그러나 핵심적인 틀이 이 네 가지이다. 이 네 가지의 관리과정은
상호 긴밀히 연관되어 있으며 이들 간의 조정을 하는 것이 경영자의 역할이고 문
화조직 및 기관에서는 문화경영자의 역할이 된다.

2. 문화경영의 개념

조직과 기관 및 단체에서 이루어지는 제반 관리 과정인 경영은, 공통 목적을
수행하기 위해 만들어진 조직이 여러 제약 조건과 환경 변화에 대응하면서 조직
목표를 합리적으로 수행할 수 있는 기본적인 능력을 말한다.[2] 관리의 개념과 크
게 다르지 않다. 관리의 개념을 경제활동 단위에 초점을 두었다는 점에서 경영으
로 표현한 것이고, 이는 문화경영이라는 일반화된 용어를 설명하기 위해서이다.
경영 개념에서 그 주체를 문화조직과 문화기관 및 문화단체로 대치하면 그것이
문화경영의 개념이 된다.

따라서 여기에 비추어서 다시 정의하면, 문화경영이란 "문화조직과 문화기관
및 문화단체가 여러 제약 조건과 환경 변화에 대응하면서 조직 목표를 합리적으로
수행할 수 있는 기본적인 능력"을 말한다. 이러한 문화경영은 문화와 창작자와 향
유자의 만남을 효과적으로 매개하는 방법이라고도 할 수 있다. 문화조직의 문화경
영이 어떠한가에 따라 이 세 대상(문화, 창작자, 향유자)의 만남의 양과 질은 달라질 수
있기 때문이다.

---

2) 伊藤裕夫 외(2002), p.18.

문화경영은 기본적으로 공공성에 기초해서 이루어진다. 문화예술가의 활동을 보증하여 사회에 기여할 수 있는 창작물의 창조를 가능하게 하고, 사회가 가지고 있는 잠재능력을 문화예술을 통해 향상시키는 것까지 모두 문화경영의 역할이자 효과이다. 문화경영은 영리를 목적으로 하는 것이 아니라 문화예술의 공적 역할을 목적으로 하는 조직경영술인 것이다. 따라서 문화경영의 개념 속에는 문화예술의 공공성을 전제로 하고 있다. 이렇게 볼 때, 문화예술은 일부 가진 자의 위안을 위한 것이 아닐뿐더러 시장에서 유통되는 소비재도 아닌, 널리 사회적 환경 형성에 관련한 사회서비스의 하나로 볼 수 있다. 그러한 사회성 획득을 위한 자기 노력으로서 문화경영이 위치하고 있다.[3] 그래서 돈벌이를 위해 문화조직을 경영하는 것을 문화경영이라 하지 않고, 이보다는 문화예술과 관련한 사회적 가치 재생산을 위한 의미로서 문화조직의 경영이 문화경영이다.

물론 문화경영은 문화와 경영을 합성한 말이기 때문에 둘 중 어느 쪽에 더 중점을 둘 것인가에 따라 성격은 달라질 수 있다. 하지만 경영의 대상으로서 예술을 상정하고 가능한 한 많은 문화 향유자들이 문화를 경험할 수 있도록 문화경영자가 관리자로서 역할을 한다는 점에서 고객과 상품에 초점을 두고 관리하는 일반 경영과는 분명한 차이를 지니고 있다. 그래서 예술경영과 일반경영과의 차이를 부각해서 문화경영 혹은 예술경영을 별도로 규정하고 있는 것이 일반적인 견해이다.[4] 예술품과 일반 공산품의 차이는 이미 문화경제학의 핵심 주제로 다루어질 만큼 분명한 차이를 보이고 있다.

그러나 아직도 명확하게 문화경영의 학문적 정체성이나 연구 영역 및 방법 등이 완전히 정립되었다고 보기는 어렵다는 의견도 존재한다.[5] 그럼에도 불구하고 문화경영만의 공통된 논의들이 축적되어 가고 있고 그에 기초한 실무 적용도 활발히 이루어지고 있다. 특히 문화예술에 대한 관심이 높아지고 있기 때문에 문화관련 조직들의 규모가 성장하였고 그래서 더욱 문화경영의 실무적용의 범위는 넓어지고 있는 추세이다.

사실, 문화조직에서 관리 활동을 문화경영으로만 보기보다는 좀 더 구체적으

---

3) 한국문화경제학회(2001), p.375.

4) Brkic, A.(2009).

5) Ebewo, Patrick and Mzo Sirayi(2009).

로 구분해서 볼 필요가 있다는 의견도 존재한다. 즉, 문화조직에서의 관리 활동을 크게 예술적 활동과 경영적 활동으로 구분할 필요가 있다는 것이다. 문화조직의 실무 현장에서 볼 때, 실제로 예술단체의 예술 책임자와 경영책임자 간의 책무 한계를 명확히 할 필요가 있기도 하다. 일반적으로 예술책임자는 창조적이고 예술적인 결정, 즉 작품의 선택, 연습과 창작과정, 연기자 선발, 예술적 업무를 담당할 인력 채용, 작품의 개발과 진행을 위한 여건의 조성 등과 같은 업무를 담당한다. 반면 경영책임자는 비예술적인 기능, 즉 재정, 예산회계, 보고서 작성, 입장권 판매 및 관리, 자산 관리, 홍보, 관객 개발 및 계약업무, 인력관리, 마케팅 등을 담당한다.6)

그러나 문화경영이라는 개념은 이 두 책임자의 역할을 모두 아우르고 있다. 다시 말해 포괄적인 의미에서 볼 때 해당 문화단체를 이끌고 관리하는 것은 총체적 주체로서 해당 문화단체 그 자체가 되므로, 문화단체 속에서 실제 일어나고 있는 예술적 활동도 필요하고 동시에 경영적 활동도 함께 필요하다. 그래서 문화조직의 내부 관리 방식 측면에서는 예술적 활동을 책임지는 예술 책임자와 일반 조직의 경영처럼 제반 관리를 책임지는 경영책임자 간의 명확한 구분이 중요하지만, 조직의 목표와 대상의 공통성을 고려할 때 문화경영이라는 활동에는 이 두 책임자의 모든 활동이 문화경영 활동에 해당된다. 그런 점에서 문화경영의 개념을 규정지을 때는 포괄적인 측면에서 접근하는 것이 더 적절하다.

한편, 문화경영이라는 용어는 사용되는 의미에 따라 다르게 사용되기도 한다. 지금까지 논의한 것과 같이 영리를 목적으로 하는 기업과는 다른 문화관련 조직의 경영이 문화경영이라는 의미가 있는가 하면, 영리를 목적으로 하는 기업이 문화예술을 접목하거나 일부 활용해서 경영을 할 때도 문화경영이라고 한다. 전자가 문화관련 조직 전체를 아우르는 경영을 나타내는 것이라면, 후자는 일반 기업 경영의 보조적 차원의 경영을 의미한다. 전자는 '문화를 위한 경영(management for culture)'이고, 후자는 '경영을 위한 문화(culture for management)'이다. 앞서 문화경영의 개념으로 규정한 것은 전자에 관한 것이고 이 책에서도 여기에 초점을 두고 논의한다.

---

6) 한국문화경제학회(2001), pp.380-381.

3. 문화경영의 등장 배경

문화경영이라는 개념이 비교적 명확히 규정되고 사람들의 관심을 끌기 시작한 것은 그리 오래되지는 않았다. 1960년대에 미국에서 비영리 예술단체 운영의 비효율성에 대한 문제의식이 그 발단이 되었다. 비효율성 분석과 연구에 대한 하나의 접근법으로 경영학과 경제학이 문화조직과 기관에 접목되기 시작한 것이다. 물론 그 이전에도 문화경영의 행위나 문화예술 경영인의 활동이 없었던 것은 아니다.[7] 하지만 오늘날 이루어지고 있는 문화경영의 기본적인 체계와 틀은 1960년대에 시작된 것으로 보는 것이 적절하다.

문화경영의 등장배경은 크게 세 부분으로 나눌 수 있다. 첫째, 문화경영은 공적지원에 따른 사회적 책임성(accountability) 확보 측면에서 부각되었다. 문화공연기관의 적자문제가 심각해지자 정부의 재정 지원이 강조되었고, 재정지원을 받은 문화기관은 그에 부합하는 사회적 책임 확보 차원에서 효율적인 재원 사용이 필요해졌다. 국민이 지원해주는 재원을 낭비 없이 책임성 있게 사용해야 재원 사용의 정당성도 생긴다. 그렇게 하기 위해서는 인적·물적 자원의 효율적이고 효과적인 사용을 위한 기법과 방식이 필요하다는 점에서 경영학과 경제학의 지식을 문화기관에 접목한 문화경영의 중요성이 부각되었다.

둘째, 정부지원 감소와 효율성 확보를 위한 노력도 문화경영의 등장배경이다. 정부의 지원금은 문화기관의 재정적자에서 비롯된 것이지만 지원에 따라 재정적자가 단번에 개선되는 것은 아니다. 하지만 정부지원금은 일정한 성과를 보여야 계속적인 지원으로 이어질 수 있다. 문화예술에 투입되는 지원금의 성과는 단기간에 발생되는 것이 아니므로 자칫 지원금의 규모는 쉽게 삭감될 수 있다. 그래서 문화기관은 지원금 감소에 대비한 효율적이고 효과적인 재원 사용 방안에 더욱 매진하게 된다. 이는 문화기관의 경영적 기법 도입을 촉진하여 문화경영을 이끈다.

셋째, 문화공연의 대규모화에 따라 보다 체계적이고 과학적인 경영을 위해 문화경영이 관심을 받기 시작했다. 예컨대 미국의 경우 1965년에 <국립예술인문재단법(National Foundation on the Arts and Humanities Act)>이 제정되어서 이를 근거로

---

7) 김주호·용호성(2004), p.36.

국립예술기금(National Endowment for the Arts: NEA)이 설립되었는데, 이것은 연방정부 차원의 예술지원을 확대하게 된 계기가 되었다. 그 후 록펠러, 카네기 등의 기업인들이 BCA(Business Committee for the Arts)재단을 설립하여 예술분야를 지원하기 시작하였고, 이로 인해 메세나가 활성화되어 예술수요층도 함께 증가하였다.[8] 공연의 규모가 커지는 것은 자연스러운 현상이었다. 그리고 이미 1950년에는 오프 브로드웨이(Off Broadway)가 주목을 받기 시작했고 전후(戰後) 베이비붐시대에 태어난 관객들이 새로운 소비자로 떠오르면서 지역사회와 대학에 대규모 공연장들이 건립되었다. 이러한 공연장들은 연간 수백만 달러의 운영예산을 집행하였고 그에 걸맞은 연중 프로그램을 내실 있게 기획해야 하는 상황을 맞이하게 되면서, 보다 전문적인 예술경영인들을 필요로 하게 되었다.[9] 공연조직이 되었든 일반 조직이 되었든 소규모일 때와는 달리 대규모가 되면 조직을 관리하는 것은 쉽지 않은 일이 된다. 그럴수록 조직이 처한 환경에 대한 분석과 조직 진단을 통해 목표와 전략을 수립해서 여러 자원을 체계적으로 관리하는 과학적 경영기법과 관련 전문경영인의 역할이 더욱 필요해진다. 그래서 사회적 수요에 따라 당시 몇몇 대학의 경영학부에서는 예술단체의 조직과 조직에 투입되는 자금의 규모에 관심을 보이기 시작했고 예술(Arts)을 경영학(Business Management)의 차원에서 연구하면서 본격적으로 예술경영(Arts Management)이라는 용어가 사용되기 시작했다.[10]

4. 문화경영조직의 유형

문화경영을 이해하기에 앞서 우선 문화경영의 대상이 되는 문화경영조직을 확인해야 한다. 문화경영이 이루어지는 조직은 크게 세 가지로 구분할 수 있다. 공연단체, 문화시설, 지원기관이 그것이다.[11] 우선 공연단체(arts company)는 예술활동(예술 창조 및 표현 등의 공연활동)을 일상적으로 실행하는 단체를 말한다. 예컨대 오케스트라 등의 악단, 극단, 무용단, 오페라단, 합창단, 발레단 등을 들 수 있다. 공연

---

8) 이은미(2012), pp.25-26.
9) 김주호·용호성(2004), pp.40-41.
10) 김주호·용호성(2004), p.41.
11) 伊藤裕夫 외(2002), pp.22-23 ; 이은미(2012), pp.50-51.

단체는 문화예술의 창작과 생산 활동에 주로 초점을 두고 있다.

또 다른 조직은 문화예술 활동이 이루어지는 문화시설이다. 여기에는 미술관, 갤러리, 극장, 콘서트홀 등이 있다. 문화시설은 문화예술 활동을 실천해 나가기 위한 시스템(인재와 소프트)을 갖춘 장(場) 혹은 활동 거점을 말한다. 주로 일정한 전문 스탭을 두고 문화예술과 관련된 공공서비스를 제공할 수 있는 제도화된 기관으로 존재한다. 문화시설은 예술가와 작품이 만나는 장소로서의 역할을 주로 담당하기 때문에 문화예술의 유통과정에서 큰 역할을 한다. 앞서 살펴본 공연단체의 실제 공연이 문화시설에서 주로 이루어진다.

마지막 유형은 문화예술 활동을 지원하고 추진하기 위해 활동하는 문화예술 지원 단체(service organization)이다. 여기에는 활동 단체나 시설이 연합해서 형성하는 협회, 정부관련 문화재단이나 기업 혹은 민간이 세운 문화재단이나 지원 재단 및 진흥 재단, 그리고 문화행정을 담당하는 공공기관 등이 있다. 이 기관들은 앞의 공연단체나 문화시설이 해당 역할과 기능을 원활히 수행할 수 있도록 지원한다. 이 조직들도 문화경영을 통해 조직의 생존과 적응과 발전을 도모하기 위해 노력하고 있다.

이처럼 세 유형의 문화조직은 설립 목적이나 운영 형태에 차이는 있지만 모두 문화경영을 행하고 있는 문화경영조직들이다. 따라서 다음에서 논의되는 문화경영의 이론적·실무적 내용은 문화경영조직별로 해당되는 정도에 차이가 있을 수는 있지만, 문화경영조직의 일반적 운영에는 모두 해당되는 내용들이다.

제 2 절   전략경영으로서 문화경영

 1.   전략의 의미와 전략경영의 중요성

전략(strategy)은 본래 군사적인 용어로 시작되었다. 전쟁에서 목표를 달성하기 위한 행동계획을 의미했다. 이후 전략이라는 단어가 기업에 사용되기 시작한 것은

1960년대부터이다. 미국의 대기업들이 사업을 다각화하면서 어떤 상품을 가지고 어떤 시장에 진입해야 하는가 라는 '전략'을 고민하게 되면서이다.[12] 복잡해지고 급변하는 환경에서 남들과는 다른 차별적인 경쟁력 확보차원에서 전략의 중요성이 강조된 것이다. 경쟁자가 모방하거나 복제하기 어려운 우월적 특성을 갖는 것이 무엇보다도 중요해진 시대가 도래 하였기에 그에 대한 대응이자 생존방법으로서 전략이 더욱 강조되었다.

그래서 전략은 조직이 가치를 창출하기 위한 목적으로 경쟁우위(competitive advantage)가 달성되도록 포지셔닝(positioning) 시키는 적극적인 활동과 노력을 의미한다. 보다 구체적으로 보면, 전략은 기업의 경우 복잡하고 경쟁적인 환경 속에서 경쟁우위 달성을 위해 '어떤 산업에 참여해야 하는가, 어떤 제품과 서비스를 제공해야 하는가, 보유한 자원들을 어떻게 할당해야 하는가' 등의 의사결정과 관련된다.[13] 이러한 전략은 조직이 나아가야 할 방향에 관한 의사결정으로서, 만일 실패하면 조직이 존폐 위기에 빠질 만큼 중요한 역할을 한다.[14] 따라서 오늘날 조직이 전략을 통해 달성하고자 하는 것은 경쟁우위에 서는 것에서 나아가 생존 그 자체이기도 하다.

전략경영은 급변하는 시대에 방향키와도 같은 것으로, 만일 전략이 없는 조직이라고 한다면 이는 방향키 없는 배처럼 빙글빙글 돌기만 하는 조직이 된다. 목표달성수단으로서 전략경영은 수동적이고 임기응변적인 대증요법(symptomatic treatment)을 선택하는 대신 조직이 능동적으로 미래를 선택하는 활동이다. 그래서 조직의 변화 중 전략경영에 의한 변화는 우연에 의한 변화가 아닌 설계(design)에 의한 변화이다. 또, 전략은 상대의 행위에 대해 내가 취하는 최적의 행동이기도 하고, 모든 조직 구성원의 행동과 의사결정을 하나로 통합하고 조정하여 전체의 노력으로 바꾸는 수단이기도 하다.

전략경영은 조직에 여러 이점을 제공해준다. 무엇보다도 전략경영을 통해 조직이 처한 환경을 분석하고 그에 따른 조직행위의 예측과 방향을 설정하도록 하기 때문에 능동적으로 조직의 운명을 통제할 수 있게 한다. 그리고 조직 전체의 관점

---

12) 그로비스 매니지먼트 인스티튜트(2005), p.27.

13) De Kluyver, Cornelis A. and Pearce John A. II(2007), p.23.

14) 그로비스 매니지먼트 인스티튜트(2005), p.27.

에서 통합적인 사고와 행동을 가능하게 함으로써 기계적이지 않은 보다 나은 조정(coordination)과 통제(control)를 하게 한다. 또 조직이 직면하고 있는 주요 문제에 대해 우선순위와 중요성의 관점에서 체계적으로 질문하고 답하는 기회를 갖게 한다. 그리고 전략경영을 통해 조직의 잠재력을 탐색하고 발굴할 수 있는 기회가 되기도 한다.

2. 전략기획

전략경영은 전략기획(strategic planning)을 통해 이루어진다. 전략기획은 일반적인 기획(planning)과는 달리 조직이 생존과 발전을 위해 현재의 이슈를 확인해서 무엇을 해야 하고 그것을 왜 해야 하는지에 관한 핵심 질문에 답을 하고 구체적인 계획(plan)을 구현하는 것이다.[15] 전략기획은 곧 전략경영의 핵심 행위이기 때문에 전략기획을 어떻게 하는가에 따라 전략경영의 성패가 좌우된다.

전략경영을 위한 전략기획은 조직의 상층부에서 수립해서 이루어지기도 하고 하층부에 위임하여 이루어지기도 하지만, 상하의 팀을 구성해서 서로 협의하여 수립하는 방식이 가장 적절하다. 물론 어느 방식으로 하는가는 상황과 맥락에 따라 다르고 각각의 장단점이 존재하기 때문에 단정적으로 말하기는 어렵다. 그러나 전략경영이 조직의 경쟁우위를 위한 핵심 활동을 찾는 과정이기 때문에 조직 전체 차원에서 조직구성원의 적극적인 참여와 실행이 중요하다는 점에서 협의를 통한 전략수립 방식이 더 적절하다. 그래서 과거에는 주로 기획부서만이 전략을 수립하였지만 이제는 분권화되어 모든 실행부서의 책임자가 전략을 수립하는 방향으로 전환되는 추세이다. 나아가 이해관계자의 참여도 확대되고 있다.

전략경영을 위한 전략기획의 수립과정은 크게 세 개의 질문으로 이루어진다. ① 우리는 지금 어디에 있는가? ② 우리는 어디로 가는가? ③ 우리는 그 곳에 어떻게 도달할 것인가? 이다.[16] 첫 번째 질문은 조직의 현재 상태를 진단하고 측정하는 것이다. 두 번째 질문은 현재 상태에 기반 해서 전략적 의도를 명확히 하는 것이다. 세 번째 질문은 의도한 목적을 달성하기 위한 전략을 탐색해서 선택하는

---

15) Bryson, John M.(1995).

16) De Kluyver, Cornelis A. and Pearce John A. II(2007), pp.41-43.

것과 관련된다. 전략경영은 이러한 전략기획을 통해서 전략 수립을 세우고 조직 전반의 관리를 총괄하는 것이다. 전략경영과정은 이 세 질문에서 시작해서 조직 전반의 관리방향과 방법까지 구체화시켜서 실행해 나가는 과정이다.

표 11-1 전략기획 수립을 위한 세 가지 질문

우리는 지금 어디에 있는가?

⇩

우리는 어디로 가는가?

⇩

우리는 그 곳에 어떻게 도달할 것인가?

일반적인 조직과 기관이 이러한 전략기획을 수립해서 실행해나가는 것처럼 문화조직도 마찬가지이다. 문화조직만의 특수성이 존재해서 일반 조직의 전략기획 수립과정과 완전히 동일하다고는 볼 수 없겠지만, 전반적인 운영 틀에서는 유사하다. 따라서 문화기관이나 조직에서도 세 개의 질문으로 구성된 전략기획의 수립과정이 적용될 수 있다.

우선, 문화조직이 현재 어떠한 상황에 처해있는지에 대해 정확히 진단해야 한다. 무엇보다도 각 기관의 임무를 정확히 확인하는 동시에 현 시대에서 해당 문화기관이 위치하고 있는 상황 파악이 우선되어야 한다. 과거의 영화만을 생각하면 전략경영을 할 필요가 없다. 그래서 대중문화 공연기관이라면 한류 상황 등을 정확히 분석 및 진단해야 하고, 박물관이라면 체험과 경험을 중시하는 오늘날의 전시 경향에 대한 분석이 필요하다. 또 공공도서관이라면 전자출판 상황이나 도서관을 이용한 평생교육 현황 등에 대한 파악이 중요하다. 문화콘텐츠관련 기관이

CT(Culture Technology)를 이해하지 못해서는 안 된다. 문화는 가변적인 성격을 지니기 때문에 변화에 대한 현재 상태를 이해하는 것은 해당 문화를 기반으로 운영되는 문화기관의 중요한 임무 중 하나이다. 이제는 과거와 달리 문화조직도 전략수립을 위해 고도의 상황판단과 분석 기술을 지니고 있어야 한다. 현 상태 파악에서 이미 전략의 초점과 방향이 어느 정도 드러나게 된다.

그리고 이를 통해 해당 문화기관이 어떤 방향을 설정해야 할 것인가를 고민해야 한다. 문화기관이 일반 기관이나 조직과는 다른 특수성이 분명 존재하지만 조직으로서 생존과 경쟁은 피할 수 없는 현실이다. 문화조직도 급변하는 환경에서 어디로 가야 할 것인가에 대한 고민을 해야 한다. 낭만주의에 사로잡혀 있거나 고매한 감상에 젖은 채로 조직을 운영하면 정체된 조직이 되어 조직 자체가 위태로워진다. 따라서 다른 문화기관과는 다른 특색이 있는 문화기관이 되건 아니면 질적으로 높은 수준의 문화기관이 되건 어디로 갈 것인가에 대한 전략적 의도를 명확히 해야 한다. 예컨대 같은 목적을 지닌 공공도서관이라고 해도 기존의 조용한 도서관이 아니라 카페를 접목한 조금은 시끌벅적하지만 편안함과 접근성을 높이는 공공도서관을 표방할 수 있다. 그리고 전시물을 만질 수 있는 박물관이 되는 것이나, 박물관의 공간과 디자인을 수준 높게 만들어서 박물관 내부의 전시물 뿐 아니라 박물관 건물 자체를 예술의 대상이 되도록 하는 것도 가능할 것이다.

이와 함께 목적한 곳을 향해 갈 전략을 구체적으로 선택해야 한다. 예컨대, 다른 박물관과는 달리 체험 중심의 박물관이 되기 위해 전시공간을 재배치하고 첨단 기술을 도입하는 등의 전략을 마련한다.[17] 또 고령 인구에 초점을 둔 미술관이 되기 위한다면 전시물의 눈높이를 조절하고 관람의 안락함을 위해 기존의 미술관 전시 동선과는 다른 동선을 설계한다. 또 접근성이 높은 미술관이 되려고 하면, 마을 곳곳에 분관을 확대할 수 있는 방법을 마련할 수 있다. 일반조직이 새로운 환경에서 조직 스스로를 진단해서 혁신적인 상품을 계속 만들어 경쟁력을 높이는 것처럼 이제는 문화조직도 전략기획을 통해 전략경영을 위한 노력과 활동을 꾸준히 해야 하는 시대에 이르렀다.

---

17) Camarero, C. and M. J. Garrido(2012).

3. 전략경영을 위한 조직변화 요인

　　문화조직이 새로운 전략적 방향을 개발하고 실행하기 위해서는 다양한 조직 구성 요소들 간의 동태적인 상호작용을 정확하게 이해해야 한다. 그 핵심요소에는 조직구조, 시스템과 프로세스, 사람, 문화를 들 수 있다.[18] 우선 전략적 방향과 일치하는 조직구조가 필요하다. 수직적 구조가 바람직하다거나 수평적 조직구조가 바람직하다거나 하는 정답은 존재하지 않는다. 다만 문화조직에서는 전략경영을 위한 조직구조로서 수직적 구조는 신중히 고려해야 할 구조이다. 수직적 구조가 잘못되었다는 것을 의미하는 것이 아니라, 예술과 사회의 교량으로서 문화조직의 역할을 생각할 때 유연함이 적은 지나친 수직적 구조보다는 수평적 구조가 더 부합할 수 있다. 특히 문화기관의 예술책임자로서 예술 감독이 예술에 대한 조정과 통제를 할 때는 예술적 감각이 자유롭게 발현되어야 한다. 문화기관의 최고경영자가 수직적 구조에 기초해서 예술 감독을 무리하게 통제하면 예술 감독이 작품을 선택하거나 개발하고 진행할 때 예술 본연의 감각이 제대로 발현되기 어렵다. 예술 활동의 기본은 예술적 감각의 자유로움이다. 따라서 문화조직의 전략경영과정에서 수직적 구조를 구성하는 것은 신중할 필요가 있다. 조직구조는 수직적 구조와 수평적 구조 모습 이외에도 기능적 구조, 지리적 기반 구조, 사업별 구조, 매트릭스 구조 등 여러 형태들이 병행되어 구성될 수 있다. 그런 점에서 문화조직의 전략경영에서 어떤 조직구조가 경쟁우위 달성에 유리한가에 대해서는 다차원적인 고려가 필요하다.

　　문화조직의 시스템과 프로세스도 전략경영을 위한 핵심 요인이 된다. 성공적인 전략실행을 위해서는 기획, 예산, 회계, 정보, 보상, 유인, 감독, 처벌, 환류 시스템과 같은 요소로 구성된 조직의 지원시스템과 조직 내에서 역할과 관계를 규정하고 업무를 수행하기 위한 체계적인 업무 방식인 프로세스가 매우 중요하다. 공연을 기획한다고 하면, 공연을 위해 어떤 세부적인 일들을 거쳐야 하는가에 대한 업무 처리 방식이 마련되어 있어야 한다. 그리고 그 과정에서 예산 사용이나 과거 정보 활용 등을 원활히 할 수 있는 시스템도 마련되어 있어야 한다. 구성원들의

---

18) De Kluyver, Cornelis A. and Pearce John A. II(2007), pp.58-65.

공연 경력을 관리할 수 있는 시스템이 마련되어 있다면 적재적소에 적절한 공연팀을 구성할 수 있게 된다.

사실, 신생 문화조직이 경영과정에서 고전하는 이유 중 하나가 바로 조직 내 시스템과 프로세스가 덜 정비되어 있기 때문이다. 이 두 요소가 갖추어졌다고 하더라도 운영의 숙련 정도 때문에 역시 경영의 어려움을 겪기도 한다. 한 가지 아이러니한 것은 전통을 지니고 있는 오래된 대규모 문화조직이 전략경영을 접목하고자 할 때 어려움을 겪는 동시에 유리함을 지니는 이유가 조직 내의 시스템과 프로세스 때문이다. 고착된 시스템과 프로세스가 전략경영과정에서 변화에 저항하는 장애가 되는 동시에, 전략기획을 실천할 수 있는 기반시설이 갖추어져 있다는 유리한 상태가 되기도 한다.

전략경영의 또 다른 핵심 요소는 바로 사람이다. 전략경영을 추진하는 주체는 사람이다. 조직의 전략에 맞는 지식과 능력을 보유하고 있는 사람이 어느 정도 있는가에 따라, 그리고 전략적 환경에서 효과적인 리더십을 발휘할 수 있는 리더가 존재하는가에 따라 전략경영의 성공여부가 달라질 수 있다. 문화경영에서는 예술책임자와 경영책임자의 역량이 무엇보다도 중요하고 조직구성원들의 역량과 협력도 중요하다. 아시아 최고의 공연장이 되고자 하는 전략적 목표를 설정한 예술공연기관이 있다면, 그에 부합되는 인재가 필요하다. 공연을 할 수 있는 예술가들의 능력도 중요하고 경영리더의 국제적 수준의 문화경영을 할 수 있는 경영 능력도 필요하다. 또 조직구성원들 간의 갈등조정과 화합 구현도 중요하다. 실제로 민간기업 출신의 경영자가 문화예술기관장으로 선임 된 후 조직 내 갈등을 겪는 사례가 종종 있다. 이처럼 문화조직은 여느 조직과 달리 예술을 담당하는 사람과 경영을 담당하는 사람이 혼재되어 있기 때문에 이들에 대한 통합적·차별적 고려 및 관리를 합리적으로 할 수 있어야 한다.

전략경영은 조직 내 문화에 의해서도 영향을 받는다. 여기서 말하는 문화는 이 책에서 논의하고 있는 예술로서의 문화가 아닌 삶의 양식으로서 문화이자 사람들 사이에 공유된 가치관이나 신념체계를 의미한다. 기본적으로 변화에 무감각하고 변화를 싫어하는 조직문화는 전략경영 자체가 힘들다. 환경변화에 따른 현재의 이슈에 집중해서 경쟁우위를 확보하고자 하는 전략경영은 그 기본 토대가 변화에 대한 적극적 대응 태도이다. 따라서 문화조직과 기관의 문화가 어떻게 형성되어 있는지는 전략경영의 추진 여부를 결정하는 중요한 역할을 한다. 흔히 문화예술인들이 자유로운 성향이 강하다고는 하지만 사실 기관의 장이 되거나 어느 정도 사회적 지위를 얻게 되면서 관료적인 대우를 받게 되면 권위주의적인 모습이 나타나기도 한다. 이러한 문화예술인이 이끄는 문화조직은 전략경영을 통한 발전이 이루어질 수 없다. 혁신과 변화를 싫어하는 조직문화가 형성될 가능성이 매우 높기 때문이다.

제 3 절 문화조직의 전략경영과정

문화조직의 전략경영과정은 다음과 같다. ① 사명과 비전 설정 ② 내부 강점과 약점 분석 ③ 외부기회와 위협 분석 ④ 전략 목표 설정 ⑤ 전략 수립 ⑥ 전략 집행 ⑦ 평가와 통제(환류)가 그것이다. 전략경영을 위해 추가적인 과정들이 있을 수 있지만 가장 기본적이고 핵심적인 과정들이다. 이 과정들은 순차적이면서 통합적이고 순환적(반복적)으로 이루어진다.

1. 사명과 비전 설정

사명(mission)은 조직한테 주어진 임무로서 조직의 존재 이유이자 목적 및 근거이다. "조직이 왜 존재하는가?"에 대한 대답이다. 사명은 조직이 활동하고 여러 행위를 하는 데 토대가 되는 뿌리이다. 사명선언문(mission statement)으로 명시화되고 조직경영의 방향을 이끌기 위한 조직의 행위 규약들을 포함한다. 사명은 조직의 존재 목적이기 때문에 처음 설립될 때 부여받은 기본적인 임무를 수행해나간다는 점에서 시간적 구애를 받지 않는다고 할 수 있으나, 시시각각 변화하는 환경 속에서 조직의 존재 이유와 목적의 적합성을 높이기 위해 조직의 '현재' 임무는 수정가능하다.

비전(vision)은 조직이 미래에 도달할 일종의 상(像)이다. 현재의 조직이 10년

그림 11-1 전략경영과정

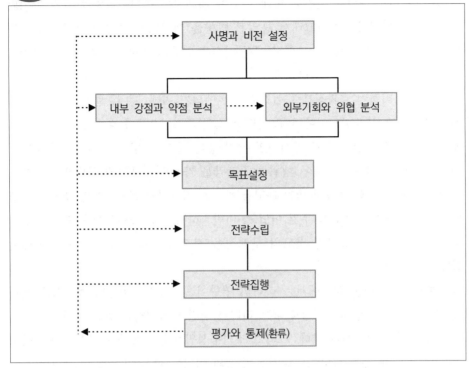

후에 눈에 보이거나, 혹은 어떤 모습일지 그려지는 그림이 곧 조직의 비전이다. 미래에 대한 소망과 바람을 구체적으로 가시화해서 나타낸 것이 비전인 것이다. 미래의 기간은 10년 후일 수도 있고 5년 후일 수도 있고 20년 후일 수도 있다. 성공적 모습의 한 그림이 비전이다. 여기서 성공이란 조직이 바람직하다고 여기는 상태에 도달된 것을 말한다.

　비전은 조직구성원들의 열정, 긍정적인 감정, 동기부여, 생생한 이미지, 노력, 지지를 이끌어낸다. 그리고 다른 조직과 구별하는 기준이 되고 조직의 현재와 미래 활동을 평가하는 기준이 되기도 한다. 우선순위를 결정하거나 전략을 선택하거나 그리고 계획수립, 업무할당, 자원배분, 관리구조 설계의 기초 및 기준으로서 그 역할을 하기도 한다. 비전은 환상이나 막연한 몽상이 아니라 희망과 기대와 기회의 파노라마이다.

비전은 비전선언문(vision statement)의 형태로 작성되어 구성원들에게 공표된다. 비전이 공식화되고 선언문 형태로 되기 위해서는 조직구성원들 간의 합의와 소통이 전제되어야 한다. 그래서 통일된 방향을 제시되고 다양한 가치가 통합된 비전이 만들어 질 수 있다. 그런 점에서 비전은 일종의 의사소통의 역할을 하기도 한다.

이러한 비전이 효과적으로 설정되고 실행되기 위해서는 우선, 되도록이면 비전은 가시적으로 표현되어야 하고 간단한 것이 좋다. 10년 후에 어떤 모습인지 비교적 뚜렷이 그려질 정도로 가시적인 것이 좋다. 물론 그렇다고 지나치게 구체적이면 비전에서 비롯되는 하위 행위들에 제약을 가져오고 대안의 선택폭도 제한되어 창의적인 선택과 성장이 어려워진다. 하지만 지나치게 포괄적이면 명확성이 떨어져서 핵심역량에 초점을 두기 어렵고, 바람직하지 못한 대안들이 선택될 위험이 있다. 따라서 눈에 그려질 정도의 구체성을 적절히 구상해서 비전을 설정해야 한다.

이와 함께 비전 실행에서는 리더의 역할이 중요하다. 비전의 적절성과 실행 및 추진을 위해서는 최고책임자 혹은 리더가 비전에 몰입하고 있다는 점을 구성원들에서 먼저 보여주어야 한다. 그리고 조직구성원들을 설득하고 비전을 공감하고 공유할 수 있게 해야 한다. 또 비전은 수정의 여지를 항상 염두에 두고 있어야 한다. 한번 만들어졌다고 해서 영원한 것이 아니라 지속적으로 수정 및 재검토되어야 한다. 10년 후의 비전을 달성해나가는 과정에서 그동안의 실적(성과)과 달성 가능성 등을 분석해서 비전의 현실성을 높이기 위한 수정인 롤링 플랜(Rolling Plan)을 적용하는 것이 필요하다.

한편, 전략경영과정에서 사명과 비전의 관계는 조직이 처음 생길 때 부여받은 임무인 '사명'을 현재까지 지켜오면서 미래의 발전 모습인 '비전' 실현까지 나아가는 구조이다. 그런 점에서 조직의 사명이 부여되고, 그것을 수행해나가면서 미래에 이르고자 하는 비전을 실천해나가는 순으로 이루어진다. 논자에 따라서는 사명과 비전의 구분을 흐릿하게 규정하기도 하지만, 조직이 존재하게 되면서 부여받는 임무 아래 조직의 미래 상을 그리는 비전 실천의 구조로 둘의 의미를 구분하는 것이 더 적절하다.

예를 들어보면, 한국의 대표적인 국립문화공연기관이 있다고 하자. 이 기관은 설립되면서 '문화강국을 위한 질 높은 문화공연 확대'라는 임무를 부여 받았다고 하자. 이것은 미션 즉 임무이다. 이 기관이 존재하는 이유이자 목적 및 근거가 된다. 이 미션을 위해 이 기관은 향후 10년 후 비전을 세우고 그것을 달성하려고 노력하게 된다. 이 기관의 10년 후 비전은 '아시아 최고의 문화공연장으로서 위상 정립'으로 설정할 수 있다. 문화강국을 위한 질 높은 문화공연을 확대하기 위한 미션을 위해 이 기관은 10년 후에는 국내는 물론이고 세계 각국의 질 높은 문화공연이 가장 많이 열리는 아시아 최고의 문화공연장이 되는 것을 비전으로 설정하였다. '아시아에서 최고의 문화공연장이 되는 것'이라는 이 비전은 가시적이고 머릿속에 그려진다. 아시아에 있는 문화공연장들 중에서는 가장 첫 번째로 꼽힐 만큼의 최고가 되어 있을 것이라는 그림이다.

표 **11-2** 문화조직의 사명과 비전의 예시

국립문화공연기관의 사명	문화강국을 위한 질 높은 문화공연 확대
국립문화공연기관의 비전	아시아 '최고'의 문화공연장으로서 위상 정립

2. 내부 강점·약점과 외부 기회·위협 분석

전략적 우위 달성을 위해 조직의 사명을 확인하고 미래의 비전을 세웠다면, 이제 비전 달성을 위한 좀 더 구체적이고 명확한 목표를 설정해야 할 차례이다. 하지만 그 이전에 거쳐야 할 중요한 단계가 하나 있다. 그것은 바로 환경 분석이다. 현재 조직이 처한 환경을 정확히 분석하는 것이다. 환경을 분석하는 것은 조직의 현 상태를 진단하는 것이고, 구체적으로 어디로 나아가야 할지에 관한 실마리를 찾는 일이다. 우리 개인들도 현재 내 상태를 알아야 더 발전하기 위한 구체적이고 현실적이고 적실성 있는 대안을 찾을 수 있다. 나 자신의 상황을 알지 못하면서 어디로 가야 할지를 결정한다는 것은 어불성설(語不成說)이다.

환경 분석을 하는 기법과 방법은 다양하게 존재한다. 가장 일반적으로 많이 사용되는 것이 SWOT분석이다. SWOT분석은 강점(Strength), 약점(Weakness), 기회

(Opportunity), 위협(Threat)이라는 이 네 가지 요소에 초점을 둔 환경 분석 기법이다. 여기서 말하는 강점과 약점은 조직 내부의 요인이고 기회와 위협은 조직 외부의 요인이다.

　　강점 요인은 조직이 지니고 있는 능력과 장점으로서 경쟁자와 비교해 볼 때 상대적으로 더 뛰어난 점을 말한다. 이를 위해 조직은 경쟁력 있는 내부강점을 개발하고 확보하는 것이 중요한데, 아웃소싱이나 전략적 제휴에 의해서도 가능하다. 설사 경쟁자보다 우월한 내부강점이 없다고 해도 내부강점이 모두 결합되어 경쟁력을 가질 수도 있다. 이에 반해, 내부 약점 요인은 조직이 특별히 잘 하지 못하는 활동으로서 다른 조직과 비교해 볼 때 취약한 점을 말한다. 조직의 전략 수립은 내부 강점과 내부 약점을 파악해서 내부 강점은 효과적으로 이용하고 내부 약점은 최대한 개선하도록 고안되어야 한다.

　　조직 외부 요인으로서 기회 요인은 경제, 사회, 문화, 정치, 인구, 법, 기술 등의 환경에서 존재하는 기회들을 말한다. 미래에 조직에 혜택을 가져다 줄 환경 요인을 의미한다. 고령화 사회가 도래되는 환경은 노인들의 생활보조 장비를 만드는 기관에게는 기회 요인이 되는 것처럼 환경이 주는 하나의 이점이다. 물론 모든 외부 환경의 기회를 조직이 활용할 수 있는 것은 아니다. 내부 강점에 비추어서 활용할 수 있는 기회와 그렇지 않은 기회를 식별해 내는 것이 중요하다. 그러나 만일 아주 좋은 기회가 있는데 그 기회를 활용할 수 있는 내부 강점이 없다면 내부 강점을 개발하거나 다른 방법(아웃소싱, 전략적 제휴 등)에 의해 획득하는 것도 필요하다. 외부 위협 요인은 조직에 해를 가하거나 도전 및 위협을 주는 조직 외부 요인을 말한다. 예를 들어 메르스와 같은 전염병은 여행과 관광관련 기관들에게는 외부 위협 요인이 된다. 조직은 전략 수립 과정에서 이러한 외부위협을 분석하여 영향을 무력화하거나 감소시키는 방안을 고안하게 된다.

　　내부 강점과 약점 그리고 외부 기회와 위협 요인을 분석하는 데 초점을 두고 있는 이러한 SWOT 분석은 문화조직의 전략경영에서도 활용된다. 앞서 예로 든 국립문화공연기관에서도 기관의 강점과 약점, 그리고 외부 기회와 위협에 대한 환경 분석을 할 수 있다. 물론 가상의 예이다.

　　먼저 내부 강점은 국립문화공연기관이 한국의 대표적인 기관인 만큼 각 공연 분야에서 유명하고 유능한 예술인을 보유하고 있는 것이다. 내부 약점은 기관이 오래되어서 공연장비가 노후화되어 있다는 점이다. 외부 기회요인은 한류로 인해 한국 공연이 해외에 많이 알려져 있어서 역으로 한국 공연을 직접 관람하기 위해 한국을 찾는 외국인 관광객이 증가하고 있는 현상을 들 수 있다. 외부 위협 요인은 현재 중국이 자국에 아시아 최대 규모의 공연장 건설을 위해 대규모 투자를 하고 있다는 점이다. 가상의 예로 각 요인별로 한 가지씩만 해당 내용을 제시했는데, 통상 5개에서 10개 정도를 제시한다.

표 11-3 문화조직의 SWOT분석 예시

〈국립문화공연기관의 SWOT 분석〉

내부 강점(S)	내부 약점(W)
각 공연분야의 유명하고 유능한 예술인 보유	공연장비의 노후
외부 기회(O)	외부 위협(T)
한류 영향으로 공연 관람을 위해 한국을 찾는 외국인 관광객 증가	중국이 자국에 아시아 최대 규모의 공연장 건설을 위해 대규모 투자 진행

3. 목표 설정

미션을 확인하고 비전을 설정한 다음 환경 분석을 통해 이제는 구체적인 목표를 설정한다. 목표는 비전과 사명을 보다 현실화하는 것으로 주로 측정 가능한 계량목표가 설정된다. 목표는 미션을 추구하고 비전을 완성해나가는 과정에서 조직이 달성하고자 하는 특정한 결과이다. 목표는 크게 장기목표와 단기목표로 구분된다. 장기목표는 1년 이상의 시간 뒤에 달성하기 위한 목표로서 전략목표(strategic goals)로도 불리며 통상 2-5년으로 그 기간을 설정한다. 별도의 언급이 없으면 목표란 장기목표를 언급하는 경우가 많다. 장기목표를 조직전체 차원, 하부조직 차원, 기능별 차원으로 수립하는 것도 가능하다.

　단기목표는 1년 동안 사업 수행을 통해 달성하려는 목표이다. 연 단위(1회계연도)의 사업 활동 목표로서 성과목표(annual goals)라고 하기도 한다. 이때의 성과목표는 사업 추진 담당자는 물론 사업 관리자 및 사업의 이해관계자 등이 쉽게 사업의 성과를 파악하고 이해할 수 있도록 구체적이고 객관적이며 측정 가능한 형태로 제시되어야 한다.

　장기목표와 단기목표는 시기적 구분이 가장 큰 차이점인 반면, 그 성격이나 역할은 서로 유사하다. 그래서 둘을 동시에 살펴보면, 장기목표와 단기목표는 측정가능(measurable), 일관성(consistent, 수평적 일관성과 수직적 일관성, 조직의 상하간의 일관성과 조직부문간·기능간 일관성), 합리성(reasonable), 명확성(clear), 검증가능성(verifiable), 현실성(realistic), 이해가능성(understandable) 등의 특징을 지니고 있다. 그리고 장기목표와 단기목표는 조직의 방향감각을 제공하고(조직 내 행동과 노력에 대한 안내 역할, 어떤 행동을 취할 것인가를 지시하는 것), 성과측정의 기준, 우선순위 결정의 기준, 불확실성 감소, 갈등의 최소화(조정의 기준으로 역할), 동기부여의 근거, 자원 배분의 기초, 조직설계의 기초, 효과적인 관리의 기초, 외부 이해관계자들의 미래 역할에 대한 이해에 도움, 가치와 태도가 다른 관리자들이 일관된 의사결정을 하도록 해주는 기초를 제공하는 역할 등을 한다. 조직의 성공과 발전에 결정적인 역할을 하는 것이 바로 장기목표와 단기목표이다.

　문화조직의 전략경영에서 목표설정의 가상의 예를 들어보면, 국립문화공연기관의 장기목표는 '아시아 문화예술의 최다 공연 장소'로 정할 수 있다. 그리고 단기목표는 '아시아 각국의 문화공연을 위한 최첨단 스마트 기반시설 구축'으로 정할 수 있다.

표 11-4 문화조직의 목표 설정 예시

국립문화공연기관의 장기 목표	아시아 문화예술의 '최다' 공연 장소
국립문화공연기관의 단기 목표	아시아 각국의 문화공연을 위한 최첨단 스마트 기반시설 구축

4. 전략수립

1) 전략수립의 의미와 유의점

전략을 수립한다는 것은 목표달성을 위한 행동과 수단을 마련하는 일이다. 전략은 목표설정과 깊은 관련을 맺고 있다. 실제로 목표와 전략은 동일한 시간범위와 단위로 결정되고, 보통 동시에 수립된다. 가능할 수 있는 전략들이 고려되고 선택될 때 목표는 더 명료해지기 때문이다. 전략에는 조직 전체의 전략이 있는가 하면 각 부문의 전략도 있다. 각 전략들이 수립됨으로써 조직의 목표 달성을 위한 총체적인 관계가 설정된다. 따라서 전략수립은 조직이 목표달성을 하기 위해 행동할 구체적이고 총괄적인 체계를 구축하는 일이다. 전략이 수립됨으로써 조직의 행동 틀이 완성된다.

사실 오늘날 환경의 불확실성으로 인해 완전한 의미에서 총체적이고 구체적인 전략수립이 이루어진다는 것은 거의 불가능하다. 그래서 전략은 한번 만들어졌다고 해서 영원히 변하지 않는 것이 아니라 지속적인 수정을 필요로 한다. 전략수립과정에서 현실은 전략이 상황에 따라 변할 수 있다는 사실이다. [그림 11-2]와 같이 '실제전략'을 '계획된 전략'과 '변화에 대한 반응'으로 표현하는 것도 그 사실 때문이다. 여기서 변화에 대한 반응은 대폭적인 수정일 수도 있고 미세한 조정일 수도 있다. 중요한 것은 전략 수정 시 가치창조를 위해 위험(risk)을 부담하는 것을 인지해야 하고, 또 전략을 수정할 때 때로는 현재에 안주하지 않고 과감한 전략변경을 시도하는 것도 필요하다는 점이다.

그림 11-2 실제전략의 구성

실제전략	=	계획된 전략	+	변화에 대한 반응

전략을 수립할 때는 몇 가지 고려할 사항이 있다. 먼저, 가장 최적의 전략을 찾는 것은 무엇보다도 중요하지만 그렇다고 모든 가능한 대안을 고려한다는 것은 현실적으로 불가능하다. 그래서 가능한 한 모든 전략 대안을 고려하기보다는 현실적으로 감당할 수 있을 만큼의 적절한 전략대안을 개발하고 찾는 것이 더 바람직하다. 대신, 찾아서 선택한 대안에 대해서는 현재의 조직 상황에서 점진적인 변화를 가하면서 수정 및 보완하는 노력이 계속되어야한다.

다음으로, 전략을 수립할 때는 많은 구성원들이 전략대안을 제시할 수 있어야하고 역시 그들에 의해서 평가되고 우선순위가 정해져야 한다. 조직 구성원들의 참여를 통해 수립된 전략은 전략 실행에서 구성원들의 순응과 몰입과 집중력을 높일 수 있다. 물론 위급한 상황이나 긴급한 상황에 대한 대처를 위한 전략 수립에서는 구성원들의 참여가 제한될 수 있다. 하지만 그렇지 않은 경우에는 구성원들의 참여가 전제된 전략수립이 바람직하다. 많은 구성원들이 참여하는 것은 분명 시간과 비용 문제를 야기하지만, 다양한 방법을 활용한다면 시간과 비용을 최소화하면서 폭넓은 참여 기회를 줄 수 있다. 단적으로, 정보통신기술을 이용해서 인터넷과 모바일을 통한 다양한 의견 반영이 가능할 수 있다.

마지막으로 전략수립은 분석에 토대를 두어야 한다. 전략수립에서 가장 기본적인 분석은 전략의 장점과 단점, 그리고 비용과 편익을 측정하는 것이다. 이런 분석은 직관과 통찰력과 경험과 병행해서 활용하면 더 효과적이다. 다만 분석을 하였다고 해서 지나친 확신은 금물이다. 특히 언어지향적인 결정으로부터 수치지향적인 전략으로 변화할 때 잘못된 확신감(false sense of certainty)을 가질 우려가 있기 때문에 주의해야 한다.

2) 전략의 종류

전략은 여러 종류로 구분될 수 있다. 우선, 앞서 환경 분석에서 사용한 SWOT 분석을 통해서 도출할 수 있는 네 가지 전략이 있다. 즉, SWOT 분석의 조직 내부와 외부 요인들이 상호 결합되어 네 가지 전략을 도출할 수 있다. 첫째, 조직 내부의 강점과 조직 외부의 기회 요인이 결합된 SO전략이다. SO전략은 외부 기회의 이점을 얻기 위해 조직 내부의 강점을 활용하는 전략이 된다. 모든 조직이 사용하기를 바라는 전략이다. 둘째, 조직 내부의 약점과 조직 외부의 기회 요인이 결합된

WO전략이다. WO전략은 외부 기회를 이용하여 내부 약점을 극복하는 전략 혹은 조직의 약점을 극복하면서 외부 기회의 이점을 살리는 전략이다. 셋째, 조직 내부의 강점과 조직 외부의 위협 요인이 결합한 ST전략이다. ST전략은 조직의 강점을 활용하여 외부 위협을 극복하는 전략이다. 넷째, 조직 내부의 약점과 조직 외부의 위협 요인이 결합한 WT전략이다. WT전략은 조직의 약점을 최소화하고 위협을 피하는 전략이다.

표 11-5 SWOT 분석에 따른 네 가지 전략

조직 내부 요인

	강점(S)	약점(W)
기회(O)	〈SO 전략〉 외부 기회의 이점을 얻기 위해 조직 내부의 강점을 활용하는 전략	〈WO 전략〉 외부 기회를 이용하여 내부 약점을 극복하는 전략 혹은 조직의 약점을 극복하면서 외부 기회의 이점을 살리는 전략
위협(T)	〈ST 전략〉 조직의 강점을 활용하여 외부 위협을 극복하는 전략	〈WT 전략〉 조직의 약점을 최소화하고 위협을 피하는 전략

(조직 외부 요인)

SWOT 분석에 따른 네 가지 전략 이외에도 조직에는 다양한 상황에서 사용할 수 있는 전략이 존재한다. 그 하나가 저가전략(low cost stratetgy)이다. 가격에 민감한 고객들에게 매우 낮은 단위원가에 표준화된 제품을 생산해서 제공하는 전략이다. 맥도날드나 공공부문의 보건소 서비스가 그 사례가 된다.

그리고 차별화전략(differentiation strategy)도 있다. 이는 상대적으로 가격에 둔감한 고객들을 겨냥해 독특한 제품을 생산하는 전략이다. 예컨대 특별한 맛을 제

공하는 음료를 개발하여 청량음료 소비자 중에서 일부고객을 충분히 확보하는 경우이다. 흔히 고객에게 전달된 가치와 고객이 인식하는 가치 사이에 괴리가 발생할 수 있는데, 특히 고객이 가진 정보가 완전하지 않을 때 고객은 가치신호(signals of value)에 기초해서 판단을 하게 된다. 이때 고객이 차별적 가치를 인지하고 만족하게 되면 해당 제품에 매력을 가지게 된다.

또 다른 전략은 최적비용전략(Best-Cost Provider Strategy)이다. 동일한 수준의 제품이나 서비스에 대하여 가장 낮은 가격으로 경쟁자에게 대항하는 전략 혹은 동일한 가격에 좋은 제품을 생산하는 전략을 의미하는 것으로, 저가전략과 차별화전략을 결합한 일종의 혼합전략에 해당한다.

그리고 초점전략(focused or market niche strategy)도 있다. 특정 대상을 타깃으로 공략하는 전략이다. 예를 들어 처음부터 다른 고객과 구별하여 담배 피우는 남성들이 좋아하는 청량음료를 개발하는 것이나, 특정 주민에게만 제공하는 서비스를 개발하는 것 등이다.

수직통합전략(vertical integration strategies)도 있다. 이는 원가절감, 제품의 품질 향상, 제품의 특성 향상, 고객서비스 향상 등을 위해 통합된 관리를 추구하는 전략이다. 예를 들어 한 조직이 재료공급자를 소유하거나 자신의 제품만을 취급하는 도매망 혹은 소매망을 구축하는 방법 등이 있다.

그리고 아웃소싱(outsourcing)도 있는데, 이는 수직통합과는 반대되는 개념이라고 볼 수 있다. 아웃소싱은 한 조직의 관리 부분을 외부에 일임하는 형태이다. 이를 통해 조직은 핵심 사업에 집중할 수 있고, 작고 유연하며 신축적인 조직이 되어 불확실성에 덜 노출되어 위험을 감소시킬 수 있다. 그리고 외부전문성을 이용하여 더 좋고 저렴한 재료나 서비스가 가능해지고 관료적 병폐를 줄일 수도 있다. 뿐만 아니라 보다 중요한 전략문제에 집중할 수 있게 해주기 때문에 경쟁에서 대응능력을 향상 시킬 수도 있다. 문화조직의 경우도 공연 홍보를 직접 하기보다 외부의 전문 홍보 업체에 의뢰해서 진행하기도 한다.

마지막으로 수평통합(horizontal integration)전략은 경쟁자(competitor)를 소유하거나 통제를 강화하는 전략으로 인수와 합병 등을 이용하는 전략이다. 합병을 통해 규모의 경제를 달성할 수 있고 시장점유율을 높여서 판로 확장을 통해 매출도 늘릴 수 있다. 이처럼 전략의 종류는 아주 다양하다. 조직은 조직의 역량과 상황에 따라 적절히 선택해서 사용하거나 계속 개발하는 노력을 하고 있다.

국립문화공연기관의 전략수립의 예를 살펴보자. 앞서 국립문화공연기관의 장기목표는 아시아 문화예술의 최다 공연 장소가 되는 것이었고, 단기목표는 아시아 각국의 문화공연을 위한 최첨단 스마트 기반시설을 구축하는 것이었다. 이 목표를 달성하기 위한 전략은 많을 것이다. 그 중 몇 가지 전략을 들면, 세계적인 예술 감독 초빙, 최첨단 무대와 음향 시설 설치, 아시아 각국의 유능한 예술가들과 네트워크 구축, 문화공연과 한국관광을 연계한 프로그램 개발, 아시아 각국의 국립문화공연기관과 공연교류·협정 체결 등이 있다.

표 11-6 국립문화공연기관의 전략수립의 예시

▸ 세계적인 예술 감독 초빙	▸ 최첨단 무대와 음향 시설 설치	▸ 아시아 각국의 유능한 예술가들과 네트워크 구축
▸ 문화공연과 한국관광을 연계한 프로그램 개발	▸ 아시아 각국의 국립문화공연기관과 공연교류 및 협정 체결	▸ 문화공연 해외 홍보 업체 인수

5. 전략 집행과 평가 및 통제

전략을 행동으로 전환하는 과정이 전략집행이다. 전략집행은 일종의 변화이자 관리가 이루어지는 상황을 의미한다. 이때 무엇보다도 중요한 것은 최고책임자가 구성원들과 의사소통을 통해 전략을 이해시키고 설득하면서 열정을 불러일으키는 것이다. 그런 점에서 전략집행은 과학이라기보다는 기술이다. 관리 기술도 필요하고 정치적 기술도 필요하다.

사실 전략은 집행과정에도 끊임없이 수정되기 때문에 한편으로는 전략수립과 전략집행은 명백히 구분되지 않는다고 말하기도 한다. 그러나 몇 가지 점에서 둘 사이에 차이가 있는데, 우선 전략수립이 효과성에 상대적으로 더 초점을 둔다면 전략집행은 효율성에 조금 더 초점을 둔다. 그리고 상대적으로 전략수립은 직관과 분석능력을 필요로 하는 데 반하여 전략집행은 동기부여와 리더십능력이 중요하게 작용한다. 또 전략수립은 비교적 소수의 사람들 간의 조정을 필요로 하는데 반하여 전략집행은 많은 사람들의 조정을 필요로 한다. 집행과정에서는 이해관계자들이 직접적으로 영향을 받기 때문에 이들과의 상호작용이 빈번히 발생되기 때문이다. 마지막으로 전략수립의 내용은 조직의 규모에 따라 큰 차이가 나지 않지만, 그에 반해 전략집행의 내용은 조직의 규모에 따라 달라진다.

전략집행 후 이루어지는 전략경영에서의 평가와 통제는 선택해서 집행한 전략이 성공적으로 작동되었는가를 검토하고 확인하는 과정이다. 잘못된 결정과 집행은 조직에 심각한 해를 가할 수 있다. 그래서 더욱 평가가 필요하고 그에 따른 통제가 중요하다. 적시에 이루어지는 적절한 평가는 상황이 치명적으로 악화되기 이전에 현재의 문제나 잠재적인 문제에 대해 주의를 환기시키는 역할을 한다. 평가를 통한 전략경영의 전반적인 통제 기능은 전략경영의 지속 여부 결정과 효과 검토에 필수적인 과정이다.

전략경영에서 평가와 통제를 할 때 유의해야 할 사항이 몇 가지 있다. 우선 무엇보다도 전략수립과 전략집행에서와 마찬가지로 관리자와 구성원들이 전략평가과정에 참여하는 것이 중요하다. 그리고 평가가 지나치면 오히려 통제가 약화될 가능성이 있다는 점도 주의해야 한다. 즉, 평가로 인한 피로감이나 저항과 경직으로 인해 구성원과 조직에 대한 통제력은 오히려 약화될 수 있다. 그렇다고 평가를 전혀 하지 않거나 그 정도가 상당히 미미한 수준의 평가를 시행하는 것은 강력한 평가에 비해 더 많은 문제를 초래할 수도 있다. 그리고 평가는 장기와 단기 모두에 초점을 두고 이루어져야 한다. 성과나 결과가 시간에 영향을 받기 때문에 평가도 그에 대해 고려해야 한다. 또 전략평가는 문제가 발생한 이후에 행해지거나 특정기간의 말미에 시행되기보다는 계속적으로 추진되어야 한다. 특히 연말까지 기다린 후에 평가하는 것은 심각한 문제를 야기할 우려가 있기 때문에 평가 시행의 시간적 측면도 고려할 필요가 있다. 그리고 평가 후의 수정은 변화를 의미하고 변화는 저항을 야기할 수 있는데, 저항은 감정에 기초한 것이기 쉽고 합리적 주장으로 쉽게 설득되지 않는 경우가 많기 때문에 충분한 설명과 참여가 저항에 대한 가장 좋은 대처라는 점도 명심해야 한다.

그런데 공공부문의 경우 이러한 평가가 그대로 적용되기 어려운 문제가 있다. 즉, 가장 바람직한 것은 전략이 달성하는 결과(outcome)를 평가하는 것인데, 결과에 대한 평가가 용이하지 않은 공공부문에서는 생산되는 산출(output)을 평가하게 되는 경우가 많다. 하지만 문제는 산출이 결과 달성에 기여하는가 라는 인과관계 여부이다. 무형의 가치가 복합적으로 얽혀있는 공공부문에서는 결과를 제대로 확인하는 것도 어렵고 그것이 산출에 따른 영향인지에 관해서도 확인하기가 쉽지 않다. 그래서 때로는 산출을 평가하기 어려울 때는 과정을 평가하기도 한다. 과정의 평가는 절차의 준수가 아닌 관리합리성(administrative rationality)에 초점이 맞추어진다. 관리합리성이란 목표를 달성할 가장 효과적이고 효율적인 수단의 선택을 말하는 것으로, 그 사례에는 관리기능(기획, 조직화, 리더십, 통제)의 유기적 통합 여부, 구성원이 최선을 다할 분위기가 구축되었는가의 여부, 정보, 지식, 기술 등의 중요한 요인을 모두 고려하여 의사결정을 했는가의 여부, 이해관계자들의 요구를 잘 고려하고 있는가의 여부 등을 들 수 있다.

문화경영에서도 특히 산출과 결과를 확인하는 것이 쉽지 않다. 수익성 여부를 통해 문화경영의 성과를 판단하는 경우가 많지만, 기본적으로 문화예술 활동의 산출이나 결과는 판단하기 어렵다. 그럼에도 불구하고 예산이나 기금이 사용되는 공공문화기관에 대한 운영 평가는 불가피하기 때문에, 수치화될 수 있는 산출을 판단하되 관리합리성에 비추어서 평가하는 것이 필요하다.

제 4 절 문화기관의 경영기술

문화예술기관의 전략적 경영을 위해서는 세 가지 핵심 기술이 원활히 작동되어야 한다. 기관의 구조적 틀인 '조직'과 조직 속에서 활동하는 주체가 되는 '인사' 그리고 경영 요소들이 실제로 움직이도록 해주는 혈(血)과 같은 '재무'가 잘 관리되어야 한다. 조직관리, 인사관리, 재무관리는 문화기관의 핵심적인 경영기술이다.

1. 문화기관의 조직관리

　　문화기관의 조직은 정부의 문화부처 조직이나 기업조직 등과는 달리 일반적인 경영 업무를 담당하는 담당자와 함께 문화예술인도 조직의 주요 구성원으로 포함되어 있다. [그림 11-3]에서도 볼 수 있듯이 문화기관의 조직 내 구성이 크게 예술가가 담당하고 있는 영역과 일반 경영담당자가 담당하고 있는 영역으로 나누어져 있는 이유도 바로 그 때문이다. 예술가가 담당하고 있는 부서는 '예술부' 혹은 '공연부' 등의 명칭으로 존재하고 통칭해서 예술부문으로 불린다. 예술부문의 리더는 주로 예술감독이다. 일반 경영담당자가 담당하고 있는 부서는 '경영지원부' 혹은 '사무국', '공연지원부' 등으로 불리고 이는 기관의 경영부문이다. 경영부문의 리더는 주로 사무국장이다. 물론 명칭은 기관에 따라 상이하다.

　　문화기관에서 실질적인 업무를 담당하는 핵심적인 부서는 이 두 부서가 되고 이를 총괄해서 관리하는 사람이 단체장 혹은 기관의 대표이다. 그리고 이사회를

그림 11-3 문화기관의 조직도

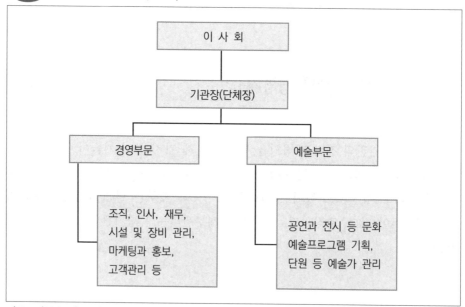

자료: 김주호·용호성(2004)

두고 있다. [그림 11-3]은 일반적인 문화예술기관의 조직도를 나타내고 있다.

　　문화기관의 조직 관리는 크게 세 부분에서 이루어진다. 우선 앞서 언급한 경영부문에서는 일반적인 경영활동과 유사한 업무들을 담당하고 있다. 하지만 여기서 이루어지는 경영활동은 일반상품 판매나 경제적 수익만을 위한 것이 아니라 문화예술과 관련된 활동에 초점을 두고 있다는 점에서 차이가 있다. 물론 문화기관도 경영성과의 하나로 수익을 위한 활동을 하기도 한다. 실제로 대관이나 부대시설 운영 등으로 수입을 증가시키기 위해 노력한다. 그러나 이런 활동은 문화기관의 본연의 업무가 아니다. 또 문화예술 활동 이외의 단기적인 수입은 문화예술기관에서 이루어지는 문화예술의 질적 저하를 가져올 수 있고 장기적으로는 경영성과에 오히려 부정적인 영향을 줄 수도 있다는 경험적 분석도 있다. 문화예술기관의 경영성과를 위해서는 기관 본연의 업무인 공연 및 전시 등의 문화예술기획의 전문성을 높이는 것이 더 중요하다.[19] 그래서 문화예술 기관의 경영부문의 주요 업무도 예술 활동을 '지원'하는 일에 초점을 두고 있다.

　　이와 함께 문화예술기관의 예술부문에서는 공연이나 전시 등 문화프로그램을 기획하고 단원 등의 예술가들을 관리하는 업무를 담당한다. 예술 활동에 직접적으로 관여하는 일로서 예술프로그램과 행사가 기획되어 실현되도록 하는 일이 이 부서의 핵심적인 업무이다. 예술부문의 일은 일반기관과 문화예술기관을 구분 짓는 결정적인 역할을 할 정도로 문화예술기관에서만 존재하는 업무들이다. 해당 기관의 정체성과 지속성은 예술부문의 활동에서 좌우된다고 볼 수 있다.

　　이 두 부서의 상층에는 기관장(단체장, 대표)이 위치하고 있다. 기관장은 문화예술단체의 관리를 총괄하면서 지휘하고 책임을 진다. 그만큼 기관장은 막중한 역할을 하는 사람이다. 그러다 보니 문화예술단체의 장(長)을 어떤 출신으로 임명할 것인가는 논란거리가 될 정도로 종종 이슈가 되곤 한다. 문화예술인 출신으로 할 것인지 아니면 전문경영인 출신으로 할 것인지 아니면 정부 관료나 정치인 출신으로 할 것인지가 논란의 초점이다. 각 출신마다의 장단점이 있기 때문에 문화예술단체의 성격과 각 개인의 역량(리더십 등)에 따라 신중히 선택해야 한다.

　　조직 체계상 기관장의 상층부에는 이사회가 있다. 이사회는 기관의 설립취지를 유지하고 비전을 제시하면서 기관의 일반적인 업무를 지도한다. 또 기관이 법

---

19) 김미리·김영태(2016).

적인 요건이나 기관의 정관에 맞게 활동하도록 할 책임을 지고 있다. 그리고 이사회는 재정적인 건전성을 유지시키기 위해 예산승인, 재원조성, 재무관리 감독 등의 재정적인 역할도 한다. 보통 이사회는 예술단체에서 특히 재원조성 활동에 크게 기여할 것으로 기대되는 사람들이나, 해당 문화예술에 전문적인 식견과 경력이 있거나, 혹은 사회적인 명망가들로 구성되는 경우가 많다. 이사회는 조직체계상 기관장보다 상층부에 위치하고 있어서 이사회가 기관장의 권한을 제한하거나 통제만을 하는 데 초점을 두고 있다고 여길 수 있는데, 사실 가장 중요한 것은 이사회가 기관장의 권한을 강화시켜주는 지지자이며 동시에 동반자라는 점이다. 우리나라의 경우 예술단체가 법인화되어 있는 경우가 많지 않은 편이라서 이사회를 중심으로 조직체계를 갖추기보다는 주로 기관장 중심으로 조직이 운영되는 경우가 많다. 또 기관장이 이사장 혹은 상임 이사직을 겸직하고 있는 경우도 있다.[20)]

한편, 통상적으로 정부조직이 되었든 기업조직이 되었든 현대 사회의 많은 조직은 Weber가 제시한 법적권위에 기초한 대규모 조직인 관료제적인 속성이 나타나기 마련이다.[21)] 문화기관도 관료제적 속성이 전혀 없는 것은 아니지만, 정부조직이나 일반 기업조직과 비교하면 일단 규모가 작고 업무의 세분화나 수직적 계층이 적은 편이다. 특히 경영부문과 비교할 때 예술부문의 부서는 관료제적인 속성이 적게 나타난다. 예술 활동의 특수성이 반영되어 수직적인 구조보다는 수평적인 구조가 예술적 창의성 발현에 더 도움이 되기 때문이다.

이처럼 문화예술조직이 일반 정부조직이나 기업조직보다는 비교적 덜 관료제적인 속성을 보이고 있는 것은 조직 내에 예술부문의 부서가 존재하는 그 자체에서 비롯된 면도 있고, 또 기관의 핵심 활동인 예술의 속성에서 비롯된 것이기도 하다. 이와 더불어 한편으로는 오늘날 문화예술기관이 처한 외부환경의 불확실성에 대응하기 위한 하나의 전략일 수도 있다. 문화예술조직이 외부환경의 불확실성에 대처하고 내부 조직의 약점을 보완하면서 혁신을 추진할 수 있는 하나의 전략이 경계탐색(Boundary Spanning)인데, 이는 덜 관료제적인 구조에서 가능하기 때문이다.

경계탐색은 조직이 유효한 정보 획득을 위해 조직 내부와 외부의 경계를 넘

---

20) 김주호·용호성(2004), pp.64-67.
21) Weber, M. (1947).

나들면서 정보를 모으고 유효한 정보를 지식활동으로 소통하고 확산하는 과정이 반복되도록 이끄는 것을 말한다. 이를 위해서는 조직 구조가 수직적이거나 기계적이기보다는 유기적이고 수평적인 형태가 되어야 한다. 조직구성원들의 자유로운 이동과 원활한 의사소통이 가능하도록 해야 하는 것이다.[22] 문화예술의 전반적인 경향이나 지식 및 정보는 문화기관 내부보다는 외부의 혁신적이고 도전적인 예술가 혹은 외부의 예술관련 전문가, 그리고 경력이 오래된 예술가들로부터 얻을 수 있다. 이들과 교류하기 위해서는 조직 내외의 경계가 자유롭게 되어 있어야 하고 조직 구성원들이 언제든지 넘나들 수 있어야 한다. 그런 점에서 예술적 창의성을 중시하는 문화예술조직은 경계탐색 활동이 그 어떤 조직보다도 중요하기 때문에 조직구조가 지나치게 경직적이어서는 안 된다. 따라서 문화예술조직은 예술이라는 조직 본연의 활동을 중시하면서 외부환경의 불확실성에 대한 하나의 대응전략으로 비교적 덜 관료제적인 구조로 되어 있다.

　　앞서 [그림 11-3]에서 볼 수 있는 문화예술기관의 조직구조상 모습은 문화예술조직이라면 어느 조직에서나 비슷할 것이다. 하지만 조직의 실질적인 운영에서는 다소간의 차이가 있을 수 있다. 중요한 것은 보다 자유롭게 경계탐색이 이루어지고 그와 관련된 예술 활동이 되도록 해야 한다는 것이다.

2. 문화기관의 인사관리

　　문화기관의 인적 구성은 이사장, 단체장(대표), 예술감독(단장), 사무국장, 인사관리자, 재원조성관리자(재원조성전문가), 홍보관리자, 투어매니저, 예술단원 등으로 이루어져 있다.[23] 기관에 따라 명칭은 다를 수 있다. 이사장은 단체가 법인일 경우 이사회를 대표하여 최고 의사결정자의 역할을 하는 사람이다. 단체장은 이사회로부터 위임된 경영의 총책임자이다. 기관장으로도 불린다. 예술감독 혹은 단장은 예술 활동의 총괄책임자이다. 사무국장은 경영실무를 총괄하는 사람으로 단체장을 보좌하는 역할을 한다. 인사관리자는 단원이나 경영실무자를 충원하고 관리하는 역할을 한다. 재원조성관리자는 단체의 후원금 모집과 관리 등의 업무를 담당

---

22) 박문식(2015).
23) 김주호·용호성(2004), pp.280-284.

한다. 이에 대해서는 다음에 이어지는 '문화기관의 재무관리'에서 자세히 논의 된다. 홍보관리자는 예술단체의 대외적인 커뮤니케이션을 활성화해서 단체의 여러 활동 내용을 홍보하는 일을 담당한다. 문화예술기관의 홍보와 관련된 내용은 제5절에서 다룬다. 투어매니저는 문화예술단체가 근거지를 벗어나 공연할 경우 단원과 장비 이동에 수반되는 관련 업무를 담당한다. 문화예술기관의 경우 여러 지역으로 초청되어 공연이나 전시가 되는 경우가 많다. 그래서 기관을 벗어나서 공연이나 전시를 할 경우 공연이나 전시가 가능할 수 있도록 여건과 조건을 마련하는 일이 상당히 중요하다. 이 업무를 투어매니저가 담당한다. 마지막으로 예술단원은 예술 활동에 직접 참여하는 예술가들이다.

문화예술기관 역시 일반 기관처럼 조직의 목표를 효과적이고 효율적으로 달성하기 위해 위에서 살펴본 인적구성에 해당하는 사람들을 대상으로 인적자원 활용에 대한 계획을 수립하고 인적자원을 동원하고 개발한다. 인사계획에서부터 충원, 개발, 활용, 보상, 유지에 이르기까지가 인사관리의 영역이자 과정이다.[24] 이는 문화기관에서도 적용된다.

그림 11-4 인사관리 과정

자료: 배용수(2015)

우선 문화예술기관의 전반적인 인사계획이 수립되어야 한다. 이를 위해서는 직무분석(job analysis)과 직무평가(job evaluation)를 통해 직무에 필요한 사람의 능력을 확정하고 직무 간 관계구조를 설정해서 업무를 구조화 할 수 있는 직무계획(job plan)을 수립한다.[25] 직무계획을 통해 문화기관의 경영부문과 예술부문에 적합한 인력의 필요 정도를 예상할 수 있다.

---

24) 배용수(2015), p.186.
25) 배용수(2015), pp.185-189.

그리고 적절한 인력을 충원한다. 이때 경영부문의 인력은 경영지식은 물론이고 예술적 지식과 예술에 관심이 있는 사람이 적합하다. 문화예술기관에서 경영활동은 문화예술 활동을 지원하는 데 초점을 두고 있기 때문이다. 그리고 문화예술기관의 경우 공연이나 전시 등 관련 예술 활동의 전문 직원의 비율이 높은 것이 좋은데, 실제로 경험적 분석에 따르면 조직 내 실력 있는 예술전문 직원을 통해 자체적인 예술기획을 하는 것이 장기적으로 기관의 재무적 성과에도 긍정적인 영향을 미치는 것으로 나타났다.26) 따라서 예술부문의 인력 충원은 가능한 범위 내에서는 최대한 이루어지는 것이 적절하고, 이때 충분한 실력을 갖춘 사람이어야 한다.

충원을 통해 확보한 인적자원은 교육과 훈련을 통해 개발(Human Resource Development)한다. 문화예술기관에 종사하는 인적자원 중 예술부문의 인력에게는 예술적 활동을 최대한 보장해서 공연이나 전시 등 작품 활동의 질을 높일 수 있는 여건과 발전의 기회를 마련해주는 것이 여기에 해당한다. 그리고 경영부문의 인력에게 예술적 지식과 경영적 지식을 높일 수 있는 기회를 제공하는 것도 그에 해당된다.

인적자원의 활용은 조직구성원들이 조직 목표에 부합한 활동을 하는 것을 의미한다. 문화기관에서는 특히 예술인들의 공연 및 전시 활동의 수준과 내용의 질이 잘 발현되는 과정들이 여기에 해당한다. 일반 기관이나 조직에서는 조직목표에 더 잘 부합하도록 하기 위해 인력을 적정하게 재배치하거나 직무순환을 시키는데, 문화기관에서는 이에 대해 신중할 필요가 있다. 특히 조직의 예술부문에서는 예술기획의 질이나 섭외과정에서 쌓은 신뢰 등은 경험적 노하우가 중요하게 작용하기 때문에 성급한 직무순환은 피해야 한다. 다만 문화기관의 조직도가 상당히 복잡한 구조는 아니기 때문에 업무 간 상호협력을 통해 직무순환이나 재배치의 효과를 기대할 수는 있다.

인사관리과정에서 보상은 업무 실적이나 공헌도에 따른 조직구성원들에 대한 금전적 혹은 비금전적인 대가이다. 보상 결정에는 업무 실적이나 공헌도가 그 기준이 되기 마련인데, 문화기관의 경우 예술 활동 업무의 실적이나 공헌도를 판단하는 것이 쉽지 않다. 단순히 조직의 수입이나 공연 횟수나 관람객수 등으로만

---

26) 김미리·김영태(2016).

판단하기에는 무리가 있다. 문화기관에서는 사회공헌 차원에서 비수익적으로 행하는 활동들도 많이 있기 때문이다. 그리고 예술적 성과가 단기간에 이루어지는 것도 아니기 때문에 단기간에 성과나 실적을 확인하는 것도 쉽지 않다. 따라서 문화기관의 대표나 리더를 평가할 때나 조직 구성원을 평가할 때 수치적 근거나 단기적인 성과만을 고려하는 것은 위험하다. 문화기관 운영에서 조직구성원들에 대한 보상은 질적인 고려와 시간적 고려가 함께 이루어진 다음에 결정되어야 한다.

인사관리의 마지막은 인적자원이 지속적으로 조직에 남아서 자신의 능력을 발휘하도록 유지하는 활동이다. 유능한 인력이 이직하는 것은 조직에게도 손실이다. 예술단체의 이직률은 비교적 높은 편인데, 이는 예술가들이 조직의 관료적 속성에 적응하기 힘든 이유도 있고 스타 예술가들의 경우 스카우트(scout) 제의도 빈번하기 때문이다. 그리고 예술 분야마다 차이가 있겠지만 나이에 따른 예술적 능력에 한계를 느껴서 스스로 조직을 떠나기도 한다. 문화기관은 이러한 이유들이 있음에도 불구하고 유능한 인력이 조직에 계속 머물도록 하기 위해 문화기관 내에 존재하는 여러 문제 해결에 적극적이다. 지나친 규율과 상하관계 그리고 구속적으로 여겨질 수 있을 정도로 조직이 관료화되는 현상은 특히 문화예술기관에서 조심해야 할 부분이다.

3. 문화기관의 재무관리

문화예술기관은 돈에 의해 비로소 작동된다. 기관의 공익성이나 비영리성의 성격과는 별개로 기관 자체가 움직이기 위해서는 원동력이 필요한데, 그것은 바로 재정이다. 아무리 정교하게 잘 작동되도록 조직구조를 설계해두었다고 하더라도 실제 조직구조로 실현시킬 수 있는 충분한 재정이 마련되어 있지 않으면 조직구조는 종이 위에 설계로만 남아 있게 된다. 마찬가지로 유능한 사람을 기관 내로 유인하기 위해서도 재정상태가 중요하다. 훌륭하고 질 높은 문화프로그램을 운영하기 위해서도 마찬가지이다.

이처럼 문화기관의 재무관리는 재원조성에서부터 적절한 배분과 사용에 이르기까지 핵심적인 경영기술의 하나이다. 그 중에서도 공공성에 기초한 문화예술기관에서는 재원조성이 가장 중요한 재무관리 영역이다. 따라서 문화기관의 재무관리는 재원조성을 어떻게 할 것인가에서부터 시작된다.

재원조성(fundraising)이란 문화예술기관이 개인, 기업, 재단 등 민간기관과 정부 등 공공기관으로부터 자선, 후원, 협찬, 제휴 등을 통해 재정지원을 이끌어내기위한 활동을 의미한다. 재원조성은 크게 자체수입(earned income)을 통한 방법과 외부지원수입(unearned income)을 통한 방법이 있다.

자체수입은 관객으로부터 직접적으로 발생되는 수입이다. 공연(전시)수입과 공연(전시)외 수입으로 구분할 수 있다. 공연(전시)수입은 입장권이나 관람권을 판매하는 수입이 대부분을 차지한다. 공연(전시)외 수입에는 기념품 판매, 식음료품 판매, 교육프로그램 운영, 행사 참가비, 주차료 수입 등이 있다. 주로 공연(전시)수입이 자체수입의 핵심이 되지만 최근에는 공연(전시)외 수입도 자체수입에서 중요한 역할을 하고 있다. 일례로 우리나라 예술의 전당의 경우 입지여건상 주차료 수입이 적지 않다.

외부지원수입은 해당 문화기관의 설립취지나 활동에 공감하는 외부지원자로부터 발생되는 수입이다. 크게 공공지원금과 민간지원금이 있다. 공공지원금은 중앙정부와 지방자치단체에 의한 직접지원금과 정부의 세제혜택에 의한 간접지원금으로 구분된다. 그리고 민간지원금이 있는데, 이는 기업이나 개인이나 재단 등으로부터 기부, 협찬, 후원을 받은 지원금이다.[27)

문화기관은 이러한 다양한 분야의 재원을 확보하기 위해서 많은 노력을 한다. 충분한 재원이 뒷받침 되어야 문화기관 본연의 역할인 문화공연이나 전시 등 문화 활동을 할 수 있기 때문이다. 이를 위해 우선 문화프로그램의 수준과 내용자체가 많은 관객을 끌어 들일 수 있을 정도가 되어야 한다. 이는 자체수입의 공연(전시)수입과 직결된다. 이와 함께 공연(전시)외 수입을 위해서 참신한 아이디어와 융합적 사고가 필요하다. 문화예술이 발생시키는 창구효과처럼 문화와 관련된 부대수입은 무궁무진할 수 있다. 참신한 아이디어로 벌어들이는 공연외 수입은 문화기관 본연의 문화 활동을 가능하게 하는 든든한 재정적 밑거름이 된다. 사실 문화예술기관이 예술적 창의성을 활용하여 수익을 높일 수 있는 가능성과 자산은 이미 많이 보유하고 있다. 애플이 피카소의 그림을 보고 아이디어를 얻어서 많은 수익

---

27) 이재희(2009), p.171 ; 김경욱(2011), pp.16-17.

을 올린 것처럼, 문화기관은 스스로 지니고 있는 예술가들의 창의성 자산을 잘 활용하여 공연(전시)외 수입을 더 창출할 수 있다.[28]

문화기관은 자체수입 이외에 외부지원금 확충과 규모 확대를 위해서 재원조성전문가(fund-raiser)를 고용하기도 한다. 재원조성 업무에 전념하는 전문가를 별도로 두는 방법이다. 흔히 재원조성전문가가 상업성을 띤 조직이나 기관에서만 중요한 역할을 하는 것으로 알고 있지만, 오히려 문화예술기관에 더욱 필요한 인력이다. 상업적 활동이 거의 없는 문화예술기관이 재원을 마련하기에는 더 어렵기 때문에 이러한 전문 인력이 더 필요하다. 재원조성전문가들은 외부의 투자자나 기부자 및 자금지원자들을 설득하고 협력을 이끌어내는 역할을 한다. 문화예술기관의 경우 수익성 사업을 적극적으로 하는 곳이 아니므로 외부 투자자들이나 자금지원자들이 저절로 몰리지 않는다. 그래서 재원조성전문가들의 역할이 더 중요하다.

재원조성전문가들은 해당 문화예술기관의 목표와 조직의 정체성을 완전히 이해하고 있어야 하고 재무제표에 대한 이해도 충분해야 한다. 그리고 공연되거나 전시되는 문화예술에 대한 식견도 전문가 수준이어야 한다. 또 재원조성전문가는 해당 기관의 직원들과 이사회 그리고 공연과 전시를 하는 문화예술인들과의 관계도 좋게 유지할 수 있어야 한다. 특히 이사회의 이사들은 재원조성전문가들이 대상으로 삼는 기부자들이 될 수도 있다. 물론 때에 따라서는 이사들이 재원조성전문가처럼 외부지원금 확보에 직·간접적으로 일정한 역할을 하기도 한다.

제 5 절   문화기관의 홍보와 마케팅

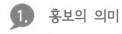 **홍보의 의미**

문화기관은 그들이 하는 문화사업과 활동 그리고 문화프로그램들이 대중들과 만날 수 있도록 다양한 노력을 한다. 문화기관이 문화프로그램을 잘 마련해두

---

28) Gompertz, Will(2015).

었다고 해서 문화향유자들이 그 프로그램을 자연스럽게 이용할 것이라고 생각해서는 안 된다. 가장 기본적인 것은 일반 대중들이 해당 문화기관에서 어떤 문화활동과 사업들을 하고 있는지 알아야 한다. 이는 곧 문화기관과 대중들과의 관계 문제이다. 다른 말로 하면 홍보(public relations)이다.

홍보는 일반적으로 PR로 불린다. PR은 원어 그대로 대중관계 혹은 공중관계로 이해된다. 말 그대로 공중들과 관계를 맺는 것을 말한다. 이때 관계는 긍정적인 관계를 말하고 대중들은 통상 고객이 되지만, 반드시 고객으로 한정된 것은 아니다. 잠재적인 고객이자 일반 대중 모두가 해당된다. 따라서 아주 쉽고 직관적으로 이해될 수 있게 정의하면, 홍보는 기관이나 조직이 대중들과 맺는 관계 활동이라고 할 수 있다.

보다 구체적으로 홍보의 의미를 보면, "조직과 공중이 서로 간의 상호 커뮤니케이션과 수용(acceptance)과 협력 등을 창출하고 유지시키는 관리 기능"29) 혹은, "조직과 공중사이에 상호 호혜적인 관계(mutually beneficial relationships)를 구축하는 전략적 커뮤니케이션 과정"30)이다. 홍보의 의미가 완전히 하나로 통일되지 않고는 있지만 의미의 공감대는 이 두 정의에 포함되어 있다. 첫 번째 의미는 400개가 넘는 기존의 홍보의 정의들을 분석해서 정리한 의미이고, 두 번째의 의미는 미국 PR협회가 정의한 것이다.

그런데 홍보의 의미는 '홍보'라는 용어를 어떻게 표현하는가에 따라 다소 혼란스럽게 이해되고 있다. 앞서는 Public Relations로 두고 홍보의 의미를 이해한 것인데, 그 외에도 한자어로 '弘報'로 표현할 때와 영어로 'Publicity'로 표현할 때가 있다. 여기서 弘報는 '널리 알리다'의 의미가 강하여 일방적으로 알리는 활동으로 오해할 수 있다. 특히 한국에서 과거 홍보라는 의미가 이처럼 사용되어 본래의 의미보다는 일방성이 부각되기도 했다.31) 그리고 Publicity는 신문이나 TV나 잡지 등에 해당 기관에 관한 기사나 보도가 실리도록 하는 전략 수단으로서 보도 홍보나 언론 홍보 등으로 불리기도 한다. 즉, 제품, 서비스, 아이디어, 장소, 사람, 또는 조직을 촉진하거나 자극하기 위하여 인쇄매체와 방송 매체에 대금을 지불하

---

29) Harlow, Rex F.(1976).
30) Public Relations Society of America(www.prsa.org).
31) 임동욱(2015).

지 않고 사설란을 확보하는 직무를 수행하는 것이 Publicity 개념의 홍보이다. 오늘날에는 기사 보도뿐 아니라 방송 출현이나 일부 PPL(product placement)까지도 Publicity 개념의 홍보에 포함시키고 있다. Publicity는 PR의 한 수단으로 여겨진 다.32) 이 책에서 말하는 홍보의 의미는 비록 한자어의 음으로 모두 동일하게 사용되기는 하지만, 한자어의 弘報나 Publicity보다도 PR에 가까운 의미이다.

2. 문화기관의 홍보

문화경영에서 홍보는 문화기관과 공중(public) 사이에 호혜적인 관계를 형성하기 위해 서로 소통하고 관리하는 전략적 과정을 의미한다. 여기서 공중은 포괄적으로 보면 일반 대중 모두를 의미하기 때문에 문화기관에서 하는 공연이나 전시 등 문화예술프로그램의 예상 관람객과 그 외 잠재적인 관람객 모두가 해당된다. 물론 문화프로그램의 성격과 홍보 시기와 방법 등에 따라 목표(target) 관람객 층이 직접적인 PR의 대상이 되기도 한다. 하지만 포괄적인 의미에서 문화기관의 홍보는 일반 대중들이라고 볼 수 있다.

문화기관의 홍보는 홍보대상(범위), 홍보시기, 홍보메시지, 홍보방법, 홍보 계획수립, 홍보실행, 홍보결과 평가 등의 활동으로 이루어진다. 이 활동들은 일반 기관의 홍보활동에서도 볼 수 있는 내용들이다. 그러나 문화기관은 기관의 성격과 기관에서 이루어지는 공연이나 전시 등 프로그램마다의 성격이 매우 다양해서, 비교적 균일한 상품이나 서비스를 제공하는 일반 기관에서 이루어지는 홍보활동과는 다소 차이가 있다.

예를 들어 영화나 연극과 같은 관람 등급에 제한이 있는 작품에 대한 홍보는 홍보 대상과 시기와 방법이 일반 기관에서 이루어지는 홍보와는 다르다. 또 일반 기관의 홍보와는 달리 문화기관은 전시되거나 운영 중인 문화프로그램이 어떤 것인가가 중요하기 때문에 홍보의 초점도 해당 프로그램에 두고 있다. 다시 말해, 일반기관이 특정한 상품이 출시 될 때만이 아니라 평소에도 꾸준히 공중과 긍정적인 관계를 맺는 노력을 하고 있는 것과는 달리, 문화기관은 기관 자체가 공중과의

---

32) 한정호 외(2014), p.10 ; Kotler, Philip(2004), p.879.

긍정적인 관계를 위해 평소에도 물론 노력은 하지만 그보다는 문화프로그램이 시행되기 직전이나 공연이 시작되기 멀지 않은 시점에 특히 홍보활동에 집중한다. 사람들에게는 문화기관 자체와 형성하는 긍정적인 관계보다도 해당 문화기관이 어떤 문화프로그램을 운영하고 있고 또 어떤 작품을 전시하고 있는지가 더 중요하다. 특히 문화작품의 수준이 어떤지에 따라서도 문화향유 여부가 결정될 수도 있다. 따라서 문화기관의 홍보활동에서는 어떤 문화프로그램을 공연하는가 혹은 전시하는가가 중요한 변수가 되기 때문에 이를 고려한 효과적인 홍보방법이 홍보활동의 핵심이 된다.

　문화기관의 홍보는 다양한 매체를 통해 이루어진다. 홍보매체에는 인쇄매체, 방송매체, 온라인매체 등이 있다. 인쇄매체는 가장 전통적인 방식의 홍보매체로서 포스터나 전단지나 현수막을 이용하거나 신문이나 잡지 등을 이용한다. 이 중 비교적 대중에게 파급효과가 큰 것은 신문 등을 이용한 홍보이다. 특히 대중성이 강하고 어느 정도 사회적 영향력을 지닌 신문에서 문화기관이나 문화기관의 공연 등이 홍보되면 그 파급효과는 상당히 크다. 홍보활동이 실제 수입을 목표로 하는 마케팅 활동과는 차이가 있지만 파급력이 큰 홍보는 문화기관의 수입과 직결되기도 한다.

　신문을 통한 홍보는 주로 문화기관이 보도 자료를 작성해서 각 신문사에 배포하거나 신문기자와 인터뷰를 해서 이루어진다. 방송매체를 통한 홍보는 TV나 라디오 등을 통해 이루어진다. 이 역시 파급력이 큰 홍보매체이다. 방송을 통한 홍보 중 문화프로그램을 소개하는 방송프로그램에서 해당 문화기관이나 공연 등이 소개되면 그 홍보효과는 극대화된다. 방송매체도 문화기관의 보도 자료나 기자와의 인터뷰 등을 통해 홍보가 이루어진다. 최근에는 인터넷 등의 온라인 홍보가 많이 활용되고 있다. 온라인 홍보는 비교적 비용이 적게 들고 빠른 속도로 홍보가 이루어질 수 있는 장점이 있다. 그래서 요즘 문화기관은 거의 대부분 자체 홈페이지를 가지고 있고 여러 종류의 SNS도 가지고 있다. [표 11-7]은 문화기관에서 하는 공연에 대한 홍보 계획의 예시이다.

표 11-7 문화기관의 공연 홍보 계획 예시

> ▶ 홍보 대상: 동두천시 동양대학교 인근 지역 주민
>
> ▶ 홍보물 제작과 배포
> - 포스터 1,000부 이상: 공연장, 동사무소, 아파트, 중·고등학교 및 대학교 게시판 활용
> - 전단 10,000부 이상: 공연장, 동사무소, 아파트, 공연당일 관람객 등 배포
> - 현수막: 거리현수막(시간차이를 두고 지속적으로 게시), 공연장 주변 현수막(5월부터 항시 게시), 무대 대형 현수막: 공연당일 게시
> - 홈페이지 활용: 경기도청, 동두천 시청, 동두천시 문화원 협조 요청
> - 인터넷 홍보: 지역동호회 및 전통예술관련 동아리 카페활용
>
> ▶ 보도자료 배포: 매월 1회 일간지 및 월간지 대상 보도자료 배포
>
> ▶ 언론사 활용
> - 경기TV 문화뉴스 방송 의뢰
> - 경기TV 공연안내 스크롤 협조 확정
> - 지역 일간지 보도자료 배포, 공연리뷰기사 활용
>
> ▶ 지방자치단체 협조
> - 경기도청 끼TV 활용
> - 주간경기, 늘푸름 동두천 협조 의뢰
> - 동사무소 발행 신문 활용
> - 인근 아파트 부녀회 공지 및 안내방송
>
> ▶ 홍보일정
>
> | | 5월 1주 | 2주 | 3주 | 4주 | 6월 1주 | 2주 | 3주 | 4주 |
> |---|---|---|---|---|---|---|---|---|
> | 홍보물 제작 | | | | | | | | |
> | 홍보물 배포 | | | | | | | | |
> | 홈페이지 홍보 | | | | | | | | |
> | 보도자료 배포 | | | | | | | | |
> | 지자체 신문 | | | | | | | | |
> | ⋮ | | | | | | | | |

자료: 이은미(2012)에서 일부 재구성

마케팅의 의미와 문화기관의 마케팅

흔히 홍보와 마케팅을 혼용하거나 헷갈리는 경우가 있는데, 마케팅은 소비자를 상대로 제품과 서비스를 팔기 위한 노력이라는 점에서 앞서 살펴본 홍보와는 차이가 있다. 물론 최근에는 둘의 경계가 모호해지고 있다는 의견도 있다.[33] 하지만 엄격한 의미에서는 차이가 있다. 문화기관의 홍보 활동과 마케팅 활동도 구분해서 보는 것이 더 적절하다.

마케팅(marketing)에 대한 정의는 시대에 따라 조금씩 차이를 보이며 규정되어 왔다. 예컨대, 1936년의 National Association of Marketing Teacher의 정의는 "마케팅은 생산으로부터 소비에 이르는 재화와 서비스의 흐름과 관련되는 여러 가지 기업 활동을 포함하는 것"이었다. 그리고 American Marketing Association의 1960년의 정의는 "생산자로부터 소비자 또는 사용자에게 재화와 서비스의 흐름이 원활히 이루어지도록 관리하는 기업 활동의 수행"이었다. 이러한 정의들은 제품을 유통시키는 방법에 한정된 정의라고 할 수 있다. 제품 및 서비스의 생산과 유통을 강조해서 그 효율성의 개선이 목표였다. 실제로 오늘날에도 '마케팅'을 '유통'과 비슷한 의미로 사용하는 경우가 많다. 그 후 1985년에 American Marketing Association는 마케팅에 대하여 재정의를 한다. 마케팅을 "개인 및 조직의 목표를 충족시키기 위한 교환을 창출하기 위해 아이디어, 상품, 서비스를 정립하는 활동과 가격을 설정하는 활동 및 촉진활동과 유통경로를 계획하고 집행하는 과정"으로 규정하였다. 주로 유통을 중심으로 고려되었던 마케팅 개념이 제품 개발, 판매에 관한 여러 가지 행위로 확산되었다.[34] 한편, 오늘날 일부에서는 마케팅을 '판매'와 비슷한 의미로도 사용하고 있는데, 판매가 판매자의 욕구에 초점을 둔다는 것에 반해 마케팅은 구매자의 욕구에 초점을 둔다는 점에서 차이가 있다.[35]

이러한 마케팅은 기업의 이윤 창출에 초점을 둔 경영활동이지만 비영리나 공공부문에서도 활용된다. 비단 이윤 창출이 아니더라도 조직 활동의 대상인 사람들의 욕구를 충족시키고 만족을 주는 행위도 일종의 마케팅이라고 볼 수 있기 때문

---

33) 한정호 외(2014), p.19.
34) 박신의 외(2006), p.132 ; 김승미(2008), p.30.
35) Kotler, Philip(2004), p.34.

이다. 그래서 마케팅 분야의 저명 학자인 Philip Kotler는 "거래를 통하여 사람들의 욕구와 요구를 만족시켜주는 활동"으로 마케팅을 규정하면서 마케팅을 '비즈니스 (Business)'에만 한정된 것이 아닌 '사람들의 활동(Human Activity)'이라고 정의하였다. 그래서 그는 비영리부문까지 마케팅 개념을 확장시켰고, 그 중 하나로 예술분야에 도 마케팅 개념을 적용하였다. 그는 마케팅을 "기업, 비영리단체, 정부조직 등이 그 고객의 욕구를 파악하고 그에 부합하는 상품이나 서비스를 기획·개발하여 최 소한의 비용으로 최대한의 고객만족을 이룸으로써, 최대한의 가치를 창출할 수 있 도록 상품 및 서비스를 제공하는 행위"라고 정의하였다.[36]

문화예술기관에서 이루어지는 마케팅은 문화기관이 표적관객을 공연과 전시 관람에 참여시키기 위해 어떻게 동기를 제공할 것인지를 결정하는 활동이 된다.[37] 따라서 문화기관의 마케팅은 "문화기관이 명시하고 있는 혹은 잠재적인 문화예술 관객을 문화향유활동으로 이끌기 위해 그들의 욕구와 필요를 파악하여 그에 부합 한 문화예술서비스를 제공함으로써 문화생산자와 향유자들의 만족을 높이는 제반 활동"으로 정의할 수 있다.

마케팅은 소비자가 필요로 하고 원하는 것을 파악하여 이들의 욕구를 만족시 킬 만한 제품＋서비스(가치)＋정보＋시간 등을 계획하고 개발하여 이에 대한 가격, 유통, 촉진에 대해 최선의 방법을 강구하는 일련의 과정이라는 점에서, 이 일련의 과정이 마케팅 믹스라는 용어로 불린다. 마케팅 믹스는 4P(price, place, promotion, product)로 불리는 네 가지 요소를 바탕으로 한다. 이를 박물관 마케팅에 적용해보 면, 이용자가 누구인지를 파악하고 박물관과 박물관의 환경을 조사하며 이용자가 필요로 하고 원하는 것을 분석하여 이들의 욕구를 만족시킬만한 박물관을 계획, 개발하고 이에 대한 재정, 인프라, 촉진계획에 대해 최선의 방법을 강구하는 일련 의 과정이 박물관 마케팅이 된다.[38]

---

36) 김승미(2008), p.30 ; 김주호·용호성(2004), p.103.
37) Hill, Liz, Catherine O' Sullivan, and Terry O'Sullivan(1995).
38) 박신의 외(2006), p.134.

표 11-8 박물관 마케팅의 4P 예시

Product	박물관 자체, 전시, 교육 프로그램 등
Price	박물관 재정, 스폰서십, 기부금 등
Place	지리적 위치, 교통관계, 공간구성 등
Promotion	촉진계획 광고, 홍보, 관광상품화 등

자료: 박신의 외(2006)

4. 문화기관의 마케팅 전략: STP 전략

　STP 전략은 조직이 시장에 접근하기 위해 세분화(segmentation), 표적화(targeting), 포지셔닝(positioning) 방법을 사용하는 전략을 말한다. 모든 마케팅 전략은 이 STP를 바탕으로 수립된다고 말하기도 한다. 조직(기업)은 시장에서 상이한 욕구와 집단을 파악하고(세분화), 해당 조직이 특별한 방법으로 만족시킬 수 있는 욕구와 집단을 표적화(표적시장 선정)하며, 그 표적시장이 자사의 독특한 제공물과 이미지를 인식할 수 있도록 자사의 제공물을 포지셔닝(위치선정)하는 것이 일반적인 과정이다.[39]

　우선 세분화란 시장을 나이, 성별, 교육수준, 소득수준, 소비행태 등과 같이 다양한 기준에 따라 작은 단위로 세분화하는 것을 말한다. 문화예술시장의 범위가 상당히 넓기 때문에 문화기관이 그 모든 범위를 대상으로 하는 문화예술을 생산 및 제공하거나 혹은 예술을 공연하는 것은 비용을 고려할 때 비현실적이다. 그래서 문화기관은 문화예술에 대한 향유와 반응 및 관심이 가장 클 것으로 예상되는 시장을 별도로 고려할 필요가 있기 때문에 세분화된 시장을 찾아서 그곳에 집중하려고 한다.

　예를 들어 연평균 예술행사 관람 횟수가 성별에 따라 차이가 난다는 점에서 성별에 따라 예술행사가 이루어지는 시장을 세분화할 수 있다. 실제로 우리나라의 경우 <2014년 문화향수실태조사>에 따르면 연평균 예술행사 관람횟수가 남성이 4.8회인 반면 여성은 5.2회이다. 예술행사를 분야별로 보더라도 문학행사, 미술

---

39) Kotler, Philip(2004), p.430.

전시회, 서양음악, 전통예술, 연극, 뮤지컬, 무용 등에서 여성이 남성보다 관람 횟수가 더 높다. 그리고 연령에 따라서도 관람횟수가 다르다는 점에서 연령별로 예술행사가 이루어지는 시장을 세분화할 수도 있다.[40] 그 이외에도 소득, 학력, 지역, 시기, 시간대 등에 따라서도 문화예술 분야별로 시장을 세분화할 수 있다.

문화예술의 성격에 따라 가장 적합한 시장 세분화 기준을 설정하는 일은 매우 어렵고 또 중요한 일이기 때문에 문화조직들은 시장세분화를 위해 다양한 방법들을 고안하고 있다. 관람객이나 잠재적 고객들에게 정기적으로 설문조사(만족도, 수요조사 등) 등을 실시하고, 통계 기록과 분석을 하기도 하고, 연관 산업이나 최신 산업의 동향 등을 실시간으로 파악하기도 한다.

시장을 세분화한 뒤에는 주요 표적을 선정한다. 마케팅의 초점을 어떤 대상에게 둘 것인가를 정함으로써 핵심 소비자에게 다가가는 과정이다. 이는 시장 세분화에서 도출한 여러 정보들을 바탕으로 표적관객을 확정짓는 행위이다. 표적관객을 선정하는 방법에는 무차별 마케팅, 차별적 마케팅, 집중적 마케팅이 있다.

무차별 마케팅은 관객의 차이를 무시하고 전체 관객을 공략하는 방법이다. 관객별 욕구나 관심의 차이가 아닌 공통점이 무엇인가에 중점을 두고 다수의 관객을 표적으로 삼는다. '국민뮤지컬', '가족뮤지컬'을 표방하는 공연이 여기에 속한다. 차별적 마케팅은 두 가지 이상의 표적관객을 정하는 방법으로 주로 두세 가지의 표적 관객을 선정한다. 순정만화영화가 있다면 연령별 세분화된 대상 중에서 10대 여성과 20대 여성을 표적관객으로 정할 수 있다. 집중적 마케팅은 특정 관객층을 선정해서 마케팅 노력을 집중하는 방법이다. 노인대상 영화라면 노인들을 표적관객으로 삼고, 어린이 뮤지컬이라면 어린이를 표적관객으로 선정해서 마케팅을 한다. 이 방법은 문화조직이 마케팅 대상을 비교적 선명하고 명확히 인식할 수 있어서 역량을 집중시킬 수 있는 이점이 있는 반면, 표적관객의 범위가 지나치게 좁거나 또 표적관객의 욕구가 변하거나 혹은 경쟁업체가 나타날 경우에는 한계가 있다.[41]

시장세분화가 이루어지고 표적 고객을 선정하는 표적화가 진행되면 이어서 포지셔닝이 이루어진다. 포지셔닝이란 표적 고객의 마음속에 독특한 자리를 확보

---

40) 문화체육관광부(2014b), pp.25-60.
41) 김승미(2008), pp.133-135.

하기 위해 자사의 제공물과 이미지를 디자인하는 행동이다.[42] 문화예술분야에서는 예술작품이 관객의 마음속에 자리 잡는 과정이 된다. 특히 다른 예술 공연이나 전시와는 차별화되는 공연과 전시로 관객들의 마음속에 자리 잡아서 관객의 충성도를 확보하게 된다. 포지셔닝이 성공했다면, 관객들에게 왜 그 공연과 그 전시에 가는지 물어봤을 때 비교적 분명하고 명확한 이유로 답할 수 있을 정도가 된다. 문화예술기관이 포지셔닝을 성공적으로 하기 위해서는 공연(전시)의 차별화, 가격의 차별화, 시설의 차별화, 서비스의 차별화, 시간의 차별화, 그리고 공연이나 전시 예술가를 차별화하는 방법 등이 있다.

---

42) Kotler, Philip(2004), p.430.

참고문헌

강성철 외(2011). <새 인사행정론>, 대영문화사.

강철근(2004). <예술의 자유와 스크린쿼터제>, 사회교육연구회.

공정거래위원회(2008). "5개 영화배급사, 3개 복합상영관 영화관람료 담합 적발: 요금 할인중지 담합행위 등에 과징금 총 69억원 부과", 공정거래위원회 4월 21일자 보도자료.

구광모(2008). 문화 부문의 정부와 시장 관계, <문화정책논총>, 20: 9-31.

_____(1999). <문화정책과 예술진흥>, 중앙대학교 출판부.

국가청렴위원회(2008). <2007년 국가청렴위원회 심의·의결례집>, 제6집, 국가청렴위원회.

국가회계기준센터(2011). <알기 쉬운 국가회계기준>, 국가회계기준센터.

국민권익위원회(2013). <문화재 보존·관리업무의 주요 문제점 개선 방안>, 국민권익위원회.

_____(2012). <2011 부패·공익침해방지 심의·의결례집>, 제10집, 국민권익위원회.

그로비스 매니지먼트 인스티튜트(2005). 김영환 옮김, <전략기획>, 21세기북스.

기획재정부(2012). <재정상태표 계정과목 회계처리지침>, 기획재정부.

김경욱(2011). <문화정책과 재원조성>, 논형.

김광웅·강성남(2009). <정보사회와 행정>, 한국방송통신대학교출판부.

김기곤(2011). 한국사회의 문화권 구성과 제도화, <민주주의와 인권>, 11(2): 207-238.

김문성·박성철(2011). 공무원의 자기효능감이 업무성과에 미치는 영향, <공공관리학회보>, 25(4): 143-161.

김문환(1997). <문화경제론>, 서울대학교출판부.

김미리·김영태(2016). 공공문화예술기관의 경영성과 영향요인 분석, <회계연구>, 21(1): 195-219.

김민주(2015). 문화정책의 이론적 논거와 유형, <사회과학연구>, 31(3): 133-157.

_____(2013). 한국행정의 '전통' 만들기, <한국행정연구>, 22(3): 1-27.

_____(2011). 정부의 문화원형 구축정책: 문화원형개념 구분과 정책사례를 중심으로, <한국사회와 행정연구>, 21(4): 397-427.

_____(2010). 공공문화기관의 예산효율성 측정과 평가: 공공도서관 사례를 중심으로, <한국사회와 행정연구>, 21(3): 77-101.

김병섭·김영래·서순탁(2012). 문화재의 관광적 활용에 관한 정책네트워크 분석: 경기도 연천군의 연천 전곡리 구석기 축제를 중심으로, <도시행정학보>, 25(4): 175-207.

김복수 외(2003). <'문화의 세기' 한국의 문화정책>, 보고사.

김봉수(2013). 국내 미술시장 현황 연구: 미술시장실태조사를 중심으로, <경영관리연구>, 6(1): 27-49.

김성희(2006). 미술시장 내에서 갤러리 만족도에 관한 연구, <예술경영연구>, 10: 1-28.

김승미(2008). <만원사례 예술경영학>, 늘봄.

김영순외(2011). <문화산업과 문화콘텐츠>, 북코리아.

김정락·손경년·양혜원(2011). <예술경영과 예술행정>, 한국방송통신대학교출판부.

김정수(2010). <문화행정론: 이론적 기반과 정책적 과제>, 집문당.

김주호·용호성(2004). <예술경영>, 김영사.

김재범(2005). <문화산업의 이해>, 서울경제경영.

김진희·이중정(2003). 문화예술정보를 제공하는 웹사이트의 사용자 만족과 향후 이용에 영향을 미치는 요인에 관한 연구, <문화경제연구>, 6(2): 55-98.

김창규(2013). 문화재관리사 자격제도 신설의 필요성과 입법방향, <법과 정책연구>, 13(4): 1661-1695.

김평수·윤홍근·장규수(2012). <문화콘텐츠산업론>, 커뮤니케이션북스.

김호균(2006). 지방자치단체의 문화정책집행 영향요인 모형설정에 관한 연구: 광주광역시 문화예술인을 중심으로, <한국정책학회보>, 15(2): 79-107.

_____(2007). 문화정책집행영향요인과 집행효과성과의 관계 분석, <정책분석평가학회보>, 17(1): 167-192.

김홍수(2007). <축제와 문화거버넌스>, 한국학술정보.

김휘정(2011). 예술인 복지 지원의 쟁점과 입법 및 정책 과제, <문화정책논총>, 25(2): 89-114.

남궁근(2012). <정책학>, 법문사.

남형두(2008). 저작권의 역사와 철학, <산업재산권>, 26: 245-306.

_____(2006). 문화의 산업화와 저작권: 약장수와 차력사, <문화정책논총>, 18: 47-68.

노명우(2005). <계몽의 변증법 : 야만으로 후퇴하는 현대>, 살림.

노화준(2003). <정책학원론>, 박영사.

대한민국 국회홈페이지(www.assembly.go.kr).

모토마카 마코토(2007). 문화재로서의 경관보호 : 문화적 경관의 보호, 농촌계획: 13(3): 45-49.

문화재청(2015). <주요업무 통계자료집>, 문화재청.

_____(2002). 문화재 보존관리 및 활용에 관한 기본계획, 문화재청.

문화체육관광부(2015a). <2015 전국 문화기반시설 총람>, 문화체육관광부.

_____(2015b). <2014 콘텐츠산업백서>, 문화체육관광부.

_____(2015c). <2014회계연도 세입세출(수입지출) 결산보고서>, 문화체육관광부.

_____(2014a). <2014년도 예산·기금운용계획 개요>, 문화체육관광부.

_____(2014b). <2014 문화향수실태조사>, 문화체육관광부.

_____(2014c). <2015년도 예산·기금운용계획 개요>, 문화체육관광부.

_____(2014d). <교육훈련시간 승진반영제도 운영지침>, 문화체육관광부.

_____(2014e). <2013회계년도 재무결산보고서>, 문화체육관광부.

_____(2013). <2012회계년도 재무결산보고서>, 문화체육관광부.

_____(2012). <문화예술인실태조사>, 문화체육관광부.

_____(2011a). <2010 콘텐츠산업백서>, 문화체육관광부.

_____(2011b). <영화진흥위원회 종합감사 결과보고>, 문화체육관광부.

_____(2011c). <국립현대미술관 특정감사 결과보고>, 문화체육관광부.

_____(2011d). <문화체육관광부 비영리법인현황 자료>, 문화체육관광부.

문화체육관광부·한국문화관광연구원(2010). <문화향수실태조사>, 한국문화관광연구원.

_____(2009). <문화예술인실태조사>, 한국문화관광연구원.

문화체육관광부·한국콘텐츠진흥원(2010). <2009 음악산업백서>, 한국콘텐츠진흥원.

박광무(2010). <한국문화정책론>, 김영사.

박광순(2007). <문화와 경제학>, 유풍출판사.

박문식(2015). 환경 불확실성에 대처하는 공연예술 콘텐츠 조직의 경계탐색 전략. <한국콘텐츠학회논문지>, 15(9): 84-95.

박상혁(2007). 도덕적으로 나쁜 예술작품이 미적으로 좋은 예술작품일 수 있는가?, <美學>, 50: 115-137.

박선희(2011). 문화재 원소유국(country of origin) 반환과 프랑스의 입장, <國際政治論叢> 51(4): 213-235.

박소현(2011). <2012 문화예술의 새로운 흐름(trend) 분석 및 전망>, 한국문화관광연구원.

박신의 외(2006). <문화예술경영 이론과 실제>, 생각의 나무.

박혜자(2011). <문화정책과 행정>, 대영문화사.

법제처 홈페이지(www.moleg.go.kr).

부산일보(2016). "크라우드 펀딩", 3월 3일자 기사.

배병돌(2001). 지방문화 담당공무원의 전문성에 대한 영향요인 분석, <문화정책논총>, 13: 211-229.

배용수(2015). <공공기관론>, 대영문화사.

서정교(2003). <문화경제학>, 한올출판사.

서순복(2007). 문화의 민주화와 문화민주주의의 정책적 함의, <한국지방자치연구>, 8(3): 23-44.

서순복·김세훈(2009). 문화정책의 법적기반 분석과 법정책 활성화 방안에 관한 탐색적 연구, <한국정책학회보>, 18(2): 249-270.

서순복·함영진(2008). 협력적 지역문화 거버넌스에 관한 연구: 영국 버밍엄 문화영역 사례를 중심으로, <한국거버넌스학회보>, 15(3): 241-267.

성명기·김군수·정광렬·추지미(2006). <도 건립·운영 문화기반시설 운영방안 연구: 박물관 및 미술관을 중심으로>, 경기개발연구원.

성제환(2012). '문화·예술 특화 인적자본'이 문화·예술상품 수요에 미치는 효과분석, <산업경제연구>, 25(1): 657~677.

세계일보(2016). "영화·도서·음반… 크라우드펀딩, 문화계 전반 확산", 3월 14일자 기사.

소병희(2012). <문화예술경제학>, 율곡출판사.

신병동·백승흠(2009). 한국과 일본의 문화정책에 관한 연혁적 비교, <스포츠와 법>, 12(3): 235-266.

신희영(2007). 정책네트워크 동태성의 이론에 관한 비판적 고찰: 사회적 활동의 변형 모델을 중심으로, <한국행정학보>, 41(3): 143－165.

양현미(2009). 학예사 자격제도의 성과와 한계: 실무 경력 기준을 중심으로, <문화정책논총>, 22: 59－81.

양혜원(2011). <OECD 주요 국가의 문화예산 비교연구>, 한국문화관광연구원.

연합뉴스(2015). "한국경제 이끄는 신동력 '문화'…창조경제와 '양날개'", 8월 18일자 기사.

영화진흥위원회(2015). <2013년 한국 영화산업 실태조사와 한국영화 투자 수익성 분석>, 영화진흥위원회.

예술행정연구회(1988). <예술과 행정>, 평민사.

안정오(2011). 독일의 문화정책: 베르린의 문화정책을 중심으로, <한국학연구>, 37: 59－88.

양건열·김규원·임상훈·장영호(2003). <주요 국가 문화예술지원 프로그램 연구>, 한국문화관광정책연구원.

양승규·김재범(2013). 생태시스템(Eco System) 관점에서 바라본 음악산업 변화의 흐름, <예술경영연구>, 28: 203－231.

윤광재·신성대·이희석(2011). 문화거버넌스 구축사례 연구: 미국과 프랑스를 중심으로, 한국거버넌스 2011년 하계 공동학술대회, 155－171.

윤자정(2012). 서구 미술시장의 양상 : 역사적 고찰, <현대미술학 논문집>, 16(2): 155－184.

이동연 외(2015). <누가 문화자본을 지배하는가?: 한국 문화산업의 독점 구조>, 문화과학사.

이보아(2013). 프랑스의 문화재 반환, <내일을 여는 역사>, 51: 150－167.

이상철(2012). <가치창조 조직론>, 대영문화사.

이상호외(2011).<디지털 엔터테인먼트>, MSD미디어.

이수범·김지은(2009). 청소년의 저작권에 대한 인식과 이용 동기가 음악 콘텐츠 구매의도에 미치는 영향에 관한 연구, <문화산업연구>, 9(2): 121－138.

이유재·이준엽·라선아(1999). 공연예술시장의 소비자 행동 연구에 대한 고찰, 33(3): 308－340.

이은미(2012). <예술경영학>, 청람.

이원희(2007). <문화유산 관광과 지속가능한 발전을 위한 문화재 활용정책 연구>, 한국문화관광연구원.

이재희(2009). <공연예술경제학>, 삼영사.

이종열(2010). 문화정책과정의 주체에 관한 연구: 아시아문화전당사례를 중심으로, <서울행정학회 춘계학술대회 발표논문집>, 313−330.

이진면·최용재(2011). 가계의 문화서비스수요 결정요인 분석, <산업경제연구>, 24(1): 203−217.

이창원·최창현(2005). <새조직론>, 대영문화사.

이흥재(2006). <문화정책>, 논형.

이투데이(2015). "애니메이션 영화 흥행돌풍…'인사이드 아웃' 벌써 400만명 '미니언즈' 개봉첫날 19만명", 8월 7일자 기사.

인사혁신처(2014). <2014년 행정부 국가공무원 인사통계>, 인사혁신처.

임동욱(2015). <소통과 협력의 진화>, 커뮤니케이션북스.

임재해(2007). 무형문화재의 가치 재인식과 창조적 계승, <한국민속학>, 45: 237~285.

임학순(2012). 박정희 대통령의 문화정책 인식 연구: 박정희 대통령의 연설문 분석을 중심으로, <예술경영연구>, 21: 159−182.

_____(2003). <창의적 문화사회와 문화정책>, 진한도서.

장호수(2006). 문화재 활용론 : 활용의 개념과 범주에 대하여, <인문콘텐츠>, 7: 155−173

장덕제·김상해·박정규(2004). <풀어쓴 정책학 강의>, 도서출판 대경.

전주범(2009). <예술경영론>, 예지.

정광호·최병구(2006). 문화격차 분석과 문화바우처 정책설계, <지방정부연구>, 10(4): 63−89.

정상우·정필운(2011). 국제협약 관점에서 본 우리나라 문화유산 보호 법제도의 과제, <법과 정책연구> 11(3): 1069−1094.

정수진(2013). 무형문화재에서 무형문화유산으로: 글로벌 시대의 문화 표상, <동아시아문화연구>, 53: 91−116.

정정길 외(2010). <정책학원론>, 대명출판사.

정철현(2005). <문화연구와 문화정책>, 서울경제경영.

정철현·황소하(2010). 예술마케팅 기법을 통한 서울시민의 문화향수 확대 방안, <서울도시연구>, 11(1): 211−225.

정홍익 외(2008). <문화행정론>, 대영문화사.

조광식·이시경·윤광구(2007). 기초자치단체 문화거버넌스의 형성수준과 영향요인:

　　지역과 행위자에 따른 차이분석을 중심으로, <한국지방자치연구>, 9(3): 21－42.

채원호·주동범(2003). 일본의 문화거버넌스 연구, <한국정책과학학회보>, 7(1): 255－274.

최병식(2008). <미술시장 트랜드와 투자>, 동문선.

＿＿＿(2009). <미술시장과 아트딜러>, 동문선.

최진우(2006). 유럽연합의 문화정책과 정체성의 정치, <국제정치논총>, 46(4): 87－111.

최철호(2011). 문화재 보호와 손실보상, <공법학연구>, 12(1): 381－408.

하계훈 외(2002). <문화예술경영: 이론과 실제>, 생각의 나무.

한국메세나협의회 홈페이지(www.mecenat.or.kr).

한국메세나협의회(2011). <2010 Annual Report>, 한국메세나협의회.

한국문화경제학회(2001). <문화경제학 만나기>, 김영사.

한국문화관광연구원(2011). <KTCI 문화 예술 관광 동향분석>, 한국문화관광연구원.

한국콘텐츠진흥원(2013). <창조산업과 콘텐츠>, 한국콘텐츠진흥원.

한승준·박치성·정창호(2012). 문화예술지원 거버넌스 체계에 관한 비교 연구, <행정논총>, 50(2): 257－291.

한여훈(2012). 투자로서 미술품의 가치 분석, <예술경영연구>, 22: 121－144.

한정호 외(2014). <PR학 원론>, 커뮤니케이션북스.

허권(2007). 세계유산보호와 개발, 지속가능발전의 국제적 동향, <역사와 실학>, 32: 931－953.

허순란(2008). <예술경영과 예술마케팅>, 아진.

허웅·윤성식(2011). <정부회계학>, 법문사.

황종규·이명숙(2008). 지역축제의 문화정치적 특성에 관한 연구: 안동국제탈춤 페스티벌과 영주풍기인삼축제를 중심으로, <한국지방자치연구>, 10(1): 95－118.

황창근(2008). 영화등급분류제도의 개선 방향, <세계헌법연구>, 14(3): 495~526.

<공공감사에 관한 법률>

<국가공무원법>

<공무원임용령>

<공무원교육훈련법 시행령>

<독점규제 및 공정거래에 관한 법률>

<만화진흥에 관한 법률>

<문화기본법>

<문화예술진흥법>

<문화예술진흥법 시행령>

<문화체육관광부 공무원 행동강령>

<부가가치세법>

<부가가치세법 시행령>

<부패행위 등 신고 및 신고자 보호 등에 관한 규정>

<영화 및 비디오물의 진흥에 관한 법률 시행령>

<저작권법>

根木昭(2012). 김재영 역, <일본 문화정책학 입문>, 민속원.

池上惇(1996). 강응선 옮김, <문화경제학 입문>, 매일경제신문사.

池上惇・植木浩・福原義春(1999). 황현탁 역, <문화경제학>, 나남출판.

伊藤裕夫 외(2002). 이흥재 옮김, <예술경영과 문화정책>, 역사넷.

後藤和子(2004). 임상오 옮김, <문화정책학: 법・경제・매니지먼트>, 시유시.

Abbing, Hans(2009). 박세연 옮김, <왜 예술가는 가난해야 할까>, 21세기북스.

Anderson, R. C.(1974). Paintings as an investment, *Economic Inquiry*, 12(1): 13-26.

Baldwin, Elaine et al.(1998). *Introducing cultural studies*, New York: Prentice Hall Europe.

Baldwin, John R. et al.(eds)(2006). *Redefining Culture: Perspectives across the Disciplines*, New Jersey: Lawrence Erlbaum Associate.

Basso, Antonella and Stefania Funari(2004). A Quantitative Approach to Evaluate the Relative Efficiency of Museums, *Journal of Cultural Economics*, 28(3): 195−216.

Baumol, William J. and William G. Bowen(2006). *Performing arts − the economic dilemma: a study of problems common to theater, opera, music and dance*, Aldershot: Ashgate.
(최초 출판은 1966년이고 여기서는 재출판된 2006년도 판을 참조함)

Belcher, Michael(2006). 신자은・박윤옥 옮김, <박물관 전시의 기획과 디자인>, 예경.

Belfiore, Eleonora and Oliver Bennett(2007). Rethinking the Social Impacts of the *Arts, International Journal of Cultural Policy*, 13(2): 135−151.

Berry, Jeffrey M. and Clyde Wilcox(2009). *The interest group society*, 5th edition, New York: Pearso.

Boyne, George A.(2002). Public and Private Management: What's the Difference?, *Journal of Management Studies*, 39(1): 97−122.

Bourdieu, Pierre(2005). 최종철 옮김, <구별짓기 (상): 문화와 취향의 사회학>, 새물결.

Brkic, A.(2009). Teaching Arts Management: Where Did We Lose the Core Ideas?, *The Journal of Arts Management*, Law and Society, 38(4): 270−280.

Bryson, John M.(2011). *Strategic Planning for Public and Nonprofit Organizations*, San Francisco: Jossey−Bass Publishers.

Camarero, C. and M. J. Garrido(2012). Fostering innovation in cultural contexts: market orientation, service orientation, and innovations in museums, *Journal of Service Research*, 15(1): 39−58.

Cassirer, Ernst(2008). 최명관 옮김, <인간이란 무엇인가>, 창.

De Kluyver, Cornelis A. and Pearce John A. II(2007). 송재용 옮김, <전략이란 무엇인가?>, 쓰리메카닷컴.

DiMaggio, Paul(1982). Cultural Capital and School Success: The Impact of Status Culture Participation on the Grades of U. S. High School Students, *American Sociological Review*, 47(2): 189−201.

Diniz, S. and A. Machado(2011). Analysis of the consumption of artistic−cultural goods and services in Brazil, *Journal of Cultural Economics*, 35: 1−18.

Dossi, Piroschca(2007). 김정근, 조이한 옮김, <이 그림은 왜 비쌀까: 미술품경매에서 위작소동까지, 미술에 대해 당신이 생각하지 못했던 몇 가지>, 웅진지식하우스.

Dubois, Vincent(2011). Lowbrow culture and French cultural policy: the socio−political logics of a changing and paradoxical relationship, *International Journal of Cultural Policy*, 17(4): 394−404.

Dunn, William N.(2008). *Public Policy Analysis: An Introduction, Fourth Edition*, New Jersey: Pearson Prentice Hall.

Dye, Thomas R.(2001). *Top down policymaking*, New York: Chatham House Publishers.

Ebewo, Patrick and Mzo Sirayi(2009). The Concept of Arts/Cultural Management: A Critical Reflection, *The Journal of Arts Management, Law, and Society*, 38(4): 281−295.

Evrard, Yves(1997). Democratizing Culture or Cultural Democracy?, *Journal of Arts Management, Law and Society*, 27(3): 169－176.

Faulkner, R. R. and A. B. Anderson(1987). Short－term projects and emergent careers: Evidence from Hollywood, *American Journal of Sociology*, 92: 879－909.

Frith, Simon et al.(2005). 장호연 옮김, <케임브리지 대중음악의 이해>, 한나래.

Fleischer, Aliza and Daniel Felsenstein(2002). Cost－Benefit Analysis Using Economic Surpluses: A Case Study of a Televised Event, *Journal of Cultural Economics*, 26(2), 139－156.

Frey, Bruno S.(2003). *Arts & Economics: Analysis & Cultural Policy*, second edition, London: Springer.

_____(2003). Public Support, In Ruth Towse, (ed.), *A Handbook of Cultural Economics*, Massachusetts: Edward Elgar Publishing.

Geertz, Clifford(1973). *The Interpretation of Cultures: Selected Essays*, New York: Basic Books.

Getzner, Michael(2002). Determinants of public cultural expenditures: An exploratory time series analysis for Austria. *Journal of Cultural Economics*, 26(4): 287－306.

_____(2004). Cultural policies and fiscal federalism. *Public Finance and Management*, 4(1): 21－50.

Girard, Augustin(1997). French Cultural Policy from André Malraux to Jack Lang: A Tale of Modernisation, *International Journal of Cultural Policy*, 4(1): 107－126.

Goetzmann, W. N.(1993). Accounting for taste: Art and the financial markets over three centuries, *American Economic Review*, 83(5): 1370-1376.

Gompertz, Will(2015). *Think Like an Artist*, London: Penguin.

Grampp, William D.(1989). Rent－seeking in Arts Policy, *Public Choice*, 60(2): 113－121.

Harlow, Rex F.(1976). Building a Public Relations Definition, *Public Relations Review*, 2(4): 34－42.

Heilbrun, James(2003). Baumol's Cost Disease, In Ruth Towse, (ed.), *A Handbook of Cultural Economics*, Massachusetts: Edward Elgar Publishing.

Heilbrun, James and Charles M. Gray(2001). *The Economics of Art and Culture*, second edition, New York: Cambridge University Press.

Hesmondhalgh, D.(2002). *The Cultural industries*, Lond: Sage.

Hess, Charlotte and Elinor Ostrom(2007). *Understanding Knowledge As a Commons: From Theory to Practice*, MIT Press.

Hill, Liz, Catherine O'Sullivan, and Terry O'Sullivan(1995). *Creative Arts Marketing*, Butterworth Heinemann.

Hirschman, Elizabeth C. and Morris B. Holbrook(1982). Hedonic Consumption Emerging Concepts, Methods and Propositions, *Journal of Marketing*, 46: 92−101.

Holbrook, Morris B. and Elizabeth C. Hirschman(1982). The Experiential Aspects of Consumption: Consumer Fantasies, Feelings, and Fun, *Journal of Consumer Research*, 9: 132−140.

Hoskins, C., S. Mc Fadyen, and A. Finn(1997). *Global Television and Film: an introduction to the economics of the business*, Oxford, England: Clarendon.

Howlett, Michael and M. Ramesh (1995). *Studying Public Policy*, Oxford University Press.

Ivancevich, J., M. Olelans, and M. Matterson(1997). *Organizational Behavior and Management*, Sydney: Irwin.

Jenkins, Henry(2008). 김정희원·김동신 옮김, <컨버전스 컬처>, 비즈앤비즈.

Jenks, Chris(2005). *Culture*, second edition, New York: Routledge.

Jeong, Cheol Hyun and SoHa Hwang(2010). Arts Education and Arts Consumption: Case Study of Seoul, <사회과학연구>, 36(2): 89−112.

King, Timothy(2007). Does film criticism affect box office earnings? Evidence from movies released in the U.S. in 2003. *Journal of Cultural Economics*, 31(3), 171−186.

Kingdon, John W. (2003). *Agendas, Alternatives, and Public policies*, second edition, New York: Longman.

Kjaer, Anne Mette(2007). 이유진 옮김, <거버넌스>, 도서출판 오름.

Konersmann, Ralf(2006). 이상엽 옮김, <문화철학이란 무엇인가>, 북코리아.

Kotler, Philip(2004). 윤훈현 옮김, <마케팅 관리론>, 도서출판 석정.

Lewis, Gregory B. and Michael Rushton(2007). Understanding state spending on the arts: 1976－1999, *State and Local Government Review*, 39(2): 107－114.

Lewis, Justin and Toby Miller(2003). *Critical Cultural Policy Studies: A Reader*, MA: Blackwell Publishers.

Lowi, Theodore J.(1964). American Business, Public Policy, Case Studies and Political Theory, *World Politics*, 16(4): 677－715.

Lundberg, Johan(2006). Spatial interaction model of spillovers from locally provided public services, *Regional Studies*, 40(6): 631－644.

Matarasso, François(1997). *Use or Ornament? The Social Impact of Participation in the Arts*, UK: Comedia.

McGray, Douglas(2002). Japan's Gross National Cool, *Foreign Policy*, May/Jun: 44－54.

McGrew, Anthony(2011). Globalization and Global Politics, In John Baylis, Steve Smith and Patricia Owens (eds.), *The globalization of world politics: an introduction to international relations*, fifth edition, New York: Oxford University Press.

Mei, J. and M. Moses(2002), Art as an investment and the underperformance of masterpieces, *American Economic Review*, 92(5): 1656-1668.

Merryman, John Henry(1998). Cultural Property Ethics, *International Journal of Cultural Property*, 7(1): 21－31.

_____(1986). Two Ways of Thinking about Cultural Property, *American Society of International Law*, 80(4): 831－853.

Merli, Paola(2002). Evaluating the social impact of participation in arts activities, *International Journal of Cultural Policy*, 8(1): 107－118.

Miller, Toby and George Yudice(2002). *Cultural Policy*, London: Sage Publications.

Mintzberg, H. and A. McHugh(1985), Strategy Formation in Adhocracy, *Administrative Science Quarterly*, 30: 180－197.

Moon, M. Jae(2001). Cultural Governance: A Comparative Study of Three Cultural Districts, *Administration & Society*, 33(4): 432－454.

Morrison, W.G. and E.G. West(1986). Child exposure to the performing arts: the implications for adult demand, *Journal of Cultural Economics*, 10(1), 17－24.

Mulcahy, Kevin V.(2012). Cultural Patronage in Comparative Perspective: Public Support for the Arts in France, Germany, Norway, and Canada, The *Journal* of *Arts Management, Law, and Society*, 27(4): 247－263.

Mundy, Simon(2000). *Cultural Policy*, Council of Europe.

Nam, Yun Mi(2009). What Role can Art Funds Play in Developing the Contemporary Art Market?, ＜예술경영연구＞, 14: 207－230.

Negroponte, Nicholas et. al.(2004). SBS 서울디지털포럼 엮음, ＜제3의 디지털 혁명: 컨버전스의 최전선＞, 미래M&B.

Negus, Keith and Michael Pickering(2000). Creativity and Cultural Production, *International Journal of Cultural Policy*, 6(2): 259－282.

Nogare, Chiara D. and Matteo M. Galizzi(2011). The Political Economy of cultural spending: evidence from Italian cities, *Journal of Cultural Economics*, 35(3): 203－231.

Nonaka, Ikujiro(1991). The Knowledge－Creating Company, *Harvard Business Review*, November－December 1991: 96－104.

Noonan, Douglas S.(2007). Fiscal pressures, institutional context, and constituents: A dynamic model of states' arts agency appropriations, *Journal of Cultural Economics*, 31(4): 293－310.

Oser, Jennifer Lynn(2009). Between Atomistic and Participatory Democracy: Leverage, Leadership, and Legitimacy in Israel Civil Society, *Nonprofit and Voluntary Sector Quarterly*, 39(3): 429－459.

Otike, J.(2010). Copyright: The Doctrine of Fair Use and its Role in the Provision of Information In Kenya, *A paper presented at the Kenya Library Association Conference*, held in Nairobi, Kenya.

Paul, G.(2001). *International copyright : principles, law, and practice*, New York: Oxford University Press.

Pine, II, B. J. and J. H. Gilmore(1999). *The Experience Economy: the Experience Economy: Work is Theatre & Every Business a Stage*, Harvard Business School Press, Boston.

Public Relations Society of America(www.prsa.org).

Rainey, H., R. Backoff and C. Levine(1976). Comparing Public and Private Organizations, *Public Administration Review*, 36: 233－244.

Raymond Williams(1983). *Keywords: a vocabulary of culture and society*, revised edition, New York: Oxford University Press.

Rhodes, R. A. W.(1996). The New Governance: Governing without Government, *Political Studies*, 44(4): 652−667.

Rose−Ackerman, Susan(1999). *Corruption and Government: Causes, Consequences, and Reform*, Cambridge University Press.

Rosen, Sherwin(1981). The Economics of Superstars, *American Economic Review*, 71: 845−858.

Raustiala, Kal and Christopher Sprigman(2013). 이주만 옮김, <모방의 경제학>, 한빛비즈.

Sabatier, Paul A.(2007). The Need for Better Theories, In Paul A. Sabatier (ed.), *Theories of the Policy Process*, Colorado: Westview Press.

Salamon, Lester M.(2002). The New Governance and the Tools of Public Action: An Introduction, In Lester M. Salamon, (ed.), *The Tools of Government: A Guide to the New Governance*, Oxford University Press.

_____(1994). The Rise of the Non−Profit Sector, *Foreign Affairs*, 73(4): 109−122.

Sangiovanni, Andrea. (2007). Global Justice, Reciprocity and the State, *Philosophy and Public Affairs*, 35(1): 3−39.

Schulze, Gunther G. and Anselm Rose(1998). Public Orchestra funding in Germany−an empirical investigation, *Journal of Cultural Economics*, 22(3): 227−247.

Snowball, J.D.(2005). Art for the Masses? Justification for the Public Support of the Arts in Developing Countries - Two Arts Festivals in South Africa, *Journal of Cultural Economics*, 29(2): 107-125.

Stein, J. P.(1977). The monetary appreciation of paintings, *Journal of political Economy*, 85(5): 1021-1035.

Summers, D. V. and R. M. Kanter(1987). Doing Well While Doing Good: Dilemmas of Performance Measurement in Non−Profit Organizations and the Need for a Multiple−Constituency Approach, In Powell, W. W.(ed.), *The Non−Profit Sector: A research Handbook*, New Haven: Yale University Press.

Throsby, David(2001). *Economics and Culture*, New York: Cambridge University Press.

Throsby, C. D. and G.A. Withers(1993). *The economics of tne performing arts*, Hampshire: Gregg Revivals.

Towse, Ruth(2008). Why has cultural economics ignored copyright?, *Journal of Cultural Economics*, 32(4), 243−259.

_____(1994). public policy objectives in the arts and heritage, In Alan Peacock and Ilde Rizzo, (eds.), *Cultural Economics and Cultural Policies*, Netherlands: Kluwer Academic Publishers.

<Universal Declaration of Human Rights>(1948). 세계인권선언.

Verkuil, Paul Robert(2011). 김영배 옮김, <정부를 팝니다>, 시대의 창.

Weber, M. (1947). *The Theory of Social and Economic Organization*. New York: The Free Press.

Well, Stephem E.(1997). Report to the Deaccessioning Task Force of the Registrars Committee of AAM, *A Deaccession Reader*, American Association of Museum.

Werck, Kristien, Bruno Heyndels, and Benny Greys(2008). The Impact of "Central Places" on Spatial spending patterns: Evidence from Flemish local Governments cultural expenditures, *Journal of Cultural Economics*, 32(1): 35−58.

찾아보기

저자소개

김민주(金玟柱)

현재 동양대학교 북서울(동두천)캠퍼스 공공인재학부 교수이다. 그리고 공공인재학부장이다. 고려대학교에서 2012년에 행정학 박사학위를 취득하고, 2013년부터 동양대학교에서 교수로 재직 중이다. 한국지방공기업학회 총무기획이사와 국민권익위원회 고충민원처리실태 확인조사 심사위원을 역임했다. 저서로는 <평가지배사회>(2016), <행정계량분석론>(2015), <원조예산의 패턴>(2014)이 있다. 최근 논문으로는 "마을자치 사업에서 농촌현장포럼의 넛지 효과 분석"(2016), "공유자산의 자치적 관리 모델에 대한 비판적 검토"(2015), "문화정책의 이론적 논거와 유형"(2015), "정책평가의 방법론으로서 퍼지집합이론의 적용가능성"(2014), "복지정책담당의 여성적 특성화에 관한 원인 분석"(2014), "한국행정의 '전통' 만들기"(2013) "대북지원NGO 활동의 성장과 정부 재정지원의 상대적 중요도"(2012) 등 그 외 다수가 있다.

윤성식(尹聖植)

현재 고려대학교 행정학과 교수이다. 고려대학교에서 행정학사, 오하이오 주립대학교에서 경제학사, 일리노이대학(어바나 샴페인)에서 회계학석사, 버클리대학에서 경제학 박사, 동국대학교에서 불교학 석사와 박사학위를 취득하였다. 미국 공인회계사이며, 텍사스대학(오스틴) 경영대학원 교수와 정부혁신지방분권위원장을 역임했다. 현재 고려대학교 행정학과 교수로 재직 중이고 국회공직자윤리위원장이다. 최근 저서로는 <부처님의 부자수업>(2015), <정부회계학>(2014), <사막을 건너야 서른이 온다>(2013), <재무행정학>(2012), <불교자본주의>(2011), <정부개혁의 비전과 전략>(2003) 등이 있다.

문화정책과 경영

초판 인쇄	2016년 8월 15일
초판 발행	2016년 8월 25일
지은이	김민주·윤성식
펴낸이	안종만
편 집	한현민
기획/마케팅	이영조
표지디자인	조아라
제 작	우인도·고철민
펴낸곳	(주) **박영사**
	서울특별시 종로구 새문안로3길 36, 1601
	등록 1959. 3. 11. 제300-1959-1호(倫)
전 화	02)733-6771
f a x	02)736-4818
e-mail	pys@pybook.co.kr
homepage	www.pybook.co.kr
I S B N	979-11-303-0349-9 93320

정 가   27,000원